UTB

Eine Arbeitsgemeinschaft der Verlage

Böhlau Verlag · Wien · Köln · Weimar
Verlag Barbara Budrich · Opladen · Farmington Hills
facultas.wuv · Wien
Wilhelm Fink · München
A. Francke Verlag · Tübingen und Basel
Haupt Verlag · Bern · Stuttgart · Wien
Julius Klinkhardt Verlagsbuchhandlung · Bad Heilbrunn
Mohr Siebeck · Tübingen
Nomos Verlagsgesellschaft · Baden-Baden
Ernst Reinhardt Verlag · München · Basel
Ferdinand Schöningh · Paderborn · München · Wien · Zürich
Eugen Ulmer Verlag · Stuttgart
UVK Verlagsgesellschaft · Konstanz, mit UVK/Lucius · München
Vandenhoeck & Ruprecht · Göttingen · Oakville
vdf Hochschulverlag AG an der ETH Zürich

Günter Wiswede

Einführung in die Wirtschaftspsychologie

5., aktualisierte Auflage

Mit 66 Abbildungen und 10 Tabellen

Ernst Reinhardt Verlag München Basel

Prof. em. Dr. *Günter Wiswede* lehrte Wirtschafts- und Sozialpsychologie und war Direktor des Instituts für Wirtschafts- und Sozialpsychologie der Universität zu Köln.

Bibliografische Information der Deutschen Nationalbibliothek

Die Deutsche Nationalbibliothek verzeichnet diese Publikation in der Deutschen Nationalbibliografie; detaillierte bibliografische Daten sind im Internet über <http://dnb.d-nb.de> abrufbar.

UTB-Band-Nr.: 8090
ISBN 978-3-8252-8509-8

Printed in Germany
Einbandgestaltung: Atelier Reichert, Stuttgart
Covermotiv: © 2006 Nachlass Oskar Schlemmer, „Bauhaustreppe" (1932)
Satz: Rist Satz & Druck GmbH, 85304 Ilmmünster

Ernst Reinhardt Verlag, Kemnatenstr. 46, D-80639 München
Net: www.reinhardt-verlag.de E-Mail: info@reinhardt-verlag.de

Inhaltsverzeichnis

Vorwort zur vierten und fünften Auflage

Dass es im Wirtschafts- und Geschäftsleben keineswegs immer nach ökonomischen oder rationalen Gesichtspunkten zugeht und dass der „psychologische Faktor" hier oftmals eine entscheidende Rolle spielt, ist ein Gemeinplatz, der von Praktikern und Wissenschaftlern gleichermaßen geteilt wird. Allerdings ist hier wohl weniger die Psychologie als akademische Fachdisziplin gemeint, sondern eher die Alltagspsychologie der Beteiligten – z. B. deren Gespür und Intuition, Menschenkenntnis und Einfühlung – sowie die angebliche Unberechenbarkeit menschlichen Verhaltens, die sich – zumindest auf den ersten Blick – dem rationalen Zugriff seriöser Forschung zu entziehen scheint. Dabei zeigt sich, dass auch eine Psychologie des Wirtschaftslebens keineswegs auf „Gespür" oder „Intuition" und auch nicht auf die „Eigenbauten" von Praktikern angewiesen ist, sondern auf theoretisch fundierten Konzepten und empirisch orientierter Forschung aufbauen kann.

Obgleich „Wirtschaftspsychologie" als eigenständige Disziplin seit der Erstauflage im Jahre 1991 verstärkte „Konjunktur" hat – insofern ist dieses Buch nicht mehr ohne Konkurrenz – bestehen nach wie vor Defizite in der systematischen und einheitlichen Behandlung ihres Gegenstandsbereichs. Denn wirtschaftspsychologische Forschung stand bisher weniger im Zeichen der Einheitlichkeit und Homogenität der Disziplin, sondern eher in der Auffächerung und Spezialisierung in Teilbereiche, die z. B. als Marktpsychologie, als Organisationspsychologie oder als Arbeitspsychologie ein relativ selbstständiges Eigenleben führten und eigenständige Forschungstraditionen begründet haben.

Die vorliegende Arbeit versucht, innerhalb dieser scheinbar heterogenen Bereiche zentripetale Forschungsperspektiven zu entwickeln, die die Einheit einer wirtschaftspsychologischen Sichtweise verdeutlichen. Ausgehend von dieser gemeinsamen Plattform werden die verschiedenen Arbeitsfelder wirtschaftspsychologischer Forschung im makro- und mikroökonomischen Bereich mit ihren Befunden und Problemen informationsdicht dargestellt. Dabei wird die besondere Nähe zur Sozialpsychologie unterstrichen.

Das Buch behält seinen Stellenwert als anspruchsvolle Einführung, ersetzt jedoch angesichts des breiten Spektrums wirtschaftspsychologischer Forschung keineswegs die jeweilige Spezialliteratur.

Seit dem Erscheinen der 4. Auflage, die sehr umfangreich erweitert und neu bearbeitet wurde, haben aus meiner Sicht keine grundlegenden Neuentwicklungen stattgefunden, sodass ich mich in der nunmehr vorliegenden 5. Auflage auf einige wenige Aktualisierungen und Ergänzungen beschränkt habe.

Köln/Rückersdorf, im April 2012 Günter Wiswede

A Grundlagen der Wirtschaftspsychologie

1 Gegenstand der Wirtschaftspsychologie

1.1 Entwicklung der Wirtschaftspsychologie

Bevor wir eine genaue Gegenstands- und Standortbestimmung der Wirtschaftspsychologie vornehmen, wollen wir in kurzen Zügen die bisherige Entwicklung dieser Disziplin nachzeichnen. Hierbei werden wir zunächst die allgemeine Wirtschaftspsychologie betrachten – soweit sich hier sinnvoll von einer homogenen Wissenschaftsdisziplin sprechen lässt – und uns sodann den verschiedenen Auffächerungen der Wirtschaftspsychologie in spezielle Einzelbereiche zuwenden. Erst später werden wir uns mit der Frage befassen, wie diese verstreuten Teile wieder zu einem sinnvollen Ganzen zusammengefügt werden können.

(1) Allgemeine Wirtschaftspsychologie

Die allgemeine Wirtschaftspsychologie hat zwei verschiedene Traditionen, die nach einem Vorschlag von *Furnham/Lewis (1986)* als „Psychological Economics" (Behavioral Economics) und als „Economic Psychology" unterschieden werden können. Die erstgenannte „Psychologische Ökonomie" besteht aus einer Vielzahl von Ansätzen, ökonomische Aussagen mit psychologischen Konstrukten anzureichern. Ihre Vertreter sind vor allem Ökonomen, die sich von starren Modellvorstellungen gelöst und psychologische Variablen in die Analyse einbezogen haben. Diese Bemühungen waren in der Vergangenheit häufig „psychologische Eigenbauten" abseits der akademischen Psychologie, die u. a. deshalb notwendig waren, weil die Psychologie als Wissenschaftsdisziplin wenig Bereitschaft zeigte, Forschung in den wirtschaftlichen Bereich zu investieren bzw. Konzepte zu entwickeln, die ohne Schwierigkeiten auf ökonomische Sachverhalte angewendet werden konnten. Spätestens mit *Simon (1957, 1965)* beginnt jedoch eine stärkere Anbindung an den Forschungsstand der Psychologie, gleichzeitig jedoch eine Abkehr von der „orthodoxen", weitgehend modelltheoretisch geleiteten Ökonomie *(Gilad/Kaish 1986; MacFadyen/MacFadyen 1986)*. Auch gegenwärtig wird diese Forschungstradition im Wesentlichen von Ökonomen dominiert.

Im Hinblick auf die andere Tradition, nämlich „Ökonomische Psychologie" oder Wirtschaftspsychologie im engeren Sinne, lassen sich drei verschiedene „Wellen" oder „Schübe" unterscheiden. Die erste Phase ist mit dem Namen *Gabriel Tarde* in Frankreich und *Hugo Münsterberg* in Deutschland verbunden. *Tarde,* der uns heute insbesondere durch seine „Gesetze der Imitation" noch bekannt ist, verfasste *1902* ein zweibändiges Werk mit dem Titel „La psychologie economique" und betonte zugleich die Urheberschaft dieses Begriffes, den *Tarde* erstmals *1882* in einem Aufsatz verwendete. *Tarde* verstand dieses Vorhaben als Kontrastprogramm zur österreichischen Schule der Nationalökonomie, die sich zwar durch die Psychologisierung des Grenznutzenkonzepts als „psychologische Schule" verstand, durch die Eigenart ihrer Annahmen jedoch die Bindung zur empirischen Psychologie geradezu abgeschnitten hatte. Insbesondere wandte sich *Tarde* gegen die individualistische Perspektive der Nationalökonomie, die den Menschen und seine Bedürfnisse als Einzelwesen zu betrachten schien und seine Einbindung in soziale Zusammenhänge vernachlässigte. Durch die Betonung sozialer Bedingungsgefüge sowie die Einbeziehung sozialer Interaktionen im Rahmen einer „Interpsychologie" erweist sich *Tarde* als Wegbereiter einer

„Sozialpsychologie des Wirtschaftslebens“, die vom Ansatz her unserem heutigen Verständnis von „Wirtschaftspsychologie“ recht nahe kommt.

Hierzulande wird meist *Hugo Münsterberg (1912)* als „Vater der Wirtschaftspsychologie“ angesehen. *Münsterberg*, ein Schüler *Wilhelm Wundts* in Leipzig, setzte den Akzent auf die empirisch-experimentelle Ausrichtung der Wirtschaftspsychologie, eine Perspektive, die dann später insbesondere für die sozialpsychologische Forschung zur dominierenden wurde. Auch *Münsterberg* empfiehlt eine Kooperation zwischen Nationalökonomie und Psychologie; seine Forschungsprojekte beziehen sich allerdings eher auf betriebs- und arbeitspsychologische Fragestellungen: z. B. Monotonie im Arbeitsleben, Fragen der Arbeitsorganisation, Zurechenbarkeit von Arbeitsergebnissen usw. Auch die experimentelle Werbewirkungsforschung nahm hier ihren Anfang.

Tarde und *Münsterberg* blieben weitgehend „folgenlos“, zumindest was die Entwicklung einer einheitlichen Wirtschaftspsychologie anbelangt. Erst in den 50er Jahren verzeichnen wir die *zweite „Welle“*, die mit *George Katona (1951)* in den Vereinigten Staaten und mit *P. L. Reynaud (1954)* in Frankreich verbunden ist. *Katona* entwirft eine makro-ökonomische Perspektive und wirkt programmatisch in jene Richtung, die heute unter der Bezeichnung „Psychologie gesamtwirtschaftlicher Prozesse“ klassifiziert wird. Sein Interesse gilt zunächst dem Verhalten von Verbrauchern und Unternehmern, wobei insbesondere das scheinbar so irrationale Konsumentenverhalten einer psychologischen Analyse unterzogen wird. Dabei unterscheidet *Katona* zwischen impulsiven Handlungen, habituellen Verhaltensweisen und sogenannten „echten Entscheidungen“, von denen er annimmt, dass diese in hohem Maße von (antizipativen) Erwartungen abhängen. Die Analyse der Entstehung und Wirkung solcher Erwartungen auf wirtschaftliche Handlungen – z. B. Verbraucherentscheidungen oder Investitionsentscheidungen – nimmt deshalb in diesen Forschungstraditionen großen Raum ein. Auch werden Meßinstrumente entwickelt – z. B. der „Index of Consumer Sentiment“ –, die als Indikatoren der Früherkennung bestimmter Konjunkturentwicklungen fungieren sollen.

Der Franzose *Reynaud* betont noch stärker als *Katona* die Notwendigkeit der Theoriebildung innerhalb der wirtschaftspsychologischen Forschung. *Reynaud* kritisiert vor allem die erratische Entwicklung der Wirtschaftspsychologie sowie deren vordergründigen Anwendungsbezug, die bisher nicht zur Ausbildung einer Kerndisziplin geführt hätten, sondern in einer breiten Auffächerung und Partikularisierung eher Warenhauscharakter aufwiesen. Auch *Reynauds* Interesse gilt vornehmlich Makro-Prozessen, wie der wirtschaftlichen Entwicklung, der Problematik der Entwicklungsländer, der Ausbreitung des Unternehmertums usw.

Auch die Arbeiten *Katonas* und *Reynauds* sind – zumindest eine Zeit lang – weitgehend folgenlos geblieben. Aus der Ann-Arbor-Schule hat lediglich *Strümpel* (z. B. *1976)* diese Tradition weitergeführt. Unter den deutschen Nationalökonomen war es *Schmölders (1966, 1969, 1975)*, der *Katonas* Anregungen aufgriff und insbesondere in den Bereichen „Sparen“, „Umgang mit Geld“, „Steuern“ etc. die Etablierung einer „Finanzpsychologie“ förderte. Darüber hinaus hat *Schmölders* durch die von ihm begründete „sozial-ökonomische Verhaltensforschung“ (1978) sehr stark in die Richtung einer verhaltensorientierten Wirtschaftspsychologie gewirkt.

Die *dritte „Welle“* in der Entwicklung einer eigenständigen Wirtschaftspsychologie setzt sich zu Beginn der 80er Jahre fort. 1981 erscheint erstmals das Journal of Economic Psychology“, dessen Initiatoren vor allem holländische, britische und skandinavische Ökonomen/Psychologen sind. Ab Mitte der 80er Jahre erscheinen in schneller Folge auch Sammelwerke (z. B. *MacFadyen/MacFadyen 1986)* oder Handbücher (z. B. *van Raaij et al. 1988)* und auch erste sehr fundierte Lehrbücher *(Lea et al. 1987; Grunert/Ölander 1989; Lewis/ Webley 1995;* im deutschsprachigen Bereich *Pelzmann 1988, zuerst 1980; Wiswede 2007, zuerst 1991; Kirchler 2002, zuerst 1995; Spieß 2005)* sowie Handwörterbücher *(C. Graf Hoyos et al. 1987; Frey et al. 2005; Frey/v. Rosenstiel 2006)*. Ein Handwörterbuch wirtschaftspsychologischer Testverfahren bieten *Sarges/Wottawa (2004)*. Seit 1999 gibt es auch ein deutsches Journal Wirtschaftspsychologie, meist mit Themenschwerpunkten.

Obgleich mit diesen Publikationen der Brückenschlag zwischen Ökonomie und Psychologie gelungen und der theoretisch-konzeptionelle Anschluss zur Sozialpsychologie hergestellt ist, steht die Etablierung einer eigenständigen Disziplin „Wirtschaftspsychologie" vor gewissen Schwierigkeiten.

Eigenartigerweise hängen sie damit zusammen, dass *George Katona* für diese Forschungsrichtung zur Leitfigur geworden ist und als eine Art „Übervater" z. T. die Denkrichtung wie auch die als relevant angesehenen Forschungsgebiete zu dominieren scheint. Dies beginnt schon mit der besonderen Betonung der nationalökonomischen Perspektive; auch sind die bevorzugten Themen in der Folge jene Fragestellungen, die bereits *Katona* interessiert haben: Konsumentenverhalten, Sparverhalten (beides im Makro-Bereich), Inflation, Besteuerung, Aspekte des Wohlstands usw. Nur zögernd werden neuere Problembereiche thematisiert (z. B. Arbeitslosigkeit, Wertewandel, Schattenwirtschaft, ökologische Fragestellungen usw.). Blickt man mehr auf den Mikro-Bereich, so stellen wir fest, dass hier viele Themenkomplexe von der „economic psychology" einfach ausgeklammert werden, obgleich diese zweifelsfrei wirtschaftliche Problemstellungen darstellen, die ebenso auch der psychologischen Bearbeitung offen stehen. Hier fallen insbesondere die Themen Arbeit, Organisation, Personalwesen oder Führung ins Auge, die weitgehend ausgeblendet werden. Am entschiedensten geschieht diese Ausblendung in Blickrichtung auf die *Organisationspsychologie,* die als eigenständiger Bereich angesehen wird, den man nicht mit der Wirtschaftspsychologie vermengen möchte. Diese etwas willkürliche Entscheidung ist sicherlich darin begründet, dass die Organisationspsychologie (Arbeits-, Betriebs- und Organisationspsychologie) sehr weitgehend in Fachsektionen etabliert und institutionalisiert ist, sodass die Integration unter dem Dach einer übergreifenden Wirtschaftspsychologie (im Verständnis der „economic psychology") zumindest zum gegenwärtigen Zeitpunkt fraglich erscheint.

Nichtsdestoweniger ist die faktische Institutionalisierung der Wirtschaftspsychologie (WP) inzwischen weit fortgeschritten. Über das Studium der WP in Deutschland informiert *Günther (2005):* Danach gibt es bereits zahlreiche Diplomstudiengänge mit erweitertem Schwerpunkt in WP, etliche neue grundständige Studiengänge der WP sowie WP als Aufbau- und Zusatzstudium bzw. als Nebenfach. Selten jedoch werden dabei alle Teilbereiche der WP einbezogen. Häufig ist sie mit Organisations- und Personalpsychologie verzahnt, wobei die WP als eine Art Erweiterung der Organisationspsychologie gesehen wird. Die Marktpsychologie bleibt meist ausgeblendet.

(2) Spezielle Wirtschaftspsychologien

Bisher haben wir die Bemühungen um die Etablierung einer allgemeinen Wirtschaftspsychologie angesprochen, die gewissermaßen den „Kern" einer homogenen Disziplin darstellen könnten, um den sich die einzelnen Spezialisierungen gruppieren. Die Entwicklung der „speziellen Wirtschaftspsychologien" steht jedoch weniger im Zeichen der Einheitlichkeit und Homogenität der Disziplin, sondern eher in einer Auffächerung und Spezialisierung in Detail-Wirtschaftspsychologien, die ein relativ selbstständiges Eigenleben führen und unabhängige Forschungstraditionen begründen. Die Geschichte der Wirtschaftspsychologie ist daher in der Folge eher eine Geschichte ihrer Teildisziplinen *(Wiendieck 1985)*. So entsteht im Bereich der Produktion die *Arbeitspsychologie,* die in ihrer heutigen Ausgestaltung vielfach in die Nähe der Physiologie und der Ergonomie gerückt ist und von Theorien instrumentellen Handelns dominiert wird. Stärker an der Sozialpsychologie orientiert verlief die Entwicklung der modernen *Organisationspsychologie*, in die auch die Tradition der Betriebspsychologie eingeflossen ist. Sehr eng sind hierbei die Verbindungslinien zwischen Organisationspsychologie und Kleingruppenforschung. Als Teilgebiet der Organisationspsychologie mit eigener Forschungstradition wird das Thema *Führung* besonders ausgewiesen: Hier münden Forschungsansätze aus der Organisationstheorie und der Kleingruppenforschung zusammen. Auch der Bereich des *Personalwesens* ist mit den unterschiedlichsten Schwerpunkten psychologisch bearbeitet.

Im Bereich Markt und Konsum ist insbesondere das *Konsumentenverhalten* Gegenstand der psychologischen Analyse gewesen. Zahlreiche Gesamtdarstellungen zum Thema „consumer behavior“ liegen vor. Daneben stehen Analysen der absatzpolitischen Instrumente, die unter der Bezeichnung „Marktpsychologie“ firmieren, aber eher als Marketing-Psychologie zu bezeichnen sind. Einen Versuch, *Marktpsychologie* als Sozialwissenschaft unter umfassender Perspektive zu entwickeln, bietet *Irle (1983)*. Ein spezielles Absatzinstrument, nämlich die Werbung, ist Gegenstand der *Werbepsychologie* (häufig in der Verklammerung: Markt- und Werbepsychologie), die gleichfalls eine längere Forschungstradition aufweist.

Es fällt auf, dass diese wirtschaftspsychologischen Teildisziplinen weniger aus gesamtwirtschaftlichen als aus einzelwirtschaftlichen Zielvorstellungen resultieren und dass die Verbindungslinien zur *Betriebswirtschaftslehre* nicht zu übersehen sind. So ist die Organisationspsychologie heute weitgehend unter den Einfluss der betriebswirtschaftlichen Management- und Organisationslehre geraten, die Marktpsychologie hingegen in den Umkreis des betriebswirtschaftlichen Marketing. Auf diese Weise haben die naheliegenden Verwertungsinteressen und Verwertungsressourcen die Struktur und innere Differenzierung der Wirtschaftspsychologie nachhaltig beeinflusst. Daher ist vielfach der Eindruck entstanden, als handle es sich bei der Wirtschaftspsychologie um eine reine Servicedisziplin, die von vordergründigen Anwendungsbezügen gekennzeichnet sei und lediglich als Wissensvermittler zur Steigerung betrieblicher Effizienz fungiere. Insofern ist die weiter oben angesprochene „economic psychology“ schon durch ihre Ausrichtung auf Makro-Bereiche weniger dem Verdacht ausgesetzt, bloßes Beeinflussungswissen zu vermitteln und auf diese Weise ins Schlepptau bestimmter wirtschaftlicher Interessen zu geraten.

1.2 Abgrenzung zu anderen Disziplinen

In diesem Abschnitt wollen wir das Verhältnis der Wirtschaftspsychologie zu Nachbardisziplinen erörtern. Zunächst geht es um die Einbettung der Wirtschaftspsychologie in den Gesamtkontext der Psychologie, insbesondere auch um das Verhältnis zur Sozialpsychologie. Zum Zweiten erörtern wir die Beziehungen zur Soziologie, insbesondere zur Wirtschaftssoziologie. Drittens interessiert uns die Verbindung zwischen Ökonomie und Wirtschaftspsychologie, wobei nach primär volkswirtschaftlichen (nationalökonomischen) und betriebswirtschaftlichen Bezugsfeldern unterschieden wird.

(1) Psychologie und Wirtschaftspsychologie

Die Psychologie hat das Erleben und Verhalten von Individuen zum Gegenstand. Erleben: Das sind all jene Prozesse, die die Gefühls- und Gedankenwelt eines Menschen bestimmen. Verhalten: Dies sind alle Aktivitäten des Menschen, seien sie nun mehr oder weniger angeboren oder aber erlernt. Wenn sich nun das Studium der Psychologie auf sämtliche Formen des Erlebens und Verhaltens des Menschen bezieht, dann müsste die Psychologie auch prinzipiell wirtschaftliches Verhalten erklären können.

Wie bereits im vorigen Abschnitt angedeutet, hatte die Psychologie in der Vergangenheit wenig Berührungspunkte mit dem wirtschaftlichen Bereich; gewisse Ausnahmen – z. B. die frühe Blüte der Werbepsychologie – sind nicht die Regel. Auch heute besteht seitens der akademischen Psychologie, deren Standortbestimmung noch wesentlich durch das Aufgabenfeld des klinischen Bereichs definiert scheint, kaum besondere Neigung, sich mit wirtschaftlichen Problemstellungen zu befassen. Trotz steigender Nachfrage – insbesondere die Arbeits- und Organisationspsychologie ist mittlerweile in die Lehrprogramme integriert – gelten Fächer wie Marktpsychologie oder Betriebspsychologie als obsolet. Darin dürfte sich ein Vorurteil spiegeln, das hierzulande für die pädagogische oder die geisteswissenschaftliche Szene typisch zu sein scheint: eine verbreitete Animosität gegenüber wirtschaftlichen Sachverhalten, eine (zweifellos naive) Wirtschaftsfeindlichkeit, die den gesamten wirtschaftlichen Sektor anhand exemplarischer Vorfälle als „schmutziges Geschäft" einzustufen beliebt, personifiziert in Figuren wie Unternehmern, Managern, Werbestrategen usw. Vor dem Hintergrund solcher Ideologie befinden sich Wirtschaftspsychologen offensichtlich in den Niederungen solcher „Geschäfte"; und sie machen sich zudem verdächtig, Helfershelfer im Dienste niedriger Gesinnungen und Absichten (z. B. Ausbeutung der Werktätigen, therapeutische Verschleierung von Herrschaftsverhältnissen, Schaffung künstlicher Bedürfnisse etc.) zu sein.

Dieses geisteswissenschaftliche Vorurteil gegen Wirtschaft, Wirtschaftende, Unternehmer, Manager und mithin auch gegen die Wirtschaftspsychologie mag dann eine gewisse Berechtigung haben, wenn sich Psychologen unkritisch in ein einseitiges Verwertungsinteresse einspannen lassen, wenn sie tatsächlich in das Schlepptau partikularer wirtschaftlicher Interessen geraten oder wenn sie ihre Aufgabe eher in einer affirmativ-sozialtherapeutischen Funktion erblicken. Diese Gefahren sind im Bereich der eher gesamtwirtschaftlich ausgerichteten „economic psychology" geringer als in den stärker anwendungsbezogenen Problemfeldern der Organisation und des Marketing. Wir werden auf diese Problematik später noch im Einzelnen zurückkommen (vgl. 2.4).

Unsere besondere Beachtung verdient das Verhältnis der Wirtschaftspsychologie zur Sozialpsychologie. Der Umstand, dass diese beiden Themengebiete häufig in Verklammerung auftreten („Wirtschafts- und Sozialpsychologie"), verrät eine besondere Affinität zu diesem Gebiet, das in den letzten Jahren auch innerhalb der allgemeinen Psychologie eine wesentliche, beinahe imperialistisch zu nennende Ausdehnung erfahren hat (vgl. hierzu die Lehrbücher zur Sozialpsychologie, z. B. *Herkner 1993; Fischer/Wiswede 2009; Jonas et al. 2007)*. Erinnert sei jedoch daran, dass die Sozialpsychologie aus der Soziologie heraus entstanden ist – ihre besondere Hinwendung zur Kleingruppenforschung mag dies verdeutlichen. Im weiteren Verlauf löste sie sich zunehmend von der Soziologie und stellt sich heute eher als Zweig der kognitiven Psychologie dar *(Stroebe 1980)*. Ganz gleich, ob man diese Entwicklung begrüßt oder nicht: Die Wirtschaftspsychologie hat jedenfalls aus dem Fundus der Sozialpsychologie bisher am meisten profitiert: Die wichtigsten Theorien (z. B. die Konsistenztheorien) und Konzepte (z. B. das Einstellungskonzept) haben in die Wirtschaftspsychologie Eingang gefunden und in diesem Aufgabenfeld empirische Forschungen angeregt.

(2) Soziologie und Wirtschaftspsychologie

Die Soziologie befasst sich mit sozialen Strukturen (sozialen Systemen) sowie dem Einfluss sozial-struktureller Bedingungen auf soziales Handeln. Insofern liefert sie auch die Rahmenbedingungen für wirtschaftliches Verhalten. Im psychologischen Sinne sind diese Kontextbedingungen nichts anderes als „Lern-Umwelten" oder besondere Situationen (sog. diskriminative Stimuli), die durch ihre rahmengebende Funktion auch Zwänge („constraints") für mögliche Verhaltensspielräume abgeben (vgl. 3.1). Auch für die wirtschaftspsychologische Analyse scheint es unabweisbar, dass alle psychologischen Erörterungen bestimmter Themenbereiche (z. B. Konsumentenverhalten, Verhalten in Organisationen) in besonderer Weise auf diese äußeren gesellschaftlichen Bedingungen rückbezogen sind. So ist es beispielsweise nicht sehr sinnvoll, Fragen der Arbeitsmotivation oder der Arbeitszufriedenheit ohne Beachtung des strukturellen und kulturellen Hintergrundes von Arbeit abzuhandeln. Unsere Einstellung zur Arbeit ist Ausdruck ganz bestimmter struktureller Bedingungen (ökonomischer Entwicklungsstand, Stand der Technik, sozial-ökonomische Verteilungsmechanismen etc.) sowie bestimmter Lebensstile und Werthaltungen (Wertschätzung der Arbeit, bestimmte Arbeitsinhalte, Stellenwert der Arbeit im Rahmen des gesamten Lebens usw.). Auch ist unser Verhältnis zum Konsumieren Ergebnis bestimmter sozialer, kultureller und ökonomischer Entwicklungsprozesse (Versorgungsniveau, Marktbedingungen, Wirtschaftsordnung usw.). Alle diese Rahmenbedingungen schlagen sich in unterschiedlichen Lernerfahrungen nieder, die wiederum unterschiedliche psychische Prozesse auslösen werden. Auf diese Weise ist die wirtschaftspsychologische und wirtschaftssoziologische Forschung oft kaum voneinander abgrenzbar *(Kutsch/Wiswede 1986; Heinemann 1987)*. Abgrenzungen wären hier auch gar nicht erwünscht, weil die sozial-strukturellen und sozial-kulturellen Ausgangsbedingungen wirtschaftlichen Handelns Gegenstand auch der psychologischen Analyse sein müssen, sofern man sich nicht lediglich mit völlig abstrakten (im ursprünglichen Wortsinn: abgerissenen!) individual-psychologischen Konzepten begnügen will (in der Tat neigen viele psychologische Konzepte zu einer solchen monadologischen Abschottung). Unabhängig von einer höchst erwünschten und in der empirischen Wirtschaftspsychologie auch längst praktizierten Verquickung soziologischen und psychologischen Arbeitens bestehen jedoch auf einer eher theoretischen Ebene einige prinzipielle Schranken der Gemeinsamkeit *(Wiswede 1998 a, 2005)*: Diese Schwierigkeiten liegen in dem Umstand begründet, dass der methodologische Ansatz der meisten Soziologen nicht individualistischer Natur ist – also nicht das Individuum und dessen Verhalten als Einheit der Analyse auffasst –, sondern eher kollektivistische Ansätze in den Mittelpunkt rückt: Bezugspunkte der Analyse (z. B. der „strukturell-funktionalen Theorie") sind z. B. soziale Systeme oder „Gesellschaften".

Sofern in der Psychologie gelegentlich systemorientierte Ansätze auftauchen (z. B. in der Organisationspsychologie), so ist die Vorgehensweise im Grunde soziologisch und nicht psychologisch. Im Übrigen ist die Kluft zwischen verhaltensorientierten und systemtheoretischen Ansätzen keineswegs unüberbrückbar, wenn gewisse Transformationsregeln explizit gemacht werden. Die Erforschung von Interaktionssystemen sowie neuere Arbeiten zur Netzwerk-Analyse erfüllen diese Brückenschlagfunktion.

(3) Ökonomie und Wirtschaftspsychologie

Die Ökonomie ist die dritte Wissenschaftsdisziplin, von der die Wirtschaftspsychologie abgegrenzt werden muss. Abgrenzung: Das klingt in erster Linie nach Abschottung, nach der Errichtung von Fachzäunen, um sich unliebsamer Eindringlinge zu erwehren, um wissenschaftliches Freibeutertum einzudämmen. Ist nicht gerade die Einebnung von Fachzäunen im Zeitalter verstärkt problemorientierter Forschung höchst geboten, um der Forderung nach interdisziplinärem Vorgehen zu entsprechen?

Für die Möglichkeit eines Zusammenwachsens ökonomischer und psychologischer Ansätze sprechen zunächst – neben den erwähnten forschungsstrategischen Gesichtspunkten – einige gewichtige Punkte, die eine Synthese begünstigen sollten:

- Beide Disziplinen verfolgen einen individualistischen Ansatz, d.h., die Einheit der Untersuchung ist das Individuum und sein Verhalten.
- Der dem Rationalprinzip verpflichtete Ansatz scheint auf den ersten Blick einer kognitiven Perspektive zu entsprechen.
- Die in der Wirtschaftstheorie entwickelten Nutzentheorien weisen strukturelle Ähnlichkeit mit psychologischen Nutzentheorien auf.
- Einige Grundannahmen (z.B. im Rahmen der Theorie rationaler Erwartungen, Verlaufscharakteristik bei Nachfragekurven) scheinen mit lerntheoretischen Ansätzen weitgehend kompatibel zu sein.

Diese Überlegungen dürfen jedoch nicht darüber hinwegtäuschen, dass zwischen psychologischem und (modell-)ökonomischem Vorgehen ein sehr fundamentaler Unterschied besteht. Dieser Unterschied liegt darin begründet, dass das ökonomische Denken bei strikter Beachtung der Rationaltheorie – wir kommen auf das Rationalprinzip und seine Verankerung in der ökonomischen Verhaltenstheorie noch zurück (vgl. Kapitel 1.4) – *formalwissenschaftlich,* nicht dagegen realwissenschaftlich verstanden wird (*Albert 1967* und die Folgediskussion). Wie bekannt, unterscheidet man in der Wissenschaftstheorie zwischen Formalwissenschaften (z.B. Logik, Mathematik), deren Wahrheitskriterien lediglich logische Sätze, nicht dagegen empirische Aussagen sind. Die Modellableitungen der Wirtschaftstheorie neoklassischen Stils folgen weitgehend der formalwissenschaftlichen Version: Sie bilden eine Teilklasse der Logik, nämlich der Logik wirtschaftlicher Entscheidungen *(Little 1949; Gäfgen 1968).* Insofern ist die Modellökonomie ein Unterfall der Logik und damit eigentlich „Formalwissenschaft", nicht dagegen im strengeren Sinne eine empirische Wissenschaft. Der formale Charakter dieser Disziplin wird gelegentlich auch normativ interpretiert: Begreift man die Ökonomie als normative Theorie, so wäre eine Theorie der wirtschaftlichen Entscheidung nicht mehr das Studium dessen, wie in der Realität tatsächlich entschieden wird (deskriptive Entscheidungstheorie), sondern wie unter bestimmten Voraussetzungen entschieden werden sollte, um dem Rationalprinzip zu genügen (präskriptive Entscheidungstheorie). Auch wenn diese präskriptive Komponente fehlt, bleibt die sogenannte „positive Ökonomie" insofern normativ, als sie Rationalität zur Norm erhebt. Wir werden später noch genauer sehen, in welcher Weise sich die hier reklamierte Logik von der Psycho-Logik unterscheidet, um die es in der Wirtschaftspsychologie geht.

Natürlich haben Ökonomen seit Jahrzehnten Versuche gemacht, aus der Enge der modelltheoretischen Umgrenzungen herauszufinden. Hierzu sind prinzipiell zwei Wege möglich: Ein erster Weg besteht darin, gewisse Modifikationen an den Modellen vorzunehmen, die durch ihre größere „Lebensnähe" psychologische Korrekturposten darstellen (z.B. die Einbeziehung von Erwartungen, Entwicklung probabilistischer Modelle, Einbeziehung von Entscheidungen unter Ungewissheit). Ein radikalerer Weg ist die Abkehr von Modellanalysen, die z. T. auch durch den Verzicht auf theoretische Forschung erkauft wurde (z.B. in der historischen Schule der Nationalökonomie), oder aber die verstärkte Hinwendung zur psychologischen Forschung (etwa in der von *Schmölders* begründeten sozialökonomischen Verhaltensforschung) oder aber in den „behavioral economics" *(Gilad/Kaish 1986).* Hier findet der Gedanke Gestalt, dass eine Abkehr von formalwissenschaftlichen Modellen und eine Hinwendung zu psychologischen Basiskonzepten keineswegs „theorielosen Empirismus" bedeuten muss, sondern eher den Zugang zu empirisch gehaltvollen Theorien erschließen kann.

Interessant ist übrigens, dass – ganz gegenläufig zu den Anfeindungen, denen sich die Modellökonomie ausgesetzt sieht – das ökonomische Modell Erklärungsansprüche anmeldet, die weit über den bisherigen Bereich wirtschaftlicher Fragestellungen hinausgehen: Wir denken an den „Public-choice-Ansatz" (z. B. *Becker 1976; McKenzie/Tullock 1975; Kirchgässner 1991),* in dem versucht wird, nutzentheoretische Erklärungen auf der Basis des

Rationalprinzips auch auf außerwirtschaftliche Sachverhalte (z. B. auf soziologische Problemstellungen, auf politikwissenschaftliche Fragenbereiche) anzuwenden: etwa auf demokratisches Wahlverhalten, auf den Beitritt in Organisationen, auf Heiratsverhalten, Drogenkonsum, Kriminalität und vieles andere. Die Tatsache, dass solche Versuche, den ökonomischen Ansatz auf andere Gebiete zu transferieren, durchaus fruchtbar gewesen sind, spricht im Grunde für das methodologische Vorgehen der Ökonomie, könnte jedoch auch als Hinweis darauf verstanden werden, dass ein strikt psychologischer Ansatz (z. B. eine psychologisch fundierte Nutzentheorie) noch bessere Ergebnisse erwarten ließe.

Wir sahen, dass eine Annäherung der (neoklassischen) Wirtschaftstheorie und der wirtschaftspsychologischen Forschung weniger durch unterschiedliche Erkenntnisbereiche eingeschränkt wird – diese sind in der Tat nahezu identisch –, sondern dass die Art des methodologischen Vorgehens – hier vor allem die formalwissenschaftliche Analyse gegenüber einer verstärkt empirischen Vorgehensweise – eine weitergehende Annäherung bisher verhindert hat. Diese grundsätzliche Barriere, auf die wir später bei der Behandlung des Rationalverhaltens noch ausführlicher zurückkommen, kann hier kaum ohne schmerzliche Eingriffe in die Grundstruktur des ökonomischen Denkens überwunden werden.

Für die eher anwendungsorientierten Bereiche der *Betriebswirtschaftslehre* bestanden solche Barrieren allenfalls in einer Phase, als diese Disziplin sich ausschließlich als „Kunstlehre" verstand. In dem Maße, in dem sich die Betriebswirtschaftslehre verstärkt mit empirischen Sachverhalten auseinanderzusetzen hatte – dies geschah vor allem in den Funktionsbereichen Produktion und Absatz –, war sie gezwungen, sich mit Forschungsergebnissen zu befassen, die z. B. den Menschen als „Produktionsfaktor" oder als „Absatzfaktor" auch in seiner empirischen Gestalt ernst zu nehmen begannen. Auf diese Weise entstand zunächst – hier noch unter dem Einfluss der Nationalökonomie – die „Theorie der Firma" *(Cyert/March 1963)* und später die verhaltensorientierte Betriebswirtschaftslehre *(Schanz 1977)* sowie die verhaltensorientierte Managementlehre *(Staehle 1999)*. Teilbereiche dieser Disziplin, zumal jene, die mit den Themenbereichen Organisation, Betrieb und Arbeit befasst waren, wurden im Rahmen der Organisationslehre rapide mit psychologischen Inhalten angereichert *(Schanz 1978)*, andere Bereiche, die um Themen wie Absatz, Konsum und Werbung kreisten, wurden zunehmend im Kontext des Marketing *(Kotler/Armstrong 1988)* von psychologischen Aspekten durchsetzt. Abgesehen von der besonderen pragmatischen Perspektive, die die Organisationsforschung einerseits und die Marketingforschung andererseits charakterisiert und die mit einer wirtschaftspsychologischen Sichtweise keineswegs immer übereinstimmen muss (vgl. hierzu 2.4), wird in diesen mehr problemorientierten Forschungsfeldern seit langem interdisziplinäre Arbeit geleistet. Den hier tätigen Betriebswirten muss auch in psychologischer Hinsicht längst die erforderliche Kompetenz attestiert werden. Die Schützenhilfe seitens der Fachpsychologen war ja auch in der Vergangenheit nicht gerade groß, was Wunder, dass die Organisationsforscher und die Marketing-Strategen zur Selbsthilfe greifen mussten!

1.3 Besonderheiten wirtschaftlichen Verhaltens

Wir sagten, dass die Wirtschaftspsychologie diejenige Teildisziplin der Psychologie ist, die sich mit dem Verhalten und Erleben im wirtschaftlichen Bereich befasst. Es ist nun an der Zeit zu klären, was genau unter wirtschaftlichem Verhalten verstanden werden kann.

Die Klärung dieser Frage versuchen wir in den folgenden Schritten: Wir befassen uns zuerst mit dem Begriff des *Verhaltens* und versuchen, diesen gegenüber ähnlichen Begriffen wie „Handlung“ oder „Entscheidung“ abzugrenzen. Danach behandeln wir kurz die Frage, was unter *wirtschaftlichem* Verhalten verstanden werden kann und welchen Besonderheiten das Verhalten im wirtschaftlichen Kontext unterliegt. In einem weiteren Schritt gehen wir dem zunächst etwas merkwürdigen Sachverhalt nach, wieso Reaktionsformen der Wirtschaftsteilnehmer häufig gleichgerichtet ablaufen, und untersuchen, welche Gesetzmäßigkeiten sich hinter einer solchen „Bündelung“ von Verhaltensweisen verbergen könnten. Schließlich wollen wir auch im wirtschaftlichen Bereich unter Bezug auf soziale Normen bzw. normative Erwartungen zwischen konformen und abweichenden Verhaltensweisen trennen, eine Unterscheidung, die in zahlreichen Kontexten (z. B. bei der Behandlung von Wirtschaftskriminalität) relevant wird, was diesbezügliche Konzepte zur Erklärung „konformen“ oder „abweichenden“ Verhaltens anwendbar macht.

(1) Verhalten – Entscheiden – Handeln

Fragen wir zunächst, ob der Unterschied zwischen „Verhalten“ und „Entscheiden“ in wirtschaftspsychologischen Zusammenhängen von Bedeutung ist. „Entscheidung“ dürfte zweierlei voraussetzen *(Janis/Mann 1977):* die Existenz von mindestens zwei Alternativen (mitgedacht hierbei ein möglicher Kontlikt und eine gewisse Entscheidungsfreiheit) sowie ein zumindest halbwegs bewusster Abwägungs- und Auswahlprozess (mitgedacht ist also ein erheblicher Grad an kognitiver Beteiligung), wobei meist idealtypisch bestimmte Entscheidungsphasen unterschieden werden *(Irle 1971).* Obgleich nun beide Kriterien als variate Sachverhalte verstanden werden, scheint eine Anwendung des Entscheidungsbegriffs eine Anzahl wichtiger Verhaltensdimensionen auszublenden. Bereits *Katona (1951)* hebt die Bedeutung des impulsiven, insbesondere jedoch des habituellen Handelns in Abhebung zu den sogenannten „echten Entscheidungen“ hervor. Viele Autoren haben betont, dass extensive Entscheidungen mit allen Implikationen des Abwägens von Alternativen nur bei starker Ich-Beteiligung (involvement) vorkommen. Insbesondere bei Alltagshandlungen – etwa im Arbeits- oder im Konsumbereich – dürften Verhaltensweisen vom Typ der *Gewohnheit* und der *Routine* sowie der *vereinfachten Entscheidung* häufig sein. Sieht man insofern Entscheidungen als Teilklasse aller Verhaltensweisen an, so hat dies zur Konsequenz, dass Theorien und Konzepte, die von extensiven Entscheidungsprozessen ausgehen (z. B. „Information-processing-Konzepte“), lediglich für einen Ausschnitt wirtschaftlichen Verhaltens relevant sind.

Neben dem Begriff der Entscheidung wird neuerdings auch verstärkt auf das Konzept des „Handelns“ verwiesen, das den „behavioristisch“ vorbelasteten Verhaltensbegriff ersetzen soll. Obgleich es mittlerweile zahlreiche soziologische und psychologische Konzepte der Handlungsforschung und der „Theorie des Handelns“ gibt, die sich in wichtigen Punkten voneinander unterscheiden, dürfte das Paradigma dieses Forschungsansatzes in Folgendem bestehen: „Handeln“ sei gegenüber einem eher reaktiv-rezeptiven Verhalten abzugrenzen und in seiner spezifischen kontextualen und situativen Ausprägung zu verstehen. Hierbei komme es entscheidend auf Sinn- und Bedeutungszusammenhänge an: Das Individuum verbinde mit seinem Handeln bestimmte Intentionen, die dem Handlungsgeschehen substanziellen Sinn verleihen.

Wissenschaftstheoretische Analysen zeigen indes, dass es zur Klärung dieser Bedeutungszusammenhänge keineswegs der phänomenologischen Analyse bedarf, sondern dass die Erfassung von „Sinn“ und „Bedeutung“ durchaus auch durch Einbeziehung von intervenierenden Variablen im Rahmen der kognitiven Psychologie möglich ist. Handlungsforschung ist damit sicherlich ein Korrektiv zu behavioristischen Vorstellungen älteren Typs, jedoch vermutlich keine Alternative zur kognitiven Psychologie, sondern im günstigsten Falle ihre Bereicherung.

Wir ziehen aus dieser kurzen Betrachtung das Fazit, dass die Bevorzugung des Entscheidungsbegriffs eine Verkürzung der Perspektive darstellt, während das Konzept des Handelns vermutlich überflüssig sein dürfte. Wenn wir uns daher entschließen, den Verhaltensbegriff beizubehalten, so sollte dieser jedoch nicht durch eine behavioristische Perspektive eingeengt sein.

(2) Wirtschaftliches Verhalten

Wenn wir von wirtschaftlichem Verhalten sprechen, so meinen wir genauer: Verhalten im wirtschaftlichen Kontext. Denn der Ausdruck „wirtschaftliches Verhalten" kann ähnliche Missverständnisse hervorrufen wie der Begriff des „sozialen Handelns" oder „sozialen Verhaltens" im Bereich der Soziologie und Sozialpsychologie. Auch dort ist nicht etwa sozialfürsorgliches Verhalten gemeint (als Gegensatz zu „unsozial" – hier spricht man üblicherweise von „pro-sozialem Verhalten"). Analog hierzu meint der Ausdruck „wirtschaftliches Verhalten" keineswegs ein besonders effizientes Handeln (im Gegensatz zu „unwirtschaftlichem" Verhalten), bedeutet also nicht notwendigerweise ein besonders zweckmäßiges, rationales oder kalkuliertes Verhalten, sondern schließt ein Zweifaches ein:

- von ökonomischen Gegebenheiten ***abhängiges*** Verhalten (z. B. Reaktion auf Preisveränderungen, Akzeptanz von Innovationen, Leistungserhöhung durch besseres Betriebsklima usw.);
- auf ökonomische Gegebenheiten ***bezogenes*** Verhalten (z. B. ein bestimmtes Führungsverhalten, die Gründung eines Unternehmens, die Festsetzung von Preisen, die Planung einer Werbekampagne).

Dies macht deutlich, dass die Wirtschaftspsychologie den Menschen als *Verursacher* und als *Betroffenen* des wirtschaftlichen Geschehens in Betracht zu ziehen hat. Er ist Betroffener des ökonomischen Geschehens: als Arbeitender unter besonderen Arbeitsbedingungen, als Konsument unter besonderen Marktbedingungen. Und er ist zugleich Träger des wirtschaftlichen Geschehens: als Manager bei wirtschaftlichen Entscheidungen, in der Zielsetzung von Unternehmungen, in der Implementierung neuer Programme, bis hin zu wirtschaftlichen Grundsatzentscheidungen. In dieser letztgenannten Hinsicht beeinflussen Individuen *andere Menschen* bzw. Gruppen (z. B. deren Zufriedenheit, Leistung, Akzeptanz) oder aber *Strukturen* (z. B. die Organisationsstruktur, die Wettbewerbssituation, die Personalstruktur).

(3) Charakteristik des ökonomischen Kontexts

Das Verhalten im ökonomischen Kontext unterliegt einer Reihe von Besonderheiten; wir verweisen auf die folgenden:

– *Knappe Ressourcen:* Im Allgemeinen geht man davon aus, dass in wirtschaftlichen Zusammenhängen mit begrenzten (knappen) Ressourcen zu rechnen ist. Nun ist Knappheit ein relativer Begriff; es ist schwierig, in einer Überflussgesellschaft von Knappheit zu reden: Hier entsteht eher das Problem einer Verteilung des Überflusses. Das Zeitalter des „Marketing" verweist darauf, dass der Bedarf der Verbraucher vielfach „künstlich" stimuliert werden muss. Bedenken wir jedoch, dass auch in einer solchen Phase gesättigter Märkte auf subjektiver Ebene „Mangel-Erlebnisse" möglich sind, die hier jedoch als soziale Deprivationen in Erscheinung treten und daher das Prinzip der Knappheit auf sozialer Ebene wiederum inthronisieren.

– *Geldwerte Objekte:* Ökonomische Güter haben im Allgemeinen einen Preis; sie werden gewöhnlich auf dem Markt angeboten und nachgefragt. Dabei werden auf dem Wege der Konsumfelderweiterung immer mehr Güter dem Markt erschlossen (z. B. Abenteuerreisen,

Kunstwerke usw.); andere Güter dagegen (z. B. nicht beliebig vermehrbare Positionsgüter) werden dem Markt entzogen. Die Tatsache, dass wirtschaftliche Güter ihren „Preis" haben, macht Tauschvorgänge (marktbezogene Interaktionen) berechenbar und lässt Geld – zumindest auf den ersten Blick – als gemeinsamen Nenner des Interaktionsgeschehens erscheinen.

– *Rationalitätsdruck:* Obgleich von einem rationalen Verhalten der Individuen keine Rede sein kann (vgl. 1.4), besteht eine Verhaltenstendenz zu rationalem Verhalten, wobei der Rationalitätsdruck im Produktionsbereich stärker, im Konsumtionsbereich schwächer ausgeprägt ist. Die Ursachen des Rationalitätsdrucks sind: (a) Knappheit (diese zwingt zum „Wirtschaften", zum „Haushalten"), (b) Sachzwänge (die Systemisierung, Technisierung und Organisation schreibt rationales Verhalten weitgehend vor), (c) Normen (Rationalität ist als Wert und Norm sozial erwünschtes bzw. gefordertes Verhalten) und (d) Rollen (die in besonderer Weise zur Rationalität verpflichten).

Diese Besonderheiten des ökonomischen Sektors hat eine Wirtschaftspsychologie zu berücksichtigen, auch wenn sie das Prinzip der Knappheit unter etwas veränderter Perspektive sieht, auch wenn sie den Generalnenner „Geld" als Oberflächenphänomen einstufen mag, auch wenn sie die erwähnte Rationalität lediglich als Epiphänomen (Ex-Post-Rationalisierung bereits getroffener a-rationaler Entscheidungen) gelten lassen möchte.

(4) Gleichrichtung des Verhaltens

Nun halten Wirtschaftstheoretiker vielfach psychologische Variablen für überflüssig, zumal wenn es um die Analyse von Makroprozessen geht (genau genommen sind diese Faktoren in Nutzenfunktionen als endogene, d. h. von der Ökonomie nicht näher zu erklärende Variablen enthalten). Die meisten Ökonomen gehen deshalb von der Grundüberlegung aus, dass unterschiedliche Reaktionsformen aufgrund differenzieller Einstellungen, Erwartungen oder Motivationen nicht sonderlich interessieren, da sie im Gesetz der großen Zahl unterschiedslos aufgehen und keineswegs systematisch gerichtet erscheinen. Zwar müsse man die Verhaltensvariation einzelner Individuen akzeptieren, könne sie jedoch deshalb vernachlässigen, da sich auf aggregierter Ebene die Verhaltensunterschiede doch nivellieren.

Dies ist eine irrige Annahme, denn es lässt sich aus sozialpsychologischer Perspektive zeigen, dass die psychologischen Bindeglieder das klare Bild einer Reiz-Reaktions-Verbindung nicht nur eintrüben, sondern systematisch und gerichtet verändern können *(Katona 1951, 1975).* Statt der vermuteten nivellierenden Effekte kommt es dann eher zu kumulierenden Wirkungen. Dies wird bereits evident durch die einfache Erfahrungstatsache, dass sich durch bestimmte Situationen die Erwartungshaltungen der Individuen abrupt ändern, dass die Börsenstimmung umschlägt, dass Kaufzurückhaltung (in bestimmten Bereichen) geübt wird, dass das Investitionsklima plötzlich von pessimistischen Grundstimmungen geprägt wird, dass sich Moden kollektiv ausbreiten, dass solidarische Streiks stattfinden usw.

Wir wollen zwei Faktorengruppen unterscheiden, die die Gleichrichtung des Verhaltens bewirken können. Eine erste Liste von Faktoren müsste alle jene Einflussmöglichkeiten enthalten, denen Individuen *unabhängig voneinander* ausgesetzt sind. Eine zweite Faktorengruppe wird durch den Umstand definiert, dass sie auf *Interaktionen,* also auf sozialen Austausch- und Kommunikationsprozessen beruht.

Wenden wir uns zunächst der erstgenannten Faktorengruppe zu. Gründe für die Gleichrichtung ökonomischen Verhaltens liegen häufig in gleichen oder ähnlichen Situationsdeutungen oder Situationsumdeutungen. So mag beispielsweise eine Erhöhung der Inflationsrate kollektiv im Sinne „schlechter Wirtschaftsaussichten" interpretiert werden und – völlig abseits der ökonomischen Vorstellungen – zu einer Erhöhung der Sparquote führen. Auch können gleiche oder ähnliche Erfahrungen/Konsequenzen zu kollektiven Lerneffekten führen, die darüber hinaus generalisiert werden. In analoger Weise wirken gleiche oder ähnliche Einstellungen oder Erwartungshaltungen, die zwar das Resultat bestimmter Konsequenzen und/oder Rahmenbedingungen sein können, jedoch in ihrer Richtung ganz andere Wege gehen, als es das rationale Kalkül glauben machen möchte. Entscheidend bleibt stets, dass die objektive Datenlage oder entsprechende Datenänderungen zwar die kognitive Struktur der Wirtschaftsteilnehmer ändern können, dass die Richtung dieser Änderung jedoch nicht allein aus der Kenntnis dieser objektiven Situation ablesbar ist. Sie wäre es lediglich bei solch dominanten Situationen, in denen faktisch kein Entscheidungsspielraum gegeben ist oder bei denen bestimmte Reaktionsformen gewissermaßen vorprogrammiert sind. Aber auch diese „Programme" sind selten rationaler Natur.

Gewöhnlich wird die psychische Gleichrichtung wirtschaftlichen Verhaltens jedoch vorwiegend mit anderen Ursachen erklärt, die wir hier als Faktoren kennzeichnen, die auf sozialer Interaktion beruhen. Hier sollen insbesondere vier Einzelfaktoren herausgehoben werden:

– *Kommunikationsprozesse aller Art,* d.h. das Senden und Empfangen von ökonomisch relevanten Informationen, z.B. über die Wirtschaftslage, über stattgefundene oder bevorstehende Ereignisse, über Absichten usw. Gemeint sind hier einmal Prozesse personaler Kommunikation (z.B. Treffen und Austausch von Unternehmern auf einer Tagung), zum anderen jedoch der Informationsfluss über die Medien mit ihrer nivellierenden und gleichrichtenden Wirkung. Im Zeitalter der Massenmedien und schneller weltweiter Nachrichtenübermittlung, insbesondere auch mit der Ausbreitung der Computertechnologie und der Telekommunikationsmittel, werden akzelerierende Ausbreitungseffekte möglich (Beispiel: die Auslösung riesiger Verkaufs- oder Kaufwellen an der Börse durch Computer, die alle nach ähnlichen Kriterien programmiert sind). Schließlich ist es von Belang, wie die Inhalte der Kommunikation genau lauten, ob die Botschaft eher emotiv oder eher kognitiv besetzt ist und wie die Glaubwürdigkeit des Kommunikators eingeschätzt wird (z.B. Nachrichtensprecher, Unternehmer, Regierungsrepräsentant). Ähnlich können „Ankündigungen", „Prognosen" (z.B. Wahlprognosen), Datenpublikationen (z.B. Marktforschungsergebnisse), Szenarien (z.B. über die Konsequenzen bestimmter Entwicklungen) wirken: gelegentlich als „self-fulfilling-prophecies" (das, was man voraussagt, tritt auf Grund der Voraussage auch tatsächlich ein) und unter anderen Umständen als „self-destroying-prophecies" (das, was man beschwört, kann abgewendet werden).

– Insbesondere im Zusammenhang mit Medienwirkungen – und vor allem da, wo objektive Informationen fehlen – werden oft *Ansteckwirkungen affektiv-emotionaler Art* (sog. Kollektivverhalten im soziologischen Sinn) beobachtet. Das eigentliche Feld solcher wechselseitig infektiöser Prozesse sind Massenveranstaltungen, bei denen irgendwelche auslösenden Ereignisse (z.B. ein Brand, ein Konkurs, eine Hiobsbotschaft) Überreaktionen auslösen (Panik, Gerücht, Massenpsychose). Solche Ereignisse können z.B. zu einem ruckartigen Kursverfall führen und durch die akzelerierende Wirkung der Medien sowie durch die erwähnten „Self-fulfilling-Mechanismen" rasche Ausbreitung erfahren.

– *Soziale Vergleichsprozesse sowie Modellnachahmung* können in Gruppen oder Branchen gleichfalls eine Gleichrichtung des Verhaltens bewirken (z.B. gleiche Handelsspannen, Preisorientierung an der Konkurrenz, Imitieren des Marktführers). Dabei bleibt es zunächst unentschieden, worauf die Konformität beruht (z.B. auf Gruppendruck, auf Unsicherheit oder auf Zugehörigkeitsgefühl). Selbst wenn Argumente stichhaltig, Innovationen nützlich und Moden „schick" sein mögen: Sie werden breitflächig nur dann akzeptiert, wenn es über bestimmte Schwellenwerte hinweg zu Akzeptanz- und Ausbreitungswirkungen kommt.

– Eine Gleichrichtung ökonomischen Verhaltens ist schließlich auch über die *kollektive (organisierte) Bündelung von Einzelinteressen* möglich (sog. kollektives Handeln i. S. *Olsons 1968*). Hier geht es um die mehr oder weniger organisierte Wahrnehmung von Interessen durch Verbände oder ad hoc zusammengefügte Solidargruppen (z. B. Bürgerinitiativen). Dabei werden bestimmte Handlungsabsichten selektiv gebündelt und in kollektive Aktionen umgesetzt. (Dies ist in vielen ökonomischen Modellen ausgeschlossen durch die Annahme, dass der Grad formaler Organisation z. B. auf Angebots- und/oder Nachfrageseite der Märkte vernachlässigt werden kann oder die „große Gruppe" i. S. *Olsons* nicht zustande kommt). Bedenken wir zusätzlich, dass viele Wirtschaftsteilnehmer in Relais-Funktion Angehörige verschiedener Interessengemeinschaften, Organisationen und Verbände sind, kann von hier aus auch eine kollektive Bündelung durch Torhüter-Effekte oder durch Meinungsführerschaft erreicht werden. Dies geschieht im Übrigen auch im „Kleinformat", z. B. bei der Abstimmung von Konsumentscheidungen im familialen Haushalt: Das tatsächlich realisierte Verhalten ist dann vielfach das Resultat eines Bündelungs- und Abstimmungsprozesses innerhalb der Familienmitglieder.

Diese Ausführungen zeigen deutlich, dass eine Reihe von Faktoren die psychische Gleichrichtung von Verhaltensweisen bewirken kann, ohne dass dies aus der ökonomischen Datenlage direkt abgeleitet werden könnte. Dabei sollte deutlich werden, dass eine solche Gleichrichtung nicht voraussetzt, dass Individuen in Interaktionsprozessen stehen; gleiche oder ähnliche Erwartungs- oder Motivationslagen können ebenso vereinheitlichend wirken.

(5) Konformes und abweichendes Verhalten

Ein weiterer Punkt verdient unsere Beachtung. Wie jedes Verhalten, so kann auch das Verhalten im wirtschaftlichen Bereich danach eingestuft werden, ob es bestimmten sozialen Normen und Erwartungen entspricht. Diese Normen können allgemeiner Natur sein – z. B. Erwartungen über faire Behandlung von Geschäftspartnern – oder spezifischer Art – z. B. besondere Normen, die für bestimmte Berufsgruppen gelten. Sie können ferner qua *Situation* gelten – in bestimmten Situationen raucht man nicht – oder qua *Rolle:* Als Betriebsratsmitglied muss man bestimmten Rollenerwartungen genügen. Übergreifend ist das wirtschaftliche Geschehen mit Rationalitätsnormen durchsetzt; von ihnen war bereits die Rede.

Entspricht ein Verhalten solchen Normen oder Erwartungen, so sprechen wir von konformem Verhalten; z. B. vom Bürger, der seine Steuern ordnungsgemäß abführt, vom Mitarbeiter, der seinen Vorgesetzten nicht hintergeht, vom Konsumenten, der exzessiven Alkoholkonsum meidet. Andere Handlungen repräsentieren abweichendes wirtschaftliches Verhalten: Intrigen im Betrieb, Rauschgiftkonsum, Schwarzarbeit, Steuerhinterziehung, Scheckfälschung, unlauterer Wettbewerb usw. Wirtschaftskriminalität z. B. repräsentiert häufig einen Sachverhalt „schwach" abweichenden Verhaltens, der oftmals schwer durchschaubar ist und der vielfach als Kavaliersdelikt eingestuft wird oder gar als besonders „clever" gilt (z. B. schwache Formen der Steuerhinterziehung, Schwarzarbeit usw.). Gegenüber bestimmten Formen der Wirtschaftskriminalität (z. B. Umweltbeeinträchtigung) wächst allerdings die Sensibilität und damit auch die Schärfe der ausgeübten oder angedrohten Sanktionen.

1.4 Zur Problematik rationalen Verhaltens

Im vorigen Abschnitt hatten wir herausgestellt, dass das Verhalten im ökonomischen Kontext unter einem gewissen Rationalitätsdruck steht. Prüfen wir daher jetzt genauer, welchen Stellenwert *rationales Verhalten* für die wirtschaftspsychologische Analyse hat.

(1) Das Rationalprinzip

Die wirtschaftstheoretische Modellanalyse unterstellt meist das Rationalprinzip als Verhaltensmaxime, Nutzenmaximierung als Zielsetzung (Gewinnmaximierung als Unterform der Nutzenmaximierung) sowie Markttransparenz und unendliche Anpassungsgeschwindigkeit als zusätzliche Voraussetzungen. Das Rationalprinzip wird hier nicht als inhaltlich bestimmtes, sondern als formales Durchführungsprinzip verstanden, das eine bestimmte Präferenzstruktur sowie Nutzenmaximierung als Zielsetzung voraussetzt (vgl. zum Stellenwert *Heath 1976; Albert 1967; Wiswede 1972 b; McKenzie/Tullock 1975).* Es ist damit ein *formales Prinzip der Entscheidungslogik* und hat insofern lediglich logische (P handelt nach Regeln der Logik), normative (P sollte rational handeln) oder fiktive bzw. konditionale Bedeutung (der Betrachter nimmt probeweise an, dass P rational handeln würde).

Nach *Friedman (1953)* hat das Rationalprinzip jedoch auch eine gewisse deskriptive (d. h. empirisch gehaltvolle) Bedeutung. *Friedman* argumentiert (wissenschaftslogisch unzutreffend), dass auch aus falschen Prämissen (empirisch) richtige Schlüsse gezogen werden können. Dies träfe wohl nur dann zu, wenn das Rationalprinzip in eine empirische Sprache übersetzbar und operationalisierbar wäre (z. B. durch Indikatoren wie: Ausmaß der Informationsaktivität, Dauer des Abwägungsprozesses, Grad der kognitiven Beteiligung). In diesem letzteren Sinne wäre eine Tendenz zur Rationalität empirisch zu verorten, indem etwa ausgesagt wird, dass sich Individuen in bestimmten (noch näher zu klärenden) Situationen rationaler verhalten als in anderen.

Nun haben Ökonomen immer wieder darauf verwiesen, dass vom ökonomischen Bereich, bei dem es um knappe Ressourcen geht, ein gewisser Rationalitätsdruck ausgeht, sodass das Subsystem Wirtschaft am ehesten als derjenige Situationsbereich anzusehen sei, in dem sich rationales Verhalten finden lasse. Allerdings konnten Ökonomen schon sehr früh feststellen, dass die Rationaltheorie im Produktionsbereich besser, im Konsumtionsbereich dagegen schlechter greift, sodass die Kritik am „homo oeconomicus" in erster Linie die Theorie des Konsumentenverhaltens bzw. die Theorie des Haushalts zum Gegenstand hatte *(Streissler/Streissler 1966).*

Prüfen wir zunächst die Bedingungen, unter denen die Rationaltheorie am ehesten eine *empirisch auffindbare Verhaltenstendenz* widerspiegeln könnte. Uns scheint, dass dies unter drei Bedingungen der Fall ist:

- Perzipierte Knappheit von Ressourcen, wobei das Ausmaß dieser Knappheit die Stärke des Rationalitätsdrucks bestimmt.
- Verhaltenswirksame Wertvorstellungen und Normen, die einen sozialen Druck auf rationales Verhalten (als eines sozial erwünschten Verhaltens) bedingen.
- Verhaltenswirksame Ausbildungsformen, die bestimmte rationale Entscheidungsregeln (z. B. Grenzkostenkalkulation) für wirtschaftliches Handeln zur Anwendung bringen.

Auch hier zeigt sich wieder, dass im Produktionsbereich das Verhalten vermutlich eine rationalere Tönung erfährt (insbesondere durch Professionalisierung, Rollendruck, betriebliche Sanktionen, Rechtfertigungspflicht usw.) als im Konsumbereich, in dem affektiv-emotionale Komponenten des Verhaltens ausgeprägter sind. Psychologische Studien über tatsächliches Entscheidungsverhalten zeigen jedoch auch für den betrieblichen Bereich die emotionale „Unterwanderung" von Entscheidungen. Vielfach dienen kognitive Anstrengungen lediglich dazu, weitgehend a-rationale Handlungen ex post zu „rationalisieren", also ihnen jene normativ geforderte Rationalität zu verleihen, die angeblich das Entscheidungshandeln geprägt hat.

Zur Annäherung an die empirische Realität werden daher in einer mehr deskriptiv verstandenen Entscheidungstheorie modifizierte und „weichere" Formulierungen des Rationalprinzips vorgeschlagen. Modifizierungen betreffen u. a. den Umstand, dass Rationalität selbst als Einsatz von Mitteln angesehen wird („Kosten der Rationalität"). Entscheidungen unter Ungewissheit führen zu probabilistischen Modellen, die wissenschaftslogisch jedoch auch nichts anderes sind als arithmetische Systeme rein logischer Wahrheiten über Wahrscheinlichkeitskombinationen unter Maximierungsbedingungen. Von empirischer Relevanz dürften dagegen „weichere" Formulierungen der Rationalität sein *(Simon 1957; Katona 1951):* als genügsame Rationalität oder als „Satisficing-Strategie". Nach dieser Auffassung strebt z. B. der Unternehmer lediglich nach einem befriedigenden Gewinn, der Verbraucher analog nach einem befriedigenden Nutzen.

Um genauer zu klären, was denn nun im Einzelfall „befriedigend" ist, bedarf es allerdings der Anbindung an psychologische Konzepte (z. B. an die Theorie des Anspruchsniveaus von *Lewin et al. 1944,* an die Theorie sozialer Vergleichsprozesse von *Festinger 1954* usw.). Die von Ökonomen formulierte Theorie der Anspruchssetzung *(Tietz 1978; Sauermann/Selten 1962)* kann hier als wegweisend gelten; zu fordern ist jedoch eine stärkere Anbindung an den gegenwärtigen Erkenntnisstand der Theorie des Anspruchsniveaus im Zusammenhang mit der Theorie der Leistungsmotivation. Auch wäre darüber zu reflektieren, dass sich Individuen die Kosten extensiver Entscheidungsbildung nur dann aufbürden, wenn die Konsequenzen der Entscheidung bedeutsam und ungewiss sind *(Hansen 1972).* In allen übrigen Fällen dürften Satisficing-Strategien dominieren, sofern nicht gar habituelle, routinehafte oder unter Sachzwängen ablaufende Handlungen vorherrschen. Manchmal scheitert die Rationalität nämlich nicht nur an den Menschen und ihrer Unfähigkeit zu „vernünftigem" Handeln, sondern an den Strukturgesetzlichkeiten (z. B. bürokratische Zwänge, die Eigendynamik sozio-technischer Systeme), die ein bestimmtes Verhalten aufnötigen, das von harten Rationalitätskriterien ziemlich weit entfernt ist.

(2) Nutzenmaximierung

Ökonomen verwenden das Nutzenprinzip sowie Nutzentheorien meist ebenfalls in formalwissenschaftlich-normativer Hinsicht: Ein bestimmtes Ziel – hier Nutzenmaximierung – solle realisiert werden. Insofern die Wirtschaftstheorie jedoch auch Aussagen über faktisches Verhalten anstrebt, erkennt man dem Nutzenprinzip eine gewisse realwissenschaftliche, deskriptive Bedeutung zu. Daher ist die ökonomische Nutzentheorie nur eine stark abstrahierte Variante aus dem Bereich utilitaristischer Erklärungsmodelle im Gesamtbereich der Sozialwissenschaften. Ungeachtet ihrer Inhaltsarmut und ihrer Nähe zur Tautologie ist jedoch offensichtlich, dass auch die meisten psychologischen Theorien irgendwelche Varianten allgemeiner hedonistisch-utilitaristischer Prinzipien oder Axiome repräsentieren (vgl. das Lustprinzip der Psychoanalyse oder das Effektgesetz der Lerntheorie).

Das Nutzengesetz lautet in seiner allgemeinsten Form: Von zwei Alternativen wird im Rahmen gegebener Beschränkungen stets diejenige gewählt, die den größeren (subjektiven) Nutzenwert hat. Dabei wird lediglich vorausgesetzt, dass die Präferenzen sich rangordnen lassen, dass also keine intransitiven Wahlen auftreten. Dies führt zu einer einfachen ordinalskalierten Nutzenfunktion, mit der sich allerdings empirisch nur wenig gehaltvolle Aussagen formulieren lassen. In der Regel geht man davon aus, dass die Handlungsalternativen Bündel von mehr oder weniger wahrscheinlichen („unsicheren") Konsequenzen darstellen. Beispielsweise habe jemand nach dem Studium die Wahl zwischen mehreren Arbeitsplätzen. Jeder Arbeitsplatz führt mit unterschiedlichen subjektiven Wahrscheinlichkeiten zu bestimmten Konsequenzen (wie baldige Beförderung, interessante und abwechslungsreiche Tätigkeit, häufige Auslandsaufenthalte usw.).

In der Nutzentheorie wird nun meist gefordert, dass (a) der Gesamtnutzen einer Handlungsalternative die Summe der Nutzenwerte der einzelnen (unsicheren) Konsequenzen darstellt (Additivität der Nutzenfunktion) und (b) der Nutzenwert einer einzelnen unsicheren Konsequenz dem Produkt des subjektiven Wertes dieser Konsequenz und der subjektiven Wahrscheinlichkeit ihres Eintretens entspricht (multiplikative Verknüpfung von subjektiven Werten und Wahrscheinlichkeiten).

Aus solchen differenzierteren Modellvorstellungen lassen sich sehr viel spezifischere Vorhersagen über die Präferenzen von Individuen ableiten, die sich allerdings, wie wir sehen werden, empirisch nur teilweise bewährt haben. Aus diesem Grund sind zahlreiche Modellvarianten mit nicht-additiven Nutzenfunktionen oder mit anderen arithmetischen Verknüpfungen zwischen subjektiven Wahrscheinlichkeiten und Werten vorgeschlagen worden. Ein Sonderfall ist die Strategie der extremen Implikationen: Die Bewertung einer komplexen Konsequenz werde von den extrem negativen oder positiven Einzelbewertungen bestimmt.

Die meisten Modellüberlegungen gehen davon aus, die subjektive Präferenzskala als vorgegebenes Datum in die Analyse einzufügen: Beim Eintritt in das Wirtschaftsleben verfüge der Mensch über ein wohlformuliertes, differenziert-abgestuftes und ein für alle Mal festgelegtes Nutzensystem, das – so zumindest die implizite Voraussetzung – auch durch Lernvorgänge nicht mehr variiert werden kann, da Änderungen der Präferenzskalen im Rahmen statischer Modelle als Konstanten behandelt werden.

Zahlreiche Ökonomen haben sich mit einigen Schwierigkeiten beschäftigt, die mit der neoklassischen Nutzentheorie verknüpft sind. Ein erstes Problem besteht darin, dass der absolute Nutzen (z. B. einer Gütereinheit) von den sozialen Umständen und von anderen ökonomischen Größen (z. B. des Einkommens und der Preise) abhängt. Eine zweite Schwierigkeit ergibt sich aus der Tatsache, dass mit ökonomischen Handlungen oftmals mehrere Ziele zugleich verfolgt werden, sodass die Aggregierung heterogener Einzelziele zu einem Gesamtnutzen problematisch erscheint. Wenn man davon ausgeht, dass Individuen die positiven und negativen Nutzenwerte von Objekten saldieren und der Nettonutzen als Präferenz in das Entscheidungskalkül eingeht, so macht es einen psychologischen Unterschied, wie diese Ergebnisse im Einzelnen zustande kommen und in welchem Maße sie konfliktträchtig sind.

Weitere Schwierigkeiten der Nutzentheorie bestehen in gewissen axiomatischen Annahmen über die Natur menschlicher Präferenzen, insbesondere in der Transitivität, Konsistenz und Stationarität. Vor allem die Konsistenz- und Konstanzannahmen erweisen sich in der Realität als brüchig: Präferenzen sind dem Wandel unterworfen, unterliegen zahlreichen Lernprozessen und variieren mit unterschiedlichem situativen Kontext. Einer der wichtigsten Gründe für die fehlende oder unterbrochene Konstanz von Präferenzen ist nämlich darin zu sehen, dass Verhaltensweisen fast immer mit bestimmten Situationen gekoppelt sind, in denen allein positive Konsequenzen auftreten. Person P wird beispielsweise in Situation S_1 lieber Cognac trinken, in Situation S_2 lieber Bier. Der Griff zur Zigarette erfolgt meist lediglich in bestimmten Situationen (z. B. nach dem Essen oder in einer Situation der Unsicherheit). Lerntheoretisch sind solche Situationen sog. diskriminative Stimuli: Lediglich bei Auftreten oder Vorliegen des diskriminativen Reizes wird das entsprechende Verhaltensmuster ausgelöst.

Individuen müssen ihre Präferenzen jedoch nicht nur auf die für sie relevanten Güter verteilen, sondern sie müssen zusätzlich das zeitliche Eintreffen von Nutzenströmen berücksichtigen und diese entsprechend ihrer Wahrscheinlichkeit gewichten. Sie müssen also den *erwarteten* Nutzen maximieren. Im Hinblick auf diesen Zukunftsbezug wird die Nutzentheorie über die Maximierungsthese hinaus häufig als *Wert-Erwartungs-Theorie* formuliert. Erste Ansätze zu einer solchen Theorie finden sich bereits bei *Bernoulli (1896)* sowie explizit bei *Savage (1954)* bzw. im Rahmen der SEU-Theorien (subjective expected utility) etwa bei *Edwards (1954)*. Das Maß der Erwartung ist dabei ein Index der Wahrscheinlichkeit, dass die Ausführung einer bestimmten Handlung bestimmte Konsequenzen haben werde. Die hier um diesen Theoriekern entstandenen Wert-Erwartungs-Theorien spielen auch in den verschiedensten psychologischen Entscheidungs-, Verhaltens- und Einstellungstheorien eine gewichtige Rolle *(Atkinson 1964; Rotter 1954; Vroom 1994);* sie sind strukturgleich oder strukturähnlich konzipiert. Wir sehen deshalb gerade in diesen Konzepten eine wichtige Brücke zwischen ökonomischer und psychologischer Forschung (vgl. 3.3).

(3) Heuristiken

Menschen entscheiden sich vielfach auf Grund vereinfachter Regeln, die dem Einzelnen meist nicht bewusst sind, die es aber gestatten, selbst unter ungünstigen Informationskonstellationen hinreichend schnell und oft auch treffsicher zu sein. Solche Heuristiken haben die Funktion, Komplexität zu reduzieren, die durch Informationsüberflutung entsteht, so dass insbesondere bei weniger bedeutungsvollen Sachverhalten (einfache Entscheidungen ohne folgenschwere Konsequenzen, Routineangelegenheiten) simplexere Faustregeln angewendet werden. Diese Einordnung betont den positiven Aspekt von Heuristiken, mit deren Hilfe Probleme angemessen schnell bewältigt werden können, so dass kognitive Ressourcen für die wirklich wichtigen Entscheidungen aufgespart bleiben. Beispiele für solche Alltagsheuristiken sind etwa: „Markenartikel sind immer gut", „Experten kann man vertrauen", „Jeder Mensch ist im Grunde bestechlich", „Teure Produkte sind immer besser". Unter eher negativem Aspekt entstehen durch die Anwendung von Heuristiken Fallgruben oder kognitive Täuschungen (diese werden im nächsten Abschnitt unter der Bezeichnung „Anomalien" diskutiert).

Heuristiken spielen in Theorien der Informationsverarbeitung eine bedeutsame Rolle. Um zu betonen, dass viele kommunikative Prozesse auf diese Weise „vereinfacht", „verkürzt", „schematisiert" oder „kategorisiert" werden, hat *Schwarz (1982)* in Anknüpfung an die Metapher des kognitiven Geizhalses *(Shelley/Taylor)* die Figur „homo heuristicus" konzipiert, der in der Fülle der Alltagsentscheidungen die Figur „homo oeconomicus" ablösen soll.

Die drei meistgenannten und empirisch auch am häufigsten untersuchten Urteilsheuristiken sind

- die **Repräsentativitäts-Heuristik,**
- die **Verfügbarkeits-Heuristik** sowie
- die **Anker-Heuristik.**

Die *Repräsentativitäts-Heuristik* besteht darin, dass die Einordnung eines Objektes oder Sachverhalts auf Grund grober Ähnlichkeitsgesichtspunkte erfolgt. Das bedeutet, dass statt einer statistischen Korrelation eher einer inhaltlichen Ähnlichkeitsbeziehung vertraut wird. Beispiel: Beim wiederholten Münzwurf (Kopf/Zahl) wird die Abfolge ZKKZKZ für wahrscheinlicher gehalten als die Abfolge ZZZKKK. Anderes Beispiel: Ein bestimmtes Symptom wird als Beweis für die Bedrohlichkeit einer Krankheit herangezogen, obgleich die tatsächliche Basisrate dieser Krankheit extrem niedrig ist.

Die *Verfügbarkeits-Heuristik:* Bei der Beurteilung von Ereignissen und Wahrscheinlichkeiten werden solche Informationen besonders stark gewichtet, die dem Gedächtnis am leichtesten zugänglich sind (z. B. erst jüngst aufgetreten sind) und die mit großer Salienz (Hervorgehobenheit) und Lebendigkeit in Erscheinung treten. Grundlage dieser Heuristik ist die Zugänglichkeit (accessibility) als tatsächliche Abrufbarkeit, nicht dagegen die prinzipiell verfügbare Menge an Informationen (availability). Beispiel: Beim Kauf eines Produkts erinnere ich mich an ein gestriges Gespräch, bei dem dieses Produkt positiv kommentiert wurde (Zugänglichkeit/Verfügbarkeit spielt nach *Fazio [1986]* auch beim Abruf von *Einstellungen* eine Rolle. Diejenigen Einstellungen sind in besonderem Maße verhaltensrelevant, die am leichtesten zugänglich sind).

Die *Anker-Heuristik* beruht auf dem Anker-Effekt, der aus der heuristischen Perspektive in der Weise als Entscheidungshilfe verwendet wird, als Schätzungen der Wahrscheinlichkeit und Beurteilungen von Sachverhalten an einem Startwert (Anker) festgemacht werden. Auf diese Weise kategorisieren Individuen z. B. beim Kauf von Produkten im Ankerpreisbereich von „zu teuer" bis „zu billig". Wie *Stephan (1999)* bei Finanzentscheidungen empirisch ermitteln konnte, tritt der Ankereffekt auch dann auf, wenn der Ankerwert für den Probanden in keinerlei sachlogischer oder situativer Beziehung zum Schätzurteil steht.

(4) Entscheidungsanomalien

Heuristiken dienen der Entscheidungsvereinfachung, tragen demnach zur kognitiven Entlastung bei. Insofern erfüllen sie eine durchaus positive Funktion. Gleichzeitig sind sie jedoch das Einfallstor für fehlerhafte, suboptimale Entscheidungen. So entstehen Urteilsfehler, die im Widerspruch zu einem (normativen) Urteilsmodell stehen. Solche Urteilsfehler bilden demnach die Schattenseite der Heuristiken, weil sie im Allgemeinen auf die Konsequenzen von Entscheidungen negative Auswirkungen haben (dies ist allerdings, worauf *Thaler [1992]* verweist, nicht zwangsläufig so). Wenn sich auf Aggregat-Ebene Abweichungen vom ökonomischen Modell zeigen, dann sind diese Abweichungen keineswegs unsystematisch, zufallsbedingt und sich gegenseitig neutralisierend, sondern gerichtet und systematisch. Dies gilt auch dann, wenn vorher Anreize für rationales Verhalten geboten werden, und es gilt ferner auch für Urteile sog. Experten (z. B. Börsenspezialisten).

Wir stellen nachfolgend einige der wichtigsten Entscheidungsanomalien vor, die mittlerweile von Ökonomen und Psychologen zusammengestellt worden sind. Einige dieser Anomalien konvergieren mit den bereits angesprochenen Heuristiken, andere sind theoretisch schlüssig verortet, z. B. in der Prospect-Theorie (die wir im Theorie-Teil unter M 7 noch ausführlicher besprechen).

Gewinnsicherung/Verlustreparation: Bei gleicher Höhe „schmerzen" Verluste mehr als Gewinne „erfreuen". Diese Asymmetrie zwischen Verlust- und Gewinnsituation führt Menschen dazu, bei drohenden Verlusten risikoreiche Optionen wahrzunehmen, wodurch drohende Verluste abgewendet werden sollen. Bei der Aussicht auf Gewinn wird eher risikomeidend entschieden (Risikoaversion). (Diese Anomalie ist ein Hauptpfeiler der Prospect-Theorie, die später genauer besprochen wird.)

Gamblers Fallacy: Verzerrte Wahrscheinlichkeitswahrnehmung für Spielausgänge. Beispiel: Bei einer längeren Abfolge von „rot" beim Roulette erwartet man mit höherer Wahrscheinlichkeit „schwarz". Doch die Kugel hat kein Gedächtnis; die Chance bleibt wiederum 50 : 50.

Hindsight-Bias (auch Knew-it-all-along-effect oder Rückschaufehler): Bezeichnet die Tendenz, nach dem Eintritt eines Ereignisses (z. B. X wird verhaftet, Y scheitert als Unternehmer, Z erleidet einen Schlaganfall) die Erinnerung so zu verändern, dass dieses Ereignis zwangsläufig eintreten musste. Dieser Effekt wird mit der besonderen Zugänglichkeit aller Meinungen und Gedanken erklärt, die mit dem Ereignis kompatibel sind (z. B. X hat zu viel riskiert; X war noch nie ein guter Geschäftsmann; Z hat zu viel geraucht).

Spitze-Ende-Regel: Erfahrungen fließen in das Urteil nicht in ihrer Gesamtheit ein, sondern werden an ihrem zeitlichen Ende stärker gewichtet ***(Kahneman 1994).*** Wenn das Ende relativ zur übrigen Zeit angenehm war, bleibt das Ereignis als angenehme Erfahrung in Erinnerung (und umgekehrt). (Aus der Kommunikationsforschung ist ein ähnlicher Effekt bekannt: der sog. Recency-Effekt).

Beispiel: Ein Wertpapier, das zunächst Kursverlusten unterworfen war, ist in den letzten Monaten erheblich im Wert gestiegen.

Priming: Nicht bewusste Voraktivierung von Gedächtnisinhalten durch vorausgegangene Hinweisreize semantischer oder numerischer Art, die bei nachfolgenden Urteilen zu Assimilationseffekten führen.

Beispiel: Die Wirkung eines Werbespots hängt auch davon ab, was vorher gesendet wurde. Die Voraktivierung sorgt dafür, dass die Wahrnehmung von Ereignissen entsprechend eingefärbt wird (solche Aktivierungen können – auf dem Wege der Stimmungsübertragung – auch affektiver Natur sein).

Endowment-effect: Der Status quo gilt als besonderer Referenzpunkt für Entscheidungen *(Thaler 1980).*

Beispiel: P besitzt eine Flasche Wein, die mittlerweile 100 € wert ist, die er aber keineswegs verkaufen würde. P würde indes nie und nimmer für 100 € eine solche Flasche Wein kaufen.

Sunk-cost-effect: An Entscheidungen wird umso intensiver festgehalten, je höhere Kosten damit im Zusammenhang schon angefallen sind. Häufig werfen Individuen gutes Geld dem schlechten nach *(Staw 1976).*

Beispiel: Der Rhein-Main-Donau-Kanal wurde weitergebaut, obgleich Wirtschaftlichkeitsberechnungen schon bald zeigten, dass sich dieses Bauvorhaben vermutlich nicht rentieren würde.

Opportunity-cost-effect: Individuen bewerten Opportunitätskosten (= Nutzenverlust durch eine nicht genutzte alternative Möglichkeit) systematisch niedriger als direkte Geldkosten gleicher Höhe *(Thaler 1980).*

Beispiel: Eine nicht realisierte oder erreichbare Altemative wird systematisch abgewertet (Saure-Trauben-Reaktion).

Kontroll-Illusion: Individuen überschätzen systematisch ihre Möglichkeiten, bestimmte Konsequenzen beeinflussen zu können, selbst wenn sie wissen sollten, dass das Ergebnis lediglich zufallswahrscheinlich auftritt *(Langer 1975).* Ein ähnlicher Effekt ist „overconfidence“: Meist überschätzen Individuen aufgrund ihrer subjektiven Urteilssicherheit ihre Fähigkeiten.

Beispiel: Oft überschätzen Unternehmensgründer ihre Möglichkeiten, auf dem Markt erfolgreich zu sein.

Allais-Paradox: Sichere Ergebnisse werden stärker gewichtet als unsichere Ergebnisse, die den glei-chen (oder gar höheren) Erwartungsnutzen haben. Diesen Teilaspekt risikoaversiven Verhaltens hatten wir eingangs bereits erwähnt; er heißt bei *Kahneman/Tversky (1979)* „certainty effect“.

Anchoring: Bereits vorhandene Informationen führen zur Untergewichtung neuer Informationen, indem sie Verankerungspunkte der Urteilsbildung abgeben *(Tversky/Kahneman 1974).* Neue Informationen werden dabei im Lichte der Vorinformationen selegiert und interpretiert.

Beispiel: Probanden wurden gebeten, Einschätzungen künftiger Börsenkurse vorzunehmen, wobei bestimmte DAX-Werte als Ankerreize vorgegeben wurden, die die Prognosen wesentlich mitbestimmten.

Base-rate-fallacy: Informationen über Grundwahrscheinlichkeiten von Ereignissen werden im Vergleich zu konkreten anderen Informationen vernachlässigt *(Tversky/Kahneman 1974).* Dabei verlässt man sich eher auf augenfällige Merkmale (representative bias). Auch stützt man sich eher auf leicht erinnerliche Informationen (availability bias).

Beispiel: Objektive Testergebnisse werden u. U. weniger beachtet als augenfällige, aber keineswegs repräsentative Sachverhalte, denen man sich eben erst konfrontiert sah oder die gerade besonders plastisch geschildert wurden.

Outcome-bias: Zur Beurteilung von Entscheidungen stützt man sich vermehrt auf die Handlungsergebnisse statt auf die (seinerzeit) gegebenen Wahrscheinlichkeiten *(Baron/Hershey 1988).*

Beispiel: Der Unternehmer wird wegen seiner Risikofreude gelobt, aber nur deshalb, weil alles gut ging. In Wahrheit war sein Verhalten vielleicht mehr als riskant.

Framing-effect: Die Beschreibung von Alternativen (Art der Darstellung) beeinflusst Menschen bei ihrer Entscheidungsbildung *(Tversky/Kahneman 1986).*

Beispiel: Eine Botschaft wirkt anders, wenn man statt von 25 % Sterberate von einer Überlebensrate von 75 % spricht.

Präferenz-Umkehr: Nach *Lichtenstein/Slovic (1971)* sowie *Grether/Plott (1979)* wählen Individuen lieber eine Alternative mit größerer Gewinnchance und kleiner Gewinnsumme als eine – im Erwartungswert gleiche – Alternative mit kleiner Gewinnchance und größerer Gewinnsumme, wenn sie diese Alternativen angeboten bekommen. Wenn sie jedoch im Besitz dieser Alternativen sind, verlangen sie im Verkaufsfall den höheren Preis für die zweite Alternative.

Abwechslung: In vielen Fällen dürfte der „Nutzen der Abwechslung" den „Nutzen der richtigen Entscheidung" überlagern *(Siegel et al. 1960; Ofshe/Ofshe 1970),* denn immer das Gleiche zu wählen, kann auf die Dauer langweilig sein. Insbesondere bei geringem Risiko wird ein Probierverhalten wahrscheinlicher (vgl. die Beiträge in *Rachlin/Laibson 1997*).

Myopisches (kurzsichtiges) Verhalten: Individuen neigen in vielen Situationen dazu, in der Zukunft liegende Verhaltenskonsequenzen nur unzureichend in ihrem Verhalten zu berücksichtigen (Beispiele: Mangelnde Altersvorsorge, Rauchen, ungeschützter Sex).

Derlei Entscheidungsanomalien (und viele weitere) lassen sich in der Regel aus *psychologischen Konzepten* ableiten; sie sind daher für Ökonomen oftmals überraschender als für Psychologen. Der „endowment-effect" sowie „anchoring" können z. B. aus der Theorie des Adaptationsniveaus abgeleitet werden. Der „sunk-cost-effect" sowie der „opportunity-cost-effect" dürften aus der Theorie der kognitiven Dissonanz („Rechtfertigung des Aufwands", „Abwertung nicht gewählter Alternativen") abzuleiten sein. Viele Einschätzungsfehler – auch solche, die in der Ökonomie nicht diskutiert werden, aber dennoch ökonomisch relevant sind – sind aus der Attributionsforschung („Attributionsfehler") sowie aus dem Studium sozialer Urteilsbildung bekannt. Kontrollüberschätzung und Kontrollillusion sind Sachverhalte, die lerntheoretisch (oder durch Konzepte der kognizierten Kontrolle) interpretierbar sind. Die „base-rate-fallacy" sowie „anchoring" konvergieren mit kognitiven Fehlern, die als Urteilsheuristiken bekannt sind: Verfügbarkeitsheuristik, Repräsentativitätsheuristik und Ankerheuristik.

(5) Das Meliorationsprinzip

Der zuletzt genannte myopische Effekt sollte uns wegen seiner fundamentalen Bedeutung für wirtschaftspsychologische Prozesse noch etwas beschäftigen. Auch hier handelt es sich um einen zentralen psychologischen Sachverhalt, der aus der Lerntheorie bekannt ist und aus dem Gesetz des relativen Effekts *(Herrnstein 1970; 1990)* folgt und dort unter den Bezeichnungen *Meliorationsprinzip* oder *Delay-Effekt* (auch: delay of gratification) firmiert (vgl. M 5 unserer Theorieübersicht). Nach diesem Prinzip sind nicht nur die Verstärkermengen für jede Verhaltensalternative relevant, sondern auch die Verstärkerverzögerungen. Im Allgemeinen werden geringe Verzögerungen gegenüber größeren bevorzugt, auch wenn weiter in der Zukunft liegende Verstärker tatsächlich höhere Beiträge aufweisen. Mit anderen Worten: Menschen schätzen Belohnungen, die erst in einer weiter entfernten Zukunft auftreten, sehr viel geringer ein, als sie es logischerweise tun sollten. Gleiches gilt für aversive Reize: Bestrafungen, die erst „in the long run" zu befürchten sind, werden gleichfalls stark abdiskontiert.

Beispiel *(Herrnstein 1990):* Vpn werden gebeten, zwischen zwei Alternativen zu wählen: In der ersten Alternative erhalten sie sofort einen Geldbetrag von 100 Dollar, in der zweiten Alternative erhalten sie in einer Woche einen Geldbetrag von 115 Dollar. Sehr viele Vpn tendieren in einer solchen Situation dazu, die erste Alternative zu wählen. In einem zweiten Experiment werden die Vpn gebeten, erneut zwischen zwei Alternativen auszuwählen. Jetzt besteht die erste Alternative darin, 100 Dollar in einem Jahr (52 Wochen) ausgezahlt zu bekommen, in der zweiten Alternative wird in 53 Wochen ein Betrag von 115 Dollar ausgezahlt. Bei dieser Version entscheiden sich viele, die im ersten Experiment die erste Alternative gewählt haben, für die zweite Alternative, ein Verhalten, das der ökonomischen Theorie eindeutig widerspricht, da diese von intrasubjektiv konstanten Abdiskontierungen zukünftiger Ereignisse ausgeht *(Thaler 1992).* Dabei sind sich die Vpn der Irrationalität ihres Verhaltens keineswegs bewusst.

Nun kennt auch die ökonomische Theorie solche Abdiskontierungs-Effekte; sie unterstehen direkt dem ökonomischen Prinzip. Aus lerntheoretischer Sicht ist jedoch zweierlei zu vermerken:

- Individuen neigen dazu, viel stärker abzudiskontieren, als es nach ökonomischem Kalkül der Fall wäre;
- Individuen neigen dazu, sich beim Abdiskontieren über die Zeit inkonsistent zu verhalten.

In der folgenden Abbildung sind zwei Auszahlungen (z. B. Sparguthaben) G und K dargestellt, die in t_2 und t_1 fällig werden ($G > K$, $t_2 > t_1$). Die Kurven g und k repräsentieren den jeweiligen subjektiven Gegenwartswert zu beliebigen Zeitpunkten. Zunächst wird der Gegenwartswert von G stärker gewichtet als der von K. Mit fortschreitender Zeit wird K jedoch attraktiver, bis er in t_* den Wert von G übersteigt (vgl. *Ainslie 1975, 1986)*. K erscheint nunmehr näher und damit im Bereich höherer „Diskontraten".

Interessant ist auch die Tatsache, dass Menschen oftmals wissen, was sie eigentlich tun sollten, um ihren langfristigen Interessen zu dienen, und dann doch immer wieder das Falsche tun, weil die Belohnung für das eigentlich rationale Verhalten in weiter Zukunft liegt, diejenige für das irrationale Verhalten hingegen unmittelbar erfolgt. Jeder, der schon einmal Schwierigkeiten hatte, eine Diät durchzuhalten, weiß, was hier gemeint ist. Aber auch Verhaltensweisen, die häufig mit Willensschwäche assoziiert werden (Abhängigkeit von Suchtmitteln wie Drogen, Nikotin, von übermäßigem Essen oder Fernsehen etc.), können trotz besserer Einsicht oft nur unzureichend unterbunden oder durchbrochen werden.

Diese Art kurzsichtigen Verhaltens deutet an, dass Menschen sich häufig von kurzfristig einzulösenden Belohnungen „verführen" lassen. Um solche Verhaltenstendenzen in Schach zu halten, werden von Menschen oft besondere Vorkehrungen getroffen; dies reicht vom Sparschwein, das man nicht öffnen kann, bis zur Versicherung, die erst mit dem 65. Lebensjahr verfügbar wird. *Ainslie* spricht in diesem Zusammenhang von „private rules", die den myopischen Effekt überlisten sollen. Eine solche Form der *Selbstbindung* setzt freilich Einsicht in die eigenen Schwächen voraus. Allerdings dürften auch *soziale Normen* (z. B. Sparnormen, puritanisches Ethos) in dieser Weise wirken, insbesondere, wenn sie verinnerlicht sind. Manchmal unterstützen Institutionen die strategische Selbstbindung *(Elster 1979, 1986)*, z. B. Versicherungen, langfristige Sparverträge, Abonnements.

Diesen Gedanken der Selbstbindung betonen auch *Shefrin/Thaler (1988)*. Nach diesen Autoren ringen innerhalb einer Person zwei verschiedene Verhaltenstypen um die Vorherrschaft: Der „far sighted planner" im Sinne einer selbstkontrollierenden Planung sowie der „myopic doer", der nach unmittelbarer impulsiver Bedürfnisbefriedigung strebt. Während ersterer im Dienste der Zukunftsplanung für Selbstkontrolle bei der Bedürfnisbefriedigung

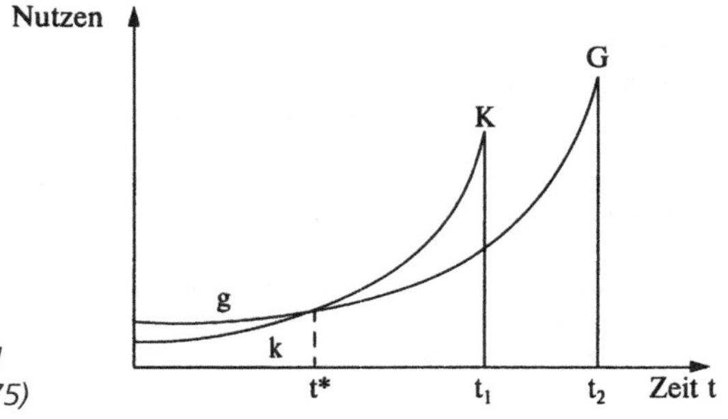

Abb. 1: Nichtexponenzielles Diskontieren und zeitinkonsistentes Verhalten (nach Ainslie 1975)

sorgt, strebt der myopic doer nach unmittelbarer affektiver Bedürfnisbefriedigung. Nach *Mischel/Ebbesen (1970)* ist die Neigung zur unmittelbaren Bedürfnisbefriedigung besonders bei Kindern stark ausgeprägt, denen der Hang zur „delay of gratification“ erst im Sozialisationsprozess (gewissermaßen gegen die menschliche Natur) beigebracht werden muss. Dieser Sachverhalt wird uns noch in vielfältiger Weise in diesem Buche begegnen: beim Umgang mit Geld, beim Konsumentenverhalten, beim Sparen, bei unternehmerischer Tätigkeit, kurz: bei allen Aktivitäten, bei denen man zunächst eine Durststrecke durchlaufen muss, um in den Genuss reicher Ernte zu gelangen. Auch Investitionen für Bildung oder Vorleistungen für einen anspruchsvollen Beruf sind in dieser Weise ständig den Verlockungen – *Elster (1986)*: „dem Gesang der Sirenen“ – ausgesetzt.

(6) Jenseits der Rationalität

Bei den besprochenen Anomalien geht es lediglich um die Frage, inwieweit *kognitive* Entscheidungen von *rationalen* Entscheidungen abweichen. Daneben gibt es jedoch eine Vielzahl wirtschaftlich relevanter Verhaltensweisen, die kognitiv „ausgedünnt“ sind (z. B.

Sieben Gründe gegen die Rationalität

1. Strukturelle Zwänge
- Eingeengte Handlungsspielräume
- Geringe Systemrationalität

2. Fehlende Motivation zu rationalem Handeln
- Zu hohe Kosten der Rationalität
- Irrationalität ohne Bedauern (z. B. Altruismus)
- Kognitive Faulheit

3. Mangel an Fähigkeiten zu rationalem Handeln
- Begrenzte Informationskapazität
- Begrenzte Verarbeitungs- und Anpassungsgeschwindigkeit
- Anwendung vereinfachender Heuristiken
- Kognitive Fehler (Anomalien)
- Kurzsichtigkeit (myopischer Effekt)

4. Quasi-automatisches Handeln
- Simple Konditionierungseffekte
- Eingefahrene und dominante Reaktionen
- Eingeschliffene Gewohnheiten

5. Diffusion und Verlagerung von Handlungszielen
- Ziele verändern sich beim Handlungsablauf
- Ziele werden unklar, konfliktär
- Fixierung an Teilzielen

6. Affektiv-emotionale Zustände
- Positive Emotionen (z. B. Sympathie)
- Negative Emotionen (z. B. Ärger)
- Stimmungen (z. B. Euphorie)

7. Normen und Regeln des Handelns
- Gerechtigkeit und Fairness
- Solidarität, Kooperation, Rücksicht
- Pflichtethos, Commitment

Gewohnheitshandlungen) oder bei denen affektiv-emotionale Kräfte (Gefühle, Stimmungen, Affekte) nicht nur Komponenten der Präferenzstruktur darstellen, sondern das Entscheidungsverhalten begleiten oder dominieren. Das Vorherrschen der kognitiven Perspektive in der heutigen Psychologie hat diese *emotiven Aspekte* oft ungerechtfertigt in den Hintergrund treten lassen. Aus sozialpsychologischer Sicht muss zudem die Bedeutung *normativer Komponenten* (Gruppendruck, internalisierte Standards, Bezugspersonen-Einflüsse etc.) unterstrichen werden, die nicht nur die Präferenzstruktur des Individuums verzerren, sondern auch die Entscheidungsprozesse weit vom rationalen Modell entfernen. Mit der Einbeziehung solch normativer Einflüsse hatte die Ökonomie schon immer ihre Schwierigkeiten. Die in diesem Kapitel aufgezeigten Anomalien repräsentieren daher nur *einen* und möglicherweise noch nicht einmal den wichtigsten Aspekt eingetrübter Rationalität. Die Rationaltheorie betrifft daher nur *einen gedachten Grenzfall* menschlichen Verhaltens.

(5) Eine Theorie rationalisierten Verhaltens

Es gibt eine große Anzahl sozialwissenschaftlicher Theorien (auch außerhalb der Ökonomie), die in modifizierter oder auch abgeschwächter Form von rationalen Entscheidungen ausgehen. Zu diesen Konzepten gehören z. B. auch Motivationstheorien vom Typ der Wert-Erwartungs-Theorie (wie sie in Kap. 3.2 noch näher besprochen wird) oder auch Theorien des vernünftigen und geplanten Handelns (ebenfalls im Kap. 3.2 abgehandelt), die vom Theoriekern her kognitiv aufwändiges und quasi-rationales Verhalten unterstellten. Nun haben wir aber gesehen, dass menschliches Verhalten durch Gefühle, Affekte und Stimmungen gesteuert wird, dass Menschen oftmals „aus dem Bauch heraus" entscheiden, dass sie systematische Denk- und Einschätzungsfehler begehen, dass sie manchmal lediglich nach Gewohnheiten, Automatismen und Ritualen handeln und dass sie sich oftmals an sozialen Normen ausrichten, die alles andere als vernünftig sind.

Zu den sozialen Normen und Werten gehört jedoch gerade auch, dass Entscheidungen rational sein *sollten* (vgl. Kap. 1.3). Dies empfindet das Individuum als sozialen Druck (Beispiel: Rechtfertigungs- und Begründungszwang von Kaufentscheidungen, die z. B. ein Einkaufsleiter trifft) oder auch als inneres Anliegen (Beispiel: Jemand fühlt Unbehagen, wenn er glaubt, sich zu schnell oder rein emotional entschieden zu haben.). Es gibt eine Theorie, nämlich die ebenfalls im Abschnitt 3.2 noch näher zu besprechende *Theorie der kognitiven Dissonanz,* die unter anderem darüber informiert, was Menschen tun, wenn sie ihre Entscheidungen rechtfertigen müssen. Wie *Aronson (1994)* betont, ist dieses Konzept eigentlich eine Theorie irrationalen Verhaltens; sie zeigt Mechanismen auf, mit denen es den Handelnden gelingt, ihr Handeln als rational auszuweisen.

Wenn wir unterstellen, dass Menschen in vielen Fällen ihren Verstand weniger zur Entscheidungsbildung einsetzen, sondern eher, um bereits vollzogene Handlungen ex post zu rationalisieren, so könnte man das Ausmaß des Rationalisierungsdrucks in Spezifizierung der dissonanztheoretischen Überlegungen wie folgt darlegen:

Eine Theorie rationalisierten Verhaltens

1. Individuen versuchen, ihre Entscheidungen aus ihrer Sicht möglichst rational zu gestalten (Rational-choice-Axiom), indem sie einen möglichst positiven Nettonutzen ihres Handelns anstreben. Dabei gelten die Gesetze der Psycho-Logik, d. h., die Wert-Erwartungs-Funktion wird durch Anomalien gebrochen.

2. Diese Tendenz variiert positiv mit
   - dem Involvement in den Entscheidungsgegenstand,
   - der Fähigkeit, rationales Verhalten (im Sinne von 1) zu entwickeln, zu kontrollieren und umzusetzen,
   - dem Erwartungsdruck für rationales Verhalten,
   - positiven Erfahrungen für rationales Verhalten,
   - den erwarteten positiven/negativen Konsequenzen,
   - der Verfügbarkeit verhaltensrelevanter Informationen.
3. Kommen der Akteur und/oder der Außenstehende zu dem Ergebnis, dass zwischen bestehenden/erwarteten Verhaltensweisen/Verhaltensergebnissen und rational intendiertem Verhalten eine merkliche Differenz besteht, so neigen Individuen dazu, eigenes Verhalten vor sich und anderen zu begründen und zu rechtfertigen.

   Die Neigung zur Begründung ist umso größer,
   - je stärker diese Differenz ausgeprägt ist,
   - je sozial sichtbarer das Verhalten ist,
   - je mehr in das Verhalten investiert wurde,
   - je stärker das Verhalten mit dem Selbstkonzept verknüpft ist,
   - je größer der Relevanzbereich des Verhaltens ist,
   - je deutlicher die Verantwortlichkeit des Individuums für das Verhalten erscheint,
   - je größer der Handlungsspielraum für das Individuum war,
   - je stärker der soziale Rechtfertigungsdruck bzw. die Rechenschaftspflicht eines Individuums ist.
4. Individuen wählen solche Begründungs- und Rechtfertigungsstrategien, von denen sie glauben, dass sie erfolgreich und überzeugend eingesetzt werden können. Insbesondere sind dies Strategien,
   - von denen sie glauben, dass sie rationalen Maßstäben entsprechen,
   - die bereits in der Vergangenheit erfolgreich eingesetzt wurden,
   - die mit dem gezeigten Verhalten kompatibel sind,
   - von denen sie annehmen, dass sie plausibel sind, von anderen also ohne weiteres verstanden werden,
   - für die strategierelevante Informationen verfügbar erscheinen.

1.5 Zum Menschenbild der Wirtschaftspsychologie

(1) Psychologie und Menschenbild

Innerhalb der Psychologie wird vielfach die Frage nach dem „Menschenbild“ einer ganz bestimmten theoretischen Konzeption (z. B. der Lerntheorie, der Psychoanalyse, der Gestaltpsychologie) gestellt. Ebenso wird dies in bestimmten Teildisziplinen (z. B. der Organisationspsychologie, der Führungspsychologie) diskutiert. Ähnlich lässt sich eine solche Frage auch für die Wirtschaftspsychologie als Ganzes stellen.

Zunächst schlagen wir vor, gemäß der Unterscheidung zwischen *Meta-Ebene* und *Objekt-Ebene* bestimmte Menschenbilder entweder dem Wissenschaftler (z. B. dem Psychologen, dem Organisationstheoretiker usw.) zu unterstellen oder aber davon auszugehen, dass die Beteiligten im wirtschaftlichen Prozess (z. B. die Vorgesetzten gegenüber den Mitarbeitern, die Marketing-Praktiker gegenüber den Käufern) irgendwelche Vorstellungen über das „Wesen“ oder den „Grundcharakter“ des Menschen haben. Letzteres bezeichnet man in der Fachsprache gerne als „implizite Theorie“, hier darauf gemünzt, welche Vorstellungen der Laie bzw. der Handelnde im Hinblick auf die Beschaffenheit seines Gegenübers mitbringt.

Beziehen wir sogenannte Menschenbilder lediglich auf die Meta-Ebene und unterlegen sie damit den Wissenschaftlern, so ist hier des Weiteren zwischen *normativen* und *paradigmatischen* Menschenbildern zu unterscheiden. Unter einem normativen Menschenbild ist eine Wunschvorstellung im Hinblick auf ein zu verwirklichendes Ideal zu verstehen. Solche Idealvorstellungen sind meist nicht besonders konkret, sondern sehr allgemein, mitunter auch diffus und auslegungsbedürftig formuliert. So verfolgt etwa die humanistische Psychologie die Leitlinie der Humanisierung, der Selbstverwirklichung oder der Emanzipation. Strukturen und Prozesse werden sodann daraufhin untersucht, ob und inwieweit sie zu dieser Idee beitragen. Allerdings wird in aller Regel bezüglich der konkreten Inhalte solcher Ideale keine Einstimmigkeit bestehen. Normative Menschenbilder setzen nämlich anthropologisches Vorwissen darüber voraus, welche Bestimmung der Mensch „eigentlich" habe. Außerdem sind normative Gesichtspunkte im Umkreis der Humanisierung zwar meist von Beifall begleitet, andererseits jedoch schon durch den Auslegungsspielraum oftmals ideologieverdächtig.

Paradigmatische Menschenbilder sind nicht normativ intendiert, sondern entstehen zwangsläufig durch die Wahl der Forschungsperspektive. So beschreibt etwa die Psychoanalyse den Menschen als lustgetriebenes Wesen, dessen zentrale Antriebsstruktur durch das „Es" bestimmt werde, das durch das „Ich" den Forderungen des „Über-Ich" angepasst und kontrolliert werden müsse. Dem (orthodoxen) Behaviorismus hat man den Vorwurf gemacht, Unterschiede zwischen Mensch und Tier zu verwischen und mit den Mitteln einer „Rattenpsychologie" menschliches Verhalten nach Gesichtspunkten von Dressurakten zu beschreiben. Die kognitive Psychologie hat sich den Vorwurf der „Verkopfung" eingehandelt, da sie die Gleichsetzung von Mensch und Computer nahe zu legen scheint. Diese und andere „Menschenbilder" basieren letztlich gleichfalls auf anthropologischen Vorannahmen über die „wahre Natur" des Menschen. Sie gehen vielfach in Theorien und Konzepte als sogenannte Axiome ein, die ihrerseits nicht weiter hinterfragt werden, bei entsprechender Forschungsentwicklung jedoch gelegentlich hinterfragbar, d. h. empirisch zugänglich werden.

(2) Hedonistische und utilitaristische Menschenbilder

Die wohl wichtigsten und fruchtbarsten paradigmatischen Menschenbilder sind *hedonistischer* oder *utilitaristischer* Art. Hedonistisch ist eine Konzeption, die innerhalb der Gefühlswelt ein universelles Prinzip der Maximierung oder Optimierung positiver Affekte zu sehen glaubt. Die Aktivationstheorien sind hier ein Beispiel, ein anderes das Lustprinzip

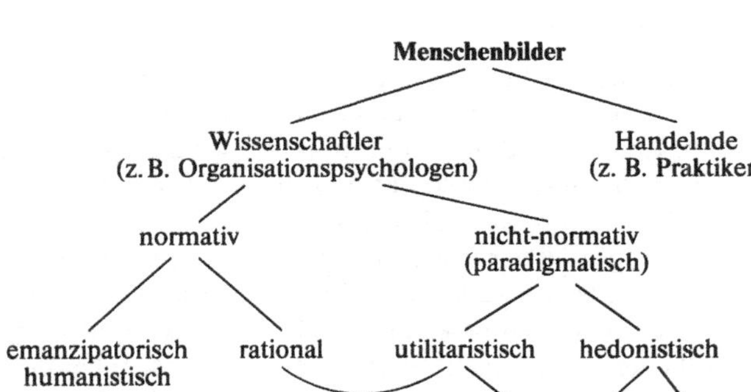

Abb. 2: Menschenbilder

der Psychoanalyse. Ein utilitaristisches Menschenbild steht hinter den meisten Lerntheorien sowie (ökonomisch angehauchten) Nutzentheorien. Es findet sich im Übrigen auch außerhalb der Psychologie in der Ökonomie, im „Rational-choice"-Konzept der Soziologie sowie im „Public-choice"-Ansatz der Politikwissenschaft. Unser Überblick über die wichtigsten Nutzentheorien hat uns hierüber schon informiert. Weil utilitaristische Konzepte auch in diesem Buch einen sehr zentralen Stellenwert haben, sollten wir der Frage Aufmerksamkeit schenken, ob wir nicht mit solchen Ansätzen auf ein bestimmtes Menschenbild setzen, das gewissen Einseitigkeiten Vorschub leistet. Dies gilt zumal für eine pragmatisch eingestellte Wirtschaftspsychologie, die das Nützlichkeitskriterium im Sinne angestrebter *Effizienz* – z. B. Effizienz des Führungsstils, des Werbestils – versteht, wodurch das Nutzenprinzip tendenziell in die Richtung des „Ausnützens" verlagert und uminterpretiert wird. So liegt etwa dem „human-resources-approach" möglicherweise keine humanistische Perspektive der Persönlichkeitsentfaltung zugrunde, sondern eher eine pragmatischstrategische Perspektive des Ausschöpfens, Ausnützens, greller: des Ausbeutens. Gerät die Wirtschaftspsychologie ins Schlepptau einer solchen Programmatik, so verkommt sie zu einer mehr oder weniger tauglichen Methode der Instrumentalisierung von Menschen.

2 Methoden der Wirtschaftspsychologie

2.1 Einige methodologische Besonderheiten

In methodologischen Zusammenhängen geht es einmal um Fragen der *Forschungslogik,* also um die Diskussion wissenschaftstheoretischer Positionen, zum anderen jedoch um Probleme der *Forschungstechnik,* also um die Bereitstellung geeigneter Instrumente und Verfahren zur empirischen Forschung.

(1) Forschungslogik

Befassen wir uns zunächst kurz mit Fragen der wissenschaftstheoretischen Ausrichtung. Wenn wir die Wirtschaftspsychologie als empirische Disziplin auffassen und ihre Nähe zur Sozialpsychologie betonen, dann ist damit auch bereits eine gewisse Vorentscheidung gefallen zugunsten einer wissenschaftslogischen Auffassung, die die strenge intersubjektive Prüfbarkeit von Aussagen gewährleistet. Hier gibt es u. E. gegenwärtig zur (geläuterten) Position des „kritischen Rationalismus" keine vernünftige Alternative. Dabei werden Verfahren der Introspektion sowie der vorwiegend phänomenologischen Analyse keineswegs ausgeschlossen; jedoch werden diese Methoden eher dem „Entdeckungszusammenhang" zugewiesen, weniger dem eigentlichen „Begründungszusammenhang", in dem „härtere" und objektivierbare Verfahren gefordert werden. Die gerade in den letzten Jahren lautstark vertretene Forderung nach verstärkt qualitativer und/oder phänomenologischer Forschung – offenbar als Gegenreaktion zu einer manchmal etwas „flach" oder oberflächlich wirkenden quantitativen Sozialforschung – mag in mancherlei Hinsicht berechtigt sein, dispensiert jedoch nicht von den Gütekriterien, die im Hinblick auf intersubjektive Prüfbarkeit der Ergebnisse angewandt werden müssen.

Innerhalb der wirtschaftspsychologischen Forschung, insbesondere auf dem Gebiet der Arbeits- und Organisationspsychologie, hat sich auch eine Denkrichtung etabliert, die der sogenannten „humanistischen Psychologie" verpflichtet ist. Ziel dieses Wissenschaftsverständnisses ist es in erster Linie nicht, ein Bild tatsächlich bestehender Sachverhalte zu liefern (Ist-Analyse), sondern unter Zugrundelegung eines bestimmten Menschenbildes Entwicklungsrichtungen aufzuzeigen, die eingeschlagen werden sollten (Soll-Analyse). So meint etwa *Maslow (1970),* einer der prominentesten Vertreter der humanistischen Psychologie, dass Menschen im Laufe ihres Lebens, z. B. auch im Arbeitsbereich, bestimmte Entwicklungsphasen durchlaufen sollten, deren Überwindung dann schließlich in „Selbstverwirklichung" einmünde.

Freilich entwickeln solche humanistischen Auffassungen eine mehr oder weniger explizite Vorstellung vom „wahren" Menschsein, die als Plattform der Analyse gelten soll. Aber dieses anthropologische Vorverständnis kann durchaus fragwürdig sein, indem Menschenbilder miteinander konkurrieren und in ideologischer Form gegeneinander ausgespielt werden können. Auch der Einwand, dass anderen psychologischen Denkrichtungen gleichermaßen eine Art „Menschenbild" zugrunde liege, greift hier nicht durch, denn die anthropologischen Vorannahmen empirisch testbarer Theorien haben eher die Funktion von Axiomen (die nicht weiter hinterfragt werden) oder Paradigmen (die forschungsleitend sind). Sie stellen „Annahmen zur Probe" dar und müssen aufgegeben werden, wenn sie sich im Forschungsprozess als nicht fruchtbar erweisen oder wenn sie selbst falsifiziert werden können.

Wie jede Art von normativer Psychologie, so bleibt auch die humanistische Psychologie letztlich dem Wunschdenken verhaftet. Ihr Hang zur Vermengung deskriptiver und präskriptiver Aussagen ist keine solide Basis für den gesamten Problembereich des Begründungszusammenhangs. Erst im „Verwertungszusammenhang" kann die Frage des „emanzipatorischen Erkenntnisinteresses" legitimerweise gestellt werden: Hier könnte man vielleicht mit Recht darauf verweisen, dass gerade im wirtschaftspsychologischen Verständnis bisher das sozialtechnologische Verwertungsinteresse ein mögliches emanzipatorisches Erkenntnisziel lange Zeit überschattet hat.

(2) Forschungstechnik

Verlassen wir nun den Bereich der Forschungslogik und wenden uns den Fragen der Forschungstechnik zu. Die Methoden der Wirtschaftspsychologie werden gewöhnlich dem Arsenal der Methoden der empirischen Sozialforschung entnommen (für einen Überblick vgl. *Bortz/Döring 2002; Schnell et al. 2008)* und erfahren durch die Eigenart des ökonomischen Erkenntnisbereichs allenfalls gewisse Schwerpunktverlagerungen und Modifikationen. So stehen seitens der Makropsychologie wirtschaftlicher Prozesse insbesondere Feldstudien, nationale „Surveys" und „cross-national-studies" im Vordergrund; meist bieten sie den ersten Einstieg in die psychologische Feinanalyse. Auch bestehen etliche Sonderproblematiken, die insbesondere darin begründet sind, dass die hier verwendeten Methoden im situationsspezifischen Bereich ökonomischen Denkens und Handelns eingesetzt werden. Wir wollen hierbei insbesondere drei Problemfelder herausgreifen, von denen wir glauben, dass man sich im wirtschaftlichen Bereich mit ihnen in besonderer Weise auseinandersetzen muss, wenn es um Methodenfragen geht.

Eine erste methodologische Besonderheit im spezifisch wirtschaftspsychologischen Bereich besteht darin, dass ökonomisches Handeln – wie nahezu jedes Verhalten – dem Einfluss ganz spezifischer Normen unterliegt. Wir sagten bereits in einem der vorausgegangenen Kapitel, dass wirtschaftliches Verhalten einem gewissen *Rationalitätsdruck* ausgesetzt ist: Rationalität ist als Wert und Norm sozial erwünschtes, gefordertes und daher hoch bewertetes Verhalten. Hinzu kommt, dass Personen oftmals innerhalb bestimmter Berufsrollen handeln, die in besonderer Weise zur Rationalität verpflichten: d. h., das Handeln sollte nach rationalen Kriterien einsichtig sein, auch sollte jeder über Aufwand und Ertrag seines Handelns Rechenschaft ablegen können. Dieser Rationalitätsdruck bewirkt nun, dass befragte oder beobachtete Personen im wirtschaftlichen Bereich in besonders hohem Maße einem Antwortverhalten zuneigen, das durch einen bestimmten Aspekt sozialer Erwünschtheit gekennzeichnet ist: nämlich sich als möglichst rational, vernünftig, effizient darzustellen. Die von *Freud* und *Vierkandt* beschriebene Tendenz zur „Rationalisierung" – Ex-post-Anreicherung des Verhaltens mit Rationalität, Begründung und Rechtfertigung des Verhaltens i. S. selbstwertdienlicher Attribution – dürfte daher in wirtschaftspsychologischen Zusammenhängen besonders augenfällig in Erscheinung treten. Ein Beispiel sind zahlreiche Studien über Käufermotivation, in denen die Nennung von Schein- und Kulissenmotiven offenkundig rechtfertigende und rationalisierende Zwecke verfolgt.

Davon unberührt bleibt noch die Problematik, dass zumal im wirtschaftlichen Bereich die Erforschung des tatsächlichen Verhaltens auf bewusste Widerstände anderer Art stößt – z. B. bei Fragen über das Einkommen und über die Einkommensverwendung –, insbesondere jedoch auch im Bereich des „abweichenden Verhaltens" (z. B. Intrigenspiel im Betrieb, Rauschgiftkonsum, Steuerhinterziehung). Der Blick hinter die Kulissen stößt auch hier auf gewichtige methodologische Probleme.

Eine zweite Besonderheit betrifft den Umstand, dass Forschung im ökonomischen Bereich meist irgendwelche *Interessenkonstellationen* tangiert. Dies soll kurz am Beispiel betrieblicher Befragungen diskutiert werden *(Fischer 1989)*. Wie ist es beispielsweise zu beurteilen – so könnte man fragen –, wenn Untersuchungen zum Betriebsklima oder zur Arbeitszufriedenheit nur in ganz bestimmten Situationen zustande kommen, in anderen jedoch nicht? Der zentrale Gesichtspunkt ist, dass eine solche Untersuchung immer auf ganz bestimmte betriebspolitische Situationen, auf eine bestimmte Konstellation von Interessen trifft. Diese Interessenkonstellation, verbunden mit der tatsächlichen oder vermeintlichen Absicht des Forschungsvorhabens, provoziert bestimmte Reaktionsstrategien. Sind die Forschungsprojekte vorwiegend wissenschaftsorientiert, haben sie demnach „externen" Charakter und bleiben neutral „akademisch", so besteht sowohl seitens der Betriebsleitung wie auch seitens der Befragten geringes Interesse, geringes „Involvement" und damit auch wenig Motivation: Die Folge sind konventionelle und belanglose Äußerungen. Erscheint die Untersuchung jedoch unternehmensorientiert, so besteht seitens der beteiligten Interessengruppen der Verdacht eines Eingriffs in die machtpolitische Balance, meist zugunsten des Managements, sofern dieses als Auftraggeber in Erscheinung tritt. Die Folge sind Verweigerungen, meist bereits im Vorfeld: Die Untersuchung kommt überhaupt nicht zustande.

Eine dritte methodologische Besonderheit wirtschaftspsychologischer Forschung hängt mit der *Interessengebundenheit* mancher Forschungsvorhaben und -ergebnisse zusammen. Obgleich auch im Makrobereich die Ergebnisse wirtschaftspsychologischer Erhebungen ins Schlepptau politischer Interessen geraten können, ist dieser Sachverhalt eher typisch für den Mikrobereich: Da bestehen widerstreitende Interessen zwischen Unternehmern und Lohnabhängigen, zwischen Arbeitnehmern verschiedenster Hierarchieebenen, zwischen Unternehmern und Gewerkschaften, zwischen Anbietern und Nachfragern und zwischen konkurrierenden Unternehmen. Auf diese Weise ist es zu erklären, dass zahlreiche Forschungsergebnisse sehr partikularistisch ausgewertet oder interessenspezifisch interpretiert werden. Andere Befunde verschwinden überhaupt von der Bildfläche, sofern sie nicht interessenkonform sind. Schon aus Konkurrenzgründen bleiben Ergebnisse der betrieblichen Marktforschung häufig in der Schublade. Darum ist es vielfach nicht besonders schade, denn solche Forschungsergebnisse sind oft recht zweckgebunden und allenfalls von branchenspezifischem Interesse, wissenschaftlich also weitgehend irrelevant. Dies gilt jedoch nicht immer; und der Verdacht besteht sicher zu Recht, dass hier sehr viel verborgenes Material schlummert, das einer theoretisch anspruchsvolleren Analyse zugeführt werden könnte.

2.2 Wirtschaftspsychologisch relevante Messverfahren

Die empirische Erforschung des wirtschaftsbezogenen Verhaltens muss sich mit der Frage der Messung befassen. Messbar sind stets nur besondere Aspekte eines Verhaltens, und hier stoßen wir bei jenen Aspekten auf keine größeren Schwierigkeiten, die von vornherein der Beobachtung zugänglich sind: overte Verhaltensweisen (z. B. Kaufhäufigkeit, Zahl der Überstunden, Fluktuationsrate). Demgegenüber sind theoretische Begriffe (oder Konstrukte) jedoch nicht beobachtbar (z. B. Einstellungen, Erwartungen, Motive), sodass gewisse Korrespondenzregeln (Operationalisierungen) formuliert werden müssen.

Als *Operationalisierung* bezeichnet man bekanntlich die Präzisierung solcher Konstrukte durch genau fixierte und beobachtbare Ereignisse, die sogenannten *Indikatoren*. Dabei ist es unvermeidlich, dass die gewählten Indikatoren das Konstrukt nicht vollständig abdecken; eine Verkürzung (oder auch Verzerrung durch ungeeignete Indikatoren) kann allenfalls dadurch in ihrer Tragweite abgemildert werden, dass möglichst viele Indikatoren in parallelen Operationalisierungen benutzt werden. Dabei gelten die üblichen *Gütekriterien* (Reliabilität sowie die verschiedenen Formen der Validität) selbstverständlich auch für alle Messungen wirtschaftspsychologischer Konstrukte.

Natürlich kann es im Rahmen dieser eher inhaltsbezogenen Einführung in die Wirtschaftspsychologie nicht darum gehen, Einzelheiten der Theorie des Messens vorzustellen oder detailliert auf Techniken der Skalenkonstruktion einzugehen. Der Leser sei hier auf die bereits genannten einschlägigen Schriften zur Methodik der empirischen Sozialforschung verwiesen, die auch für wirtschaftspsychologische Forschung Verbindlichkeit besitzt, selbst wenn hier gelegentlich einige besondere Akzente gesetzt werden müssen oder besondere Problematiken bestehen, die für den ökonomischen Bereich typisch sind. In Folgendem geht es lediglich darum, einige der im wirtschaftlichen Bereich angewandten Messinstrumente exemplarisch vorzustellen.

(1) Indices

Indices werden vor allem dann verwendet, wenn die Begriffe einer Theorie mehrere Dimensionen ansprechen. Der Index kann dann aus den jeweiligen Indikatoren für jede dieser Dimensionen gebildet werden.

In der Wirtschaftspsychologie sind eine ganze Reihe solcher Index-Werte ermittelt worden, z. B. „Index der Lebensqualität", „Index der Arbeitszufriedenheit", „Index des Konsumklimas" etc. Von besonderer Bedeutung sind Indices der Konjunkturentwicklung, die vor allem zwei Bereiche umfassen: den *Konsumbereich* – hier geht es um die geplante Anschaffung dauerhafter Güter –, verbunden mit der Sparneigung, sowie den *Unternehmensbereich:* Hier steht u. a. die Investitionsneigung zur Disposition, ferner das vom ifo-Institut ständig ermittelte „Geschäftsklima" sowie die Gewinnerwartungen bzw. die Messung der Gewinnentwicklung. Wir werden auf diese Indices, die als Frühbarometer der konjunkturellen Entwicklung dienen, noch zurückkommen, wenn wir psychologische Probleme der Konjunkturentwicklung ansprechen (1.1.4).

(2) Skalen

Unter einer Skala versteht man eine Anzahl von Items, die entlang einer Dimension messen. Items sind gewöhnlich Aussagen (statements), denen der Befragte zustimmen oder nicht zustimmen soll. Im Unterschied zu den Indices wird bei der Skala durch einen bestimmten Kalkül überprüft, ob die Items, die in sie aufgenommen worden sind, zu einer gemeinsamen Dimension gehören oder nicht.

Die geläufigen Skalierungsverfahren sind dabei: Rangordnung und Paarvergleich, die *Likert*-Skala, die *Guttman*-Skala, das Polaritätsprofil sowie verschiedene Varianten von Multi-Attribut-Modellen (zur Skalenkonstruktion vgl. *Schnell et al. 2008).* Skalen dienen auch im wirtschaftlichen Bereich meist zur Messung latenter Verhaltensweisen, am häufigsten von Einstellungen.

Eine sehr gebräuchliche, jedoch konzeptionell recht aufwändige Form der Skalierung ist die sog. *Likert*-Skala. Zahlreiche in der Wirtschaftspsychologie erarbeitete Skalen entsprechen diesem Standardtyp. Bezugspunkte sind etwa: Einstellungen zur Arbeit (z. B. Skala zur Messung der Arbeitszufriedenheit, SAZ; Skala zur Messung der Entfremdung von der Arbeit u. v. a.). Einige typische Items der zuletzt genannten Skala sind:

- Bei meiner Arbeit fühle ich mich oft irgendwie leer.
- Ohne Arbeit hat das Leben wenig Sinn.
- Meine Arbeit ist eine einzige Tretmühle.

Besonderer Beliebtheit erfreut sich in der wirtschaftspsychologischen Forschung (hier insbesondere in der psychologisch orientierten Marktforschung) das *semantische Differential* von *Osgood,* in der eingedeutschten Form als „Polaritätsprofil" bekannt. Dabei werden Gegenstände, Personen oder Begriffe auf einer Anzahl von siebenstufigen Skalen beurteilt, die als Gegensatzpaare (z. B. aktiv/passiv, weich/hart, männlich/weiblich) formuliert sind. Die jeweiligen Profilwerte lassen sich dann nach Ähnlichkeiten vergleichen. Die Affinitätsanalyse misst dabei die jeweiligen psychologischen Affinitäten, die nicht notwendig in einem direkten und logischen, sondern auch in einem indirekten (assoziativen, projektiven) Bezug mit dem Einstellungsobjekt stehen. Das Verfahren wird häufig bei der Image-Analyse angewandt (z. B. Firmen-Image, „Corporate Identity", Produkt- und Markenimage), jedoch werden seine Aussagekraft oft überschätzt und die Schwierigkeiten der Anwendung meist unterschätzt.

Gebräuchlich sind auch Skalen, bei denen Ist-Zustände (z. B. ein gegebener Arbeitsplatz, ein auf dem Markt befindliches Produkt) auf ihre Distanz zu sogenannten *Soll-Zuständen* (Idealen) untersucht werden. Beispiele aus dem wirtschaftspsychologischen Bereich sind: der *Porter*-Fragebogen, bei dem das Ausmaß der Arbeitszufriedenheit aus einer solchen Distanz erschlossen werden soll *(Porter 1961);* das *Trommsdorff*-Modell, bei dem ein gegebenes Produktimage mit einem gleichfalls erfragten Ideal-Image (das „ideale" Produkt) verglichen wird *(Trommsdorff 1975).* Die fragetechnische Ermittlung von Idealvorstellungen ist allerdings vielfach problematisch, weil Ideale oft recht realitätsfern formuliert werden können oder weil z. B. der Marktführer oder der Branchenführer Verankerungspunkte solcher Idealvorstellungen abgeben, sodass die praktische Nutzanwendung aus einem solchen Modell eine höchst problematische Nachahmungsstrategie sein würde. Außerdem sind Ideale sicherlich segmentspezifisch zu differenzieren.

Eine Gruppe weiterer Verfahren zur Einstellungs- und Imagemessung wird unter der Bezeichnung *Multi-Attribut-Modelle* zusammengefasst. Eines davon, das sogenannte *Rosenberg*-Modell, geht von folgender Überlegung aus: Zu jedem Element des Image (z. B. Produktattributen, Merkmalen des Arbeitsplatzes) wird eine gesonderte Einstellung ermittelt und diese mit der Bedeutung gewichtet, die das jeweilige Element für die Person hat. Das noch bekanntere *Fishbein*-Modell hat folgenden Grundgedanken: Man ermittelt das Ausmaß der Überzeugung (oder Wahrscheinlichkeit), dass ein Einstellungsobjekt (z. B. ein Unternehmen, ein Produkt) eine bestimmte Eigenschaft hat oder nicht hat (z. B.: Wie wahrscheinlich ist es, dass Autos der Marke X einen hohen Wiederverkaufswert haben? Wie wahrscheinlich ist es, dass mich der Kundenberater dieser Bank gut berät?). Daneben wird nun ermittelt, ob das betreffende Merkmal in der Wertschätzung des Befragten als besonders wichtig oder wünschenswert angesehen wird. Beide Skalenwerte werden dann multiplikativ miteinander verknüpft.

Die Multi-Attribut-Modelle werden in der wirtschaftspsychologischen Einstellungs- und Imageforschung sehr häufig verwendet, vor allem auch, um die prognostische Relevanz der Einstellungsmessung für tatsächliches Verhalten zu erhöhen. Allerdings gehen sie von einer ziemlich atomistischen Vorstellung aus und übersehen die vielfachen Inferenzen, die bei der Eindrucksbildung eine Rolle spielen können. Deshalb werden in den letzten Jahren alternativ oder zusätzlich sogenannte *Verbund-Messungen* (conjoint measurement) durchgeführt, mit denen man in der Lage ist, für eine (allerdings recht begrenzte) Anzahl von Faktoren sogenannte Image-Gewichte zu errechnen.

(3) Testverfahren

Bei den sogenannten Tests steht meist nicht die Aufdeckung allgemeiner Gesetzmäßigkeiten im Vordergrund, sondern die Untersuchung individueller Merkmalsunterschiede. Die Situation ähnelt im Prinzip der des Experiments, wobei im Unterschied dazu die Stimulus-Bedingungen konstant bleiben, während die Testpersonen variieren.

Personbezogene Testverfahren werden hauptsächlich in eignungsdiagnostischen Zusammenhängen angewandt; ihre theoretische Herleitung ist meist mit bestimmten Konzepten der differenziellen Psychologie verbunden. Im Vordergrund steht einmal das sogenannte *Kriterienproblem* (Welche Merkmale sind für welche Ziele von Bedeutung?) sowie das *Selektionsproblem* (Wie „filtert" man diejenigen Personen aus, die den aufgestellten Kriterien besser entsprechen als andere?).

Nach *Lienert (1969)* lassen sich Intelligenztests, Leistungstests und Persönlichkeitstests unterscheiden, die je nach Auslesesituation von unterschiedlicher Bedeutsamkeit sein können *(Jäger 1970; Triebe/Ulich 1977; Weinert 2006)*. Im Zusammenhang mit speziellen Tätigkeiten und Berufen sind eine ganze Reihe von speziellen Testverfahren entwickelt worden; ihre prognostische Validität ist meist bescheiden. Dies liegt einmal daran, dass die Eignungsdiagnostik – zumal in früheren Entwicklungsphasen – zu statisch orientiert war, also die Dynamik von Berufsverläufen nicht berücksichtigen konnte. Zum anderen wurde vielfach die *Situationsdiagnostik* vernachlässigt: Im Glauben an festgefügte „Eigenschaften" versuchte man, situationsübergreifend diagnostische Feststellungen über die Qualifikation von Bewerbern und Mitarbeitern vornehmen zu können. Der Verflechtung von Person und Situation werden sogenannte *Assessment-Centers* in höherem Maße gerecht: Hier handelt es sich um ein Verfahren, das versucht, Testaufgaben in ganz spezifische Situationen einzubetten, die für die genannte Stelle (meist Führungspositionen) typisch sind.

Neben dem Assessment-Center rückt neuerdings stärker die *biographische* Methode als Testinstrument in den Vordergrund *(Owens 1976)*. Die Erfassung autobiographischer Daten soll ein Bild vom bisherigen Lebensverlauf vermitteln: gewissermaßen einen historischen Überblick über die Entwicklung einer Person. Das Verfahren ist umstritten (vgl. zur Einschätzung und Kritik *Weinert 1998, 2006)*, nicht zuletzt auch wegen seiner weitgehenden Theorielosigkeit (Da der biographische Fragebogen auf Verhaltensmuster abhebt, die sich in der Vergangenheit herausgebildet haben, wäre an eine lerntheoretische Fundierung zu denken).

In den letzten Jahren ist die „Testgläubigkeit" zunehmender Skepsis gewichen. Die Gründe sind vielfältig: Ernüchterung in Bezug auf die prognostische Validität, Gefahr von Artefakten durch verfälschte Antworten, insbesondere auch durch „Einübungseffekte" (z. B. bei Intelligenztests, auch bei Assessment-Centers), mitunter obskure Testverfahren ohne theoretischen Hintergrund und schließlich ethische Probleme vor allem im Zusammenhang mit dem Datenschutz (besonders deutlich z. B. beim biographischen Fragebogen).

2.3 Wirtschaftspsychologisch relevante Erhebungsmethoden

Im Hinblick auf Untersuchungsmethoden werden als „Kernmethoden" meist unterschieden: die Befragung (Interview), die Beobachtung und das Experiment (auf weitere Verfahren wird am Schluss dieses Abschnitts kurz eingegangen). Genau genommen bewegt sich die Auflistung Befragung-Beobachtung-Experiment nicht auf der gleichen Ebene der Betrachtung: Beobachtung und Befragung (einschließlich der Introspektion) sind *Aktivitäten* des Forschers, die dabei obwaltende *Strategie* kann mehr oder weniger strukturiert oder aber experimenteller bzw. nicht experimenteller Natur sein. Eine dritte Unterscheidungsdimension bezieht sich auf den *Ort,* an dem Forschung stattfindet: das Labor (meist Laborexperiment) oder das Feld, d. h. beispielsweise die reale Situation des Marktes oder des Betriebes (vgl. zu dieser Systematisierung *v. Rosenstiel 1992)*. Für unsere Zwecke belassen wir es bei der etwas unstimmigen Dreiteilung, wobei wir uns auch hier wieder auf eine recht kursorische und exemplarische Darstellung beschränken.

(1) Befragung

Im Unterschied zur Sozialpsychologie, für die das Experiment als methodologischer „Königsweg“ stets forschungsleitend war, wird in der Wirtschaftspsychologie das Interview zweifellos am häufigsten verwendet. Die wichtigsten Anwendungsfälle sind im Makrobereich Untersuchungen zur Wirtschaftslage (z. B. Messung des Konsumklimas, des Sparklimas, der Konjunkturentwicklung); im Mikrobereich Befragungen in Betrieben sowie im Haushalt; hier vor allem im Rahmen der (psychologischen) Marktforschung, die durch ihre besondere Bedeutung in Wohlstandsgesellschaften zwar eine enorme methodische Verfeinerung erfahren hat, andererseits jedoch durch partikularistische Fragestellungen und oft unkritisches Empirieverständnis auch eine Menge „Informations-Schrott“ geliefert hat und weiter liefert.

Im Hinblick auf die *Befragungsinhalte* wird häufig zwischen Faktfragen (z. B. nach dem Alter, dem Einkommen, dem tatsächlichen Verhalten) und Meinungsfragen (z. B. gegenüber Firmen, gegenüber Produkten, gegenüber dem Vorgesetzten) unterschieden. Soweit es sich um Meinungsfragen handelt, berühren wir damit die gesamte theoretische und methodische Problematik der Einstellungsmessung sowie der Relevanz solcher Einstellungen für faktisches Verhalten (z. B. Käuferverhalten, Leistungsverhalten). Gelegentlich stoßen auch Faktfragen im wirtschaftlichen Bereich auf Widerstände (z. B. Fragen nach dem Einkommen, Fragen nach Steuerverkürzung) oder unterliegen der Tendenz „sozialer Erwünschtheit“ (z. B. Häufigkeit des Wechselns von Unterwäsche, umweltbewusstes Konsumverhalten).

Nach dem *Strukturierungsgrad* unterscheidet man offene und geschlossene Fragen. Das Grundproblem bei geschlossenen Fragen ist, dass die Strukturvorgabe den Umkreis dessen eingrenzt, was als mögliches Ergebnis überhaupt in Betracht kommt. Offene Fragen sind meist schwieriger auszuwerten, erschließen jedoch u. U. mehr Antwortmöglichkeiten, als in expliziten Vorgaben beschlossen sind. Eine Sonderform der Befragung ist die indirekte Fragetechnik, bei der man die Antworten nicht direkt anpeilt, sondern auf projektiven Umwegen erschließt. Derlei projektive Verfahren sind auch typisch für das sogenannte Intensivgespräch (Tiefen-Interview), bei dem man durch häufiges Nachhaken und tiefes Ausloten von Empfindungen, Gefühlen, Motivationen, Erlebensformen usw. Sachverhalte aufdecken will, die bei eher oberflächlichen, strukturierten Verfahren verloren gehen würden. Die Länge eines solchen Interviews ist allerdings noch kein Maßstab für die Qualität des Inhalts: Je ausgedehnter der Umkreis der Fragestellungen, desto höher der Anteil irrelevanter Aussagen und mithin die Schwierigkeit der Auswertung von Ergebnissen. Daher sind solche Methoden wohl vor allem für die Explorationsphase geeignet, sodass die passagere Rolle unterstrichen wird, die jene unstrukturierten Verfahrensweisen im Forschungsprozess spielen, indem ihre Bedeutung mehr oder weniger auf die Findung und Formulierung von Arbeitshypothesen reduziert bleibt.

Die Befragung ist eine *Interaktionssituation;* daher ist diese Methode ein Einfallstor möglicher Fehler und Störfaktoren, die uns aus der Interaktionsforschung bekannt sind: z. B. der Einfluss bestimmter Erwartungen, sozialer Wahrnehmungen, naive Annahmen über den Zweck der Befragung, bewusste oder unbewusste Fehlsteuerung der Kommunikation usw. Man spricht hier allgemein von einer Reaktivitätsproblematik. Sie besteht darin, dass der Befragte nicht nur auf die Fragen, sondern auch auf zahlreiche andere Faktoren in der Erhebungssituation reagiert. Dabei gehen die verfälschenden Wirkungen entweder vom Befrager aus (Interviewer-Effekte: z. B. der Fragende legt dem Befragten die Antwort „in den Mund“) oder aber vom Befragten (Befragten-Effekte: z. B. der Befragte ist überfragt, weicht aus, täuscht, rationalisiert). Insbesondere diese letztgenannten Störfaktoren sind dafür verantwortlich, dass das Interview gerade im wirtschaftspsychologischen Bereich – in dem rationalisierende Verfälschungstendenzen besonders nahe liegen – etwas in Misskredit geraten ist.

Ein bekanntes Beispiel standardisierter Befragungsformen ist die von *Fleishman/Burtt (1955)* entwickelte und auf insgesamt 48 Items verkürzte Form des „leader behavior description questionnaire“ (LBDQ). Ein auf deutsche Verhältnisse übertragenes Erhebungsinstrument ist der FVVB *(Fittkau-Garthe/Fittkau 1971)*; typische Items sind z. B.:

- Er kritisiert seine unterstellten Mitarbeiter auch in Gegenwart anderer;
- er behandelt sie als gleichberechtigte Partner;
- er achtet auf Pünktlichkeit und Einhaltung von Pausenzeiten;
- er „schikaniert" den unterstellten Mitarbeiter, der einen Fehler macht.

Die faktorenanalytische Aufbereitung der Daten aus solchen Fragebogen deutet auf unterschiedliche Dimensionen des perzipierten Führungsverhaltens hin (z. B. Bestrafungsorientierung vs. Belohnungsorientierung; Mitarbeiterorientierung vs. Aufgabenorientierung).

Auch in anderen wirtschaftspsychologischen Forschungsbereichen liegen zahlreiche standardisierte Erhebungsinstrumente vor, die häufig auch als Längsschnittanalysen gedacht sind, um damit Entwicklungstendenzen abzubilden. Eine Sonderform der Längsschnittuntersuchung ist das in der Marktforschung häufig verwendete Panel: Hier wird ein bestimmter Personenkreis systematisch zum gleichen Thema (z. B. Einkaufsverhalten oder Sparverhalten) wiederholt befragt (sog. Haushaltspanel, sog. Finanzmarktpanel).

(2) Beobachtung

In der wirtschaftspsychologischen Forschung wird die Beobachtung als systematisches Verfahren der empirischen Erhebung vergleichsweise selten angewandt; allerdings gibt es einige Domänen, für die Beobachtungsverfahren besonders typisch sind (z. B. Bewegungsstudien im ergonomischen Bereich). Neben solchen Feldbeobachtungen stehen Laborbeobachtungen, z. B. das Studium von Kommunikationsprozessen in leistungsbezogenen Kleingruppen, die als paradigmatisch für das Verhalten in Arbeitsgruppen gelten sollen.

Abgesehen vom Beobachtungsinstrument (z. B. zu enges oder schieflastiges Beobachtungsschema, falsche Zeitpläne etc.) können evtl. Fehlerquellen auch hier dem Beobachter oder dem Beobachteten angelastet werden. Beobachteteneffekte sind u. a. gegeben, wenn sich die Bp. unter dem Eindruck der Beobachtung anders (z. B. besonnener, einsatzfreudiger) verhält. Insofern ist die verdeckte Beobachtung als nicht-reaktives Verfahren verlässlicher. Der Vorteil solcher verdeckten Beobachtungen liegt insofern darin, dass durch die Bpn keine verfälschenden Effekte auftreten; allerdings können vielfach die Informationen spärlich oder mehrdeutig ausfallen.

Beobachtereffekte treten meist auf, wenn der Beobachter zu seinem Forschungsgegenstand zu wenig Distanz (objektivitätsmindernde Ich-Beteiligung oder Parteilichkeit) oder zu viel Distanz aufweist (geringe Einfühlung in Situationen oder Personen, Unverständnis für Emotionen oder Kognitionen anderer). Diese Problematik berührt bestimmte wissenschaftstheoretische Vorstellungen im Hinblick auf die sogenannte „verstehende“ Methode, die an das Einfühlungsvermögen des Forschers besondere Ansprüche stellt. Allerdings geht es auch im wirtschaftspsychologischen Bereich darum, das „Verstehen“ aus dem subjektiven Vorfeld wissenschaftlicher Behandlung herauszulösen und die Befunde der Prüfbarkeit dadurch zugänglich zu machen, dass sie durch besondere Begründungszusammenhänge objektiviert und standardisiert interpretierbar sind.

Ein „klassisches“ Beispiel für die Anwendung von Beobachtungsverfahren ist das Studium von Haushaltsentscheidungen. In einem Experiment von *Kenkel (1957)* wurde das *Bales*'sche Kategoriensystem als strukturiertes Verfahren der Beobachtung familialer Interaktionen über Konsumprobleme eingesetzt, wobei konsumrelevante Entscheidungen simuliert wurden. Hier zeigte sich z. B., dass durch Befragungsmethoden ermittelte

Berichte über das Zustandekommen von Konsumentscheidungen sehr trügerisch sein können, weil falsche Einschätzungen oder bewusste Verfälschungen des jeweiligen Rolleneinflusses nahe liegen.

Ein weiteres Anwendungsfeld sind Beobachtungsstudien zu Verhandlungsepisoden durch Beobachter, gelegentlich auch durch Einsatz von Video-Kameras. Eine klassische Untersuchung von *Willett* und *Pennington (1976)* analysierte Verkaufsinteraktionen nach denjenigen Faktoren, die erfolgreiche von nicht erfolgreichen Verkaufsgesprächen unterschieden. Diese und ähnliche Simulationen im Verhandlungsbereich können wichtige Ergebnisse über kritische Ereignisse in Interaktionsepisoden vermitteln, andererseits auch für Schulungs- und Trainingszwecke eingesetzt werden.

(3) Experiment

Das sozialwissenschaftliche Experiment, die einzige (direkte) Methode der *Kausalanalyse,* wird in der wirtschaftspsychologischen Forschung vergleichsweise selten (zu selten) angewandt. Grundsätzlich ist zunächst zu unterscheiden zwischen

a) sozialpsychologischen Experimenten, die zufällig ökonomische Variablen benutzten (so studierte z. B. *Brehm* 1968 zur Bestätigung seiner Reaktanztheorie Restriktionen des Angebots beim Käuferverhalten);
b) wirtschaftspsychologischen Experimenten, die ein (sozial-)psychologisches Design auf ökonomische Sachverhalte übertragen (so benutzte z. B. *Venkatesan* 1966 das *Asch*-Linien-Experiment zur Untersuchung von Konformitätseffekten im Konsumbereich);
c) wirtschaftspsychologischen Experimenten mit spezifisch wirtschaftspsychologischem Design (so fanden z. B. *Day/Hamblin* 1964 experimentell, dass durch „kleinliche" und „bestrafende" Kontrollformen die Arbeitsleistung reduziert und der Aggressionspegel erhöht wurden).

Die wohl spektakulärsten Experimente im Bereich der Wirtschaftspsychologie waren *Feld-Experimente.* Am bekanntesten sind dabei sicherlich die sogenannten Hawthorne-Experimente des Kreises um *Mayo.* Eine dieser Untersuchungen richtete ihr Augenmerk zunächst lediglich auf den Zusammenhang zwischen Arbeitsplatzbeleuchtung und Arbeitsleistung. Das erstaunliche Ergebnis dieser Experimente bestand nun darin, dass sowohl die Versuchsgruppe (verbesserte Beleuchtung) wie auch die Kontrollgruppe (keine Veränderung) ihre Arbeitsleistung steigerte und dass auch die Versuchsgruppe bei einer Reduzierung der Beleuchtung unter den Ausgangswert unverändert ihre hohe Leistung beibehielt. Offenbar steigerten hier allein Aufmerksamkeit und Zuwendung der Forscher den Einsatzwillen, eine (meist vorübergehende) Auswirkung, die man seither als „Hawthorne-Effekt" bezeichnet. Dieses Experiment und andere Untersuchungen in diesem Kontext haben ungeachtet ihrer Fragwürdigkeit in Durchführung und Interpretation die „Entdeckung der informellen Gruppe" in Organisationen eingeleitet und sind insofern in erster Linie von historischer Bedeutung.

Während die Hawthorne-Experimente eher praktische Nutzanwendungen nahe legten – hier ist vor allem an die Human-relations-Bewegung zu denken –, haben andere Experimente aus einem ganz anderen wirtschaftspsychologischen Bereich ebenfalls bahnbrechende Bedeutung erlangt: Wir meinen die experimentellen Befunde des Kreises um *Kahneman* und *Tversky (1971ff),* die die psychologischen Mechanismen der Entscheidungsfindung zum Gegenstand hatten und die die Entwicklung der ökonomischen Theorie nachhaltig beeinflusst haben. Die Resultate dieser Experimente haben den Anlass dazu gegeben, kognitive Modelle als wichtigen Bestandteil der Entscheidungstheorie zu begreifen und sind daher auch dazu geeignet, den Brückenschlag zwischen kognitiver Psychologie und ökonomischer Entscheidungstheorie zu vollziehen (vgl. 1.4 sowie 3.2.1, hier M 7).

Hier gibt es zahlreiche Berührungspunkte mit der in den letzten Jahrzehnten verstärkt betriebenen *experimentellen Wirtschaftsforschung*. Dabei handelt es sich um eine ökonomische Forschungsrichtung, die zunächst auf die Widerlegung oder Modifikation rationaler Nutzenmodelle abzielte und sukzessive Variablen einbezog, die auch im Rahmen der kognitiven Sozialpsychologie analysiert werden (für einen Überblick vgl. *Kagel/Roth 1995* sowie *Brandstätter 2005*). Einige Topics der Forschung sind etwa:

- Heuristiken und Urteilsfehler
- Fairness, Gerechtigkeit und Reziprozität
- Bereitstellung und Nutzung von öffentlichen Gütern
- Verteilung von Ressourcen auf mehrere Personen
- Gelingen oder Misslingen von Kooperation

Die vielleicht wichtigste Erkenntnis im Hinblick auf experimentelle Spiele besteht darin, dass das tatsächliche Spielerverhalten von rationalen Maßstäben abweicht (ein Ergebnis, das für den Ökonomen sicherlich mehr Überraschungswert hat als für den Psychologen).

Als Beispiel für experimentelle Spiele mag das ***Ultimatum-Spiel (Güth et al. 1982)*** kurz skizziert werden. Hierbei müssen zwei Personen einen vorgegebenen Geldbetrag G gemäß folgender Regel aufteilen: P_1 macht einen Aufteilungsvorschlag (g_1, g_2). g_1 ist die Geldmenge für P_1, g_2 diejenige, die P_2 bekommt, wobei $g_1 + g_2 = G$. P_2 kann den Vorschlag zwar ablehnen, dann erhalten beide nichts. Unter der Bedingung der Gewinnmaximierung ist anzunehmen, dass P_2 auch die kleinste monetäre Einheit (z. B. 1 Cent) akzeptieren würde. Im Gegensatz zu dieser rationalen Prognose schlägt in Experimenten P_1 eine Aufteilung vor, die in etwa einer Verteilung von 60 : 40 entspricht. P_2 würde bei einem Anteil von weniger als 30 % den Aufteilungsvorschlag ablehnen. Ein solches Verhalten wird durch die Equity-Theorie (I 2) erklärt.

Zu den Abwandlungen experimenteller Methodik gehören auch sogenannte *quasi-experimentelle Verfahren:* Dies sind Untersuchungspläne, in denen die Anforderungen an Labor- und Feldexperimente nur zum Teil erfüllt sind, weil der Forscher nur unvollständige Kontrolle über die experimentellen Bedingungen ausüben kann. Als Beispiel aus dem wirtschaftspsychologischen Bereich sei auf Untersuchungen zur empirischen Preisforschung verwiesen: Hier geht es etwa darum, in Feldsituationen (z. B. in der Lebensmittelabteilung eines Supermarkts) Preisauszeichnungen systematisch zu variieren und die jeweiligen Verbraucherreaktionen zu registrieren. Dabei können Methoden des Experiments, der Beobachtung und der Befragung auch in kombinierter Form eingesetzt werden *(S. Müller et al. 1990)*. Diese und ähnliche Verfahren nähern sich der sogenannten Simulation, die wir im nächsten Abschnitt noch gesondert ansprechen.

Die methodenkritische Diskussion hat in den letzten Jahren jedoch zu verstärkter Skepsis gegenüber experimenteller Forschung, zumal gegenüber Laborexperimenten, geführt *(Orne 1962;* neuerdings *Bungard 1980)*, und auch zahlreiche wirtschaftspsychologische Befunde experimentellen Zuschnitts gerieten unter den Verdacht, bloße *Methoden-Artefakte* zu sein. Insbesondere werden drei Einwände erhoben:

- Auftreten von Versuchsleiter-Effekten: z. B. die Verstärkung eines bestimmten Verhaltens durch explizite oder implizite Sanktionen;
- Auftreten von Versuchspersonen-Effekten: z. B. Wissen um die Experimentalsituation, Vermutungen über die Zwecksetzung des Experimentes, bestimmte Motive der Vp, etwa: es dem Vl recht zu machen;
- fehlender experimenteller Realismus: die Realität sei zu komplex, um im Labor nachgebildet zu werden; außerdem sei die Generalisierung auf Alltagssituationen problematisch.

Mit *Irle (1975)* und *Herkner (1993)* sind wir jedoch der Auffassung, dass die Nachteile des Experiments oftmals pauschal in dessen Künstlichkeit gesehen werden. Gewiss: Das Wissen um die Experimentalsituation kann unnatürliches Verhalten auslösen, aber Situationen wechseln auch im Alltagskontext, und manche Realsituation – etwa im Betriebsleben – mag einem äußeren Beobachter auch recht „künstlich" erscheinen. Überdies: Man kann auch in Laborexperimenten in gewissem Ausmaß die Realsituation nachbilden (z. B. Gruppenatmosphäre, Wettbewerbssituationen). Künstlichkeit ist kein notwendiges Kennzeichen von Experimenten *(Friedrichs 1997);* auch lassen sich die Restriktionen des Labors schrittweise abbauen (bis hin zum Feldexperiment). Wer also die Schwächen und Grenzen des sozialwissenschaftlichen Experiments beklagt, sollte sich darüber im Klaren sein, dass auch andere Forschungstechniken ihre Schwächen und Fehlerquellen haben. Wir sehen hier eher ein Komplementaritätsverhältnis mit anderen Verfahren, wobei das Experiment als Instrument der Kausalanalyse mit strikter Kontrolle der als relevant angesehenen Variablen am ehesten in der Lage sein dürfte, Fortschritte in der Theoriebildung und Theorieprüfung zu fördern.

(4) Weitere Methoden

Neben Befragung, Beobachtung und Experiment gibt es eine Fülle von Erhebungsmethoden, die als eigenständige Verfahren entwickelt worden sind oder als Ableger der genannten drei Methoden angesehen werden können. Wir wollen aus der Vielfalt dieser Verfahren kurz auf diejenigen eingehen, die im wirtschaftspsychologischen Zusammenhang von besonderem Interesse sind: Introspektion, Inhaltsanalyse, Rollenspiel, Simulation und Aktionsforschung.

Bei der *Introspektion* registriert der Forscher eigene Erlebnisreaktionen und versucht, diese wissenschaftlich auszuwerten. So könnte z. B. das introspektive Studium der Arbeitszufriedenheit wegweisend für die Ermittlung differenzierter subtiler Erlebnisqualitäten sein. Die Vertreter einer Psychologie, die in hohem Maße der Introspektion vertrauen oder die die geheimen Beweggründe des Menschen genau zu kennen glauben, werden sich insofern meist nicht auf empirische Befunde stützen, die durch („äußerliche") Beobachtungen, („künstliche") Experimente oder („fragwürdige") Befragungen ermittelt wurden, für die sie meist nur das Prädikat „oberflächlich" bereit haben. Dieser Vorwurf, mit den üblichen Verfahren nicht zum „Kern der Dinge" vorzustoßen, erklärt das Vordringen der hermeneutischen Verfahren, mit denen man sich jedoch andere Probleme einhandelt. Diese bestehen vor allem darin, dass es sich bei der Introspektion eben nicht um ein intersubjektives Prüfverfahren handelt, sodass ihre wissenschaftliche Bedeutung eher auf die Phase des Entdeckungszusammenhangs und der Hypothesengenerierung beschränkt bleibt. In dieser Funktion kann sie freilich Horizont und Tiefe auch der eher quantitativ orientierten Forschung erweitern.

Die *Inhaltsanalyse* dient der systematischen Beschreibung von Inhalten bestimmter Dokumente. Um Aufschluss über die jeweiligen Inhalte zu erlangen, bedarf es einer theoretischen Vorstrukturierung, um durch die angemessene Selektion der Elemente des jeweiligen Inhalts überhaupt zu relevanten Fragestellungen zu gelangen. In der Wirtschaftspsychologie wird dieses Verfahren gelegentlich angewendet, z. B. bei der Analyse von Geschäftsprotokollen oder bei Aufzeichnungen von Verhandlungen. Ein „klassisches" Beispiel einer makroskopisch-wirtschaftspsychologischen Inhaltsanalyse sind die Versuche *McClellands (1961),* durch die Selektion leistungsthematischer Inhalte von „Erzählungen" das Ausmaß der Leistungsmotivation in verschiedenen Epochen zu messen.

Beim *Rollenspiel* übernehmen die einzelnen Probanden oder Gruppen – meist aufeinander bezogene – Rollen. Die Zwecksetzung ist entweder individuenzentriert – hier geht es um das beteiligte Individuum in seiner Fähigkeit, eine bestimmte Rolle zu gestalten – oder aber gruppenzentriert: Hier sollen bestimmte Ergebnisse als Ausdruck eines rollendifferenzierten Gruppenprozesses in Erscheinung treten. Solche Rollenspielsituationen werden im psychologischen Bereich vor allem im Rahmen der Verhandlungsführung sowie zur Untersuchung bestimmter Gruppeneffekte bei der Bewältigung von Arbeitsaufgaben eingesetzt. Das Rollenspiel kann auch im Rahmen von Testverfahren zur Prüfung der Fähigkeit zur Rollenübernahme (z. B. Empathie, Rollenengagement, Rollenflexibilität) eingesetzt werden.

Das Rollenspiel gehört in den Umkreis jener Verfahren, die allgemein mit dem etwas unscharfen Begriff der *Simulation* bezeichnet werden. Dabei geht es um die Nachahmung bzw. Nachbildung realer Situationen und Prozesse: z. B. Kaufsituationen, Verhandlungssituationen, Arbeitssituationen, Spielsituationen. Häufig werden hierbei bestimmte Stimuli vorgegeben (z. B. „Stellen Sie sich vor, Sie hätten im Lotto gewonnen …"). Simulationsverfahren sind insbesondere in der Entscheidungsforschung vielfach mit Erfolg angewendet und mit ökonomischen bzw. ökonometrischen Modellen konfrontiert worden.

Wie auch beim Simulationsverfahren handelt es sich bei der *Szenario-Technik* um ein quasi-experimentelles Verfahren, aber mit deutlichen projektiven Komponenten. Dem Befragten werden verschiedene Szenarien (die in zentralen Punkten variiert werden) vorgelegt, mit der Aufforderung zur Beurteilung, ob z. B. ein solches Verhalten gebilligt werden kann, Gerechtigkeitsprinzipien entspricht oder bestimmte Einstellungen verrät. Diese Technik bewährt sich insbesondere dann, wenn direkte Fragen, etwa aus Gründen sozialer Missbilligung, nicht gestellt werden können. So arbeitete beispielsweise *Fetchenhauer (1998)* beim Studium von Versicherungsbetrug mit der Szenario-Technik. Systematisch variiert wurde hierbei unter anderem der „modus operandi", d. h. etwa im Hinblick auf Verschweigen eines Sachverhalts vs. Hinzufügen eines Tatbestandes. Einzustufen waren hierbei die perzipierte Deliktschwere sowie die Frage, ob ein solches Verhalten zu sanktionieren sei.

Bei der sogenannten *Aktionsforschung* handelt es sich um den Versuch, die Unterschiede zwischen Forschung und Praxis in der Weise aufzuheben, dass der Wissenschaftler gleichsam in einer Doppelrolle auftritt: als Forscher und als Veränderer. Forschung gewinne – nach der Vorstellung ihrer Vertreter – erst im lebendigen Austausch mit den Vorgängen der Praxis Konturen. Diese Art von Aktionsforschung, die in ihren Grundideen schon auf *Lewin* zurückgeht, hat insbesondere im Bereich der Organisationspsychologie Fuß gefasst, wo es vornehmlich darum geht, durch aktive Mitwirkung eine Art Interaktion zwischen Idee und Handeln zu erreichen. Eine solche Allianz zwischen Forschung und Praxis wird auch durch den Gedanken der Partizipation nahe gelegt. Freilich wird der hier angestrebte Zugewinn an Praxisnähe und Handlungsrelevanz erkauft durch die Eintrübung der kritischen Distanz, die eben erst Intersubjektivität gewährleistet. Dieser Mangel dürfte hier von noch größerem Gewicht sein als etwa im Falle der teilnehmenden Beobachtung, da der Forscher selbst einem (gleichzeitigen) doppelten Engagement unterliegt. Dies hat nichts mit der Tatsache zu tun, dass Wissenschaftler auch in die Rolle des Praktikers schlüpfen können und dies gelegentlich auch sollten; doch sind wissenschaftliche Methodenanforderungen etwas anderes als die Anforderungen der Praxis (vgl. *Wiswede 1998* zur Werturteilsdebatte und zu den Grenzen der Aktionsforschung).

Besonders in der Organisationspsychologie gewinnt mit den 80er Jahren das Verfahren der *quantitativen Meta-Analyse* an Bedeutung. Dieses Verfahren ist dann anwendbar, wenn für bestimmte Problemstellungen (z. B. Zusammenhänge zwischen Leistung und Zufriedenheit, zwischen partizipativer Führung und Effizienz, zwischen Produkttyp und kognitiver Produktbeurteilung) bereits eine Vielzahl von Untersuchungen vorliegen, die ihrerseits auf durchschnittliche Effektmaße analysiert werden können (vgl. *Hunter/Schmidt 1990).*

Um die Vergleichbarkeit solcher Untersuchungen zu gewährleisten, sind allerdings eine Reihe von Voraussetzungen zu klären (z. B. thematische Angemessenheit, Äquivalenz der jeweiligen Operationalisierungen, Ermittlung der Streubreite von Effekten), die sich methodisch nicht immer bruchlos einlösen lassen.

Ein weiteres Verfahren, das in der Organisationspsychologie besonderes Gewicht hat, ist die *Evaluation*. Dieses Verfahren dient zur Bewertung sozialtechnologischer Maßnahmen, zum einen mit dem Ziel einer Erfolgskontrolle (herauszufinden, ob die beabsichtigten Ziele erreicht wurden), zum anderen auch für eine Wirkungsanalyse (nämlich um aufzuzeigen, welche Effekte, z. B. auch nicht-intendierte Wirkungen, überhaupt aufgetreten sind). Das hierbei entstehende Zurechnungsproblem setzt im Prinzip ein experimentelles bzw. quasiexperimentelles Vorgehen voraus, das hier naturgemäß nicht unter Laborbedingungen durchgeführt werden kann und deshalb zahlreichen Störvariablen ausgesetzt ist. Überdies ist die Evaluation meist keine punktuelle, sondern eine prozessbegleitende Maßnahme. Auch muss im Rahmen der Evaluation die Frage der Nachhaltigkeit von Effekten geklärt und das Auftreten bloßer kurzfristiger Effekte eliminiert werden.

2.4 Probleme des Anwendungsbezugs

Wir hatten in unserem Einleitungskapitel die Wirtschaftspsychologie als *eigenständigen psychologischen Erkenntnisbereich* vorgestellt. Dies ist jedoch nicht die einzig mögliche, ja nicht einmal die am meisten verbreitete Auffassung von Wirtschaftspsychologie, die von vielen Bearbeitern als angewandte Psychologie und zumal im ökonomischen Bereich als reine *Service-Disziplin* angesehen wird. Ganz gleich aber, welche Auffassung man vertritt: Es ist nicht zu übersehen, dass der Anwendungsbezug wirtschaftspsychologischer Forschung sehr ausgeprägt ist und sich bis in die Grundstruktur dieser Disziplin fortsetzt. Dieses starke Verwertungsinteresse macht unser Fach daher in höchstem Maß anfällig für Einseitigkeiten und Asymmetrien verschiedenster Art. Dies betrifft bereits den Umkreis der als relevant angesehenen Fragestellungen. So interessieren beispielsweise im marktpsychologischen Bereich die Fragen des Konsumentenverhaltens oder der Werbung vorwiegend aus der Sicht der Absatzförderung; demgegenüber sind beispielsweise Fragestellungen aus Verbraucherperspektive (etwa i. S. einer effizienten Verbraucherpolitik) relativ wenig bearbeitet. Ähnlich interessieren Fragen des Arbeitsverhaltens, die Analyse von Führungsstilen oder die Untersuchung der Verhaltenssteuerung in Organisationen primär aus der Sicht des Managements; die häufigsten abhängigen Variablen sind daher auch im Umkreis der Effizienz eingegrenzt (z. B. Effizienz von Führungsstilen, Effizienzsteigerung durch Anreizsysteme etc.).

Die Beschränkung auf Effizienz begrenzt die als relevant angesehenen Fragestellungen drastisch. Zwar wird damit im Prinzip der nomologische Charakter der Aussagen nicht berührt; jedoch wirkt diese Reduzierung möglicher Fragen in die Richtung einer seminormativen Forschung: Effizienz als Norm und Wert! Hinzu kommt, dass das Effizienzkriterium oftmals überhaupt nicht genau präzisiert werden kann. Am Beispiel: Was genau bedeutet die Aussage, ein bestimmter Führungsstil sei effizient? Über diese Frage ist natürlich nachgedacht worden, definitive Lösungen gibt es jedoch nicht. Auch hat es nicht an Versuchen gefehlt, neben der Effizienzvariablen andere Zielrichtungen der Forschung zu thematisieren. Insbesondere geht es um die Frage der Arbeitszufriedenheit, um Aspekte der Humanisierung der Arbeitswelt, um „Qualität des Arbeitslebens“, um den mündigen Verbraucher, um motivationale Entfaltung, um Selbstverwirklichung usw. Auch dies sind nur Variationen des normativen Themas; auch sie sind häufig nur Leerformeln (Was genau heißt

Selbstverwirklichung? Was genau ist der „mündige" Verbraucher?). Außerdem: Wann immer Programme zur Humanisierung der Arbeitswelt, Untersuchungen des Betriebs- und Organisationsklimas oder Strategien zur Erhöhung von Arbeitszufriedenheit entworfen werden, so drängt sich doch der Verdacht auf, dass hier nur produktive Umwege eingeschlagen werden, um die eigentlich sozialtechnologisch interessierende Variable, nämlich „Effizienz", erfolgreich in den Griff zu bekommen.

Wiendieck (1994, 53f) geht von *Ökonomiezielen* und *Humanzielen* aus, die in sich jedoch auch nicht konsistent sein dürften, und unterscheidet hierbei Ziel-Gegensätzlichkeit, Ziel-Unabhängigkeit, Ziel-Verkettung (z. B. durch Humanziele werden auch Ökonomieziele realisiert) und Ziel-Harmonie. Mit Recht weist *Wiendieck* darauf hin, dass der Gedanke einer natürlichen Harmonie zwischen diesen Zielen ideologische Züge trägt. Eine Durchsicht wirtschaftspsychologischer Schriften zeigt jedenfalls, dass (zumindest implizit) die Ökonomieziele überwiegen, was immer im Einzelnen darunter verstanden werden kann.

Die bereits erwähnte humanistische Perspektive (z. B. *Maslow, McGregor, Argyris* im arbeitspsychologischen Bereich) sowie die neomarxistische Variante der Arbeitspsychologie haben hier gewisse Gegengewichte geschaffen. So ist insbesondere die deutschsprachige Arbeitspsychologie (hier weitgehend losgelöst von der Organisationspsychologie) heute von einer handlungstheoretischen Perspektive dominiert *(Hacker 1986)*, in die sowohl humanistische wie auch neomarxistische Ansätze einmünden. Diese Variante der Arbeitspsychologie nimmt vorwiegend die Perspektive des Arbeitnehmers ein, aber sie läuft natürlich Gefahr, *eine* Ideologie durch eine andere zu ersetzen.

Die deutschsprachige Arbeitspsychologie bietet allerdings eine „inselartige" Ausnahme in einer Landschaft, die doch recht stark von den Verwertungsinteressen jener getragen wird, die an gesellschaftlich strategischer Stelle über entsprechende Ressourcen verfügen. Auch wenn wir diesem Autor ansonsten misstrauen: *Habermas'* Verdikt von der strukturellen Asymmetrie sozial-technologisch verwertbaren Wissens hat hier durchaus seine Berechtigung. Für diese strukturelle Asymmetrie auch unserer Disziplin spricht im Übrigen die Tatsache, dass die Ressourcen zumal für die Auftragsforschung häufig ungleich verteilt sind. Dieser Umstand entscheidet über vorrangig aufzugreifende Forschungsfragen ebenso wie über Fragen der Verwertung: ob ein Problem überhaupt erkannt und aufgegriffen wird; wer mit der Untersuchung betraut wird; ob die Ergebnisse in irgendeiner Weise publik gemacht werden oder in der Schublade verschwinden; ob und in welcher Weise überhaupt eine praktische Umsetzung der Forschungsergebnisse erfolgt usw. Wenn die Wirtschaftspsychologie es nicht fertig bringt, sich aus dieser Umklammerung durch ressourcenmächtige Verwertungsinteressen zu lösen – dies ist u. a. auch eine Frage des Selbstverständnisses der Wirtschaftspsychologen –, dann wird sie in absehbarer Zeit *kein* autonomes Forschungsfeld repräsentieren können, sondern zur bloßen Service-Disziplin – Lieferung von Beeinflussungswissen für Management und Marketing – denaturieren. Auch aus diesem Grund sollten wir der Wirtschaftspsychologie nicht das missverständliche Etikett einer „angewandten Disziplin" verleihen, sondern für ihren eigenständigen Objektbereich auch *eigenständige Grundlagenforschung* reklamieren *(Wiswede 1993)*.

3 Theorien der Wirtschaftspsychologie

3.1 Ein Bezugsrahmen für wirtschaftspsychologische Forschung

Im Prinzip sind alle psychologischen Theorien (gelegentlich auch soziologische Konzepte) von Relevanz für die wirtschaftspsychologische Forschung, je nachdem, welche Problemstellung man untersucht: Wahrnehmungsprozesse, Motivationsvorgänge, ökonomisch relevante Einstellungen, Eignungs- und Auslesekriterien, Prozesse der Urteilsbildung, der Informationsverarbeitung usw. Es ist wichtig, darauf hinzuweisen, dass die Wirtschaftspsychologie dringend einer theoretischen Fundierung bedarf – „too much research, too little theory" *(Reynaud)* –, da auf diesem Gebiet Praktiker und Wissenschaftler, Ökonomen und Psychologen, Laien und Fachleute gleichermaßen tätig sind und weil vielfach theorielos, mit blinder Empirie oder mit vorschnellem Anwendungsbezug gearbeitet wird.

Von einer theoretisch fundierten Wirtschaftspsychologie, die nicht lediglich als Steinbruch für anwendungsorientiertes Wissen verstanden wird, darf man jedoch erwarten, dass die allgemeine Psychologie, insbesondere auch die Sozialpsychologie, von ihr profitieren kann. Dies bedeutet einmal, dass sich die Psychologie mit situativen Bedingungen auseinanderzusetzen hat, die bisher nicht in ihrem Blickfeld lagen und die daher zur Erweiterung ihres Gegenstandsbereichs beitragen. Fortschritte der Psychologie gesamtwirtschaftlicher Prozesse könnten ganz allgemein die Entwicklung einer Makro-Psychologie fördern. Zum anderen mögen einige der in der Wirtschaftspsychologie entstandenen Konzepte und Theorien unter Umständen generalisierbar sein und als allgemeine Erklärungsmodelle herangezogen werden. So ist möglicherweise das Studium der Arbeitszufriedenheit ein Paradigma für die allgemeine Zufriedenheitsforschung. Eine prominente Theorie der Arbeitsmotivation, nämlich die von *Victor Vroom,* gilt heute als Modellfall einer allgemeinen Motivationstheorie. Auch könnten die im arbeitspsychologischen Bereich entstandenen Handlungstheorien in ihrer Anwendung auf instrumentelles Handeln generell ausgedehnt werden. Bestimmte Aspekte des „Information-Processing", die beim Verhalten von Konsumenten studiert wurden, bilden u. U. das Vorbild für allgemeinere Theorien der Informationsverarbeitung usw.

Betrachten wir zunächst ein sehr einfaches Grundmodell, das im Übrigen der behavioristischen Ausgangsposition entspricht. Die einfachste Form der psychologischen Erklärung hat die Struktur

$$A \longrightarrow B$$

wobei A die jeweilige Antezedenz-Bedingung und B das entsprechende Verhalten (Behavior) bedeutet. In der Schreibweise des Behaviorismus ist dies eine S ⟶ R-Beziehung (wobei S = Stimulus oder Reiz, R = Response oder Reaktion). Der Behaviorismus (zumindest in seiner ursprünglichen Form) wollte lediglich beobachtbare Größen gelten lassen; mentale Prozesse bilden für ihn eine Art „black-box". Auch das ökonomische Erklärungsschema ist im Grunde behavioristisch: Steigende Preise (S) führen zu einer Senkung der Nachfrage (R); eine Erhöhung der Inflationsrate (S) bewirkt verminderte Sparneigung (R). Auch hier geht man also davon aus, dass bestimmte Daten oder Datenänderungen in direkter Weise auf die Reaktion der Betroffenen durchschlagen (ökonomischer Behaviorismus).

In diesem S $\rightarrow$ R (A $\rightarrow$ B)-Schema sind A meist externe Auslöser A_e:

$$A_e \longrightarrow B$$

Im wirtschaftlichen Bereich sind A_e etwa: ein bestimmter Führungsstil, besondere Arbeitsbedingungen, ein niedriger Preis, eine Veränderung der Börsensituation. Diese Antezedenz-Bedingungen sind insofern im strukturellen Bereich zu sehen; sie verkörpern ihrerseits keine psychologischen Variablen.

A kann jedoch auch ein interner Stimulus sein (A_i):

$$A_i \longrightarrow B$$

In diesem Falle ist A_i eine psychologische Variable (z. B. ein Hungergefühl, hohe Leistungsmotivation, ein plötzlicher Einfall). A_e und A_i können sich wechselseitig bedingen (z. B. bewirkt der Geruch einer Speise Hunger bzw. Appetit; bei Sättigung löst der gleiche Geruch möglicherweise Widerwillen aus):

$$\begin{array}{l} A_e \longrightarrow \\ \qquad\qquad\quad B \\ A_i \longrightarrow \end{array}$$

Das A $\rightarrow$ B-Schema kann erklärungsrelevant sein, wenn intervenierende Variablen bedeutungslos sind oder wenn sie sich auf Aggregat-Niveau nivellieren (dass sie dies keineswegs immer tun, haben wir bereits in Abschnitt 1.3 gezeigt). Insbesondere wird dies dann der Fall sein, wenn es sich um *dominante Situationen* handelt, die eine bestimmte Reaktion mit hoher Wahrscheinlichkeit auslösen (Fluchtreaktion bei Brand im Kino). Oder aber B ist die einzig mögliche Reaktion, weil alternative Möglichkeiten fehlen (Beispiel: Versorgungsengpässe). In beiden Fällen fehlen Reaktionsspielräume, Handlungsalternativen. Sind solche *Möglichkeitsspielräume* für Verhaltensvariabilitäten eingeschränkt, so sprechen Sozialwissenschaftler von „constrained choice". Beispiele im wirtschaftlichen Bereich lassen sich beliebig finden: eingeschränkte Ermessensspielräume beim Konsumverhalten im Rahmen des Existenzminimums – wenig Disponibilität (also Auswahl zwischen verschiedenen Gütern), wenig Postponibilität (Wahl des Anschaffungszeitpunktes) – geringe Entscheidungsspielräume im Führungsbereich durch festgefahrene Machtkonstellationen. Ferner: eingeschränkte Handlungsautonomie in stark formalisierten/bürokratisierten Organisationsstrukturen, bei denen der Akteur durch formale Vorgaben (z. B. strikte Rollenerwartungen, Dienstanweisungen) oder auch durch technisch-maschinelle „constraints" (z. B. Fließband, Computer) in seinem Handeln so vorprogrammiert ist, dass B mit großer Wahrscheinlichkeit aus den strukturellen Eingangsdaten folgt.

Wichtig ist auch, dass der objektiv vorhandene Möglichkeitsspielraum sich eventuell vom subjektiv wahrgenommenen Spielraum unterscheidet; dieser sogenannte *ipsative Möglichkeitsraum* kann überschätzt oder unterschätzt werden.

Das A $\rightarrow$ B-Schema erfährt eine erste Erweiterung durch die Einbeziehung von intervenierenden Variablen I:

$$A \longrightarrow I \longrightarrow B$$

I kann prinzipiell eine psychologische Variable sein (z. B. eine bestimmte Emotion, eine besondere Persönlichkeitsstruktur, unterschiedliche Motivation, bestimmte kognitive Sachverhalte) oder auch eine nichtpsychologische Variable (z. B. unterschiedliche Kaufkraft, Bildungsgrad, Schichtzugehörigkeit). Der Prototyp der psychologischen A $\rightarrow$ I $\rightarrow$ B-

Erklärung sieht jedoch vor, dass A eine strukturelle Größe ist, die als unabhängige Variable in Erscheinung tritt. I stellt dann in der Regel die psychologische Variable dar. In diesem Fall entspricht dieses Verlaufsmuster der psychologisch geläufigen Variante S-O-R, in unserer Schreibweise

A ——→ O ——→ B

worin O eine nicht näher spezifizierte *organismische Variable* darstellt. Die beiden Haupttypen von O-Variablen sind entweder im emotional-affektiven Bereich (E) oder aber im kognitiven Bereich (K) zu sehen. Ist O eine *Emotion,* so gilt:

A ——→ E ——→ B

Z. B. wirkt der Stimulus „Anblick einer Speise" nur bei Hungergefühl verhaltensauslösend. Ist O eine *Kognition,* so gilt:

A ——→ K ——→ B

Z. B. wirkt ein Stimulus „hoher Preis" nur dann kaufauslösend, wenn die kognitive Annahme besteht, dass der hohe Preis gleichzeitig hohe Qualität verbürgt.

B muss im Übrigen nicht unbedingt eine Reaktion in Form overten Verhaltens darstellen. Vielmehr gibt es vorgelagerte Responses; die wichtigsten davon sind *Verhaltensdispositionen.* Sie sind – sofern sie nicht als intervenierende Variablen fungieren – Responses erster Ordnung oder aber – im Hinblick auf ihre potenziell verhaltensauslösende Wirkung – vorgelagerte Responses, latente Verhaltensweisen. Dies gilt sowohl für Verhaltensdispositionen (BD), wie z. B. Einstellungen

A ——→ BD ——→ B

als auch für Verhaltensintentionen (BI)

A ——→ BI ——→ B

Intervenierende Variablen wirken häufig lediglich als Brechungen im A → B-Gefüge, korrigieren oder modifizieren eine an sich nahe liegende (z. B. logische) Verknüpfung zwischen unabhängiger und abhängiger Variable (z. B. die Beziehung gilt nur für bestimmte Altersgruppen, nur für Intelligente, nur für männliche Vpn). Eine herausragende Teilklasse von intervenierenden Variablen bilden im psychologischen Bereich sogenannte „hypothetische Konstrukte", die einen „Bedeutungsüberschuss" in die Analyse einbringen. Damit ist gemeint, dass die hier einbezogenen Variablen den Zusammenhang fundamental verändern können, sodass die Stimuli im Lichte bestimmter psychischer Größen in völlig veränderter Form wahrgenommen und kognaziert werden, bis hin zu der Konsequenz, dass die betreffenden Stimuli nebensächlich werden und das Verhalten wesentlich durch die organismischen Variablen gesteuert wird. Solche hypothetischen Konstrukte sind etwa: Motivation, Einstellungen, Attributionen usw., die sämtlich nicht direkt beobachtbar sind (und deren Relevanz vom orthodoxen Behaviorismus bestritten würde), die jedoch nach heutiger Auffassung unerlässliche und erklärungskräftige Konzepte zur Analyse differenziellen Verhaltens darstellen und mit denen wir uns im nächsten Abschnitt noch genauer beschäftigen werden.

Die Wirkungskette A → I → B kann im Übrigen noch weiter verfolgt werden, sofern man die Folgewirkungen von B untersucht:

A ——→ I ——→ B ——→ C

Diese Folgewirkungen oder *Konsequenzen* (C) können nach bestimmten Gesichtspunkten unterschieden werden:

- soziale vs. non-soziale Konsequenzen
  (sozial: P's Befehl wird von X befolgt; non-sozial: P's Leistung führt zum Abschluss einer Arbeit);
- intendierte vs. nicht-intendierte Konsequenzen
  (intendiert: P wollte seinen Arbeitskollegen „ausstechen"; nicht-intendiert: P wollte X nicht beleidigen);
- externe vs. interne Relevanz der Konsequenzen
  (extern relevant: Erhöhung der organisationalen Effizienz; intern relevant: Leistungsverhalten von P führt zu Beförderung);
- belohnende vs. bestrafende, evtl. neutrale Konsequenzen
  (belohnend: Anerkennung durch andere; bestrafend: Missbilligung).

Sind die Konsequenzen für das Individuum positiv (belohnend), so hat dies – nach Auffassung der Theorie des instrumentellen Lernens – für die bestehende S-R-Verbindung einen „verstärkenden" Einfluss (reinforcement).

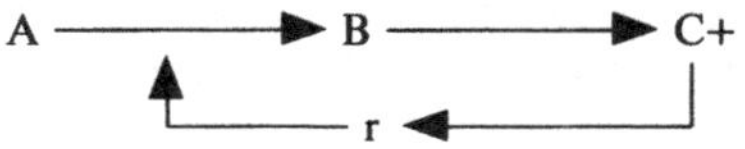

Konsequenzgeleitetes Verhalten kann auch bedeuten, dass Konsequenzen als Stimuli in Erscheinung treten, sofern sie antizipiert werden (hier bedarf es allerdings der gedanklichen Vorwegnahme bestimmter Verhaltenskonsequenzen, also eines kognitiven Bindegliedes). C tritt dann an die Stelle des Stimulus,

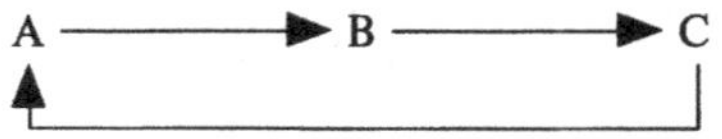

sodass eine neue Verbindung entsteht, die dann allerdings nur noch kognitiv – als erwartete Konsequenz EC – gedeutet werden kann:

EC ist dann der kognitive Aspekt des Verstärkers (in der frühen behavioristischen Lerntheorie gibt es diese Antizipation nicht; das Individuum erkennt lediglich an der Charakteristik von S, dass dies ein *diskriminativer Reiz* ist, auf den in der Vergangenheit Belohnungen folgten: $S_d \rightarrow R$).

Der Rückkopplungsprozess zwischen C und A kann allerdings auch noch in einer anderen Weise stattfinden. Durch sein Verhalten trägt der Mensch dazu bei, selektiv oder gar aktiv auf die auf ihn einwirkenden Stimuli/Situationen einzuwirken. Selektiv: durch Auswählen diskriminativer Stimuli, die Belohnungen verheißen sowie Meidung solcher Situationen, die Strafreize signalisieren (Vermeidungslemen). Aktiv: Der Mensch kann durch instrumentelles und planendes Handeln (z. B. durch Arbeit) bewusst die Reizbedingungen seiner Umgebung verändern (z. B. Veränderungen der Arbeitsplatzbedingungen, Gestaltung des Wohnraumes, Einwirkung auf Vorgesetzte). Zwischen A und B besteht also dann ein „reziproker Determinismus" *(Bandura),* wenn C ganz oder teilweise die Antezedenzbedingungen A für künftiges Handeln verändert:

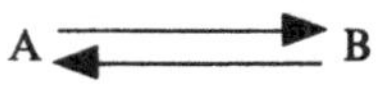

Kehren wir wieder zu unserem A → B → C-Schema zurück. Reichert man diese Wirkungskette mit kognitiven Variablen an, so entstehen folgende Bindeglieder:

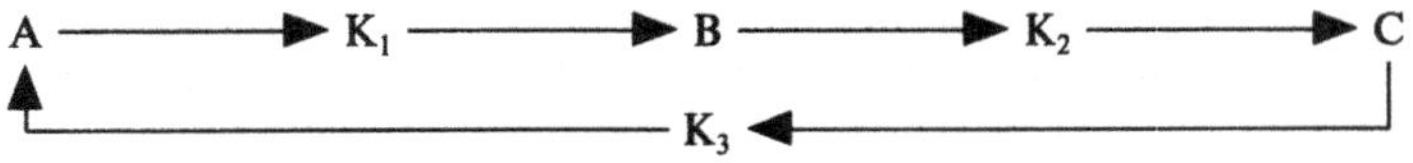

wobei K_1 Wahrnehmungs- und Interpretationskonstrukte, auch Einstellungen und Motivationen, K_2 hingegen Erwartungen über das Auftreten von Konsequenzen sowie Vermutungen über die Kontrolle von Handlungsergebnissen, K_3 schließlich insbesondere Vergleichsprozesse aller Art darstellt. Dabei gehen Behavioristen gewöhnlich davon aus, dass die Wirkungskette auch ohne Einbeziehung kognitiver Bindeglieder zustande käme, dass diese Kognitionen (z. B. Einsicht in die Verstärkungskontingenz) zumindest jedoch akzessorische/akzelerierende/modifizierende Effekte haben. Jedenfalls ist durch die Einbeziehung der kognitiven Perspektive die Einseitigkeit und Einsilbigkeit früherer behavioristischer Ansätze verschwunden, sodass ein pauschales Verdammungsurteil gegenüber neueren Konzepten auf Vorurteilen und/oder auf Unkenntnis beruhen dürfte.

Dieses Ineinandergreifen neo-behavioristischer und kognitiver Ansätze wird immer wieder sichtbar, wenn wir nun in Folgendem einige theoretische Konzepte genauer erörtern, mit denen wirtschaftspsychologische Grundprozesse beschrieben und erklärt werden können. Solche Grundprozesse sehen wir vor allem auf der Ebene der *Aktivierung und Dynamik menschlichen Antriebsgeschehens* (Motivation), sodann auf der Ebene der *Steuerung und verstandesmäßigen Verarbeitung* (Kognition) und schließlich auf der Ebene *gesellschaftlicher Formung und Orientierung* des Verhaltens (Interaktion). Übergreifend sind für alle drei Bereiche – die sich gegenseitig überlappen – Lernprozesse relevant: Weil und insofern wirtschaftliches Verhalten *gelerntes Verhalten* darstellt, dürfte eine (kognitiv modifizierte) Lerntheorie den allgemeinsten Nenner einer Psychologie wirtschaftlichen Verhaltens darstellen.

3.2 Eine Revue wirtschaftspsychologisch relevanter Theorien

Die Auswahl der nachfolgend dargestellten Konzepte und Theorien erfolgt nach dem Kriterium ihrer *wirtschaftspsychologischen Relevanz* (s. Tab. 1, S. 59): Ausgewählt werden solche Konzepte, die bisher im Rahmen wirtschaftspsychologischer Forschung erfolgreich eingesetzt wurden bzw. die nach unserer Ansicht für künftige Forschung möglicherweise fruchtbar sind. Zunächst wird dabei die jeweilige Theorie knapp und möglichst informationsdicht vorgestellt; daran schließt sich jeweils eine kurze Erörterung ihrer Anwendungsmöglichkeiten im wirtschaftlichen Bereich an, gefolgt wiederum von einigen exemplarischen empirischen Untersuchungen (für eine ausführliche Darstellung: *Fischer/Wiswede 2009*).

3.2.1 Theorien im Bereich der Motivation

Zunächst wollen wir uns mit Theorien befassen, die im Umkreis des Motivationsgeschehens angesiedelt sind. Dabei werden die Anwendungsbeispiele mehr oder weniger auf wirtschaftspsychologische Sachverhalte bezogen sein. Später, wenn wir die einzelnen Problembereiche wirtschaftspsychologischer Forschung näher betrachten, werden wir verschiedentlich auf die hier kurz diskutierten Konzepte zurückgreifen.

Tabelle 1

Wirtschaftspsychologisch relevante Theorien

im Bereich *Motivation*	im Bereich *Kognition*	im Bereich *Interaktion*
(M 1) Aktivationstheorie	(K 1) Hypothesentheorien	(I 1) Austausch-theorien
(M 2) Bedürfnistheorien	(K 2) Konsistenztheorien	(I 2) Gerechtigkeits-theorien
(M 3) Leistungsmotivation	(K 3) Attributionstheorien	(I 3) Rollentheorie
(M 4) Instrumentalitäts-theorie	(K 4) Kontrolltheorien	(I 4) Gruppentheorien
(M 5) Lerntheorien	(K 5) Reaktanztheorie	(I 5) Theorie sozialer Identität
(M 6) Modell-Lernen	(K 6) Information-Processing	
(M 7) Prospect-Theory	(K 7) Handlungstheorien	
	(K 8) Selbstkonzept-Theorien	

Unter Motivation versteht man üblicherweise einen *aktivierenden Prozess* mit *richtunggebender Tendenz*. Die Aktivationskomponente beschreibt den energetischen Aspekt des Motivationsgeschehens; zentrale Begrifflichkeiten sind: Aktivation, Erregung, Spannung, Bedürfnisstärke usw. Die richtunggebende Tendenz beschreibt den kognitiven Aspekt dieses Prozesses: Gegenstand der Analyse ist nicht irgendeine, gleichsam blinde Form der Aktivation, sondern eine zielgerichtete, auf ein bestimmtes Handlungsziel hin orientierte Tätigkeit. Zentrale Begrifflichkeiten innerhalb dieser kognitiven Komponente des Motivationsgeschehens sind: Denken, Wahrnehmen, Lernen, Planen, Informationsverarbeitung usw.

Motivationstheorien lassen sich grob danach unterscheiden, ob sie mehr auf den *energetischen* oder mehr auf den *kognitiven* Aspekt des Motivationsgeschehens abheben. Die ältere Motivationsforschung (z. B. die Triebtheorien, Bedürfnistheorien, Aktivationstheorien) hatte ihr Schwergewicht im energetischen Bereich; die neuere Motivationsforschung (vgl. für einen Überblick: *Bolles 1975; Heckhausen/Heckhausen 2009; Weiner 1988; Rudolph 2003*) ist überwiegend kognitiv orientiert; auch verzeichnen wir gegenwärtig eine starke Verzahnung zwischen den Problemfeldern Motivation und Attribution (vgl. den Abschnitt zur Attributionstheorie). Ein weiterer Entwicklungsstrang wird durch sog. *volitionale* Ansätze repräsentiert (v. a. *Heckhausen/Heckhausen 2009; Kuhl 1983*). Dabei geht es – nach vollzogener Entscheidung – um die Umsetzung eines Plans oder einer Intention in faktisches Handeln. Die Theorie von *Kuhl*, die zugleich eine Theorie der Handlungskontrolle ist, wird unter K 4 (Kontrolltheorien) kurz skizziert.

Wir beginnen unseren kurzen Überblick mit energetischen Aspekten, behandeln dabei zunächst einige Befunde der Aktivationstheorie und verschaffen uns danach einen Einblick in die bedürfnispsychologische Forschung. Den Weg vom Bedürfnis zum Anreiz beschreiten eher die kognitiven Motivationstheorien, wobei wir das Konzept der Leistungsmotivation sowie die Instrumentalitätstheorie besonders ansprechen werden. Sodann konzentrieren wir uns auf solche Motivationstheorien, die von der Vorstellung ausgehen, dass das menschliche Antriebsgeschehen hauptsächlich durch die Struktur und Veränderung der Umweltbedingungen beeinflusst wird. In solchen Konzepten dominiert der Gedanke, dass Motive in sozialen Lernprozessen erworben werden. Motivationen werden dabei als spezifische Muster oder Syndrome von Verstärkungsmöglichkeiten gesehen, die in bestimmten Lernumwelten (Kultur, Gesellschaft, Schicht, Gruppe) auftreten und die insbesondere durch gemeinsame Kontextbedingungen eine gewisse Konsistenz aufweisen.

(M 1) Aktivations- und Emotionstheorien

Die energetische Komponente des Motivationsgeschehens wird durch die verschiedenen Aktivations- und Emotionstheorien betont *(Hebb 1955; Berlyne 1974; Izard 1994)*. Deren Gegenstand sind Empfindungen, die als *angenehm* (Lust, Erregung, Behagen) oder als *unangenehm* (Unlust, Furcht, Frustration) in Erscheinung treten. Das Grundschema sieht dann so aus:

$$A_e^i \longrightarrow \text{R A S} \longrightarrow \text{B}$$

wobei RAS (retikuläres Aktivierungssystem) als intervenierende Variable gilt. Die Stärke der Aktivierung ist einmal abhängig von der Reizintensität und der (dechiffrierten) Reizqualität sowie den bisherigen Erfahrungen des Individuums mit diesen oder ähnlichen Reizen (die entsprechenden physiologischen Prozesse werden bei *Hebb* und bei *Berlyne* genauer diskutiert). Im Hinblick auf die Auswirkung der Aktivierung wird eine umgekehrt u-förmige Beziehung zwischen Erregungsgrad und positiver Auswirkung angenommen. Positive Auswirkung kann sich hierbei

a) ganz allgemein auf das Empfinden beziehen: Mittlere Aktivierung verschafft die positivsten Empfindungen;
b) auf das Leistungsverhalten beziehen: Bei zunehmender Aktivierungsstärke steigt zunächst das Leistungsniveau. Die Tendenz, Reize aus der Umwelt aufzunehmen (Sensibilisierung), ist bei mittlerem Erregungsniveau gleichfalls am höchsten;
c) auf die Bereitschaft sowie Fähigkeit, Informationen effizient zu verarbeiten, beziehen. Aktivierung schafft also den Nährboden für die Informationsverarbeitung; sie bietet die Voraussetzung, dass kognitive Prozesse „greifen".

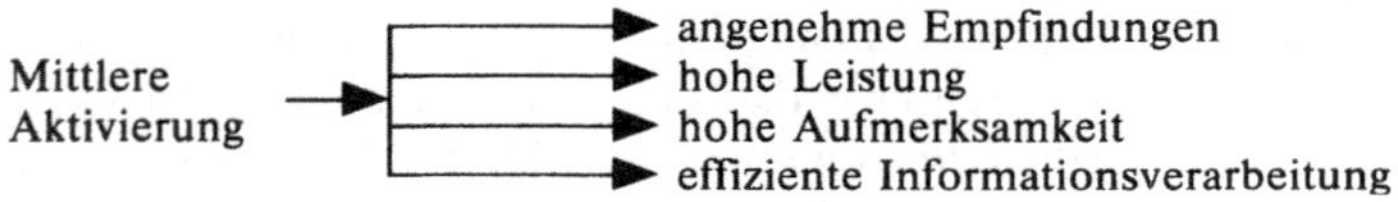

Berlyne (1960) sowie *Hunt (1963)* postulieren ein Motiv der Erregungsoptimierung: Individuen vermeiden extrem niedrige und hohe Erregungszustände (levels of arousal). Daraus resultiert eine Tendenz nach Stimulierung (sensation seeking) und Reizabwehr (sensation avoidance). Abweichungen vom Optimum (GIAL = general incongruity adaptation level) motivieren daher Verhaltensweisen (oder kognitive Strategien), die zum GIAL zurückführen (eine ähnliche, aber dynamischere Position vertritt die sogenannte Adaptations-Theorie; *Helson 1964*).

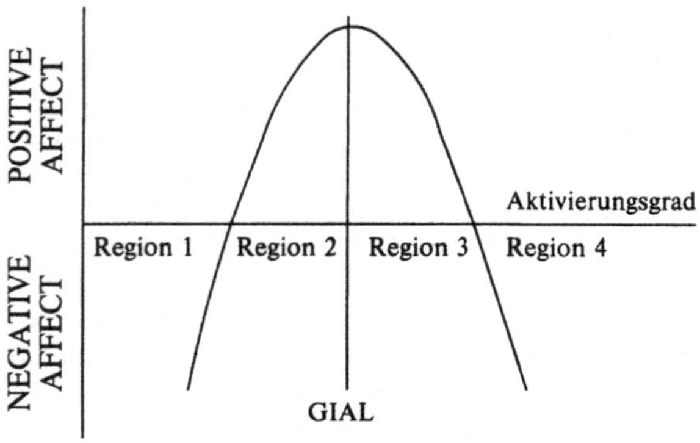

Abb. 3: Beziehungen zwischen äußerer Stimulierung und Affekt (nach Driver/Streufert 1965)

Aktivierung wird (i. S. der Aktivierungstheorie) vorwiegend quantitativ verstanden und bleibt in seiner gefühlsmäßigen Ausrichtung unspezifisch. So zeigen beispielsweise physiologische Messverfahren nur den Grad der Erregung an, nicht aber die Qualität des Erlebens. Da gewöhnlich bei durchaus unterschiedlichen Gefühlen die Aktivierungsvorgänge recht ähnlich sind (z. B. Herzklopfen, Zittern), postuliert *Schachter* in seiner Gefühlstheorie (vgl. *Schachter/Singer 1962*) zwei Komponenten der Emotion: Die physische Aktivierung sowie die (kognitive) Erklärung, die man sich für diese Erregung gibt. Das Individuum ordnet demnach seinen Aktivierungszustand bestimmten plausiblen Ursachen zu (vgl. zur Kausal-Attribution K 3). Angesichts widersprüchlicher Ergebnisse geht die heutige Emotionsforschung (vgl. zusammenfassend *Meyer et al. 2003; Otto et al. 2000*) jedoch davon aus, dass die Schachter/Singer-Theorie nur für eine Teilklasse von Emotionen (Situationen, die eine ziellose Erregung implizieren) Gültigkeit beansprucht.

Neuere Emotionstheorien sind u. a. der alten Frage nach der *Universalität* bestimmter Emotionen (Freude, Überraschung, Wut, Furcht) nachgegangen und verweisen nach Auffassung der älteren (z. B. *McDougall*) und neueren evolutionären Emotionstheorien (vgl. *Buss 1999*) auf die arterhaltende Funktion der (meisten) Emotionen. Dominierend sind heute jedoch *kognitive Emotionstheorien* (z. B. *Lazarus 1991; Weiner 1986*). Nach diesen Vorstellungen lösen objektive Reize Emotionen nicht in direkter Weise aus; vielmehr hängt die Qualität und Intensität einer Emotion gegenüber einem Objekt von der kognitiven Bewertung oder Einschätzung dieses Objekts ab (so etwa die Stresstheorie von *Lazarus*, die in ihrer neueren Fassung auch eine Emotionstheorie darstellt; vgl. 2.1.1.5). Die meisten Einschätzungstheorien identifizieren Annahmen über die wahrgenommenen Ursachen von Ereignissen als wichtige Auslöser von Emotionen (vgl. K 3). Dabei führen bestimmte Attributionsmuster zu spezifischen Gefühlen. So würden wir z. B. Mitleid empfinden, wenn die Notlage eines Menschen durch unkontrollierbare Faktoren (etwa Krankheit oder Fremdverschulden) erklärt wird. Sieht man sich für Leistungsergebnisse selbst verantwortlich, empfindet man Freude und Stolz. Umgekehrt entstehen Ärger und Schamgefühl dann, wenn man Misserfolge sich selbst zuschreiben muss.

Eine besondere Klasse von Emotionen sind *Stimmungen* (vgl. *Schwarz 1990; Forgas 2000*). Stimmungen sind Gefühlserlebnisse von diffusem Charakter und geringer Intensität, in denen sich die Gesamtbefindlichkeit eines Individuums ausdrückt und die sich nicht auf konkrete Anlässe oder Ereignisse beziehen. Stimmungen haben Einfluss auf die Informationsverarbeitung – z. B. schlechtere (fehlerhafte) Verarbeitung bei euphorischer Stimmung – sowie auf die negative oder positive Sicht der Dinge. Auch werden stimmungskongruente Sachverhalte oder Erlebnisse besser erinnert (stimmungsabhängiges Gedächtnis). Das Affekt-Infusionsmodell *(Forgas)* macht gleichfalls deutlich, dass primär zum Affekt passende kognitive Kategorien abgerufen werden (affektives Priming, vgl. 1.4).

Fragen wir nun genauer nach der *wirtschaftspsychologischen Relevanz* der Aktivationstheorien. Anwendungsmöglichkeiten sehen wir vor allem in den folgenden Bereichen:

- Wirkung verschiedener Grade der Aktivierung im Arbeitsbereich; Gefahren der Überaktivierung (Stress), die abhängig von der Belastbarkeit des betroffenen Individuums sowie vom Aufgabentyp sind.
- Wirkung von Frustrationen im Arbeitsbereich (z. B. Aufgabenunterbrechung, Zielblockierung) oder im Konsumbereich (z. B. Ärger über den Verkäufer, über enttäuschte Erwartungen bei Produkten).
- Aufladung von Werbebotschaften mit aktivierenden, emotionalisierenden Inhalten sowie mit Überraschungs- und Neuigkeitseffekten (Prinzip der optimalen Neuigkeitserregung).
- Effiziente Informationsverarbeitung nach vorheriger positiver Emotionalisierung (z. B. bei der Werbung, bei Verhandlungen).

- Berücksichtigung von Stimmungen bei der Erhebung subjektiver Einschätzungen wirtschaftlicher Entwicklung (z. B. Konjunktur)
- Analyse von Emotionen und Stimmungen im Börsengeschehen.

Zur Empirie: Zahlreiche Studien im Konsumbereich haben versucht, die Auswirkungen verschiedener Aktivierungsgrade auf die Aufmerksamkeit und auf das Erleben empirisch zu untersuchen *(Raju 1980; Kroeber-Riel et al. 2009)*. Hierbei stand insbesondere die Werbewirkung im Vordergrund. Im Hinblick auf die Wirkung von Furchtappellen konnten die Ergebnisse von *Janis/Feshbach (1953)* auch für die Werbung bestätigt werden *(Ray/Wilkie 1970):* Schwache Appelle erweisen sich als wirkungslos, zu intensive Appelle werden psychisch abgewehrt. Der empirische Befund, dass die Entscheidungsqualität bei ausgeprägt hoher (euphorischer) Stimmung sinkt (vgl. *Forgas 2000*), dürfte auch für Finanz- und Konsumentscheidungen gelten.

Im Arbeitsbereich konnte die bereits von *Yerkes/Dodson (1908)* entdeckte Beziehung zwischen Aktivierung und Stress in Abhängigkeit von der Aufgabenschwierigkeit vielfach bestätigt werden: Aktivierung wirkt sich am schädlichsten bei hochkomplexen Aufgabenstellungen aus, während kreatives Verhalten am ehesten in einer entspannten Atmosphäre erwartet werden kann *(Atkinson 1964)*. Entsprechend gilt, dass Kreativität sich bei positiver Stimmungslage am ehesten entfalten kann *(Fiedler/Forgas 1988; Estrada et al. 1994)*. Auch sind die Selbstwirksamkeitserwartungen (vgl. M 6) in positiver Affektlage größer als bei Personen, die in einen negativen Emotionszustand versetzt wurden *(Saaverda/Early 1991)*. *Wright/Star (1999)* konnten generell beim Vorliegen positiver Stimmungen verbesserte Leistungsergebnisse in Organisationen nachweisen. *Lee/Allen (2002)* ermitteln stärkere Gefühle der Identifizierung und der sozialen Identität bei positiver Stimmungslage. Nach *George/Brief (1992)* zeigen die Mitglieder einer Arbeitsgruppe ähnliche Motivationen (emotional contagion).

Trotz der hier exemplarisch herausgegriffenen Untersuchungen ist die Beschäftigung mit Affekten, Emotionen, Stimmungen etc. innerhalb der wirtschaftspsychologischen Forschung angesichts der Dominanz kognitiver Theorien ein weitgehend unterbelichtetes Feld (vgl. *Fisher/Ashkanasy 2000,* die das Wechselspiel zwischen Kognition und Emotion als wichtige Zukunftsaufgabe der Wirtschaftspsychologie reklamieren). Niemand bezweifelt nämlich, dass Gefühle und Stimmungen, Impulse und Launen, Sympathien und Antipathien, Behagen und Unbehagen, Ärger und Schuldgefühl, Erotik und Furcht, Freude und Schmerz auch in wirtschaftlichen Bereichen von höchster Relevanz sind.

(M 2) Bedürfnistheorien

Bedürfnistheorien machen Aussagen über *abgrenzbare Bedürfnisse* oder Motive. Es lassen sich unterscheiden: monothematische (reduktionistische) Theorien (z. B. die Theorien *Adlers, Goldsteins* oder *Freuds),* die heute in wirtschaftspsychologischen Zusammenhängen kaum noch diskutiert werden; ferner: polythematische (klassifikatorische) Theorien (z. B. die Konzeptionen von *Murray* und *Maslow)*. Aus lerntheoretischer Sicht besteht bei allen Bedürfnistheorien (auch bei der Theorie der Leistungsmotivation, die im nächsten Abschnitt beschrieben wird) die Schwierigkeit der genauen Abgrenzung und Bezeichnung von Motiven (hier bestehen komplexe Zusammenhänge zwischen Motivation und Attribution) sowie die unterschiedliche Konkretion von Motiven im Rahmen verschiedenartiger sozio-kultureller Umwelten.

Von den Bedürfnistheorien wird hier exemplarisch die Theorie von *Maslow (1970)* kurz skizziert, weil dieses Konzept im wirtschaftspsychologischen Bereich häufig angewandt (strapaziert) wird und sich vor allem auch in der Management-Literatur einen angestammten Platz erobert hat. Die Theorie behauptet Folgendes:

a) Es gibt eine begrenzte Anzahl von Bedürfnissen.
(Existenzbedürfnisse, Sicherheitsbedürfnisse, soziale Bedürfnisse, Wertschätzungsbedürfnisse, Selbstverwirklichung)
b) Diese stehen in einer hierarchischen Ordnung, wobei übergeordnete Bedürfnisse erst dann befriedigt werden, wenn die jeweiligen Basismotive saturiert sind.
c) Die Motive 1–4 sind sogenannte Defizitbedürfnisse, die nach dem Prinzip der Sättigung tilgbar sind. Lediglich das Selbstverwirklichungsbedürfnis sei ein Wachstumsbedürfnis.
d) Entwicklungspsychologisch (phylogenetisch) besteht ein Trend zu höheren Bedürfnissen.

In Anlehnung an die plastische Darstellung von *Krech/Crutchfield (1971)* ist diese Motiventwicklung wie folgt (Abb. 4) zu sehen. Die Grundannahmen der Theorie dürften freilich sehr anfechtbar sein.

Zu (a): Es ist keineswegs einzusehen, weshalb die vorgelegte Liste der Bedürfnisse abschließend sein soll (Außerdem: Wo findet sich z. B. das Machtmotiv, das Leistungsmotiv? Was genau wird unter sozialen Bedürfnissen subsumiert? Der Begriff der „Selbstverwirklichung" ist überdies schwammig und fast das Musterbeispiel einer Leerformel).

Zu (b): Die behauptete Zwangsläufigkeit der Aufeinanderfolge und Dringlichkeit dürfte interindividuell und vor allem auch interkulturell kaum einzulösen sein.

Zu (c): Sättigungsgesetze gelten lediglich im Bereich primärer Verstärker, also vornehmlich physiologischer Bedürfnisse. Für den im Humanverhalten wesentlich weiteren Kreis sekundärer Motive gelten Sättigungsprinzipien sehr eingeschränkt: In dem Maße nämlich, in dem sich Verstärker von ihrer physiologischen Grundlage ablösen, desto lockerer wird der Zusammenhang zwischen Mangelerleben und Saturation. Auch scheint es Bedürfnisse zu geben, deren Befriedigung gerade das Gegenteil von Sättigung bewirkt. So folgt z. B. das Leistungs- und Geltungsstreben einer Dynamik der Anspruchssetzung *(Atkinson 1964);* beim Machtmotiv glauben einige Autoren sogar, eine Tendenz ständiger Ausweitung nach-

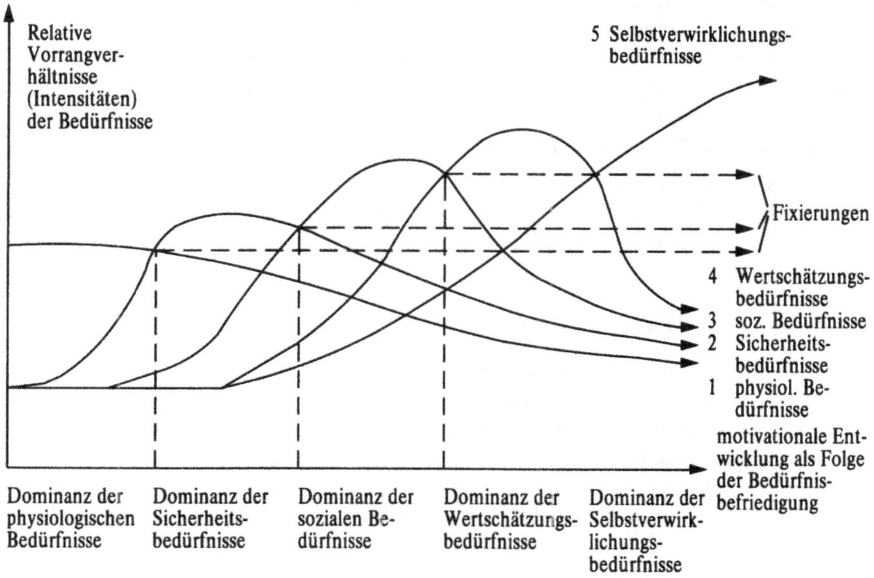

Abb. 4: Motiventwicklung und Motivdominanz nach Maslow

zuweisen *(Mulder 1977). Katona (1960)* formuliert gar ein Prinzip, wonach ein Streben mit der Erfüllung dazu neigt, weiter zu wachsen, etwa in der lakonischen Formulierung „Je mehr man hat, desto mehr will man haben".

Zu (d): Im Hinblick auf die Entwicklungsrichtung muss man sowohl mit Fixierungen rechnen (damit wird die Theorie einwandsimmun) wie auch mit rückläufigen Entwicklungen (z. B. Revitalisierung des Sicherheitsmotivs bei drohender Arbeitslosigkeit). Dies weist auf den Einfluss situativer Umstände hin. (Im Übrigen ist die behauptete Entwicklung zu höheren Bedürfnissen (auch) normativ gemeint: Der Mensch solle zur Selbstverwirklichung gelangen; die „Theorie" folgt daher hier eher einem normativ-emanzipatorischen Ideal).

Die wichtigsten *Anwendungsbereiche* der *Maslow*-Theorie im wirtschaftlichen Bereich sind die folgenden:

- Motiventwicklung und Motivdominanz im Arbeitsbereich: Individuen befinden sich im Laufe ihrer Entwicklung unter der Vorherrschaft unterschiedlicher Motivkonstellationen; sie bedürfen daher auch differenzieller Anreizsysteme.
- Auf unterschiedlichen Hierarchieebenen finden wir in Organisationen entsprechende Motivkonstellationen (z. B. betonen Führungskräfte die Bedeutung des „Sinnes der Arbeit", der Selbstverwirklichung und Autonomie, während Fließbandarbeiter vor allem an Geld, Sicherheit und mitmenschlichen Kontakt denken).
- Beim Konsumverhalten treten mit steigendem Wohlstand materielle Bedürfnisse tendenziell zurück; expressive Bedürfnisse („Erleben", „Selbstverwirklichung", „Kennerschaft" usw.) treten in den Vordergrund.
- Generell stützt sich die These vom Wertewandel in seinen wirtschaftlichen Implikationen (in der Version von ***Inglehart;*** vgl. im Kapitel über Wertewandel) auf die Bedürfnistheorie von ***Maslow*** (Dies wäre eine makropsychologische Anwendung der Theorie).

Zur empirischen Situation: Die vorliegenden Befunde *(Huizinga 1970)* bestätigen allenfalls schwache Tendenzaussagen in der behaupteten Richtung. *Hall/Nougaim (1968)* und *Lawler/ Suttle (1973)* konnten die Theorie nicht bestätigen, weil ein mögliches positives Ergebnis durch Willkür der Zuordnungen zustande gekommen sein kann. Operationalisierbarer erscheint ein Ableger der Theorie, nämlich die ERG-Theorie von *Alderfer (1969),* die die Bedürfnisliste verkürzt, nämlich auf E (für existence), R (für relatedness) und G (für growth), wobei eine Reihe (höchst problematischer) Zusatzannahmen über die jeweilige Dominanz-Verknüpfung gemacht werden. Auch hier fallen die von *Alderfer* selbst berichteten Korrelationen dürftig aus, sodass wiederum lediglich eine blasse Tendenzaussage bestehen bleibt. Immerhin bietet das Schema von *Alderfer* erste Anhaltspunkte beim Vergleich der Arbeitsmotivation in unterschiedlichen Ländern, z. B. des ehemaligen Ostblocks (vgl. empirisch bei *Borg et al. 1993).*

(M 3) Theorie der Leistungsmotivation

Ein spezielles Motiv, nämlich das der Leistungsmotivation, ist besonders gut theoretisch und empirisch untersucht; das diesbezügliche Konzept gilt daher für viele Motivationsforscher als Modell für das Studium auch anderer Motive (z. B. Prestigemotiv, Affiliationsmotiv, Machtmotiv). Das Konzept folgt im Prinzip dem Schema

$$EC \longrightarrow B$$

da es von *Anreizen* spricht: Anreize sind kognitive Repräsentationen von Verhaltenskonsequenzen, im lerntheoretischen Sinne gewissermaßen „Verstärker im Vorgriff".

Leistungsmotivation wird im Sinne der hier zu skizzierenden Theorie als Verhaltensdisposition angesehen, die auf besondere Sozialisationstechniken zurückgeht *(McClelland 1961)*. Dabei ist anzumerken, dass die Aktivierung des Leistungsmotivs wohl nur situationsspezifisch auftritt; vom lerntheoretischen Standpunkt aus ist es nämlich höchst unwahrscheinlich, dass eine leistungsmotivierte Person in allen geeigneten Situationen nach Wettbewerb und hoher Leistung strebt. Deshalb kann diese Theorie nur dann auf wirtschaftlichen Erfolg (z. B. Berufserfolg, unternehmerischen Erfolg, Arbeitserfolg) angewendet werden, wenn der betreffende Anreiz bzw. die Zielvorgabe entsprechend spezifiziert werden. Darüber hinaus entsteht das bereits skizzierte Problem der Abgrenzung gegenüber verwandten Motiven; auch – und dies hat sich vor allem bei der interkulturellen Verwendung des Konzepts gezeigt – scheint der konkrete Inhalt der Leistungsmotivation zahlreiche Einfärbungen einzugehen, die mit unserem europäisch-amerikanischen Verständnis von Leistungsmotivation nicht immer verträglich sind.

Die Theorie der Leistungsmotivation *(McClelland/Liberman 1949; Atkinson/Feather 1966; Atkinson/Raynor 1974; Heckhausen 1974)* geht zunächst davon aus, dass das Leistungsmotiv aus zwei Komponenten besteht: dem Motiv nach Erfolgssuche (M_e) und dem Motiv nach Misserfolgsmeidung (M_m). Die resultierende Tendenz RT zur Leistung ergibt sich als Differenz zwischen M_e und M_m, wobei die Motivwerte mit den subjektiven Wahrscheinlichkeiten P des Erfolgs (= Effizienz-Erwartung) sowie mit den (positiven oder negativen) Anreizwerten des Erfolgs multipliziert werden.

$$RT = (M_e \times P_e \times A_e) - (M_m \times P_m \times A_m)$$

Beide Motivationstendenzen erreichen ihren jeweils höchsten Wert bei $P_e = .50$. Dies ist darin begründet, dass bei der Annahme $A_e = 1 - P_e$ und $A_m = -P_e$ das Produkt aus Anreiz und subjektiver Wahrscheinlichkeit bei $P_e = .50$ den höchsten aller möglichen Werte annehmen kann.

Die zentrale Aussage des Modells besteht darin, dass Personen mit einer positiven Motivdifferenz ($M_e > M_m$) in höherem Maße durch Aufgaben mittleren Schwierigkeitsgrades angereizt werden, während Individuen mit negativer Motivdifferenz ($M_e < M_m$) stärker durch Aufgaben mit niedrigem oder extremem Schwierigkeitsgrad angezogen werden. Die letztere Gruppe neigt also dazu, auf die Extrembereiche auszuweichen, weil sie bei leichten Aufgaben eine hohe Erfolgswahrscheinlichkeit vermutet, bei sehr schwierigen Aufgaben ein Misslingen nicht ihrer eigenen Unfähigkeit anzulasten braucht (Abb. 5).

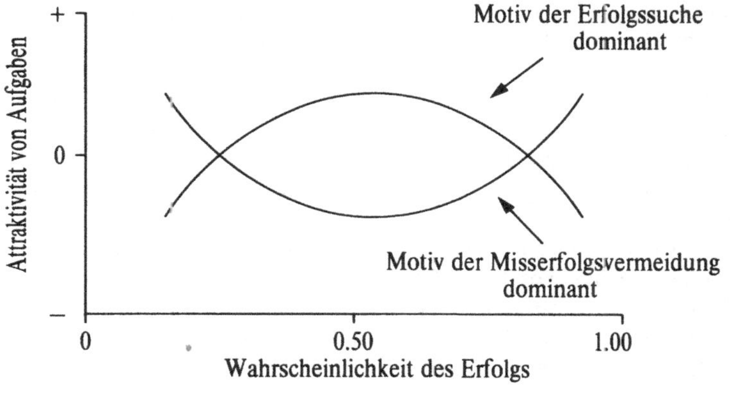

Abb. 5: Tendenzen der Leistungsmotivation

Fragen wir nun wieder nach *wirtschaftspsychologischen Bezügen* der Theorie. Solche Anwendungen sind vor allem in folgenden Bereichen zu sehen:

- Auslese zwischen misserfolgsmeidenden und erfolgssuchenden Personen und differenzielle Zuweisung spezifischer Aufgaben und Zielvorgaben;
- Förderung der Leistungsmotivation durch herausfordernde Aufgaben, insbesondere mittleren Schwierigkeitsgrads, die für den Erfolgssucher am ehesten Erfolgserlebnisse erwarten lassen;
- die Entwicklung von Trainingsprogrammen zur leistungsthematischen Verhaltensmodifikation (z. B. durch Förderung leistungsbezogener Assoziationen, durch soziale Verstärkung von Leistungsaktivitäten);
- Unternehmerisches und innovatives Verhalten basiert in starkem Maße auf den Wirkungen der Leistungsmotivation: Es lässt sich zeigen, dass in diesen Bereichen sogenannte Erfolgssucher dominieren;
- im Rahmen wirtschaftlicher Entwicklung lässt sich zeigen, dass in hochentwickelten Ländern (sowie in aufstrebenden Entwicklungsländern) der Grad der Leistungsmotivation höher ist; (freilich weiß man oft nicht, ob die Existenz von Leistungsmotivation wirtschaftliche Entwicklung begünstigt oder ob wirtschaftliche Entwicklung kausal für die Entstehung der Leistungsmotivation ist);
- beim Konsum- und Sparverhalten ist davon auszugehen, dass Erfolgssucher eher als Konsumpioniere und Meinungsführer in Erscheinung treten, dass sie unter bestimmten Umständen auch eher (kalkulierten) Kredit aufnehmen, dass sie erfolgsträchtigere Sparformen eingehen.

Zahlreiche *empirische Studien* im Umkreis von *McClelland* haben vor allem für den internationalen und historischen Vergleich Zusammenhänge zwischen wirtschaftlicher Entwicklung und Leistungsmotivation ergeben *(McClelland/Winter 1969)*. Dabei scheint der „Thematische-Apperzeptions-Test“ (TAT), die Lieblingsmethode der Leistungsmotivations-Forscher, ein relativ brauchbares, wenn auch bisweilen überschätztes Instrument zur Erfassung der Leistungsmotivation zu sein. Zahlreiche empirische Studien im Leistungsbereich allgemein, aber auch im Arbeitsbereich im Besonderen, liegen vor (vgl. die Diskussion bei *Heckhausen/Heckhausen 2009)*. Auch gibt es Evaluationsstudien zu leistungsbezogenen Trainingsprogrammen *(McClelland/Winter 1969)*, die der Theorie verpflichtet sind *(McClelland 1961)*. Schließlich erweisen die Experimente von *Swalm (1966)*, dass Manager oftmals auch lohnende Risiken nicht eingehen, also stärker am Pol der Misserfolgsmeidung orientiert sind, um ihre eigene Stellung nicht zu gefährden.

Das Konzept selbst ist insbesondere durch *Weiner (1974)* attributionstheoretisch ergänzt worden (vgl. später bei der Behandlung der Attributionstheorie). Als für die Entwicklung der Leistungsmotivation förderlich oder hinderlich hat sich nämlich der Sachverhalt erwiesen, worauf Individuen ihren eigenen oder fremden Erfolg (oder Misserfolg) zurückführen (z. B. auf externe Umstände, wie Aufgabenschwierigkeit oder Glück, oder auf interne Faktoren, wie Anstrengung oder Begabung).

(M 4) Instrumentalitätstheorie

In die Gruppe der Anreiztheorien gehört auch das Konzept von *Vroom (1994)*, eine jener (wenigen) Theorien, die zunächst für den wirtschaftspsychologischen Gebrauch, nämlich für den Bereich des Arbeitsverhaltens, konzipiert waren, darüber hinaus jedoch für prinzipiell jedes Entscheidungsverhalten Geltung beanspruchen. Die Theorie steht in der Tradition der *Wert-Erwartungs-Theorien*, wobei Valenzen mit Erwartungen multiplikativ verknüpft werden. Die Problematik eines solchen Vorgehens berührten wir schon. Valenz oder Anreiz wird hierbei als affektive Einstellung zu bestimmten Ergebnissen betrachtet, d. h., die Person wünscht, dass das Ergebnis auftritt (max. +1) oder nicht auftritt (max. -1). Wichtig ist, dass Valenzen erster und zweiter Ordnung unterschieden werden, d. h., ein bestimmtes Ergebnis

(z. B. Beförderung) mag lediglich für die Realisierung eines dahinter stehenden Ziels (z. B. Sozialprestige) relevant sein. Erwartungen sind subjektive Wahrscheinlichkeiten, dass ein Ergebnis auftritt. Das Grundmodell dieses Ansatzes ist daher wie folgt zu charakterisieren:

$$EC_1 \longrightarrow EC_2 \longrightarrow B$$

Wenn nun eine Person bestimmte Wertvorstellungen hat, dann wird sie den Wert eines Sachverhaltes subjektiv danach bestimmen, welchen Beitrag dieser zur Verwirklichung dieser (oder nachgeordneter) Ziele leistet. Formaler: Die Valenz eines Ergebnisses für eine Person ist eine monoton steigende Funktion der algebraischen Summe der Produkte der Valenzen aller anderen Ergebnisse und seiner Vorstellungen über die Instrumentalität für das Erreichen der anderen Ergebnisse *(Vroom 1994)*.

Je höher nun die Wahrscheinlichkeit ist, mit der eine Person erwartet, dass eine bestimmte Aktivität zu einem hochbewerteten Ergebnis führt, desto eher wird sie diese Aktivität ausführen. Wiederum abstrakter: Die Motivation (Anstrengung) einer Person, eine Tat auszuführen, ist eine monoton steigende Funktion der algebraischen Summe der Produkte der Valenzen aller Ergebnisse und der Stärke dieser Erwartungen, dass die Tat vom Erreichen dieser Ergebnisse gefolgt sein wird *(Vroom 1994)*.

Diese sehr formale Theorie ist u. E. lediglich ein heuristischer Entwurf, der Rahmenbedingungen für substanzielle Forschungen eröffnet. Wie viele andere formale Motivationstheorien auch, ist sie weitgehend einwandsimmun gegenüber Falsifizierungsversuchen, was hier insbesondere mit den Schwierigkeiten zusammenhängen mag, Zwischen- und Endziele des Individuums empirisch zu bestimmen. Schon das Prinzip der funktionellen Autonomie von *Allport (1949)* besagt im Übrigen, dass ständig Motivverlagerungen stattfinden und dass Vorziele und Zwischenziele zu Endzielen werden können oder dass Endziele aus dem Auge verloren werden.

Anwendungen auf wirtschaftliches Verhalten sehen wir daher eher in wichtigen heuristischen Hinweisen:

- Geplantes und zielorientiertes Handeln (z. B. bei langfristigen Arbeitsabläufen) kann durch die Wert-Erwartungs-Theorie einer funktionalen Analyse unterzogen werden.
- Kalkuliertes Durchspielen alternativer/konkurrierender Valenzen, wobei je nach Erwartungslage auch weniger geschätzte Alternativen angestrebt werden.
- Steuerung der Motivation durch Erwartungen: Durch die planmäßige Beeinflussung bestimmter Erwartungen und deren Verknüpfung mit Valenzen werden neue Dimensionen des „management by motivation" erschlossen.
- Studium der Verbrauchermotivation im Hinblick auf die Analyse von Nutzenerwartungen, insbesondere bei dauerhaften Gütern (erwartete Konsequenzen der Produktnutzung). Ein ähnlicher Ansatz liegt dem sog. Laddering-Konzept der Konsumenten-Motivation zu Grunde.
- Analyse des Sparverhaltens, das naturgemäß meist geplantes, langfristig in die Zukunft ragendes Verhalten darstellt, aufgrund unterschiedlicher, möglicherweise hierarchisch gegliederter Sparziele.

Zur Empirie: Heneman/Schwab (1972) und *Pritchard et al. (1972)* kommen in ihrem Überblick zu den durchgeführten Feldstudien zu recht kritischen Einschätzungen. Neben Fragen der Operationalisierung scheint insbesondere problematisch, ob und inwieweit sich die sog. Endziele von Individuen tatsächlich feststellen lassen, was uns außerordentlich fraglich erscheint, weil die Theorie dort intellektuelle Klarheit unterstellt, wo kognitive Unklarheit eher zu erwarten ist. *Heckhausen (1989)* gelangt in seiner Zusammenschau empirischer Ergebnisse im Hinblick auf verschiedene Varianten der Wert-Erwartungs-Theorie zu wesentlich optimistischeren Einschätzungen. Wie dem auch sei: Instrumentalitätstheorien dürften empirisch am ehesten dort einzulösen sein, wo das Individuum tatsächlich langfristig Strategien der Zielerreichung mit besonderen Anstrengungen verfolgt.

(M 5) Lerntheorien

Da wirtschaftliches Verhalten in aller Regel nicht angeboren ist, sondern *gelerntes Verhalten* darstellt, versprechen wir uns von Lerntheorien wesentliche Einsichten in die Grundstruktur ökonomischen Verhaltens. Lerntheorien fassen „Lernen" gewöhnlich weniger als den Erwerb und die Speicherung von „Wissen" auf, sondern beziehen sich auf die Ausformung menschlichen Verhaltens sowie die Entstehung ganz bestimmter Verhaltensmuster (ein davon abweichender Lernbegriff liegt den Informationsverarbeitungs-Theorien zu Grunde).

Das u. E. zentrale Grundprinzip der Lerntheorien – nämlich das der *instrumentellen Konditionierung* – lautet, dass ein Verhalten durch seine Konsequenzen gesteuert wird (Dies bedeutet, dass die Theorie das erste Auftreten eines Verhaltens nicht erklären kann, es sei denn durch Generalisierung bereits gemachter Erfahrungen). Wird ein Verhalten belohnt – so lautet sinngemäß das fundamentale Effektgesetz –, dann steigt die Wahrscheinlichkeit, dass dieses Verhaltensmuster in Zukunft wieder auftritt (Verstärkung). Diese Wahrscheinlichkeit variiert mit

a) der Häufigkeit/Seltenheit der Verstärkung (in Abhängigkeit von der Deprivation des Individuums und der Spezifität des Verstärkers),
b) der Valenz (Qualität/Quantität) eines Verstärkers (in Bezug auf mögliche Alternativen),
c) der Kontinuität der Verstärkung (wobei diskontinuierliche Abfolgen das Verhalten zwar langsam, jedoch dauerhafter etablieren),
d) der Kontiguität (zeitliche Nähe) sowie insbesondere der Kontingenz (erlebter Zusammenhang) der Verstärkung (in Abhängigkeit von bisherigen Verstärkungserfahrungen).

Wird ein Verhalten weder belohnt noch bestraft, dann wird es gelöscht (Extinktion). Wird ein Verhalten bestraft, dann sinkt (im Allgemeinen) die Wahrscheinlichkeit seines Auftretens. Wird ein Strafreiz (aversiver Reiz) beseitigt, dann steigt die Wahrscheinlichkeit, dass das betreffende Verhalten wieder auftritt (negative Verstärkung). Wie man sieht, folgt ein solcher Erklärungsansatz dem Schema

$$A \longrightarrow B \longrightarrow C$$

wobei die behavioristische Schreibweise lautet

$$S_d \longrightarrow R \longrightarrow S_c$$

wobei S_d ein diskriminativer Stimulus ist, der eine positive Konsequenz anzeigt. S_c ist der Stimulus, der aus der Konsequenz folgt.

	Vorgabe Hinzufügen	Reduzierung Beseitigung
positiver Reiz	$+S_+$ Belohnung (pos. Verstärkung)	$-S_+$ Entbelohnung
negativer Reiz	$+S_-$ Bestrafung	$-S_-$ Entstrafung (neg. Verstärkung)

Abb. 6:
Ausprägung der Verstärkerreize

Beispiele zur *Belohnung* (positive Verstärkung):

- Konsument kauft neues Auto; die Nachbarn bewundern dieses.
- Mitarbeiter macht Überstunden; der Vorgesetzte erteilt eine Prämie.

Beispiele zur *Entbelohnung* (negative Bestrafung, Belohnungsentzug):

- Autofahrer bleibt mit den Tilgungsraten im Rückstand; der Händler holt das Auto wieder ab.
- Mitarbeiter trinkt Alkohol während der Arbeitszeit; Vorgesetzter entzieht Privilegien.

Beispiele zur *Bestrafung* (positive Bestrafung):

- Konsument kauft billig ein Unfall-Auto; dieses steht ständig in der Werkstatt.
- Mitarbeiter wird beim Schlafen überrascht; Vorgesetzter tadelt ihn.

Beispiele zur *Entstrafung* (negative Verstärkung):

- Autofahrer tankt rechtzeitig und bleibt nunmehr nicht mehr auf der Autobahn liegen.
- Mitarbeiter setzt sich ein; Vorgesetzter nörgelt nicht mehr.

Man beachte: Belohnung und Entstrafung ($+S_+$ sowie $-S_-$) führen zu einer *Erhöhung* der Verhaltenshäufigkeit. Bestrafung sowie Entbelohnung ($+S_-$ sowie $-S_+$) führen zu einer *Senkung* der Verhaltenshäufigkeit.

Für die Stärkung der SR-Verbindung ist zunächst der Zusammenhang zwischen R und S_c (in unserer Schreibweise: B und C) wichtig *(Kontingenzkontrolle)*. Hier vermitteln bestimmte *Verstärkungspläne;* z. B. hat sich die Quotenverstärkung (unregelmäßige Belohnung) als responsesteigernd und löschungsresistent erwiesen. Auf diese Weise wird z. B. das Zustandekommen der Internalisierung (Verinnerlichung von Normen, Rollen, Werten usw.) erklärt: Ein Verhalten geht in „Fleisch und Blut“ über. Insbesondere durch solche intermittierenden Verstärkungssequenzen werden eingeübte Verhaltensweisen auch dann beibehalten/vermieden, wenn sie nicht mehr extern belohnt/bestraft werden. Die Belohnung erfolgt dann durch die Ausübung des Verhaltens selbst (Selbstverstärkung = intrinsische Motivation) oder durch internalisierte Standards (z. B. soziale Normen), weil und insofern die Sanktionsinstanz gleichfalls verinnerlicht wird.

Neben der Kontingenzkontrolle ist die *Stimuluskontrolle* für die Verhaltenshäufigkeit wichtig. Wenn eine Person erfahren hat, dass bei Anwesenheit einer spezifischen Situationsbedingung S_a stets auf ein Verhalten R die Verstärkung (+ oder -) folgt, dann wird S zum diskriminativen Reiz S_d, da S_d sich von allen anderen S_a dadurch unterscheidet, dass er regelmäßig mit bestimmten Konsequenzen gekoppelt ist. S_d sind also verhaltensauslösende Reize, die mit bestimmten Konsequenzen verbunden sind (z. B. Der Laden ist zu voll, ich gehe wieder. Oder: Der Vorgesetzte macht einen gehetzten Eindruck; ich spreche ihn lieber gar nicht an. Oder: Ich habe gut gegessen; jetzt brauche ich eine Zigarette). Solche S_d können auch bestimmte soziale Situationen sein (z. B. „in Gesellschaft“, „in der Rolle des Vorgesetzten“, „angesichts des Erwartungsdrucks“ usw.).

Da sowohl S wie auch R in einer bestimmten Streubreite auftreten können, wird das Individuum lernen, dass es entweder fein unterscheiden muss *(Diskriminierung:* nur ein ganz bestimmter S_d führt zu positiven Konsequenzen; nur eine ganz spezifische Response führt zum Ergebnis) oder aber freizügig verallgemeinern kann *(Generalisierung:* eine ganze Reihe von S_d, die einander ähnlich sind, führen zu positiven Konsequenzen; eine Vielfalt möglicher Verhaltensweisen führt zum Ziel).

Eng verwandt mit der Stimulus-Generalisierung ist die sog. *„klassische Konditionierung“*, die in den meisten Lehrbüchern als getrennt zu behandelnder Lerntyp verstanden wird, die jedoch auch als spezieller Fall der instrumentellen Konditionierung aufgefasst werden kann

(Staats/Staats 1978). Beim klassischen Konditionieren wird mit einem Reiz, der eine bestimmte Reaktion auslöst, ein neutraler Reiz gepaart. Nach wiederholter gemeinsamer Darbietung der beiden Reize ist der neutrale Reiz allein hinreichend, um eine Reaktion hervorzurufen, die der ursprünglichen Response ähnlich ist. Am Beispiel: Sie können Ihren Vorgesetzten nicht leiden; also mögen Sie auch sein Auto (seine Ehefrau, sein Büro) nicht.

Soweit unser kurzer (und sehr oberflächlicher) Abriss der Theorie instrumenteller Konditionierung, wie sie im Wesentlichen auf *Skinner (1938)* basiert. Weitere Entwicklungen basieren auf den sog. *kognitiven Lerntheorien* (v.a. *Tolman, Rotter und Bandura*), wobei insbesondere *Erwartungen* in das behavioristische Modell eingefügt werden. Hierbei geht man davon aus, dass das Individuum die möglichen Konsequenzen (Verstärkungsereignisse) antizipiert (vgl. auch M 4). Anstatt anzunehmen, dass erfolgte Belohnungen die Reaktionstendenz ex post stärken, wird nunmehr davon ausgegangen, dass antizipierte Belohnungen als *Anreize* zum Zeitpunkt der Handlungsausführung wirken. Nach dieser Version ist es also die Antizipation von Verstärkerereignissen, die zum Zeitpunkt des Verhaltens erklärt, warum bestimmte Reaktionen mit höherer oder geringerer Wahrscheinlichkeit auftreten. Auf diese Weise wird Lernen nicht nur zur Vergangenheitsbetrachtung (Verstärkungsgeschichte), sondern gewinnt „Zukunft" i. S. des Erwartungslernens: kognitive Vorausnahmen bestimmter Verhaltensergebnisse (für eine integrative Lerntheorie sozialen Verhaltens vgl. *Bandura 1979; Wiswede 1988*).

Zu den behavioristischen Modifikationen gehört noch eine bedeutsame Erweiterung des Effektgesetzes. Genau genommen berücksichtigt das Effektgesetz lediglich die Abhängigkeit eines Verhaltens von seinen eigenen Konsequenzen. Die Häufigkeit jeder Verhaltensweise hängt jedoch außerdem von den Konsequenzen aller anderen verfügbaren Handlungen ab (Gesetz des *relativen Effekts). Herrnstein (1970, 1988)* betont insofern, dass das Individuum nicht immer die subjektiv beste Alternative wählt, sondern dass das Auftreten dieses Verhaltens entsprechend der jeweiligen Verstärkerwirkung lediglich die größte Wahrscheinlichkeit hat. Beispiel: Wenn jemand lieber Schnitzel als Schmorbraten isst, bedeutet dies ja keineswegs, dass er Schmorbraten generell ablehnt. Da er jedoch nicht Schnitzel und Schmorbraten zugleich essen kann, wird er gelegentlich die geringer bewertete Alternative wählen, nämlich Schmorbraten (vgl. *Rachlin/Laibson 1997).*

Das Gesetz des relativen Effekts könnte zumindest teilweise auf Sättigungseffekte zurückgeführt werden. Eine andere Erklärung ist der Verzicht auf die Annahme konstanter Bewertungen: Geht man von situativ wechselnden Bewertungen aus, dann wird das wechselnde Wahlverhalten erklärbar. Zusätzlich könnten diskriminative Reize in der Umgebung wirken (z. B. bietet mir jemand eine Zigarette an, die nicht meiner „Leibsorte" entspricht). Auch der Hang nach Abwechslung oder Neugier kann dazu führen, dass Individuen ihre starre Präferenzskala durchbrechen.

Eine solche Orientierung an Verhaltensalternativen führt keineswegs zwingend zu einer Nutzenmaximierung, sondern richtet das Verhalten in kurzfristig iterierenden Schritten an den jeweils – gleichsam benachbarten – Alternativen aus. Da Menschen zudem dazu neigen, künftige Belohnungen (und auch Bestrafungen!) extrem *abzudiskontieren* (vgl. den bereits in 1.4 besprochenen „myopischen Effekt"), wird hierbei manches Verhalten verständlich, das mit einer ökonomischen „Rational-choice"-Theorie nicht erklärbar, allerdings mit lerntheoretischen Annahmen durchaus vereinbar ist *(Herrnstein 1990; Ainslie 1986).*

Fragen wir nun nach der *Anwendung dieser Theorie im wirtschaftlichen Bereich*. Zunächst fallen bestimmte Gemeinsamkeiten zwischen ökonomischem und lerntheoretischem Denken ins Auge. So weist beispielsweise *Lea (1978)* darauf hin, dass Studien zum instrumentellen Konditionieren unter verschiedenen Verstärkungsplänen Ergebnisse erbringen, die den ökonomischen Nachfragekurven sehr stark ähneln. *Alhadeff (1982)* versucht in diesem Sinne gar, die gesamte mikroökonomische Theorie auf der Basis des instrumentellen Konditionierens zu reformulieren. Ähnlich gravierende Eingriffe hatten wir bereits im Hinblick auf das Gesetz des relativen Effekts diskutiert, wobei gerade die Befunde von *Herrnstein (1988)* sowie *Ainslie (1986)* die Überlegenheit des lerntheoretischen und die Begrenzungen des ökonomischen Ansatzes aufzeigen.

Abgesehen von diesen eher grundsätzlichen konzeptionellen Überlegungen wollen wir wiederum exemplarisch einige *Anwendungsbereiche* herausgreifen:

- Der gesamte Bereich der Produktverwendung mit Auswirkungen auf die Erhöhung/Senkung von Kaufwahrscheinlichkeiten ist lerntheoretisch interpretierbar. Zahlreiche marktpsychologische Konzepte, auch sogenannte „Modelle" des Käuferverhaltens, platzieren Lernkonstrukte an zentraler Stelle.
- Wirtschaftspsychologische Transferprobleme (z. B. Fragen des Imagetransfers, Probleme des Rollentransfers, etwa die Erprobung von Verhaltensmustern in einer neuen beruflichen Position) lassen sich häufig mit Hilfe des Generalisierungsprinzips erklären.
- Zahlreiche situativ bedingt auftretende Verhaltensweisen (z. B. Rauchen in bestimmten Situationen, Leistungsbereitschaft in bestimmten Situationen) lassen sich nach Prinzipien des Diskriminierens ebenso erklären wie diskriminativ abgestuftes Verhalten (z. B. Kennerschaft im Konsumbereich, subtiles Vorgehen bei Verkäufern/Vertretern).
- Verhalten im Führungsbereich, wobei die Verhaltensweisen des Führenden sowohl S_d wie auch S_c (Konsequenzen) sein können: Im ersten Fall üben Vorgesetzte Stimulus-Kontrolle aus (sie geben Aufgaben vor, wirken als Vorbild), im zweiten Falle Kontingenz-Kontrolle (d. h., sie sorgen dafür, dass erwünschtes Verhalten belohnt, unerwünschtes dagegen bestraft wird). Diese Mechanismen bilden die Grundlage für Verhaltensmodifikation in Organisationen.
- Wirtschaftliche Entwicklung kann durch Veränderung der Verhaltenskonsequenzen stimuliert werden. Ein gut ausgearbeiteter Ansatz hierzu liegt vor *(Kunkel 1970)*. Auch die Diffusion von Neuerungen kann u. a. durch belohnende Konsequenzen der Innovation erklärt werden.

In Organisationen werden lerntheoretische Konzepte in zweifacher Weise angewendet: zum einen im Hinblick auf Ausbildung, Weiterbildung und Training *(Baldwin/Ford 1988; Holling/Liepmann 1993)*, zum anderen in der klassischen Form der Verhaltensmodifikation auf verstärkungstheoretischer Grundlage *(Luthans/Kreitner 1985)*. Aus der Fülle der *empirischen Befunde* können wir nur einige wenige Untersuchungen exemplarisch herausgreifen.

Im Feldexperiment von *Komaki et al. (1980)* ging es um die Steigerung der Freundlichkeit des Personals gegenüber Kunden durch den Einsatz differenzieller Belohnung. In einer Studie von *Pedalino/Gamboa (1974)* bestand das Ziel darin, durch die Teilnahme an einem Lotteriespiel (Belohnung durch Befriedigung des Spielbedürfnisses sowie durch Gewinnerwartung) Fehlzeiten zu verringern. *Luthans et al. (1983)* untersuchten die Auswirkungen dezidierter Leistungsrückmeldungen und erhöhter Aufmerksamkeit (im Sinne sozialer Verstärker), wobei die Evaluation dieser Interventionen bedeutende Leistungsverbesserungen bestätigte. *Feeney (1981)* untersuchte unterschiedliche Verstärkungsprogramme in ihrer Wirkung auf das erwünschte Verhalten ihrer Mitarbeiter bei Kundenfragen (ein Überblick über ähnliche Untersuchungen findet sich bei *Babb/Kopp 1978; Luthans 1985; Luthans/Martinko 1987; Luthans/Stajkovic 1999)*.

Die Mehrzahl dieser und ähnlicher Versuchsanordnungen reflektiert auf äußere Verstärkung. Experimente zur Selbstverstärkung sind – soweit es deren Genese anbetrifft – kaum durchführbar, erfolgreiche Verstärkungsprozesse sind im Alltagsleben jedoch solche, die ohne äußere Kontrolle durch Sanktionen funktionieren (internalisierte Kontrolle). Sie basieren auf einer längeren „Lerngeschichte".

Das lerntheoretische Paradigma ist auch für viele Untersuchungen aus den Bereichen der Käuferpsychologie bzw. der Produktpsychologie forschungsleitend gewesen *(Howard 1977; Wiswede 1985; Foxall 1989, 1994)*. Neben den Befunden zum instrumentellen Lernen

(„Produkterfahrung") stand auch das Prinzip der klassischen Konditionierung im Blickfeld. So assoziierte *Kroeber-Riel (1979)* entsprechend einem grundlegenden Experiment von *Staats* und *Staats (1978)* ein zunächst neutrales Produkt mit Vorstellungen von „Paris", wonach das Produkt Bedeutungskomponenten von Paris (chic, mondän, erotisch) übernimmt. Diese und ähnliche Versuche *(Percy/Rossiter 1980)* bestätigen das Ergebnis, dass sich die Einstellung zu einer (zunächst weitgehend neutralen) Marke durch emotionale Werbung (Paarung mit einem attraktiven Stimulus) ohne jede Produktinformation verändern lässt.

Neben solchen – mehr partikularistischen – Befunden und Anwendungen sollte der Anspruch der Lerntheorien gesehen werden, das *gesamte Repertoire* gelernten (bzw. erlernbaren) Verhaltens zu erklären. Ob jedoch die behavioristische Lerntheorie vom Typ *Skinner* dazu in der Lage ist, darf allerdings mit Recht bezweifelt werden. Aber selbst wenn man der behavioristischen Tradition kritisch gegenübersteht, wird man jedoch nicht leugnen, dass der Grundgedanke dieser Theorie, wonach die Konsequenzen eines Verhaltens für das weitere Verhalten von Individuen von Bedeutung sind, unverzichtbar ist. Denn sonst müsste man wohl bestreiten, dass Menschen aus ihren Erfahrungen lernen können.

(M6) Theorie des Modell-Lernens

Man lernt nicht nur durch eigene Erfahrung, sondern auch durch *Beobachtung*. In vielen Fällen (insbesondere wenn es „kostengünstiger" für das Individuum ist) erscheint ein solches Beobachtungslernen nahe liegender, effizienter und vor allem schneller als die Verhaltensformung durch sukzessive Versuchs-Irrtums-Prozesse. Unser Schema muss also um solche Stimuli erweitert werden, die Merkmale der beobachteten Person (Modell) sind:

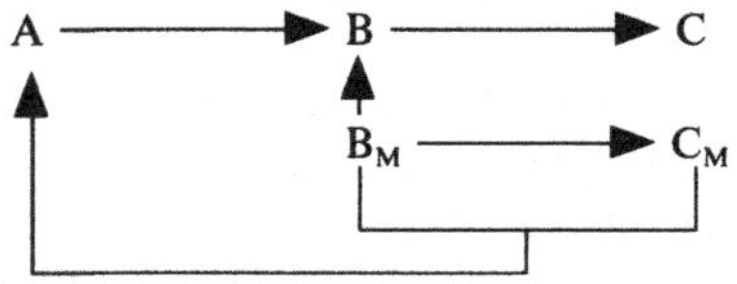

Wir konzentrieren uns bei der Darstellung des Beobachtungslernens auf das theoretisch und empirisch am besten begründete System von *Bandura (1969, 1979, 1986, 1997)*. Lernen wird hier vom Verhalten abgetrennt; es bedeutet nicht in direkter Weise die Übernahme von Verhaltensmustern, sondern die Speicherung wahrgenommener Reize und Reizfolgen im

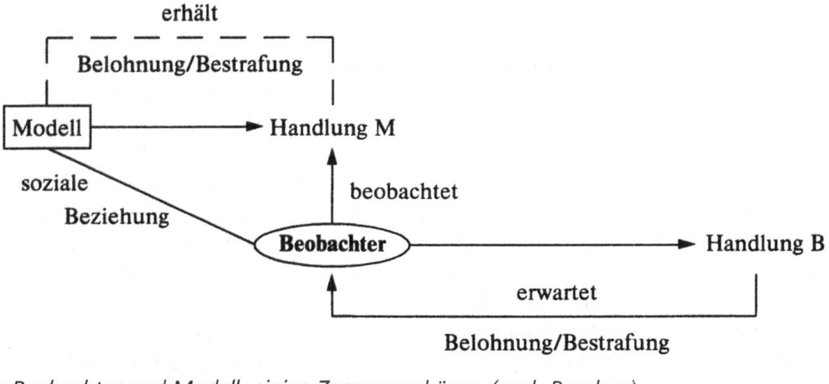

Abb. 7: Beobachter und Modell: einige Zusammenhänge (nach Bandura)

Langzeitgedächtnis. Lernen betrifft also lediglich die *Akquisitionsphase:* Für diese ist Verstärkung nicht unbedingt notwendig (allerdings wird leichter gelernt, wenn das Modell durch positive Verhaltenskonsequenzen verstärkt wurde = stellvertretende Verstärkung). Die relevanten Bedingungen der Akquisitionsphase sind (a) die *Beachtung* des Modells, eine Frage der Aufmerksamkeitslenkung, (b) die *Erinnerung* an das Beobachtete, (c) die *Fähigkeit,* gleiches oder ähnliches Verhalten zu zeigen. Für die zweite Phase (Motivations- oder *Ausführungsphase),* in der das Gespeicherte in faktisches Verhalten umgesetzt werden soll, sind allerdings Verstärkungsprozesse zentral: Der Akteur wird lediglich solche gespeicherten Lernerfahrungen in die Tat umsetzen, die die Erwartung belohnender Konsequenzen erzeugen (Abb. 7).

Bandura diskutiert eine Reihe von Einzelbedingungen, die zur Förderung der Aufmerksamkeit, Erinnerung, Fähigkeit und Willigkeit (Motivation) beitragen. Sie sind in der Tab. 2 zusammengefasst.

Der entsprechende Hypothesensatz ist leicht abzuleiten, z. B.: Je attraktiver ein Modell ist, desto eher erheischt es Aufmerksamkeit. Je höher die sozialen Fähigkeiten (z. B. soziale Kompetenz, imitatives Geschick, Rollenübernahme), desto höher ist die prinzipielle Fähigkeit, dass das beobachtete Verhalten auch ausgeführt werden kann. Auf der allgemeineren Ebene: Je höher die Werte für Aufmerksamkeit, Erinnerung und Fähigkeit, desto eher wird das Modellereignis gespeichert, stellt also eine Verhaltensdisposition dar: *latentes Verhalten,* das auf Abruf wartet.

Bandura hat den Begriff der Effizienzerwartungen zu einem elaborierten Konzept der *Selbstwirksamkeit* ausgeweitet (vgl. *Bandura 1997*). Der wichtigste Aspekt hierbei ist, dass die Ausführung einer Verhaltensweise nicht nur – wie von den älteren kognitiven Lerntheorien angenommen – von den erwarteten Konsequenzen (Konsequenz-Erwartungen) abhängt. Diese sind zwar notwendige, aber keineswegs hinreichende Bedingungen für das Auftreten eines Verhaltens. Es müssen außerdem bestimmte Überzeugungen darüber bestehen, ob und in welcher Weise ein erstrebenswertes Ziel auch tatsächlich durch eigene Fähigkeit und Wirksamkeit realisiert werden kann (parallele Konstrukte gibt es auch in anderen theoretischen Konzepten: Kontrollüberzeugungen sensu *Rotter* (K 4), Verhaltenskontrolle bei *Ajzen* (K 1), personal causation bei *deCharms* (K 4) sowie Wirksamkeitsmotivation i. S. von *White*. Der besondere Stellenwert der Selbstwirksamkeitstheorie liegt jedoch darin, dass sie Bestandteil einer integrativen Theorie ist, die das Modell-Lernen einschließt und durch eine Fülle von Untersuchungen gestützt und durch etliche Anwendungen v. a. in der Verhaltenstherapie erfolgreich erprobt ist.

Selbstwirksamkeit entsteht u. a. durch entsprechende Effizienz-Erfahrung, durch die Beobachtung anderer, durch verbale Anweisungen sowie die Kontrolle von Emotionen,

Tabelle 2: Bedingungen der Modell-Imitation

Aufmerksamkeit	*Erinnerung*	*Fähigkeit*	*Motivation*
Verbreitung	Wiederholung	phys. Fähigkeiten	Konsequenz-Erwartungen
Deutlichkeit	Abrufbarkeit	soz. Fähigkeiten	– äußere Verstärkung
Funktion	Verbalisierung	Integrierung	– Selbstverstärkung
Verstärkung	Codierbarkeit	Selbstbeobachtung	Effizienz-Erwartungen
Attraktion	Organisierbarkeit	Feedback	
Exposition	Probehandeln		

Überaktivierung und durch mögliche Ablenkungen. Die wichtigsten Wirkungen der Selbstwirksamkeit, die insbesondere für den arbeits- und organisationspsychologischen Bereich relevant sein dürften, sind:

- Selbstwirksamkeits-Überzeugungen bestimmen darüber, wie Menschen Alternativen wahrnehmen, welche Anstrengungen sie in ihre Aktivitäten investieren, wie lange sie trotz auftretender Schwierigkeiten, Ablenkungen und Misserfolge durchhalten.
- Sie steuern, ob die Denkmuster von Personen eher selbstwertdienlich oder eher selbstwertschädigend sind.
- Sie beeinflussen, wie viel Stress in der Auseinandersetzung mit widrigen Umständen kontrolliert und ertragen werden kann.
- Sie beeinflussen die generalisierbare Kompetenz in verschiedenen Lebensbereichen und verschaffen positive Erfolgserlebnisse und persönliches Wohlergehen.
- Sie bestimmen die Wahl der Reize und der Situationen, die eine Person aussucht oder meidet. Das selbstwirksame Individuum verhält sich Umweltreizen gegenüber nicht rezeptiv und passiv, sondern versucht, diese Umweltbedingungen ihrerseits zu beeinflussen und zu kontrollieren.

Diskutieren wir nun kurz wieder einige exemplarische *Anwendungsmöglichkeiten im wirtschaftlichen Bereich.* Nach unserer Auffassung ist die Theorie des Modell-Lernens im Rahmen wirtschaftspsychologischer Forschung in ihrer Bedeutung vielfach noch nicht erkannt, sind ihre Anwendungsmöglichkeiten nicht im Entferntesten ausgeschöpft. Anwendungsbereiche sind etwa:

- ökonomische Sozialisation, z. B. im Konsumentenbereich (Konsumentensozialisation) sowohl im frühkindlichen Stadium (Eltern als Modell), später überlagert durch den Einfluss der Gleichaltrigen sowie der Massenmedien;
- ökonomische Leitbilder, z. B. im Arbeitsbereich (der Vorgesetzte als Modell, der „Schwarzarbeiter" als Modell) oder im Konsumbereich (man denke an die Verwendung von Leitbildern in der Werbung, die zur Identifizierung einladen sollen);
- Übernahme wirtschaftlicher Rollen (z. B. Arbeitsrollen, Berufsrollen, Hausfrauenrolle), wobei das Lernen von Rollen (als in sich zusammenhängende Verhaltenskomplexe) sicherlich eher durch Modellbeobachtung als durch elementare und partikulare Lernprozesse erfolgt;
- Modellwirkung in Bezug auf ökonomische Entwicklung: Prosperierende Länder haben häufig eine Modellfunktion für andere Nationen, die zu (manchmal vergeblicher) Nachahmung führen.
- Auswirkungen hoher Selbstwirksamkeits-Überzeugungen in Bezug auf erfolgreiches Arbeitsverhalten, Leistungsmotivation und Kompetenzempfinden.

Empirische Untersuchungen zum Modell-Lernen im ökonomischen Sektor sind selten, am ehesten noch im Bereich der Konsumentensozialisation *(Roth 1983)* und des Medienkonsums zu finden. Auch bei der Übernahme ganzer Konsum-Muster ist das Modell-Lernen zentral. Eine Untersuchung von *Wiswede/Müller (1980)* konnte den Nachweis führen, dass z. B. beim Rauchen zu Beginn stets Modell-Lernen von Bedeutung ist, später erst der Einfluss der instrumentellen Konditionierung einsetzt. Ein Beispiel aus einem ganz anderen Bereich ist eine empirische Untersuchung von *Simonton (1975),* der das Vorhandensein von „role-models" als förderliche Bedingung für das Auftreten unternehmerischen Verhaltens identifizierte.

Neuerdings hat die Forschergruppe um *Luthans (1985;* vgl. auch *Luthans/Kreitner 1985; Luthans/Martinko 1987)* erfolgreiche Versuche unternommen, soziale Lerntheorien und insbesondere auch die Theorie des Modell-Lernens im Rahmen der Verhaltensmodifikation in Organisationen sowie im Führungsbereich anzuwenden. Ein gutes Beispiel hierzu ist die

Untersuchung von *Luthans et al. (1983)*, die empirisch nachwiesen, dass das Modell-Lernen Programme zum Training und zur Verhaltensmodifikation in besonderem Maße effizient gestaltet. Zur Auswirkung von Selbstwirksamkeits-Überzeugungen auf das Arbeitsverhalten liegt eine erste Meta-Analyse vor *(Stajkovic/Luthans 1998)*.

(M 7) Prospect-Theory

Kognitive Motivationstheorien sind meist als *Wert-Erwartungs-Theorien* konzipiert *(Heckhausen 1989)*. Wert-Erwartungs-Theorien unterscheiden sich u. a. danach, ob sie mit spezifischen Lerntheorien verknüpft sind (so z. B. die Theorie von *Rotter, 1954)* oder ob sie – bei durchaus möglicher Kompatibilität – lerntheoretisch unspezifisch bleiben.

In den üblichen Wert-Erwartungs-Theorien bleibt die Verknüpfung zwischen Werten (values, Verstärkerwerten) und Erwartungen entweder offen (etwa bei *Rotter)* oder erfolgt spezifisch (z. B. multiplikativ wie bei *Vroom*, vgl. M 4). Eine gemeinsame Voraussetzung vieler Erwartungs-Wert-Theorien ist allerdings, dass beide Dimensionen nicht voneinander abhängig sein dürfen. *Mischel/Masters (1966)* fanden beispielsweise, dass eine geringe Wahrscheinlichkeit, einen Verstärker zu erhalten, dessen Wert erhöht. Einen solchen Sachverhalt thematisiert ja auch die Leistungsmotivationstheorie ($A_e = 1 - P_e$). Zudem besteht empirische Evidenz für die Annahme, dass Individuen vielfach davon ausgehen, dass wertvolle Verstärker besonders selten zu erreichen sind.

Einen anderen Aspekt der Wert-Erwartungs-Relation betont die *Prospect-Theory* („prospects" sind *risikoreiche* Konsequenzen). *Kahneman/Tversky (1979)* befassen sich mit hypothetischen Wahlen zwischen unterschiedlich risikobehafteten Alternativen und gelangen dabei zu recht spezifischen Wert- und Erwartungsfunktionen. Dabei besteht die Annahme der Nicht-Proportionalität sowohl bei der *Wahrscheinlichkeitsfunktion* (geringe Wahrscheinlichkeiten werden überschätzt, hohe Wahrscheinlichkeiten dagegen unterschätzt) wie auch bei der *Wertfunktion*. Der Nutzenbewertung selbst gehe eine Phase der Aufbereitung („editing") verschiedener Alternativen voraus (z. B. Einbeziehung des aktuellen Besitzstandes, Reduzierung von Konsequenzen mit identischen Ergebnissen, Vereinfachung und Rundung etc.). Die Autoren postulieren sodann, dass die Wertfunktion für Gewinne (relativ zu einem subjektiven Referenzpunkt, möglicherweise auch als Adaptationsniveau interpretierbar) konkav, für Verluste dagegen konvex ist. Ferner nimmt diese Theorie an, dass die Funktion für Verluste steiler ist als für Gewinne (Abb. 8).

Geben wir hierzu ein Beispiel, das bereits auf *Bernoulli (1896)* zurückgeht. Jemand habe die Wahl zwischen zwei Möglichkeiten: einem sicheren Gewinn von DM 80 und einer (risikobehafteten) Chance, mit einer Wahrscheinlichkeit von 85 % DM 100 zu gewinnen (und mit einer Wahrscheinlichkeit von 15 % leer auszugehen). Die meisten Menschen ziehen in einer solchen Situation den sicheren Gewinn vor, obgleich der Erwartungswert der zweiten Alternative höher ist. Dies bedeutet, dass man bei Gewinnchancen meist den sicheren Weg einschlägt und das Risiko scheut *(konkave* Bewertungsfunktion im Gewinnbereich).

Ergänzend zeigen psychologische Untersuchungen *(Kahneman/Tversky 1979, 1982)*, dass Menschen im Verlustbereich dazu neigen, das größere Risiko einzugehen, und zwar immer dann, wenn sie zwischen einem sicheren Verlust und einem möglichen noch größeren Verlust wählen müssen. Wiederum am Beispiel: Der subjektive Wert für einen Verlust von DM 100, der mit 85 %iger Wahrscheinlichkeit eintritt, liegt so nahe an demjenigen von DM 80, dass die statistische Gewichtung den drohenden höheren Verlust als das kleinere Übel erscheinen lässt *(konvexe* Bewertungsfunktion im Verlustbereich). Obwohl der Erwartungswert eines Verlustes von DM 100, der mit 85 %iger Wahrscheinlichkeit eintritt, ungünstiger ist als der eines sicheren Verlustes von DM 80, bevorzugen die Probanden im Allgemeinen die erste Alternative (Risikosuche, also konvexe Bewertungsfunktion im Verlustbereich).

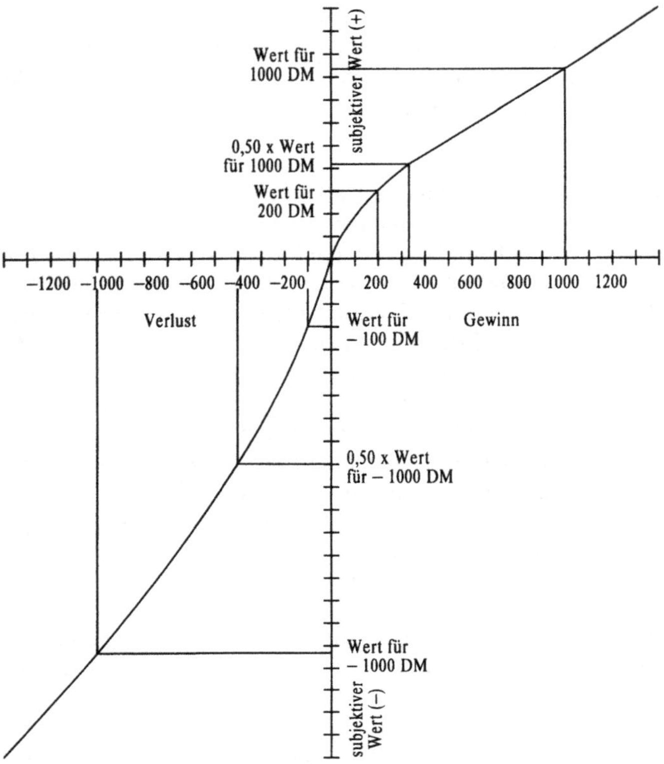

Abb. 8: Bewertungsfunktion für Entscheidungen zwischen Gewinnchancen und Verlustrisiken (nach Kahneman/Tversky 1979)

Hinzu kommt, dass die Unterschiede im oberen/unteren Bereich höher eingestuft werden als die verschiedenen Grade mittlerer Wahrscheinlichkeit (Weighting-Funktion). Abb. 8 vernachlässigt diesen Effekt. Wenn mittlere Wahrscheinlichkeiten unterschätzt werden, flacht sich die Kurve für die Bewertungsfunktion ab, behält jedoch die S-Struktur bei. Eine neuere Fassung der Theorie (Cumulated prospect theory) weist unterschiedliche Gewichtungsfunktionen für den Gewinn- und Verlustbereich auf, die nunmehr auch an den Endpunkten wohldefiniert sind (*Tversky/Kahneman 1992;* im Überblick *Schmook et al. 2002*).

Die Kurve in Abb. 8 ist *idealtypisch;* individuelle Abweichungen (unterschiedliche Risikoneigung des Individuums) oder situative Abweichungen (situationsspezifische Risikoneigung) sind möglich. Auch ist der soziale Kontext zu berücksichtigen: In Gruppensituationen verfährt man oft riskanter, bei Rechenschaftspflicht (z. B. Managemententscheidungen) wird die Risikobereitschaft gedämpft, vor allem auch deshalb, weil mit drohendem geschäftlichen Verlust zusätzlich Statusgefährdung auftritt.

Mowen/Mowen (1991) erweitern den Ansatz von *Kahneman/Tversky* durch die Einbeziehung der Zeitdimension. In Übereinstimmung mit ökonomischen Überlegungen postulieren sie, dass Gewinne und Verluste *diskontiert* werden, sodass künftige Gewinne gegenüber derzeitig realisierbaren gleich hohen Gewinnen geringer eingeschätzt werden. Dieser Effekt tritt auf der Verlustseite noch drastischer zutage: Verluste, die erst in einer fernen Zukunft auftreten, werden sehr viel geringer eingeschätzt (vgl. Abb. 9).

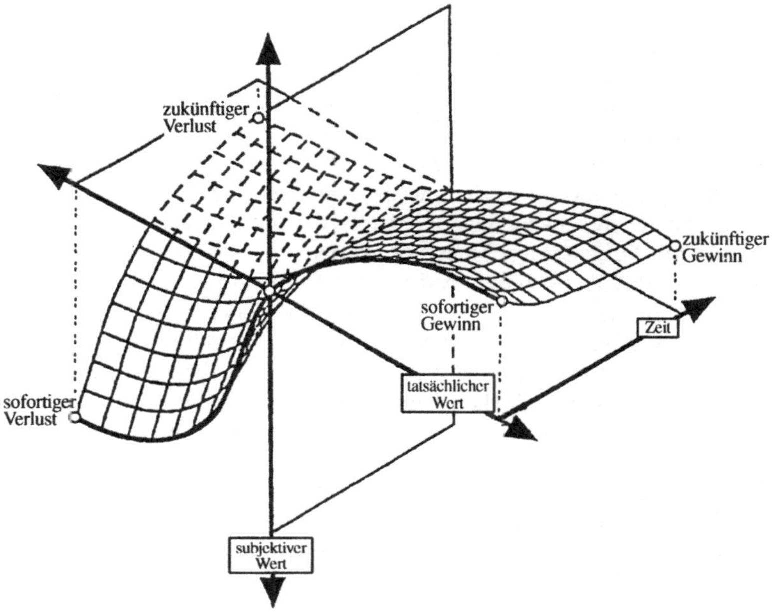

Abb. 9: Diskontierungseffekt bei der Wertefunktion (nach Mowen/Mowen)

Mögliche *Anwendungsfälle dieser Theorie* betreffen alle wirtschaftlichen Entscheidungssituationen unter Risiko, also im ökonomischen Bereich vielfach anzutreffende Sachverhalte, z. B.

- Kaufentscheidungen unter Risiko, insbesondere bei aufwändigen Gütern, wobei die Konsequenzen der Verwendung mehr oder weniger unsicher sind;
- Geldanlageentscheidungen, insbesondere wenn es um die Alternative „hohes Risiko/hohe Rendite" vs. „geringes Risiko/geringere Rendite" geht. Im Gewinnbereich führt abnehmende Sensitivität zur Risikoaversion, während im Verlustbereich recht risikofreudig agiert wird;
- Gegenwartsbezug vieler wirtschaftlicher Entscheidungen. Insbesondere drohende Verluste/Einbußen in ferner Zukunft werden unterschätzt. Dies könnte zu einer Vernachlässigung ökologischer zugunsten ökonomischer Aspekte führen;
- Management-Entscheidungen, die keineswegs dem Prinzip der Gewinnmaximierung unterliegen, sondern eher sicherheitsorientiert ausfallen (bis hin zur Misserfolgsmeidung).

Die *empirischen Befunde* zur Prospect-Theory, meist in Form von simulierten Entscheidungsprozessen, haben bereits durch den intendierten Anwendungsbereich – hypothetische Wahlen zwischen risikoreichen Konsequenzen mit Geld als Ergebnis – eine gewisse Affinität zum wirtschaftlichen Feld. *Swalm (1966)* ermittelt bei Managern erhebliche Abweichungen von Maximierungszielsetzungen, diese werden vor allem durch Risikomeidung gedämpft. Die Experimente zeigen, dass ein möglicher Verlust von 55.000 $ bei einem Manager, der über ein Gesamtbudget von 300.000 $ verfügen kann, nur durch einen Gewinn von 300.000 $ aufgewogen wird. Der betreffende Manager unterbreitet kein Projekt, bei dem die Firma eine 50 %ige Chance hätte, entweder 300.000 $ zu verdienen oder 60.000 $ zu verlieren. Manager sind demnach nicht daran orientiert, den Gewinn des Konzerns zu maximieren, sondern eher daran, sich selbst nicht in Gefahr zu bringen.

Andere Experimente liegen aus zahlreichen wirtschaftlichen oder wirtschaftsnahen Sektoren vor: beim Lotterieverhalten (z. B. *Erev/Cohen 1990),* bei der Einschätzung von Politikprogrammen zur Beeinflussung von Arbeitslosenquote und Inflationsrate *(Quattrone/Tversky 1988),* bei Geldanlage-Entscheidungen mit unterschiedlichen Risiken *(Fischhoff et al. 1981),* bei der Einschätzung künftiger Kostenersparnisse, beim Kauf teurer Geräte sowie bei etlichen Konsum-Entscheidungen *(Puto et al. 1985; Puto 1987).* Diese und andere Experimente/Befragungen scheinen die zentralen Annahmen der Prospect-Theory zu stützen.

Jenseits aller speziellen Anwendungsfälle haben die Befunde des Kreises um *Kahneman* und *Tversky* zentrale Ausgangsannahmen der theoretischen Ökonomie (nämlich das Unabhängigkeits-Axiom, das Transitivitäts-Axiom, das Dominanz-Axiom sowie die Annahme der Invarianz von Entscheidungen) hinsichtlich verschiedener Problemformulierungen ins Wanken gebracht. Ähnliches hatten wir bereits bei der Behandlung der sogenannten *Entscheidungsanomalien* konstatiert. Die Prospect-Theorie ist – neben der Lerntheorie – derzeit die einzige deskriptive Theorie, die konsistent ist mit den – empirisch immer wieder bestätigten – Verletzungen der genannten ökonomischen Grundannahmen. Für die theoretische Ökonomie scheint es dabei drei mögliche Reaktionsformen zu geben: erstens das Ignorieren dieser Befunde und ihre Einstufung als marginale Facette, zweitens die Modifikation der bestehenden ökonomischen Modelle im Sinne der Anpassung an die empirischen Befunde oder drittens die Infragestellung der SEU-Theorie überhaupt. Jedenfalls scheint die Prospect-Theory (sowie die Diskussion der Verhaltensanomalien) eine starke Herausforderung für die ökonomische Disziplin zu sein *(Eichenberger 1992).*

3.2.2 Theorien im Bereich der Kognition

Besprechen wir als Nächstes einige wirtschaftspsychologisch relevante Theorien im kognitiven Bereich. Der Begriff Kognition bezieht sich auf alle Prozesse, die durch Wahrnehmungen transformiert, reduziert, verarbeitet, gespeichert, reaktiviert und verwendet werden *(Neisser 1967).* Dabei steht entweder Kognition als *Prozess* im Vordergrund (Kognizieren durch Informationsverarbeitung) oder als *Resultat* des Kognizierens: Gedächtniselemente, Wissensinhalte, Vorurteile, Einstellungen, Symbole, Attributionen, Erwartungen etc. Die Grundprinzipien des Kognizierens sind *Selektion* und *Inferenz:* Der Mensch nimmt nach bestimmten Kriterien selektiv wahr und verarbeitet selektiv (Prinzip der Selektion). Der Mensch neigt andererseits jedoch auch dazu, immer über die vorhandene Information hinauszugehen, gewissermaßen das Bild zu vervollständigen (Prinzip der Inferenz).

Zwischen kognitiven Theorien und den zuletzt besprochenen Motivations- bzw. Lerntheorien müssen nicht unbedingt Gegensätze auftreten, sofern man das Paradigma des engen Behaviorismus verlässt. Wie wir bereits angedeutet haben, ist die neo-behavioristische Position durchaus in der Lage, den alten Gegensatz zwischen behavioristischer und kognitivistischer Sichtweise abzubauen („kognitiver Behaviorismus", vgl. *Boneau 1974; Graumann 1965; Wiswede 1988 a).*

(K 1) Hypothesen- und Einstellungstheorien

Das Verhalten von Menschen wird zwar durch seine Konsequenzen beeinflusst – wie es die Lerntheorien behaupten –, jedoch obliegt die Steuerungsfunktion bestimmten Kognitionen, deren wichtigste sogenannte „Hypothesen" sind. Der Ausdruck „Hypothese" wird hier im Sinne der Hypothesentheorie der Wahrnehmung in einem sehr weiten Sinne – Vorstellungen über die Wirklichkeit – gebraucht, wie sie von *Bruner/Postman* formuliert wurde *(1951):*

Die Hypothese wird hier nicht dem Wissenschaftler, sondern dem wahrnehmenden oder handelnden Individuum zugeschrieben. Hierbei wird angenommen *(Campbell 1963)*, dass Hypothesen die Wahrnehmung beeinflussen (im Sinne der Selektion und der Inferenz) und dass sie darüber hinaus das Verhalten von Menschen (im Ausmaß kognitiver Beteiligung) steuern können.

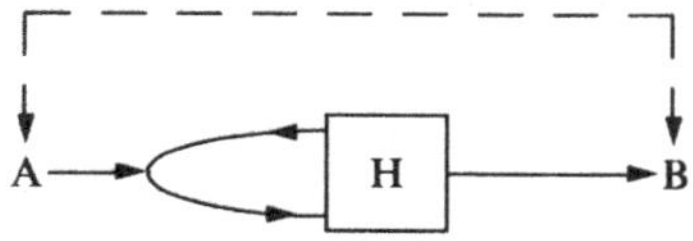

Nach der Hypothesentheorie *(Bruner/Postman 1951;* neuere Darstellungen bei *Irle 1975; Wiswede 1988; Lilli/Frey 1993)* ist eine Hypothese umso stärker (Hypothesenstärke als abhängige Variable), je häufiger sie bestätigt wurde, je stärker die motivationale Unterstützung (z. B. Ich-Beteiligung) für diese Hypothese ist und je stärker die soziale Unterstützung (Übereinstimmung mit den Hypothesen anderer) für diese Hypothese ausfällt. Je stärker eine Hypothese ist (Hypothesenstärke als unabhängige Variable), desto wahrscheinlicher wird es, dass sie dispositiv auf das Verhalten einwirkt. Starke, insbesondere monopolistische Hypothesen werden weitgehend ohne zusätzliche unterstützende Stimulus-Informationen verhaltenswirksam; auch werden sie konkurrierende (schwächere) Hypothesen verdrängen. Vielfach bilden Hypothesen ein sich gegenseitig stützendes „Hypothesensystem" und begründen damit so etwas wie „implizite Theorien" (Laientheorien, naive Theorien).

Einstellungen können als Sonderfall von „Hypothesen" des Individuums angesehen werden, die umso eher das Verhalten bestimmen, je häufiger sie bestätigt (verstärkt) wurden. In diesem Sinne sind sie besonders stabile und permanente Hypothesen (Überzeugungen, „beliefs"), wobei Einstellungen allerdings in affektiver Weise mit Bewertungen aufgeladen werden: Einstellungen sind daher durch Lernen erworbene Dispositionen, ein bestimmtes Objekt in konsistenter Weise positiv oder negativ zu beurteilen *(Fishbein/Ajzen 1975)*.

Das auch in der Wirtschaftspsychologie – hier zumal beim Studium des Konsumentenverhaltens – am häufigsten angewandte Einstellungsmodell ist das *Fishbein*-Modell *(Fishbein 1963; Fishbein/Ajzen 1975; Ajzen/Fishbein 1980; Ajzen 1989)*. Dieses dient zunächst als Messverfahren, enthält jedoch auch Elemente einer Theorie („reasoned action theory"), die strukturelle Ähnlichkeit mit den Wert-Erwartungs-Theorien aufweist. Wir verdeutlichen zunächst, von welchen Größen das Modell ausgeht:

a) den *„beliefs"*, d. h. den Überzeugungen oder Hypothesen des Individuums über das Vorliegen von Tatbeständen, und zwar entweder
   - bezogen auf ein Objekt: die Wahrscheinlichkeit, dass das Objekt o das Attribut a hat;
   - bezogen auf ein Verhalten: die Wahrscheinlichkeit, dass B zu Konsequenzen C führt;
b) den *„values"*, d. h. die Intensität, mit der a oder C als schlecht/gut (hoch/niedrig) bewertet werden.

Man sieht sofort, dass das *Fishbein*-Modell dann mit einer Wert-Erwartungs-Theorie zusammenfällt, wenn sich die „beliefs" auf das Verhalten (und seine Konsequenzen) beziehen (z. B. Einstellungen zum Kaufakt, Einstellungen zur Steuerhinterziehung).

Die Einstellung A (attitude) gegenüber einem Verhalten (action) kann dann formelhaft so wiedergegeben werden

$$A_{act} = \sum_{i=1}^{n} b_i \times e_i$$

wobei b_i („beliefs") Annahmen hinsichtlich der Verhaltenskonsequenzen, e_i („evaluations") Bewertungen dieser Konsequenzen darstellen. Nach dem erweiterten Modell *(Fishbein/ Ajzen 1975)* sind zusätzlich soziale Normen relevant, die die Umsetzung einer Einstellung in faktisches Verhalten hemmen oder begünstigen. Der soziale Druck (SP) wird dabei als Produkt von „normative beliefs" (nb), nämlich Annahmen darüber, dass soziale Gebote/ Verbote bestehen, sowie der motivationalen Neigung des Individuums angesehen, diesen Normen zu folgen („motivation to comply").

$$SP = \sum_{j=1}^{m} nb_j \times mc_j$$

Im Übrigen handelt es sich bei diesen Normen um aktuelle Normen des Bezugskontexts; sollte es sich nämlich um internalisierte Normen handeln, so sind diese bereits in den Bewertungen (und damit auch in den Attitüden) eingeschlossen.

Die Verhaltensgleichung besteht dann aus einer Zusammenfassung der attitudinalen und der normativen Komponente:

$$B \sim BI = w_1 (A_{act}) + w_2 (SP)$$

wobei BI als Intention („behavior intention") mit dem tatsächlichen Verhalten B gleichgesetzt wird. Freilich dürften zwischen BI und B noch Variablen der Situation moderieren (w_1 und w_2 stehen für empirisch zu ermittelnde Gewichtungen). Das Gesamtmodell hat dann die folgende (Abb. 10) Grundstruktur:

An zwei Beispielen:

(b_i) Ich glaube, dass Marke X einen guten Wiederverkaufswert hat.
Ich glaube, dass ein rigider Führungsstil manchmal nützlich ist.

(e_i) Auf einen guten Wiederverkaufswert kommt es mir besonders an.
Ich schätze einen rigiden Führungsstil nicht besonders.

(nb_j) Ich nehme an, dass meine Freunde die Marke I schätzen.
Ich glaube, dass meine Vorgesetzten einen rigiden Führungsstil von mir erwarten.

(mc_j) Am positiven Urteil dieser Freunde ist mir sehr gelegen.
Am positiven Urteil meiner Vorgesetzten liegt mir viel.

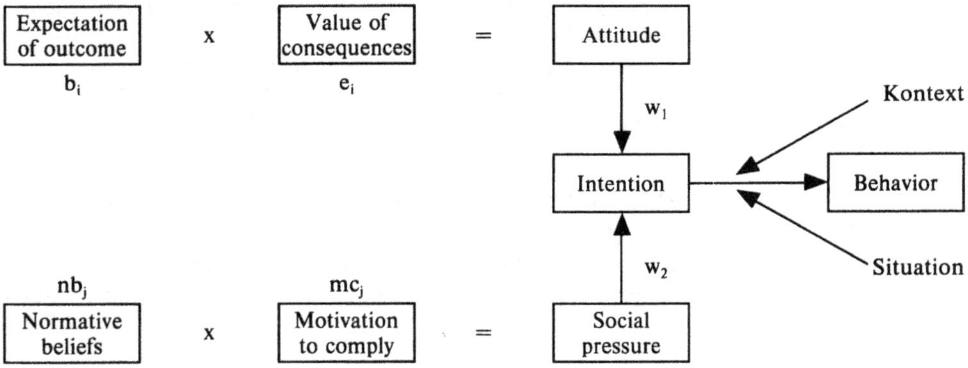

Abb. 10: Fishbein-Modell, bezogen auf das Verhalten

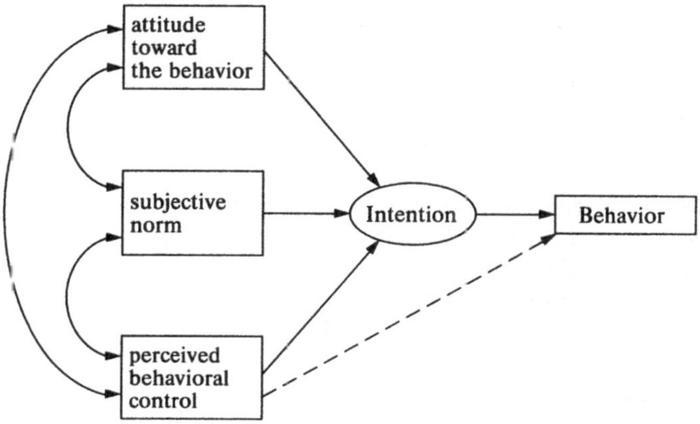

Abb. 11: Theorie des geplanten Verhaltens (Ajzen 1985)

Gewisse Schwierigkeiten bei der Handhabung des Modells dürften durch den Umstand entstehen, dass die Eingangsgrößen nicht unabhängig voneinander sind. So ist z. B. denkbar, dass hohe „values" (e_i) die Neigung zu konformem Verhalten (mc_j) von vornherein beschneiden.

Eine nochmalige Erweiterung des Modells wurde von *Ajzen (1985)* vorgeschlagen (Abb. 11, S. 80). In dieser Theorie „geplanten Verhaltens" werden drei verschiedene „beliefs" unterschieden:

- behavioral beliefs,
- normative beliefs,
- control beliefs.

„Control beliefs" sind *Kontrollüberzeugungen* (vgl. K 4), d. h. das Ausmaß, in dem Personen annehmen, dass sie durch ihr Verhalten die Ergebnisse (Konsequenzen) beeinflussen können. Das Modell öffnet sich damit einer weiteren Anschlusstheorie.

Diskutieren wir nun einige *Anwendungsfälle* dieser Theoriekonzepte. In Betracht kommen sämtliche wirtschaftliche Verhaltensweisen, bei denen durch hohes Involvement (Engagement, Ich-Beteiligung) umfangreichere kognitive Überlegungen (extensive Entscheidungen) oder kognitive Schemata (vereinfachte Entscheidungen) Platz greifen.

- Die Mitglieder eines Betriebes entwickeln im Laufe der Zeit so etwas wie eine „implizite Organisationstheorie", die ihre besondere Wahrnehmung und Kognition organisationaler Tatbestände und der Organisation als Ganzes reflektiert.
- Da wirtschaftliches Verhalten (insbesondere im professionellen Bereich) vielfach geplantes Verhalten ist, kann das um die Kontrollvariable erweiterte Einstellungsmodell wirtschaftliche Entscheidungsprozesse gut erklären und voraussagen.
- Bei der Beurteilung von Produkten und einer hieraus resultierenden Verhaltenstendenz (Kaufwahrscheinlichkeit) vermittelt oftmals eine „implizite Produkttheorie", d. h. das Insgesamt der Vorstellungen, die ein Individuum von einer Produktgattung oder einer bestimmten Marke hat.
- Auch in solchen Fällen, in denen Einstellungen keine guten Prädiktoren für faktisches Verhalten sind, kann die Einbeziehung von Verhaltensnormen (gemäß dem ***Fishbein***-Modell) brauchbare Prognosen liefern (z. B. beim umweltbewussten Konsumentenverhalten).

Empirische Ergebnisse zu einstellungsgeprägten wirtschaftlichen Verhaltensweisen liegen in unterschiedlichsten Bereichen vor, z. B. im Zusammenhang mit der Ermittlung des Organisationsklimas sowie der Arbeitszufriedenheit (allerdings dominiert hier eher die Messproblematik; die theoretische Dimension wird häufig auf der Basis der Instrumentalitätstheorie bearbeitet). Weitere Anwendungen der Theorie vernünftigen und planenden Verhaltens erfolgten im Zusammenhang umweltschonenden Handelns, z. B. bei der Verkehrswahl oder beim Recycling (vgl. *Guagnano et al. 1995, Taylor/Todd 1995*).

Im Konsumbereich spielen sog. Multi-Attribut-Modelle zunächst messtechnisch eine Rolle; ein Test des erweiterten Fishbein-Modells (mit theoretischen Implikationen) findet sich u. a. bei *Müller-Hagedorn (1986)* am Beispiel von Seifenmarken. Zahlreiche weitere Untersuchungen im Konsumbereich (z. B. im Rahmen der Marktforschung) verwenden verschiedene Versionen des Fishbein/Ajzen-Modells (für einen Überblick vgl. *Kroeber-Riel/Weinberg 2003*). Allerdings besteht Einigkeit darüber, dass Einstellungen und Hypothesen das Verhalten vorwiegend im Falle des Involvement determinieren (vgl. die dualen Prozessmodelle, K 6; sowie das Modell der Wirkungspfade in 2.2.1.5). Für die Fülle von Kaufentscheidungen mit low involvement sind Einstellungen von geringer Prägekraft für das faktische Verhalten (zur Verhaltensrelevanz von Einstellungen vgl. 2.2.2.3).

Empirische Befunde einer pfadanalytischen Untersuchung von *Bagozzi (1980)* am Beispiel des Blutspendens scheinen im Übrigen zu bestätigen, dass das Verhalten oftmals in weit höherem Maße von bisherigen Erfahrungen und Gewohnheiten geprägt wird als durch Einstellungen (vgl. auch *Triandis 1977*). Gleichfalls inkonsistent sind Untersuchungen zur Steuerhinterziehung, wobei sich hier das an sich nahe liegende Modell des geplanten Verhaltens bis jetzt nicht bewährt hat (vgl. *Webley et al. 1991; Hessing et al. 1988*).

(K 2) Konsistenztheorien

Von den Konsistenztheorien, auch Theorien des kognitiven Gleichgewichts genannt (vgl. *Heider:* Balance-Theorie; *Festinger:* Dissonanz-Theorie; *Osgood:* Kongruitäts-Theorie), hat die Theorie der *kognitiven Dissonanz* (1957) die meiste Verbreitung und auch Anwendung im wirtschaftspsychologischen Bereich gefunden. Die Theorie stand in den letzten vier Jahrzehnten im Kreuzfeuer der Kritik und hat etliche „Krisen" nicht unbeschadet überstanden. Allerdings hat sich gezeigt, dass die meisten ihrer zentralen Annahmen aufrechterhalten werden können, wenn man (a) die Bedingungen eingrenzt, unter denen sie gelten, und indem man (b) die Theorie aus allgemeineren Konzepten (z. B. der eben skizzierten Hypothesentheorie, *Irle 1975)* ableitet.

Die Theorie befasst sich mit bestimmten Beziehungen kognitiver Elemente (z. B. zwischen verschiedenen Informationen, zwischen Einstellungen und Informationen, zwischen den einzelnen Komponenten einer Einstellung, zwischen Einstellung und tatsächlich praktiziertem Verhalten, zwischen Verhalten und [kognizierter] Norm usw.). Bei relevanten Beziehungen bestehen kognitive Dissonanzen immer dann, wenn zwischen den Elementen psycho-logische Unvereinbarkeiten entstehen: P hat (nach *Irle 1975)* bestimmte (gelernte) Hypothesen über die (psycho-logisch richtige) Beziehung zwischen kognitiven Elementen, die durch Erfahrung widerlegt werden. (Beispiel 1: „Ich rauche viel" ist dissonant zur Information „Rauchen erzeugt Lungenkrebs". Beispiel 2: „Ich habe Produkt x gekauft" ist dissonant zu „Das Testurteil über x ist miserabel".)

Die Stärke der Dissonanz ist dabei eine Funktion des relativen Anteils dissonanter Kognitionen sowie der Bedeutsamkeit der Kognitionen für das Verhalten (z. B. zentrale Motive oder Betroffenheit des Selbstbildes). Bezieht sich die Dissonanz auf ein Entscheidungsverhalten, so ist die Dissonanz eine Funktion der Bedeutsamkeit dieser Entscheidung, der relativen Attraktivität der verworfenen Alternative sowie der kognitiven Überlappung beider Alternativen.

Als Grundparadigma ist bei Dissonanz von zwei psychologisch unvereinbaren Antezedenzbedingungen auszugehen:

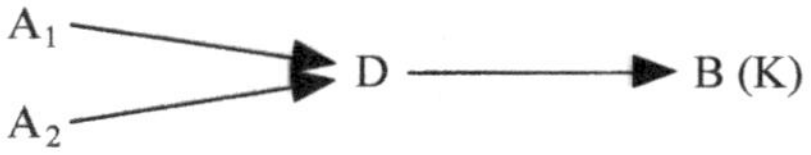

Im Hinblick auf die Response gilt zunächst die allgemeine Hypothese: Individuen versuchen, die durch kognitive Dissonanzen verursachten Spannungen (= Strafreize) dadurch zu lösen, dass sie die Konsistenz der Elemente wieder herstellen (Dissonanzreduktion) und/oder indem sie dissonanzfördernde Situationen und Informationen meiden (Bei unserem obigen Beispiel 1 etwa: „Ich rauche nur Filterzigaretten“ oder „Das Krebsrisiko ist nicht nachgewiesen“. Beispiel 2: „Auf Warentests ist kein Verlass“ oder „Die meisten Tester werden bestochen“). Das Ausmaß des Reduktionsdrucks ist eine Funktion der Dissonanzstärke. Der Prozess der Reduktion unterliegt den Prinzipien der Einfachheit, der Effizienz und der Stabilität: Die auf die Dauer „kostengünstigste“ Reduktionsform wird gewählt. Dies kann geschehen entweder durch Verringerung der Zahl/Bedeutsamkeit der dissonanten Kognitionen oder durch Erhöhung der Zahl/Bedeutung der konsonanten Kognitionen. Entscheidungsdissonanz kann reduziert werden: durch Rückgängigmachung der Entscheidung, durch Abwertung der Bedeutsamkeit der Entscheidung, durch Vergrößerung der kognitiven Überlappung der Alternativen, durch Aufwertung der gewählten Alternative, Abwertung der nichtgewählten Alternative, durch selektive Informationssuche bzw. -abwehr (selective exposure).

Wirtschaftspsychologische Anwendungen konzentrieren sich bisher vor allem auf das Konsumverhalten. Wir greifen einige Aspekte heraus:

- Dissonanz nach erfolgter Kaufentscheidung: kurzzeitige Aufwertung der verworfenen Alternative (Regret-Effekt), danach deren Abwertung sowie Aufwertung der gewählten Alternative.
- Bei der Produktwahrnehmung und Produktbeurteilung entstehen im Hinblick auf die kognizierten Produktattribute (z. B. Preis, Verpackung, Markenname) häufig Inkonsistenzen, die das „Produktimage“ beeinträchtigen.
- Dissonanz entsteht auch bei Innovationen oder Moden, weil und insofern sie (zunächst) die Inkonsistenz beim Rezipienten erhöhen.
- Im Arbeitsbereich lässt sich der Befund überraschend hoher Arbeitszufriedenheit häufig damit erklären, dass das Individuum angesichts der Unabänderlichkeit frustrierender (und dissonanzerzeugender) Situationen kognitive Selbstheilungsprozesse inszeniert.
- Im Bereich der Arbeits- und Organisationspsychologie tritt häufig die Notwendigkeit einstellungsdiskrepanten Verhaltens auf (z. B. Fügsamkeit im Hinblick auf für falsch gehaltene Anordnungen, Zwang zur Kündigung eines geschätzten Mitarbeiters).
- Im gesamtwirtschaftlichen Bereich werden ökonomische Maßnahmen (z. B. Einführung marktwirtschaftlicher Elemente in sozialistische Planwirtschaften) im Ausmaß der Inkompatibilität mit den bestehenden Struktur- und Wertemustern zunächst kognitive Inkonsistenzen auslösen.

Zur Empirie: Insbesondere im Konsumbereich liegen zahlreiche empirische Belege vor. Bereits die klassische Untersuchung von *Ehrlich et al. (1957)* erbrachte den Befund, dass die Käufer bestimmter Produkte (z. B. Automobile) häufiger die Werbung für dieses Produkt betrachteten als Nicht-Käufer (offenbar auf der Suche nach konsonanten Informationen, die die Entscheidung rechtfertigen oder ex-post begründen konnten). Weitere Untersuchungen *(Silberer 1979, Schuchard-Ficher 1979; Schub v. Bossiazky 1992)* stützen überwiegend die Vorhersage, dass Konsumenten nach erfolgter Kaufentscheidung Dissonanz empfinden und diese durch Aufwertung der gewählten und Abwertung der verworfenen Alternative auszugleichen versuchen (vgl. auch *Raffée et al. 1973*).

Am stärksten umstritten scheint die „Selective-exposure-Hypothese“ zu sein: die Behauptung, dass Individuen sich selektiv solchen Informationen und Botschaften aussetzen, die mit ihrer Einstellungsstruktur übereinstimmen. Manchmal ist es für das Individuum spannender, sich widersprechenden Informationen zu öffnen (etwa mit der Absicht, sich mit ihnen auseinander zu setzen, oder in der Erwartung, sie widerlegen zu können). Im Rahmen der Erregungstheorien (vgl. M 1) hatten wir im Übrigen gesehen, dass der Punkt absoluter Konsistenz und Harmonie nicht identisch ist mit einem optimalen Erregungsniveau. Ein gewisses *Dissonanzquantum* scheint also – situationsspezifisch – durchaus belohnende Konsequenzen zu haben (vgl. z. B. Reaktionen des Fernsehkonsumenten bei „erregenden" Programmen, etwa „Thrillern"). Und schließlich scheint die Beurteilung der Frage, in welchem Ausmaß Dissonanz Strafreizcharakter hat, auch mit Persönlichkeitsmerkmalen zusammenzuhängen. *Rokeachs (1973)* Unterscheidung zwischen „open minded" und „closed minded" peilt den gleichen Sachverhalt an: „Open minded persons" sind dissonanten Stimuli gegenüber aufgeschlossener, „closed minded persons" sind eher „consistency seekers".

(K 3) Attributionstheorien

Im Allgemeinen sind Erklärbarkeit, Vorhersehbarkeit und Kontrolle von Umweltereignissen für das Individuum nützlich. Ein wirksames Mittel hierzu besteht darin, die *Ursachen von Ereignissen,* des eigenen Verhaltens und des Verhaltens anderer herauszufinden. Mit solchen „Hypothesen" über das Verhalten und die Verhaltensergebnisse von Stimulus-Personen befasst sich eine spezielle Hypothesentheorie: die Attributionsforschung (vgl. hierzu insbesondere: *Heider 1958; Jones/Davis 1965; Kelley 1967;* für einen Überblick vgl. *Herkner 1980; Heckhausen 1989).* Solche Attributionen betreffen etwa die Zuschreibung von Merkmalen (z. B. „Juden sind immer gute Geschäftsleute") oder Dispositionen (z. B. „Das Arbeitsergebnis entspricht deiner Faulheit") oder Ursachen (z. B. „P musste scheitern, weil er nicht ökonomisch handelte") oder Intentionen (z. B. „Der Verkäufer hat diesen Tatbestand bewusst verschwiegen"). Die Tendenz der Ursachenattribution – die meistuntersuchte Teilklasse von Attributionen – wächst im Ausmaß der Bedeutsamkeit und Betroffenheit, der Außergewöhnlichkeit (Unerwartetheit, Extremität) von Ereignissen sowie der sozialen Erwünschtheit der Ursachenkenntnis.

Attributionen sind häufig ein Sekundärereignis i. S. eines Epiphänomens, Kognitionen vom Typ der Attribution (KA) sind in diesem Falle insbesondere für das Folgehandeln verhaltensrelevant:

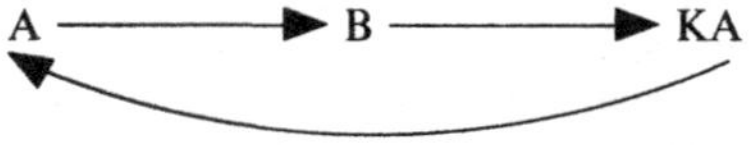

Beispiele: Ein Vorgesetzter betrachtet seinen „Laissez-faire"-Führungsstil als liberal, ein Käufer macht sich Gedanken darüber, was ihn eigentlich zum Kauf bewegt hat.

Vermittelt jedoch KA zwischen A und B, so ist die Attribution als Primärvorgang einzustufen; sie ist handlungsleitend:

A ——► KA ——► B

Beispiel: Ein Mitarbeiter unterstellt seinem Vorgesetzten die Absicht, ihn gegenüber anderen bloßzustellen. B ist nicht nur Funktion des Stimulus („Standpauke"), sondern auch der unterstellten Intention.

Eine einheitliche Attributionstheorie existiert bisher nicht; es gibt lediglich Ansätze mit meist geringer Reichweite. Am allgemeinsten dürfte die Theorie von *Kelley (1967)* sein; sie beschreibt u. a. die Zuschreibung von Ereignissen auf drei Ursachenbereiche: *Objekt* (z. B. Schwierigkeit einer Aufgabe), *Person* (z. B. einer besonderen Begabung) und *Umstände* (z. B. eine besonders heikle Situation). Ob eine Zuschreibung auf Objekte, Personen oder Umstände stattfindet, hängt nach *Kelley* von der Verfügbarkeit bestimmter Informationen ab. Solche Informationen finden sich wiederum in drei Bereichen: Konsensus (viele/wenige tun das), Konsistenz (das Ereignis ist oft/selten aufgetreten), Distinktheit (Auftreten nur bei ganz bestimmten Ereignissen, z. B. Aufgabentypen). Ein Ereignis wird – dieser Theorie zufolge – dem Objekt (z. B. der Aufgabenschwierigkeit) zugeschrieben, wenn hoher Konsensus, hohe Distinktheit (Unterscheidbarkeit) und hohe Konsistenz vorliegen.

→ Konsensus	hoch	gering	gering
→ Distinktheit	hoch	gering	hoch
→ Konsistenz	hoch	hoch	gering
	↓ Stimulus	↓ Person	↓ Umstände

Tabelle 3: Attributionsmodus je nach Information

In allen Fällen, in denen Informationen über die drei Tatbestände nicht oder nur unvollständig einzuholen sind, gilt, dass der Attribuierende einfache *heuristische Regeln* anwendet (z. B. was teuer ist, ist auch gut; Führungspersonen sollten nicht kleinwüchsig sein; Markenartikel garantieren Qualität).

Weiner (1974, 1986) hat ein etwas einfacheres Attributionsschema entworfen, das vor allem beim Studium der Leistungsmotivation anwendbar ist. Er unterscheidet zwei verschiedene *Attributionsdimensionen:* stabil vs. variabel (je nachdem, ob der Zustand nur vorübergehend oder auf Dauer auftritt) und internal vs. external (je nachdem, ob externe Umstände, auch andere Personen, für das Ergebnis verantwortlich gemacht werden oder ob das Individuum sich selbst als Ursache ansieht).

Tabelle 4: Dimensionen der Attribution nach Weiner

Stabilität Lokation	*internal*	*external*
stabil	Fähigkeit Intelligenz	Aufgaben- schwierigkeit
instabil	Anstrengung Fleiß	Glück Zufall

Eine Erweiterung dieses Schemas *(Abramson et al. 1978)* unterscheidet zusätzlich zwischen *globalen* und *spezifischen* Zuschreibungsmustern. Global könnte z. B. im Kontext von Arbeitslosigkeit heißen: Der Betroffene sieht überhaupt keine Möglichkeit mehr, einen Job zu bekommen. Spezifisch hieße etwa: Der Arbeitslose sieht die Aussichtslosigkeit der Jobsuche lediglich in ganz bestimmten Bereichen. *Weiner (1995)* erweitert im Zusammenhang mit seinen Untersuchungen zur Verantwortlichkeit das Modell um die Zuschreibung von *Kontrollierbarkeit:* die Frage also, ob das Individuum glaubt, dass es selbst die Vorgänge kontrollieren kann (locus of control; vgl. K 4). (Um Missverständnissen vorzubeugen: Internale Attribution und internale Kontrolle sind nicht miteinander identisch. Ersteres könnte bedeuten: Ich führe mein Versagen auf einen Mangel an Intelligenz zurück. Letzteres bedeutet etwa: Ich kann durch mein Geschick die Konsequenzen meines Handelns steuern.)

Die hier vorgetragenen Ausschnitte aus dem Bereich der Attributionstheorien scheinen zunächst nur eine Anwendung auf leistungsbezogenes Verhalten (etwa das Arbeitsverhalten) nahe zu legen. Die *Anwendungsmöglichkeiten* sind jedoch vielfältiger:

- Arbeitende können im Falle eines Erfolgs (Misserfolgs) sich selbst oder aber nur glückliche (unglückliche) Umstände als Verursacher sehen. Die Fähigkeit, sich selbst als den Verursacher eines Handlungsergebnisses zu sehen, ist von entscheidender Bedeutung für die positive Verstärkung des Handelns sowie für die Stabilisierung der Leistungsmotivation.
- Bei der Verwendung von Konsumgütern treten Konsequenzen auf, die unterschiedliche Ursachenzuschreibung zulassen. Am Beispiel: Ist das Gerät durch meine Schuld defekt? War es die Hitzeeinwirkung? Finden alle anderen das Produkt gut, mit dem ich schlechte Erfahrungen gemacht habe?
- Im Führungsbereich werden häufig Führungseigenschaften attribuiert. Auch müssen Führende bestimmten Merkmalen entsprechen, die spezifische Personen für Führungspositionen prädestiniert erscheinen lassen (z. B. Körpergröße). Auch bestehen unterschiedliche Möglichkeiten, wie man Führungserfolg attribuieren kann (sowohl aus der Sicht des Vorgesetzten wie auch aus der Sicht der Mitarbeiter).
- Arbeitslosigkeit ist ein Ereignis, das man entweder sich selbst (mangelnder Einsatz, schlechte Ausbildung) oder external attribuieren kann (schlechte Wirtschaftslage, das „System"). Die jeweils zur Anwendung gelangenden Bewältigungsstrategien hängen u. a. von diesem Attributionsmodus ab. Z. B. dürften bei interner und stabiler Zuschreibung Lethargie und Resignation folgen.

Anwendungen der Attributionstheorien auf wirtschaftliches Verhalten erfolgen vielfach auf Plausibilitätsniveau. Soweit *empirische Untersuchungen* vorliegen (z. B. beim Leistungsverhalten: *Weiner 1974; Heckhausen 1989;* bei der Attribution von Arbeitslosigkeit: *Kirchler 1984; Pelzmann 1988),* machen sie im Wesentlichen von dem oben beschriebenen *Weiner*-Schema Gebrauch, das insofern ein wenig überstrapaziert wird. Stärker an *Kelley* orientiert sind Experimente von *Green/Mitchell (1979)* und *Mitchell/Wood (1980)* zur empirischen Prüfung einer Attributionstheorie der Führung. Andere, z. T. weit verstreute Anwendungen erfolgen recht partikularistisch: Meist wird lediglich das Grundparadigma der Attributionsforschung übernommen (z. B. bei der Erklärung assoziativer Verknüpfungen von Preis und Qualität). Ein gutes Beispiel für eine konsequentere Anwendung der Attributionstheorie ist die empirische Untersuchung von Verärgerungsreaktionen bei Produktmängeln *(Folkes 1988;* vgl. auch *Niemeyer 1993; Groß-Engelmann/Wiswede 1999).* Andere Beispiele sind Attributionsprozesse im Hinblick auf die Glaubwürdigkeit von Werbung durch Beifügung negativer Informationen *(Settle/Golden 1974; Kamins/Assael 1987).* Die systematische Variation von Konsensus-, Distinktheits- und Konsistenzinformation versuchen *Sparkman/Locander (1980)* im werbepsychologischen Bereich. *Calder/Burnkrant (1977)* ermittelten Dispositionsattributionen bezüglich einer fiktiven Verwenderin von Kosmetikprodukten.

Auch die Vorstellung asymmetrischer (selbstwertdienlicher, egotistischer) Attribution wird gelegentlich bemüht, wenn es beispielsweise darum geht, den Firmenerfolg nicht den äußeren Umständen, sondern der Führung zu attribuieren, oder in dem Nachweis, dass Personen nicht gerne zugeben, von Werbung beeinflusst zu werden, dass sie anderen Personen gern sozial unerwünschte Motive (z. B. Prestigestreben) unterstellen, während sie sich selbst eher von „lauteren", sozial erwünschten Motiven bewegt glauben. Auch scheint die Zuschreibung der Ursachen für Arbeits(un)zufriedenheit ganz wesentlich auf selbstwertdienliche Attributionsprozesse zurückzuführen zu sein *(Vroom 1994).*

Die Vermischung von Motivation und Attribution – ersteres die objektiven Gründe des Verhaltens, letzteres die vermeintlichen oder vorgeschobenen „Begründungen" des Verhaltens – wirft in der Tat ein besonderes Licht auf Befragungssituationen, die vielfach Beweggründe lediglich durch einen attributiven (also kognitiv verfälschten) Filter hindurch ermitteln können. Dass Attributionen vom Stil der Rechtfertigung und der Rationalisierung gerade im ökonomischen Kontext sehr häufig vorkommen, hatten wir mit Bezug auf den starken Druck von Rationalitätsnormen und Rationalitätserwartungen bereits herausgestellt. Dabei kann prospektiv die Attribution (z. B. eine Rechtfertigung des Verhaltens) wieder Bestandteil des Folgeverhaltens werden; auch Begründungen können zu Gründen werden.

Die Erforschung von Attributionsfehlern berührt sich im Übrigen mit den Experimenten von *Kahneman* und *Tversky (1973)* über *Schätzfehler.* In Abhängigkeit der „Verfügbarkeit" (availability) von konkreten Erfahrungen überschätzen Individuen die Repräsentativität bestimmter Informationen. Die Psycho-Logik weicht erheblich von statistischen Gesetzmäßigkeiten (z. B. der Erfassung von Wahrscheinlichkeiten) ab. Menschen folgen irgendwelchen urteilsheuristischen und kausalen Schemata nicht allein deshalb, weil sie im Lichte bestimmter Bedürfnisse verzerrte Wahrnehmungsurteile haben oder weil sie nur das sehen wollen, was ihnen „in den Kram passt", sondern weil der kognitive Apparat begrenzte Kapazitäten der Informationsverarbeitung aufweist.

(K 4) Kontrolltheorien

Im Rahmen verschiedener Konzeptionen (Handlungstheorie, Attributionstheorie, Theorie der kognizierten Kontrolle, Theorie der gelernten Hilflosigkeit, Reaktanztheorie) ist der Kontrollbegriff zu einem zentralen Begriff sozialpsychologischer Forschung geworden: Personen sind bestrebt, Zustände, Ereignisse und Handlungsfolgen *kontrollieren* zu können (diese Annahme ist motivationstheoretisch interpretierbar: Postulat einer Kontrollmotivation, sie ist aber auch lerntheoretisch deutbar: Vermeidung aversiver Ereignisse durch Kontrolle, Herbeiführung gewünschter Ereignisse durch Kontrolle). Die Wahrnehmung von Kontrollmöglichkeiten eliminiert oder reduziert also mögliche Strafreize; *Kontrollverlust* wirkt selbst als aversiver Stimulus und setzt – sofern dieser Verlust nicht als endgültig angesehen wird – Bestrebungen in Gang, den Kontrollverlust wieder aufzuheben. Die Art der Reaktion auf Kontrollverlust (z. B. Passivität/Aktivität, Intensität, Stabilität, Generalität) ist abhängig von der subjektiven Bedeutung des außer Kontrolle geratenen Ereignisses sowie davon, auf welche Ursachen der Kontrollverlust zurückgeführt wird *(Thompson 1981; Osnabrügge et al. 1985).*

Bezieht sich – wie meist – die Kontrolle auf eigene Handlungsergebnisse, so geht es um jene kognitiven Aspekte, die zwischen B und C vermitteln und die rückkoppelnd A beeinflussen, da das Wissen um die Kontrolle von Verhaltensergebnissen die A-B-Verbindung festigt:

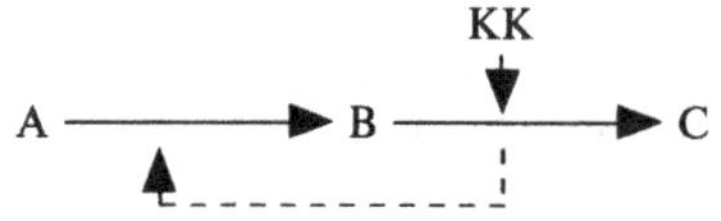

Die kognizierte Kontrolle zwischen B und C wirkt damit als zusätzlicher diskriminativer Stimulus: In bestimmten Situationen (die diskriminiert bzw. generalisiert werden können) hat P die Kognition der Kontrolle (schwankend von 0 – 1). Kontrolle kann ein Situationsmerkmal sein. P kogniziert z. B. zutreffend (keine) Beeinflussungsmöglichkeit dieser Situation. Kontrolle ist jedoch auch als Persönlichkeitsmerkmal denkbar. Das Merkmal „Ort der Kontrolle" ist ein hypothetisches Kontinuum zwischen den Polen totale internale Kontrolle und totale externale Kontrolle.

Mit Hilfe von *Rotters* I-E-Skala (die neuerdings stark umstritten ist) kann nun festgestellt werden, in welchem Ausmaß eine bestimmte Person aufgrund generalisierter Erwartungen dazu neigt, internale oder externale Kontrolle zu kognizieren. Die entsprechenden Persön-

Aspekte der Handlung	*Fixierung bei Lageorientierung*
angestrebter Soll-Zustand	Zielzentrierung
gegenwärtiger Ist-Zustand	Mißerfolgszentrierung
Diskrepanz Soll-Ist	Planungszentrierung
Handlungsmöglichkeiten	Erfolgszentrierung

Tabelle 5: Handlungs- und Lageorientierung (nach Kuhl)

lichkeitstypen werden als „internals" bzw. „externals" *(Rotter)* oder als „origins" bzw. „pawns" *(DeCharms)* bezeichnet *(Rotters* „locus of control-Konzept" wird in empirischen Untersuchungen meist aus dem Gesamtkonzept seiner „sozialen Lerntheorie" herausgebrochen und auf diese Weise recht eklektisch und ohne eigentliche lerntheoretische Anbindung verwendet).

Lerntheoretisch bedeutet der Verlust der Kontingenzkontrolle *gelernte Hilflosigkeit (Seligman 1979):* C scheint unbeeinflusst von B, ganz gleich welches B gewählt wird. *Kuhl (1983)* betont demgegenüber in seiner Theorie der Handlungskontrolle, dass Unkontrollierbarkeit durch den Zustand der *Lageorientierung* verursacht sei, in der die Handlungskontrolle des Individuums reduziert wird. *Handlungsorientierung* (und damit Handlungskontrolle) liegt nach *Kuhl* dann vor, wenn die Aufmerksamkeit des Individuums in annähernd gleichem Maße auf vier Aspekte des Handelns verteilt ist. Lageorientierung ist gegeben, wenn die Aufmerksamkeit lediglich auf einen dieser vier Aspekte konzentriert ist (vgl. Tab. 5).

Die verschiedenen Kontrolltheorien unterscheiden sich u.a. auch dadurch, ob sie Kontrolle oder Kontrollverlust situationsspezifisch oder aber eher personspezifisch ansehen. *Seligmans* Theorie der gelernten Hilflosigkeit und *Kuhls* Theorie der Handlungskontrolle neigen dazu, Kontrollüberzeugungen als Persönlichkeitsmerkmale festzuschreiben. Lerntheoretisch ist dies lediglich dann plausibel, wenn diese Verhaltenstendenz generalisiert (z.B. generelle Hilflosigkeit, Lageorientierung in allen Situationsbereichen). Im Übrigen wirken in *Seligmans* modifizierter Theorie (mit *Abramson* und *Teasdale)* Attributionsmuster intervenierend: je nachdem, ob das Individuum seine Hilflosigkeit als global oder lediglich als spezifisch (nur eng umrissene Teilbereiche des Handelns betreffend) attribuiert *(Abramson et al. 1978).*

Anwendungen der Kontrolltheorien auf wirtschaftliches Verhalten sind vielfältig, zumal es beim ökonomischen Handeln häufig um kontrolliertes, geplantes und systematisches Verhalten geht. Auch besteht ein normativer Druck, Kontrolle auszuüben (Kontrolle in Organisationen, Kontrollfunktion von Führung etc.) oder „kontrolliertes Verhalten" zu zeigen. Exemplarische Anwendungen sind etwa:

- Herstellung von Verhaltenskontingenzen dergestalt, dass auf bestimmte Handlungen stets C folgt: Die Hersteller von Markenartikeln sind daran interessiert, dass Konsumenten immer gleich gute Erfahrungen machen. Vorgesetzte im Betrieb haben darauf zu achten, dass erfolgreiches Leistungsverhalten immer von positiven Konsequenzen gefolgt wird.
- Beim Umgang mit Geld gilt es „hauszuhalten": Es besteht mehr oder weniger Kontrolle. Unter bestimmten Bedingungen entgleitet diese Kontrolle (z.B. bei Überschuldung). Umgekehrt verstärkt die Verfügung über Geld die Kontrollmöglichkeiten auch über andere.
- Kontrolliertes und unkontrolliertes Konsumverhalten (z.B. exzessives Rauchen, Alkoholkonsum, Drogenkonsum) samt der Sonderproblematik des Suchtverhaltens.

- Entfremdung von der Arbeit kann als generalisierter Kontrollverlust angesehen werden. Zusammenhänge zwischen dem Arbeitenden und seinem Arbeitsprodukt gehen verloren, sei es durch abstrakte Prozesse, fragmentarische Abläufe oder durch fehlendes „feed-back"; eine Identifizierung mit dem Ergebnis kommt nicht zustande.
- Der wahrgenommene Grad der Situationskontrolle ist entscheidend für das Auftreten bestimmter Stressreaktionen sowie spezifischer Bewältigungsstrategien (Stresskontrolle, Coping).
- Hoher Anteil der „internals" bei Führungspersonen, Erfolgsorientierten sowie bei unternehmerisch Handelnden (Unternehmensgründer, Manager etc.).

Spezifische *empirische Untersuchungen* zur Situations- und Konsequenzkontrolle liegen aus verschiedenen ökonomischen Bereichen vor. *Gebert (1981)* ermittelte bei seinen Studien zum Stress am Arbeitsplatz, dass resignative Verhaltenstendenzen (Handlungsverzicht, depressive Distanzierung) umso ausgeprägter waren, je geringer das Ausmaß der Situationskontrolle war. Zum Anteil der „internals" auf verschiedenen hierarchischen Ebenen und in bestimmten Positionen (Führungsbereich) liegen gleichfalls hypothesenentsprechende Befunde vor *(Miller et al. 1982)*. Andere und allgemeinere empirische Untersuchungen sind im (benachbarten) Umkreis der Attributionsforschung angesiedelt oder betreffen das Kontingenzhandeln im lerntheoretischen Sinne (vgl. zum Konzept des Kontingenz-Managements bei *Luthans/Kreitner 1975, 1985)*.

Auch die Theorie der Handlungskontrolle von *Kuhl* wird gegenwärtig vor allem in der Arbeits- und Organisationspsychologie stark beachtet. Empirisch zeigt sich z. B., dass Personen mit einer starken Disposition zur Lageorientierung nach unkontrollierbaren Misserfolgen schlechtere Leistungen aufweisen als Personen mit Handlungsorientierung, ohne dabei geringere Kontrollerwartungen zu haben *(Kuhl 1981)*. Auch im Konsumbereich liegen mittlerweile empirische Ergebnisse vor *(Bagozzi et al. 1992)*, die im Übrigen darauf hindeuten, dass Einstellungen bei Handlungsorientierung stärker als bei Lageorientierung verhaltensrelevant werden; im letzteren Fall sind „subjective norms" (im Sinne von *Fishbein/ Ajzen*, vgl. K 2) eher von Bedeutung.

(K 5) Reaktanztheorie

Die Reaktanztheorie *(Brehm 1966, 1972)* ist eine spezielle Kontrolltheorie; genauer: eine Theorie des eingetretenen oder drohenden *Kontrollverlustes*. Ausgangspunkt ist die Kernvorstellung, dass Individuen eine perzipierte/kognizierte Einschränkung des Entscheidungs- und Handlungsspielraums (bzw. eine Reduzierung von Wahlmöglichkeiten) mit kognitiver Reaktanz beantworten. Reaktanz ist ein motivationaler Spannungszustand, der darauf gerichtet ist, sich der bedrohten Einengung zu widersetzen oder nach erfolgter Einengung den ursprünglichen Verhaltensspielraum wiederzugewinnen. Die Struktur der Theorie folgt dem Schema

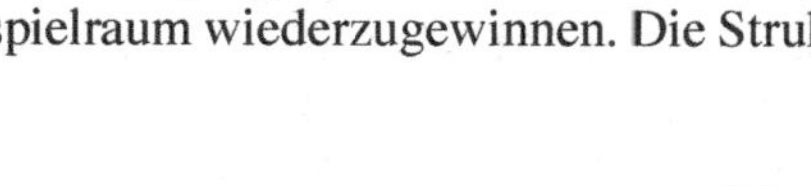

Dabei kann die Antezedenzbedingung sein: Beeinflussungsversuche, Angebotsverknappung, strukturelle Einengung. Die Stärke der Reaktanz (KR) hängt ab von der Wichtigkeit der eingeengten Freiheit für die betreffende Person, vom Umfang der bedrohten oder eliminierten Freiheit, wobei Ernsthaftigkeit der Bedrohung, vermutete Dauer des Kontrollverlustes sowie Generalisierungstendenzen eine zusätzliche Rolle spielen. Wichtig ist, dass die Beschränkung der Wahlfreiheit als illegitim angesehen werden muss: Die Existenz sozialer Normen kann Reaktanz verhindern.

Die Response ist gekennzeichnet durch die Tendenz der Wiederherstellung der Freiheit oder der Abwehr äußerer Kontrolle. Dies ist möglich durch bestimmte Verhaltens-Strategien BS (Aggression, Flucht, Meidung, Bumerang-Effekt, Solidarisierung) oder durch kognitive Strategien KS (kognitive Selbstheilung, Fügung in das Unvermeidliche, soziale Vergleiche: „anderen geht es auch nicht besser"; soziale Normen: „ich muss mich eben fügen"). Solange die Reaktanz wirkt und (noch) nicht abgebaut werden kann, behauptet die Theorie eine *Aufwertung* der bedrohten (entgangenen, versperrten) Alternativen (dies ist zunächst eine kognitive, B vorgelagerte Response).

(Zur Abgrenzung: Die Dissonanztheorie handelt *auch* von einer Einschränkung der Alternativen, jedoch handelt P aus eigenem Entschluss, im Reaktanzkonzept wird die Handlungsfreiheit von außen her eingeschränkt. Die Theorie der gelernten Hilflosigkeit schließlich geht von einem länger andauernden Kontrollverlust aus; das Individuum hat gelernt, dass es keinen Zweck hat, gegen den Verlust aktiv anzugehen.)

Es gibt u. E. vielfältige *Anwendungsmöglichkeiten* dieser Theorie im wirtschaftspsychologischen Bereich; die Theorie ist dort u. E. bisher unterschätzt worden. Wir greifen folgende Anwendungen heraus:

- Analyse des Steuerwiderstands: Flucht- und Meidungsreaktionen, insbesondere wenn die Besteuerung als unangemessen und vergleichsweise hoch angesehen wird.
- Analyse des Preiswiderstandes: Bumerang- und Ausweichreaktionen bei als illegitim empfundenen Preisen.
- Wirkungen der Angebotsverknappung in besonderen Situationen (Krisenzeiten, Einstellung der Fertigung) oder bei (nicht beliebig vermehrbaren) Positionsgütern (z. B. Gemälde, Museumsstücke, „Oldtimer", Grundstück am See): Solche Alternativen werden nach dieser Theorie aufgewertet.
- Durchschaubare, massive und interessengebunden wirkende Beeinflussungsversuche, z. B. bei Verhandlungen, Verkaufsgesprächen etc; auch im Hinblick auf dominante Werbung, (durchschaute) Schleichwerbung etc.
- Einengung von Handlungsspielräumen im Arbeits- und Organisationsbereich, sofern diese nicht durch Normen oder Adaptationsprozesse abgemildert werden, insbesondere durch bürokratische Strukturen, hochgradigen Formalismus, autokratische und repressive Führung.
- Einengung von Handlungsspielräumen in totalitären Gesellschaften, wobei uns hier vor allem die perzipierte wirtschaftliche Freiheit interessiert (z. B. genügend Alternativen im Konsumbereich; Möglichkeit zur Privatinitiative im Produktionsbereich).

Zur Empirie: Wirtschaftspsychologisch relevante empirische Untersuchungen richten sich vor allem auf die Aufwertungstendenz. *Brehm (1966)* konnte anhand von Filmvorführungen nachweisen, dass sich die Attraktivität eines Spielfilms erhöht, der aus einer zuvor angekündigten Auswahl entfernt wurde. *Wicklund (1974)* ließ Sonnenbrillen nach ihrer Attraktivität beurteilen, wobei eine früh dargebotene Alternative als besonders passend herausgestellt wurde; voraussagegemäß erfolgte ein Abwertungseffekt. *Mazis (1975)* untersuchte die Reaktion von Hausfrauen auf die Ankündigung einer Maßnahme, dass bestimmte phosphathaltige Waschmittel verboten werden sollten. *Feigs (1976)* zeigte, dass Personen mit hohem „commitment" (Selbstbindung, Selbstverpflichtung) und/oder hoher Kompetenzempfindung in stärkerem Maße reaktant auf Beeinflussungsversuche reagieren (weitere empirische Ergebnisse finden sich bei *Wiswede 1979).* Viele Befunde aus dem Arbeitsbereich (vor allem zur Reduzierung von Handlungsspielräumen) lassen sich reaktanztheoretisch interpretieren, sind jedoch meist nicht explizit aus der Reaktanztheorie abgeleitet. Gleiches gilt für Steuerwiderstand und Steuerhinterziehung *(Pelzmann 1988).*

(K 6) Information-Processing-Theorien

Information-Processing ist ein Forschungsparadigma der kognitiven Psychologie, das in den letzten Jahren mit vielfältigen Bezügen Beachtung findet. Die Beschreibung von *Denkprozessen* in der Programmsprache des Computers stand hierbei deutlich Pate. Das A-B-Modell wird hierbei durch zahlreiche Zwischenschritte (Informationsaufnahme, Speicherung, Abruf etc.) gebrochen:

$$A \longrightarrow K_1 \longrightarrow K_2 \longrightarrow K_3 \ldots (\longrightarrow B)$$

wobei – und dies drückt die Klammer aus – oft nicht das overte Verhalten B im Zentrum des Interesses steht, sondern der kognitive Prozess selbst (Encodierung, Abspeicherung und Abrufung). Die Hauptmerkmale eines Informationsverarbeitungssystems sind ihr Input-Output-Mechanismus, die Speichereinheiten (Kurzzeitspeicher, Langzeitspeicher) und verschiedene Verarbeitungseinheiten (Prozessoren).

Die Encodierung erfolgt in Form von Wissensstrukturen, auch *„Schemata"* genannt („Skripts" sind prozessuale Schemata). Schemata sind komplexe Wisseneinheiten, die typische Eigenschaften und standardisierte Vorstellungen umfassen, die ein Individuum von Objekten hat *(Fiske/Pavelchak 1986)*. Schemata bündeln insofern die wichtigsten Merkmale eines Gegenstandsbereichs, die sowohl sachliche als auch emotionale Komponenten umfassen *(Rumelhart 1980; Schank/Abelson 1977)*. Neue Informationen werden mit Hilfe der gespeicherten Schemata interpretiert, wobei das am leichtesten und schnellsten zugängliche („availability") verwendet wird und selektiv nur solche Merkmale encodiert werden, die mit den Schemata in Einklang zu bringen sind. Die Speicherung erfolgt – je nach Modell – in zwei oder drei Stufen: Ultrakurzzeit-Speicher – Kurzzeit-Speicher – Langzeit-Speicher. Möglicherweise gibt es auch zwei getrennte Speicher für die Aufnahme von Bildern und von sprachlichen Informationen. Je mehr über bestimmte Sachverhalte nachgedacht wurde, desto eher wird das Gespeicherte im Langzeitgedächtnis behalten. Die Abrufung von Informationen erfordert meist nicht sämtliche relevante Speicherinhalte; vielmehr werden lediglich diejenigen Schemata abgerufen, die am leichtesten zugänglich sind und die möglicherweise erst vor kurzem aktiviert wurden. Neben der *Verfügbarkeit* wird nach Prinzipien der *Repräsentativität* abgerufen. Die Frage: „Ist X repräsentativ für Y?" bezieht sich dann auf den geschätzten Grad der Übereinstimmung zwischen Stichprobe und Grundgesamtheit, zwischen Element und Kategorie, zwischen Ursache und Wirkung, zwischen Handlung und Handelndem (vgl. K 3).

Eine Visualisierung von Schemata erfolgt in aller Regel mit Hilfe von *semantischen Netzwerken*, in denen die Knoten einzelne Eigenschaften von Objekten (z. B. einer Marke) und die Kantenlänge die Stärke der assoziativen Verbindungen zwischen den Knoten darstellen (vgl. *Anderson 1983; Collins/Quillian 1972*). Der Prozess der Schemabildung ist darüber hinaus langfristiger Natur. Die Schemata werden im Zuge stetiger Wissensakkumulation elaborierter und stärker; sie sind dann auch schwerer zu verändern und deshalb resistenter gegenüber inkonsistenten Informationen *(Fiske/Taylor 2008)*. Ein weiteres Merkmal der Schemabildung ist die hierarchische Speicherung von Wissen in Form einer Baumstruktur sowie das Prinzip der „Vererbung": Eigenschaften des übergeordneten Schemas (z. B. Versicherungen, Getränke) strahlen auf untergeordnete Schemata (z. B. Unfallversicherung, Fruchtsaftgetränk) aus, insbesondere dann, wenn ein bestimmtes Objekt (z. B. eine starke Marke wie Coca Cola) prototypisch für eine Objektkategorie ist.

Prozesse der Informationsverarbeitung werden häufig durch Ablaufmodelle dargestellt. Sie verfolgen meist das Ziel einer möglichst präzisen Beschreibung von kognitiven Prozessen, die mit der Arbeitsweise von Computern verglichen werden kann.

Viele Konzepte firmieren als *„Duale-Prozess-Modelle“* (vgl. zusammenfassend *Chaiken/ Trope 1999*). Eine Theorie, die zwischen gründlicher und oberflächlicher Informationsverarbeitung unterscheidet, ist das „Elaboration-likelihood-model“ von *Petty/Cacioppo (1986)*. Dieses Modell (ELM) gründet auf der Annahme zweier verschiedener Formen der Einstellungsänderung durch Information: dem *zentralen* Weg und dem *peripheren* Weg. Zentral ist die Informationsverarbeitung dann, wenn die Einstellungsänderung aufgrund sorgfältiger (elaborierter) Verarbeitung erfolgt; peripher ist sie dann, wenn lediglich einfaches klassisches oder instrumentelles Konditionieren (ohne Extinktionsresistenz) stattfindet oder simple Urteilsheuristiken benutzt werden, die sich auf oberflächliche Hinweisreize oder Schlüsselreize beziehen (z. B. „Es handelt sich um einen Markenartikel“; „Dieser Verkäufer ist mir sympathisch“). Welcher Weg der Informationsverarbeitung gewählt wird, hängt von zwei Variablen ab: von der *Motivation* (dem Involvement, dem Interesse an einer Sache) und der *Fähigkeit* (z. B. einer Argumentation gedanklich folgen zu können). *Chaiken (1987)* betont neben diesen beiden Faktoren noch die Bedeutung der Auffälligkeit bzw. Anschaulichkeit (salience, vividness) der jeweiligen peripheren Hinweisreize. Wenn Einstellungen oder Urteile durch zentrale Informationsverarbeitung zustande gekommen sind, so werden sie stabiler, dauerhafter und änderungsresistenter sein, während peripher verursachte Einstellungen instabil bleiben.

Es gibt eine Reihe weiterer „Duale-Prozess-Modelle“, die in ähnliche Richtungen gehen. *Chaiken (1987)* trennt zwischen systematischer (d. h. kognitiv aufwändiger) und heuristischer IV (vgl. 1.4 zur Rolle von Heuristiken). *Fiske* und ihre Mitarbeiter (vgl. etwa *Fiske/ Pavelchak 1986*) unterscheiden zwischen aufsteigender, datengesteuerter IV, die gleichsam auf induktivem Wege von Einzelinformationen ausgeht, diese integriert (zur Informationsintegration vgl. *Anderson 1968*) und zu einem Gesamturteil verdichtet. Das Modell enthält u. a. Hypothesen darüber, unter welchen Bedingungen die Wahrnehmung von Objekten oder Personen eher aufsteigend (piecemeal-based) oder absteigend von Kategorien (category-based) erfolgt. Von hier aus kommt es zu einer Art Wiederentdeckung des Unbewussten, freilich nicht mit den spezifischen Implikationen *Freuds*. Die neuere Diskussion ist eher am Konstrukt der Gedankenlosigkeit (mindlessness) orientiert, wie es von *Langer (1989)* formuliert wurde. Mindlessness bezeichnet einen Zustand, in dem das Denken in engen Kategorien oder Heuristiken und nach starren, in der Vergangenheit geprägten Mustern abläuft *(Langer 1989, Greifeneder/Bless 2006, Harford 2008)*.

In ähnlicher Weise unterscheidet *Kahneman (2003)* in Anknüpfung an *Stanovich* und *West* zwischen *System 1* (intuitiv) und *System 2* (mit Überlegung). Ersteres arbeitet mit „Schnellschüssen“, weitgehend automatisch und mühelos, letzteres kontrolliert regelbewusst und flexibel *(Fischer/Wiswede 2009)*. Problematisch bleibt jedoch Folgendes: Während der Begriff der elaborierten und systematischen Verarbeitung einigermaßen klar erscheint, sind die jeweiligen Gegenbegriffe (peripher, intuitiv, spontan, unbewusst, automatisch etc.) weniger eindeutig und werden von vielen Autoren als Residualkategorien behandelt und theoretisch nicht weiter begründet (Ausnahme: *Kahneman 2003*, der sich an psychologischen Konzepten der Intuition orientiert, etwa an *Hogarth 2002* oder *Myers 2002*).

Schwerpunktmäßig geht es in dieser Diskussion um *kognitive Abkürzungen*, seien sie kategorienbasiert oder durch Heuristiken gestützt *(Bargh/Morsella 2008; Gigerenzer 2007)*. Deren Anwendung kann – wie bereits erwähnt (1.4) – hilfreich und kostensparend sein, insbesondere wenn Informationsüberlastung vorliegt, die jedoch auch andererseits Fallgruben kurzschlüssiger Informationsverarbeitung bereitstellt. Der Anteil heuristischer, limitierter Entscheidungen scheint im Alltagsleben außerordentlich groß zu sein, was *Schwarz (1982)* zu dem Vorschlag führte, die Metapher des „homo economicus“ mit der Verhaltensfigur des „homo heuristicus“ abzulösen.

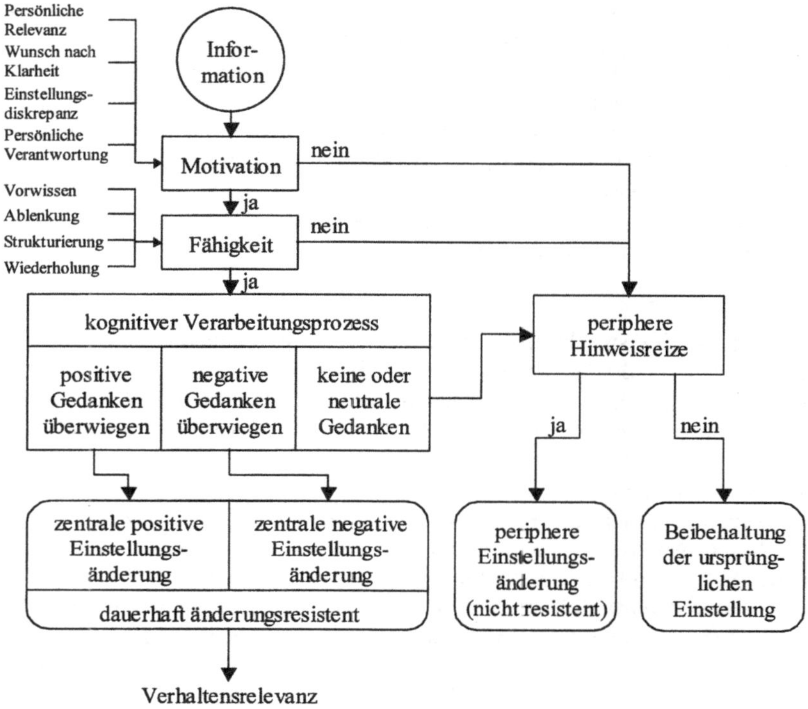

Abb. 12: Das Elaboration-likelihood-Modell (Petty/Cacioppo1986)

Folgende *Anwendungsbereiche* der IP-Theorien auf wirtschaftliches Verhalten lassen sich ausmachen:

- Informationsverarbeitung beim Konsumverhalten, insbesondere bei extensiven Kaufentscheidungsprozessen. Das zuletzt diskutierte ELM lässt sich im werbepsychologischen Bereich sowie bei Verkaufskommunikationen anwenden.
- Informationsverarbeitung im Rahmen der Produktbeurteilung kann im Sinne semantischer Netzwerke verstanden werden.
- Handlungssequenzen (z. B. Verhandlungen, Arbeitsvollzüge oder Dienstleistungsepisoden) können im Sinne der Schema-Theorie bzw. der Skript-Theorie beschrieben werden.
- Handeln in beruflichen Rollen, die ein hohes Maß kognitiver Komplexität erfordern und bei denen ein Nachweis über den (rationalen, überlegten, vernünftigen) Vollzug der Entscheidung erbracht werden muss. (Damit nähert man sich einer normativen Entscheidungstheorie an.)
- Verfolgung von Denkprozessen bei Entscheidungen (z. B. Management-Entscheidungen, Geldanlage-Entscheidungen), in normativer Hinsicht z. B. als Entscheidungsbaumverfahren.

Der Hauptanwendungsfall der Theorien der Informationsverarbeitung waren bis jetzt Konsumentenentscheidungen. Im weitesten Sinne sind auch die älteren Modelle von *Howard/ Sheth (1969)* sowie *Engel et al. (1995)* Ablaufschemata im Sinne der Informationsverarbeitung (vgl. kritisch hierzu: Teil B, 2.2.2.5); dichter an empirisch orientierter IP- Forschung bewegt sich der Ansatz von *Bettman (1979)*. Daneben wurden Aspekte der Netzwerktheorie

(Collins/Quillian 1972) auf Beziehungen zwischen Produktkenntnis, Produktanforderungen und Produkterfahrungen empirisch genutzt *(Grunert 1982)*. Empirisch erfolgreich war auch die Anwendung des ELM auf wirtschaftliche Verhaltensweisen. So weist *Stephan (1992)* am Beispiel vorausgesagter Kursentwicklungen nach, dass Verhaltensanomalien (z. B. Ankereffekte) zurücktreten, wenn ein zentraler Weg der Informationsverarbeitung eingeschlagen wird. Im Bereich der Werbung verfolgt das Modell der Wirkungspfade *(Ray 1982)* im Hinblick auf das Involvementkonzept ähnliche Ziele. *Petty et al. (1983)* wenden das ELM auf werbepsychologische Sachverhalte bzw. auf Aspekte der Produktbeurteilung an. *Petty et al. (1984)* untersuchen Einstellungsänderungen beim „personal selling".

(K 7) Handlungstheorien

Von Handlungstheorien spricht man häufig auch im Zusammenhang mit *volitionalen* Motivationskonzepten, die die Umsetzung einer motivationalen Tendenz in Handlungsschritte thematisieren. Hierzu gehört erstens die Theorie der *Handlungskontrolle* von *Kuhl (1981)*, die wir bereits kurz angesprochen haben (K 4). Ein zweites (aber eher metaphorisches) Konzept stammt von *Heckhausen (1989)* und wird als *Rubikon-Modell* bezeichnet (Überschreiten des Rubikon = Umsetzen in Handeln). Ein dritter Ansatz, der den volitionalen Konzepten zugerechnet wird, ist die *Zielsetzungstheorie* von *Locke/Latham (1990)*, die wir im Abschnitt über Arbeitsmotivation (2.1.1.3) etwas genauer betrachten werden.

Handlungstheorien dieses volitionalen Typs ergänzen die sog. *Wert-Erwartungstheorien* (sensu *Rotter* oder *Vroom*), die lediglich Probleme der *Zielselektion* bei der Entscheidungsbildung thematisieren, nicht dagegen Probleme der *Zielrealisierung* bei der Umsetzung des Vorsatzes in tatsächliches Handeln. Auch die Theorie des überlegten bzw. geplanten Handelns (sensu *Fishbein/Ajzen*, vgl. K 1) kennt diese Lücke: Sie besteht in jener vereinfachenden Vorstellung, dass die Handlungsintention mit der Handlung im Prinzip gleichgesetzt werden kann. Jeder weiß jedoch aus eigener Erfahrung, dass Vorsätze und Absichten noch lange nicht immer in faktisches Handeln einmünden. Volitionale Konzepte befassen sich mit dieser Übergangsphase und thematisieren Schwierigkeiten und Widerstände bei der Handlungsumsetzung (z. B. Ablenkungen, konkurrierende Wünsche, Kosten der Handlungsdurchführung), sowie Einstellungen oder Persönlichkeitsdispositionen, mit diesen Schwierigkeiten umzugehen (Lageorientierung vs. Handlungsorientierung). Dabei ist einleuchtend, dass Prozesse der Umsetzung von Handlungsplänen für die Arbeits- und Organisationspsychologie von großer Bedeutung sind. Darüber hinaus eignen sich volitionale Theorien generell „gut zur Erklärung und Vorhersage ökonomischen Handelns, da sich dieses häufig im Spannungsgefüge zwischen langfristigen Zielen und aktuell angeregten Bedürfnissen bzw. Motivationstendenzen abspielt" *(Mojzisch et al. 2005, 142)*.

Eine andere, wirtschaftspsychologisch ebenso bedeutsame Theorietradition stellen „Handlungstheorien" im engeren Sinne dar. Ausgangspunkt dieser Theorien ist zunächst der Arbeitsbereich *(Hacker 1978, 1998; Volpert 1980)*; allerdings dürfte sich ihr Erklärungsanspruch letztlich auf alle zielgerichteten und geplanten Tätigkeiten ausdehnen *(von Cranach et al. 1980)*. Das Modell besagt in seiner allgemeinsten Form, dass bewusst zielorientiertes Handeln in einzelnen aufeinander bezogenen *Handlungsschritten* abläuft. Jede Handlungssequenz stellt gewissermaßen einen antizipierten Handlungsentwurf dar, wobei jeder Schritt im Hinblick auf den funktionalen Beitrag zur Verwirklichung des Handlungsziels kontrolliert und – rückkoppelnd – korrigiert wird. Das Modell folgt zunächst dem Schema

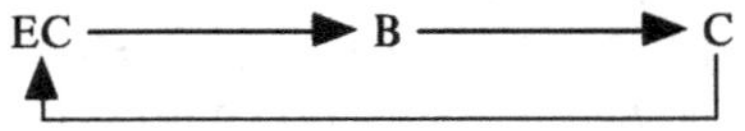

wobei die Korrekturen erwarteter Konsequenzen (ähnlich wie schon bei der Instrumentalitätstheorie) jeweils im Bezugsrahmen nachgeordneter (oder auch übergeordneter) Ergebnisse erfolgen (hierarchisch-sequenzielle Handlungsregulation). Die Fähigkeit, situationsgerechte Handlungsentwürfe nach erlernbaren Regeln zu vollziehen, wird als Handlungskompetenz bezeichnet; sie kann nur dann generalisieren, wenn das Individuum seinerseits nicht Opfer einer restriktiven Kontrolle ist, sondern Handlungsspielräume perzipiert.

Die Keimzelle der meisten handlungstheoretischen Ansätze scheint das TOTE-Modell von *Miller et al. (1973)* zu sein. Danach folgen die Pläne für zielorientierte Handlungen einem Rückkopplungsprozess, bei dem kognitive Prozesse beteiligt sind (Test-Operate-Test-Exit). Die TOTE-Einheit ist eine geordnete Hierarchie von Operationen mit Rückkopplungseffekten, die zusätzliche Aktivitäten auslösen, um eine fortwährende Anpassung der eigenen Handlungen an einen internen Standard zu gewährleisten. Die Handlungstheorien sind u. E. lediglich Differenzierungen dieses TOTE-Modells, wobei neue Begrifflichkeiten eingeführt werden (z. B. heißen die TOTE-Einheiten bei *Hacker* VVR-Einheiten: Vergleichs-Veränderungs-Rückkoppelungseinheiten. Pläne nennt *Hacker* Aktionsprogramme. Kognitive Landkarten heißen bei ihm OAS = operative Abbildsysteme). Diese Modelle der Handlungsregulation beziehen sich im Wesentlichen auf *instrumentelles Handeln,* nicht dagegen auf soziales Handeln; allerdings zeigt ein Blick auf die ähnlich konzipierte Theorie der sozialen Fertigkeiten von *Argyle* sowie die Übertragung des Begriffs der Handlungskompetenz auf „soziale Kompetenz" *(Oesterreich 1981),* dass auch die Einbeziehung sozialer Handlungen in das Konzept möglich ist.

Skeptiker sind der Auffassung, dass die Handlungstheorien außer neuen Begrifflichkeiten kaum Neues aussagen: alter Wein in neuen Schläuchen. Anhänger der Handlungstheorien betonen jedoch die integrative Kraft dieses Konzepts, ein Vorteil, der angesichts neuerer zentrifugaler Tendenzen in den Handlungstheorien wohl schon wieder verspielt ist. Immerhin dürfte das Paradigma durch die Betonung der Kontextabhängigkeit des Verhaltens zur Überwindung einer elementenhaft-partikularistischen Sichtweise aufrufen. Spezifische Hypothesen der Handlungstheorie werden freilich meist erst unter Rekurs auf bewährte psychologische Theorien mittlerer Reichweite (z. B. Kontrolltheorien, Gedächtnistheorien usw.) für die jeweiligen Anwendungsfelder entwickelt *(Greif 1983).*

Die *Anwendung* des Modells auf wirtschaftliches Verhalten ist in erster Linie im Arbeitsbereich zu sehen; im deutschsprachigen Raum stellt diese Richtung den „mainstream" der Forschung dar:

- In Organisationen ist es nicht nur notwendig, Entscheidungen zu treffen, sondern diese auch umzusetzen. Die dabei auftretenden Widerstände können identifiziert und evtl. beseitigt werden.
- Studium von Arbeitsabläufen unter Aspekten der Handlungsregulation, insbesondere auch unter dem (normativen) Gesichtspunkt der Förderung von Handlungskompetenz und Persönlichkeitsentwicklung.
- Übertragung des Ansatzes auf das Konzept der sozialen Kompetenz, wobei soziale Fertigkeiten in wirtschaftlichen Interaktionsbeziehungen im Vordergrund stehen (Wahrnehmung von Führungsaufgaben, Beeinflussung in Marktprozessen usw.).
- Übertragung des Ansatzes auf die Informationssuche von Konsumenten/Sparern bei extensiven Kauf-(Spar-)Entscheidungen: Die Suche nach Informationen wird hier als Handlungssequenz begriffen, die in umfassendere Prozesse eingebettet ist.

Zur Empirie: Da die Handlungstheorie in hohem Maße auf Subtheorien zurückgreift, erfolgen empirische Untersuchungen meist in entsprechend „modulhafter" Form. Die meisten vorliegenden Befunde basieren auf Feldexperimenten zur Überprüfung von Hypothesen zur persönlichkeitsfördernden Arbeitsgestaltung sowie zur Effizienz der Aufgabenbewältigung nach dem Regulationsmodell (vgl. *Greif 1983* sowie die Zusammenstellung vorliegender Untersuchungen bei *Duscheleit et al. 1979)*. Empirisch zeigt sich auch, dass Fehler in Handlungsabläufen präziser lokalisierbar und damit vermeidbar werden, wenn die hierarchische Verknüpfung von Zielen genauer analysiert wird (vgl. *Frese/Zapf 1994; Hacker 1998; Greve 2002*).

(K 8) Selbstkonzept-Theorien

Der Begriff *„Selbstbild“* wird meist relativ anspruchslos gehandhabt: Er meint Einstellungen zu sich selbst; Einstellungsobjekt ist die eigene Person. Der Ausdruck *„Selbstkonzept“* impliziert weitergehende Überlegungen, insbesondere konzeptgesteuertes Verhalten des Individuums. Dabei wird unterstellt, dass der Handelnde ein kognitives Schema im Hinblick auf Aspekte des eigenen Selbst entwickelt, das als Steuerungsinstanz für sein Verhalten fungiert. Der Begriff *„Selbstwahrnehmung“* zielt darauf, dass die handelnde Person aus ihrem Handeln Rückschlüsse auf die eigene Person zieht (z. B. „Ich mache dauernd Geschenke, also bin ich großzügig“). Die affektive Beurteilung dieser einzelnen Ansichten über die eigene Person, d. h. deren positive bzw. negative Bewertungen, werden *Selbsteinschätzungen* genannt (z. B. „Es ist gut, dass ich intelligent bin“). Das *Selbstwertgefühl* wiederum ergibt sich als Summe der gewichteten Selbsteinschätzungen. Ein zu hohes Selbstwertgefühl kann egozentrische Tendenzen fördern und gegen Kritik immunisieren (vgl. *Schütz 2003*).

Von besonderer Bedeutung sind Theorieansätze, die die *Selbstwertdienlichkeit* von Handlungen/Kognitionen betonen (zusammenfassend: *Stahlberg et al. 1985)*. Unterstellt wird eine (einseitige) Tendenz, Selbstkognitionen zu verbessern (während Umweltkognitionen ungerichtet änderbar sind). Dies erklärt eine Tendenz selbstwertdienlichen Verhaltens/ selbstwertdienlicher Attribution. Die Tendenz ist umso ausgeprägter, je niedriger das akute Selbstwertgefühl einer Person, d. h. je weniger ihr Bedürfnis nach möglichst positiver Selbstbewertung erfüllt ist *(Dittes 1959; Jones/Pittman 1982)* und je stärker das Selbstwertgefühl einer Person bedroht ist. Individuen reagieren daher im Allgemeinen aufgeschlossen gegenüber selbstwertstützenden/selbstwerterhöhenden und abwehrend gegenüber selbstwertmindernden oder -bedrohenden Rückmeldungen. Auch sind sie bemüht, selbstwertdienliche Rückmeldungen ihrerseits zu beeinflussen und zu kontrollieren *(impression management;* vgl. *Schlenker 1980, Mummendey 1995)*. Dies gilt insbesondere für Personen mit starker *Selbstüberwachungstendenz (Snyder 1974)*. Personen mit ausgeprägter Neigung zur Selbstüberwachung sind sensibel für die Verhaltenserwartungen anderer und motiviert, diesen zu entsprechen. Gleichzeitig besitzen sie eine hohe Interaktionskompetenz und ausgeprägte darstellerische Fähigkeiten. Personen mit geringer Sebstüberwachung verhalten sich autonom, d. h. entsprechen ihren Einstellungen und Normen ungeachtet des sozialen Urteils der anderen.

Bei einem Mangel relevanter Stimuli, die das Selbstbild sowie seine Aufwertung repräsentieren, versucht das Individuum alternative, stellvertretende Symbole zu demonstrieren *(symbolische Selbstergänzung)*. *Wicklund/Gollwitzer (1985)* postulieren: Menschen setzen sich Ziele, die sie erreichen möchten. Für die meisten Ziele gibt es eine Reihe von Symbolen. Zum Beispiel fährt ein erfolgreicher Geschäftsmann ein teures Auto, oder Künstler haben häufig eine lange Mähne. Ein Ziel (noch) nicht erreicht zu haben, ist ein unangenehmer Spannungszustand, und man kann, um diese Spannung zu mildern, Symbole zur Selbstdefinition zur Schau stellen. Und schließlich wird das Selbstwertgefühl einer Person u. a. dadurch bestimmt, auf welche Dimensionen des Selbst ihre Aufmerksamkeit gelenkt wird *(Selbstaufmerksamkeit)*. Unter bestimmten Umständen ist es auch möglich, bei deprivierenden Vergleichen defizitäre Aspekte mit auf anderer Ebene liegenden bedeutsamen Selbstaspekten zu kompensieren (Theorie der *Selbstintegrität* vgl. *Steele 1988*). Demnach ist nach einer Selbstwertbedrohung nicht unbedingt die Wiederherstellung des verletzten Selbstaspekts notwendig. Selbstwertwiederherstellung kann auch durch die Aufwertung eines anderen Selbstaspektes als des verletzten erfolgen (Beispiel: Ich hinterziehe Steuern, bin aber deswegen kein Schurke, weil ich großzügig zu meinen Mitarbeitern bin).

Das Motiv nach Selbstwertschutz und Selbstwerterhöhung hat auch einen entscheidenden Einfluss auf die Wahl sozialer Vergleichspersonen. Selbstaufwertung kann durch abwärts gerichtete Vergleiche oder durch Abwertung von Vergleichspersonen geschehen. *Tesser (1986)* weist im Rahmen seiner *Selbstwerterhaltungstheorie* darauf hin, dass auch die psychologische Nähe zur Vergleichsperson von Bedeutung ist. Interessanterweise wird es bei Leistungen hoher persönlicher Relevanz als bedrohlicher erlebt, von einem guten Freund überflügelt zu werden als von einem Fremden. Dies führt dazu, dass Leistungen von Freunden auf Dimensionen, die für den eigenen Selbstwert relevant sind, abgewertet werden.

Die Notwendigkeit der Stabilisierung des Selbst betont die (missverständlich so bezeichnete) *Terror-Management-Theorie (Solomon et al. 2004):* Wenn Personen an ihre Sterblichkeit erinnert werden (Mortalitätssalienz), neigen sie gemäß dieser Theorie in ihrem Verhalten dazu, sich zumindest symbolisch „unsterblich" zu machen (z. B. umweltbewusster zu handeln, sich von anderen Gruppen deutlicher abzugrenzen, eine Stiftung zu gründen).

Fragen wir wiederum nach den *wirtschaftspsychologisch relevanten Bezügen* dieser Theorie bzw. Theoriegruppe. Anwendungsmöglichkeiten sehen wir insbesondere in folgenden Bereichen:

- Das Erleben von Arbeitszufriedenheit dürfte in erheblichem Ausmaß vom Selbstkonzept gesteuert werden (vgl. auch K 3).
- Aspekte des Arbeitserfolgs und der Leistungsmotivation unterliegen in starkem Maße selbstwertdienlicher Einschätzung und Attribution (vgl. auch M 5).
- Das Selbstkonzept wird immer wieder als wesentliche Variable aller Fit-Modelle (z. B. bei der Berufswahl oder bei der Übernahme einer bestimmten Berufsrolle) angesehen.
- Aspekte des „impression management" sowie der symbolischen Selbstergänzung spielen eine wesentliche Rolle bei sozial sichtbaren, zumal demonstrativen Konsumgütern bzw. Marken oder auch bei der Übernahme von Moden.

Zur Empirie: Selbstwertdienliche Attributionsprozesse sind bei der Ursachenzuschreibung für Arbeitszufriedenheit nachgewiesen *(Vroom 1994)*. Das Selbstkonzept scheint auch eine Steuerungsfunktion im Hinblick auf verschiedene Erlebnisformen von Arbeitszufriedenheit zu haben *(Fischer 1989 a)*. Arbeiten zur Berufswahl (vgl. *Super/Bohn 1970; Seifert 1990)* belegen die Annahme, dass Personen ihr (berufsbezogenes) Selbstkonzept mit den Berufsrollenbildern von Berufen vergleichen, nach dem Grad der Übereinstimmung auswählen bzw. bei getroffener Wahl die Übereinstimmung durch verhaltensaktive oder kognitive Strategien anstreben.

Im Konsumbereich ist die „self orientation" insbesondere bei Segmentierungsversuchen eine häufig zitierte Variable *(Wilkie 1994)*, die insbesondere Zusammenhänge zwischen Lebensstil/Konsumstil und Äußerungen des Selbst im Sinne personaler und/oder sozialer Identität ausweist. Auch in älteren konsumpsychologischen Untersuchungen finden sich unterschiedliche Selbstbildausprägungen bei differenziellen Konsumverhaltensweisen, z. B. bei Rauchern/Nichtrauchern *(Bergler 1972)*, bei Präferenzen für bestimmte Automobile *(Evans 1959; Grubb/Hupp 1968)*. Insbesondere im Bereich der Mode ist nachgewiesen, dass Menschen solche Kleidung mögen, auswählen und tragen, von der sie glauben, sie repräsentiere ihr Selbstkonzept *(Davis/Lennon 1985)*. *Wicklund/Gollwitzer (1985)* zeigen (im Sinne ihrer Theorie der symbolischen Selbstergänzung), dass Kleidung nicht nur aus strategischen Gründen ausgewählt wird, sondern vor allem, um sich selbst zu überzeugen. Nachgewiesen ist, dass ein eingeschränktes Selbstkonzept Motive der Kompensation produziert *(Dittmar/Drury 2000),* die durch stark symbolisch aufgeladene Produkte wie Kleidung, Schmuck, Autos etc. abgedeckt werden. Ein solches Verhalten kann über den kompensatorischen Effekt hinaus auch dem „impression-management" dienen *(Dollase 1998).*

Gelegentlich wird diskutiert, ob das reale Selbstbild oder das ideale Selbst (Ich-Ideal) eher das Verhalten (z. B. von Konsumenten) bestimmt (vgl. die Meta-Analyse von *Hegner 2008*). Die bisherigen Forschungsergebnisse sprechen tendenziell für die Überlegenheit des Ideal-Selbst-Ansatzes, vermutlich auch deswegen, weil dieser eine stärkere motivationale Komponente enthält. Diese besteht in der Diskrepanz (Spannung) zwischen aktuellem und idealem Selbst *(Dittmar/Drury 2000).* Im Übrigen ist auf Verbindungslinien zum Konzept des Modell-Lernens hinzuweisen *(Solomon/Douglas 1985).*

3.2.3 Theorien im Bereich der Interaktion

Unter sozialer Interaktion versteht man das Verhalten von Individuen, das auf mutmaßliche Reaktionen anderer Personen abgestimmt ist. Aufgrund von Interaktionsbeziehungen sind auch Verhaltensergebnisse in spezifischer Weise neu zu definieren. Bereits an früherer Stelle hatten wir gezeigt, dass ein schrankenlos individualistisches Nutzenmaximierungs-Modell mit dem Grundgedanken sozialer Interaktion nicht vereinbar ist. Interaktionen sind nämlich auf ein (manchmal gestörtes) Gleichgewicht von Geben und Nehmen angewiesen; das wichtigste und theoretisch auch fruchtbarste Paradigma besteht daher im Gedanken des Austauschs, des Gebens und Nehmens im Sinne der „Exchange-Theorien", wobei der Gedanke der Reziprozität *(Gouldner 1960)* oder der Gedanke der distributiven Gerechtigkeit *(Homans 1958)* eine besondere Rolle spielt. Dabei bleibt der Inhalt des Austauschs zunächst noch unbestimmt; Einigkeit besteht lediglich darüber, dass in Interaktionsprozessen auch andere als geldwerte Güter getauscht werden (z. B. Gefühle, Unterwerfung usw.). Den Versuch einer inhaltlichen Bestimmung machen *Foa/Foa (1980):* Sie lokalisieren Austauschgüter (Ressourcenklassen) auf den Dimensionen „particularism" und „concreteness" und unterscheiden: Status, Information, Liebe, Geld, Dienstleistungen und Güter (vgl. im Hinblick auf Geld Kap. 1.3.1).

(I1) Austauschtheorien

Die klassischen Austauschtheorien gehen auf *Homans (1958)* und *Thibaut/Kelley (1959, 1986)* zurück. Beide Theorien basieren auf der zentralen Annahme, dass Interaktionen als Austausch von Belohnungen und Strafreizen aufgefasst werden können (sie sind also, was den inhaltlichen Aspekt der Interaktion anbelangt, nicht sehr subtil). Die *Homans*-Theorie ist im Übrigen lediglich eine (inkorrekte) Übertragung der Theorie des instrumentellen Konditionierens auf Interaktionsprozesse, wobei einige Hypothesen als falsifiziert gelten dürften.

Die Theorie von *Thibaut* und *Kelley,* die wir hier bevorzugt behandeln, enthält folgende Grundbegriffe: „Erträge" (rewards, gratifications), „Aufwendungen" (costs), „Ergebnisse" (outcomes) als Differenz zwischen Erträgen und Aufwendungen, „Vergleichsniveau" (comparison level CL), bestimmt durch frühere Ergebnisse sowie durch soziale Vergleichsprozesse, und schließlich: „Vergleichsniveau für Alternativen" (CL_{alt}) als Attraktivität einer alternativen sozialen Beziehung. In der Symbolik dieses Buches:

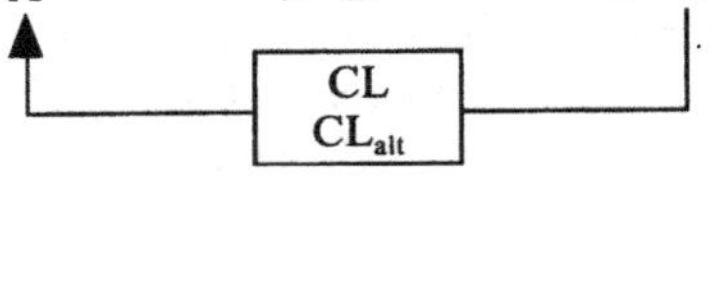

Die zentralen Aussagen der Theorie lauten: Wenn das Ergebnis einer sozialen Interaktion als Differenz zwischen Belohnung und Kosten positiv ist, besteht die Wahrscheinlichkeit, dass soziale Beziehungen beibehalten werden. Die Gemeinsamkeit der Verfolgung bestimmter Ziele oder Aktivitäten verändert (erhöht meistens) den Wert (Valenz) dieser Aktivität oder dieses Ziels („gemeinsame Freude ist doppelte Freude"). Mit Hilfe sogenannter „Payoff-Matrizen" kann man ermitteln, ob gemeinsame oder getrennte Aktionen mehr Erträge erbringen. Wichtig ist, dass die jeweiligen Individualerträge höher sein können (zu Lasten des Interaktionspartners) und dass Kompromisse einen höheren Gesamtertrag erwarten lassen.

Durch Zusatzannahmen ist sodann die Frage zu beantworten, ob eine gegebene Situation unter dem Gesichtspunkt der Maximierung gemeinsamer Ergebnisse (kooperative Orientierung) oder Maximierung der Ergebnisunterschiede (kompetitive Orientierung) gesehen wird. Das Konzept sagt Einigungsprozesse voraus, die halbwegs günstige Gesamterträge garantieren. Solche Einigungsprozesse orientieren sich an bestimmten Normen im Hinblick auf Kompromissbereitschaft oder ausgleichende Gerechtigkeit. Manchmal ist es auch ungewiss, was der Interaktionspartner tun wird; es bedarf also zusätzlicher Hypothesen (Erwartungen) über das mutmaßliche Verhalten des anderen (z. B. Wird sich der andere an die Absprache halten? Wird die Konkurrenz jetzt auch die Preise erhöhen? usw.). Bei der Bewertung ihrer Ergebnisse richten sich Individuen an einem Vergleichsniveau aus, das an soziale Beziehungen als Maßstab angelegt wird. Dieses CL wird bestimmt durch Bedürfnisse, Anspruchsniveaus und Erfahrungen in ähnlichen sozialen Situationen. Dabei besteht eine starke Neigung, das CL an den Profiten anderer Interaktionspartner zu orientieren (distributive Gerechtigkeit bei *Homans*). Eine Person scheidet nur dann aus einer Interaktionsbeziehung aus, wenn sie eine oder mehrere alternative Beziehungen besitzt, von der sie sich mehr Profit verspricht (CL_{alt}). Ferner hat jeder Beteiligte die prinzipielle Möglichkeit, durch einen Abbruch der Beziehung die Ergebnisse seines Partners zu verschlechtern und besitzt (nach Abzug eigener „Abbruchkosten") Macht über den Interaktionspartner. Es besteht eine Tendenz der Annäherung des CL an die Ergebnisse E oder an CL_{alt}, je nachdem, welches günstiger ist. Liegt das CL_{alt} unterhalb der Ergebnisse, so besteht Abhängigkeit innerhalb der Interaktionsbeziehung. Aufgrund der jeweiligen Kombinationen von E, CL und CL_{alt} erweisen sich Interaktionsbeziehungen als stabil/instabil bzw. als zufrieden stellend/nicht zufrieden stellend. Wichtig ist, dass die Interaktionspartner in bestimmtem Umfang die Möglichkeit haben, die Ergebnisse anderer zu beeinflussen (möglicherweise zu Lasten auch eigener Ergebnisse), z. B. über Aufnahme oder Abbruch von Beziehungen, über eine Neudefinition der Beziehungen oder über eine Beeinflussung des CL_{alt} (Abb. 14). Die jeweiligen Situationen sind für den Akteur wie folgt definiert:

a) Erwartungsminimum CL wird weder durch das momentane Ergebnis noch durch CL_{alt} erreicht (P hatte früher einen attraktiven Job, der jedoch keine Zukunft mehr hat): schwache Tendenz zu CL_{alt};
b) P findet eine Alternative, die attraktiver ist (P erhält ein attraktives Stellenangebot), Wechsel zu CL_{alt};
c) P kann nur vom Regen in die Traufe kommen (Jeder andere Job wäre schlechter). Vorausgesagt werden: ein Sich-Abfinden (vielleicht mit kognitiver Aufwertung?) oder Resignation;
d) die gegebene soziale Beziehung ist attraktiv, aber eine bessere Alternative scheint erreichbar (P kann Vorstandsvorsitzender werden). Die Frage lautet dabei, ob die soziale Beziehung ohne „Kosten" aufgegeben werden kann;
e) P hat keinen Grund, die soziale Beziehung zu wechseln. P hat mehr, als er braucht, und kogniziert, dass er im alternativen Falle zwar auch noch akzeptable, aber zumindest schlechtere Ergebnisse erzielen würde;
f) Idealfall einer attraktiven Beziehung. Jede andere Alternative liegt unter dem Vergleichsniveau (Beispiel: P ist Universitätsprofessor in Köln).

Kelley/Thibaut (1978) haben diese Austauschtheorie zu einer *Theorie der Interdependenz* weitergeführt. Diese Theorie beschreibt die besondere Verbindung der Handlungsergebnisse von zwei Personen A und B durch das Ausmaß gegenseitiger Einflussnahme und Kontrolle. Des Weiteren wird die Möglichkeit einer *motivationalen Transformation* eingeräumt, d. h. einer der Partner (oder beide) weichen vom (egoistischen) Austauschprinzip ab. Eine solche Transformation kann in zwei verschiedene Richtungen gehen. Sie bedeutet einmal die Hinwendung zu gemeinschaftlichen Verhaltensweisen (kooperative Transformation) bis hin zur altruistischen Transformation: A findet Handlungen belohnend, die B nützen (Bsp.: die besorgte Ehefrau setzt sich für die Kur des Mannes ein, obgleich sie eine Zeit lang auf Gemeinsamkeit verzichten muss). Im Geschäftsleben sind kooperative Verhaltensweisen, in denen beide Partner nicht nur auf ihren eigenen Vorteil, sondern auch auf den Vorteil des anderen achten, häufig (z. B. bei gut funktionierenden und vertrauensvollen Geschäftsverbindungen), altruistische Verhaltensweisen jedoch eher selten.

Die Transformation kann jedoch auch in die andere Richtung gehen: A befindet sich mit B im Wettbewerb (kompetitive Transformation), z. B. um eine berufliche Position, um einen geschäftlichen Auftrag. Extremisiert man diese Transformationsrichtung weiter, so liegt aggressives Verhalten vor, das heißt A versucht durch Hintanstellung eigener Vorteile oder Nachteile B zu schädigen. Auch hier gilt: Im Geschäftsleben sind kompetitive Verhaltensweisen häufig, aggressive Handlungen dagegen eher selten.

Zu welchen Transformationsprozessen Individuen neigen, hängt von verschiedenen Faktoren ab (vgl. *Rusbult/van Lange 1996*): von der Art der Beziehung (Geschäftsbeziehung vs. Freundschaft), von den bisherigen Erfahrungen in diese oder ähnliche Beziehungen (z. B. Vertrauen vs. Misstrauen) und von Persönlichkeitsmerkmalen (z. B. kompetitive Einstellung oder Motivation). Auch die sog. *Austauschorientierung* (*Murstein 1987; Clark/Mills 1993* als Gegensatz zur Gemeinschaftsorientierung) wird als Persönlichkeitsmerkmal verstanden und unterscheidet Menschen, die mehr oder weniger dazu neigen, in sozialen Beziehungen auf die Gegenleistung des anderen zu pochen. In geschäftlichen Beziehungen entspricht dies auch der sozialen Norm der Reziprozität.

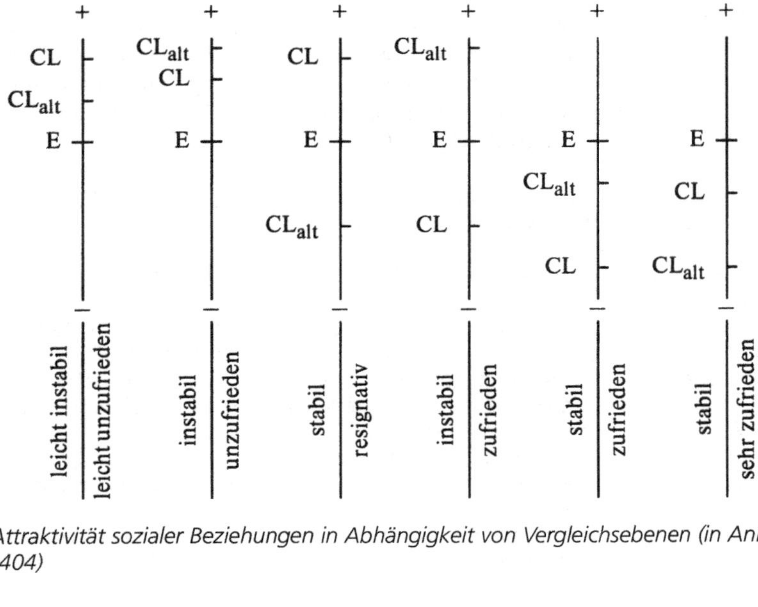

Abb. 13: Attraktivität sozialer Beziehungen in Abhängigkeit von Vergleichsebenen (in Anlehnung an Irle 1975, 404)

Eine abermalige Erweiterung der Austauschtheorie stellt das *Investment-Modell* dar *(Rusbult 1980; Rusbult/van Lange 1996)*, das zugleich eine empirisch griffigere Vereinfachung des sehr komplexen Ansatzes von *Kelley/Thibaut* darstellt. Neben der Zufriedenheit (Sat) als Differenz zwischen dem Nutzen (Rew) und den Kosten (Cst) der Beziehung ist die Bindung innerhalb dieser Beziehung (commitment) zusätzlich abhängig von den bisherigen Investitionen in diese Beziehung (Inv) abzüglich des antizipierten Nutzens der besten zur Verfügung stehenden Alternativen (Alt), sodass

$$\text{Com} = \text{Sat} + \text{Inv} - \text{Alt}$$

wobei

$$\text{Sat} = \text{Rew} - \text{Cst}$$

Das Commitment eines Individuums zu einer Beziehung wird dabei gleichgesetzt mit der Wahrscheinlichkeit, dass das Individuum die Beziehung beibehalten wird. Die wichtigste Er-weiterung des Modells von *Thibaut/Kelley* stellt hierbei vor allem die Investment-Variable dar.

Die Exchange-Theorie von *Thibaut/Kelley* ist bislang auf wirtschaftliche Sachverhalte vergleichsweise spärlich angewandt worden. Dies ist umso erstaunlicher, als bereits die Wahl der Grundbegriffe (Kosten und Erträge etc.) eine Nähe zu ökonomischen, nutzentheoretischen Denkvorstellungen verrät. Aber auch inhaltlich sehen wir eine ganze Reihe von *Anwendungsmöglichkeiten:*

- Eintritt und Verbleib in Organisationen, Arbeitsverhältnissen und Berufen (eine diesbezüglich alternative, aber substanziell dürftigere Theorie stellt das Anreiz-Beitrags-Konzept von *March* und *Simon* dar).
- Abhängigkeits- und Machtbeziehungen in Organisationen; solch asymmetrische Interaktionsbeziehungen sind meist durch eine Restriktion des CL_{alt} bedingt.
- Entstehung und Wirkung kooperativen bzw. kompetitiven Verhaltens, etwa in wirtschaftlichen Organisationen oder auch zwischen Organisationen (z. B. Kartellabsprachen).
- Entscheidungs- und Abstimmungsprozesse im Haushalt: Die mit Bezug auf den familialen Bereich entwickelten Ressourcen-Theorien lassen sich austauschtheoretisch reformulieren und z. B. auf Konsumentscheidungen anwenden.
- Verhandlungssituationen im ökonomischen Bereich (z. B. Tarifverhandlungen, Verkaufsverhandlungen), die entweder an Modellen der symmetrischen oder auch der asymmetrischen Interaktion orientiert sein mögen („Käufermarkt", monopolistische Situationen). Bei geschäftlichen Transaktionen zeigt sich – in Erwartung künftiger ertragreicher Interaktionsbeziehungen –, dass das Machtpotenzial einer solchen Beziehung nicht ausgeschöpft wird.

Empirische Untersuchungen zur Austauschtheorie werden häufig in wirtschaftlicher „Einkleidung" durchgeführt, ohne dass dies immer explizite wirtschaftspsychologische Anwendungen wären. Ein organischer Bezug zum wirtschaftlichen Geschehen besteht z. B. beim Thema des kooperativen/kompetitiven Verhaltens in Organisationen (vgl. die zahlreichen Experimente zu Ursachen und Bedingungen der Kooperation, zusammenfassend etwa *Herkner 1993)*. Ein weiterer elaborierter Teilbereich bezieht sich auf Situationen, deren Konfliktcharakter durch Interessengegensätze gekennzeichnet ist, die Gegenstand von „Verhandlungen" oder Strategien sind (vgl. die Zusammenstellung wirtschaftspsychologisch relevanter Untersuchungen bei *Crott/Müller 1978, 99 f.)*, z. B. Tarifverhandlungen *(Morley/ Stephenson 1977)* oder Kaufverhandlungen (vgl. das klassische „Käufer-Verkäufer-Spiel": *Siegel et al. 1964)* oder Haushaltsentscheidungen bei egoistischen Kaufwünschen *(Brandstätter et al. 1987, Kirchler 1989)*, sämtlich Untersuchungen, deren Design mehr oder weniger eng an der Interaktionsmatrix von *Thibaut* und *Kelley* orientiert ist.

Das Investment-Modell von *Rusbult* als Abwandlung der Austauschtheorie ist im arbeitspsychologischen Bereich (hier: Neigung zum Wechsel des Arbeitsplatzes) auch im Längsschnitt mit Erfolg getestet worden *(Rusbult/Farrell 1983; Rusbult et al. 1988)*. Die Variablen des Modells leisten einen signifikanten Beitrag zur Vorhersage von Zufriedenheit und Commitment, wobei die festgestellten Zusammenhänge ohne Ausnahme in die prognostizierte Richtung zeigten. Eine andere empirische Umsetzung des Investment-Modells bieten *Kirchler et al. (2002, 2004)*, indem sie das Ausmaß der Kundenbindung mit dem Commitment (i. S. von *Rusbult*) gleichsetzen. Auch hier konnten die wesentlichen Aussagen des Modells bestätigt werden.

(I 2) Gerechtigkeitstheorien

Wie bereits unter dem Aspekt kooperativer Orientierung gezeigt, ist es nicht immer sinnvoll, davon auszugehen, dass Individuen in Austauschbeziehungen ihren Nutzen maximieren wollen. Wie wir gesehen haben, setzt kooperatives Verhalten unter Verzicht auf gegenwärtig einspielbare Erträge vor allem dann ein, wenn die Interaktionsbeziehung in die Zukunft ragen soll *(Axelrod 1987)*. Auch könnte die Maximierung von Austauscherträgen gegen internalisierte Normen verstoßen *(Mikula 1980)*. Eine besonders gravierende Norm stellt hier die Vorstellung sozialer Gerechtigkeit dar, die Gegenstand verschiedener Gerechtigkeitstheorien ist *(Adams 1965; Walster et al. 1976; Lerner 1977;* zusammenfassend: *Mikula 1980; Athenstaedt et al. 2006)*. Die wichtigste Einzeltheorie ist die sog. Equity-Theorie: Ihr Ausgangspunkt ist die Feststellung von *Homans (1972)*: „... distributive Gerechtigkeit besteht dann zwischen P_1 und P_2, wenn in ihrer sozialen Beziehung die jeweiligen vereint erreichten Ergebnisse (Gewinn/Verlust) von P_1 und P_2 proportional zu ihren jeweiligen Investitionen sind". Diese Regel der *distributiven Gerechtigkeit* wird von *Adams (1965)* definiert als (Un-)Ausgewogenheit (equity) der Verhältnisse der Ergebnisse (outcome) und Beiträge (input) der Personen A und B.

$$\text{Equity: } \frac{O_A}{I_A} = \frac{O_B}{I_B}; \qquad \text{Inequity: } \frac{O_A}{I_A} \gtrless \frac{O_B}{I_B}$$

Am Beispiel: Ein Arbeitnehmer bilanziert sein Einkommen und seine sonstigen Privilegien mit dem Einsatz an Zeit, Anstrengung und Intellekt (einschließlich seiner Investitionen an Ausbildung etc.) mit dem Einsatz/Ersatz von (relevanten) anderen Arbeitskollegen. Verdienen andere mehr als er, so wird er nur dann unzufrieden sein, wenn er gleichzeitig kogniziert, dass diese anderen auch nicht mehr einsetzen (z. B. Überstunden machen, mehr Verantwortung tragen usw.). Ein kognitiver Spannungszustand wird jedoch auch für den Fall der Überprivilegierung vorausgesetzt, was sich z. B. in Schuldgefühlen, „schlechtem Gewissen" u. a. äußern könnte.

In der mathematisch schlüssigeren Formulierung von *Walster (1976)* gilt die folgende Equity-Formel:

$$\frac{O_A - I_A}{I_A} = \frac{O_B - I_B}{I_B}$$

Inequity bewirkt einen Spannungszustand mit dem Ziel, Equity wieder herzustellen. Ähnliches behauptet die Theorie der *relativen Deprivation* von *Gurr (1970)*. Inequity (IE) ist also eine kognitive Variable, ähnlich der kognitiven Dissonanz, in unserem Schematismus:

$$A \longrightarrow IE \longrightarrow B$$

Die (Wieder-)Herstellung von Equity ist grundsätzlich möglich

a) durch Änderung einer oder mehrerer Komponenten, und zwar entweder auf verhaltensaktivem oder auf kognitivem Wege oder
b) durch Abbruch der Beziehung und/oder Wechsel der Vergleichspersonen.

Bei Defizit-Situationen gilt als Tendenz: Die verhaltensaktive Strategie hat Vorrang; bei Profizit-Situationen (P sieht sich überprivilegiert) dürfte zunächst die kognitive Strategie dominieren (Mit Überprivilegierung wird man leichter fertig; der kognitive Apparat wird zur „Begründung" bemüht). Bei verhaltensaktiven Strategien wird die kostengünstigste Alternative gewählt. Bei kognitiven Strategien steht das Streben nach Selbstbestätigung im Vordergrund.

Entscheidend sind hierbei Normen über distributive Gerechtigkeit, die oftmals ganz spezifische Gerechtigkeitsvorstellungen reflektieren. Das in der Equity-Theorie vorherrschende Prinzip der Beitragsproportionalität („jeder hat die seinem Einsatz entsprechenden Ansprüche") kann insofern durch andere Vorstellungen eingetrübt werden, z. B. durch ein Machtprinzip, durch ein Sozialprinzip, durch ein Bedürfnisprinzip oder durch ein Gleichheitsprinzip *(Lerner 1977)*. Allerdings ist der Vergleich Ego-Alter nur eine Möglichkeit des Vergleichs (andere Bezugspunkte sind: Vergleich mit erwarteten oder erhofften Ergebnissen), sodass wir eine Überlagerung (Verflechtung) unterschiedlicher Vergleichsniveaus verzeichnen. Außerdem könnte der Benachteiligte sich an Dritten schadlos halten, die er ausbeuten kann; wie auch umgekehrt der Begünstigte einer Inequity-Beziehung anderen gegenüber großzügig verfahren könnte, indem er z. B. spendet *(Austin/Walster 1975* sprechen hier im Gegensatz zu distributiver von *ausgleichender Gerechtigkeit)*. Und schließlich könnte der Gedanke der Beitragsproportionalität für manche Austauschbeziehungen als „unpassend" empfunden werden. So postulieren etwa *Murstein et al. (1987)* eine differenzielle *Austauschorientierung:* definiert als das Maß, in dem die Zufriedenheit in einer Beziehung abhängig ist von der Proportionalität der Einsätze beider Beziehungspartner. Die Austauschorientierung kann situativ unterschiedlich sein (hoch z. B. bei Geschäftsbeziehungen, niedrig bei intimen Partnerschaften), andererseits jedoch auch als Persönlichkeitsmerkmal in Erscheinung treten (letzteres betont *Murstein)*.

Da es im Wirtschaftsleben sehr häufig um Fragen der Verteilungsgerechtigkeit geht, ist die *Anwendung equity-theoretischer Vorstellungen* auf wirtschaftliche Belange besonders nahe liegend, z. B. bei

- Austauschgerechtigkeit in Verhandlungen sowie bei Geschäftsbeziehungen, wobei Leistungsnormen sowie Normen des „fair play" eine Rolle spielen;
- Bezahlungsgerechtigkeit in Organisationen, z. B. Fragen der Unterbezahlung/Überbezahlung (Gleiches gilt für nicht-monetäre Privilegien im Betriebs- und Arbeitsleben). Auch die Frage der Bewertung des Einsatzes von Kapital und Arbeit ist – psychologisch – durch unterschiedliche Equity-Kriterien bzw. verschiedenartige Gerechtigkeitsnormen bestimmt;
- Verteilungsgerechtigkeit in sozialen Beziehungen, und zwar zwischen Individuen, Gruppen oder Personenkategorien, auch auf gesamtgesellschaftlicher Ebene;
- Vorstellungen über Gerechtigkeit bei Haushaltsentscheidungen. Insbesondere bei hoher Austauschorientierung wird sich der Entscheidungsanteil zwischen Mann und Frau nach dem Equity-Prinzip aufteilen;
- Vorstellungen von Verfahrensgerechtigkeit, z. B. bei der Rekrutierung von Arbeitskräften mittels eignungsdiagnostischer Verfahren;
- Reziprozitätstendenzen zwischen Arbeitnehmern und Arbeitgebern: Unternehmer könnten z. B. vermuten, dass ein hohes Lohnangebot die Arbeiter dazu veranlasst, mehr zu leisten, sodass ein höherer Lohn letzten Endes mehr Gewinn einbringt *(Kirchler et al. 1996)*.

Empirische Untersuchungen der Equity-Theorie konzentrieren sich (einseitig) auf die Effekte von Überbezahlung und Unterbezahlung. Die Ergebnisse entsprechen im Großen und Ganzen den Voraussagen der Theorie: Bei Unterbezahlung erfolgen eine Abnahme der Produktivität bzw. eine Einbuße an Qualität, während bei Überbezahlung ein Ansteigen der Produktivität/Qualität prognostiziert wird *(Pritchard et al. 1972)*. Die empirischen Befunde für die Überbezahlungssituation sind umstritten, verhaltensaktive Strategien sind hier eher im Sinne einer Wahrung des Selbstbildes zu verstehen. Außerdem dürften – wie bereits ausgeführt – die Folgen der Defizit- und der Profizit-Situation asymmetrisch sein: Bei letzterem überwiegen kognitive Strategien. Wie es *Max Weber* einmal sagte: Die Glücklichen freuen sich nicht einfach ihres Glücks, sondern versuchen zu belegen, dass sie dieses Glück auch verdienen.

Gerechtigkeitsüberlegungen dürften in nahezu allen Interaktions- und Verhandlungssituationen eine Rolle spielen. *Shapiro (1975)* zeigt etwa, dass die Erwartung zukünftiger Interaktionen (z. B. Schaffung einer Kundenbindung) in hohem Maße darüber bestimmt, ob sich Personen an Gerechtigkeitsvorstellungen halten oder nicht. Andererseits ermittelt z. B. *Kirchler (1989)*, dass das Equity-Prinzip bei Haushaltsentscheidungen vorwiegend dann dominiert, wenn die Beziehungsqualität nur mittlere Werte erreicht (bei hoher Beziehungsqualität gelte das sogenannte Liebesprinzip altruistischer Transformation).

Einen Überblick über empirische Untersuchungen zur Gerechtigkeit in Organisationen geben *Greenberg/Cropanzano (2001); Cohen-Charash/Spector (2001)* sowie *Cropanzano (2001). Kalimo et al. (2003)* sowie *Kieselbach (2001)* ermitteln Vorstellungen von Ungerechtigkeit bei (drohender oder erfolgter) Arbeitslosigkeit, v. a. auch bei denen, die bisher verschont wurden (Survivor-Syndrom). *Spicer/Becker (1980)* und *Wenzel (2002)* ermitteln Wahrnehmungen von Ungerechtigkeit und unangemessenen Privilegien bei der Besteuerung.

In der Literatur (vgl. *Cohen-Charash/Spector 2001*) werden die Begriffe Gerechtigkeit und *Fairness* vielfach deckungsgleich verwendet (Ökonomen bevorzugen meist den Ausdruck Fairness). Beide Konzepte dürften jedoch nicht deckungsgleich sein (vgl. *Wiswede 2004*). Fairness meint insbesondere, dass man sich an explizit formulierte oder implizit vorhandene Spielregeln hält. Abweichungen davon sind Verstöße gegen die Fairness-Norm (z. B. unfairer Einsatz eines Sportlers, Vorenthalten wichtiger Informationen, unfaire Geschäftspraktiken), die die Kooperation erschweren, das Vertrauen unterminieren und künftige Interaktionen belasten. Der Brückenschlag zum Gerechtigkeitsprinzip könnte in Folgendem gesehen werden: Spielregeln werden (meist) deshalb formuliert, damit möglichst gerechte Lösungen wahrscheinlich werden. Diese Regeln sollen demnach helfen, der „gerechten“ Sache zu dienen.

(13) Rollentheorie

Unter einer sozialen Rolle wird üblicherweise ein Bündel *normativer Erwartungen* verstanden, die auf den Inhaber einer sozialen Position gerichtet sind. Insofern werden Berufsrollen, Geschlechtsrollen, Altersrollen, familiale Rollen, Rollen in geschäftlichen Transaktionen usw. unterschieden. Die Rollen sind mehr oder weniger formalisiert/institutionalisiert; häufig sind sie reziprok (z. B. Käufer/Verkäufer; Arzt/Patient). Zu unterscheiden sind ferner die Rollenerwartungen (RE) der Außenstehenden, die Rollenperzeption (RP) des Betroffenen sowie das aktuelle Rollenverhalten (RB), das aus den Erwartungen resultiert. Das Paradigma der Rollentheorie besteht darin, dass das Verhalten von Individuen in sozialen Positionen aus den Rollenerwartungen der relevanten Umwelt abgeleitet werden kann. Insofern gilt für dieses Paradigma die Rollenerwartung (RE) als Antezedenzbedingung:

RE ⟶ RP ⟶ RB

Zwischen A und B können natürlich intervenierende Variablen stehen: z. B. Selbstbild, Motivation zur Konformität usw.

Eine einheitliche Rollentheorie existiert bis heute nicht. Obgleich man weiß, dass Menschen sich in sozialen Rollen irgendwie „anders" verhalten, ist die Forschung zu diesem Thema nach viel versprechenden Ansätzen (vor allem *Gross et al. 1958)* in phänomenologische Sackgassen geraten (vgl. für einen Gesamtüberblick *Wiswede 1977; Biddle 1979).* Allerdings bestehen Subtheorien geringer Reichweite (z. B. eine Theorie des Rollenkonflikts, des Rollenhandelns, der Rollenakkumulation, des Rollenstresses usw.), die wirtschaftspsychologisch relevant sind. Allgemein gilt Folgendes: Wenn intensive und klare Rollenerwartungen bestehen, werden sich die Inhaber sozialer Positionen in ihrem Verhalten an diesen Rollenerwartungen ausrichten, und zwar im Ausmaß der Motivation zu rollenkonformem Verhalten. Bestehen innerhalb einer sozialen Position unterschiedliche Rollenerwartungen, so werden die Positionsinhaber derjenigen Erwartung folgen, die ihnen am legitimsten erscheint und/oder die mit der stärksten Sanktion verbunden ist und/oder die ihnen für die Verfolgung eigener Ziele am ehesten instrumentell erscheint. Bestehen unterschiedliche Rollenoptionen, so wird sich das Individuum für diejenige Rollenkombination entscheiden, die die meisten Rollenerträge (abzüglich der Rollenkosten) einbringt. Die Theorie der *Rollenbilanz (Wiswede 1998 a)* betont darüber hinaus den von P erlebten sozialen Übernahmedruck (soziale Verpflichtung, eine Rolle zu übernehmen) sowie die perzipierten Fähigkeiten (Effizienzerwartungen), eine Rolle erfolgreich anzustreben und auszuüben. Ferner gilt, dass die Übernahme und Ausübung einer Rolle nach Gesetzmäßigkeiten der Lerntheorie (vor allem des Modell-Lernens) studiert werden kann *(Wiswede 1977).*

Die *Anwendungsmöglichkeiten im wirtschaftlichen Bereich* sind vielfältig:

- Bereitschaft, eine soziale Rolle im wirtschaftlichen Bereich (z. B. Berufsrolle, Position im Betriebsrat) anzustreben und auszuüben.
- Rollenverteilung in Verhandlungen (z. B. Käufer/Verkäufer; Rolle der Tarifparteien, des Schlichters usw.).
- Rollenstruktur des Haushalts: Üblicherweise werden Entscheidungsprozesse im Haushalt nach rollentheoretischen Gesichtspunkten (familiale Rollenaufteilung) diskutiert.
- Organisationen als Rollensysteme: Ein auf *Katz* und *Kahn* zurückgehender Ansatz fasst Organisationen als in sich zusammenhängendes Netzwerk (System) von Rollenbeziehungen auf. Darauf gründen sich Hoffnungen auf eine Integration verhaltenstheoretischer und systemtheoretischer Ansätze in der Organisationsforschung.
- Studium von Rollenkonflikten (Rollenstress, Rollenambiguität) in Organisationen bzw. Betrieben, da widersprüchliche bzw. divergierende sowie belastende und unklare Rollenerwartungen zum betrieblichen Alltag gehören.
- Studium von Berufsrollen: Auch Berufe lassen sich als in sich zusammengehörige Bündel von Rollenerwartungen auffassen, desgleichen natürlich auch spezielle Funktionszuweisungen (Arbeitsrollen). Diese Rollenverpflichtungen prägen/verändern das Verhalten jenseits seiner motivationalen oder persönlichkeitsbestimmten Bezüge.
- Analyse von Führungsrollen: Erwartungen an Vorgesetzte und – auf der Gegenseite – Erwartungen an den Mitarbeiter. Je höher die soziale Position in der Hierarchie ist, desto höher ist im Allgemeinen der Handlungsspielraum und damit die Möglichkeit der Rollenselbstgestaltung.
- Verhalten von Organisationsmitgliedern (organizational citizenship behavior), das über die „normalen" Rollenerwartungen hinausgeht (extra-role-behavior).
- Verhalten von Wirtschaftspolitikern, die verschiedenen Erwartungen genügen müssen: Kabinettsdisziplin, Parteiloyalität, Medienakzeptanz, Interessengruppen etc.

Zur Empirie: Im Hinblick auf Verhandlungen konnte in verschiedenen Untersuchungen (vgl. zusammenfassend *Rubin/Brown 1975)* ermittelt werden, dass Individuen umso härter verhandeln, je mehr sie im Auftrag anderer (z. B. in der Rolle des Einkaufsleiters) tätig sind.

Entscheidungsprozesse im Haushalt sind vielfach das Objekt rollenanalytischer Studien gewesen *(Davis/Rigaux 1974; Dahlhoff 1980;* zusammenfassend *Kirchler 1989);* die Ergebnisse sind allerdings meist deskriptiv, weniger explanativ. Rollenkonflikte in Organisationen wurden u. a. am Beispiel des Werkmeisters untersucht *(Holm 1968);* ähnliche Untersuchungen gibt es zur Rolle des Betriebsrats. Rollenstress und Rollenambiguität wurden von *Kahn et al. (1964)* theoretisch und empirisch analysiert. Konflikte oder Dilemmata bestehen häufig auch bei Führungsrollen, da hier unterschiedliche Bezugssysteme existieren (Vorgesetzte, Untergebene, Kollegen, Außenstehende) und durch gewandelte Anforderungen und Situationen veränderte Rollenerwartungen entstanden sind (Ein solches Erwartungsprofil hat *Neuberger 1985* empirisch ermittelt). Im Dienstleistungsbereich ermittelt *Damiani (1991)* beim Kundenkontakt-Personal von Banken Rollenkonflikte auf verschiedenen Ebenen einschließlich der bevorzugten Lösungsmuster. *Brown/Peterson (1993)* legen eine Metaanalyse zu Rollenkonflikten und Rollenambiguität beim Verkaufspersonal vor (vgl. zusammenfassend auch: *Nerdinger 2001*).

(I 4) Theorien zum Gruppeneinfluss

Der Einfluss sozialer Bezugsinstanzen (Bezugspersonen, Bezugsgruppen) besteht in *komparativer* und *normativer* Hinsicht. *Komparativ:* Das Individuum vergleicht sich mit anderen (sozialer Vergleich als Teilklasse von Vergleichsprozessen, *Thibaut/Kelley 1986).* Diese Tendenz zum sozialen Vergleich wächst im Ausmaß der Intransparenz der Situation; *Festinger (1954)* spricht von geringer „physikalischer Realität", die durch „soziale Realität" ersetzt oder ergänzt werden muss (Beispiel: geringe Kompetenz zur Situationsbeurteilung, zur Qualitätsbeurteilung, zur Konsequenzbeurteilung). Dabei entsteht die Frage, mit welchen Personen (mit welchen Merkmalen) sich Individuen vergleichen. Diskutiert werden (im Rahmen der Bezugsgruppentheorie; *Hyman/Singer 1968)* vor allem die Merkmale Attraktivität (Belohnungswert) und Ähnlichkeit (der Einstellungen, des Lebensstils, hinsichtlich sozio-demographischer Merkmale usw.). (Hier dürfte die Theorie im Übrigen mit dem Konzept des Modell-Lernens konfundieren, die eine genauere Merkmalsliste enthält.) Allerdings ist die komparative Relevanz der Merkmale Attraktivität und/oder Ähnlichkeit umstritten; es scheint, dass man es unter bestimmten Bedingungen vorzieht, sich mit weniger attraktiven (evtl. kompetenteren) und weniger ähnlichen Personen zu vergleichen, insbesondere weil der Vergleich mit nicht ähnlichen Personen u. U. mehr zur Validierung von Realität beiträgt. Bei Leistungsvergleichen dominiert meist ein Vergleich nach „oben", obgleich Abwärtsvergleiche manchmal selbstwertdienlicher sind.

In Bezug auf den *normativen* Einfluss – Anpassung an die Gruppenmeinung oder das Gruppenverhalten – besteht eine Fülle konkurrierender und komplementärer Theorien (z. B. die Theorie der informellen Kommunikation von *Festinger 1950;* die Konformitätstheorie von *Nord 1969;* die „Social-Impact-Theorie" von *Latané 1981),* die im Umkreis der Konformitätsforschung entwickelt wurden (hierzu gehören auch Theorien über die Wirkung von Minoritäten; nach *Moscovici 1979* werden sie einflussrelevant, wenn sie ihre Meinung mit Konsistenz und Überzeugungsstärke vertreten).

Eng an experimentellen Befunden orientiert ist *Festingers* Theorie des informellen Gruppendrucks *(1950).* Zunächst wird das Ausmaß des Gruppendrucks bestimmt. Hierbei spielen Variablen wie Urteilsdiskrepanz, Instrumentalität des Urteils für die Gruppe sowie die Kohäsion (Bindekraft, Wir-Gefühl) eine besondere Rolle. Die tatsächliche Bereitschaft zur Konformität ist jedoch nicht nur eine Funktion des Gruppendrucks, sondern auch der Attraktivität dieser Gruppe – man könnte von „Gruppensog" sprechen – sowie der Existenz alternativer Gruppen, die u. U. den eigenen Vorstellungen besser entsprechen (Vergleichsniveau für Alternativen in der Sprache der Austauschtheorie).

In *Festingers* Theorie spielt – wie auch anderen Gruppentheorien – das Konzept der *Kohäsion* eine zentrale Rolle. Betrachtet man Kohäsion als abhängige Variable, so gilt (nach *Cartwright;* vgl. auch *Homans 1987* sowie zusammenfassend *Fischer/Wiswede 2009*):

Die Kohäsion einer Gruppe ist abhängig von

- der Motivationsgrundlage einer Person, die die Gruppe für sie attraktiv macht (z. B. Affiliation, Leistung, Kontakt),
- den Anreizen, die diese Gruppe bietet (z. B. Ziele, Programme, Aktivitäten, Status),
- den Erwartungen, dass eine Mitgliedschaft günstige Ergebnisse erbringt (z. B. die Vermutung, in dieser Gruppe Anerkennung zu erhalten oder weitere Zugangsmöglichkeiten zu erschließen),
- dem Vergleichsniveau einer Person, d. h. den bisherigen Erfahrungen im Hinblick auf andere oder bisherige Gruppenmitgliedschaften,
- dem Vergleichsniveau für Alternativen, d. h. den alternativen Gruppierungen, denen die Person sich anschließen könnte.

Betrachtet man Kohäsion als unabhängige Variable, sind folgende Hypothesen bestätigt (vgl. zusammenfassend *Hogg/Tindale 2001; Sader 2000*):

Bei hoher Kohäsion neigt eine Gruppe dazu,

- Leistungen zu nivellieren (vgl. 2.1.2.2),
- rigide Normen in Bezug auf die Zulässigkeit von Verhaltensweisen zu entwickeln,
- sich gegenüber Abweichlern (nach einer Übergangsphase) intolerant zu verhalten,
- Innovationen zu scheuen, Kreativität zu erschweren,
- Abschottungstendenzen nach außen zu entwickeln, wobei die Binnenkohäsion zu Lasten der externen Integration geht.

Außerdem – und hier greift das Konzept der sozialen Identität (vgl. im nächsten Abschnitt I 5) – neigen hochkohäsive Gruppen dazu, ein Feindbild für (ähnliche) Fremdgruppen zu entwickeln, die stereotyp charakterisiert und abgewertet werden (*Tajfel/Turner 1979; Moreland/Levine 1994*). *Hogg (1992)* empfiehlt insofern einen Brückenschlag zwischen dem Kohäsionskonzept und dem Konstrukt der sozialen Identität: Nur bei starker Kohäsion werden Prozesse der Distinktion wirksam (vgl. I 5).

Ein besonderer Forschungsbereich sind Entscheidungsprozesse in sozialen Gruppen (vgl. *Hogg/Tindale 2001* sowie zusammenfassend *Schulz-Hardt et al. 2002*). Die hier formulierten Gesetzmäßigkeiten gehen davon aus, dass Gruppen unter bestimmten Voraussetzungen leistungsfähiger sein können, als es Individuen in addierten Einzelleistungen sind, dass jedoch zahlreiche Eintrübungen diesen prinzipiellen Gruppenvorteil wieder zunichte machen. Solche Eintrübungen bzw. Verzerrungen sind u. a.: der Risikoschub (risky-shift) vs. Vorsichtsschub (cautious-shift) bzw. eine Tendenz zur Polarisierung (Extremisierung), soziale Faulheit (social loafing), Hidden-profile sowie Group-think (Gruppendenken), die sämtlich der Effizienz von Gruppenentscheidungen entgegenwirken. Die sozialpsychologische Gruppenforschung hat im Hinblick auf die Vielzahl möglicher Fallgruben bei Gruppenentscheidungen reichlich destruktiv gewirkt, während im organisationspsychologischen Raum der Gedanke des Gruppenvorteils und der Teamarbeit nach wie vor lebendig ist. Von diesen Aspekten wird an späterer Stelle (2.1.2.2) noch genauer berichtet.

Die *wirtschaftspsychologische Relevanz* von komparativen und normativen Gruppeneinflüssen ist evident; wir greifen einige heraus:

- sozialer Einfluss in wirtschaftlichen Situationen geringer „physikalischer Realität", z. B. Beurteilung von Produkten bei geringem Einblick in die objektive Beschaffenheit (Qualität);
- Übernahme neuer Aufgaben und Rollen, wobei zunächst exploratives und komparatives Verhalten überwiegt (ähnlich beim Lernen am Modell), etwa bei Berufsanfängern;
- Einfluss von Bezugsgruppen im Hinblick auf instrumentelle und expressive Elemente des Konsumverhaltens, Anpassung und Ausrichtung des Konsumstandards an relevanten Vergleichspersonen oder -gruppen;
- Gruppendruck in Arbeitsgruppen sowie die Entwicklung gruppengeprägter Leistungsnormen (insbesondere in hoch-kohäsiven Gruppen);
- Entwicklung eines Wir-Gefühls innerhalb von Gruppen bis hin zur Konvergenz von Meinungen und Zielsetzungen (z. B. im Sinne einer „Corporate Identity").

Die kurz angesprochenen Konformitätstheorien sind selten in toto *empirisch* getestet worden. Gut untersucht ist im wirtschaftlichen Bereich vor allem der Einfluss der Gruppenkohäsion, z. B. auf Produktpräferenzen: *Bourne (1972)* ermittelt, dass der Bezugsgruppeneinfluss unter bestimmten Bedingungen das Verhalten in stärkerem Maße prägt als individuelle Präferenzen *(Bearden/Etzel 1982). Venkatesan (1966)* überträgt den Grundgedanken des *Asch*-Konformitätsexperiments auf das Konsumverhalten und ermittelt eine Konvergenz der Urteile bei geringer physikalischer Realität. *Seashore (1954)* findet im Arbeitsbereich konvergierende Leistungsnormen in Abhängigkeit von der Gruppenkohäsion: Die Streubreite der Leistungen wird geringer; die Gruppe diszipliniert die Leistungsergebnisse. Die weiter oben anskizzierten Prozesse bei Gruppenentscheidungen sind insbesondere im Rahmen der Organisationspsychologie Gegenstand empirischer Analysen gewesen.

(I 5) Theorie sozialer Identität

Es wird in Folgendem eine Theorie kurz vorgestellt, die bisher im wirtschaftspsychologischen Kontext noch kaum genutzt worden ist: die Theorie der sozialen Identität (SIT) von *Tajfel (Tajfel/Turner 1979; Stroebe et al. 1988)*. Die Theorie bezieht sich auf die Wahrnehmung von Eigengruppen und Fremdgruppen und postuliert, dass allein die *soziale Kategorisierung* eine hinreichende Bedingung für soziale Diskriminierung darstellt (Vorher nahm man im Einklang mit *Sherifs* Untersuchungen über Konflikte zwischen Gruppen an, dass die Diskriminierung erst durch Interessenkonflikte ausgelöst werde. Nach *Taifel* genügt bereits eine simple Kategorisierung als Organisationsprinzip, nicht nur zu stereotypisieren („Wir" und „Ihr"), sondern auch bewusst diskriminierendes Verhalten hervorzurufen.) Das Konzept enthält dabei die folgende Wirkungskette:

stereotypes System
↓
Kategorisierung
↓
soziale Identität
↓
sozialer Vergleich
↓
Distinktheit
(positive Eigenart)
↓
Diskriminierung
(negative Fremdart)

Abb. 14: Prozessmodell sozialer Identitätsbildung

Unterstellt wird ein Motiv nach sozialer Identität, die über Vergleichsprozesse die Erfahrung positiver Eigenart vermittelt. Als Strategien der Distinktheit werden diskutiert: sozialer Wettbewerb in Bezug auf selbstgewählte Vergleichsdimensionen, Neudefinition von Vergleichssituationen (insbesondere bei dissonanten Vergleichen), indem etwa eine neue Vergleichsdimension kreiert wird (z. B. Qualität statt Quantität) oder indem die Vergleichsdimension kognitiv uminterpretiert wird („die eigene Gruppe hat mehr Verantwortung") oder indem man nach anderen Vergleichsinstanzen sucht (z. B. eine andere Arbeitsgruppe, die schlechter abschneidet; Aufrücken in eine Position als „leitender Angestellter").

Die SIT widerspricht der Annahme, dass Ähnlichkeit ein positives Interaktionsklima bzw. erhöhte Sympathie bewirkt, denn sie prognostiziert eine Zunahme der Distanz und der abwertenden Differenzierung *(Turner 1978)*. Ähnlichkeit wirkt also nur *innerhalb* von Gruppenbeziehungen (interpersonelle Interaktion) als Anreiz; im Rahmen von *Inter*gruppenbeziehungen wirkt sie eher als Strafreiz. Dies hat mit der unterschiedlichen Funktion des sozialen Vergleichs zu tun: Soziale Vergleiche wirken im Hinblick auf Konformität, intergruppale Vergleiche sind dagegen auf Abhebung und Abwertung gerichtet: Sie dienen also dazu, die Unterschiede zwischen den Gruppen deutlich zu machen *(Mummendey 1985)*.

Eine Weiterführung der SIT stellt die *Theorie der Selbstkategorisierung* dar *(Turner 1985)*. Zu unterscheiden ist dabei eine personale und eine soziale Ebene der Selbstkategorisierung. Immer dann, wenn Faktoren vorliegen, die die Salienz von Ingroup-Outgroup-Kategorisierungen erhöhen, tritt die individuelle Selbstwahrnehmung – das Individuum in seiner Einzigartigkeit und Unterscheidbarkeit – zurück (De-Individuation). Dies heißt: Nur in manchen Situationen definiert eine Person ihr Selbstkonzept im Sinne der sozialen Identität. *Brewer (1991)* fügt an dieses Konzept eine *Theorie sozialer Unterscheidbarkeit:* Danach werden Personen durch zwei soziale Motive (jenes der Unterscheidbarkeit/Einzigartigkeit und jenes der Inkludierung/Gleichheit) geleitet. Diese Motive weisen eine dynamisch ausbalancierende Wirkung auf, mit dem Ziel eines optimalen Gleichgewichts: Personen streben nach mehr Inkludierung, wenn sie sich den Gruppenzusammenhängen entfremden; sie streben allerdings nach mehr Distinktivität, wenn sie sich allzu sehr von den Gruppenzwängen vereinnahmt fühlen (eine ähnliche Theorie findet der Leser bereits bei *Simmel [1905]*, der von zwei motivationalen Tendenzen ausgeht: der nach Anpassung und der nach Abhebung).

Fragen wir nun nach möglichen *wirtschaftspsychologischen Anwendungen* dieser Theorie. Zunächst hat es den Anschein, als sei die SIT lediglich eine zusätzliche Variante zur Beschreibung und Erklärung von Intergruppen-Konflikten. Die Theorie bezieht sich jedoch auf Gruppen in einem sehr weiten Verständnis („Gruppierungen", „Quasi-Gruppen" im soziologischen Sinn), sodass die hier erarbeiteten Befunde auch anwendbar sind auf das Verhältnis zwischen Statusgruppen, zwischen Abteilungen, Teilbetrieben sowie ganz allgemein: Merkmals„gruppen" (z. B. das Verhältnis Arbeitnehmer/Arbeitgeber, Chemiker vs. Techniker vs. Kaufleute usw.). Die folgenden wirtschaftspsychologischen Bezüge seien exemplarisch herausgestellt:

- Konflikte zwischen Gruppen oder Gruppierungen innerhalb einer Organisation (Abteilungen, Arbeitsgruppen);
- Konflikte abstrakter Art (Kapital vs. Arbeit, Sonderprobleme leitender Angestellter, Unternehmer vs. Gewerkschaften, Underdog-Problematik: „ihr da oben – wir da unten");
- Professionalisierungstendenzen bei Berufen mit starken Aufwertungstendenzen innerhalb der eigenen Profession, Abwertungstendenzen im Hinblick auf andere Berufsgruppen, meist begleitet durch Abgrenzung und Abschottung nach außen (z. B. über Zugangsvoraussetzungen);

- Einstellungen und Reaktionen von Gastarbeitern als einer ethnischen Minderheit, deren expressive Verhaltensweisen häufig die Suche nach sozialer und ökonomischer Identität signalisieren;
- Anstrengungen von Nationen/Staaten (oder Politikern), durch besondere wirtschaftliche Leistungen oder durch distanzierendes wirtschaftliches Verhalten (z. B. Votieren für ein autochthones Wirtschaftssystem) soziale Identität zu fördern oder zu erhalten;
- Entstehung einer „Corporate Identity", sofern das Wir-Gefühl sozialer Identität das gesamte Unternehmen umfasst; diesbezüglich lassen sich besondere Strategien der Distinktheit ableiten;
- expressives Konsumverhalten, das die soziale Identität unterstreicht (z. B. durch Moden, durch Konsumrituale). Solches Verhalten dient der Anpassung nach innen und der Abhebung nach außen („zu denen gehören wir nicht").

Empirische Befunde, die die SIT im wirtschaftlichen Bereich bestätigen, sind bisher höchst selten, obgleich die Experimente zum Gruppenkonflikt sowie zu Aspekten der Kooperation bzw. des Wettbewerbs eine nahtlose Übertragung auf das Gruppenverhalten in Organisationen nahe legen. Das Gleiche gilt für Identitätsprobleme fusionierender Unternehmen. Beispiele für die erfolgreiche Nutzung der SIT sind eher im makropsychologischen Bereich zu finden: *Kanning/Mummendey (1993)* zur Gefährdung der sozialen (nationalen) Identität Ostdeutschlands nach der Wiedervereinigung oder *Müller-Peters/Wiswede (1997)* zur Irritation nationaler Identität Deutschlands durch Verlust der DM. Im Übrigen ist die empirische Basis der Theorie noch dünn; auch hat sich die SIT mit konkurrierenden Konzepten auseinander zu setzen. Besonderes Interesse gilt auch dem Umstand, dass multiple (überlappende) Kategorisierungen möglich sind („criss cross"; analog in der Soziologie: „cross cutting-cleavages"), die sich auf den Konflikt verschärfend oder mildernd auswirken. Für die pragmatische Analyse kann das Konzept in zweifacher Hinsicht nutzbar gemacht werden: Förderung der Identität/Distinktheit (etwa im Sinn des Wir-Gefühls oder der Corporate Identity) oder aber Abbau der Distinktheit aufgrund geringerer Kategorisierungssalienz (auf kognitivem Wege oder durch Strategien der Rollenumkehrung oder etwa durch Rotationsverfahren: Job rotation). Oft wird das Ziel darin gesehen, die Distinktheit auf eine andere Ebene zu verlagern: z. B. „weg vom Abteilungsdenken, hin zum Firmendenken".

3.3 Ein Theoriekern für wirtschaftspsychologische Forschung

Wir haben unsere kurze Revue wirtschaftspsychologisch relevanter Theorien bereits so vorgeführt, dass weniger die Trennungslinien und Unterschiedlichkeiten, sondern eher das Verbindende und die Gemeinsamkeiten sichtbar wurden. Diesen Aspekt der Gemeinsamkeit wollen wir in diesem Abschnitt noch verdeutlichen. Der Leser sollte nicht den Eindruck haben, als sei unsere Revue eine Art Wanderschau oder ein Selbstbedienungsladen, in dem die Theorien – je nach Problembereich und je nach dem jeweiligen empirischen Befund – zur gefälligen Bedienung bereitstehen. Wir plädieren vielmehr für die Federführung durch ein bestimmtes Theoriekonzept, das allerdings hinreichend offen sein sollte für die Aufnahme von Teiltheorien, die im Rahmen des Gesamtkonzepts wie Module ausgetauscht werden können (vgl. zu dieser Vorgehensweise *Wiswede 1988 a).*

Die Konzentration auf eine solche Kerntheorie birgt allerdings einige Gefahren. Ein wichtiger Einwand besteht darin, dass die Parteilichkeit im Theoriebezug in einer einführenden Darstellung fehl am Platze sei: „Einführungen" müssten sich durch weitgehende Neutralität auszeichnen; Konzepte und Theorien sollten lediglich vorgestellt werden, zu frühzeitige kritische Stellungnahmen würden recht einseitige Konzeptionen fördern. Dieser Einwand ist beachtlich, und er würde sehr wohl auch greifen, wenn der Autor eine sehr exotische theoretische Position einnähme. Die von uns bezogene Position ist jedoch ausgesprochen vermittelnd; sie versteht sich als Suche nach dem gemeinsamen Kern vieler der hier vorgetragenen Einzeltheorien. Wir glauben, dass ein im Prinzip *lerntheoretisches Konzept* in *kognitiver Abwandlung* einen fruchtbaren Bezugsrahmen wirtschaftspsychologischer Forschung abgibt. Die Fruchtbarkeit eines solchen Konzepts hängt auch mit der Eigenart des Erkenntnisbereichs der Wirtschaftspsychologie zusammen: Häufig geht es hier um Verhaltensweisen, die durch gedankliche *Vorwegnahme von Handlungskonsequenzen* charakterisiert sind, sei es im produktiven Bereich bei der Planung des Arbeitseinsatzes oder sei es im konsumtiven Bereich bei der Nutzenerwartung im Hinblick auf die Verwendung von Gütern.

Wenn nun im wirtschaftlichen Bereich die Konsequenzen des Verhaltens einerseits und der Zukunftsbezug von Erwartungen und Planung andererseits besonders zentral sind, so scheint sich eine Theorie anzubieten, die beide Komponenten thematisiert. Hinreichend allgemein scheint uns als gemeinsamer Nenner unsere Formel CE ⟶ B zu sein, die im Prinzip einer *Wert-Erwartungs-Theorie* entspricht. Dieses Konzept taucht als Theoriekern im Rahmen vieler zentraler Bereiche psychologischer wie auch ökonomischer Theorien auf (Tab. 6).

Die verschiedenen Varianten lassen sich hierbei danach unterscheiden, ob sie von subjektiven oder objektiven Werten bzw. Erwartungen ausgehen; nur subjektiv wahrgenommene (kognizierte, erlebte, antizipierte) Parameter sind von unmittelbar psychologischer Relevanz. Die Verknüpfung zwischen beiden Größen kann unspezifisch sein, etwa bei *Rotter (1954)*, wobei das Verhalten (B) oder die Einstellung (A) auf (Verstärker-)Werte (Valenzen) und Erwartungen zurückgeführt wird; simplifiziert: B = f (V, E). Weitere Verknüpfungsmöglichkeiten sind additiv: B = f (V + E). Größere Verbreitung haben multiplikative Modelle (so z. B. *Boneau 1974; Vroom 1967* sowie *Fishbein/Ajzen 1975)*: B (A) = f (V x E). Die letztgenannte Variante ist zu sorglos im Hinblick auf die multiplikative Verknüpfung; sie muss voraussetzen, dass Valenzen und die mit ihnen verbundenen Auftretenswahrscheinlichkeiten vollkommen voneinander unabhängig sind, was psychologisch problematisch sein dürfte. Die Abkehr von Proportionalitätsannahmen sowohl bei der Wahrscheinlichkeitsfunktion wie auch bei der Wertefunktion (i. S. der Prospect-Theory, M 7) sowie die besondere Verknüpfung von Anreizwerten und Erfolgswahrscheinlichkeiten (i. S. der Theorie der Leistungsmotivation, M 3) machen deutlich, dass unter verschiedenen Randbedingungen jeweils spezifische Verknüpfungsregeln denkbar sind.

Tabelle 6: Bereiche psychologischer Forschung und entsprechende Wert-Erwartungs-Theorien

Bereiche psychologischer Forschung	diesbezügliche W-E-Theorien
Einstellungstheorie	*Fishbein/Ajzen (1980)* („caused action“)
Lerntheorie	*Rotter (1954)* („Soziale“ Lerntheorie)
Motivationstheorie	*Vroom (1967)* (Instrumentalitätstheorie)
Nutzentheorie	*Edwards (1950)* („SEU-Theorie“)

Unabhängig von der Frage, in welcher Weise Werte und Erwartungen miteinander verbunden sind, scheint uns der Hinweis sinnvoll, dass die Einschätzung von C und E auf *Lernprozessen* basiert. Betrachten wir hierbei zunächst die *C-Variable*. Sieht man C im Lichte vorausgegangener Erfahrungen (d. h. als Resultat vorangegangener Lernprozesse), dann lässt sich C inhaltlich im Sinne *Rotters (1954)* auch als „Verstärkerwert" interpretieren, der durch Vergleichsprozesse sozialer und nicht-sozialer Art abgeglichen ist. Dies bedeutet, dass Wert- Erwartungs-Theorien in Lerntheorien einmünden (können); sie verlieren damit ihren abstrakt-inhaltsleeren Charakter und gewinnen an empirischer Substanz.

Betrachten wir ferner die *E-Variable*. Nach der vorausgegangenen Erörterung sind Erwartungen nur eine Teilklasse kognitiver Variablen, die übergreifende Kategorie sind „Hypothesen" im Sinne der Hypothesentheorie. Die Hypothesen des Individuums hatten wir für selektive Wahrnehmungsprozesse einerseits und für die Bildung von Verhaltensdispositionen andererseits verantwortlich gemacht. Wie die C-Variablen, so werden auch Hypothesen durch Lernprozesse erworben. Attributionen, Einstellungen und Erwartungen sind lediglich verschiedene Metamorphosen solcher „Hypothesen". Auch sei wiederum betont, dass Erwartungen in vielerlei Gestalt auftreten: als perzipierte normative Erwartungen (Hypothesen über das Vorliegen sozial erwünschten Verhaltens) sowie als antizipative Erwartungen (Hypothesen über zukünftige Ereignisse), und dass letztere wiederum als Effizienz-Erwartungen (Hypothesen über die Effektivität des eigenen Verhaltens) oder als Konsequenz-Erwartungen (Hypothesen über die Wahrscheinlichkeit des Auftretens bestimmter Ereignisse, sofern das Verhalten effektiv war) in Erscheinung treten. Setzen wir daher an die Stelle von C (für Konsequenz) V (für Verstärkerwert) und an die Stelle von E (für Erwartung) die allgemeinere Variable H (für Hypothese), so erhalten wir:

$$HV \longrightarrow B$$

$$\text{bzw. } B = f(V,H)$$

wobei HV eine hypothesengeleitete antizipierte Verstärkerwirkung bedeutet. Die Formel ist einfach; doch dahinter verbergen sich sämtliche Implikationen einer hypothesengeleiteten Verstärkertheorie (zur expliziten Formulierung dieser kognitiven Lerntheorie sozialen Verhaltens vgl. *Wiswede 1988 b)*. Jedoch könnte ein solcher Theoriekern zahlreiche kompatible Konzepte satellitenartig – gewissermaßen als Module – integrativ in sich aufnehmen.

B Bereiche der Wirtschaftspsychologie

Im zweiten Teil dieser Einführung geben wir einen gerafften Überblick zur Problematik und zum Forschungsstand der einzelnen wirtschaftspsychologischen Arbeitsgebiete aus gesamtwirtschaftlicher und aus einzelwirtschaftlicher Sicht. Schon diese Trennung ist allerdings problematisch und die Zuordnung mitunter ein Zufallsprodukt: Wie ist es z. B. logisch zu rechtfertigen, das Studium des Konsumverhaltens unter einzelwirtschaftlicher Perspektive zu betreiben, die Analyse des Sparverhaltens dagegen einer eher gesamtgesellschaftlichen Blickweise unterzuordnen? Die Unterscheidung macht lediglich in der Weise Sinn, dass die zunächst angesprochenen Sachverhalte eher von Volkswirten aufgegriffen worden sind, während die Themen des zweiten Teilkapitels vorwiegend für Betriebswirte interessant sein dürften. Stets jedoch geht es um das Verhalten von Individuen; unterschiedlich ist lediglich die Aggregatebene, auf der diese Verhaltensweisen ihren Niederschlag finden.

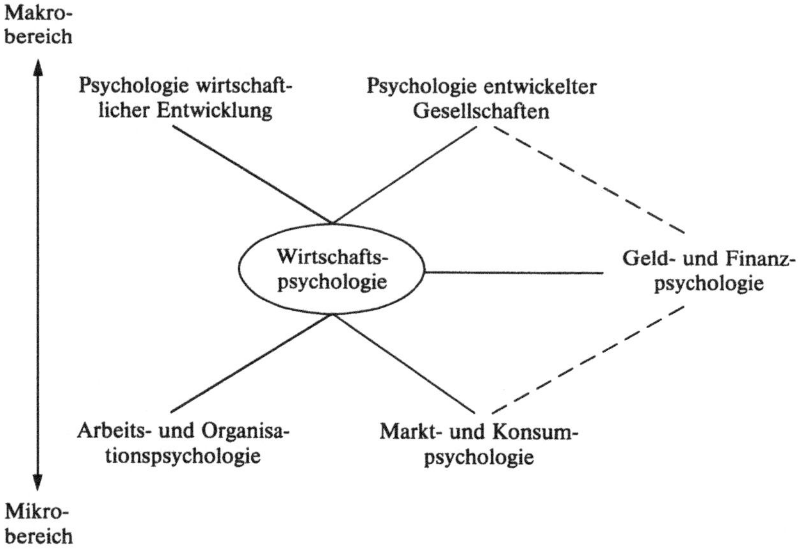

Abb. 15: Bereiche der Wirtschaftspsychologie

1 Psychologie makroökonomischer Prozesse

Wir befassen uns in diesem gesamtwirtschaftlich orientierten Kapitel zunächst mit einigen psychologischen Aspekten der wirtschaftlichen Entwicklung, um sodann einige ausgewählte aktuelle Problembereiche der gegenwärtigen Wohlstandsgesellschaft mit psychologischer Sonde zu erfassen.

1.1 Psychologie wirtschaftlicher Entwicklung

1.1.1 Psychologie der Industrialisierung

Die erste gesamtgesellschaftlich relevante Frage, die wir hier aufgreifen wollen, befasst sich mit dem Beitrag der Psychologie zu Fragen *ökonomischer Entwicklung*. Zunächst geht es dabei um ein Teilproblem dieses Fragenkreises, das eine vorwiegend historische Dimension hat: nämlich die psychischen Ursachen/Anstöße/Auslöser wirtschaftlicher Entwicklung, die die Ablösung einer traditionellen, vorwiegend agrarisch dominierten Gesellschaft und die Hinwendung zur industriellen Leistungsgesellschaft eingeleitet haben.

Wir befassen uns also in diesem Abschnitt vornehmlich mit der historischen Frage nach den Anfängen der Industrialisierung, obgleich einige der hier diskutierten Fragen auch Licht auf psychische Prozesse in Entwicklungsländern sowie in voll entwickelten „modernen" Wirtschaftsgesellschaften werfen. Die hier aufgeworfene Frage des „take off" *(Rostow)* – die Ursprünge des Unternehmertums und des Kapitalismus sowie die damit einsetzende Modernisierung und Industrialisierung – hat Ökonomen (z. B. *Schumpeter 1931/1968; Samuelson 1961),* Soziologen (z. B. *Weber 1965; Lerner 1958)* und Psychologen (z. B. *McClelland 1961; Hagen 1962, 1975; Kunkel 1970; Reynaud 1981; Lea et al. 1987)* gleichermaßen beschäftigt. Wenn man sich mit psychologischen Ansätzen befasst, so bleibt hierbei stets zu beachten, dass die psychologische Perspektive dazu verführt, sozial-strukturelle und ökonomische Rahmenbedingungen zu vernachlässigen, innerhalb derer sich sozialer Wandel überhaupt vollziehen konnte (vgl. zur Interaktion psychischer und struktureller Aspekte des sozialen Wandels: *Wiswede/Kutsch 1978),* sodass die Schwerpunkte psychologischer Analysen – die Veränderung von Werten, Einstellungen, Bedürfnissen, Ansprüchen und Motivationen – oftmals den sozialstrukturellen Kontext nicht genügend berücksichtigen, in dem diese Veränderungen stattfinden.

(1) Puritanische Ethik

Obgleich Soziologe, können *Max Webers* Beiträge zur protestantischen Ethik durchaus als Versuch verstanden werden, soziale Wandlungsprozesse mit einem im Prinzip psychologischen Ansatz anzugehen. Seine berühmten Aufsätze zur Religionssoziologie haben nämlich deutlich gemacht, dass die Ratio des Kapitalismus durch bestimmte *Glaubensinhalte,* speziell des calvinischen Puritanismus und des lutherischen Pietismus, mitbedingt wurde *(Weber 1965).* Während das Wertsystem traditionaler Gesellschaften die für die moderne

Wirtschaft typischen Verhaltensweisen weder toleriert noch gar fördert, ist im Protestantismus, zumal in den extremeren Formen des Calvinismus oder Puritanismus, Arbeit ein „gottgefälliges Werk“, Leistung und Erfolg in dieser Welt Indikator der Erwählung auch für die jenseitige Welt, und materieller Erfolg ist gewissermaßen die Eintrittskarte in das Paradies. Die Erfüllung innerweltlicher Pflichten wird zum legitimen Mittel, gottgefällig zu leben, und der materielle Erfolg solchen Handelns ist eben nichts anderes als der göttliche Gunstbeweis (vgl. *Wiswede 1972; Furnham 1989*). Auch wenn die Wertverlagerung später solch religiöser Rechtfertigung nicht mehr bedurfte – nachdem die neue Ratio einmal funktionell autonom war –, hat sie doch entscheidend dazu beigetragen, die Herauslösung aus traditionellen Strukturen zu ermöglichen.

Die puritanische Gesinnung kann psychologisch durch zwei Aspekte beschrieben werden: Stärkung von Kontrollüberzeugungen („Macht Euch die Erde untertan“) sowie die Etablierung anti-myopischer Effekte im Sinne eines Belohnungsaufschubs (delay of gratification).

(2) Alternative Ansätze

Andere Autoren *(Schumpeter 1931/1968; Lerner 1958; Barre 1958; McClelland 1961; Kunkel 1970; Hagen 1962, 1975)* haben alternative oder zusätzliche Erklärungsmuster vorgeschlagen. *Schumpeter* unterstreicht die Rolle des „Ausbruchs aus der Routine“ und den Mut zur Neukombination; *Lerner* betont Empathie und Mobilität als wichtigste Persönlichkeitszüge des „unternehmenden“ Menschen; *Barre* hält die Tatsache gewandelter Einstellungen (zum materiellen Fortschritt, zum Zeitempfinden und im Hinblick auf Kapitalakkumulation) für bedeutsam, und *Reynaud* diskutiert „basic parameters“ wirtschaftlicher Entwicklung: „interest for work“, „judgement“, „knowledge“ („the formula IJK“). Die hier vorgetragenen Ideen – und viele andere, die im Zuge der Modernisierungsforschung sowie im Umkreis der Beschreibungen sozioökonomischen Wandels diskutiert worden sind – betreffen *veränderte Denkhaltungen und Einstellungen,* die in irgendeiner Weise für den wirtschaftlichen „take off“ verantwortlich zeichnen sollen, sie erklären jedoch nicht, wieso es zu einem solchen Einstellungswandel kommen konnte. Auch klammern sie das Problem von Ursache und Wirkung aus; es könnte nämlich auch sein, dass die Einstellungsänderung keineswegs Ursache und Auslöser, sondern das Ergebnis des Wandels ist *(Wiswede 1998 a).*

McClelland (1961) knüpft an *Weber* an und argumentiert, dass nicht nur protestantisch orientierte Verhaltensweisen wirtschaftlichen Erfolg begünstigen, sondern dass verschiedene Anfangsbedingungen zu hoher Leistungsmotivation führen können, die ihrerseits leistungsorientiertes Verhalten erzeugt. Die Feststellungen *Webers* werden damit auf die Theorie der *Leistungsmotivation* zurückgeführt, wobei eingeschränkt wird, dass protestantischer Glaube nur dann Kapitalismus hervorbringe, wenn er zu bestimmten Erziehungsstilen führe und wenn diese Sozialisationstechniken zu verstärkter Leistungsmotivation und folglich zu mehr Wirtschaftswachstum veranlassen. Entscheidend sind also leistungsstimulierende Erziehungsstile, die jedoch auch anders als durch protestantische Werte initiiert werden können.

Wiederum andere Ansätze versuchen den Rahmen der Theorie der Leistungsmotivation zu erweitern, indem sie attributionstheoretische Vorstellungen auf die Entwicklungsthematik beziehen *(Strümpel 1976; Gurin/Gurin 1976).* Wichtig ist hierbei der Umstand, ob und in wel-chem Ausmaß die Handelnden bestimmte Ergebnisse ihren *eigenen Anstrengungen* zuschreiben (vgl. „locus of control“ im Sinne von *Rotter 1966).* Der Glaube an die „Machbarkeit der Welt“ ist Ausdruck einer Denkhaltung, die in der Sozialisationsforschung als „mastery complex“ (im Gegensatz zu „fatalism“) bezeichnet wird: als der Glaube, die Umwelt aktiv und verantwortlich ändern zu können, letztlich auch: „seines Glückes Schmied“ zu sein.

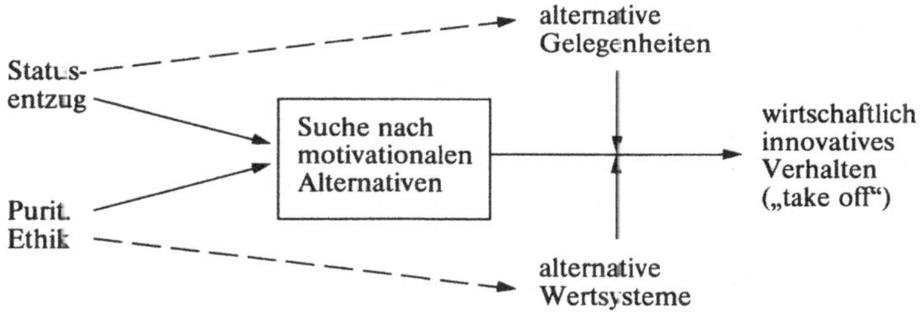

Abb. 16: Einige Bedingungen wirtschaftlichen „Aufbruchs"

Einen etwas spekulativen Ansatz zur Erklärung des „take off" bietet *E. Hagen (1962).* Er meint, dass immer dann, wenn eine soziale Gruppe einen sozialen Abstieg erlebt, die Söhne der Folgegeneration – angespornt durch ihre Mütter – technologische Innovatoren werden. Am Beginn der Kausalkette steht ein *Statusentzug:* Einer Elitegruppe wird das bisher beanspruchte Prestige streitig gemacht. Bei anhaltendem Entzug sozialer Anerkennung wandelt sich nach *Hagen* in der Folgegeneration der deklassierten Sozialgruppen die Interaktion zwischen Eltern und Kindern derart, dass gegenüber den traditionalen Rollen entfremdete und später innovative Formen sozialen Verhaltens in der jeweils neuen Generation ausgeformt werden. Diese Wirkungskette werde durch eine besondere Erziehungskonstellation induziert, in der frustrierten und apathischen Männern Frauen mit vergleichsweise höherem Anspruchsniveau gegenüberstehen, die diese Aspirationen auf die Söhne projizieren.

Empirisch ist allerdings in keiner Weise belegt, warum die Söhne der frustrierten Generation – angespornt durch projektiv-leistungsmotivierte Mütter – gerade technologische Innovatoren werden sollten. Denn insbesondere besteht das Problem, dass der gleichen gesellschaftlichen Ausgangslage (Statusfrustration) schließlich ebenso kreative Tätigkeiten wie auch restitutive Verhaltensweisen (bis hin zur Apathie) folgen könnten. Befreien wir *Hagens* Theorie jedoch von ihrem psychoanalytischen Ballast, so könnte die Variable Statusentzug – z. B. für die ehemaligen Eliten, etwa Aristokraten – im Zusammenhang mit neuen Wertsetzungen – etwa calvinische Ethik – durchaus einen gewissen Erklärungswert haben: Statusentzug schafft ein Elite-Vakuum, das durch solche Personen aufgefüllt wird, die dem neuen Wertsystem entsprechen.

Kunkel (1970) versucht die Ansätze *Hagens* und *McClellands* in einem lerntheoretischen Modell zu integrieren. Grundannahme der von ihm ausgewählten lerntheoretischen Vorstellungen ist, dass die meisten Verhaltensweisen durch *differenzielle Verstärkung* gelernt werden, wobei die im Rahmen einer Gruppe oder Gesellschaft „erwünschten" Verhaltensweisen belohnt, andere dagegen nicht belohnt und wieder andere bestraft werden. Dabei sind die Elemente des sozialen Kontextes danach zu unterscheiden, ob sie – als diskriminative Stimuli – die Auftretenswahrscheinlichkeit eines Verhaltens verstärken oder ob dies nicht der Fall ist. Im Einklang mit den Vorstellungen der behavioristischen Lerntheorie (vgl. M 5) schließt *Kunkel,* dass wirtschaftliche Entwicklung durch systematische Änderung der Faktoren, die zum Aufbau neuer oder Abbau alter Verhaltensmuster beitragen, begünstigt oder beschleunigt wird. Das hier gewählte Verhaltensmodell führt somit zu dem Schluss, dass bei jeder Verhaltensbeeinflussung Änderungen zuerst bei den *Verhaltenskonsequenzen* auftreten müssen. Allein solche Aspekte des sozialen Kontextes seien hierbei relevant, die diese Komponenten des Lernprozesses beeinflussen. So werde etwa das Leistungsverhaltens-Syndrom insbesondere durch die Änderung wirklicher oder vermuteter Handlungskonsequenzen stimuliert, die leistungsorientierten Verhaltensweisen zugeordnet sind.

Der Ansatz von *Kunkel* hat den Vorzug, historisch relativierte Quasi-Theorien auf ein theoretisches Niveau zu versetzen und damit den Anwendungsbereich zu erweitern (etwa im Hinblick auf die Problematik in den Entwicklungsländern, auf die Diffusion von Neuerungen sowie auf psychologische Dimensionen von Wohlfahrtsgesellschaften). Freilich ist der hier gewählte Ansatz zunächst noch reichlich abstrakt – allerdings auch genügend offen zur Aufnahme von Kontextvariablen – und durch den behavioristischen Bezugsrahmen recht begrenzt. Es lässt sich jedoch zeigen *(Wiswede 1983)*, dass die Theorie von *Kunkel* in einer kognitiv erweiterten Form – vor allem durch die Einbeziehung des Modell-Lernens und des Medien-Lernens – eine durchaus fruchtbare Perspektive darstellt, um ökonomische Entwicklungsprozesse zu erklären.

(3) Die Rolle des Unternehmertums

In der Theorie der wirtschaftlichen Entwicklung spielt das *Auftreten von Unternehmern* deshalb eine besondere Rolle, weil sie vor allem die Träger dieser Entwicklung sind und weil sie das weitere Fortschreiten zu wirtschaftlichem Erfolg initiieren. Die Psychologie des „innovativen Unternehmertums" *(Gilad 1986; Wärneryd 1988; Frese 1998)* impliziert jedoch die generelle Frage nach den sozio-psychischen Entfaltungsbedingungen des Unternehmertums und den besonderen Persönlichkeitsmerkmalen, die Unternehmer gegenüber anderen Individuen auszeichnen. Als abhängige Variablen fungieren meist Neigung zur Unternehmensgründung sowie unternehmerischer Erfolg (für eine nicht-historische Perspektive vgl. vor allem *Lang-von Wins 2004; Moser et al. 1999; v. Rosenstiel/Lang-von Wins 1999*).

Zunächst bedarf es der näheren Bestimmung dessen, was hier unter dem Begriff „Unternehmer" verstanden werden soll. Eine solche Definition erscheint hier deshalb wichtig, weil Unternehmer in verschiedenen Kontexten auftreten, die höchst unterschiedliche situative Bedingungen repräsentieren: Unternehmer des 19. Jahrhunderts, die wirtschaftliches Neuland betreten haben, unterlagen zweifellos anderen Bedingungen als jene, die heute auf „ausgetretenen Pfaden" wandeln und allenfalls in sehr partikularen Richtungen innovativ oder „unternehmerisch" wirken. Oder betrachten wir Unternehmer in unterschiedlichen *Phasen des Lebenszyklus* eines Unternehmens: der Mann der „ersten Stunde" etwa, der die Pionierarbeit leistet und der andere Funktionen zu erfüllen hat als der Unternehmer der „zweiten Stunde", der in der Phase der Konsolidierung eher administrativ-organisatorische Fähigkeiten aufweisen muss, bis schließlich – vielleicht in der dritten Phase der Organisationsentwicklung – wiederum innovative Fähigkeiten gefordert sind, die zu einer Entkrustung bürokratischer Strukturen beitragen und den Aufbruch zu neuen Ufern einläuten *(Schein 1978; Rogers/Larsen 1986)*.

Die Kernvorstellung des Unternehmers ist weniger mit der Figur des Managers oder des Administrators verbunden, zumal man bei Managern erstaunlich geringe Risikoneigung ermittelt hat *(Swalm 1966)*. Hier bewährt sich *Schumpeters (1934)* Sicht, wonach der Unternehmer das bisherige ökonomische Gleichgewicht verlässt und damit neue, schöpferische Entwicklungen einleitet *(Elliott 1983; Giersch 1984; Ronen 1983; Oesterdiekhoff 1993)*. Dass dieses schöpferische Element auch *innerhalb* der Organisation zur Geltung kommen („intrapreneur") und dass unternehmerisches Verhalten auch jenseits des Eigentümer-Unternehmers im Mitarbeiterkontext Platz greifen kann, dürfte dann evident sein, wenn wir unternehmerische Aktivitäten von starren Rollenfestlegungen befreien (ähnlich verfahren *McClelland/Winter 1969)*.

(4) Charakteristika von Unternehmern

Üblicherweise interessiert sich die Psychologie vor allem für Persönlichkeitseigenschaften und Motive von Unternehmern. Als zentrale Persönlichkeitsmerkmale (oder „Eigenschaften") werden diskutiert: self-confidence, perseverance, dynamism, profit-orientation, optimism, alertness u. v. a. *(Gilad 1986; Ronen 1983)*. Insbesondere *Kirzner (1979)* hebt „alertness" als entscheidenden Faktor hervor: „in addition to the exploitation of perceived opportunities, purposive human action involves a posture of alertness towards the discovery of as yet unperceived opportunities and their exploitation. This element in human action – the alertness toward new valuations with respect to ends, new availability of means – may be called the entrepreneural element in the individual decision" *(Kirzner 1979, 109)*. Solche Charakterisierungen wirken jedoch eher definitorisch, sie geben keinen Aufschluss darüber, ob und in welchem Ausmaß Persönlichkeitszüge bei solchen Personen auftreten, deren Unternehmermerkmal man unabhängig von dieser Charakteristik definiert hat.

In einer auf *Cattells* „Persönlichkeits-Inventar" beruhenden Untersuchung *(Klandt 1984)* wurden Unternehmensgründer als besonders sozial-initiativ und flexibel beschrieben, sie sind außerdem durch einen ausgeprägten Individualismus sowie ein deutliches Dominanzstreben charakterisiert. Hinsichtlich der Risikobereitschaft sind die Ergebnisse nicht eindeutig. Normalerweise würde man im Unternehmer und im Selbstständigen einen Menschen sehen, der viel Risiko auf sich nimmt. Hat er Erfolg, so bescheinigt man ihm „echtes Unternehmertum", hat er Misserfolg, dann hat er zu viel riskiert (vgl. *Rauch/Frese 1998)*. *Timmons et al. (1977)* sowie *Begley/Boyd (1987)* fanden jedoch, dass die Risikobereitschaft nur zu einem geringen Teil mit unternehmerischem Erfolg zusammenhängt; mittleres Risiko (im Sinne der Theorie der Leistungsmotivation) scheint die Erfolgsaussichten zu verbessern. Wir vermuten, dass dieser Befund mit den Effizienzvariablen zusammenhängt und selektiv lediglich für erfolgreiche Unternehmer gilt.

Des Weiteren gibt es Versuche, bestimmte Unternehmertypen zu differenzieren *(Woo et al. 1988; Chell et al. 1991; Furnham 1988, 1997; Miner 1997)*. *Woo et al.* unterscheiden den „entrepreneur" (innovativ, einfalls- und ideenreich, ruhelos, pro-aktiv) vom „caretaker" (administrativ, begrenztes Risiko, Verfolgung bewährter Konzepte). *Miner* beschreibt vier unterschiedliche Typen: den Leistungsmotivierten, den „Superverkäufer", den „geborenen" Manager sowie den Experten. Der Wert solcher Typologien ist begrenzt und am ehesten auf der Basis bestimmter Rollenanforderungen (unterschiedlich auch während des Lebenszyklus eines Unternehmens) von gewisser Aussagekraft (vgl. *Lang-von Wins 2004*).

Im Gefolge *McClellands (1961; McClelland/Winter 1969)* stand das Ausmaß der Leistungsmotivation für das Entstehen unternehmerischen Handelns im Vordergrund. Der Kreis um *McClelland* sowie die an ihn anschließenden „cross-cultural-studies" ermittelten zwar gewisse Korrelationen zwischen Leistungsmotivation und Unternehmertum, doch fielen diese im Allgemeinen eher bescheiden aus. Neben der Tatsache, dass bestimmte Motivationen nur im Zusammenhang mit spezifischen sozialstrukturellen Bedingungen – z. B. Chancenstrukturen – wirken und aus diesem Kontext heraus ihre spezifische Ausrichtung erfahren, dürfte das Konzept der Leistungsmotivation – auch nach vier Jahrzehnten intensiver psychologischer Forschung – alles andere als klar sein. *Kashima* und *Triandis (1986)* weisen mit Recht darauf hin, dass das Leistungsmotiv etwa in den USA eine ganz andere Einfärbung hat als in Japan. Schon die erste Explikation der LM-Theorie (vgl. M 3) kennt zwei Teilmotive (success/avoid failure); in Wahrheit dürfte das Konzept noch weit differenzierter zu handhaben sein, wie *Kukla* und *Scher (1986)* für den interkulturellen Bereich vermuten. Insofern sind die dürftigen Operationalisierungen *McClellands* („the desire to do something better, faster, more efficiently", „comparison with a standard of excellence") ihrerseits psychologisch differenzierungs- und erklärungsbedürftig *(Kashima/Triandis 1986; Wärneryd 1988)*.

McClelland und seine Mitarbeiter fanden im Übrigen, dass ein hoher LM-Wert offensichtlich stark individualistisches Verhalten begünstigt, das den gestalterischen Fähigkeiten (z. B. Koordination, Kooperation usw.) oftmals im Wege stünde. Zumindest für moderne Führungsaufgaben sei daher ein mittleres Maß an Leistungsmotivation zu koppeln mit einem hohen Wert an Machtmotivation; erst diese *Motivkonstellation* sei die Quelle unternehmerischen Wachstums. Zur „imperialen Motivkonstellation" *(McClelland 1987)* gehöre darüber hinaus eine niedrige Ausprägung des Affiliationsmotivs. Die hier angesprochene Komponente der Machtmotivation ist allerdings weniger auf die Wahrung von Ego-Interessen gerichtet, sondern legt eher einen „sozialen" Gebrauch der Macht nahe: im Sinne der Schaffung, Gestaltung und Veränderung von „Welt", also so etwas wie „schöpferische Macht". Wir vermuten, dass über erklärungskräftige Motivkonstellationen noch längst nicht das letzte Wort gesprochen ist. In Japan etwa hat sich das Affiliationsmotiv – Anschlussbedürfnis: Motiv, in eine Gruppe integriert zu sein – als ausgesprochen leistungsstimulierend erwiesen. Dieses Motiv wurzelt in einer bestimmten historisch-kulturellen Situation („Clan-Geist") und dürfte unter neuen sozial-kulturellen Bedingungen lediglich umgelernt worden sein.

Man kann das Konzept der Leistungsmotivation bekanntlich mit kognitiven Variablen anreichern *(Weiner 1974),* wobei die „Locus-of-control-Theorie" (vgl. M 3 sowie K 3) von *Rotter (1966)* verschiedentlich auch auf das unternehmerische Verhalten angewandt wurde *(Shapero 1975; Brockhaus 1980; Bonnett/Furnham 1991; Brandstätter 1997).* Obgleich gegen das Messverfahren von *Rotter* (I-E-Skala) ständig Bedenken angemeldet worden sind, kann insgesamt die Hypothese als bestätigt gelten, dass Unternehmer in starkem Maße *internal kontrolliert* sind und dass sich der eher internal kontrollierte Manager dynamischer und innovativer verhält *(Panday/Tewady 1979; Begley/Boyd 1987).* Münzt man die kognitive Variable der Kontroll-Lokation in eine Persönlichkeitsvariable um, so sind unternehmerische Personen häufiger sogenannte „internals" im Sinne von *Rotter* oder „origins" im Sinne von *DeCharms.* Eine andere Skala, nämlich die von *Kirton (1976),* geht von bestimmten kognitiven Stilen aus (adaptiv vs. innovativ). Auch hier zeigte sich, dass Unternehmer signifikant höhere Werte auf der sogenannten KAI-Skala aufwiesen, d. h. eher auf der innovativen Seite des Kontinuums zu finden waren. Sie schaffen eher „Diskontinuitäten" und trachten danach, Dinge anders zu machen als lediglich „besser", sie sind keine Perfektionisten.

Unternehmer haben demnach im Hinblick auf Unternehmensgründungen und unternehmerische Projekte ausgeprägtere *Kontrollüberzeugungen.* Diese Variable schimmert auch in verwandten theoretischen Ansätzen durch. So finden etwa *Frank/Korunka (1996)* bei Firmengründern eine stärkere *Handlungsorientierung* (im Gegensatz zur Lageorientierung im Sinne Kuhls, vgl. K 4). Andere Autoren verweisen auf die Dominanz *proaktiven Verhaltens,* d. h. die Möglichkeit, auf seine Umgebung aktiv gestaltend einzuwirken. Reaktives Verhalten, das lediglich in der Anpassung an die vorhandenen Bedingungen der relevanten Umwelt besteht, wäre demnach ein hemmender Faktor für unternehmerischen Erfolg (vgl. *Lang-von Wins 2004*). Proaktives Verhalten begünstigt darüber hinaus strategisches Planen sowie das Verfolgen möglichst konkreter langfristiger Ziele. *Lang-von Wins* betont diesen Planungsprozess und schlägt vor, unternehmerisches Handeln im Rahmen der Theorie geplanten Verhaltens (K 1) zu erklären, in der wir auch den Kontrollüberzeugungen (unter der Bezeichnung „control beliefs") wieder begegnen. Verwandte Konzepte (Effizienzerwartungen, Selbstwirksamkeit sensu *Bandura* (vgl. M 6) dürften gleichfalls mit unternehmerischem Erfolg korrelieren.

Allerdings dürfte auch zu vermuten sein, dass Unternehmensgründer häufig der *Kontroll-Illusion* unterliegen: Sie unterschätzen das Risiko der Gründung und überschätzen systematisch ihre Fähigkeiten, das Unternehmensziel auf dem Markt durchsetzen zu können. Für diese Annahme spricht insbesondere auch die Tatsache, dass viele Unternehmungen scheitern. Hat man dagegen Erfolg, so ist es (im Lichte des „outcome-bias", vgl. *Baron/ Hershey 1988)* immer sehr einfach, den Pioniergeist und Wagemut der Verantwortlichen zu preisen, obgleich sie genau genommen möglicherweise nur leichtsinnig, tollkühn oder am Rande der Legalität operiert haben. In diese Richtung gehen auch Befunde (z. B. *Preisendörfer 1999*), denen zufolge innerhalb der ersten fünf Jahre nach der Gründung die meisten Unternehmen wieder aufgelöst werden.

Damit unternehmerische Fähigkeiten überhaupt Möglichkeiten zur Entfaltung erfahren, bedarf es einer Reihe sozial-struktureller Ausgangsbedingungen. In diesem Zusammenhang ist insbesondere der Faktor „role-model-availability" empirisch untersucht worden *(Simonton 1975)*. Gemeint ist die Existenz bestimmter *Rollenmodelle,* die im Sinne der Theorie des Modell-Lernens (vgl. M 6) zur Nachahmung einladen. Dies gilt einmal für den engeren sozialen Kontext wie Verwandtschaft, soziales Milieu, Bezugsgruppen, jedoch auch für den gesellschaftlichen Kontext allgemein. Insbesondere dann, wenn Unternehmer in einer Gesellschaft in ein positives Licht rücken und wenn ihr Verhalten auch sozial belohnt wird, wächst die Bereitschaft, selbst eine solche Rolle zu übernehmen. In einer Gesellschaft, in der vorwiegend ein Negativbild des Unternehmers gezeichnet wird – postindustrielle Einstellungen scheinen sich auf ein solches Image zuzubewegen –, führt dies zu einer Eintrübung des positiven Bildes (bis hin zur Unternehmerfeindlichkeit), mit der möglichen Folge mangelnder Identifikationsbereitschaft. *Strümpel (1976)* vermutet in solchen „negative role-models" ein Signal für ein künftig erlahmendes Wirtschaftswachstum in Deutschland.

Damit sind natürlich die sozialen Variablen, die unternehmerisches Handeln begünstigen, nicht erschöpft. *Simonton (1975)* weist auf die wichtige Rolle von „political fragmentation" hin. Auch dürfte die Art der betriebenen Wirtschaftspolitik, speziell auch der Steuerpolitik, wesentlichen Einfluss auf das unternehmerische Verhaltenssyndrom ausüben. *Brockhaus (1980)* weist im Rahmen einer „push-theory" darauf hin, dass auch negative Situationen (wie eigene Arbeitslosigkeit, abgeblockte Karriere) unternehmerische Initiativen begünstigen können; dies allerdings lediglich unter der Bedingung starker Kontrollüberzeugungen (Zur Problematik der Selbstständigkeit als Ausweg aus der Erwerbslosigkeit vgl. *Lang-von Wins 2004*).

1.1.2 Psychologie der Entwicklungsländer

Die in den vorangegangenen Abschnitten beschriebenen Erklärungsansätze für wirtschaftliche Entwicklung sowie die besondere Charakterisierung des Unternehmertums werfen auch einiges Licht auf eine Psychologie der Entwicklungsländer. Der Transfer bereitet jedoch einige Schwierigkeiten. Die puritanische Ethik als möglicher Auslöser – so wie sie *Max Weber* beschrieben hat – dürfte ein singuläres Ereignis hauptsächlich für die nordeuropäischen Länder gewesen sein, auch wenn man den „Export" dieser Ethik in die Vereinigten Staaten mit einbezieht. Aus diesem Grunde müsste man in den Entwicklungsländern allenfalls nach funktionalen oder *motivationalen Äquivalenten* suchen. Aber auch der Ansatz *McClellands* scheint für die Entwicklungsländerproblematik wenig tauglich, wenn auch aus anderem Grunde. Wie wir schon verdeutlicht hatten, ist nicht klar, ob die Entstehung von Leistungsmotivation sowie die Entfaltung des Unternehmertums Ursache oder Folge der wirtschaftlichen Entwicklung gewesen sind.

Tabelle 7: Hauptlinien sozialer Entwicklung auf der Wertebene („pattern variables") nach Parsons

traditional (vorindustriell)	*modern* (industriell)
Affektivität	affektive Neutralität
Kollektivbezogenheit	Selbstbezogenheit
Partikularismus	Universalismus
Zuschreibung	Leistung
Diffusität	Spezifität

(1) Wandel im Wertsystem

Viele Studien heben hervor, dass sich im Gefolge der wirtschaftlichen Entwicklung Einstellungsänderungen vollziehen müssen, die durch ein *verändertes Wertsystem* ausgelöst werden. *Lerners* „Empathie", *Kirzners* „alertness", *Reynauds* „Dynamik", *Hofstedes* „Individualismus" sind Beispiele solcher veränderten Persönlichkeitseigenschaften. Auf einer mehr theoretischen Ebene diskutiert *Parsons (1968)* mit seinen „pattern variables" diesen Wandel: Seine Taxonomie dient zur Beschreibung des Wertsystems ganzer Gesellschaften und erfüllt – als Analyse sozialen Wandels – gleichzeitig die Funktion, die Hauptlinien sozialer Entwicklung auf der Wertebene nachzuzeichnen (vgl. auch *Trompenaars 1993,* der *Parsons* wenig originell kopiert).

Dabei geht es in der ersten Alternative um die Frage, ob ein Individuum in seinem Verhalten in unkontrollierter Weise auf die Befriedigung expressiver, gegenwärtiger Bedürfnisse drängt oder ob es zu disziplinierten, möglicherweise zukunftsorientierten Handlungen neigt (delay of gratification). Im zweiten Fall steht zur Debatte, ob kollektive Interessen im Vordergrund stehen oder aber die Verfolgung privater, eigennütziger Anliegen (individualism). Erfolgt die Orientierung an den Interessen und Normen ganz spezifischer Personen oder Gruppen, im Gegensatz zu allgemein gültigen Wertmaßstäben oder Gesetzen, dann ist hiermit eine dritte alternative Wahlentscheidung angesprochen. Erfolgt die Bewertung eines Status nicht aufgrund von Herkunft und Zuschreibung, sondern aufgrund von Leistung, so ist damit auf das vierte Modernisierungsmuster verwiesen. Soziale Beziehungen können schließlich – und das wäre die fünfte Alternative – funktional diffus, wenig spezialisiert und differenziert sein, während sie andererseits in klar abgegrenzte spezifische Rollenmuster einmünden (z. B. arbeitsteilige Berufsrollen), die nicht miteinander konfundieren.

Zum Thema der *individuellen Modernität* („individual modernity") sind mehrere Skalen entwickelt worden, die das Maß der „psychischen Modernisierung" messen sollten (z. B. *Doob 1960; Inkeles/Smith 1974)* und zu zahlreichen interkulturellen Vergleichen verwendet wurden. *Hofstede (2001)* wies nach, dass das Ausmaß individualistischer Einstellungen mit der Ausbreitung des Wohlstandes Hand in Hand geht (Abb. 17).

Die hier ermittelten Zusammenhänge sind jedoch lediglich Korrelationen, die in keiner Weise die Frage beantworten, ob denn nun ein Einstellungswandel kausal relevant für wirtschaftliches Wachstum ist oder ob umgekehrt der Kontakt mit modernisierenden Institutionen (Schule, Beruf, Fabrik, Massenmedien) die Einstellungsänderung bewirkt. *Kahl* oder *Inkeles* und *Smith* scheinen eher das Letztere anzunehmen. Wie dem auch sei: Diese und ähnliche Konzepte bleiben relativ theoriearm, wenn sie lediglich die Koinzidenz von modernen Strukturen und modernen Einstellungen erklären (vgl. kritisch: *Wiswede/ Kutsch 1978).*

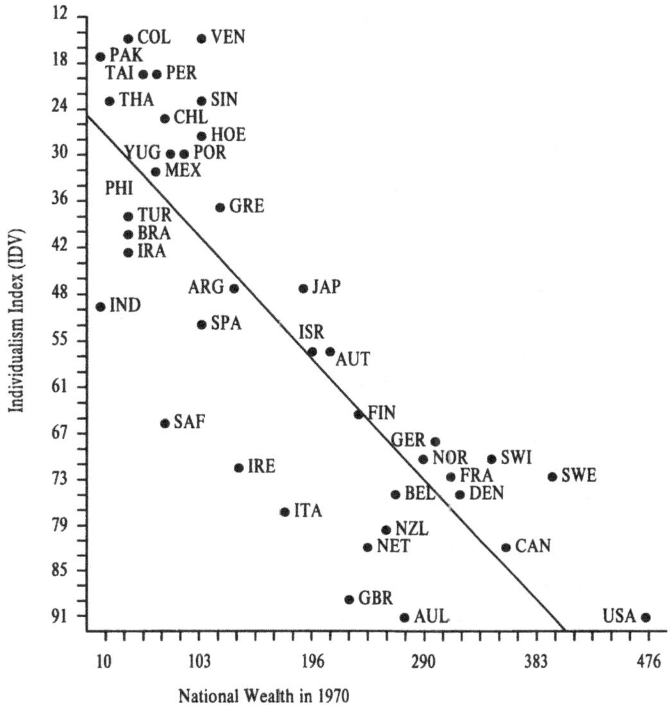

Abb. 17: Positionierung von 40 Ländern auf den Dimensionen „Individualismus-Index" und Wohlstand (Hofstede 1980/2001)

(2) Wandel der Strukturen

Mit der Problematik struktureller Änderungen in Entwicklungsländern hat sich insbesondere die Entwicklungssoziologie beschäftigt (für einen Überblick vgl. *Weede 1985).* Diese Entwicklungen betreffen den sozialen Bereich (z. B. Prozesse der Entschichtung), den demographischen Bereich (die Abnahme der Geburtenrate und Umstrukturierung des Bevölkerungsaufbaus) sowie den eigentlich ökonomischen Bereich (vor allem die Modernisierung des agrarischen Sektors bzw. die Umwandlung agrarischer in industrielle Strukturen). Bei solchen Umwandlungsprozessen spielen „change agents" meist eine tragende Rolle. Im Zusammenhang mit der Entwicklungsländerproblematik dürften hier in erster Linie weniger die Unternehmer gemeint sein, sondern *politische Instanzen,* die zunächst den fruchtbaren Boden für die Entfaltung wirtschaftlicher Produktivkräfte schaffen müssen. Dies ist natürlich ein Problem der Machtkonstellation sowie der Frage, ob und inwieweit sozialer Wandel in Richtung Modernisierung den eigenen Interessen dient. In dem Maße, in dem Machthabende annehmen, dass Modernisierung ihren Interessen (Machterhalt, Machtausdehnung, Prestigegewinn, Akzeptanz durch die Bevölkerung) förderlich ist, werden sie Aktivitäten in diese Richtung einleiten. Ob sie dabei Erfolg haben, ist dann an eine Reihe weiterer Bedingungen geknüpft, wie z. B. tatsächliches Machtpotenzial, retardierende strukturelle Bedingungen, religiöse Überzeugungen, Verfestigungsgrad traditioneller Einstellungen etc. Vor allem dürfte auch das Modernisierungstempo entscheidend sein: Ein zu geringes Tempo verändert zu wenig, ein zu hohes Tempo schafft inkonsistente Entwicklungen und löst Spannungen aus *(Heintz 1974).*

(3) Kompatibilität ökonomischer Aktivitäten

Die Diffusionsforschung hat eine Reihe von Bedingungen extrahiert, die die Akzeptanz von Neuerungen begünstigen. Dazu gehören nach *Rogers (1996):* die Perzeption der Nützlichkeit einer Innovation, die Möglichkeit der sukzessiven Einführung (Teilbarkeit), die geringe Komplexität, die Mitteilbarkeit sowie die Kompatibilität mit den im jeweiligen Lande bestehenden Gegebenheiten. Diese Kompatibilität, die schon vor *Rogers* auch bei *Barnetts* Analysen sozialen Wandels eine herausragende Rolle spielt, hat zwei Implikationen. Es geht einmal um *strukturelle Kompatibilität:* d. h. um die Vereinbarkeit der Innovation (oder der Modernisierung) mit bestehenden Strukturen (Sozialstruktur, Technostruktur, politische Struktur, ökonomische Struktur) sowie – auf der Verhaltensebene – um *Einstellungskompatibilität:* also um die Verträglichkeit der Neuerung mit bestehenden Werthaltungen, Einstellungen und Lebensstilen.

In diesem letzteren Sinne ist die Kompatibilität ein Sachverhalt, der mit Hilfe der Theorie der kognitiven Dissonanz (vgl. K 2) interpretierbar ist. Betrachten wir die bestehenden Werte und Normen als kognitive Elemente E_1, E_2, E_3 ..., so sind Innovationen I_1, I_2, I_3 ... dann kompatibel, wenn sie keine oder nur geringe kognitive Dissonanz auslösen; und sie werden kompatibel, wenn einfache und/oder belohnende Möglichkeiten der Dissonanzreduktion eröffnet werden. In Indien dürfte es also beispielsweise nicht genügen, ernährungsphysiologisch zu demonstrieren, dass das Rindfleisch essbar ist, oder die Geburtenbeschränkung allein durch den Hinweis auf möglicherweise höheren Lebensstandard zu propagieren und mehr oder weniger geringfügige Belohnungen für Sterilisierungen auszusetzen. Hier wird es einerseits entscheidend darauf ankommen, wie weit die zu durchbrechenden Standards institutionalisiert und im Denken und Wollen der Individuen internalisiert sind, und andererseits, wie sich geplante Innovationen diesen Gegebenheiten sukzessive anpassen lassen.

(4) Antizipierte „Vorteilhaftigkeit"

Rogers betont bei der Auflistung der für die Akzeptanz von Neuerungen bzw. von Modernität wichtigen Variablen die *relative Vorteilhaftigkeit* in den Augen des Betroffenen. Dies betrifft zunächst einmal die Akzeptanz durch die „change agents", seien dies nun politische oder wirtschaftliche Agenten, und in zweiter Linie – in der Breitenwirkung – die Akzeptanz durch die Folgeübernehmer, vermittelt etwa durch weitere Meinungsführer. Gerade im Zusammenhang mit der Entwicklungsländer-Problematik werden wir jedoch recht deutlich auf den Sachverhalt aufmerksam, dass Belohnungen (oder Nutzenvorstellungen, Vorteilhaftigkeit usw.) keineswegs universelle Sachverhalte darstellen, die für alle Individuen oder Populationen cum grano salis Geltung haben. Schon die behavioristische Lerntheorie (vgl. M 5) macht darauf aufmerksam, dass wir von vornherein nicht wissen können, welche Ereignisse für Menschen belohnend sind und welche Präferenzordnung im Einzelnen besteht. Die Frage, ob Ereignisse belohnend sind oder nicht, können wir keineswegs auf einer Verstärkerliste ablesen, die uns über die Präferenzen der handelnden Akteure Auskunft zu geben vermöchte. Es ist vielmehr das *kulturelle Wertsystem,* das uns darüber informiert, welche Konsequenzen des Handelns als wünschenswert angesehen werden.

Ein zweiter problematischer Punkt betrifft die Überlegung, dass das individuelle Handeln (z. B. Arbeitseinsatz) und die erzielbaren Ergebnisse in aller Regel durch größere Zeiträume getrennt sind. Für die Entwicklungsländer-Frage heißt dies: Niemand kann von den Früchten eines Baumes ernten, dessen Stamm überhaupt noch nicht stark genug ist, um schon Früchte zu tragen. Wechsel auf die Zukunft auszustellen, ist hier meist nicht attraktiv genug, zumal keine puritanische Ethik die Kluft zwischen Verhalten und Konsequenz überbrückt. Die psychologische Problematik besteht also darin, genügend verhaltenswirksame distinktive Stimuli zu finden, die diese Kluft zu überbrücken vermögen und die Ausbildung eines „deferred gratification pattern" erleichtern können. Als Möglichkeiten bieten sich etwa an:

- attraktives Herausstellen der Endziele (Endkonsequenzen);
- Konkretisieren des Endzieles, sodass dieses Unmittelbarkeit und Anschaulichkeit erlangt;
- Formulierung von Teil- oder Zwischenzielen, deren Nähe zum Endziel deutlich werden muss;
- Einführung von Teilbelohnungen (z. B. Anwartschaften, Punktesystem usw.), die auch das Erreichen der Zwischenziele in direkter Form belohnend machen.

Diese letztgenannte Möglichkeit ist von *Ayllon* und *Azrin (1968)* im klinischen Bereich erprobt worden. *Lea et al. (1987)* haben diesen Gedanken einer *„token economy"* aufgegriffen und einer geldwirtschaftlich funktionierenden Ökonomie gegenübergestellt. Für die Problematik der Entwicklungsländer dürfte die „token economy" durchaus strategische Ansätze bieten.

(5) Dilemmata der Entwicklung

Auch für den nationalen bzw. internationalen Zusammenhang – hier im Hinblick auf die Entwicklung der Drittwelt-Länder – kann das Konzept des *Modell-Lernens* (vgl. M 6) fruchtbar sein. Wir empfehlen daher die Nutzung dieser Theorie für makropsychologische Zwecke. Der Grundgedanke ist hierbei wiederum, dass erfolgreiche oder wohlhabende Länder durch ihre Ansteckwirkung Nachahmungseffekte auslösen. Die Bedingungen des Modell- Lernens werden hier – auf dem internationalen Parkett – durch die Wirkung der Massenmedien verstärkt.

Ein besonderes Problem besteht jedoch in Folgendem. Nachahmenswert erscheinen vor allem solche Aspekte des Verhaltens, deren belohnender Charakter evident erscheint und die insbesondere mit den positiven Konsequenzen wirtschaftlicher Prosperität zu tun haben. Weniger nachahmenswert erscheinen dagegen solche Aspekte des Verhaltens, die eher mit Strafreizen verbunden sind (z. B. mühevolle Arbeit, langes Warten auf die Früchte des Wohlstands). Wir vermuten eine *Dissoziation* der Modellnachahmung in der Weise, dass Lernprozesse in den weniger entwickelten Ländern durch die differenzielle Attraktivität des Gesamtverhaltens lediglich die Imitation solcher Verhaltensmuster nahe legen, die als Wohlstandsgüter bereits „Früchte des Wachstums" sind. Sollte sich dies bewahrheiten, würde der Nachahmungseffekt sich hier geradezu als Fessel des Wachstums erweisen. Ähnliche Effekte – freilich noch ohne Bezug auf das Konzept des Modell-Lernens – vermutete schon *R. Nurkse (1953)*, indem er unter Bezugnahme auf *Duesenberrys* „Demonstrationseffekt" einen „circulus viciosus" wirtschaftlicher Entwicklung vermutete; dergestalt, dass die armen Länder durch unangemessene Demonstration vorgeblichen Reichtums dazu tendieren, arm zu bleiben oder immer ärmer zu werden. Ähnliche Schwierigkeiten dürften bei der allzu raschen Übernahme westlicher Konsum-Muster durch vormals sozialistische Staaten auftreten (siehe den Fall der ehemaligen DDR).

Ein Dilemma ganz anderer Art besteht in dem Paradox, dass rohstoffreiche Länder meist ein deutlich geringeres Wachstum und auch ein geringeres Pro-Kopf-Einkommen verzeichnen als Länder, die kaum über Rohstoffvorkommen verfügen. Ökonomen, die sich mit den Gründen für dieses *Ressourcen-Paradox* beschäftigt haben, verweisen zunächst auf die Anfälligkeit solcher Länder für gewaltsam ausgetragene Konflikte: Rohstoffe und ihre Nutzung sind in der Regel umkämpft, und vielfach enden solche Konflikte in bürgerkriegsähnlichen Dauerzuständen. Ein zweiter Grund für die schwache Entwicklung besteht darin, dass den Staatswirtschaften der Druck und die Herausforderung fehlen, sich anzustrengen, innovativer und produktiver zu werden. Forschung und Entwicklung werden ebenso vernachlässigt wie der Ausbau einer tragfähigen Infrastruktur, denn in einem Rentenstaat – so nennen Ökonomen Staaten, die Profite ernten, ohne sich dafür anstrengen zu müssen – bestehen wenig Herausforderungen (analog der Theorie der Leistungsmotivation; M 3; vgl. auch bereits *Vontobel 1970*, der den Herausforderungscharakter wirtschaftlicher Triebkräfte betont). Ein dritter Grund besteht im Verhalten der politischen Instanzen, die versuchen, die Profite aus den Ressourcen für sich zu verwenden, indem sie bspw. auf ausländische Privatkonten transferiert werden, anstatt dafür Schulen und Krankenhäuser zu bauen, die Infrastruktur zu verbessern oder Raubbau von Rohstoffen zu vermeiden (zu dieser Problematik vgl. *Glüsing et al. 2006*). An einer florierenden Wirtschaft oder an der Entwicklung von Voraussetzungen für breiten Wohlstand sowie an der langfristigen Sicherung der Rohstoffquellen sind diese Regierungsinstanzen – oftmals autoritäre Regimes – wenig interessiert. Auf den Umweg über Steuereinnahmen kann weitgehend verzichtet werden, da ein direkter Zugriff auf die Einkünfte aus Rohstoffverkäufen besteht. Hinzu kommt, dass Staatsbedienstete, Kontrollorgane, Funktionäre etc. am Profit teilhaben wollen (z. B. über Korruption), was zusätzliche Bremswirkungen für die wirtschaftliche Entwicklung erzeugt.

1.1.3 Psychologie der Internationalisierung

Ein weiterer Aspekt wirtschaftlicher Entwicklung ist die zunehmende *Internationalisierung* der ökonomischen Beziehungen. Dies betrifft einmal das internationale Management (vgl. *Adler 2002; Bergemann/Sourrisseaux 1992; Triandis 1993),* internationalen Personalaustausch, internationales Marketing *(Douglas/Craig 1983; Kelz 1989; Usinier/Walliser 1993; Carusgil/Li 1992)* sowie internationale Kommunikationsprozesse im wirtschaftlichen Bereich (für einen Gesamtüberblick vgl. *Holzmüller 1995).* Die Internationalisierung wirtschaftlicher Beziehungen impliziert nicht zwangsläufig eine Globalisierung im Sinne der Konvergenztheorien (alle Kulturen nähern sich aufgrund wirtschaftlich ähnlicher Bedingungen sowie der Dominanz westlicher Wertemuster allmählich einander an); den Angleichungsprozessen stehen vielmehr *Gegenströmungen* entgegen (z. B. Rückbesinnung auf eigene kulturelle oder nationale Identität, Revitalisierung autochthoner Werte etwa im Bereich des Islam, Wiederaufflackern alter Vorurteile und Stereotype etc.). *Robertson (1995)* hat einen Aspekt dieser Ambivalenz in einer Wortverbindung von Globalisierung und Lokalisierung charakterisiert, indem er von „Glokalisierung" spricht.

(1) Psychologische Aspekte kultureller Unterschiede

In den letzten Jahren hat ein Zweig der Makropsychologie besondere Entwicklung erfahren, der unter dem Titel „social psychology across cultures" firmiert *(Hofstede 1991, 2001; Dasen 1988; Bond 1988; Triandis/Berry 1980; Smith/Bond 1993; Thomas 1993).* Diese Arbeiten befassen sich u. a. mit interkulturellen *Vergleichen in psychologisch relevanten Dimensionen* (Werte, Einstellungen, Attributionen etc.), mit der Suche nach Universalien sozialen Verhaltens, mit dem Einfluss stereotyper Systeme bei interkulturellen Kontakten, Interaktions- und Kommunikationsprozessen sowie mit gewissen Schwierigkeiten, die im Hinblick auf unterschiedliche Lebenswelten, Sprach- und Kommunikationsstile sowie kulturelle, oft symbolgeladene Bedeutungskontexte entstehen können.

Insbesondere gilt es, die Gefahr ethnozentrischer Perspektiven zu vermeiden. Dabei wird häufig auf eine Unterscheidung zweier Forschungsperspektiven zurückgegriffen: „emic", d. h. die kulturangepasste Sicht, die versucht, Phänomene, die in dieser Kultur auftreten, durch „Innensicht" bestmöglich abzubilden. Sodann: „etic", d. h. der Versuch, universell gültige Konzepte und Vergleichsmaßstäbe zu entwickeln, sodass ein Vergleich mehrerer Kulturen möglich wird. (Die Begriffe sind der Linguistik, hier „Phonemik" und „Phonetik", entlehnt.) Letzteres setzt freilich voraus, dass durch die Innensicht ein tieferes Verständnis der Kulturen vorbereitet wird. Nur auf diese Weise kann man vorschnelles Vergleichen ungleicher Tatbestände vermeiden *(Berry et al. 1996).*

Oft muss das unscharfe Konzept „Kultur" als eine Art „black box" herhalten, um Unterschiede menschlichen Verhaltens erklären zu können. Es gibt jedoch einige Versuche, die kulturgebundenen Variationen des Denkens, Fühlens und Handelns systematisch zu erfassen. So ermittelt *Hofstede (2001)* faktorenanalytisch die Dimensionen „power distance" (Respekt, Abstand), „uncertainty avoidance" (Regelbezogenheit, Stabilität), „individualism/ collectivism" (Handlungsspielraum, persönliche Wahlentscheidungen), „femininity/masculinity" (Kooperationsbereitschaft und interpersonelle Harmonie vs. Betonung von Reichtum und Aufstiegsmöglichkeiten). In nachfolgenden Studien ließen sich diese Dimensionen weitgehend bestätigen; auch wurden sie verschiedentlich verfeinert *(Schwartz 1994).* Als besonders stabil erwies sich die Dimension „individualism" vs. „collectivism" (vgl. 1.1.1); empirisch aufschlussreich und theoriebezogen ist auch der „mastery"-Komplex (korreliert mit Erfolg, Ambitioniertheit und Unabhängigkeit), der auf bestimmte Attributionsstile (z. B. internal control) reflektiert.

In den meisten Untersuchungen rangiert die Werthaltung oder Einstellung als unabhängige Variable. Daneben werden auch diskutiert: das Ausmaß von self-disclosure, das Bewusstsein internationaler Interdependenz, das Ausmaß der Empathie (hier die Fähigkeit, sich in einen anderen Kulturkreis hineinversetzen zu können) oder „world mindedness" *(Sampson/Smith 1957)* als relativ stabile Persönlichkeitshaltung (analog zu *Rokeachs* „open-mindedness"), hoch negativ korreliert mit Autoritarismus. Demgegenüber fungieren als abhängige Variablen u. a.: Kommunikations- und Verhandlungsstil, Kooperationsbereitschaft, Mobilität, Konfliktlösungsverhalten, Konformitätsneigung, Führungseffizienz.

Ein weiterer Fokus der Betrachtung sind direkte *Interaktionsbeziehungen* zwischen Angehörigen verschiedener Kulturkreise (Nationalitäten). Häufig wird hier die Theorie der sozialen Identität (vgl. I 5) bemüht, die nicht nur auf überschaubare Gruppen beschränkt ist, sondern auch Quasi-Gruppen (also auch Kulturkreise, Nationen) in ihren Erklärungsanspruch einbezieht. Das Vorliegen von Distinktheitsbedingungen (Wahrnehmung des Anders-Seins) wirkt hier einer Harmonisierung der Intergruppenbeziehungen entgegen: Die „beliefs" bezüglich der „outgroup members" werden eher von Stereotypen und Schemata getragen, die gewisse Unsicherheiten gegenüber dem „Fremden" reduzieren und durch „Ethnozentrismus" derart abgestützt werden, dass es möglich wird, andere Kulturen abzuwerten, die eigene kulturelle Plattform dagegen aufzuwerten. Allerdings ist die Entwicklung eines ethnozentrischen Syndroms keineswegs zwangsläufig: *Bond (1988)* findet signifikante Unterschiede auf den Dimensionen „social integration" vs. „cultural inwardness". Außerdem können bewusste Strategien der Reduzierung von Distinktheit eingesetzt werden (vgl. I 5). Freilich führt eine pauschale Harmonisierungsstrategie (wie sie in multikulturellen Unternehmen mitunter propagiert wird) zu einer Unterschätzung von Problemen in solchen Austauschbeziehungen, sodass Vorurteile und Stereotypen ein eher subkutanes Dasein führen, jedoch durchaus verhaltenswirksam sind.

Von besonderem Interesse sind auch *Attributionsprozesse,* die z. T. durch stereotype Zuordnungen geleitet werden. *Hewstone (1989)* knüpft an den „fundamentalen Attributionsfehler" an: Positives Verhalten der „In-Group-Members" wird auf Persönlichkeitszüge attribuiert, in der Fremdgruppe dagegen auf die Situation; bei negativen Verhaltensweisen ist es umgekehrt und kann innerhalb der Eigengruppe stets durch den Hinweis auf die besondere Situation entschuldigt werden. Von Interesse ist auch die Attribution auf die Natio-

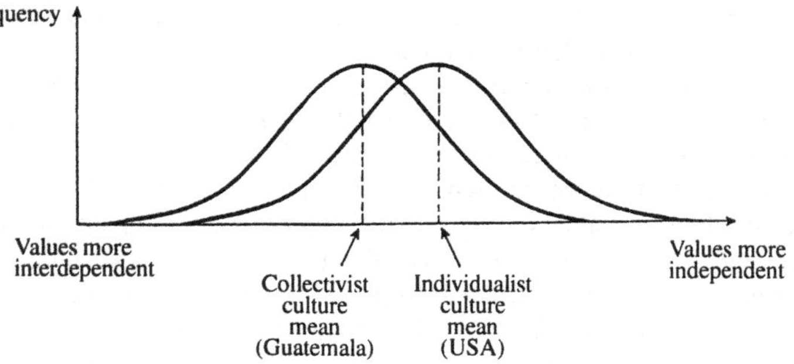

Abb. 18: Wertdimension und interkulturelle Häufigkeitsverteilung (nach Hofstede 1980, 2001)

nalität („typisch für einen Italiener") oder auf die Person („nur diese Person handelt so"; „es kommt immer auf die Person an"). Dabei dürften Individuen dazu neigen, im Sinne eines ökologischen Fehlschlusses zu handeln (z. B. wird die richtige Einschätzung, dass Japaner zu größerer Konformität neigen, auf Person P übertragen, nur weil sie Japaner ist). Ein Blick auf typische Modalverteilungen am Beispiel „individualism" vs. „collectivism" macht klar, um welchen Fehlschluss es sich dabei handelt (vgl. Abb. 18).

(2) Interkulturelles Marketing

Im Bereich des interkulturellen Marketing geht es um ähnliche Fragen, die wir bereits unter 1.1.3 im Zusammenhang mit der Diffusion von Neuerungen angesprochen haben (vgl. hierzu auch genauer unter 2.2.1.2). Der Ansatz von *Rogers (1996),* der sich mit den Faktoren beschäftigt, die die Akzeptanz von Innovationen (z. B. Produkten, Werbebotschaften, technischen Neuerungen) fördern, dürfte auch im internationalen Marketing-Austausch eine brauchbare Leitlinie sein. *Sheth/Sethi (1977)* haben in Anknüpfung an die Studien zur Innovationsforschung eine Theorie des interkulturellen Konsumverhaltens vorgelegt, die insbesondere auf die Veränderungsneigung von Individuen abhebt. Nach *Sheth* und *Sethi* ist diese Neigung abhängig von bestimmten Ausformungen des Lebensstils, der unterstützenden Wirkung von Meinungsführern sowie der Häufigkeit der Kommunikation über die betreffende Innovation.

Internationale Aktivitäten lenken den Blick auf interkulturelle Unterschiede, die der Forderung nach „globalen" Marketingstrategien meist entgegenstehen (vgl. hierzu: *Alden et al. 1999,* die die Rolle einer globalen Konsumentenkultur diskutieren). In der alten Streitfrage: „Globales vs. differentielles internationales Marketing?" nehmen die meisten Autoren eine vermittelnde Haltung ein (etwa: *Assael 1998; Wilkie 1994; Meffert et al. 2010; Hofstede/Hofstede 2009),* während *Usinier/Walliser (1993)* aufgrund zahlreicher Daten die Globalisierungsthese eher bezweifeln. Sie weisen auf die Notwendigkeit hin, verschiedene Produktbereiche sowie Marketing-Phasen differenziert auf ihre globale Standardisierbarkeit zu überprüfen (vgl. auch *Jain 1989).* Die marketingrelevanten Unterschiede scheinen uns insbesondere in den folgenden Bereichen zu liegen.

Unterschiede der Sprache, die zu einer kulturell vorgeformten Sicht der Dinge führen, die Wahrnehmungs- und Beurteilungsprozesse lenken und gewissermaßen „Hülsen des Denkens" bereitstellen. Dies bedeutet auch, dass mit Worten z. T. andere Assoziationen verbunden sind; die „cognitive responses" auf verbale Reize können ganz anders verlaufen (vgl. zur sprachlichen und bildlichen Umsetzung der Werbung im interkulturellen Kontext: *Kroeber-Riel 1992 b).*

Unterschiede des Lebensstils, z. B. die Alltagsstruktur, das Zeitempfinden sowie die soziale Einbindung der Individuen, deutlich unterschieden sicherlich in kollektivistischen und individualistischen Kulturen.
Unterschiede von Werten und Einstellungen, z. B. Säkularisierungseffekte, materialistische/postmaterialistische Werte und Einstellungen, zentrale Lebensinteressen, Normen des sozialen Umgangs etc.
Unterschiedliche Motive, z. B. Ausmaß der Leistungsmotivation, Art und Qualität der Leistungsmotivation, Affiliationsbedürfnis, Konformitätsneigung etc. Funktionelle und konzeptionelle Äquivalenzen deuten darauf hin, dass Aktivitäten (z. B. Sport) oder Produkte (z. B. Fahrräder) in verschiedenen Kulturen ganz unterschiedliche Funktionen erfüllen können.

Einige dieser Unterschiede sind z. T. empirisch gut untersucht, etwa im Wertebereich *(Hofstede 1980)* oder im Bereich der Lebensstile (z. B. die Ermittlung von Lebensstil-Typen oder sogenannten „Euro-socio-Styles“, die meist aus der kommerziellen Marktforschung stammen und clusteranalytisch aufbereitet werden).

Exemplarisch seien zwei Untersuchungen herausgegriffen, die unterschiedliches Produkt-Involvement sowie spezifische Motivkonstellationen im Hinblick auf gleiche Produkte ermitteln. *Zaichkowsky/Sood (1988)* untersuchen, inwieweit Produktbenutzung und Produktinvolvement für acht potenzielle globale Produkte in 15 verschiedenen Ländern voneinander abweichen, und fanden produktspezifisch unterschiedliche Varianzanteile, sodass die Frage „global“ oder „differenziell“ auch produktspezifisch entschieden werden muss. *Woods et al. (1985)* ermitteln höchst unterschiedliche Käufermotivationen weiblicher Konsumenten in USA, Kanada und Südkorea trotz gleicher Produkte. Äußerlich gleiches Kaufverhalten kann demnach auf interkulturell unterschiedlichen Motiven gründen.

Neben den Fragen interkultureller Produktgestaltung und Produktwerbung impliziert die marketingrelevante Interaktion von Kulturen auch die Begegnung von Geschäftsleuten, Käufern und Verkäufern mitsamt den dazugehörigen Unternehmen mit unterschiedlichem kulturellen Hintergrund *(Sheth 1981; Perdue et al. 1986; Graham/Meissner 1986)*. Integrative Verhandlungsstrategien (im Gegensatz zu kompetitiven Strategien, vgl. 2.2.2.3) werden erleichtert, wenn

- beide Verhandlungspartner mit hohen Ansprüchen an die Verhandlung herangehen,
- beide Partner einen starken Zukunftsbezug aufweisen,
- beide Partner weitgehend gemeinsame Interessenlagen haben,
- beide Partner sich relativ ähnlich empfinden.

Im Hinblick auf die letztgenannte Bedingung gilt zunächst zweifellos, dass man in Verhandlungen mit Mitgliedern der eigenen Kultur am ehesten eine integrative, kooperative Haltung einnimmt *(Rubin/Brown 1975)*. In dem Ausmaß, in dem perzipierte kulturelle *Ähnlichkeit* abnimmt (ausgelöst etwa durch Sprachunterschiede, Kleidungsunterschiede, ritualistische Abweichungen), wird die Neigung zur integrativen Verhandlung abnehmen. Auch können asymmetrische Einschätzungen von Ähnlichkeit entstehen *(Usinier/Walliser 1993, 241)*, indem sich einer der Partner eher anpasst (z. B. westliche Kleidung, Verwendung der englischen Sprache).

Eine entscheidende Rolle spielt auch das *Vertrauen in den Geschäftspartner*. Im interkulturellen Kontext besteht bei sich anbahnenden Geschäftsbeziehungen zunächst eine Situation des Nicht-Vertrautseins, geringer physischer Realität. Kommunikationsstörungen und Missverständnisse sind gleichsam vorprogrammiert. Deshalb entsteht hier meist ein verstärkter Bedarf an Absicherung, z. B. in rechtlicher Form. Dennoch bleibt bei jeder Geschäftsbeziehung ein Restrisiko, das nur durch Vertrauen überbrückt werden kann (vgl. zum Konstrukt des Vertrauens: *Schweer 1997;* sowie unsere Ausführungen zum Beziehungsmanagement,

Kap. 2.2.1.2). Ausmaß und Qualität des Vertrauens sind selbst interkulturell unterschiedlich durch differenzielle Normen und Werthaltungen geprägt (vgl. *Neubauer 1999; 2006).* Vor allem in der ersten Phase, in der noch keine eigenen Erfahrungen mit einem fremden Lieferanten oder einem ausländischen Kunden vorliegen, verlässt man sich häufig auf Erfahrungen aus zweiter Hand, und vielfach wird das Vertrauen lediglich aus der Reputation des Partners abgeleitet.

(3) Internationale Personalpolitik

Im Gefolge zunehmender internationaler Wirtschaftsverflechtung steigt der Bedarf an international effizienten Mitarbeitern/Managern/Spezialisten. Dabei geht es sowohl um qualifizierte Führungskräfte, die für Tochterfirmen oder Niederlassungen im Ausland tätig werden können, wie auch von Mitarbeitern, die vom Stammhaus international agieren (vgl. hierzu und zu Folgendem *Bergemann/Sourisseaux 1992; Sourisseaux 1992; Konradt 2002).* Dabei gewinnen Fragen der Auswahl solcher Mitarbeiter an Bedeutung, die im internationalen oder multinationalen Kontext erfolgreich operieren können. Bei solchen Personalentscheidungen bestehen üblicherweise das Kriterienproblem sowie das Auswahlproblem (vgl. auch 2.1.1.1). Der Auswahlprozess hat zum Ziel, jene Bewerber auszuwählen, deren vorausgesagter Kriteriumswert vor dem Hintergrund der zu besetzenden Stelle optimal ist. In den meisten Studien wird das Kriterienproblem mehr oder weniger ignoriert, allerdings sind natürlich implizite Kriterien (bestimmte Hypothesen) wirksam, indem inoffiziell gewisse Vorstellungen von Auslandserfolg entwickelt werden.

Zusammenfassend gilt jedoch, dass weder in der Forschung noch in der Praxis geprüfte Kriterien existieren, mit denen der Auslandserfolg (quasi) objektiv gemessen werden könnte (eine bemerkenswerte Ausnahme, allerdings mit dem eingeschränkten Geltungsbereich „Anpassungsleistung“ stellt die Studie von *Black 1990* dar). Ähnliches gilt für die Prädiktoren, die überwiegend einem Eigenschaftsansatz verpflichtet sind und die Erfolg ausschließlich in Persönlichkeitsdispositionen begründet sehen. Ähnlich wie dies in den sogenannten Eigenschaftstheorien der Führung der Fall war, werden Listen angeblich wichtiger Eigenschaften erstellt oder Kataloge solcher Merkmale aufgelistet, die angeblich den internationalen Top-Manager auszeichnen. Nur gelegentlich werden situative Moderatorvariablen berücksichtigt *(Tung 1981),* z. B. Funktionsbereich oder Hierarchieebene.

Bergemann/Sourisseaux (1992) versuchen, die impliziten Kriterien von Auswahlprozessen über einen rationalen Diskurs zugänglich zu machen und in vielen Zwischenschritten schließlich durch ein Expertenteam integrieren und operationalisieren zu lassen (kultursensitives Auswahlsystem). Eine ähnliche Vorgehensweise verfolgt ein Projekt unseres Instituts, Interaktions- und Kommunikationsstörungen im interkulturellen Austausch (im Rahmen eines multinationalen Unternehmens) transparent zu machen. Erste qualitative Studien zeigen, dass viele Problembereiche, Kommunikationsbarrieren und Vorurteile subkutan wirken und im Forschungsprozess erst durch besondere „Anstöße“ explizit gemacht werden können. Besondere Bedeutung für erfolgreiche interkulturelle Kommunikation scheint hier der Fähigkeit der Verhandlungspartner zuzukommen, die sich als „metacultural awareness“ *(Fontaine 1990)* bezeichnen lässt: das Gewahrwerden der „kulturellen Anteile“ im eigenen Verhalten wie auch im Verhalten des anderen. Dies eröffnet Möglichkeiten, bestimmten Kommunikationsproblemen reflektierter zu begegnen.

Neben Fragen der Personalauswahl wird vielfach eine international orientierte Personalentwicklung reklamiert (zur Personalentwicklung vgl. 2.1.1.1). Auch hier geht es natürlich um die implizit unterstellten Anforderungen an international tätige Führungskräfte *(Wirth*

1992). Dabei besteht zunächst das grundsätzliche Problem der Anwerbung von Mitarbeitern aus dem Gastland (Vorteile: Vertrautheit mit den lokalen Gegebenheiten und Geschäftspraktiken des Landes, geringere Kosten; Nachteile: Kommunikationsprobleme mit der Zentrale aufgrund kultureller Unterschiede, Gefahr von Loyalitätskonflikten) oder der Rekrutierung aus den eigenen Reihen (Vorteile: Vertrautheit mit dem Unternehmen, effektivere Zusammenarbeit mit der Zentrale; Nachteile: sprachliche Probleme, kulturelle Anpassungsschwierigkeiten, sozialer Ausschluss, Gefühl des Übergangenwerdens). Fehlentscheidungen bei der Entsendung eigenen Führungspersonals in das Ausland erweisen sich für das Unternehmen als besonders kostspielig, auch hinsichtlich der Folgeschäden im personellen Bereich oder auf der Ebene des Firmenimage.

Im Hinblick auf die internationale Personalentwicklung steht das Training *interkultureller Kompetenz* im Vordergrund *(Ronen 1986; Thomas/Hagemann 1992; Spieß/Wittmann 1996; Konradt et al. 2002; Spieß 2005)*. Ziel eines solchen Trainings ist die *Synthese* von Kulturelementen (in Abhebung von der bloßen Assimilation oder einer bewussten Kontrastierung). Von einer solchen wird vermutet, dass hieraus Chancen zur interkulturellen Verständigung erwachsen, verbunden mit Entwicklungsmöglichkeiten zu „multikultureller Identität" oder „kultureller Universalität". Vielfach werden auch Phasenmodelle diskutiert (vgl. *Bennett 1998*), wobei in den ersten Stadien eines interkulturellen Lernprozesses noch ethnozentrische Perpektiven dominieren, die dann zunehmend durch eine ethnorelative Sicht (Akzeptanz, Adaptation, Integration) abgelöst werden (sollen). Als Idealvorstellung gilt wiederum die bereits erwähnte „world mindedness".

(4) Interkulturelles Management

Über Fragen der Personalauswahl und der Personalentwicklung, die ja gerade beim Führungspersonal besonders problematisiert werden, wurde bereits kurz berichtet. Im Zusammenhang mit interkulturellen Führungskräften kann weiter die Frage aufgeworfen werden, wie sich das faktische Führungsverhalten interkulturell unterscheidet. Hierüber gibt es lediglich Impressionen *(Ronen 1986)*. Nach diesem Autor (wir folgen der Zusammenfassung von *Thomas 1992, 44 f.)* „tendieren Europäer eher dazu, Entscheidungen auf vergangenen Erfahrungen und Erfolge auf Intuition und Improvisation zurückzuführen, und die Schnelligkeit, mit der Entscheidungen getroffen werden, ist wichtiger als Informationssuche und das Abwägen von Alternativen. In orientalisch geprägten Kulturen herrscht dagegen ein paternalistischer Entscheidungsstil vor, der die ganze Familie bzw. Bezugsgruppe in eine familistisch geprägte Entscheidungsfindung einbezieht. In Japan schließlich werden Entscheidungen von unten nach oben entwickelt". Insgesamt lässt sich auch feststellen, dass in hoch industrialisierten Ländern eher ein partizipativer Führungsstil praktiziert wird, während in Entwicklungsländern tendenziell ein autokratischer oder paternalistischer Führungsstil vorherrscht *(Bass 1981)*.

Daneben finden sich Aussagen, die eher normative Funktion haben: das Anraten bestimmter Modelle oder Stile der Führung (vgl. zur Führungsforschung generell 2.1.2.5). *Adler (2002)* diskutiert drei mögliche Modellvorstellungen:

Kulturelles Dominanz-Modell: Das Führungskonzept der Muttergesellschaft wird auf alle Tochtergesellschaften im Ausland (ohne Rücksicht auf Besonderheiten oder Verluste) angewandt;
Kulturelles Kompromiss-Modell: Es wird ein Kompromiss zwischen den verschiedenen Managementkonzepten und Führungsstilen angestrebt, vor allem um Konflikte zu minimieren;
Kulturelles Synergie-Modell: Die Richtlinien entwickeln sich unter Beachtung der verschiedenen kulturellen Orientierungssysteme der Mitarbeiter, kulturelle Unterschiede werden produktiv genutzt, indem sie auf höherer Ebene zu einer Synthese mehrerer kultureller Errungenschaften führen können.

Zahlreiche andere Führungsstil-Modelle (die wir später noch im Einzelnen zu diskutieren haben) widmen sich implizit der Suche nach einem optimalen Führungsstil. Situative Führungskonzepte haben jedoch schon frühzeitig auf die Situationsabhängigkeit geeigneter Führungsmaßnahmen oder Führungsstile hingewiesen, da sie innerhalb des eigenen kulturellen Kontexts – ausgelöst durch unterschiedliche Organisationsmerkmale sowie unterschiedlich ausgebildetes bzw. motiviertes Personal – ein weites Spektrum aufweisen können. Im internationalen Kontext kommt hier eine Fülle situativer Rahmenbedingungen von Führung hinzu, die durch Einfach-Modelle nicht abzubilden sind *(Witte 2004)*. Generell kann wohl gesagt werden, dass angesichts unterschiedlicher kultureller Bedeutungskontexte der Fähigkeit zum *symbolischen Management (vgl. 2.2.2.5)* eine besondere Bedeutung zukommt.

Oudenhoven/Zee (2002) sowie *Wegge/Dreißen (2000)* fanden, dass der Erfolg *internationaler Kooperation* umso höher ausfällt, je ähnlicher die nationalen Kulturen sowie die Unternehmenskulturen ausgeprägt sind (vgl. auch *Welge/Holtbrügge 2001; Hofstede/Hofstede 2009*). Weitere Erfolgsfaktoren sind: Flexibilität der Organisationskulturen, Zugänglichkeit von Fördermaßnahmen durch möglichst viele Mitglieder sowie die Voraussetzung, dass Führungskräfte an das Arbeiten in internationalen Teams gewöhnt sind. Da im Zuge der Internationalisierung von hochgradig heterogenen Arbeitsgruppen auszugehen ist (zur Diversitätsproblematik vgl. *Podsiadlowski 2002*), können die Vorteile einer solchen kulturellen Heterogenität (z. B. differenzierter Erfahrungshorizont, Verbesserung von Entscheidungen auf Grund vielfältiger Aspekte und Alternativen) genutzt werden, während es zugleich gilt, möglichen Nachteilen (z. B. Kommunikationsprobleme, soziale Vorurteile, Cliquenbildung) entgegenzuwirken.

Bei internationalen Kooperationen erweist sich wiederum das *Vertrauen* als wichtige Bindekraft. *Gebert (2002)* differenziert hierbei:

- Kalkulierendes Vertrauen i. S. eines Vertrauensvorschusses
- Rational-affektives Vertrauen auf der Basis wiederholter Erfahrung, dass durch den Vertrauensvorschuss kein Missbrauch erfolgt
- Institutionelles Vertrauen auf der Basis informeller Absprachen, Verträge oder Normen

Die wichtige Rolle des Vertrauens hat uns bereits vorhin beschäftigt, als es um Verhandlungen ging. Hier wie dort ist *angemessenes* Vertrauen ein Balance-Akt. Zu viel Vertrauen lädt zum Missbrauch ein; zu wenig Vertrauen ist kostspielig (Kosten der Absicherung und Kontrolle). Manchmal sind Fragen des Vertrauens auch eingebettet in unterschiedliche Vorstellungen von Angemessenheit, Gerechtigkeit, Fairness oder Geschäftsgepflogenheiten (z. B. ist die verlässliche Einhaltung von Lieferzeiten für das Land A eine Selbstverständlichkeit, für das Lieferland B jedoch eine lax zu handhabende Angelegenheit).

Im Rahmen von Integrations- und Globalisierungsaspekten sieht sich das Management zahlreichen Konfliktsituationen ausgesetzt, die insbesondere bei der *Fusion* großer Konzerne auftreten. Die Probleme sind hier einmal struktureller Art (Passen die ökonomischen, technischen und sozialen Strukturen zusammen?) und zum anderen verhaltensbezogen (Sind Einstellungen und Verhaltensweisen kompatibel?). Oft folgt eines aus dem anderen: Unternehmen A hat steile Hierarchien und ist durch einen vorwiegend autokratischen Führungsstil gekennzeichnet; dementsprechend haben die Mitarbeiter eher Tugenden der Fügsamkeit und der Folgebereitschaft entwickelt. Unternehmen B ist eher heterarchisch aufgebaut und pflegt einen partizipativen, mitarbeiterorientierten Führungsstil; dementsprechend sind die Mitarbeiter durch ein hohes Maß an Eigenkontrolle, Umgang mit Handlungsspielräumen und Selbstverantwortung charakterisiert. Es ist klar, dass bei einer Fusion oder einer Übernahme (sei sie nun freundlich oder feindlich) eine Reihe von Konfliktlinien erkennbar werden, z. B.:

Soziale Konflikte: Die sozialen Strukturen müssen umgeschichtet werden. Dabei werden einige Positionen überflüssig, andere müssen neu definiert werden. Nicht alle Betroffenen werden von dieser Neukonstruktion profitieren; Gefühle der Benachteiligung und der Ungerechtigkeit werden entstehen.
Kommunikative Konflikte: Insbesondere diejenigen, die nicht in ihrer Muttersprache kommunizieren können, werden Kommunikationsproblemen ausgesetzt sein. Dies mag auf den oberen Ebenen des Managements meist kein größeres Problem sein, sehr wohl jedoch auf den mittleren und unteren Stufen der Hierarchie.
Identitätskonflikte: Das Zusammengehen zweier Unternehmen bedeutet oft, dass man sich mit dem neu entstandenen Unternehmen nicht mehr identifizieren kann (insbesondere wenn das andere Unternehmen seine Identität der eigenen aufdrängt). Dies senkt gewöhnlich die Zielinduktion und damit die Bereitschaft, sich für das neue Unternehmen zu engagieren.

Diese und andere Konfliktsituationen werden in der ersten Fusionseuphorie häufig unterschätzt; sie dürften nichtsdestoweniger im Alltagsgeschehen durchaus zu erheblichen Friktionen führen (vgl. *Schwab et al. 2003*). Insofern ist die Merger-Problematik auch eine Herausforderung an *„transformationale" Führung* (vgl. *Bass/Mahwah 1998;* vgl. auch 2.1.2.5).

1.1.4 Psychologie der Konjunktur

Einen speziellen Typ der Entwicklung, der nicht auf sozialem Wandel beruht, stellt die konjunkturelle Entwicklung dar. Da hierbei offensichtlich auch psychologische Aspekte eine besondere Rolle spielen, wäre es von großem Interesse, von der Wirtschaftspsychologie zu erfahren, welche Mechanismen einen konjunkturellen Umschwung verursachen oder begleiten. Leider hat die Psychologie hier nur skizzenhafte Vorstellungen zu bieten; im Wesentlichen erschöpft sich ihr Beitrag zu dieser Thematik in einigen vagen Hinweisen auf Erwartungen und Stimmungen.

(1) Konjunktur-Indikatoren

Im Rahmen der Umfrageforschung sind zahlreiche Analyseinstrumente entwickelt worden, die mehr oder weniger gute konjunkturelle Prognosen bieten. Man bezeichnet diese Indices auch als *Frühindikatoren,* um damit anzudeuten, dass die Ermittlung von konjunkturrelevanten Einstellungen eine Art Barometer zur Frühindikation bestimmter „Stimmungen" oder „Einschätzungen" darstellt, die mit einem time-lag zur Verhaltensänderung führen.

Ein erster Beurteilungsbereich ist der Konsum, insbesondere die geplante Anschaffung dauerhafter Güter (die der Disponibilität und Postponibilität unterliegen und deshalb auch vertagt werden können). Hier hat bereits *Katona* in den 50er Jahren den ICS (Index of consumer sentiment) entwickelt, der die folgenden Aspekte umfasst:

- Einschätzung der allgemeinen Wirtschaftslage im vergangenen Jahr
- Erwartungen für die allgemeine Wirtschaftslage im kommenden Jahr
- Einschätzung der finanziellen Lage des eigenen Haushalts im vergangenen Jahr
- Erwartungen hinsichtlich der Entwicklung der finanziellen Lage des eigenen Haushalts im kommenden Jahr
- Einschätzung der gegenwärtigen „Ratsamkeit" größerer Anschaffungen

Eine neuere Version eines deutschen Marktforschungsinstituts (GfK) berücksichtigt folgende Themenbereiche unter dem Aspekt „Konsumklima": allgemeine Konjunkturentwicklung, Preisentwicklung, Anschaffungsbereitschaft für langlebige Gebrauchsgüter, finanzielle Lage des eigenen Haushalts, Sparen. Typische Fragestellungen sind dabei: „Wie dürfte sich –

Ihrer Ansicht nach – die allgemeine Wirtschaftslage in den kommenden 12 Monaten entwickeln?" Oder: „Glauben Sie, dass es zur Zeit ratsam ist, größere Anschaffungen (wie z. B. Möbel, Waschmaschine, Fernsehgerät usw.) zu tätigen?"

Der zweite Bereich von konjunktureller Relevanz ist die Einschätzung der Unternehmen hinsichtlich der derzeitigen Geschäftslage, ihres Auftragsbestands, ihrer Gewinnerwartung oder der Investitionsneigung. Sie ist Bestandteil des *Geschäftsklimas,* das regelmäßig durch das ifo-Institut erhoben wird. Die Ergebnisse zu zwei Fragen haben sich als besonders wichtig für die Konjunkturprognose erwiesen:

- Wie beurteilen Sie die aktuelle Geschäftslage?
- Wie schätzen Sie die Geschäftsaussichten für die nächsten 6 Monate ein?

Mit diesen Fragen wird indirekt auch die mutmaßliche Gewinnentwicklung gemessen, da „Geschäftsaussichten" für die meisten Unternehmer mit Gewinneinschätzungen und Gewinnerwartungen verbunden sind.

Obgleich die hier angesprochenen Frühindikatoren einen gewissen zeitlichen Vorlauf haben, kann man nicht gut sagen, dass diese Indikatoren den tatsächlichen Konjunkturverlauf „erklären" können. Denn wir müssten zusätzlich wissen, warum sich positive oder negative Einschätzungen ergeben. Die Fruchtbarkeit von Frühindikatoren deckt lediglich das intentionale Problem ab, das auch in der Einstellungsforschung eine Rolle spielt: nämlich die Stringenz zwischen Einstellung und Verhalten (K 1).

(2) Die Rolle von Erwartungen

Anders als in der Theorie rationaler Erwartungen geht die Psychologie davon aus, dass sich Erwartungen keineswegs als Produkt rationalen Abwägens aller verfügbaren Informationen bilden, sondern auf psychologische Weise unter Einbeziehung einer fehlerhaften, bruchstückhaften sowie verzerrten Wahrnehmung und Verarbeitung von Informationen.

Erwartungen sind Hypothesen (des Individuums) über zukünftige Sachverhalte und Zustände. Unterschieden werden Erwartungen, die eine unmittelbare Zukunft betreffen (z. B. das Geschehen in den nächsten drei Monaten) oder aber in eine fernere Zukunft ragen (manchmal bis ins Jenseits). Differenziert werden sollte auch zwischen labilen und stabilen Erwartungen (letztere sind stabiler Bestandteil kontrollierten Handelns). Ferner können Erwartungen solche Ereignisse betreffen, auf die man Einfluss nehmen kann; *Bandura* spricht von *Effizienz-Erwartungen* (M 6), die Ereignisse betreffen, die in gewissem Umfang vom Individuum kontrolliert werden können. Andererseits bestehen jedoch auch Erwartungen in Bezug auf Ereignisse und Umstände, auf die man keinerlei Einfluss hat, z. B. auf die Konjunkturentwicklung, auf die Inflationsgeschwindigkeit usw. Diese Erwartungen können optimistisch oder pessimistisch, positiv oder negativ sein; sie sind in der Regel mit bestimmten Emotionen verbunden.

Ein weiteres Grobraster in der Einteilung verschiedenartiger Erwartungen besteht darin, Erwartungen, die die eigene Situation betreffen, von denen zu unterscheiden, die die allgemeine Lage betreffen. Die erstgenannten bezeichnet man gelegentlich als *Mikro-Erwartungen,* in Abhebung zu den *Makro-Erwartungen* der allgemeinen Lageeinschätzung. Die relevanten Sub-Erwartungen im Umkreis der eigenen Situation sind z. B. arbeitsplatzbezogene, konsumbezogene, gesundheitsbezogene, familienorientierte, karrierebezogene, einkommensbezogene Erwartungen usw. Die allgemeine Situation, die Einschätzung der allgemeinen sowie der wirtschaftlichen Entwicklung betrifft Sub-Erwartungen wie Konjunkturerwartungen, branchenbezogene Erwartungen, Renditeerwartungen etc. Die Einschätzung von Mikro- und Makro-Erwartungen ist in den üblichen Erhebungen (z. B. der Finanzmarktforschung) meist nicht deckungsgleich; die Mikro-Erwartungen fallen in der Regel positiver aus. Dies hat folgende Gründe: Die bessere Einschätzung der eigenen Lage erfüllt den

Sachverhalt einer selbstwertdienlichen Attribution. Außerdem bestehen im eigenen Umkreis bessere Möglichkeiten der Verhaltenskontrolle. Darüber hinaus werden die Makro-Erwartungen vorwiegend durch die Medien vermittelt; diese zeichnen meist ein negatives Bild der Situation („bad news are good news").

Wenn es heißt, dass Erwartungen unser Verhalten bestimmen – die Wert-Erwartungstheorien sind hier das beste Beispiel – dann werden diese Erwartungen meist als gegebene Größe in das Kalkül einbezogen. Wir erfahren nichts darüber, wie Erwartungen eigentlich entstehen, wie sie sich psychologisch herausbilden. Generell scheinen die folgenden Faktorenbereiche von Bedeutung zu sein (vgl. *Wiswede 1996*):

- Eigene bisherige Erfahrungen (z. B. Inflationserfahrungen, die Erfahrung eines Crashs), gewichtet mit den positiven/negativen Konsequenzen des eigenen Verhaltens (Verlust an der Börse)
- Fremde Erfahrungen, wobei die Erfahrung von nahe stehenden Personen sowie von Experten stärker gewichtet werden (Gespräche über Konsumanschaffungen, Investitionen, Form der Geldanlage)
- Die Unmittelbarkeit des Zukunftsereignisses: Je unmittelbarer mir vor Augen steht, wie ein künftiger Zustand aussehen wird (feststehendes Datum der Pensionierung, Vorliegen des Rentenbescheids), umso leichter lässt sich die Ungewissheit der Erwartung durch eine verlässlichere Prognose ersetzen
- Die Erwartungen anderer: Eigene Zukunftserwartungen werden an den Erwartungen anderer validiert. Wenn alle anderen, insbesondere jedoch die relevanten Bezugspersonen oder Modelle düstere Zukunftsprognosen verbreiten, dann bleiben eigene Erwartungen davon nicht unberührt
- Verbreitung persuasiver Nachrichten: Erwartungen bilden und verändern sich häufig als Folge der Verarbeitung massenmedialer Einflüsse. Da viele Personen diesem Einfluss ausgesetzt sind, verstärken sich durch die Massenmedien die kommunikativen Wirkungen im interpersonellen Bereich
- Der Erwartungskontext: Die Erwartungen in bestimmten Bereichen (im Hinblick auf die wirtschaftliche Entwicklung, auf die Rentenentwicklung) bleiben nicht unberührt von Erwartungen in anderen Bereichen (z. B. im politischen oder kulturellen Bereich)
- Das Vertrauen in strategische Personen: Gemeint sind Personen, Gruppen oder Parteien, die für politische oder wirtschaftliche Weichenstellungen verantwortlich zeichnen (die Bundeskanzlerin, der Sprecher einer Großbank) und die bestimmte Zukunftserwartungen als mehr oder weniger berechtigt erscheinen lassen
- Das Vertrauen in Strukturen: Unabhängig von den jeweils handelnden Personen vertrauen wir in gewisser Weise darauf, dass bestimmte Institutionen (die Marktordnung, die Eigentumsregelung, die Liquidität der Banken) so viel Eigendynamik besitzen, dass diese trotz des Wechsels von Personen und Parteien stabil bleiben

Fragen wir nun, welchen Einfluss bereits gebildete Erwartungen auf die Suche und Bewertung von Informationen haben. *Frey/Stahlberg (1990)* haben am Beispiel des Börsengeschehens demonstriert, dass die Hypothesentheorie der Wahrnehmung (K 1) nahe legt, dass Erwartungen einen Einfluss darauf haben, welche Ereignisse und welche Informationen überhaupt wahrgenommen werden. Zunächst werden neue Informationen im Licht der subjektiven Hypothese (Erwartung) angepasst; im zweiten Schritt verstärkt die als hypothesenkonform bewertete Information die bestehende Erwartung, sodass die Richtigkeit dieser Erwartung wiederum verstärkt wird. *Shefrin (2000)* ergänzt diese Perspektive durch ein Phasenmodell (das auf das Börsengeschehen zugeschnitten, jedoch auf die Gesamtthematik konjunktureller Einschätzung generalisierbar erscheint).

– **Unterreaktionsphase**
Diese Phase ist durch eine Information gekennzeichnet, deren Inhalt nicht so beachtet wird, dass sie sich im öffentlichen Bewusstsein niederschlägt. Für dieses Beharrungsvermögen gibt es mehrere Gründe: scheinbare Irrelevanz, geringe Verfügbarkeit, starke Ankereffekte, Commitment der Akteure (vgl. *von Nitzsch/Friedrich 1999*).

– **Reaktionsphase**
In dieser Phase wird die Bedeutung der Information allen Marktteilnehmern klar, insbesondere wenn die Information nicht isoliert, sondern gewissermaßen gebündelt in Erscheinung tritt. In dieser Zeit werden bereits die Grundlagen dafür gelegt, dass sich der Trend in der Folgezeit verstärkt und verfestigt.

– **Überreaktionsphase**
Haben sich erst einmal positive Erwartungen gebildet, lösen sie verzerrte Wahrnehmungen aus, die trendfördernde Handlungen auslösen *(Frey/Stahlberg 1990)*. Da viele Informationen aus dem Wirtschaftsleben (die Ankündigung einer Fusion, Wechsel im Vorstand der Europäischen Zentralbank, Änderung der Ladenschlusszeiten, Wechsel der Regierung, Entlassung eines untüchtigen Ministers) nicht eindeutig objektiv als positiv (oder negativ) interpretierbar sind, findet sich eine weitere Trendstütze durch den bereits beschriebenen Prozess der erwartungsgesteuerten selektiven Wahrnehmung: Je nach Trend werden Informationen als positiv (oder negativ) eingestuft. Der bereits erwähnte negative Bias der Massenmedien tut ein Übriges, eine vorhandene negative Stimmung zu konservieren.

Ein solches Phasenmodell beschreibt den Prozess eines Erwartungsumschwungs, erklärt jedoch nicht, durch welche Informationen genau welche Initialzündungen stattfinden. Chaostheoretisch könnte man spekulieren, dass sie auch durch marginale Ereignisse ausgelöst werden können.

(3) Die Rolle von Stimmungen

Erwartungen und Stimmungen bedingen einander: Bei positiven Erwartungen steigt die Stimmung; bei gehobener Stimmung bestehen optimistische Erwartungen. Trotz dieser sehr allgemeinen Annahme ist der Zusammenhang zwischen Stimmungen und Erwartungen psychologisch noch weitgehend ungeklärt.

Wenn wir im konjunkturellen Kontext von Stimmungen sprechen (zum Begriff vgl. M 1), so wird deutlich, dass hier *kollektive Verhaltenstendenzen* gemeint sind, die sich über eine Vielzahl von Personen oder Gruppierungen ausbreiten. Die psychologische Stimmungsforschung (für einen Überblick vgl. *Bless/Ruder 2000*) hat es jedoch mit experimentellen Designs im Kleinformat zu tun, und es ist ungeklärt, ob und inwieweit sich diese Mikrozusammenhänge auch im makropsychologischen Bereich bewähren. *Schwarz/Stahlberg (1990)* haben überdies am Beispiel des Börsengeschehens darauf hingewiesen, dass dessen Erklärung durch Stimmungen unverhüllt tautologisch sei: Aus dem aktuellen Geschehen wird auf die Stimmung der beteiligten Akteure geschlossen, die dann wiederum als Ursache dieses Verlaufs herangezogen wird. Will man den Stimmungsbegriff für die Erklärung solcher Prozesse fruchtbar machen, muss die Stimmung der Beteiligten unabhängig von ihren Verhaltenskonsequenzen erfasst sowie ihre Beziehung zu einzelnen Verhaltenskomponenten (Wahrnehmung, Beurteilung, Entscheidung) näher spezifiziert werden.

Ein Grundprinzip der Stimmungsforschung ist das Konzept der *stimmungskongruenten Informationsaufnahme:* Das heißt bei guter Stimmung werden vorwiegend positive Informationen aufgegriffen und verarbeitet; bei negativer Stimmung ist es umgekehrt. Ähnliches gilt – mit stärkeren Einschränkungen – für die selektive Erinnerung: Unter gehobener Stimmung ist positives Material im Gedächtnis leichter verfügbar (zur Verfügbarkeitsheuristik vgl. 1.4). Bei negativer Stimmungslage erinnert man sich vorwiegend an aversive Ereignisse. Ferner werden bei gehobener Stimmungslage durchweg positivere Urteile gefällt als unter gedrückter Stimmung. Auch sind Urteile und Entscheidungen bei positiver oder gar euphorischer Stimmung kognitiv eingetrübt, sind also weniger durchdacht und elaboriert. Manchmal werden Stimmungen auch als Information verwendet *(Schwarz/Clore 1988)*. So könnte ein Individuum seine schlechte Stimmung als Indiz für düstere Zukunftserwartungen interpretieren.

Die Tatsache, dass bei schlechter Stimmung unsere Aufmerksamkeit selektiv auf Situationen gerichtet ist, die diese Stimmung bestätigen und sogar noch verstärken, muss durch eine Gegentendenz relativiert werden. Im Allgemeinen versuchen Individuen, aversive Reize (im Sinne des Vermeidungslernens, vgl. M 4) zu vermeiden *(Isen 1984)*, da es auf die Dauer unbehaglich sein mag, ständig gedrückter Stimmung zu sein. Hier gilt die „mood-repair-hypothesis", d. h. die Tendenz, negative Stimmungen abzubauen und sie durch positive Informationsverarbeitung aufzuhellen. Auch dies gilt jedoch nur mit Einschränkungen, denn sonst wäre nicht zu erklären, wieso schlechte Stimmungen längere Zeit aufrechterhalten werden können. Es ist nämlich zu vermuten, dass der Einfluss negativer Stimmungen in kollektiven Kontexten ausgeprägter ist, weil die Betroffenen für ihre negative Befindlichkeit *soziale Bestätigung* erfahren *(Schwarz/Stahlberg 1990)*. Es ist also möglich, dass auf Versuche, die eigene Stimmung zu verbessern, in kollektiven Kontexten verzichtet wird, weil die schlechte Beurteilung von anderen Menschen Unterstützung erfährt und die Stimmungslage möglicherweise ansteckend ist.

Mit diesem letzteren Aspekt haben sich *Hatfield et al. (1994)* im Rahmen ihrer Forschungen zu „emotional contagion" beschäftigt, mit der Frage nämlich, wann und unter welchen Bedingungen Personen sich von anderen emotional anstecken lassen. Für den Mikrobereich gibt es hierfür viel empirische Evidenz: Über Gestik, Mimik, Stimme usw. lassen sich Gefühle auf andere übertragen. Die zugrunde liegenden Mechanismen können (nach *Hatfield*) erstens rationaler (analytischer) Natur sein: Die Stimmung einer anderen Person wird bewusst wahrgenommen und man reagiert auf diese Wahrnehmung. Zweitens kann die Wahrnehmung von Emotionen anderer Personen dazu führen, dass eigene ähnliche emotionale Erfahrungen wiederbelebt werden. Und drittens mag es sich um einen unbewussten, quasi-automatischen Prozess handeln, wie es im Konzept der emotionalen Ansteckung postuliert wird.

Obgleich *Hatfield* und ihre Mitarbeiter explizit die Geltung emotionaler Ansteckungsprozesse für kollektive Verhaltensweisen unterstreichen, liegt hier noch ein weitgehend unbearbeitetes Feld, dessen Bedeutung für die Ausbreitung von konjunkturrelevanten Stimmungen und Emotionen hier nur programmatisch angedeutet werden kann.

1.2 Psychologie entwickelter Gesellschaften

Die Besonderheiten voll entwickelter Gesellschaften sind vielfach im Rahmen einer „Psychologie der Wohlstandsgesellschaft" Gegenstand sozialpsychologischer Forschung gewesen *(Scitovsky 1977; Klages et al. 1987; Klipstein/Strümpel 1985)*. Dabei geht es einmal um sozio-strukturelle Veränderungen und Problemlagen (verursacht etwa durch neue Technologien und gewandelte Arbeitsbedingungen), zum anderen jedoch um sozio-kulturelle Wandlungsprozesse, die unser gegenwärtiges Bild der Wirtschaftsgesellschaft verändern.

Wohlstand und Wohlfahrt werden üblicherweise sowohl durch objektive Daten (z. B. Pro-Kopf-Einkommen) als auch durch subjektive Kriterien (z. B. Zufriedenheit) gemessen. Denn es dürfte kurzsichtig sein, die Verfügbarkeit über materielle Güter bzw. das Versorgungsniveau von Haushalten als alleinigen Indikator wirtschaftlicher Wohlfahrt anzusehen. So erbrachte bereits die berühmte Studie von *Easterlin (1974)* über die Beziehung zwischen Sozialprodukt und persönlichem Wohlbefinden im interkulturellen Vergleich keine Korrelation zwischen durchschnittlichem Realeinkommen eines Landes und Glück/Zufriedenheit der Bevölkerung. Man hat dieses Paradoxon durch die Wirksamkeit sozialer Vergleichsprozesse sowie durch Vorgänge der Anpassung erklärt. Allerdings zeigen neuere Studien, dass zwischen Wohlstand und Zufriedenheit doch deutliche Korrelationen bestehen, zumindest in einem mittleren Wohlstandsbereich (vgl. *Veenhoven 1989; Frey/Stutzer 2002*). Hinweise auf kurvilineare Entwicklungen stammen von *Hirsch (1980), Scitovski (1989), Wachtel (1989)* und *Schyns (2003)*. Insbesondere wird betont, dass bei immer üppiger werdendem Wohlstand die „Kosten" des ökonomischen Wachstums die Erträge übersteigen, wobei die Bezugsgröße hier meist nicht Zufriedenheit ist, sondern „quality of life", „social welfare" und neuerdings „livability".

1.2.1 Psychologie des Wertewandels

Wachsender Wohlstand verändert auch wirtschaftliche Wertvorstellungen. So wird der sog. Wertewandel u. a. durch die Tatsache erklärt, dass sich Menschen unter den Bedingungen von ökonomischem Wohlstand, politischer Stabilität und hohem Bildungsniveau postmateriellen Werten (wie Selbstentfaltung und Autonomie) zuwenden (vgl. zusammenfassend: *Koch 2005*).

(1) Werte – Einstellungen – Lebensstile

Die Analyse von Werten hat in der Sozialwissenschaft eine lange Tradition. Kulturanthropologen (z. B. *Kluckhohn)* sowie Soziologen (z. B. *Parsons)* haben hier bereits vor Jahrzehnten Konzepte erarbeitet, die den Begriff des Wertes (value) an zentraler Stelle platzierten. Dieses Verständnis von Werten ist dann auch für den sozialwissenschaftlichen *Kulturbegriff* konstitutiv gewesen: Kultur als Wertsystem einer Gesellschaft, wobei in die materielle Kultur diese Wertvorstellungen institutionalisiert, gleichsam eingeschmolzen sind. Von hier aus erhalten die Substrate einer Gesellschaft sowie die Ausrichtung der Verhaltensmuster ihre „Kulturwertbedeutung" *(Max Weber)*.

Auch in empirischen Analysen *(Williams 1970)* wurden zentrale Wertemuster ermittelt (vgl. die „European Value System Study" mit einem Zeitvergleich 1981/1991; s. *Inglehart 1990* sowie im Ländervergleich s. *Inglehart 1998*), zum anderen subkulturell nach Lebenslagen, sozialen Milieus, Altersgruppen und Schichtzugehörigkeit. Dabei wurde sichtbar, dass differenzielle Wertvorstellungen ihren Niederschlag in unterschiedlichen *„Lebensstilen"* finden, die ihrerseits jedoch auch durch Lebenslagen – wirtschaftliche Situation, Lebensstandard, Arbeitsbedingungen etc. – mitbestimmt sind.

Das Lebensstil-Konzept wurde v. a. im Rahmen der Ungleichheitsforschung bemüht (vgl. *Bourdieu 1982*); es sollte dazu dienen, ältere Formen der Stratifikation, die eher aus der Erwerbssphäre (Beruf, Stellung im Arbeitsleben, Einkommen) resultieren, zu ersetzen oder zumindest zu ergänzen. Hier ergab sich dann eine gewisse Affinität zum Konsumentenverhalten, allein deshalb, weil Lebensstile häufig über Konsumstile definiert wurden (vgl. *Featherstone 1987; Hartmann 1999; Lüdtke 2000*).

In der sozialpsychologischen Werteforschung arbeitet man bevorzugt mit dem Modell von Wertestrukturen nach *Schwartz (1992)*, wonach sich die basalen Werte auf einem kreisförmigen Kontinuum anordnen lassen. Die Eckpunkte dieses Kontinuums markieren zwei entgegengesetzte Wertepaare: Offenheit für Veränderungen vs. Konservativismus sowie Selbstlosigkeit vs. Selbstbezogenheit als zweite Dimension. Ansonsten tauchen „values" in psychologischen Modellen und Theorien eher als gegebene Größe auf: in der Lernpsychologie, in Wert-Erwartungskonzepten sowie in Theorien des überlegten und geplanten Handelns. Dabei bleibt oft unbedacht, dass diese „values" sich mit dem Wertsystem einer Gesellschaft verändern: Jenes entscheidet darüber, welche Verhaltensweisen verstärkt und welche gelöscht werden, welche Verhaltensmuster selegiert und stimuliert und welche Muster verworfen oder unterdrückt werden.

Werte sind in diesem Verständnis eine übergeordnete Kategorie, und faktische Verhaltensweisen lassen sich nur sehr indirekt aus Werten ableiten (vgl. *Eagly/Chaiken 1993*). *Rokeach (1973)*, der sich ausführlich mit dem Zusammenhang zwischen Werten (values) und *Einstellungen* (attitudes) befasst hat, plädiert für die Festlegung, dass Einstellungen von Werten abzuleiten sind – diese seien relativ wenige, überschaubare Leitlinien des Verhaltens –, während Einstellungen objektbezogen auftreten; ihre Zahl sei im Übrigen Legion. So ist auch unser Sprachgebrauch: Wir reden von Einstellung immer in Bezug auf bestimmte Einstellungsobjekte: Einstellungen zum Betrieb, zur Arbeit, zu Produkten, zur wirtschaftlichen Lage, zur Steuerhinterziehung usw. Dahinter verbergen sich übergeordnete Wertvorstellungen, die auf die viel konkretere, objektgebundene Einstellung bezogen sind.

(2) Fallgruben der Wertwandel-Forschung

In der Tat wurde der Wertwandel-Forschung vorgeworfen, dass sie konkrete Einstellungsveränderungen mit Wertwandel verwechselt habe. Die vorliegenden Befunde scheinen jedoch nicht den Eindruck zu bestätigen, dass sich die gegebenen Wandlungsprozesse lediglich auf der Einstellungsebene abspielen, da viele Lebensbereiche in ähnlicher Weise betroffen sind. Damit ist jedoch noch nichts über den Zusammenhang zwischen Wertwandel und einer Änderung materieller Bedingungen ausgesagt. Wertwandel könnte nämlich nicht die Ursache, sondern die *Folge* bestimmter materieller Veränderungen (z. B. Versorgungsniveau, Demokratisierung des Luxus, engmaschigeres soziales Netz) sein. Aber dieser Befund reicht nicht aus, um den Wertwandel als bloßen Reflex, als reines Epiphänomen oder als pure Begleiterscheinung materieller Veränderungen einzustufen, denn materielle Wandlungsprozesse erklären nicht die Konkretion, die besondere Charakteristik dieses Wertewandels. Sie stellen allenfalls Rahmenbedingungen her, innerhalb derer sich Wertewandel vollziehen kann; sie erklären hingegen nicht die genaue Ausrichtung und inhaltliche Ausfüllung des Wertewandels selbst. Dies liegt daran, dass Werthaltungen Bewusstseinsprozesse sind, die durch materielle Gegebenheiten (= diskriminierende Stimuli) nicht vollkommen determiniert werden. Besondere kognitive Prozesse entscheiden darüber, welche Werte innerhalb dieser gegebenen Rahmenbedingungen realisiert werden und welche nicht.

Ein weiterer wichtiger Einwand betrifft die Frage, ob Wandel von Wertvorstellungen nicht eher mit verschiedenen Rollenstadien des Lebenszyklus zusammenhänge. Diese Vermutung, dass Wertewandel nur lebenszyklisch stattfinde, wäre allerdings nur dann zu bestätigen, wenn die Kohorte der Jugendlichen nach einer vorübergehenden Periode der Koketterie mit alternativen Werten einmündet in die „alten" Werte, insbesondere dann, wenn der „Ernst des Berufslebens" beginnt. Die vorliegenden Daten *(Klages 1984; Klages et al. 1987; Noelle-Neumann/Strümpel 1984; Yankelovich et al. 1985; Herbert 1993)* scheinen einer solchen Vermutung zumindest teilweise zu widersprechen. Dennoch bleibt die Tatsache bestehen: Lebenszyklisch bedingte Wertänderungen sind in allgemeine Wertwandlungsprozesse eingelagert, und die Anpassung an bestehende Strukturen (z. B. Berufsanforderungen, betriebliche Erfordernisse) dürfte stark abweichende Wertvorstellungen tendenziell dämpfen oder zumindest in realistischere Bahnen lenken.

(3) Thesen zum Wertewandel

Inhaltlich werden drei unterschiedliche Konzeptionen diskutiert: die These vom Werteverfall bzw. Werteverlust, die These der eindimensionalen Wertsubstitution sowie die These eines mehrdimensionalen Wertewandels.

Die hier zuerst behandelte These vom Wertverlust wird u. a. von *Kmieciak (1976)* sowie von *Noelle-Neumann (1978)* vertreten. Zunächst könnte man dies auf ein generelles Wertevakuum zurückführen: Weil die vormals verbindlichen Werte (z. B. Pflichterfüllung, Arbeitsethos, Gehorsam usw.) obsolet geworden sind, besteht eine generelle Unsicherheit über zentrale und verbindliche Werte; ein mehr oder weniger zielloses, außengeleitetes und fluktuierendes Verhalten sei die Folge. *Noelle-Neumann* bezieht die These des Wertverlustes noch stärker auf den Arbeitsbereich: Zwar seien einige Nachwirkungen des puritanischen Erbes nach wie vor wirksam, aber die Beobachtung ist wohl unausweichlich, dass in den fortgeschrittenen Industrieländern des Westens das puritanische Ethos und seine Ableger allmählich verblassen und von der jetzigen Generation kaum verinnerlicht werden. Jedoch wird dieser „Verfall der Arbeitsmotivation" zumindest z. T. kompensiert durch eine Aufwertung des „Privaten" und des Freizeitbereichs, sodass auch hier eine Wertesubstitution nicht auszuschließen ist. Diese Wertverlagerung – Abnahme der Zentralität von „Arbeit" und zunehmende Wichtigkeit des Lebensbereiches „Freizeit" – ist zwar übereinstimmendes Ergebnis zahlreicher Studien zu diesem Wertewandel *(Opaschowski/Raddatz 1982)*, jedoch dürfte auch dieser sich nicht durchgängig vollziehen: Vielmehr beobachten wir eine gewisse Polarisierung, gleichsam eine Art Kluftbildung zwischen Arbeitsinvolvierten einerseits und Freizeitorientierten andererseits.

Die These von der *Wertsubstitution* ist insbesondere von *Inglehart (1977; 1998)* vertreten worden. Sie besagt in ihrer allgemeinsten Form, dass materialistische Wertvorstellungen (z. B. Einkommenserzielung, Besitzausweitung) sog. *postmaterialistischen* Werten Platz machen und dass dieses Verhaltensmuster insbesondere bei jüngeren Befragten auszumachen ist. Diese Postmaterialismus-These, die sowohl den Arbeitsbereich wie auch den Konsumbereich berührt – dort jedoch vermutlich qualitativ andere Auswirkungen haben dürfte –, wird von *Inglehart* mit zwei Hypothesen sowie einer psychologischen Theorie begründet. Zunächst die Hypothesen: Die *Knappheitshypothese,* die besagt, dass Menschen diejenigen Dinge für besonders wertvoll halten, die knapp sind. Analog zum ökonomischen Grenznutzenprinzip (bzw. zum Sättigungsprinzip) folgert *Inglehart,* dass Personen, die in materiellem Wohlstand aufwachsen, den Wohlstandsgütern dann auch geringeren Stellenwert einräumen. Die *Sozialisationshypothese:* Entscheidend für das Wertemuster von Individuen seien insbesondere die ersten Sozialisationsphasen, die sog. „formative years". So erklärt sich, dass Personen, die in diesen Lebensjahren in Kargheit und Entbehrung aufgewachsen sind, stärkere materielle Bedürfnisse und Sicherheitsmotive entwickeln als Personen, die in Zeiten wirtschaftlichen Wohlstands aufwachsen und von Konsumgütern ständig umzingelt sind.

Inglehart findet hier im Übrigen interessante Parallelen zu einer psychologischen Motivationstheorie, nämlich zur Theorie der *Bedürfnishierarchie* von *Maslow (1970):* Diese behauptet das unterschiedliche Bedeutungsgewicht bestimmter Bedürfnisse in Abhängigkeit der Erfüllung dieser Bedürfnisse; es komme zu einer Verschiebung der jeweils dominierenden Bedürfnisse (vgl. M 2). Nun ist allerdings – wie wir bereits gesehen haben – das Konzept

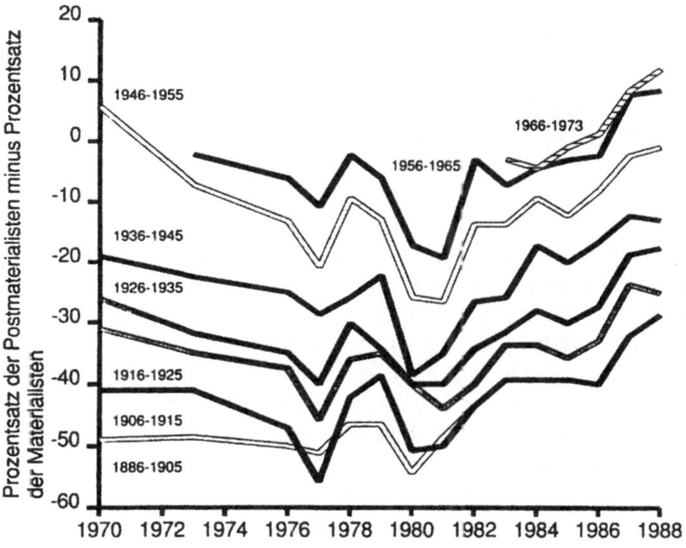

Abb. 19: Entwicklung postmaterialistischer Einstellungen 1970–1988 (nach Inglehart 1989)

von *Maslow* aus verschiedenen Gründen problematisch, sodass diese Bezugnahme wenig verlässlich ist und allenfalls gewisse Tendenzaussagen gestattet.

Ein wichtiger Einwand gegen die Postmaterialismusthese betrifft die Frage, ob der Wandel von Wertvorstellungen nicht eher mit verschiedenen Rollenstadien des Lebenszyklus zusammenhängt: Mit zunehmendem Alter nähere sich eine Geburtskohorte der nächstälteren immer mehr an. *Böltken/Jagodzinski (1983)* präsentieren Daten, die nahe legen, dass der Wertewandel als Artefakt anzusehen sei und allein auf lebenszyklischen Veränderungen beruhe. *Inglehart (1989)* hat diese Kritik aufgenommen und zeigt anhand neuer Daten, dass bei längerfristiger Betrachtung unterschiedliche „Werteströme" aufrechterhalten bleiben. Legt man z. B. bei Abb. 19 den Schnitt durch das Jahr 1981, so scheint die von *Böltken* und *Jagodzinski* konstatierte Tendenz zur Konvergenz lediglich als situationsspezifische Momentaufnahme bestätigt, während in der weiteren Entwicklung wieder die Ausgangsdiskrepanzen sichtbar werden.

Insofern hat sich *Ingleharts* Postmaterialismus-Konzept zwar nicht als ganz falsch herausgestellt, doch scheint der tatsächlich stattfindende Wertewandel facettenreicher zu sein, als es die eindimensionale Betrachtungsweise der Wertsubstitutionstheorie wahrhaben möchte. Neuerdings wird daher die *These vom mehrdimensionalen* Wertewandel vertreten (z. B. *Klages 1984; Pawlowsky 1986; Meulemann 1996*), wobei der Wertewandel als Verschiebung von Werten auf zwei oder mehr getrennten Dimensionen angesehen wird. (Dieser Gedanke ist freilich keineswegs neu: Schon *Parsons* benutzte in seinen „pattern variables" einen solchen Ansatz zur Ortsbestimmung von Gesellschaften.) Als solche Verlagerungen werden gesehen:

- von Pflicht- und Gehorsamswerten hin zu Werten der Autonomie und Selbstverwirklichung;
- von Opferbereitschaft und Disziplinierung hin zu hedonistischen Werten;
- von akquisitiv-extrinsischen Werten (z. B. Einkommen, Karriere) hin zu non-akquisitiv-intrinsischen Werten (z. B. Leistungslust, Spaß, Selbstverwirklichung).

Auch wird der schon von *Parsons* und neuerdings von *Ulrich Beck* herausgestellten *Individualisierungstendenz* im Zusammenhang mit wirtschaftlichem Verhalten stärkere Beachtung geschenkt *(Hofstede 2001)*. Einer solchen multidimensionalen Perspektive wollen wir uns gleichfalls anschließen, da sie mit den empirischen Daten am ehesten in Übereinstimmung zu bringen ist und Einseitigkeiten vermeidet (vgl. zusammenfassend *Duncker 1998)*.

(4) Segmentierung nach Werten

Darüber hinaus gibt es Differenzierungen anderer Art. Auf die Tatsache, dass mehrere *Werttypen* koexistieren, machen *Klages* und seine Mitarbeiter aufmerksam *(Klages 1984; Franz/Herbert 1986, 1993)*. Sie konstruieren anhand der Realisierung zweier Dimensionen vier Grundmuster (Abb. 20), wobei die Überlegung eine Rolle spielt, dass der Anteil der sogenannten Realisten zunimmt, ein Werte-Typ, der zumindest mit einem Bein dem „neuen" Wertsystem (etwa Hedonismus, Individualismus) verpflichtet ist, mit dem anderen Bein jedoch eine reale Grundlage für diese Werthaltung entwickelt. Denn wachsende oder zumindest gleichbleibende Ansprüche und ständig neu aufflackernde Bedürfnisse lassen nicht zu, die Arbeitswilligkeit über ein gewisses Maß hinaus zu drosseln (Abb. 20).

Eine etwas komplexere Typologie begegnet uns in einer Studie über unterschiedliche Lebensstile und Werthaltungen anhand verschiedener *sozialer Milieus*. Der Grundgedanke der vom SINUS-Institut entwickelten Typologie ist, dass das Tempo des Wertewandels in verschiedenen Marktsegmenten unterschiedlich stark ausgeprägt ist und auch inhaltlich-qualitativ Verschiedenes ausdrücken mag.

Dieses Modell (Abb. 21), das im Zusammenhang mit dem *Lebensstil-Konzept* häufiger diskutiert wird, ist insofern etwas irreführend, als die von den Autoren ausfindig gemachten „sozialen Milieus" theoretische Konstrukte sind und keineswegs reale Milieus im Sinne gemeinsamer Lebenslagen (z. B. Arbeitermilieu) darstellen. Immerhin machen diese Differenzierungen darauf aufmerksam, dass Art und Tempo des Wertewandels sozialspezifisch variieren. Auch scheint ein großer Teil der Wandlungsprozesse ein vorläufiges Ende gefunden zu haben (vgl. *Duncker 1998*).

Während die SINUS-Analysen *subkulturellen* Differenzierungen nachgehen, sind *interkulturelle* Analysen von Wertverlagerungen gleichermaßen von Interesse. Neben den bereits

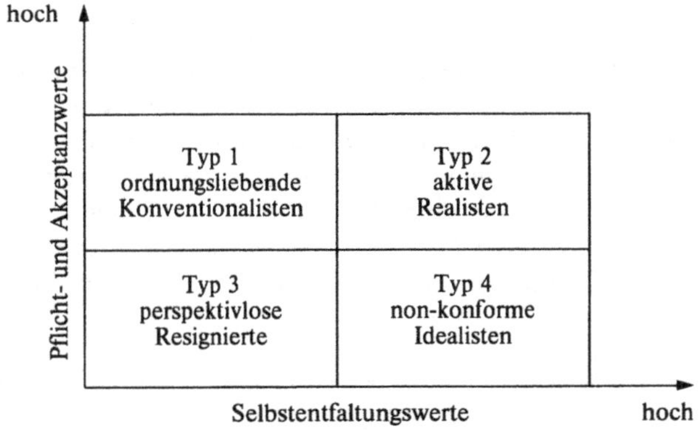

Abb. 20: Persönlichkeits-Typen im Wertewandel

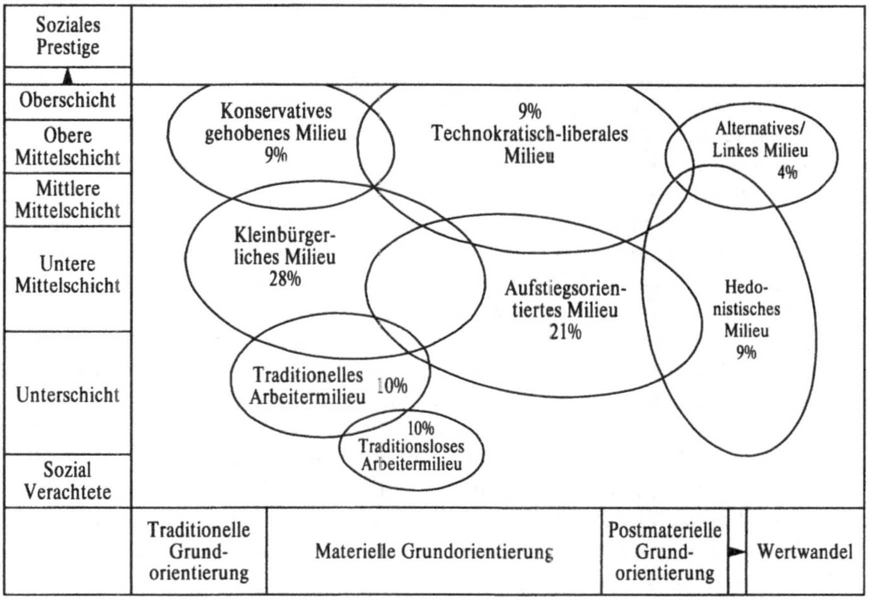

Abb. 21: Soziale Milieus in der Bundesrepublik: Soziale Stellung und Grundorientierung (Quelle: Sinus Institut Heidelberg)

erwähnten europäischen EVS-Studien sind weltweite Längsschnitt-Untersuchungen durchgeführt worden, die insbesondere an die Tradition *Hofstedes* (2001) anknüpfen (vgl. 1.1.3). Im Vordergrund steht dabei die relativ stabile Dimension Individualismus (individuelle Selbstentfaltung) vs. Kollektivismus (Betonung des Gemeinschaftsdenkens). Die Daten zeigen, dass in nahezu allen Ländern eine Verlagerung zum Pol des Individualismus stattfindet.

(5) Implikationen im wirtschaftlichen Bereich

Die Frage nach der wirtschaftspsychologischen Implikation der Wertwandel-Forschung erübrigt sich nahezu, weil im Zentrum dieser Diskussion ohnehin der ökonomische Bereich, im Besonderen der *Arbeitsbereich,* angesprochen wird. Dort ist der Wertwandel, soweit er – auch segmentsspezifisch – stattgefunden hat und noch stattfindet, verantwortlich für wesentliche generalisierte Einstellungsänderungen und Motivationsverschiebungen. Die wichtigsten Linien dieser Entwicklung sind bereits beschrieben: dosiertes Arbeitsengagement bei gleichzeitiger Aufwertung des Privatbereichs, verminderte Bedeutung von Pflicht- und Akzeptanzwerten, Motivationswandel zu Lasten extrinsischer Motive zugunsten von Entfaltungs- und Autonomiewerten. *Klipstein/Strümpel (1985)* sowie *von Rosenstiel (1988)* weisen darauf hin, dass diesen gewandelten Wertvorstellungen vielfach *erstarrte Strukturen* gegenüberstehen: z. B. Arbeitsbedingungen, die wenig Handlungsspielräume und Autonomie gestatten, Führungsstrukturen, die überkommenen Denkmustern verhaftet sind, usw. Auch dürfte der vielbeklagte Verfall der Arbeitsmotivation nur deshalb stattfinden, weil und insofern die „alten" Anreizsysteme (z. B. Einkommen, Karriereversprechen etc.) nicht mehr „greifen", neue Anreizinstrumente jedoch vielfach nicht verfügbar sind oder subtiler gehandhabt werden müssten. Das Vordringen kooperativer Führungsformen und die besondere

Problematik ihrer Umsetzung sprechen hier eine deutliche Sprache *(Einsiedler 1986; Wiendieck/Wiswede 1990).*

Von Rosenstiel/Nerdinger (1986) haben das Wertwandel-Konzept auch auf die veränderte Karrieremotivation von Führungs-Nachwuchskräften angewandt. Die empirischen Ergebnisse zeigen, dass diese Nachwuchskräfte der „Karriere" als einer dominanten Leitlinie des Verhaltens eher kritisch-distanziert gegenüberstehen, wobei allerdings Sozialisationseffekte im Verlaufe des Aufstiegs diese Distanz wieder abschwächen dürften. Die Verfasser unterscheiden drei Grundtypen: Personen mit Karriereorientierung, mit freizeitorientierter Schonhaltung und mit alternativem Engagement. Der erstgenannte Typ hat erwartungsgemäß das positivste Bild der Karriere, Personen mit alternativem Engagement das negativste. Verfolgt man die Wertorientierungen im Längsschnitt *(v. Rosenstiel et al. 1989),* so zeigen sich nach einem Jahr Berufspraxis bereits deutliche Sozialisationseffekte: Weitgehend stabil blieb die Karriereorientierung (noch 82 % der ursprünglich Karriereorientierten), während die alternative Orientierung die stärksten Verlagerungstendenzen (nur noch 53 %) hin zur Freizeitorientierung zeigte. Erwartungsgemäß „erodierte" auch die Freizeitorientierung: Von den diesbezüglich Orientierten verblieben noch 77 % bei dieser Werthaltung. Hier erfolgte die „Wanderung" hauptsächlich in den Bereich der Karriereorientierung, erklärbar offensichtlich durch die direkte Erfahrung mit neuen Anreizsystemen sowie durch neue Bezugsgruppen, die offenbar „Modelle" des angemessenen Verhaltens in Organisationen abgeben.

Der zweite wirtschaftsbezogene Schwerpunkt der Wertwandel-Diskussion liegt im *Freizeit- und Konsumbereich.* Auch hier sind – insbesondere im Hinblick auf neue Marketing-Strategien – Spekulationen verbreiteter als empirische Untersuchungen *(Silberer 1991; Oppitz 1984; Windhorst 1985; Szallies/Wiswede 1991; Duncker 1998).* Insbesondere werden diskutiert: Zunahme hedonistischer, gegenwartsorientierter Konsumhaltungen sowie eine Veränderung der Sparmentalität. *Scitovsky (1989)* meint, dass der Mensch infolge noch vorhandener puritanischer Fesseln noch nicht genügend genussfähig sei und beim Genießen ständig Schuldgefühle entwickle. Diese Unfähigkeit zum Genießen scheint vollends aufgehoben in *Schulzes* „Erlebnisgesellschaft" *(1996).* Die hier gezeichnete *Hedonismus*tendenz reflektiert auf eine Erlebnis- und Genussorientierung am Hier und Jetzt: Güter und Dienstleistungen werden danach beurteilt, in welcher Weise sie dazu beitragen, ein „schönes" und erlebnisreiches Leben zu gewährleisten.

Andere Autoren betonen eine Tendenz zur *Sublimierung:* Dominanz des *Lebensstils* gegenüber dem Lebens*standard (Wiswede 1983, 2000).* Das Verwendungsverhalten – die richtige Art, mit den Gütern umzugehen, das Gefühl für kleine Unterschiede *(Bourdieu 1982)* – signalisiert am ehesten die Kultivierung des Geschmacks, und die Kennerschaft tritt an die Stelle bloßen Besitztums. Wiederum andere Autoren heben im Gefolge der Studien von *Ulrich Beck (1996)* auf die Tendenz zur *Individualisierung* ab. Sie bedeutet im Konsumkontext, dass die Individuen sich in ihrem Konsumverhalten aus familialen und kollektiven Einbindungen herauslösen und individuell einzigartigen Konsum auf hohem Niveau praktizieren wollen. Dieser Wunsch wird in der Regel durch finanzielle Restriktionen gebremst, sodass Individuen zwangsläufig Akzente setzen müssen (compartmentalization). Insofern gibt es Domänen selektiven Luxus und kalkulierter Bescheidenheit *(Szallies/Wiswede 1991).* Man hat diese Lebensstil-Inkonsistenz mit der Metapher des *hybriden Verbrauchers* zu charakterisieren versucht. Wie *Yankelovich (1994)* gezeigt hat, sind Konsumenten auch bei einer Einkommensschrumpfung nicht bereit, die durch den Wertewandel initiierten Wertveränderungen aufzugeben. Um dafür die ökonomischen Voraussetzungen zu schaffen, bedarf es individualisierter Selektivität, einer Art „lean consumption".

1.2.2 Psychologie der Umweltproblematik

Die Psychologie makroökonomischer Prozesse ist häufig mit besonderen Problemlagen verknüpft, wobei die Ökologie-Problematik hier eine zentrale Stellung erreicht hat. Ihre wissenschaftliche Erforschung wurde vor allem innerhalb der Ökonomie und der Soziologie verfolgt, während psychologische Analysen erst seit etwa einem Jahrzehnt an Boden gewinnen. Sie betreffen vor allem umweltbezogene Einstellungen (Umweltbewusstsein) und beziehen sich hauptsächlich auf Einstellungen und Verhalten von Konsumenten. Insofern fungiert als theoretischer Bezugsrahmen in erster Linie das Einstellungskonzept (K 1) mit seinen Weiterentwicklungen, z. B. der Theorie des geplanten Verhaltens.

Wir befassen uns zunächst mit einigen allgemeinen Gesichtspunkten des Verhältnisses zwischen Wachstum und Ökologie und wenden uns dann dem Verhalten der Hersteller und Konsumenten zu. Anschließend werfen wir einen Blick auf die wichtigsten Interventionsstrategien, die aus den bisherigen Befunden abgeleitet werden können. Auch hierbei steht das ökonomisch relevante Verhalten der Verbraucher im Vordergrund.

(1) Wachstum und Ökologie

Die Diskussion um Grenzen des ökonomischen Wachstums hat mit Bezug auf ökologische Problemstellungen mehrere Facetten. Dabei hatte sich der Bericht des „Club of Rome" seinerzeit vorrangig auf die Verfügbarkeit von Rohstoffen und den Raubbau verschwenderisch ausgebeuteter Ressourcen bezogen. Die wesentlichste Linie der neueren Diskussion zielt jedoch weiter; sie besteht darin, sichtbar zu machen, dass ungezügeltes Wachstum die Basis dessen beeinträchtigt oder zerstört, worauf Wachstum sich eigentlich gründet. Hier geht es nicht mehr lediglich um Ressourcen, die eines Tages zu Ende gehen, sondern um die Erosion von Umwelt: menschliche Arbeit dann nicht mehr im Verständnis einer produktiven, sondern auch zunehmend einer destruktiven Umweltveränderung. Eine Erhöhung des Lebens*standards* ist daher mit der partiellen Gefahr einer Einbuße an Lebens*qualität* verbunden, bis hin zu Schwellenwerten, wo sich Lebensbedingungen durch ökonomisches Wachstum eher verschlechtern.

Ökologische Konsequenzen wirtschaftlichen Handelns sind auch Gegenstand der älteren Umweltpsychologie gewesen *(Proshansky/O'Hanlon 1977; Kaminsky 1978),* die sich mit verschiedenen Problembereichen beschäftigt hat: Landwirtschaft und Städtebau, Umweltschutz und Umweltbewusstsein, Konsum und Umwelt, Umweltbewegungen und Bürgerinitiativen, Umgang mit Energie, Einstellung zu Energieformen, Arbeitsumwelten in der industriellen Produktion usw. Hier geht es u. a. um die Frage, ob und inwieweit sich in der Bevölkerung – etwa aufgrund des reklamierten Wertewandels und/oder mehr oder weniger sichtbarer Missstände („Umweltkrise") – bereits eine Art *„Umweltbewusstsein"* herausgebildet hat. Dabei ist auch versucht worden, die Brücke von den sogenannten Werttypen (Konventionalisten, Resignierte, Idealisten, Realisten) zum ökologischen Handeln zu schlagen *(Franz/Herbert 1986).* Nach dieser Segmentierung tritt bei „Idealisten" häufiger ein Auseinanderklaffen zwischen „Denken und Tun" auf; Resignierte haben nach den Befunden noch weniger ökologische Handlungsmotivation als Konventionalisten und dementsprechend auch die geringste Handlungsintensität.

Sichtet man die bisher vorliegenden empirischen Ergebnisse (vgl. etwa: *Ernst 1997*), so dürfte das Ausmaß einer solchen Einstellungsänderung in der Tat wesentlich überschätzt werden. Dies könnte bereits mit *Olsons* Modell zum kollektiven Handeln *(Olson 2004)* begründet werden. Denn individuell eigennützige und zurechenbare Vorteile (oft ökonomischer Art) werden höher geschätzt als der (abstrakte, meist erst in ferner Zukunft einlösbare) Anteil an bestimmten öffentlichen Gütern, sodass dererlei Einstellungsänderungen oftmals nur zu vorübergehenden Effekten führen – z. B. langsameres Fahren auf der Autobahn – oder auf bloßen Lippenbekenntnissen beruhen, die nicht mehr greifen, sobald der eigene Geldbeutel berührt wird. Dennoch ist die Änderung des Umweltbewusstseins in Teilbereichen spürbar, auch wenn oftmals kontroverse Experten-Urteile eine Art Alibi für Nichts-Tun abgeben.

Ökologische Interessen sind verbandsmäßig kaum zu bündeln – es sei denn in Interessengemeinschaften der jeweils Betroffenen –, sodass sie weitgehend als „Kollektivgut" in Erscheinung treten, und schwerwiegende Breitenwirkungen (z. B. Veränderungen des Kohlendioxyd-Gehalts, Beeinträchtigung von Wäldern, Lagerung von Atom-Müll etc.) sind oftmals erst von langfristiger Bedeutung. Man könnte auf diesen Sachverhalt eine Art „delay of costs pattern" anwenden, wie ihn der *myopische Effekt* (vgl. 1.4) aufzeigt. Die Kosten, Schäden und Belastungen werden erst in einer entfernten Zukunft real und betreffen oftmals erst künftige Generationen. Die Konsequenzen haben geringe „Unmittelbarkeit" *(Lewin)*. Unter diesem Aspekt sind alle Akteure betroffen: die politischen Instanzen, die sorglos in die eigene Tasche wirtschaften – wie in manchen Entwicklungsländern – oder die dazu neigen, in kurzatmigen Dimensionen (Wahlperioden) zu denken; die Produzenten, die unter dem Druck des „shareholder value" an kurzfristiger Rendite interessiert sind, sowie im privaten Bereich die Konsumenten, in deren Kaufmotivation ein Motiv der Umweltschonung eher randständig ist und allenfalls im low-cost-Bereich (vgl. *Diekmann/Preisendörfer 1992*) entsprechendes Verhalten auslöst.

(2) Verhalten der Hersteller

„Externe Effekte" im Sinne ökologischer Belastung werden vor allem von Betrieben der chemotechnischen Industrie, der Fahrzeugindustrie sowie der Energieversorgung verursacht. Zu unterscheiden ist zwischen umweltproblematischer Produktion (einschließlich der Fragen der Luft- und Wasserbelastung sowie der Abfallbeseitigung bzw. -verwertung) und der Herstellung umweltproblematischer Produkte. Die Kontrolle umweltproblematischer Produktion ist in erster Linie eine Frage der Wirksamkeit dieser Kontrolle samt der sie begleitenden Sanktionen. Tatsache ist, dass die Öffentlichkeit und die Kontrollorgane heute gegenüber ökologisch belastenden Produktionsformen stärker sensibilisiert sind und insofern die Wahrnehmungsschwelle niedriger ist. Dabei ist sicherlich anzunehmen, dass umweltbewusste Produktion auch aus „verantwortungsvollem Handeln" resultieren mag, jedoch ist zunächst wahrscheinlicher, dass das *ökonomische Kalkül in* stärkerem Maße durchschlägt. Dies muss nicht zwangsläufig als Gegentendenz auftreten; vielmehr kann die Erwartung künftiger Auflagen antizipatorische Handlungen veranlassen. Auch könnte man einem eintretenden oder drohenden Imageverlust – deutlich in den letzten Jahren für die chemische Industrie – entgegentreten, etwa durch publikumswirksame Außendarstellung eigener umweltbezogener Anstrengungen. Selbst hier besteht allerdings die Tendenz, lediglich dem Gesichtspunkt der Visibilität zu folgen, also jene Maßnahmen selektiv einzuleiten, die den höchsten psychologischen Effekt bewirken.

Auch ist die Annahme plausibel, dass die Hersteller der Forderung nach umweltverträglicheren Produkten umso eher nachkommen werden, je eher sie diesbezügliche Reaktionen umweltbewusster Haushalte erwarten. Auf diese Weise sichert das rechtzeitige Eingehen auf solche Strömungen einen Marktvorsprung. Allerdings beklagen die Hersteller gelegentlich, dass ihre diesbezüglichen Aktivitäten nicht genügend gewürdigt werden. So bestand etwa seitens der Verbraucher vielfach die Vermutung, dass umweltschonende Produkte (z. B. phosphatfreie Waschmittel) mit Einbußen (z. B. an Waschkraft) verbunden seien oder anderweitig schädigenden Einfluss (z. B. auf die Waschmaschine) hätten. Auch sei den Konsumenten oft nicht klarzumachen, dass bestimmte Produkte nach objektiven Kriterien keine Umweltbelastung darstellen, während Konsumenten diese befürchten. Dies ist Teil der Schwierigkeiten, denen jeder Anbieter auf dem Markt ausgesetzt ist; die Reaktionen der Öffentlichkeit oder einzelner Verbrauchergruppen sind eben nicht rational, sondern häufig vorurteilsbehaftet, stereotyp und mit Fehlattributionen versehen.

(3) Verhalten der Verbraucher

Ökologisch relevantes Verhalten im Konsumbereich betrifft den Kauf und die Verwendung von umweltfreundlichen Gütern, auch die Wiederverwendung von Produkten und Verpackungen sowie den sparsamen Umgang mit Ressourcen (z. B. Wasser, Energie). Zumal unter dem Einfluss des sog. Wertewandels, unterstützt durch Schule und Medien, hat das Thema Umweltschutz – zumindest im Sinne eines Agenda-Setting-Effekts – einen hohen Stellenwert erlangt. Allerdings gibt es wohl kaum ein Gebiet unseres Lebens, in dem die aus der Einstellungsforschung hinreichend bekannte *Kluft zwischen Einstellung und Verhalten,* zwischen bekundeter Wertvorstellung einerseits und faktischem Handeln andererseits so ausgeprägt ist wie bei diesem Thema (vgl. bereits *Maloney/Ward 1973; van Raaij/Verhallen 1983; Harland et al. 1998* sowie die deutsche Diskussion: *Balderjahn 1986; Kals 1996; Homburg/Matthies 1998; Ernst 1997).*

Diskutieren wir zunächst einige Gründe für die bestehende Diskrepanz zwischen Einstellung und Verhalten in diesem Bereich. Zunächst ist im Sinne des *Olson*-Theorems davon auszugehen, dass Konsumenten bei ihrem Nutzenkalkül nur geringfügig Kosten für umweltfreundliches Verhalten zu übernehmen bereit sind. Wie *Diekmann/Preisendörfer (1992)* zeigen konnten, verhalten sich selbst umweltbewusste Konsumenten umso weniger umweltschonend, je höher die Kosten sind, die ihnen dadurch auferlegt werden. Dieses „low-cost-Kalkül" könnte nur überschattet werden von internalisierten Normen und Werten, die eine solche Kalkulation weitgehend irrelevant machen. Im Allgemeinen dient dem Verbraucher hier als gedanklicher Puffer, dass umweltbewusstes Verhalten ein interpretationsbedürftiger Begriff ist: Jeder Verbraucher kann für sich selbst definieren, ob und in welchem Ausmaß er ein bestimmtes Verhalten als „umweltbewusst" ansieht: Auf diese Weise besteht die Möglichkeit der *Selbstentlastung,* die bereits geringfügige Beiträge zur Umweltfreundlichkeit als genügend ansieht *(Adelt et al. 1990).* Hinzu kommt ein attributiver Effekt *(Fietkau 1984; van Raaij 1988):* Personen neigen dazu, eigenes umweltabträgliches Verhalten situativen Umständen zuzuschreiben (z. B. dem weit entfernten Glascontainer), während sie das umweltfeindliche Verhalten anderer eher auf die Merkmale (Eigenschaften) der handelnden Person (deren Bequemlichkeit, deren geringes Verantwortungsgefühl) zurückführen.

Da es beim umweltfreundlichen Handeln um ein Verhalten von hoher sozialer Erwünschtheit geht – diese „social desirability" schlägt bei der Ermittlung solcher Einstellungen meist voll durch –, ist gleichzeitig davon auszugehen, dass *soziale Normen* einen erheblichen Einfluss auf umweltbewusstes Handeln ausüben, sofern sich entsprechende Angriffsflächen bieten. Unsere institutseigenen Untersuchungen (vgl. zusammenfassend: *Adelt et al. 1990)* zeigen deutlich, dass verhaltenswirksame normative Einflüsse vor allem von Bezugspersonen des näheren Umfeldes der Verbraucher ausgehen: Hier besteht meist die Möglichkeit direkter sozialer Kontrolle (über Anerkennung oder Missbilligung), sofern das Verhalten sozial sichtbar ist. Eine Befolgung von Umweltnormen ist daher – solange solche Normen noch nicht oder nicht genügend internalisiert sind – am ehesten dann zu erwarten, wenn das Verhalten der sozialen Visibilität unterliegt und wenn relevante Bezugspersonen umweltabträgliches Verhalten missbilligen.

Ökologiekonformes Verhalten oder Billigung/Missbilligung seitens der Bezugspersonen sind freilich auch abhängig vom Wissensstand. Zwar verzeichnen wir im Hinblick auf ökologische Zusammenhänge eine Zunahme des Wissensstandes zumindest eines Teils der Bevölkerung, doch bestehen erhebliche Verzerrungen im Bereich der Wahrnehmung und Informationsverarbeitung, indem „falsche" Assoziationen geweckt (z. B. Hautfreundlichkeit = Umweltfreundlichkeit, Gesundheitswirkung = Umweltfreundlichkeit), Fehlattributionen erzeugt (erwartete Nachteile durch ökologische Produkte, Misstrauen im Hinblick auf Recycling-Prozeduren etc.) oder „falsche" Generalisierungen vorgenommen werden (z. B. „Alle Waschmittel sind umweltschädlich").

Zur genaueren Klärung jener Faktoren, die zwischen umweltfreundlichen Einstellungen und (nicht immer umweltfreundlichen) Verhaltensweisen vermitteln, hat *van Raaij (1988, 642)* ein Modell entwickelt, das als Mediator-Variablen enthält:

acceptance of responsibility, d. h. bestimmte Kausalattributionen im Hinblick auf die eigene Verantwortlichkeit (die man ja auch abschieben könnte: auf den Staat, auf den Hersteller, auf die Behörden);
relational knowledge, d. h. Informationsverhalten und Informationsbemühung in Bezug auf verhaltensrelevante Güter und Sachverhalte;
intention, d. h. insbesondere eine Kalkulation über mögliche Vorteile/Nachteile alternativer Verhaltensweisen.

Dabei muss davon ausgegangen werden, dass die Mediator-Variablen ein umweltbewusstes Konsumverhalten insbesondere dann begünstigen, wenn die Einstellung, die ja als Ausgangsgröße das Verhalten beeinflussen soll, nicht als globaler Wert erhoben wird, sondern als *bereichsspezifische Einstellung*, z. B. als Bewertung von Produktattributen in klassischen Einstellungsmodellen *(Adlwarth/Wimmer 1986, 174; van Raaij 1988)*.

Van Raaij/Verhallen (1983) machen überdies auf die Wichtigkeit von *Feedback-Informationen* aufmerksam: Sichtbare (spürbare) Einsparungen, Verlautbarungen über die Sauberkeit von Flüssen usw. sind u. U. in der Lage, Rückmeldungen über den Erfolg solcher Anstrengungen zu geben. Dieser Punkt scheint auch im Hinblick auf den möglichen Verfall von Kontrollüberzeugungen wichtig zu sein, und ein bei jüngeren Menschen bisweilen anzutreffendes Gefühl des Kontrollverlustes oder der gelernten Hilflosigkeit („alles geht ohnehin den Bach runter") könnte durch die Überzeugung sicherlich abgebaut werden, dass jedermann in seinem Aktionsbereich durchaus zur Entschärfung der Umweltproblematik beitragen kann.

(4) Interventionstechniken

Die verstärkte Einsicht in die – wenn auch oft langfristigen – Konsequenzen umweltschädigenden Verhaltens hat die Debatte um die *Nachhaltigkeit* geeigneter Gegenmaßnahmen belebt. Die Wirtschafts- und Lebensweise solle einen gerechten Interessenausgleich schaffen und dabei mit den natürlichen Ressourcen so umgehen, dass der Nutzen/Schaden künftiger Generationen einbezogen wird. Wir hatten gesehen, dass es hierbei insbesondere zwei Hürden gibt: das *Kollektivgut-Dilemma* sowie der *myopische Effekt*, der bestimmte Konsequenz-Erwartungen ausblendet. Vor dem Hintergrund dieser Problematik haben sich Ökonomen und Psychologen mit mehr oder weniger effektiven Interventionsstrategien und -techniken befasst. Wir folgen hier der Auflistung von *Homburg/Matthies (1998, 2005)*, die zunächst zwei Einflussbereiche unterscheiden:

Beeinflussung externer/situativer Bedingungen

- Technische Veränderungen (Erleichterung der Zugänglichkeit von Glascontainern, Eröffnung von umweltschonenden Alternativen, strukturelle Kontrolle)
- Belohnungen und Bestrafungen (Steuerersparnis bei schadstoffarmen Fahrzeugen, Pfandvergütung, Strafen für Umweltbelastungen)

Beeinflussung interner/personaler Bedingungen

- Wissenszentrierte Techniken (schriftliche Vermittlung von Problem- und Handlungswissen, Vermittlung von Feedback-Wissen über das eigene Verhalten und seine Konsequenzen)
- Normzentrierte Techniken (durch Commitment, Kampagnen mit Vorbildern und Modellen, Nutzung von Multiplikatoren)

Die Wirksamkeit von Techniken, die an externen Bedingungen anknüpfen, ist unbestritten. Sie bilden auch die Voraussetzung, dass Verhaltensintentionen in faktisches Handeln umgesetzt werden können. *Homburg/Matthies (1998, 2005)* schränken ein, dass ihre Wirksamkeit begrenzt ist und dass Belohnungen die intrinsische Motivation (vgl. 2.1.3) untergraben können. Strukturelle Kontrolle und Bestrafungen können darüber hinaus *Reaktanz* (vgl. K 5) erzeugen und Trotzreaktionen oder Strategien der Vermeidung hervorrufen.

Was die Beeinflussung interner, personaler Handlungsvoraussetzungen anbelangt, so ist die reine Wissensvermittlung zwar eine oftmals notwendige, jedoch keine hinreichende Bedingung für eine Verhaltensänderung oder -stabilisierung. Im Sinne der Nachhaltigkeit dürften normzentrierte Interventionen (Selbstverpflichtung, Normaktivierung, soziale Vorbilder, Modelle) effizienter sein, zumal sie über den Zeitraum der Intervention hinaus wirken *(Homburg/Matthies 2005)*. Dauerhafte Verhaltensänderungen werden wahrscheinlicher, wenn sie intrinsisch verankert, also gewissermaßen in Fleisch und Blut übergegangen sind.

1.2.3 Psychologie der Schattenwirtschaft

Der von *Schmölders* geprägte Begriff der „Schattenwirtschaft" (im angelsächsischen Sprachraum „underground economy" oder „hidden economy") bezeichnet recht heterogene Sachverhalte. Ein Großteil der sozialwissenschaftlichen Diskussion beschäftigt sich insofern mit der Frage, welche Aktivitäten denn eigentlich als schattenwirtschaftlich angesehen werden können. Als generelle Kriterien werden gelegentlich genannt: *informelle* Tätigkeiten, die im sogenannten „informellen Sektor" zusammengefasst werden und den formellen und institutionellen Regelungen entzogen sind; ferner *unkontrollierte* Tätigkeiten, insbesondere jene, die der Besteuerung und Kontrolle durch den Staat entzogen sind. (Ein etwas anderes Verständnis von Schattenwirtschaft fand sich in sozialistischen Planwirtschaften. Dort ist die Untergrundexistenz marktwirtschaftlichen Austauschs oder der „Markt der Beziehungen" angesprochen, was gelegentlich zu einer Art Doppelbödigkeit des wirtschaftlichen Systems geführt hat; vgl. etwa Ungarn.)

Das ermittelbare Ausmaß schattenwirtschaftlicher Aktivitäten wird im Wesentlichen durch die Extension des Begriffes sowie durch die Grenzen der jeweils angewandten Schätzmethoden bestimmt *(Pelzmann 1988, 84ff)*. Schon der Ausdruck „Grauzonenbeschäftigung" deutet an, dass erhebliche Dunkelziffern existieren, sodass wir in der Tat auf grobe Schätzungen angewiesen sind *(Niessen/Ollmann 1987)*. Sicher ist lediglich, dass dieser Sektor längst das Schattendasein einer Restkategorie verlassen hat. Nach Zahlen des Tübinger Instituts für angewandte Wirtschaftsforschung hat der Anteil der Schattenwirtschaft mittlerweile einen Wert von über 300 Mrd. Euro. Die Schwarzarbeit hatte im Jahre 2000 einen Anteil am Bruttosozialprodukt von 16 % (1984: 12 %), mit einer mehr als doppelt so hohen Wachstumsrate als der offizielle Wirtschaftsbereich.

Wir befassen uns im Folgenden zunächst mit den beiden wesentlichen Teilbereichen der sogenannten Schattenwirtschaft: mit innerhäuslicher Eigenproduktion (diese als legale Form schattenwirtschaftlicher Betätigung) sowie mit „Schwarzarbeit" (diese als nicht legal, im Urteil der Bürger jedoch als weitgehend legitim geltend), um uns zuletzt mit anderen Aktivitäten zu befassen, die weder legal noch im Urteil der Öffentlichkeit legitim sind und die in den Bereich der Wirtschaftskriminalität fallen.

(1) Innerhäusliche Eigenproduktion

Während im Zuge der historischen Entwicklung die Produktionsfunktion nach außen – an die Betriebe – verlagert wurde, zeigten sich spätestens durch das Anwachsen der „Do-it-yourself"-Bewegung – Ausdruck immer teurer werdender Dienstleistungen, zumal der Handwerker – deutliche Gegentendenzen: seinerzeit eher aus der Not geboren. Das Anwachsen des informellen Produktionssektors im innerhäuslichen Bereich folgt auch anderen Motivationen. Während „formelle Arbeit" meist als abhängige Arbeit in Erscheinung tritt und als fragmentierte, „taylorisierte" Arbeit wenig Möglichkeit zur Selbstbestimmung und Selbstentfaltung bietet, enthält der sogenannte „informelle Sektor" selbstgewählte Tätigkeiten, die der eigenen Kontrolle unterliegen und die demnach dazu geeignet sind, neue soziale Erfahrungen zu machen und Aussichten zur „Selbstverwirklichung" zu eröffnen. Auch wenn diese Gegenüberstellung ein wenig pauschal sein sollte (vgl. hierzu kritisch: *Kutsch/Wiswede 1986, 34)*, dürfte die *Gegenwelt des informellen Sektors* zumindest durch dieses Spannungsverhältnis zwischen organisationseingespannter, fremdbestimmter Arbeit einerseits und den Möglichkeiten freiwilliger und eigenkontrollierter Beschäftigung andererseits miterklärt werden, eine Tendenz, die sich durch ausgedehntere strukturelle Möglichkeiten (z. B. mehr Freizeit) einerseits und *veränderte Werthaltungen* (z. B. Zunahme der Entfaltungswerte) andererseits verstärken dürfte. Diese Verlagerung kann aus wirtschaftspsychologischer Perspektive kontrolltheoretisch (vgl. K 4) und/oder reaktanztheoretisch (vgl. K 5) gedeutet werden. Überall dort, wo im formellen Arbeitsbereich Fremdkontrolle überwiegt und Freiheitsspielräume gering sind, versucht das Individuum kompensatorisch Gestaltungsmöglichkeiten zu erschließen, die der Selbstkontrolle unterliegen. Vorausgesetzt wird hierbei jedoch, dass das Bedürfnis nach Freiheit und Eigenkontrolle durch entsprechende Sozialisationserfahrungen erlernt und nicht wieder verlernt wurde.

Hohe Steuer- und Abgabenbelastung kann nicht nur Schwarzarbeit, sondern auch eine Verlagerung in die häusliche Eigenproduktion induzieren. Schließlich ist es umso attraktiver, in die Selbstversorgung auszuweichen, je stärker Brutto- und Nettoarbeitskosten durch Steuern und Lohnnebenkosten voneinander abweichen und je geringer die diesbezügliche Konkurrenz auf dem Schwarzarbeitsmarkt ist. Viele Do-it-yourself-Aktivitäten werden nur übernommen, weil die Preise für Dienstleistungen im offiziellen Sektor prohibitiv hoch sind (vgl. *Offe/Heinze 1986; Meier 2000)*.

(2) Schwarzarbeit

Das Auftreten von Schwarzarbeit wird im Rahmen ökonomischer Überlegungen vielfach mit einem Nutzenansatz erklärt *(DeGijsel 1984, 77)*. Schwarzarbeit werde demnach angeboten, wenn für eine Person der erwartete Nutzen aus illegaler Beschäftigung höher ist als der aus legaler Arbeit. Zusätzlich dürften jedoch – wie man aus den Theorien abweichenden Verhaltens ableiten könnte – die Wahrscheinlichkeit der Aufdeckung (soziale oder juristische Kontrolle) sowie das zu erwartende Strafmaß weitere wichtige Variablen für das Auftreten von Schwarzarbeit sein (vgl. *Lamnek et al. 2000*). Auch werden unterschiedliche Gelegenheits- und Möglichkeitsstrukturen relevant sein: Zugangschancen, die differenziell nach Berufszweigen variieren, kommunikative Verbindungen („Beziehungen") usw. Überhaupt

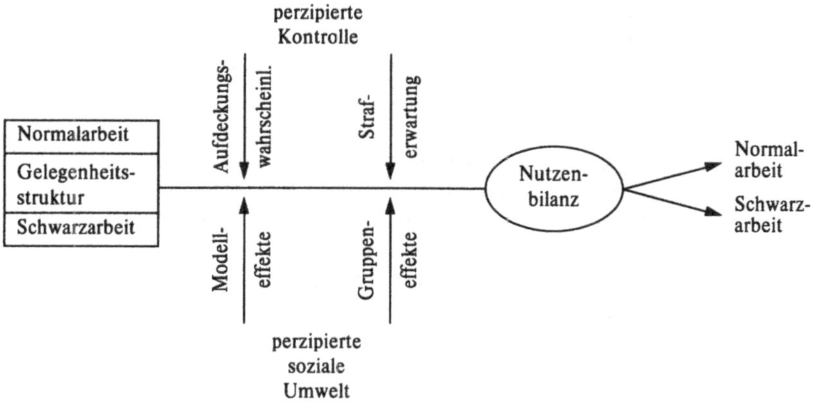

Abb. 22: Ein psychologisches Modell der Schwarzarbeit

ist es von Belang, in welchen sozialen Beziehungsnetzen die betroffene Person steht: ob sie „Ansteckwirkungen" ausgesetzt ist, ob Bezugsgruppen-Effekte gegeben sind oder ob positive Modellwirkungen (im Sinne des Modell-Lernens) vorliegen (Abb. 22).

Verschiedene Autoren haben auf die Rolle *staatlicher Reglementierungen* bei der Aufdeckung der Schattenwirtschaft hingewiesen *(Tanzie 1982; Weck 1983; Pelzmann 1988; Schneider/Enste 1999)*. Hierzu gehören einmal die Steuern und Sozialversicherungsabgaben, aber auch alle übrigen Reglementierungen: Vorschriften über Arbeitszeit, Kündigungsfristen, Sicherheitsvorkehrungen am Arbeitsplatz, Auflagen im Hinblick auf Umweltbelastung etc. „Die Vorschriften über Arbeitszeit, Kündigungsfristen und Sicherheitsvorkehrungen am Arbeitsplatz schirmen zwar den Arbeitnehmer gegenüber Missbräuchen ab, aber sie schränken ihn auch ein. Vor allem aber schränken sie den Arbeitgeber ein, indem sie die Flexibilität auf der Arbeitgeber- und auf der Arbeitnehmerseite verringern. Für Beschäftigte und Arbeitgeber ist der Anreiz, staatliche Reglementierungen zu umgehen, um den Arbeitsprozess flexibler zu gestalten und kostengünstiger zu produzieren, in manchen Wirtschaftssektoren ganz erheblich" *(Pelzmann 1988, 95)*. Dies zeigt deutlich, dass es sich hier um eine Interaktionsbeziehung handelt, in der beide Partner profitieren. Es spricht eine hohe Wahrscheinlichkeit dafür, dass solche schattenwirtschaftliche Aktivitäten als „erfolgreich" beibehalten werden, insbesondere wenn die Kontrollmöglichkeiten seitens des Staates begrenzt sind und das Unrechtsbewusstsein der Handelnden wenig ausgeprägt ist.

Auch strukturelle Veränderungen im Arbeitsmarkt erhöhen die Tendenz zur Selbstversorgungswirtschaft und zur Schwarzarbeit. *Merz/Wolff (1994)* finden z.B. einen signifikant negativen Einfluss der Wochenarbeitszeit auf die Entscheidung zur Schwarzarbeit. Generell dürfte gelten, dass Arbeitszeitverkürzungen und Frühpensionierungen Tendenzen der Eigenproduktion und der Schwarzarbeit verstärken werden, zumal die bereits erwähnten Möglichkeiten der Eigenkontrolle und der Eigengestaltung zusätzlich motivierend wirken dürften.

Die gegenseitige Entwicklung auf dem Arbeitsmarkt ist in hohem Maße durch Versuche der *Flexibilisierung* und *Deregulierung* gekennzeichnet. Die hieraus entstehenden Beschäftigungsverhältnisse – Teilzeitarbeit, befristete Tätigkeit, Leih- oder Zeitarbeit, neue Selbstständigkeit, Scheinselbstständigkeit – verlieren ihren atypischen Charakter und werden zur Normalität. Dies gilt auch für prekäre Beschäftigungsverhältnisse, die oftmals im Grauzonenbereich zwischen Legalität und Illegalität angesiedelt sind. Diese neuen Beschäftigungsformen sind häufig sicherungsbedürftig, was sich durch die enge Koppelung von Erwerbsarbeit und sozialen Sicherungssystemen als prekär erweist.

(3) Wirtschaftskriminalität

Ähnlich wie der Begriff der Schattenwirtschaft umschreibt auch der Ausdruck „Wirtschaftskriminalität" recht heterogene Sachverhalte, die z. T. dem Bereich der Schattenwirtschaft zugerechnet werden, teilweise jedoch darüber hinausgehen: illegale Beschäftigung, Rauschgifthandel, Bestechung, betrügerischer Bankrott, arglistige Täuschung bei wirtschaftlichen Leistungen, Unterschlagung, Scheckfälschung, Kreditkarten-Missbrauch, (Sozial-)Versicherungsbetrug usw. Gegenüber anderen abweichenden Verhaltensweisen ist die Wirtschaftskriminalität durch zwei Besonderheiten gekennzeichnet:

- vielfach hohe Intransparenz, d. h. erschwerter Einblick und Zugang für die Kontrollorgane. Oft sind die Gesetze selbst so intransparent und widersprüchlich, dass die Tatsache einer Übertretung nicht leicht auszumachen ist;
- vielfach schwach entwickelte Normen/Sanktionen, die bei den Akteuren ein ebenso schwach entwickeltes Unrechtsbewusstsein auslösen. Auch dominiert vielfach der belohnende Aspekt der „Cleverness", durch die Maschen des Gesetzes zu schlüpfen.

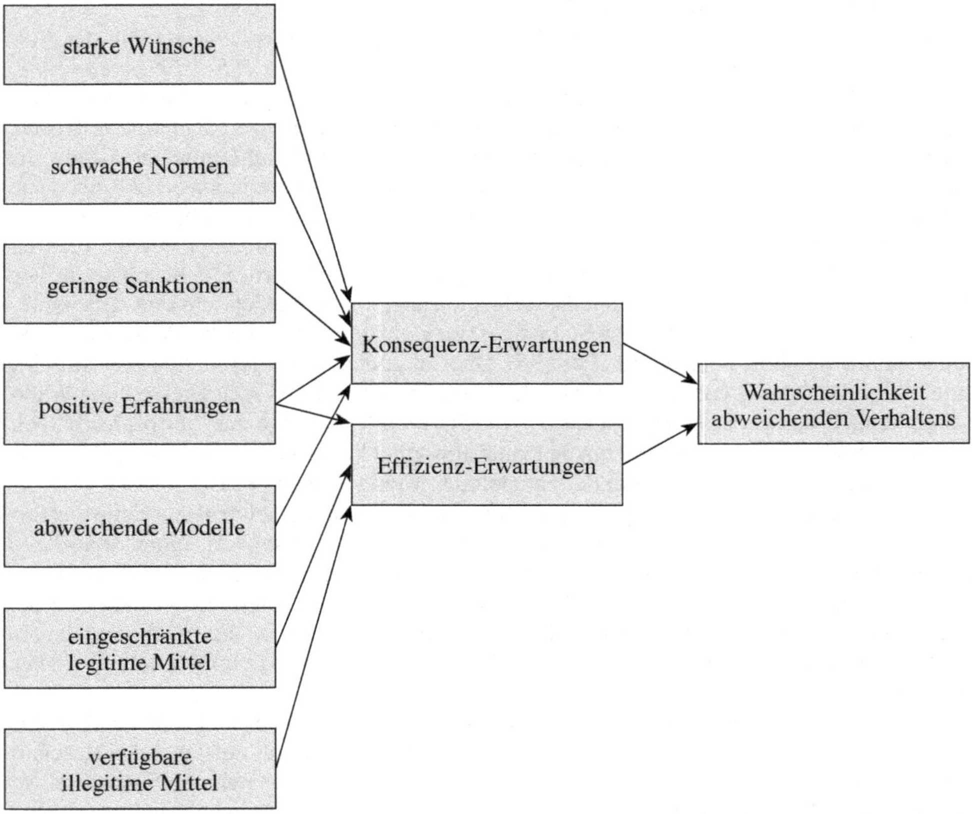

Abb. 23: Variablensystem für Wirtschaftskriminalität

Fragen wir nun nach der theoretischen Einordnung wirtschaftskrimineller Handlungen. Wie im Bereich des abweichenden Verhaltens generell, bewährt sich auch hier ein *lerntheoretischer Bezugsrahmen (Opp 1975; Wiswede 1979)*, insbesondere auf der Basis des instrumentellen Konditionierens sowie des Modell-Lernens (vgl. M 5 und M 6). Eine eher soziologische Theorie zur Erklärung von Wirtschaftskriminalität leitet sich vom Anomiekonzept ab: die *Chancenstruktur-Theorie (Cloward/Ohlin 1960)*. Sie besagt in ihrem Kern, dass abweichendes (wirtschaftliches) Verhalten dann auftritt, wenn

- Ziele oder Wunschvorstellungen stark ausgeprägt sind (z. B. der Wunsch, lukrative Geschäfte zu machen);
- Normen schwach entwickelt sind, weil äußere Kontrolle/Sanktionen nur eingeschränkt erfolgen und/oder weil innere Kontrolle durch fehlende Internalisierung nicht gegeben ist;
- legitime Mittel eingeschränkt sind (z. B. wenn man knapp bei Kasse ist, wenn man sonst den Auftrag nicht erhalten würde usw.);
- illegitime Mittel im Vergleich zu den legitimen Mitteln in hohem Umfang zur Verfügung stehen (z. B. Zugang zu Informationsquellen, bestechungsrelevantes Wissen, Zugang zur Rauschgiftszene etc.).

Beide Erklärungsansätze sind kombinierbar, denn differenzielle Chancenstrukturen sind aus subjektiver Sicht diskriminative Stimuli. Sie beeinflussen die Effienz-Erwartungen, und hohe Wunschintensität in Verbindung mit geringer Sanktionswahrscheinlichkeit fördert positive Konsequenz-Erwartungen (vgl. Abb. 23).

Zur Einschätzung einzelner Formen der Wirtschaftskriminalität müssen wir natürlich auch unterschiedliche Randbedingungen beachten. Empirisch gut untersucht sind insbesondere zwei Formen der Wirtschaftskriminalität, die *Steuerhinterziehung* und der *Versicherungsbetrug*. Auf die Thematik des Steuerwiderstands und der Steuerverkürzung kommen wir im finanzpsychologischen Kontext noch im Einzelnen zurück (Kap. 1.3.3). Im Hinblick auf Versicherungsbetrug testet *Fetchenhauer (1998)* die Möglichkeiten und Grenzen der ökonomischen Theorie. In seinen empirischen Untersuchungen bedient er sich vor allem der Szenario-Technik, die insbesondere auch bei der öffentlichen Einschätzung bestimmter Formen der Steuerhinterziehung Anwendung findet. Für die soziale Einstufung von Versicherungsbetrug kommt es in hohem Maße auf den „modus operandi“ an (z. B. leichte oder schwere Modifikation der Situation, Verschweigen oder Vortäuschen), der die perzipierte Deliktschwere bedingt. Im Hinblick auf den ökonomischen Ansatz zeigt sich überdies, dass nutzentheoretische Überlegungen zu kurz greifen; insbesondere müssen soziale Normen (auch internalisierte Normen) in die Analyse einbezogen werden. Das Bestehen starker Moralvorstellungen fungiert dabei als eine Art Filter, der bewirkt, dass abweichende Verhaltensweisen (z. B. Betrug) gar nicht erst ins Auge gefasst, geschweige denn kalkulativ verarbeitet werden (vgl. *Fetchenhauer 1998; Wiswede 1998 a)*.

1.2.4 Psychologie der Arbeitslosigkeit

Das Thema Arbeitslosigkeit hatte bereits in den 30er Jahren im Rahmen der sogenannten „Marienthal-Studie“ *(Jahoda et al. 1980)* erste sozialwissenschaftliche Bearbeitung erfahren. Erst in den 70er Jahren – angesichts neuerer Erfahrungen auf diesem Gebiet sowie aufgrund der „Gewöhnung“ an einen relativ konstant bleibenden Sockel der Arbeitslosigkeit – lebte diese Forschungstradition wieder auf und hat zu zahlreichen ökonomischen, soziologischen und psychologischen Bearbeitungen geführt. Wir wenden uns in diesem Abschnitt den spezifisch wirtschaftspsychologischen Ansätzen zu *(Wacker 1976; Hentschel et al. 1977; Kieselbach/Offe 1979; Kutsch/Wiswede, Bd. 2, 1978; Kirchler 1984, 1999; Furnham 1988; Pelzmann 1988; Kieselbach 1991; Paul/Moser 2001; Zempel 2001)*.

Da die Forschung auf diesem Gebiet etwas unübersichtlich erscheint, wollten wir zunächst die psychologischen Dimensionen der Arbeitslosigkeit abstecken. Das erste Problemfeld ist mit der Frage umrissen: Warum werden welche Personen arbeitslos? Hier werden meist strukturelle Gegebenheiten genannt, jedoch besteht Evidenz für die Tatsache, dass auch psychische Variablen wie Persönlichkeitsmerkmale oder Motivationsfaktoren eine Rolle spielen. Das zweite Problemfeld ist im Bereich der Folgen der Arbeitslosigkeit lokalisiert: thematisiert werden psychische bzw. psychosoziale Belastungen durch kurzfristige oder langfristige Arbeitslosigkeit. Ein dritter Problembereich erwächst aus antizipierter Arbeitslosigkeit: Personen befürchten mit mehr oder weniger hoher Wahrscheinlichkeit, arbeitslos zu werden. Diese Vorfeld-Problematik wird im Rahmen der Arbeitslosenforschung erst neuerdings beachtet.

(1) Ursachen der Arbeitslosigkeit

Bei der Frage nach den Gründen der Arbeitslosigkeit werden zunächst sozial-strukturelle bzw. ökonomische Faktoren ins Feld geführt. Mit dieser Problematik hat sich insbesondere die soziologisch-ökonomische Forschung auseinanderzusetzen; wichtige strukturelle Rahmenbedingungen sind zweifellos die fortschreitende Rationalisierung, die zunächst den sekundären Produktionsbereich und – mit einiger Verzögerung und unter Aussparung einiger rationalisierungsresistenter „Inseln" – auch den Dienstleistungsbereich zunehmend erfasst. Bezüglich der Betroffenen sind einzelne Merkmale typisch, die das Auftreten von Arbeitslosigkeit für bestimmte Gruppierungen verstärken. Das wichtigste „strukturelle Defizit" scheint im Grad und in der Richtung der vorliegenden Ausbildung begründet zu sein. *Lynn et al. (1984)* diskutieren aufgrund eines pfadanalytischen Modells zahlreiche Prädiktoren von Arbeitslosigkeit, wie „home background", „intelligence", „personality", „school type", „education environment" etc. Soziologisch betrachtet sind besondere Problemgruppen von solch strukturellen Defiziten erfasst: Personen ohne abgeschlossene Berufsausbildung, Personen mit zu geringer Berufsausbildung sowie auch Personen, die durch „erschwerende Faktoren" charakterisiert sind. So unterliegen z. B. Frauen in stärkerem Maße der Anfälligkeit für Arbeitslosigkeit, weil sie meist weniger qualifiziert sind, weil sie im Durchschnitt weniger mobil sein können, weil sie häufiger in krisenanfälligen Tätigkeitsfeldern arbeiten, die der Rationalisierung zum Opfer fallen, und weil sie schließlich bei Entlassungen bevorzugt der Selektion unterliegen. Vielfach wird „Doppelverdienen" attribuiert, mit der Zusatz„hypothese", dass Arbeitslosigkeit hier nicht so folgenreich sein dürfte. Ähnliche Defizite gelten für ältere Arbeitnehmer, insbesondere wenn Alter mit fehlender Qualifikation oder fehlender Mobilität und Flexibilität verbunden ist. Auch wirken soziale Vorurteile mit; ausländische Arbeitnehmer, Vorbestrafte, Behinderte, ältere Frauen, Farbige, auch längerzeitig Arbeitslose: Ihnen haftet meist ein Etikett an, das asymmetrische Selektionsprozesse bei der Arbeitsplatzvergabe begünstigt.

Neben diesen eher strukturellen Gründen wird die Frage diskutiert, ob nicht auch *psychische Faktoren* (z. B. veränderte Einstellungen zur Arbeit, Abnahme der Arbeitsmotivation, geringere Mobilitätsneigung, nachlassendes Engagement, gedämpfte Kompromissbereitschaft) mitverantwortlich für Arbeitslosigkeit seien (so etwa: *Noelle-Neumann/Gillies 1987)*. In der Tat könnte Arbeitslosigkeit (im Sinne des Vergleichsniveaus für Alternativen) eine durchaus lohnende Alternative darstellen. Die Auswirkungen von Arbeitslosigkeit sind heute – etwa im Gegensatz zu der Zeit der Marienthal-Studie – durch die Existenz eines engmaschigeren Auffangnetzes sozialer Sicherungen abgemildert, und in manchen Fällen könnte gerade dieses Sicherungsnetz ein *Anreizsystem* darstellen: durch Arbeitslosenunterstützung plus Schwarzarbeit plus Steuerhinterziehung Nutzen zu maximieren und sich kontrollierenden Instanzen zu entziehen (dies entspricht wohl auch dem Postulat rationalen Verhaltens). Allerdings übersieht die Studie von *Noelle-Neumann,* die Arbeitslosigkeit als

Folge des Verfalls von Arbeitsmotivation und Arbeitsengagement deuten möchte, die zahlreichen strukturellen Faktoren, die zur strukturbedingten Segmentierung und Freisetzung von Arbeitskräften führen *(Reuband 1987)*. Auch zeigen psychologische Studien zum Wohlbefinden von Arbeitslosen (bereits *Brinkmann 1978;* jedoch auch *Pelzmann 1988)* recht eindeutig, dass das Modell der freiwilligen Arbeitslosigkeit auf recht begrenzte Fälle eingeschränkt werden muss und allenfalls dort einige Geltung hat, wo Arbeitslosigkeit durch Schwarzarbeit kompensiert wird.

(2) Folgen der Arbeitslosigkeit

Dass Arbeitslosigkeit zu *psychischen Belastungen* führt, wurde in vielen Untersuchungen herausgestellt (vgl. die Meta-Analysen von *Murphy/Athanasou 1999; Paul/Moser 2001*). Am häufigsten wurden unspezifische psychische Störungssymptome, verminderte Selbstwertgefühle, Beeinträchtigung des subjektiven Wohlbefindens, insbesondere der Lebenszufriedenheit nachgewiesen. Gelegentlich mag die Kausalrichtung auch umgekehrt verlaufen. Personen, die aus ganz anderen Gründen psychische Belastungen aufweisen, werden mit größerer Wahrscheinlichkeit arbeitslos. Zumindest muss davon ausgegangen werden, dass die psychischen Probleme, die durch Arbeitslosigkeit entstehen, die Suche nach einer neuen Stelle erschweren *(Paul/Moser 2001)*.

Für die von Arbeitslosigkeit „echt" Betroffenen zeigen sämtliche neueren Untersuchungen, dass die auftretenden psychischen Belastungen durch Arbeitslosigkeit wesentlich stärker empfunden werden als die meist unvermeidlichen ökonomischen Einschränkungen. Ganz offensichtlich gilt auch im Zeitalter der Freizeit- und Konsumorientierung, dass Beruf und Arbeit immer noch als die wichtigsten Quellen sozialer Geltung und des Selbstwertgefühls angesehen werden. Das Gefühl der eigenen Nützlichkeit ist heute nach wie vor an die Ausübung einer beruflichen Tätigkeit gebunden (dies gilt für Frauen vielfach mit Einschränkungen; diese sind – da der Rückzug in den Haushaltsbereich sozial legitim erscheint – im sozialen Urteil oft lediglich „verdienstlos", nicht im schwerwiegenden Sinne „arbeitslos"). Ein Verlust der Arbeitsrolle führt daher im Ausmaß der Hochbewertung beruflicher Tätigkeit zu einer empfindlichen Rollenschrumpfung, die das Selbstwertgefühl einzutrüben und eine Identitätskrise auszulösen vermag. *Jahoda (1986)* formuliert daher eine *Deprivationstheorie,* die davon ausgeht, dass die Erwerbsarbeit in modernen Gesellschaften neben der manifesten Funktion des Gelderwerbs fünf latente Funktionen erfüllt, die für die Aufrechterhaltung des psychischen Wohlbefindens sowie des Selbstkonzepts notwendig sind: Auferlegung einer festen Zeitstruktur, Sozialkontakt, Status und Identität, regelmäßige Tätigkeit, Teilhabe an kollektiven Zielen und Anstrengungen. Da die Erwerbsarbeit alle diese Funktionsbereiche „bedient", werden drohende oder bereits erfolgte Arbeitslosigkeit als wesentliche Eintrübungen des Wohlbefindens angesehen.

Der Arbeitslose – zumal in einer Umgebung, in der sonst keine Arbeitslosen wohnen – gilt vielfach als Gezeichneter, der für sein Schicksal selbst verantwortlich ist und mit dem man keinen Umgang haben möchte. *Kirchler (1993, 1999)* zeigt, dass auch professionelle Arbeitsvermittler die Arbeitslosigkeit auf internale Faktoren zurückführen (mangelnde Arbeitsmotivation, Interesselosigkeit, Bequemlichkeit, mangelnde Ausdauer, arbeitshemmende Einstellungen, Alkoholsucht, fehlende Flexibilität usw.) und damit ein Bild individueller Verschuldung festigen. Die etwas voreilige Assoziation von „arbeitslos = arbeitsscheu" verstärkt dabei die Verstrickung in die Defizitsituation. Die psychische Belastung wird meist begleitet von einer fortschreitenden sozialen Desintegration. Der Wegfall der Kontakte zu Kollegen im Arbeitsbereich ist erst der Anfang eines möglichen Verlustes gesellschaftlicher Bindungen: Er setzt sich im Freundes- und Bekanntenkreis fort und wirkt bis in die familialen Bindungen hinein. Die Belastungssituation ist bei den über 50-jährigen Männern sowie bei jüngeren Arbeitslosen am deutlichsten, wobei diese Gruppen auch am stärksten durch Selbstzuschreibung belastet sind. Die veränderte Zeitperspektive mitsamt der Destrukturierung des Alltags tut ein übriges, um die soziale Desintegration fortzusetzen.

Die ökonomischen Job-Search-Modelle gehen davon aus, dass die Suche nach Wiederbeschäftigung umso intensiver und erfolgreicher sei, je stärker der finanzielle (und soziale) Druck anwächst. *Pelzmann (1988)* ermittelte empirisch, dass dies nur in der Anfangszeit gilt: Arbeitssuchende werden nur in den ersten drei Monaten durch finanziellen, sozialen und familialen Druck positiv stimuliert. Später werden die sozialen Instanzen (auch die eigene Familie) eher als belastend empfunden. *Pelzmann* hat in ihren verschiedenen Studien zur Arbeitslosigkeit ferner ermittelt, dass das *Merkmal der Arbeitslosigkeit* selbst ein Hinderungsgrund ist, wiederbeschäftigt zu werden. Wer eine intakte Arbeitssituation vorweisen kann, hat am ehesten Aussicht auf Wieder- bzw. Weiterbeschäftigung (zusammenfassend: *Pelzmann 1988).*

Die Gründe für diesen Sachverhalt, dass Arbeitslosigkeit ein wichtiger Hinderungsgrund für Wiederbeschäftigung ist, liegen einmal bei den Betroffenen selbst: Hier machen sich mit fortschreitender Arbeitslosigkeit Resignation und Apathie breit, vielfach verbunden mit der Unfähigkeit, sich wieder in den Arbeitsalltag einzufügen, gepaart möglicherweise auch mit abnehmender Qualifikation. Sie liegen zweitens bei den potenziellen Arbeitgebern, die den Bewerbern weniger Chancen einräumen, je länger diese arbeitslos waren (der Nachweis schattenwirtschaftlicher Tätigkeit, wie Schwarzarbeit, gilt hier sogar als mildernd: informelle Tätigkeit erhöht die Chancen zur Wiederbeschäftigung, und zwar sowohl im eigenen Urteil wie auch im Urteil potenzieller Arbeitgeber; vgl. *Pelzmann 1988).* Die attribuierten Gründe sind in der Vermutung zu sehen, dass längere Arbeitslosigkeit auf Verwahrlosung, Motivationslosigkeit, Leistungsunvermögen, soziale Unverträglichkeit, psychische und physische Problemlagen etc. verweist. Dies alles scheint darauf hinzudeuten, dass das Merkmal Arbeitslosigkeit mit zunehmender Dauer zum *Stigma* werden kann, das die Rückführung in konforme Arbeitsverhältnisse verhindert (vgl. zur Anwendung der Labeling-Theorie auf Arbeitslosigkeit: *Kutsch/Wiswede 1978).*

Anhand einschlägiger Forschungsergebnisse hat *Kirchler (1999)* einige Variablen zusammengefasst, die die *subjektive Reaktion* auf Arbeitslosigkeit bestimmen:

Dauer der Arbeitslosigkeit: Länger währende Arbeitslosigkeit lässt u. U. so etwas wie gelernte Hilflosigkeit entstehen.

Subjektive Bedeutung von Arbeit: Bei geringer Motivation und geringem Involvement sind negative Folgen abgeschwächt.

Subjektive Ursachen der Arbeitslosigkeit: Die Frage der Schuldzuweisung erfolgt durch Attributionsprozesse (vgl. den nächsten Abschnitt).

Spezifische Persönlichkeitsmerkmale: z. B. Veränderungsbereitschaft, Selbstvertrauen, flexible Intelligenz, Kontrollüberzeugung.

Soziographische Merkmale: Arbeitslosigkeit wird je nach Alter und Geschlecht (auch Geschlechtsrollenverständnis) unterschiedlich erlebt.

Persönliche Aktivitäten: Sinnvolle Tätigkeiten, die den Alltag strukturieren, persönliche Interessen erleichtern den Umgang mit Arbeitslosigkeit.

Erfahrungen mit der Arbeitslosigkeit: Wiederholte Arbeitslosigkeit kann Resignation auslösen, jedoch auch das Lernen von Bewältigungsstrategien erleichtern.

Soziale, emotionale und informationelle Unterstützung: Diese Unterstützung hat eine wichtige Pufferwirkung und verschafft auch das Gefühl des Eingebundenseins in familiale Kontexte.

Die aufgezählten Variablen könnten im Sinne der Theoriebildung vielleicht gebündelt werden. Bei gegebenem Stellenwert (subjektive Bedeutung der Arbeit) dürfte vor allem die *Kontrollüberzeugung* des Betroffenen die entscheidende Hintergrundvariable sein: die subjektive Einschätzung der Möglichkeiten, bald wieder angemessene Arbeit zu finden.

(3) Attributionsprozesse

Die Attributionsforschung (vgl. K 3) ist im Zusammenhang mit dem erweiterten Schema von *Weiner* verschiedentlich auf Arbeitslosigkeit angewandt worden *(Kirchler 1984, 1999; Pelzmann 1988; Kastner 1988; Furnham 1988, 1997)*. Folgen wir dem *Weiner*-Schema, so können wir folgende Zuschreibungsformen voraussagen:

internal/labil – selbstverschuldet, vorübergehende Episode;
internal/stabil – selbstverschuldet, nicht zu ändern;
external/labil – vorübergehend, konjunkturell bedingt;
external/stabil – dauerhaft, ins Abseits gedrängt.

Internale Zuschreibungen können natürlich weiter differenziert werden, etwa nach mangelnder Fähigkeit, mangelnder Motivation, mangelnder Kompromissbereitschaft, mangelnder Flexibilität usw. Auch externale Zuschreibungen können verschiedene Angriffsflächen bieten: der Konkurrent am Arbeitsplatz, der marode Betrieb, der engstirnige Vorgesetzte oder – allgemeiner – die fortschreitende Rationalisierung, das „System" usw. Hierbei gibt es wahrscheinlich interkulturelle Unterschiede; z. B. dürften Europäer eher das „System" oder die „Gesellschaft" verantwortlich machen, während der Amerikaner eher zur internalen Zuschreibung neigen wird *(Mizruchi 1964)*.

Kirchler (1984) hat für verschiedene Motivationsbereiche (z. B. Aktivation, Kontakt, Macht) unterschiedliche Attributionen ermittelt. Seine empirische Studie bietet hier differenzierte Einblicke. Die Annahme, dass mit der Dauer der Arbeitslosigkeit negatives Befinden immer häufiger internal attribuiert werde, konnte im Übrigen nicht bestätigt werden. Ein solcher Wandel dürfte auch deshalb schwerlich auszumachen sein, weil nach *Pelzmann (1988)* der überwiegende Teil der Betroffenen (90 %) ohnehin external attribuierte. Auch *Furnham (1988)* diskutiert als Leithypothese, dass Arbeitslose eher externale (social, economic, political) Umstände sowie fatalistische Faktoren (Glück, Chance, Schicksal) bei der Erklärung von Arbeitslosigkeit für bedeutsam halten, während Beschäftigte „individualistic explanations" bevorzugen (interne Dispositionen, Persönlichkeitsfaktoren etc.). Im Übrigen dürfte für die Art der Bewältigung auch die Frage von Bedeutung sein, ob und inwieweit der Betroffene in den schattenwirtschaftlichen Bereich ausweichen kann oder Rückzugspositionen wahrnimmt (z. B. Haushalt). Dies schränkt auch die Geltung der sog. *Phasenmodelle (Eisenberg/Lazarsfeld 1938)* stark ein, die einen Anfangsschock postulieren (Phase 1), sodann eine Phase konstruktiver Anpassung, begleitet von hoffnungsvollem Suchverhalten (Phase 2), danach (etwa nach 6 Monaten) steigende Belastungen und Defizite (Phase 3) und schließlich Apathie und Resignation (Phase 4), die am ehesten im Sinne der Theorie gelernter Hilflosigkeit gedeutet werden kann. Solche Modelle wirken leicht deterministisch, und sie verdecken den Blick auf zahlreiche Moderatorvariablen, die als differenzielle Gelegenheitsstrukturen diese Phasenfolge durchbrechen können.

Ein Faktor scheint uns bei der Behandlung des Arbeitslosenproblems unterbelichtet: die Verfügung über sog. *„Beziehungen"*. Gemeint sind hier Kontakte zu Personen oder Firmen, die bereits die erste Stellensuche erfolgreich gestalten und die auch bei einem Wechsel der Arbeitsstelle oftmals entscheidenden Anteil an der Wiederbeschäftigung haben. Diese Kontakte resultieren meist aus solchen Beziehungen, die *Granovetter (1974)* als „schwache Kontakte" bezeichnet; dies sind keineswegs engste Freunde und Bekannte, sondern zufällige Bekanntschaften (oft über mehrere Schaltstationen), die nur gelegentlich aktiviert werden. Die Vermittlung von Arbeitsplätzen über solche informellen Verbindungen ist sicherlich bedeutsamer, als es die bisherige Arbeitslosenforschung wahrgenommen hat.

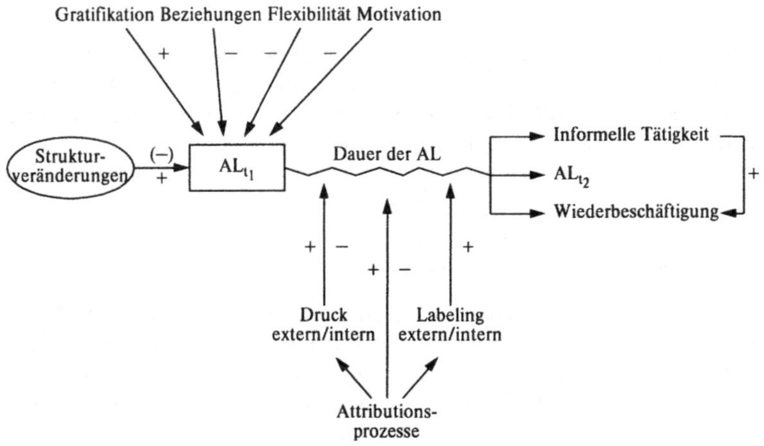

Abb. 24: Ein Variablenschema für primäre und sekundäre Arbeitslosigkeit

Betrachten wir die hier aufgeführten Gesichtspunkte anhand eines Episoden-Schemas (vgl. Abb. 24), so lässt sich *primäre Arbeitslosigkeit* (AL_{t1}) von *sekundärer*, stabiler Arbeitslosigkeit (AL_{t2}) unterscheiden. Die Variablen sind nach ihrem positiven und negativen Einfluss gekennzeichnet (Beispiele: Je geringer die Flexibilität, desto eher ist AL zu erwarten. Informelle Tätigkeit begünstigt Wiederbeschäftigung etc.). Während der Dauer der AL wirken externer (sozialer) und interner Druck sowie Stigmatisierungsprozesse (Labeling) auf den Prozess ein. Negative und positive Vorzeichen zugleich deuten an, dass die Variable das Auftreten/die Dauer der Arbeitslosigkeit abschwächen oder begünstigen kann (Beispiel: Sozialer Druck kann beides bewirken).

(4) Antizipierte Arbeitslosigkeit

Gleichfalls wenig bearbeitet ist in der Forschung der Problembereich erwarteter (oder befürchteter) Arbeitslosigkeit: Personen erwarten aufgrund interner Faktoren (falsche Qualifikation, hohes Alter, Konflikte mit dem Vorgesetzten) oder aufgrund externer Faktoren (befürchtete Betriebsstilllegung, angekündigte Rationalisierung) eine mögliche Freisetzung. Solche Erwartungen oder Befürchtungen haben verschiedene Konsequenzen: psychische Belastungen (Stress), die auch gesundheitliche Auswirkungen zeitigen *(Cobb/Kasl 1977)*, sowie eine Verlagerung dominanter Motivationen (etwa Regression von Bedürfnissen im Sinne *Maslows* (vgl. M 2): Sicherheitsmotive, wie die Erhaltung des Arbeitsplatzes, werden wieder dominant). Empirische Untersuchungen scheinen sogar darauf hinzudeuten, dass Befürchtungen um den Verlust des Arbeitsplatzes größeren Stress auslösen als die vollendete Tatsache selbst *(Frese/Mohr 1978; Cobb/Kasl 1977)*.

In diesen Kontext gehören auch neuere Untersuchungen zur subjektiven Unsicherheit der Arbeitsstelle (SUSA), wie sie *Greenhalgh/Rosenblatt (1984)*, *Jacobson (1987)* sowie *Borg/Braun 1992* dokumentiert haben. *Borg* unterscheidet zwei Dimensionen der SUSA: eine affektive (Befürchtungen) und eine kognitive (Bedenken). Bei starken internalen Kontrollüberzeugungen nehmen vor allem SUSA-Bedenken ab; bei externaler Kontrolle werden jedoch auf beiden Dimensionen höhere Werte ermittelt. SUSA-Befürchtungen korrelieren positiv mit ökonomischer Abhängigkeit, Arbeitsinvolvement und Firmen-Commitment, während SUSA-Bedenken negativ mit affektiver Bindung und Involvement korrelieren. Höhere soziale Unterstützung geht mit geringeren SUSA-Befürchtungen einher, bleibt aber unkorreliert mit SUSA-Bedenken. Generell scheint SUSA mit geringerer Leistung und negativeren Einstellungen zu allen Aspekten der Arbeit verbunden zu sein. *Greenhalgh/Rosenblatt (1984)* erklären dies als Rückzug („antizipative Trauer") im Sinne einer Coping-Strategie (vgl. Kap. 2.1.1.5), die die subjektive Belastung reduziert.

Im Zuge des *Personalabbaus* („downsizing") kommt es bei den Betroffenen bzw. Bedrohten häufig zu folgenden Symptomen: Gefühle der Ungerechtigkeit, Depression, Stress, reduzierte Motivation, Erschütterung des „Commitment" und der Identifizierung mit dem Unternehmen. Die verbleibenden Mitarbeiter entwickeln dagegen ein Survivor-Syndrom, das gleichfalls mit Motivationsverlust verbunden ist. Nach abgeschlossenem Downsizing werden in aller Regel die Freiräume des Handelns geringer und die individuelle Belastung höher (vgl. *Noer 1993; von Baeckmann 1998; Kalimo et al. 2003).*

In ähnliche Richtung gehen Untersuchungen zur Ausweitung *prekärer Beschäftigungsverhältnisse,* insbesondere zeitlich befristeter Arbeitsverträge. Nach einer Untersuchung des Instituts für empirische Sozialökonomie *(INIFES 2012)* fördern atypische Beschäftigungsformen häufig Abhängigkeit und Unsicherheit von Arbeitnehmern mit der möglichen Langzeitfolge der Altersarmut.

1.3 Psychologie des Geldes

In diesem Abschnitt geht es um Sachverhalte, die im weitesten Sinne mit Geld zu tun haben und die bisher gleichfalls überwiegend unter Makro-Perspektive behandelt worden sind. Im Umkreis des Themas Geld behandeln wir auch das Geldeinkommen, Bezahlung und Entgelt, und es geht ferner um Sachverhalte wie Sparen und Kreditaufnahme, Steuern und Abgaben, wobei innerhalb der Finanzwissenschaft ein eigenständiger Bereich „Finanzpsychologie" entstanden ist, dem insbesondere *Schmölders* mit verschiedenen Arbeiten feste Konturen verliehen hat. Erst neuerdings beginnt sich die Finanzpsychologie erneut zu etablieren (vgl. *Lindgren 1991; Furnham/Argyle 1998; Fischer et al. 1999;* zum Teilaspekt der „behavioral finance" vgl. *Goldberg/v. Nitzsch 1999; v. Nitzsch/Friedrich 1999; v. Nitzsch/Rouette 2003*).

1.3.1 Psychologie des Geldwerts

Das Thema „Geld" kann zunächst unter historischen Gesichtspunkten verfolgt werden. Den vielfältigen Erörterungen über den „Ursprung des Geldes" wollen wir hier nicht weiter nachgehen, jedoch scheint einige Evidenz dafür zu bestehen, dass der primär ökonomische Austauschzweck ursprünglich nicht im Vordergrund stand, sondern eher die Schmuckfunktion, die Statusfunktion und die Signalfunktion des Geldes *(Polanyi 1957; Pryor 1977)* und dass sich die kommerzielle Verwendung des Geldes erst in höher entwickelten Gesellschaften herauskristallisierte.

Dabei werden wir die ökonomischen Theorien über Geld und Geldwert hier nicht diskutieren, sondern bemerken lediglich, dass die definitorische Festlegung von Geld als Austauschmedium auch andere sozialwissenschaftliche Konzepte berührt, z. B. die Theorie der symbolischen Tauschmedien von *Parsons (1976)* sowie soziale Austauschtheorien (vgl. I 1), auf die wir später noch zurückkommen. Durchgängig zeigt sich bei der Behandlung der Geldthematik, dass der rationale Kalkül der ökonomischen Analyse oftmals auf unsicherem Boden steht *(Schmölders 1966),* am sichtbarsten in der sog. Geldillusion *(Fisher),* dem Vertrauen in die Geltung und Einlösbarkeit des Geldes auch im Zeitablauf.

Dass das scheinbar so rationale Thema Geld, das Planung und Rechenhaftigkeit und daher einen hohen Grad kognitiver Beteiligung nahe legt, recht irrationale Züge aufweist, beschreibt *Lauterbach (1959)* bei seiner Schilderung des Geizigen, des Geldanbeters, des Schuldenmachers, des Betrügers und seines Opfers, des Abhängigen und des Spielers fast im Stile einer Psychopathologie des Wirtschaftslebens. Doch sind pathologische Züge im Umgang mit Geld zumindest tendenziell auch Teil des Alltagsgeschehens (vgl. hierzu: *Lindgren 1991)*.

Fragen wir nun genauer nach der psychologischen Perspektive, um geldbezogenes Verhalten zu analysieren. Soweit wir sehen, sind bisher vier theoretische Ansätze entwickelt worden, die das Thema Geld zum Gegenstand hatten:

a) die *psychoanalytische* Deutung *(Bornemann 1976)*, die Geld als symbolische Verlagerung von Exkrementen ansieht; folgerichtig wird auch dem „analen Typ" ein besonders inniges Verhältnis zum Geld zugeschrieben;
b) die *entwicklungspsychologische* Interpretation im Gefolge *Piagets* geht davon aus, dass Geld auf unterschiedlichen Stufen der frühkindlichen Entwicklung Unterschiedliches bedeutet;
c) die *lerntheoretische* Sicht im Gefolge *Skinners*, die wir im nächsten Abschnitt aufgreifen, betrachtet Geld als „generalisierten Verstärker";
d) die *austauschtheoretische* Position (kompatibel mit der lerntheoretischen Sicht) betrachtet Geld im Rahmen von Interaktionsprozessen als symbolisches Tauschmedium.

(1) Geld als generalisierter Verstärker

Im Sinne der Lerntheorie (vgl. M5) ist Geld zunächst ein sekundärer, also gelernter Verstärker. Sekundär deshalb, weil nur primäre Verstärker an physiologische Gegebenheiten geknüpft sind; ein „Bedürfnis nach Geld" demgegenüber ist immer ein sekundäres, abgeleitetes Motiv. Geld ist jedoch auch ein generalisierter Verstärker im Rahmen faktischer und virtueller Tauschvorgänge. Damit ist gemeint, dass Geld prinzipiell alle primären Bedürfnisse (wie Hunger, Schutz vor Kälte, soziale Sicherheit usw.) abdecken kann und ferner einen großen Anteil sekundärer Bedürfnisse (Verstärker) tangiert (z.B. Macht, Anerkennung, Erfolg usw.), sodass die Verfügung über Geld in einem gewissen Ausmaß Verfügung über Verstärker generalisiert.

Ein wichtiger Gesichtspunkt ist ferner die durch Geld mögliche Erweiterung des eigenen Handlungsspielraums: derjenige, der Geld besitzt, ist bis zu einem gewissen Ausmaß unabhängig von drohenden Umweltereignissen, insbesondere auch von der Einflussnahme anderer Menschen. Möglicherweise wird diese Unabhängigkeit erkauft durch verstärkte „Abhängigkeit vom Geld". Die Verfügung über Geld macht ferner die Umwelt kontrollierbar, steuerbarer: Im Sinne der Kontrolltheorien (vgl. K4) gilt es für Individuen als belohnend, wenn sie Ereignisse ihrer Umwelt kontrollieren und beeinflussen können. Insofern gibt es enge Verbindungen zwischen Geld und Macht (vgl. *Lindgren 1991)*.

Die lerntheoretische Sicht, verbunden mit einer kontrolltheoretischen Perspektive, kann also erklären, warum Geld einen besonders attraktiven Anreiz darstellt. Geld wird daher von Individuen umso mehr geschätzt, je eher der Erwerb und das Behalten von Geld in der Vergangenheit verstärkt wurden. Das Individuum wird daher auch künftig dem Erwerb von Geld besondere Wertschätzung entgegenbringen, wenn es solche Verstärkeranreize erwartet. Allerdings kann es hier im Verlaufe der Zeit zu Sättigungseffekten oder zu Expansionseffekten kommen. *Sättigungseffekte* sind dann wahrscheinlich, wenn das Individuum erfahren hat, dass nur ein begrenzter Kreis von Verstärkern über das Medium Geld zugänglich ist, während andere Verstärker ausgeschlossen bleiben (z.B. Liebe, Respekt, Zuneigung, Selbstentfaltung). Im Ausmaß des Anreizwertes solcher Verstärker wird das Individuum weniger an Geld interessiert sein. Dies harmoniert mit den zahlreichen empirischen Befunden aus Psychologie und Soziologie, wonach Menschen mit zunehmendem Wohlstand/

Einkommen/Status den Wert des Geldes zugunsten anderer Werte geringer schätzen, wohl auch deshalb, weil das Verfügen über Geld selbstverständlich geworden ist.

Andererseits sind *Expansionseffekte* möglich. Das Individuum hat gelernt, dass die Verfügung über Geld den Umkreis der begehrten Güter weitgehend abdeckt. In einer Gesellschaft, in der Geld weitgehend „Erfolg“ symbolisiert, wird auch der Erfolgsorientierte versuchen, seine Leistung an der Messlatte „Geld“ einzustufen. Geld bietet daher den gemeinsamen Nenner eines sozialen Vergleichsniveaus (z. B. für den „Marktwert“ von Managern gleicher Hierarchie-Ebenen). Auch ist denkbar, dass auf dem Wege der „funktionellen Autonomie“ *(Allport)* das Geld jenseits jeder „Instrumentalität“ zum eigenständigen „intrinsischen“ Motiv wird, also um seiner selbst willen angestrebt wird; in der Sprache der Lerntheorie: Geld wirkt selbstverstärkend und kann auf diese Weise suchterregend sein.

Umgekehrt könnte man nun lerntheoretisch vermuten, dass der Verlust und selbst die Hergabe von Geld als *aversiver Stimulus* empfunden werden, sofern es sich nicht um rein habituelle Reaktionen handelt. Freilich kommt es dabei in erster Linie auf die kompensierende Gegenleistung an, aber es ist offensichtlich, dass der Grad der Aversivität auch nach anderen Gesichtspunkten variiert, z. B. persönlichkeits-, situations- oder auch geldformspezifisch. So gibt es Menschen, für die die Hergabe von Geld situationsübergreifend hohen Strafreizcharakter hat (z. B. für Geizige), während andere Individuen diese Aversivität weniger stark empfinden (z. B. Verschwender). Auch wird es dabei darauf ankommen, wie das Geld erworben wurde: leicht verdientes, ererbtes oder unerwartet erworbenes Geld gibt man leichter aus. Situationsspezifisch gilt, dass man Geld in bestimmten Anlässen (z. B. bei Veranstaltungen, im Urlaub, zu Weihnachten) mit lockererer Hand ausgibt als gewöhnlich. In manchen Rollensituationen gilt Ähnliches (z. B. als Gastgeber, als Schenkender usw.). Hier (und in anderen Fällen) zeigt die Psychologie des Geldes zahlreiche Berührungspunkte mit der verhaltensorientierten Preisforschung (vgl. im Mikro-Teil).

(2) Geldform und Wertschätzung

Die Aversivität der Weggabe von Geld dürfte im Übrigen auch mit der Art des Geldes variieren. *Webley et al. (1983)* ermittelten, dass Münzgeld generell geringer bewertet wird als Notengeld; eine höherwertige Banknote anzubrechen, wirkt fast wie ein Akt der Zerstörung. Ein Teil der Erklärung mag darin liegen, dass Notengeld mit „Großgeld“, Münzgeld dagegen mit „Kleingeld“ assoziiert wird. Ähnliche Einschätzungsverzerrungen dürften bei großen Scheinen gegenüber einer gleichwertigen Menge kleiner Scheine bestehen. Auch scheint mit wachsender Geldabstraktion (Giralgeld, Kreditkarte) der Strafreizcharakter reduziert, da die Unmittelbarkeit und Konkretheit der Hergabe von Geld weitgehend fehlen.

In indirekter Weise informieren auch die verschiedenen Münzschätzversuche über die Einschätzung des Geldes. Bereits *Bruner/Goodman (1947)* konnten nachweisen, dass Kinder Münzen als größer wahrnehmen, als sie eigentlich sind; dieser Effekt variiert mit ihrem Wert und war am ausgeprägtesten dort, wo es sich um besonders arme Kinder handelte. Dies könnte ein empirischer Hinweis auch auf die oben beschriebene These sein, wonach Ärmere den Wert des Geldes im Allgemeinen höher einschätzen. Natürlich kann man einwenden, dass dies eine zu schwache empirische Basis für eine weitreichende Folgerung sei und dass die Münzschätzversuche eher über „Schätzfehler“ informieren als über das Verhältnis der Menschen zum Geld. Nichtsdestoweniger konnte *Lea (1981)* ähnliche Effekte des „optischen Wertverfalls“ von Münzen während einer Inflationsphase nachweisen: die wahrgenommene Größe dieser Münzen sank deutlich mit der Geldentwertung. In ähnlicher Weise ermittelte *Furnham (1983)*, dass Banknoten mit völlig neuem Design als kleiner empfunden wurden. *Lea et al. (1987)* konstatieren eine generelle Abneigung insbesondere älterer Personen gegen „neues Geld“; auch die Schwierigkeiten mit dezimalreduziertem Geld sind bekannt.

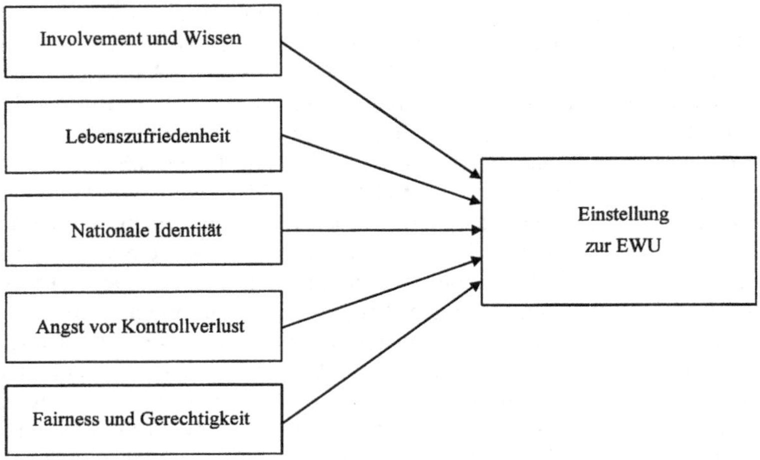

Abb. 25 : Einstellungsrelevante Faktoren zur Akzeptanz des Euro (Müller-Peters 2000)

Von erheblicher politischer Tragweite waren psychologische Probleme bei der Einführung des *Euro* und der damit verbundene Verlust der eigenen Währung. Die verschiedenen Meinungsumfragen ermittelten z. B. eine überwiegend positive Reaktion in Frankreich, während in Deutschland und England die Reaktionen vorwiegend negativ waren. In einem europaweiten Forschungsprojekt unseres Instituts *(Müller-Peters/Wiswede 1997)* hatten wir die Aufgabe, die hinter diesen Einstellungen liegenden Motivationen zu analysieren. Am obigen Beispiel der drei Länder ergaben sich für die Negativ-Aspekte u. a. die folgenden Hintergründe: Frankreich befürchtete Komplikationen und Kosten bei der Umstellung; für England stand ein Kontrollverlust im Vordergrund, verbunden mit dem Argwohn, künftig von Brüssel dominiert zu werden oder den hegemonialen Einflüssen Deutschlands zu erliegen; Deutschland beklagt vor allem den Verlust der DM als schmerzliche Verabschiedung von einem nationalen Symbol, mit dem sich auch ein erheblicher Nationalstolz verbindet (in Frankreich würde kaum jemand Nationalstolz vorwiegend mit dem Franc verbinden). Die hier nur exemplarisch angedeuteten Hintergründe zeigen deutlich, dass die Messung von Einstellungen allein oft wenig Aussagekraft besitzt; wichtig ist vielmehr die Motivation, die hinter diesen Dispositionen steht und die diese als starke bzw. schwache bzw. mehr oder minder emotional aufgeladene Einstellungen ausweisen.

Bei der Erarbeitung des theoretischen Ausgangskonzepts standen u. a. Pate: die Equity-Theorie (I 2), Theorien der Kontrolle bzw. des Kontrollverlusts (K 5) sowie die Theorie sozialer (nationaler) Identität (I 5). Die diesbezüglich aufbereiteten Daten zeigen, dass das Konzept sozialer Identität im Hinblick auf Einstellungen zum Euro die größte Erklärungskraft aufweist *(Müller-Peters 2000)*.

Diese Diskussion hat heute hauptsächlich historische Bedeutung, obgleich künftige Entscheidungen über Neuaufnahmen die Motivproblematik erneut entstehen lassen. Unter gegenwärtigen Aspekten sind eher die Nachwirkungen der Euro-Einführung zu thematisieren, insbesondere eine Entwicklung, die sich in der subjektiven Wahrnehmung der Betroffenen unter dem Stichwort „Euro = Teuro“ bis heute fortsetzt. So waren im Jahre 2002 rund 94 % der Befragten der Meinung, dass die Preise seit der Euro-Umstellung eher gestiegen sind (vgl. *Fischer et al. 2002*). Die offiziellen Statistiken konnten diesen Eindruck nicht bestätigen, da sich in den statistischen Daten über den Warenkorb nur sehr mäßige Preissteigerungen widerspiegeln. Im Wesentlichen führte man diesen Widerspruch darauf zurück, dass die – einen Großteil des monatlichen Budgets ausmachenden – konstant gebliebenen Kosten (z. B. Mieten) üblicherweise im Einzugsverfahren abgebucht werden, somit eine geringere Merklichkeit aufweisen. Verstärkte Preissalienz sei dagegen bei Lebensmitteln gegeben; auch ist unbestritten, dass z. B. Restaurants die (zweifelhafte) Chance genutzt haben, ihre Preise kräftig anzuheben.

Fischer et al. (2002) konstatieren eine verstärkte *Preissensibilisierung* (Preissalienz) in Folge der neuen Währung, sodass Konsumenten erstmals mit Aufmerksamkeit Preise verfolgt haben, die ihnen ansonsten als irrelevant erschienen sind (verstärkte Preisaufmerksamkeit). Zusammen mit der selektiven Merklichkeit von Preisen, verstärkt durch entsprechende Darstellungen in Massenmedien, führt dies zu pauschalen und generalisierenden Urteilen. *Greitemeyer et al. (2002)* konnten experimentell zeigen, dass die Erwartung, mit der Einführung des Euros sei eine Preissteigerung verbunden, zur Wahrnehmung höherer Preise führt. Die Autoren begründen diesen Effekt mit der Hypothesentheorie der Wahrnehmung (K 1); die Erwartung führt zu *selektiver Wahrnehmung* solcher Preise, die tatsächlich gestiegen sind, sowie zur Wahrnehmung von Preissteigerungen selbst dann, wenn sich die Preise faktisch nicht verändert haben.

Diese Effekte führen tendenziell zur Kaufzurückhaltung, was konjunkturelle Probleme auszulösen vermag. Es gibt allerdings eine Gegentendenz, die durch *Ankereffekte* bewirkt wird. Euro-Preise erscheinen numerisch niedriger als DM-Preise, sodass Konsumenten, die diesem Ankereffekt unterliegen, bereitwilliger und leichtsinniger kaufen. Somit finden sich beide Prozesse parallel: Kaufzurückhaltung durch die systematische Annahme von Preiserhöhungen sowie Niedrigschätzungen im Ausmaß des vorhandenen Ankereffekts. Für dessen Wirksamkeit scheint auch zu sprechen, dass nach der Euro-Einführung die Zahl der überzogenen Konten stieg. Solche Ankereffekte weisen eine gewisse Persistenz auf, die möglicherweise noch Jahre andauert.

(3) Geld als Tauschmedium

Sehr frühzeitig haben schon Kulturanthropologen *(Polanyi 1957; Firth 1963)* auf den *Symbolwert des Tauschmediums* Geld hingewiesen, ein Gedanke, der dann später in *Parsons'* Theorie symbolischer Interaktionsmedien *(Parsons 1976)* wieder aufgegriffen wurde. Dabei wird deutlich, dass dem Geld jenseits seiner ökonomischen Bedeutung – etwa als Kaufkraftfaktor – zahlreiche soziale und psychische Funktionen aufgebürdet wurden, die letztlich auch aus dem kulturellen Kontext abgeleitet werden müssen und erst vor diesem Bezugssystem „Sinnhaftigkeit" erlangen. Wir werden diesen Sachverhalt noch zu vertiefen haben, wenn wir über die Rolle des Geldes als „Einkommen" zu sprechen haben.

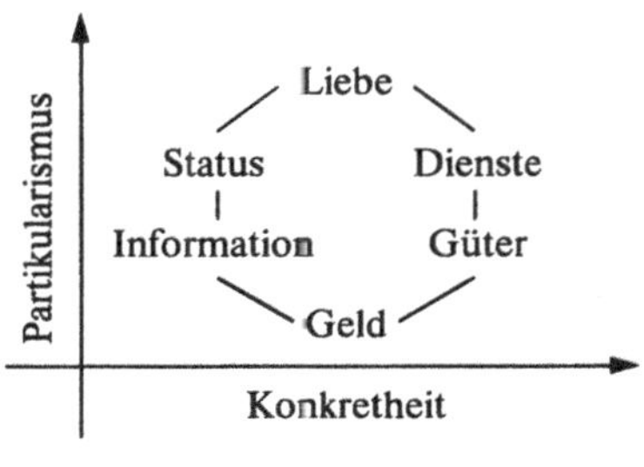

Abb. 26:
Modell der Ressourcenklassen (nach Foa/Foa 1980)

Geld gilt als „Joker aller Waren" *(Gesell),* als generalisiertes Austauschmedium. Dabei dehnt sich der Umkreis dessen, was mit Geld u. U. erkauft werden kann, ständig aus: Sexualität, Fügsamkeit, ein Sitz im Parlament, ein Doktortitel usw., und in dem Maße, in dem Objekte „Warencharakter" *(Marx)* annehmen und auf dem Markt als Tauschgüter in Erscheinung treten, wird die Funktion des Geldes als Interaktionsmedium aufgewertet. Dennoch verbleiben Bereiche, die durch Geld nicht oder kaum erreichbar sind: Gefühle kann man nicht kaufen; Kompetenz ist nur indirekt durch Geld zu erwerben; auch die Gesundheit ist nur partiell durch Geld zu garantieren. Desgleichen sind sog. Positionsgüter, die nicht beliebig vermehrbar sind – das „Haus am See" oder ein bestimmtes Gemälde z. B. –, nicht ohne Weiteres auf dem Markt zugänglich. Die Devise „Alles ist mit Geld zu kaufen" hat eben ihre Grenzen.

Foa und *Foa (1980)* haben ein inhaltsbezogenes Austauschmodell entwickelt, das die möglichen „Ressourcenklassen" des Austauschs in zwei Dimensionen einordnet: Partikularismus und Konkretheit. Ein Austauschmedium mit hohem Wert von „particularism" richtet sich lediglich auf eine begrenzte, in besonderer Weise ausgewählte Art von Personen. Im Gegensatz zu Ressourcen hoher Konkretheit (wie handfeste Güter oder Produkte) unterscheiden sich andere Interaktionsressourcen (wie Status und Information) durch größere Abstraktheit und höhere Aufladung mit symbolischen Bedeutungsgehalten. *Foa/Foa* formulieren darüber hinaus die folgende Hypothese: Je ähnlicher zwei Aktionen in Bezug auf „concreteness" und „particularism" sind, desto wahrscheinlicher ist ein Austausch zwischen ihnen (Beispiel: Liebe gegen Geld ist wenig akzeptabel, ein Austausch von Gütern oder manchen Dienstleistungen gegen Geld ist ständiger Alltag).

Abgesehen davon, dass diese letztere These empirisch schwach belegt ist, kritisieren *Lea et al. (1987)* zu Recht, dass die Gleichbehandlung des Geldes im Rahmen der Interaktionsressourcen die besondere Rolle des Geldes vernachlässigt. Ein Aspekt dieser Besonderheit ist z. B., dass Geld gewöhnlich nicht gegen Geld getauscht wird (außer: Geldwechsel, Falschgeld gegen gutes Geld, „schmutziges" Geld gegen sauberes Geld), während für andere Ressourcenklassen eher gilt, dass sie unter sich selbst austauschbar sind (z. B. Liebe gegen Liebe). Auch kommt die besondere Rolle des Geldes als eines generalisierten Tauschmediums im *Foa*-Modell nicht genügend zum Ausdruck; wir würden es daher vorziehen, das Geld ins Zentrum des Modells zu setzen und starke sowie schwache Verbindungen zu den übrigen Tauschmedien anzunehmen.

Gerade unter sozialpsychologischer Perspektive sehen wir im Übrigen, dass Geld vielfach aus normativen Gründen als Tauschmedium ausscheidet oder stark eingeschränkt ist. In manchen Situationen ist Geld als Interaktionsmedium unangebracht, z. B. im Falle des Schenkens (vgl. *Lea/Webley 1981;* sowie empirisch: *Webley et al. 1983; Pieters/Robben*

P = Partikularismus
K = Konkretheit
Linienstärke = Beziehungsstärke

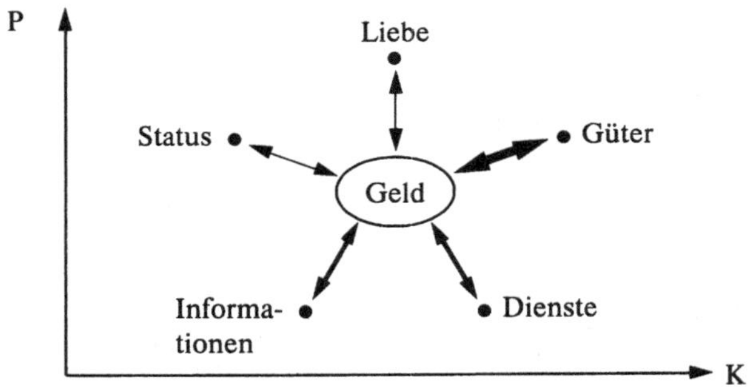

Abb. 27:
Ein reformuliertes Ressourcenmodell

1999): Geldgeschenke sind – außer bei besonderen Gelegenheiten – unüblich; sie signalisieren dem Empfänger Ideenlosigkeit, wenig Mühe (z. B. beim Aussuchen eines Geschenks), Nüchternheit usw. Diese „Abwertung" von Geld gilt offenbar auch angesichts der unbezweifelbaren Tatsache, dass in den meisten Fällen das Geld für den Beschenkten nützlicher gewesen wäre als ein mehr oder weniger passables Geschenk.

Auch in anderen Situationen kann das Anbieten von Geld negative Attributionen wachrufen (z. B. die Absicht der Bestechung). Ferner ist es oftmals nicht üblich, bestimmte Dienste mit Geld auszugleichen (z. B. eine Einladung oder einen Gefallen, den jemand erweist). Es gibt Situationen, in denen das Anbieten von Geld eine bestehende Interaktionsbeziehung empfindlich stört oder sogar zerstört. Die Attributionstheorie spricht hier von „Überveranlassung", die eine „intrinsische Motivation" eintrübt. Eine evtl. Gegenleistung kann nur auf anderem Wege (z. B. eine andere Gefälligkeit oder ein Geschenk) erbracht werden. Auch auf der „Nachfrageseite" gilt es vielfach als „unschicklich", Bezahlung zu erwarten oder zu fordern: etwa für ehrenamtliche Tätigkeit, für Hilfeleistung etc. Ähnliches gilt für sog. Tauschringe *(Meier 2000)*. In manchem Kontext gilt es als „unfein", überhaupt von Geld zu reden oder das Thema Geld zu früh anzusprechen. In einigen Kreisen gilt Geldorientierung gar als unfeine Gesinnung. Ob und inwieweit solche Effekte auftreten, ist natürlich Ausdruck gesellschaftlicher Konventionen, die interkulturell sehr verschieden ausfallen können.

(4) Geldwertänderungen/Inflation

Geld kann seine Rolle als generalisierter Verstärker nur dann spielen, wenn eine gewisse Persistenz des Tauschwertes gewährleistet bleibt. Im Rahmen objektiver Geldwertänderungen ist insbesondere die *Inflation* Gegenstand auch des psychologischen Interesses gewesen *(Katona 1951; Schmölders 1966; Wärneryd/van Raaij 1983)*. Dabei wurde frühzeitig zwischen schleichender („creeping") und galoppierender („runaway") Inflation unterschieden, für die offensichtlich unterschiedliche Gesetzmäßigkeiten gelten: Creeping-Effekte können bis zu einem gewissen Ausmaß „falsche Realität" (Geldillusion) vorgaukeln. Schon *Katona (1951, 1975)* befasste sich mit der (ökonomisch nicht erklärbaren) Tatsache, dass Individuen trotz steigender Inflationsrate ihre Sparquote erhöhen, ein Faktum, das mittlerweile mehrfach empirisch bestätigt werden konnte. *Katona* erklärt dies damit, dass Individuen inflationäre Tendenzen unter bestimmten Umständen mit „schlechten Zeiten" gleichsetzen und diese als Signal zu verstärktem Sicherheitssparen verstehen. Ganz offensichtlich gibt es hier aber gewisse Schwellenwerte und Toleranzbereiche, die ihrerseits von bisherigen Inflationserfahrungen und Zukunftserwartungen abhängen dürften.

Hierzu vorliegende empirische Untersuchungen (vgl. die Beiträge in *Wärneryd/van Raaij 1986* sowie *Wärneryd/Walerud 1982* und *Blomquist 1983)* richten sich einmal auf das Zustandekommen jener „Schwellen" („signal detection"), wobei die Schwelle als von zwei Faktoren abhängig gesehen wird: von der Höhe der Inflationsrate – hier wären sicherlich Gewöhnungseffekte bzw. Adaptationsniveaus einzubeziehen – und dem Ausmaß der Aufmerksamkeit („noisiness"). Zum anderen werden die Erwartungsstrukturen selbst thematisiert. Schon *Katona* betonte – neben Faktoren wie Einkommens- und Preisentwicklung – die Bedeutung politischer Einstellungen sowie des Vertrauens in die Regierung. Relevant ist auch die „Preisaufmerksamkeit": die Sensibilisierung in Bezug auf Preisänderungen, wobei einige Preise (z. B. die Bierpreise, die Benzinpreise) besondere Signalwirkungen haben können (vgl. hierzu auch die spätere Erörterung zur Preisbeachtung im Rahmen der empirischen Preisforschung). Auch mögen – wie *Svenson/Nielsson (1983)* gezeigt haben – Inflationserwartungen im Sinne „sich selbst erfüllender Prophezeiungen" wirken (z. B. die bewusste Einbeziehung von „Preisgleitklauseln" bei Geschäftsabschlüssen).

1.3.2 Psychologie des Einkommens

Geld ist auch ein Tauschmedium für eine besondere Leistung, die im Ressourcenmodell von *Foa/Foa* nicht explizit auftaucht: für menschliche Arbeit. Unter diesem besonderen Aspekt (nicht dagegen unter volkswirtschaftlicher Perspektive!) tritt auch das Einkommen in „Geldgestalt" auf: als Entgelt für bestimmte Leistungen, die – ein Marktsystem vorausgesetzt – auf dem Arbeitsmarkt nachgefragt werden. Der Marktmechanismus funktioniert hier allerdings – vor allem aus sozialpolitischen Gründen – schlechter als im Gütermarkt, tendenziell am schlechtesten bei den Beziehern niedrigerer Einkommen, bei denen das Leistungsprinzip in starkem Maße vom Sozialprinzip der Verteilung durchsetzt ist. Hieraus resultiert die politisch-ideologisch gefärbte Diskussion über die angemessene Verteilungsgerechtigkeit und die diese begründenden Prinzipien.

(1) Bedeutung des Einkommens

Soziologen betrachten das Einkommen gern als Statusfaktor: als eine von mehreren Komponenten des sozialen Status bzw. der Schichtzugehörigkeit. Psychologen sehen darüber hinaus die symbolischen Aspekte des Einkommens als Quelle des Selbstwertgefühls und der sozialen Anerkennung. Interkulturelle Befunde, wonach zwischen Einkommen und „happiness" keinerlei Korrelation besteht, haben sich in neueren Studien nicht bestätigen lassen *(Hagerty/Verhooven 2003)*.

Im Allgemeinen neigt man in der Arbeits- und Organisationspsychologie dazu, die Rolle des Einkommens bzw. der Bezahlung herunterzuspielen. So bekunden Arbeitspsychologen und Soziologen, die an *Maslow (1970)* orientiert sind, dass Menschen nach Erreichen eines gewissen Sättigungsgrades eher höhere Bedürfnisse befriedigen wollen und insofern die Ebene des bloß materiellen Denkens verlassen haben. Auch *Herzberg (1959)* findet, dass die Bezahlung eher eine Art „Hygienefaktor" sei und keine besondere Anreizwirkung mehr entfalte, dass man sich vielmehr lediglich davor zu hüten habe, signifikante Defizitsituationen heraufzubeschwören. Die empirischen Belege scheinen diese Annahmen nur sehr bedingt zu bestätigen. Insbesondere wird man gerade aus psychologischer Sicht nicht in den Fehler verfallen, das Einkommen lediglich als ökonomisch-materielle Größe, gewissermaßen vornehmlich als Kaufkraft-Faktor zu betrachten. Das Einkommen breitet auf diese Weise einen Halo-Effekt aus; es signalisiert zahlreiche psychologisch relevante Sachverhalte: Sozialprestige, soziale Einordnung, Marktwert, Selbstwertempfinden, Leistungswürdigung und vieles andere, sodass im Umkreis des Einkommens zahlreiche bedeutungsschwere und z. T. symbolträchtige Attributionen zu finden sind, die vor einer Unterschätzung des Faktors Einkommen bzw. Bezahlung im Rahmen der Anreizsysteme menschlichen Handelns warnen sollten.

Dass der Bedeutungsgehalt des Geldes aus übergreifenden kulturellen Wertesystemen – und deren Wandel – abgeleitet werden muss, wurde im Hinblick auf kulturanthropologische Befunde schon betont. Aber auch subkulturell und rollenspezifisch dürfte dieser Bedeutungsgehalt stark variieren. So verbindet sich bei männlichen abhängig Beschäftigten mit dem Einkommen auch eine wesentliche Dimension des sozialen Status; bei weiblichen Arbeitnehmern oder bei Selbstständigen ist dies jedoch – wie wir aus arbeitspsychologischen Befunden wissen – weniger ausgeprägt.

(2) Kontext des Einkommens

Im Umfeld des Einkommens sind verschiedene Aspekte Gegenstand besonderer Betrachtungen gewesen: der Einkommens*rhythmus* (monatlich/wöchentlich/täglich; regelmäßig/schwankend), die Einkommens*erfahrung* (Stetigkeit/Unstetigkeit; höchstes/niedrigstes Einkommen der Vergangenheit), die Einkommens*erwartung* (sicherlich abhängig von der Einkommenserfahrung: positiv/negativ; optimistisch/pessimistisch; sicher/unsicher), das *relative* Einkommen (im Vergleich mit anderen, insbesondere den relevanten Bezugspersonen), die *Müheerinnerung* (Kognitionen darüber, wie mühevoll/mühelos das Einkommen erworben wurde) usw.

Diese „Müheerinnerung" – der Ausdruck stammt von *Vershofen (1940)* – hat etwas zu tun mit dem Strafreizcharakter des Ausgebens von Geld. Geld, das man geschenkt bekommt, erbt, das unerwartet auftritt oder das man sehr leicht verdient hat, wird leichter ausgegeben. Lerntheoretisch reformuliert, bedeutet Müheerinnerung nichts anderes als die Gesamtheit der aversiven Reize, die mit dem Erwerb des Geldes verbunden waren und die aktuell erinnert werden. Mühevoll erworbenes Einkommen steigert demnach die Konsumresistenz und fördert die Sparneigung. Dies erklärt u. a., weshalb die „Generation von Erben" eine freizügigere Einstellung zum Vermögen und einen lockereren Umgang mit Geld hat als z. B. die Generation des Wiederaufbaus nach dem Krieg.

Was hier mit Bezug auf die Müheerinnerung ausgesagt wird, gilt nach *Shefrin/Thaler (1988)* generell im Hinblick auf verschiedene Geldformen. So kann beispielsweise unterschieden werden zwischen regulärem Einkommen, Vermögen, Erbschaften, Prämieneinkommen, Zufallsgewinnen etc., die sämtlich verschiedenen *mentalen Konten* (mental accounting) zugeordnet werden (vgl. *Thaler 1999*). Diese unterschiedlichen Konten stellen objektive Kategorisierungen dar, die die Sparneigung oder die Ausgabeneigung beeinflussen.

Wichtig ist ferner die bereits von *Duesenberry (1952)* einbezogene Wahrnehmung des „Einkommens der anderen". Sie ist eine wichtige Bezugsgröße im Hinblick auf die Zufriedenheit/Unzufriedenheit mit der eigenen Bezahlung. Denn niedriges Einkommen bzw. Einkommensänderungen führen nur dann zur Frustration (relativen Deprivation), wenn man schlechter abschneidet als die relevanten anderen. Von Relevanz sind hier – austauschtheoretisch gesprochen (vgl. I 1) – das Vergleichsniveau (früheres Einkommen, die Einkommensentwicklung), das soziale Vergleichsniveau (das Einkommen der relevanten anderen) und das Vergleichsniveau für Alternativen (Welche Marktchancen stehen offen? Wo ist mehr zu bekommen? Welche kompensierenden Gratifikationen stehen bereit? usw.). Die Wahrnehmung des Einkommens der anderen – das soziale Vergleichsniveau also – ist bekanntlich auch der Hauptanwendungsfall der sog. Equity-Theorien (vgl. I 2), die der Frage nachgehen, wie das Individuum auf die Wahrnehmung distributiver Ungerechtigkeit reagiert. Dabei wird man mit Konstellationen zu eigenen Gunsten durch geeignete kognitive Strategien eher fertig als mit Situationen zu eigenen Ungunsten; diese dürften eher verhaltensaktive Strategien auslösen oder im blockierten Falle zu einer sozialen Dauerdeprivation führen.

(3) Armut und Reichtum

In Wohlstandsgesellschaften ist meist von *relativer Armut* die Rede (Ressourcen-Ansatz), als mangelnde Teilhabe an einem gesellschaftlichen Standard. Gewöhnlich wird diese Form von Armut definiert als Pro-Kopf-Einkommen von unter 50 % des Durchschnittseinkommens. Auch lässt sich Armut durch Befragung feststellen oder aber durch Ermittlung der Unterversorgung in Bereichen von Konsum, Bildung, Gesundheit und Wohnung (Lebenslagen-Ansatz). Schließlich wird häufig der Empfang von Sozialhilfe als Indikator genannt, wobei allerdings die Frage der Dunkelziffer oder der versteckten Armut deutlich wird: nur etwa die Hälfte der Sozialhilfeberechtigten beantragen diese Leistung *(Klocke 2000)*. Die so genannte dynamische Armutsforschung berücksichtigt darüber hinaus die Dauer der Armut; vorübergehende Armutssituationen sind häufig durch kritische Ereignisse (z. B. Arbeitslosigkeit, Scheidung, Krankheit) verursacht.

Der Armutsanteil beträgt in Deutschland (nach dem 50%-Ansatz) rund 10%. Noch in den 60er Jahren des vorigen Jahrhunderts dominierte in der Bundesrepublik die sog. Nivellierungsthese, wonach die sozialen Schichten (insbesondere durch Angleichung der Bildungschancen und die Ausweitung universeller Konsummuster) allmählich eingeebnet würden. Entgegen diesen Erwartungen wächst die Armut seit den 70er Jahren; auch die Spreizung zwischen Arm und Reich (gemessen durch den Gini-Koeffizienten) nimmt deutlich zu. Betroffen sind vor allem Kinder und Jugendliche, Alleinstehende, Menschen unter prekären Wohnbedingungen sowie Personen mit Migrationshintergrund (vgl. *Hauser et al. 2000*).

Als Folgen der Armut werden unter anderem diskutiert *(Klocke/Hurrelmann 2002; Hanesch 2000):* Schädliche Auswirkungen auf das Wohlbefinden und die Gesundheit, Stress-Erleben, insbesondere auch durch Konfliktsituationen, die aus der Geldknappheit resultieren, geringere Lebenserwartung, höhere Kindersterblichkeit, Minderwertigkeitsgefühle, Ängstlichkeit, Depressivität und Resignation, Feindseligkeit und Aggression. Dabei werden psychische Spannungen und Störungen des psychosozialen Verhaltens auf die Kinder übertragen und führen zu entsprechenden Leistungsdefiziten im schulischen Bereich und zu Erfahrungen der Ausgrenzung. Zu den begrenzten finanziellen Möglichkeiten kommen ökonomische Verhaltensmuster, die rationale Haushaltsentscheidungen konterkarieren. Bereits *Caplowitz (1963)* sprach von „the poor pay more". Dies entspricht der Beobachtung, dass Arme (oft auch durch geringeren Bildungsstand) trotz des Knappheitsdrucks nicht gerade haushälterisch wirtschaften, indem sie in „falschen" Läden einkaufen, Sonderangebote nicht nutzen, öfter von Hausierern ausgenommen werden usw.

Psychologisch von Belang sind auch bestimmte Attributionsmuster im Hinblick auf die Frage, was denn nun diese Armut verschuldet habe (vgl. auch 1.2.4 zum Thema Arbeitslosigkeit). Je nachdem, ob internal oder external attribuiert wird, werden unterschiedliche Bewältigungsmuster angeregt. Auch ist bei vorübergehender, leicht erklärbarer Armut vielfach die Kontrollüberzeugung vorhanden, diesen Zustand in Bälde beenden zu können. Andere Attributionsmuster führen zur *relativen sozialen Deprivation (Gurr 1970; Runciman 1961)*. Von Deprivationsarmut lässt sich dann sprechen, wenn Personen oder Personengruppen das Gefühl ungerechter Behandlung (vgl. I 2 zur Equity-Theorie) entwickeln, indem sie sich mit anderen Personen/Gruppen vergleichen und dabei zurückgesetzt fühlen. Bei geringer Kontrollüberzeugung – fehlende Chance, an diesen Verhältnissen etwas zu ändern – kann die Reaktion (je nach Vorliegen bestimmter Randbedingungen) entweder in Resignation oder aber in Aggression (z. B. Unruhen, Bandenkriminalität) ausmünden.

Komplementär zur relativen Armut, der mangelnden Teilhabe an wirtschaftlichem Standard, steht der *Reichtum* als Überfluss von Mitteln. Ab welchem Einkommen (Vermögen) man von Reichtum sprechen sollte, ist umstritten (und in diesem Rahmen nicht interessant). Psychologisch macht es einen Unterschied, ob es sich um „gewachsenen" oder um plötzlichen Reichtum handelt. Letzterer (z. B. eine Erbschaft, ein Lotteriegewinn) kann eine (im *Durkheim*'schen Sinne) anomische Situation heraufbeschwören, die zunächst eine Störung bisheriger Verhaltensmuster bewirkt und den Umgang mit der neuen Situation erschwert. Bei gewachsenem Reichtum könnte zwischen „altem" und „neuem" Reichtum unterschieden werden. Die etablierten Oberschichten schätzen alten Reichtum höher ein als die „nouveaux riches", denen man das Odium von Emporkömmlingen zuschreibt, denen die „Kultur" und das Gespür für „feine Unterschiede" abgeht. Neureiche sehen sich der *Statusinkonsistenz (Lenski 1956)* ausgesetzt, d. h. mindestens ein Statusfaktor (Bildung, Herkunft etc.) ist im Defizit. Aus der Theorie der Statusinkonsistenz folgt ein Bestreben der Betroffenen nach kompensatorischen Aktivitäten, wie sie etwa die Theorie der symbolischen Selbstergänzung (vgl. K 8) beschreibt. Dies könnte etwa in der Form des ostentativen und demonstrativen Reichtums geschehen, was allerdings gerade durch die etablierten Oberklassen nicht goutiert wird.

Aus der *Equity-Theorie* (vgl. I 2) würde im Übrigen folgen, dass reiche Menschen im Blick auf weniger Wohlhabende oder Arme Gefühle der Schuld entwickeln, verbunden mit dem Streben, den Reichtum „gerechter" zu verteilen. So könnten z. B. hochverdienende Chefärzte einen Teil ihres Einkommens an Oberärzte verteilen oder großzügig an Bedürftige spenden. Die Equity-Theorie sagt allerdings auch voraus, dass solche Umverteilungsabsichten durch kognitive Rechtfertigungsmechanismen stark gebremst werden. Denn es lassen sich immer Gründe dafür finden, warum ein hohes Einkommen oder Vermögen doch durchaus legitim sein könnte (z. B. der Hinweis auf hürdenreiche Ausbildung, lange Durststrecken, hohe Verantwortung, Vergleichsgehälter in anderen Ländern).

Neuere Experimente (Proceedings of the National Academy of Sciences, San Francisco 2011) zeigen gar, dass Reiche im Straßenverkehr ein unfaireres Verhalten zeigen als sozial niedriger stehende Personen. Ähnliches gelte für eine Vielzahl abweichender bzw. illegaler Verhaltensweisen (z. B. Übervorteilen, Täuschen, Steuerhinterziehung). Nach Auffassung der Forscher liegt dies u. a. daran, dass viele unmoralische Handlungsweisen als Tugend im Sinne von „cleverness" interpretiert werden.

1.3.3 Psychologie der Besteuerung

Mit Fragen der Steuerbelastung, der Steuermoral, der Steuermentalität und des Steuerwiderstandes hat sich in Deutschland richtungsweisend *Schmölders (1966, 1975)* befasst. In den 80er Jahren hat sich in Großbritannien *(Lewis 1982)*, den Niederlanden *(Groenland/van Veldhoven 1983)* und in Skandinavien *(Wärneryd/Walerud 1982)* eine eigenständige „psychology of taxation" entwickelt, ohne allerdings an *Schmölders'* frühe Ansätze anzuknüpfen. Neuere Überblicksdarstellungen stammen von *Kirchler/Maciejovsky (2006)* und *Fischer/Wiswede (2005)*.

Das zentrale Thema der Steuerpsychologie ist die *Steuerhinterziehung*. Dabei entstehen zahlreiche Messprobleme. Wie bei abweichendem Verhalten generell ergeben sich die üblichen Antwortverzerrungen (Nicht-Zugeben, soziale Erwünschtheit etc.), sodass man sich vielfach mit Selbstberichten, der Auswertung offizieller Statistiken, Verhaltensbeobachtungen, Szenariotechniken, Stimulationsverfahren, Expertenbefragungen oder der Befragung erkannter Steuersünder behelfen muss. Auch hier ergeben sich zahlreiche Schwierigkeiten: Die Daten auf der Auskunftsebene widersprechen den Beobachtungen auf der Verhaltensebene (vgl. *Webley et al. 1991; Hessing et al. 1988; Elffers 1991*). Die registrierten Verhaltensdaten korrelieren kaum mit Einstellungen und sozialem Normendruck, wie es etwa die Anwendung des *Fishbein/Ajzen*-Modells (K 1) nahe legen würde.

(1) Steuerbelastungsgefühl

Das Zahlen von Steuern ist – lernpsychologisch gesehen – ein Strafreiz, dem von vornherein die Tendenz des Widerstandes oder der Vermeidung innewohnt. *Graumann/Fröhlich (1957, 418)* betonen die „motivationale Einseitigkeit" des Zahlens von Steuern. Es existiert kaum ein besonders wirksames Motiv, das als „incentive" fungieren könne. Daher ist, worauf *Schmölders (1966, 81)* verweist, der *Beitrags*widerstand (Zahlung des Vereinsbeitrags) im Allgemeinen erheblich geringer, da hier das Zugehörigkeitsgefühl motivisch positiv wirke. Steuerbelastung wird daher häufig wie ein Opfer ohne Gegenleistung empfunden, verstärkt durch ihren Zwangscharakter sowie durch die Anonymität des Staates, ohne dass man – kontrolltheoretisch gesehen – irgendeinen Einfluss auf die Verwendung dieser Gelder nehmen kann.

Im Einzelnen dürften – abgesehen von Gewöhnungseffekten im Sinne des Adaptationsniveaus – folgende Faktoren das Steuerbelastungsgefühl beeinflussen:

- die absolute bzw. relative Besteuerung, insbesondere auch im Vergleich zu anderen Personen oder Vergleichsgruppen (auch Staaten),
- das Empfinden, im Sinne der distributiven Gerechtigkeit fair oder unfair behandelt zu werden,
- das Empfinden, dass der Staat die Steuergelder ineffizient oder verschwenderisch verwaltet bzw. in falsche Kanäle leitet,
- die perzipierte Dauerhaftigkeit der Belastung einschließlich vorgebrachter Begründungen,
- die „Merklichkeit" *(Schmölders)* der Steuern, d. h., ob und inwieweit sie überhaupt ins Auge fallen (geringer bei Verbrauchssteuern).

Schmölders' Untersuchungen zur Wahrnehmung der Steuerbelastung erbrachten erhebliche Unterschiede bei einzelnen Berufsgruppen (z. B. bei Selbstständigen, dort wiederum besonders ausgeprägt im Hotel- und Gaststättengewerbe, im Transportgewerbe usw.). *Lewis (1979)* findet, dass das Belastungsgefühl nur mäßig mit der tatsächlichen Steuerhöhe korreliert; zusätzlich seien Einstellungsmuster, Gewöhnungseffekte, kulturelle und branchenspezifische Traditionen zu berücksichtigen. Generell mindern indirekte Steuern die Steuermerklichkeit und damit Vermeidungs- oder Hinterziehungsabsichten.

Auch das sog. Framing, das im Rahmen der *Prospect-Theory* (M 7) darüber bestimmt, ob ein Ereignis als Gewinn- oder als Verlustsituation erlebt wird, vermag die Steuermerklichkeit zu beeinflussen *(Kirchler/Maciejovsky 2001, 2006; Elffers/Hessing 1997).* Im Einklang mit Befunden der Theorie ist z. B. die Steuerehrlichkeit bei erwarteten Rückzahlungen seitens der Finanzbehörden höher als bei erwarteten Nachzahlungen. So wird im Falle einer Refundierung ein subjektives Gewinnerlebnis entstehen, das zur Risikoaversion und damit zu verstärkter Steuerehrlichkeit führt. Umgekehrt werden Nachzahlungen in einem Verlust-Frame interpretiert, verbunden mit der Neigung zu riskanten Täuschungsmanövern.

Der Zwangscharakter der Besteuerung wird vielfach als Beschneidung von Handlungsalternativen gesehen. Insofern kann das Auftreten von Steuerwiderstand durch die *Reaktanztheorie* (K 5) erklärt werden *(Pelzmann 1988; Kirchler 1999):* Weil und insofern Steuerbelastungen (insbesondere neue, zusätzliche oder erhöhte Steuern) den perzipierten Freiheitsspielraum einengen, werden die betroffenen Personen versuchen, diesen Spielraum zu verteidigen oder wieder zu gewinnen. Die empfundene Freiheitseinschränkung ist zu Beginn einer Unternehmenstätigkeit besonders hoch, während sich später gewisse Anpassungs- und Gewöhnungseffekte ergeben *(Geroms/Wilmots 1985; Kirchler 1999).*

(2) Gelegenheitsstruktur

Das Konzept differenzieller Gelegenheitsstrukturen ist uns bereits aus der Erörterung abweichenden wirtschaftlichen Verhaltens geläufig (vgl. 1.2.3). Die perzipierte Gelegenheitsstruktur ist als Verhaltensrestriktion aufzufassen, die – im theoretischen Modell – die Effizienz-Erwartungen des Akteurs (im Sinne *Banduras* die Chance, ein bestimmtes Verhalten wirksam durchführen zu können) einschränkt oder ausweitet.

In vielen Fällen gibt es kaum Möglichkeiten des Ausweichens und des Vermeidens. Deshalb ist das Individuum gezwungen, sich zu fügen und mögliche Reaktanz kognitiven Selbstheilungsprozessen zu überlassen: Personen mit „gläsernem Portemonnaie", wie die meisten abhängig Beschäftigten, haben geringe Möglichkeiten der Steuerhinterziehung, während Selbständige und Kleinbetriebe über bessere, legitime und auch illegitime Chancen verfügen. Großbetriebe haben dagegen – im Sinne einer kollektiven Selbstwirksamkeit *(Bandura)* – umgekehrt Möglichkeiten, auf Behörden und Gemeinden einzuwirken (z. B. bei der Gewerbesteuer), sodass sie die Besteuerung nicht in allen Fällen als gegebenes Datum hinnehmen müssen.

(3) Normen und Steuermoral

Steuervergehen gehören – sofern sie nicht in größerem Stil betrieben werden – meist zu den schwach „abweichenden Verhaltensweisen", die gewöhnlich nicht als kriminell angesehen werden; sie rangieren weit hinter Delikten wie Trunkenheit am Steuer oder einfachem Diebstahl (vgl. *Kirchler 1998*). Vielfach stellen Hinterziehungsstrategien eher ein Kavaliersdelikt dar, das – z. B. unter Zuschreibung von Cleverness – auch noch positiv sanktioniert wird. Normen für Steuerkonformität dürften in aller Regel schwach internalisiert sein. Auch können sich abweichende Normen durch das Verhalten anderer und durch die damit verknüpften *Modellwirkungen* entwickeln. Diese Variable wurde bisher in empirischen Untersuchungen kaum einbezogen. Hinweise auf die Bedeutung sozialer Vergleichsprozesse liefern *Adams/Webley (2001)* im Hinblick auf branchenspezifische Verhaltensmuster und Gerechtigkeitsvorstellungen.

Wie bereits im Zusammenhang mit dem Steuerbelastungsgefühl ausgeführt, halten Steuerpflichtige das bestehende Steuersystem überwiegend für ungerecht *(Spicer/Becker 1980; Dornstein 1987; Porschke/Witte 2002)*. Dieses Empfinden von *Ungerechtigkeit* kann sich auf das Steuersystem generell beziehen, auf die unzureichende Gegenleistung, auf die Verwendungsstruktur des Staates oder auf andere Gruppen von Steuerzahlern, die aus der Sicht der Betroffenen unangemessene Privilegien genießen. Bereits *Wärneryd/Walerud (1982)* machen allerdings darauf aufmerksam, dass Inequity die Steuerhinterziehung nur in den seltensten Fällen motiviert, sondern dass sie eher einen Rechtfertigungsmodus darstellt. Vermutlich werden Gerechtigkeitsurteile einerseits und die Prozeduren aktiver Steuerhinterziehung andererseits in getrennten „mentalen Konten" geführt *(Kahneman/Tversky 1979, Kirchler/Maciejovsky 2006)*. Allerdings verlagert die Verfügung von Rechtfertigungsmechanismen die Hemmschwelle für abweichendes (Steuer-) Verhalten (vgl. *Wiswede 1979*).

(4) Kontrolle und Sanktion

Je höher das Entdeckungsrisiko, desto geringer ist die Neigung zur Steuerhinterziehung. Im Allgemeinen neigen Menschen dazu, das objektive Entdeckungsrisiko zu überschätzen (vgl. *Fetchenhauer 1998; 2005*). Im Hinblick auf die Sanktionsschwere gilt, dass die Bereitschaft zur Steuervermeidung umso höher ist, je geringer die erwarteten Sanktionen (Nachzahlung, Strafe, Zinsen, Rufschädigung) sind. Allerdings fällt der Einfluss der Sanktionswahrscheinlichkeit geringer aus *(Baldry 1987)*, da eine hohe Aufdeckungswahrscheinlichkeit Kognitionen über Sanktionen abzublocken vermag.

Perzipierte Kontrolle und Sanktionen sind dabei lediglich der Negativ-Aspekt erwarteter Konsequenzen. Demgegenüber stehen die mit Erwartungen verknüpften positiven Valenzen (z. B. das Einsparen von Steuern, die Rettung vor dem Ruin, die Freude, den Staat ausgetrickst zu haben). Auch beobachtete Konsequenzen des Verhaltens anderer können im Sinne des Modell-Lernens anspornend (oder abschreckend) wirken und die eigenen Konsequenz-Erwartungen beeinflussen.

(5) Integrative Modelle

Die behandelten Variablen verweisen auf unterschiedliche theoretische Kontexte: Einschränkungen und Belastungen auf die Reaktanztheorie, das Empfinden von Ungerechtigkeit auf die Equity-Theorie, Gelegenheiten auf die Chancenstruktur-Theorie, das Verhalten anderer

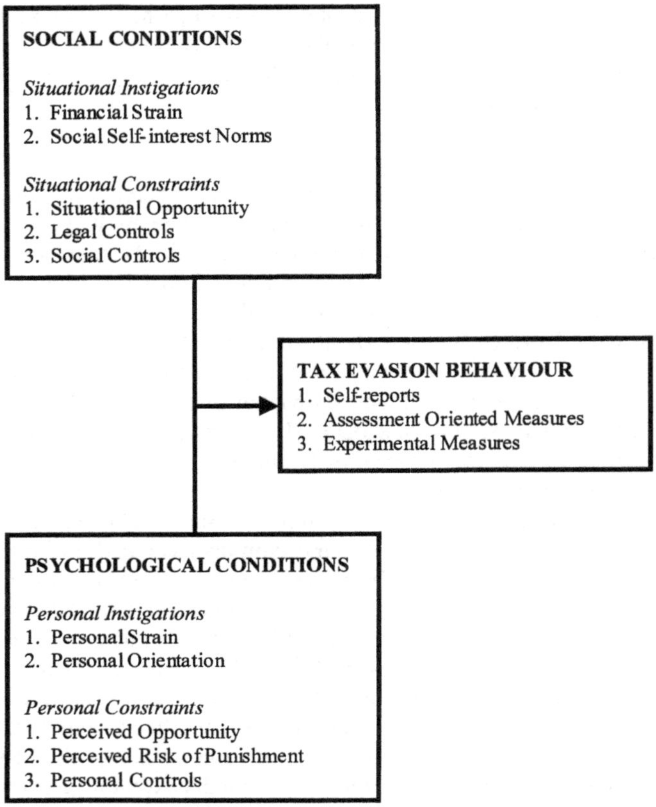

Abb. 28: Fördernde und hemmende Bedingungen der Steuerhinterziehung (Hessing et al. 1988)

auf die Theorie des Modell-Lernens, Framing auf die Prospect-Theorie. Die Ableitung der relevanten Variablen aus einer integrativen Theorie ist damit noch nicht erreicht. Die bisher umfangreichste empirische Untersuchung zur Steuerverkürzung stammt von *Hessing et al. (1988),* die auch einen Versuch in die angedeutete integrative Richtung darstellt.

In diesem Modell werden soziale und psychische Bedingungen getrennt und jeweils nach Anreizen und Hemmnissen unterschieden (vgl. Abb. 28). Die registrierten Verhaltensdaten korrelieren erstaunlicherweise mit persönlichen Charakteristika wie Egoismus und Eigennutzstreben, Toleranz gegenüber illegitimem Handeln und allgemeiner Lebensunzufriedenheit. Allerdings bleibt der theoretische Status einer solchen vordergründigen Variablen-Systematik recht unbefriedigend. Schlüssiger wäre z. B. die Bezugnahme auf die Theorie des überlegten bzw. geplanten Verhaltens, insbesondere in der Version von *Ajzen (1988).* Gemäß dieser Theorie ist anzunehmen, dass das Steuerverhalten von den Einstellungen zu diesem Verhalten, den subjektiven Normen und von der perzipierten Kontrolle abhängen (vgl. K 1). Allerdings zeigt es sich – wir haben darauf eingangs schon verwiesen –, dass die registrierten Verhaltensdaten sowie die Höhe der hinterzogenen Steuern mit Einstellungen und subjektivem Normendruck nicht korrelieren. Wir schlagen vor, dass dies nicht im Sinne des Scheiterns dieses Modells interpretiert werden sollte, und vermuten, dass die bereits erwähnten messtechnischen Probleme die Fruchtbarkeit dieses Ansatzes tangieren.

Ein Modell, das lerntheoretisch fundiert ist und die in diesem Abschnitt diskutierten und empirisch begründeten Variablen enthält, stammt von *Fischer/Wiswede (2005).*

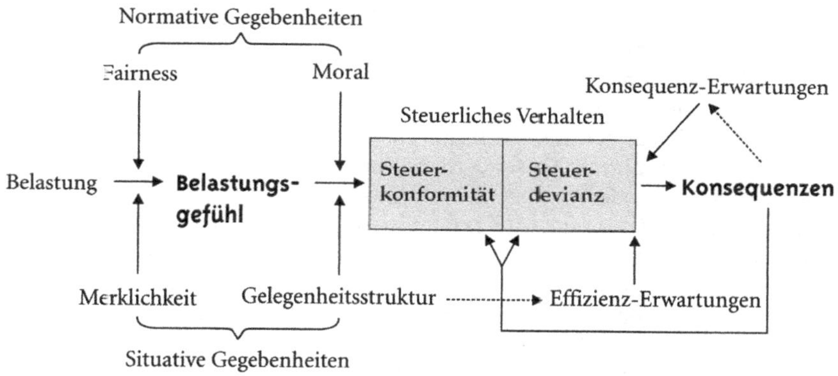

Abb. 29: Umrisse eines Modells steuerrelevanten Verhaltens (Fischer/Wiswede 2005, 330)

Die nach Prozessen der Filterung durch normative Gegebenheiten (Fairness) und situative Bedingungen (z. B. Gelegenheitsstruktur) verbleibenden Verhaltensoptionen werden durch Effizienzerwartungen (Kontrollüberzeugungen) und durch Konsequenz-Erwartungen (einschließlich Sanktionserwartungen) gesteuert. Die tatsächlichen Konsequenzen (z. B. erfolgreiche Steuerhinterziehung) wirken auf das gezeigte Verhaltensmuster verstärkend und können bei wiederholtem Gelingen ein Gefühl der *gelernten Sorglosigkeit (Frey/Schulz-Hardt 1997)* auslösen, die risikoreichere oder sogar leichtsinnige Vorgehensweisen begünstigen.

1.3.4 Psychologie des Sparens

Auch das Thema „Sparen" ist aus psychologischer Sicht – sehr im Gegensatz zum Konsumentenverhalten – eher unter Makroperspektive gesehen worden. Ausschlaggebend ist hierfür sicherlich ein gesamtwirtschaftliches Interesse an verschiedenen Aggregatgrößen (z. B. der Sparquote) gewesen, die zugleich wichtige Verbindungslinien zum Investitionsverhalten der Unternehmer herzustellen schienen. Ausgangspunkt der Analyse des Sparverhaltens – hier wiederum vor allem durch *Katona (1965, 1975)* sowie durch den Kreis um *Schmölders (Schmölders 1966; Fricke 1968)* – ist die Einsicht, dass die Sparquote nicht nur eine Funktion der *Sparfähigkeit* (die vor allem einkommensbedingt ist) darstellt, sondern auch der *Sparwilligkeit*. Diese Neigung zum Sparen scheint nun aber vor allem psychologisch bedingt zu sein.

(1) Sparziele und Sparmotive

Zentral ist zunächst *Katonas* Unterscheidung in *kontraktuelles* und *diskretionäres Sparen*. Bei der erstgenannten Form hat man sich vertraglich festgelegt; die Sparbeiträge verlassen den Kreis des Verfügbaren und werden – gleichsam wie ein fester Sockel – vom Einkommen „abgebucht". Lediglich das diskretionäre Sparen unterliegt noch der Disposition und ist insofern eine Verfügungsmasse, die vor allem der psychologischen Beeinflussung offen steht. Zwar sind auch kontraktuelle Sparformen beim Abschluss (z. B. einer Lebensversicherung, eines Bausparvertrages, einer Fonds-Beteiligung) Ausdruck einer echten Entscheidung, die ihrerseits psychologisch beeinflusst sein mag. Und sicherlich gibt es zwischen verschiedenen Kontraktformen Abstufungen der Bindung: Bausparverträge können aufgelöst, Versicherungen vorzeitig abgelöst werden, aber es zeigt sich doch, dass mit erfolgter Vertragsbindung Gewöhnungseffekte auftreten, sodass nach dem Prinzip der Trägheit bestimmte Verpflichtungen nicht mehr zur Disposition gestellt werden.

Eine weitere bekannte Unterscheidung ist die zwischen *Vorsorgesparen* und *Konsumsparen.* Auch hier gibt es jeweils Abstufungen, die man zweckmäßigerweise nach dem Grad der Konkretheit vornimmt: Vorsorge für bestimmte, genau vorauszusehende Ereignisse (Ausbildung der Kinder) oder für unbestimmte Zwecke (evtl. Arbeitslosigkeit, evtl. Krankheit oder ganz allgemein: für schlechte Zeiten). Ferner: konsum*nahes* Sparen (das begehrte Objekt ist bereits konkret definiert) und konsum*fernes* Sparen (der Umkreis der begehrten Objekte ist nicht genau definiert). In vielen Fällen ist das Objekt (z. B. ein dauerhaftes Gut, das für den Haushalt so etwas wie eine „Investition" darstellen kann) so kostspielig, dass „angespart" werden muss: Ohne Sparleistung ist das Objekt nicht zu erwerben. Ausgeklammert bleibt dabei der immer häufigere Fall, dass Sparen weder mit Vorsorge noch mit Konsum zu tun hat, sondern vornehmlich der Kapitalmehrung dient. Dieses dynamische Sparen – eigentlich primär Geldanlage oder Investition – gründet eher auf Erfolgsmotiven. Psychologisch interessant ist auch der Fall, dass das Sparen weder mit vertagtem Konsum noch mit Vorsorge zu tun hat – es sei denn, in der rationalisierenden Attribution der Betroffenen –, sondern Selbstzweckcharakter annimmt: Ein ursprünglich vielleicht ins Auge gefasstes Vorsorge- oder Konsumziel wird aus dem Auge verloren; das Verhalten wirkt intrinsisch belohnend, Sparen wird um seiner selbst willen betrieben, ist also – lerntheoretisch gesprochen – selbstverstärkend. An anderer Stelle haben wir darauf aufmerksam gemacht, dass ein solches Selbstzwecksparen sehr viele psychologische Gemeinsamkeiten mit dem Verhalten von Sammlern aufweist *(Wiswede 1973).*

Solche Überlegungen führen uns bereits in die Analyse möglicher *Sparmotive,* denn diese werden ja maßgeblich über die Sparziele definiert *(Paschke 1961).* Freilich versucht man gelegentlich, hinter diesen eher vordergründigen instrumentellen Sparmotiven sogenannte „eigentliche" Motivationen zu entdecken. Ordnet man diese Zielvorstellungen dem „klassischen" Repertoire der Motivationsforschung zu, so wären hier aufzulisten:

Sicherheitsmotiv (Vorsorge): Für dieses klassische Motiv beobachten wir eine fortschreitende Veränderung des subjektiven Bedeutungsgehalts. Vorsorge bedeutet immer weniger eine grundlegende Existenzabsicherung, sondern vielmehr die Intention, den einmal gewonnenen Lebensstandard weiterhin aufrechtzuerhalten;
Kontrollmotiv (Macht): als Bestreben, die eigene Situation jetzt und in Zukunft unter Kontrolle zu haben, sich relative Autonomie zu verschaffen, von anderen nicht abhängig zu sein (gelegentlich sogar: andere von sich abhängig zu machen);
Leistungsmotiv (Ertrag): indem möglichst hohe Erträge Anreiz- und Herausforderungscharakter annehmen können, insbesondere auch bei der Wahl der Anlageform sowie erfolgsuchender Strategien der Ertragserzielung;
Prestigemotiv (Anerkennung): nach außen demonstrierter Stolz auf ein angesammeltes Vermögen, auch als Indikator für beruflichen Erfolg und den geschickten Umgang mit Geld.

Neben diesen Motivsyndromen, die wir faktorenanalytisch klar ermitteln konnten, sind noch das bereits erwähnte *intrinsische Motiv* (Sparen als Selbstzweck) sowie das *Altruismus-Motiv* als Vorsorge für andere (Ehefrau, Kinder, Enkel) zu erwähnen. Beide Motivkomplexe scheinen stark rückläufig zu sein. Umgekehrt verhält es sich mit Ertragsmotiven. Hier werden Geldanleger eher vom Wettbewerbsdenken beflügelt; neben Leistungsbedürfnissen stehen gelegentlich auch *Spielmotive* im Vordergrund. Dieses „gambling" und „sensation seeking" scheint gegenwärtig auch für den privaten Sparer aus dem randständigen Dasein herauszutreten und zumindest partiell ein durchaus eigenständiges Motiv des Umgangs mit Geld darzustellen.

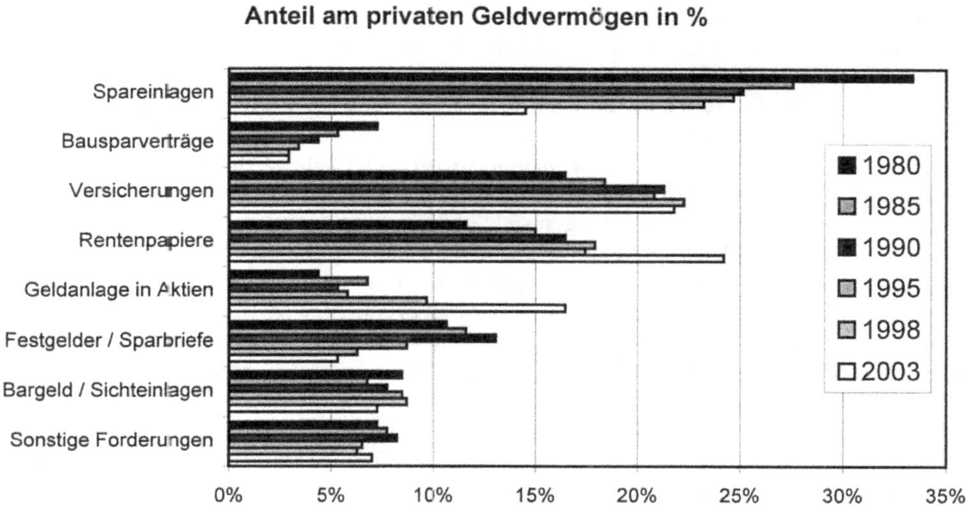

Abb. 30: Veränderung im deutschen Geldanlage-Verhalten (Quelle: BBE-Studie Geldanlage, Deutsche Bundesbank)

Es gibt zweifellos keine universelle Motivkonstellation für Sparen schlechthin, aber sicherlich Korrelationen zwischen der Ausprägung bestimmter Sparmotive und den daraus resultierenden Sparformen; das eben erwähnte Leistungsmotiv mit seinen Submotiven „Suche nach Erfolg" und „Vermeidung von Misserfolg" (vgl. M 3) dürfte hier einen guten Prädiktor für die Wahl sicherheitsorientierter oder risikofreudiger Anlageformen abgeben. Sachverhalte wie „Liquiditätsvorliebe" oder die Abneigung, langfristig gebundene Sparformen einzugehen, können durch kontrolltheoretische (oder auch reaktanztheoretische) Überlegungen begründet werden: Das Individuum gibt im Falle der Festlegung einen Teil seiner Kontrolle auf, eine starke *Kontrollmotivation* bewirkt, dass das Individuum über sein Sparguthaben (zumindest potenziell) möglichst jederzeit verfügen möchte.

(2) Differenzielle Aspekte des Sparens

Natürlich differieren Sparziele und Sparmotive *situationsspezifisch* (z. B. Stellung im Lebenszyklus, drohende Arbeitslosigkeit) und *personspezifisch* (z. B. nach soziodemographischen Merkmalen wie Einkommen, Bildungsgrad, Berufsstand, Schichtzugehörigkeit etc. sowie nach psychographischen Merkmalen). Mit den letztgenannten hat sich die psychologische Analyse des Sparverhaltens im besonderen Maße befasst *(Olander/Seipel 1970)*. Die gebräuchlichsten Segmentierungskriterien sind:

- unterschiedliche Sparmotive (z. B. Stärke des Sicherheitsmotivs),
- differenzielle Erwartungen (z. B. nach einer Optimismus-Pessimismus-Skala),
- unterschiedliche Einstellungen zum Sparen („Sparmentalität"),
- Persönlichkeitsmerkmale (z. B. Persönlichkeitsstärke, Verantwortungsbewusstsein, Selbstkontrolle).

Hinsichtlich der Persönlichkeitsmerkmale sind die Ergebnisse nicht sonderlich beeindruckend *(Olander/Seipel 1970; Lea et al. 1987)*, und auch *Schmölders'* (bei der Psychoanalyse entlehnte) Annahme, wonach anale Personen mehr sparen als orale, dürfte ein tautologischer Schluss sein, denn orale Personen werden von vornherein als „verschwenderisch" definiert.

Wie im vorigen Abschnitt bereits angedeutet, sind für manche der hier aufgetretenen Fragestellungen kontrolltheoretische Variablen relevant (vgl. K 4). Das Konzept der Leistungsmotivation (vgl. M 3) könnte im Übrigen auch die psychologischen Hintergründe einer im Sparbereich häufig verwendeten Typologie (DOR = Decision oriented research) aufhellen, wonach erfolgsuchende Individuen aktiv den Erfolg anstreben und auch ein gewisses (mittleres) Risiko in Kauf nehmen – sie nehmen häufiger Kredite in Anspruch („Kredittyp"), bevorzugen Aktien statt Obligationen etc. –, während misserfolgsmeidende Typen entweder sehr vorsichtig agieren – sie bevorzugen sichere Anlagen wie etwa Obligationen, präferieren geringe Fristigkeiten oder Laufzeiten, neigen zur Liquiditätsvorliebe, tendieren zu dauerhaften Gütern, die Sicherheit verbürgen (z. B. Immobilien) – oder gelegentlich auch äußerst spekulative Risiken eingehen (wobei sie den eventuellen Misserfolg sich nicht selbst attribuieren müssen). Das letztgenannte Verhalten setzt allerdings ganz spezifische Situationen voraus (z. B. plötzlichen Entscheidungsdruck), dürfte also im Zusammenhang mit „Sparen" und „Geldanlegen" nicht sonderlich relevant sein.

Mit den sozio-demographischen Faktoren war man im Hinblick auf differenzielles Sparverhalten übrigens auch nicht sonderlich erfolgreich, sofern die Daten einkommensbereinigt aufbereitet wurden. Wie bereits die „Life-cycle-Hypothese" im Rahmen der ökonomischen Theorie behauptet hatte, ändert sich die Sparquote (letztlich jedoch auch wieder bedingt durch Einkommensänderungen) im Verlauf der verschiedenen Rollenstadien des Lebens, während veränderte Sparziele das Einkommen lediglich als rahmengebenden Faktor implizieren. Über unterschiedliche Sparziele und Sparleistungen während des Lebenszyklus informiert die Längsschnittstudie *„Soll und Haben"* (ab *1980)*. Danach sind die Sparleistungen aus nahe liegenden Gründen zwischen dem 55. und dem 65. Lebensjahr am höchsten; danach nimmt die Sparleistung keineswegs in dem erwarteten Maße ab. Die 30- bis 50-Jährigen sind risikofreudiger als Ältere, was sich auch in der Präferenz für bestimmte Sparformen äußert *(Maier 1983)*. Im Hinblick auf den Bildungsgrad gilt ein kurvilinearer Zusammenhang: Personen mit sehr geringer bzw. mit sehr hoher Bildung sparen am wenigsten (vgl. *Furnham/ Argyle 1998*).

Neuere *typologische Ansätze* (TPG = Typologie privater Geldanleger) versuchen auf clusteranalytischem Weg, in stärkerem Maße psychologische Dimensionen einzubeziehen *(GWSF 1992)*. Dabei werden unterschieden: der „gleichgültige Gelegenheitssparer", der „rationale Finanzier" (stark gewinnorientiert, hohes Involvement), der „konservative Renditemacher" (sicherheitsorientiert, langfristig planend), der „gebremste Anleger" (ambivalent, hybrid) sowie der „traditionelle Kleinsparer" (bescheidene, aber regelmäßige Sparleistungen).

Lunt/Livingstone (1991) vergleichen (einkommensbereinigt) Sparer mit Nicht-Sparern. Sparer tendieren dazu,

- ihre Lage optimistischer einzuschätzen,
- ihre Finanzen unter Kontrolle zu haben,
- mit ihrem Lebensstandard zufriedener zu sein,
- die Überzeugung zu entwickeln, Einfluss auf ihre Situation nehmen zu können.

Nichtsparer neigen dazu,

- sich als Opfer externer Ereignisse zu sehen,
- fatalistische Einstellungen zu entwickeln,
- passive und reaktive Coping-Strategien zu entwickeln,
- in den unterschiedlichsten Geschäften einzukaufen,
- Überziehungskredite als nützlich anzusehen,
- sich durch äußere Anlässe und Stimulationen in ihrem Ausgabeverhalten leiten zu lassen.

Auch hier wird sichtbar, dass das Ausmaß des Sparens in engem Zusammenhang mit dem internalen Kontrollerleben steht. Personen mit hoher Kontrollmotivation neigen dazu, mehr zu sparen, und das Maß der dadurch gewonnenen Kontrolle kann rückwirkend die Kontrollmotivation verstärken.

(3) Wandel der Sparmentalität

Angesichts des Wertewandels auf der einen Seite und der gestiegenen finanziellen Möglichkeiten auf der anderen Seite dürfte in westlichen Wohlstandsgesellschaften auch eine veränderte Sparmentalität auftreten. Allerdings sind hier die nationalen Unterschiede – auch aufgrund unterschiedlicher institutioneller Voraussetzungen – sehr erheblich, sodass sich unsere Ausführungen hier nur auf die westdeutschen Bundesländer beschränken. In unserer Untersuchung *(GWSF 1992)* haben wir verschiedene Facetten der Sparmentalität erfasst, die als Erweiterung des üblichen Drei-Komponenten-Modells der Einstellung gedacht sind (Abb. 31). Typische (meist likert-skalierte) Items zu den genannten Facetten sind etwa:

Wissen: Können Sie z. B. einem Bekannten, der Sie danach fragt, die folgenden Anlageformen erklären (Bsp. Investmentfonds)?
Affekte: Wer spart, kann später mit Stolz auf sein Vermögen zeigen.
Pläne: Ich werde in den nächsten Jahren mehr sparen als heute.
Gewohnheiten: Ich spare jeden Monat eine feste Summe.
Erwartungen: Gehören Sie zu den Glücklichen, die in absehbarer Zeit eine Erbschaft erwarten?
Normen: Ich bin von meinen Eltern zur Sparsamkeit erzogen worden.
Motive: Um eine höhere Verzinsung zu erzielen, nehme ich auch ein erhöhtes Risiko in Kauf.

Die Untersuchungen bestätigen in etwa eine Tendenz, die der Slogan „Vom Sparer zum Finanzier" andeutet. Im Einzelnen werden folgende Trends beobachtet:

- Es besteht weiterhin eine ungebrochene Sparneigung auf hohem Niveau;
- Entgegen verbreiteten Annahmen kann die These vom Verfall der Sparneigung Jugendlicher nicht bestätigt werden (Freilich sind im jugendlichen Alter die Sparziele meist über Konsummotive definiert);
- Stärkere Gegenwartsorientierung („hedonistisches Syndrom"), insbesondere bei den Jüngeren;
- Die Neigung zur Kreditaufnahme und Finanzierung nimmt zu; sie wird vor allem für investive Zwecke toleriert, in Grenzen allerdings auch für konsumtive Zwecke;
- Auch bei vermehrter Hinwendung zur Kreditaufnahme verzeichnen wir keineswegs eine vorwiegend unbekümmerte, sondern eher eine kontrollierende und vorsichtige Haltung;
- Vorsorgemotive überschatten alle übrigen; allerdings stehen sie vornehmlich im Dienste der Absicherung des gewohnten Lebensstandards;
- Das Involvement der Sparer (aktive Beschäftigung und Auseinandersetzung mit dem Thema Geld) ist insbesondere in den mittleren Altersgruppen deutlich gewachsen und steht in enger Beziehung zur Kontrollüberzeugung;
- Involvierte sind in besonderem Maße renditeorientiert und auch eher bereit, gewisse Risiken in der Geldanlage einzugehen. Dagegen scheint Involvement von der Höhe des Einkommens weitgehend unabhängig zu sein;
- Obgleich der Wissensstand in Geldangelegenheiten – gestützt auch durch ein entsprechendes Informationsangebot – zugenommen hat, kann das Ausmaß der Informiertheit mit dem Involvement nicht Schritt halten;
- Entgegen den ursprünglichen Annahmen hängt Delegationsbereitschaft – die Neigung, den Anlageempfehlungen des Instituts zu folgen – weder vom Involvement noch vom Informationsstand noch von der persönlichen Kontrollüberzeugung ab. Offenbar sind Misstrauen/Vertrauen hier ein stärkeres Kriterium. Auch Zeitnot könnte die Delegationsbereitschaft erklären;
- Im Hinblick auf Anlagekriterien geht Renditeorientierung mit hohem Involvement einher. Sicherheitsorientierung erweist sich (auch psychologisch) als Spiegelbild der Renditeorientierung (negative Korrelationen mit Involvement, Kontrollüberzeugung und Informationsstand).

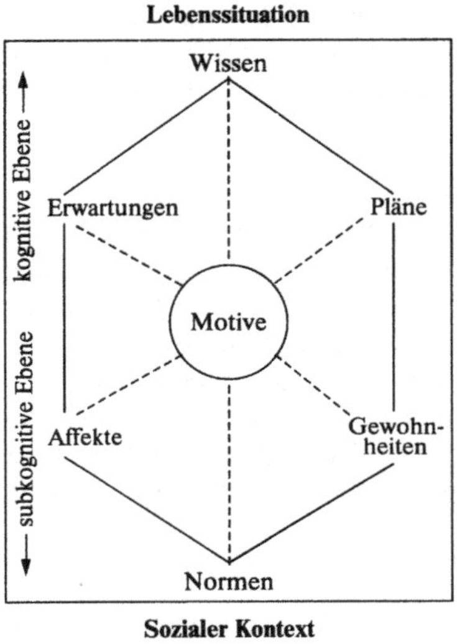

Abb. 31:
Facetten der Sparmentalität

Von hier aus ergeben sich interessante Segmente, z. B. die „Generation der Erben", die möglicherweise in der Lebensmitte in den Besitz eines erheblichen Vermögens gelangen. Deren Sparverhalten ist sicherlich nicht eine Kopie des elterlichen Verhaltensmusters; unsere Vermutung wäre: eine ausgeprägtere Konsumorientierung (also eine vergleichsweise niedrigere Sparquote), größere Dynamik der Anlagedisposition (gegenüber einem statisch-konservativen Verhalten der Elterngeneration) sowie besserer Informationsstand in Geld- und Vermögensangelegenheiten. Veränderungen in der Sparmentalität würden wir ferner im Segment der „neuen Alten" finden, die ihr Pensionierungsstadium nicht mehr als Residuum, als „Restgröße" auffassen, sondern als „neuen Lebensansatz" mit durchaus weiterbestehenden, partiell gar expansiven Konsumwünschen, ein Lebensansatz, der sich vom Grundmuster des puritanischen Ethos sicherlich recht weit entfernt.

(4) Sparen und Belohnungsaufschub

Auch jenseits der im vorigen Abschnitt erläuterten aktuellen Frage einer veränderten Sparmentalität bestimmter Zielgruppen (z. B. der Jugend) haben wir Anlass, der psychologisch grundsätzlicheren Frage nachzugehen, welche Faktoren im Einzelnen für die Bereitschaft verantwortlich zeichnen, dass Menschen bereit sind, die künftige (nämlich aufgeschobene) Bedürfnisbefriedigung einer sofortigen vorzuziehen. Eine nahe liegende Antwort ist „Sättigung", und insbesondere bei physiologischen Bedürfnissen ist der Gedanke des Aufschiebens und der Vorratshaltung auch schon bei vielen Tieren evident.

Ist jedoch der Sättigungs- oder Deprivationsgrad keine relevante Variable – bei sekundären Verstärkern ist der Zusammenhang zwischen Bedürfnisbefriedigung und Sättigung ohnehin weitgehend aufgelöst –, so spricht das Prinzip der „Unmittelbarkeit der Kräfte" *(Lewin)* eigentlich eher im Sinne einer sofortigen Bedürfnisbefriedigung. Auch lerntheoretisch ist der unmittelbare Zugriff auf die belohnende Konsequenz wahrscheinlich und – worauf *Lea et al. (1987)* verweisen – ökonomisch auch durchaus rational: Das begehrte Objekt kann verderben, nicht mehr verfügbar sein, Inflation kann eintreten, das Leben ist begrenzt, und vielleicht ist man nicht mehr in der Lage, die Früchte des Baumes, den man da pflanzt, noch zu ernten. Die Devise „hier und jetzt" genießen statt Aufschub, Durststrecke, Warten und Opfergang: sie erscheint auf den ersten Blick durchaus „vernünftig".

Diese These von der *Unmittelbarkeit der Kräfte* wird im Übrigen auch durch die lerntheoretische Annahme starker Abdiskontierung künftiger Belohnung *(Herrnstein 1988)* sowie durch die (im Umfeld der Lerntheorie durchgeführten) Experimente des Kreises um *Mischel* bestätigt *(Mischel 1961; Mischel/Ebbesen 1970; Mischel/Mischel 1983)*. Die Vpn waren meist Kinder, die zwischen einer kleinen Belohnung jetzt und einer größeren Belohnung später wählen mussten. Variiert wurden die Belohnungsart, die relativen Belohnungshöhen sowie die Wartezeit. Die Ergebnisse sprechen eindeutig für die Unmittelbarkeitsthese, wobei ältere Kinder und Erwachsene eher einen Belohnungsaufschub in Erwägung zogen. Insbesondere dann, wenn das begehrte Objekt konkret gezeigt wurde, stieg die Wunschintensität im Hinblick auf sofortigen Zugriff enorm an.

Diese Befunde sind im Einklang mit dem im ersten Teil dieses Buches unter 1.4 besprochenen *myopischen Effekt,* wonach Menschen oft so kurzsichtig sind, in der Zukunft liegende Verhaltenskonsequenzen nur unzureichend in ihrem Verhalten zu berücksichtigen *(Herrnstein 1990; Ainslie 1986; Thaler 1992)*. Dort hatten wir gesehen, dass Menschen sich häufig von kurzfristig einzulösenden Belohnungen „verführen" lassen und weit in der Zukunft liegende Gratifikationen extrem abdiskontieren (vgl. den Kurvenverlauf in Abb. 1).

Nimmt man diese Befunde ernst, dann müssten wir eigentlich in einer Gesellschaft leben, in der grundsätzlich kaum gespart wird; *Lea et al. (1987)* sprechen von einer non-saving-economy. Da es aber offensichtlich nicht so ist, müssen wir jene Faktoren studieren, die die Unmittelbarkeit der Kräfte aufheben oder zumindest in Schach halten. Ein erster Faktor besteht offenkundig in der *abnehmenden Dringlichkeit* der Befriedigung von Wünschen, etwa nach erfolgter Befriedigung von Existenz- und Sicherheitsbedürfnissen und der damit eintretenden Spielräume des Ermessens. Ein zweiter Faktor hängt mit *sozialen Normen* zusammen, die dem Bedürfnisaufschub (und damit dem Sparen) eine Art Selbstwert zuschreiben. So hat sich beispielsweise die Sozialisationsforschung mit der Frage befasst, nach welchem Wirkungsmodus ein „deferred gratification pattern" erworben werden kann. Auf diese Weise scheint auch das puritanische Ethos mit seinen Folgen für die wirtschaftliche Entwicklung (vgl. unser diesbezügliches Kapitel) mit der Verinnerlichung entsprechender Normen zusammenzuhängen, die insbesondere durch Modell-Lernen tradiert werden. Ein dritter Faktor liegt in bestimmten *Strategien* begründet, die die Selbstkontrolle begünstigen und die Ungeduld zähmen. Bereits das „Sparschwein" hat diese Funktion (wie später das Depot oder der schwer auflösbare Sparvertrag), eine Hemmschwelle für den jederzeitigen Zugriff darzustellen. Ein vierter Faktor kann dadurch mobilisiert werden, dass die weiter gesteckten Ziele nicht nur quantitativ voneinander unterschiedene Ziele sind, sondern auch *qualitativ:* Erst nach einer gewissen Wartezeit des „Ansparens" kann ich mir den Plattenspieler leisten (anstatt permanent nur Schallplatten) oder das Segelboot (das ich mir sonst nur mieten könnte). Sparen ermöglicht also qualitative Sprünge zu höher bewerteten Ebenen.

Ein fünfter Faktor besteht darin, dass auch die Zukunft *Unmittelbarkeit* erlangen kann. In Bezug auf begehrte Wunschobjekte kann das Ziel plastisch vor Augen geführt werden, immer mit der Vorstellung verbunden, dass es einzig durch Sparen realisiert werden kann (Alternativen dazu wären etwa die Finanzierung durch Kreditnahme oder durch abweichendes Verhalten, z. B. durch Diebstahl). Die *Unmittelbarkeit* kann also in gewisser Weise in die Zukunft projiziert werden, indem die erwartbare Zukunft plastisch sichtbar und konkret vor Augen steht. Dies gilt im Übrigen auch für die Abwendung drohender Ereignisse. Erinnern wir uns, dass auch die Beseitigung eines aversiven Stimulus eine Belohnung darstellt. So können auch starke Hinweisreize auf negative Ereignisse (z. B. niedrige Rente bei langer Lebenserwartung, Ausbildungskosten der Kinder, drohende Arbeitslosigkeit) an Plastizität gewinnen und bestimmte Sparaktivitäten – im Sinne des Vorsorgesparens –, die diese Strafreize beseitigen, begünstigen. Fassen wir diese Ausführungen in eine Hypothese zusammen, so können wir sagen, dass Sparentscheidungen umso eher getroffen werden,

- je eher die unmittelbaren Konsumbedürfnisse befriedigt sind;
- je stärker sparorientierte Normen internalisiert wurden;
- je eher das Individuum eigene Strategien zur Stützung der Selbstkontrolle entwickelt;
- je eher die Attraktivität sowie der Qualitätssprung von weiter gesteckten Zielen gegenüber den Teilzielen in Erscheinung treten;
- je eher die Zukunft Unmittelbarkeit erlangt, indem die Wahrscheinlichkeit des Auftretens dieser vorgestellten Zukunft entsprechend hoch veranschlagt wird.

(5) Sparen und Erwartungen

Nachdem wir uns mit der Zeitperspektive des Sparens auseinandergesetzt haben, ist es nun an der Zeit, den Aspekt der vorgestellten Zukunft noch ein wenig genauer zu analysieren. Gemeint sind *antizipative Erwartungen* des Sparenden, nicht die normativen Erwartungen, die gegenüber dem Sparenden bestehen; auch diese Erwartungen sind natürlich für das Sparverhalten relevant (insbesondere wenn sie von Bezugspersonen und Bezugsgruppen gehegt werden). Bei den antizipativen Erwartungen geht es einmal um gedankliche Vorwegnahmen in Bezug auf Ereignisse, auf die man Einfluss nehmen kann – Effizienz- und Konsequenzerwartungen –, Ereignisse also, die in gewissem Umfang vom Individuum kontrolliert werden können, aber zum anderen auch Erwartungen in Bezug auf die Ereignisse und Umstände, auf die man keinen Einfluss hat, z. B. auf die Konjunkturentwicklung, auf die Inflationsgeschwindigkeit usw. Eine Auflistung von Erwartungen in Bezug auf bestimmte Kriterien (z. B. Vertrauen/Misstrauen, Pessimismus/Optimismus, Sicherheit/Unsicherheit) bietet allerdings ohne Zusatzannahmen keine verlässlichen Schlussfolgerungen hinsichtlich des Sparverhaltens. In der Regel gilt, dass pessimistische Erwartungen die Sparquote vergrößern (Vorsorge für schlechtere Zeiten). Sie können sie aber auch verringern (Inflationserwartung mit der Folge einer Flucht in die Sachwerte). Ähnlich können optimistische Erwartungen für die Sparquote förderlich sein (indem etwa langfristig geplant wird), diese andererseits jedoch auch reduzieren (indem künftig höhere Einkommen vermutet werden, sodass man jetzt noch nicht zu sparen braucht).

Wir vermuten, dass die Analyse von Erwartungen sehr viel differenzierter ansetzen und verschiedene Ebenen umfassen muss, um eindeutige Hypothesen in Bezug auf das Sparverhalten zu formulieren. Ein Grobraster bestünde zunächst darin, Erwartungen, die die *eigene Situation* betreffen, von denen zu unterscheiden, die die *allgemeine Lage* betreffen. Diese Unterscheidung ist uns bei der Diskussion konjunktureller Entwicklungen im Hinblick auf Mikro-Erwartungen und Makro-Erwartungen bereits begegnet. Die relevanten *Sub-Erwartungen* im Umkreis der eigenen Situation sind z. B. arbeitsplatzbezogene Erwartungen, familienorientierte Erwartungen, einkommensbezogene Erwartungen, karrierebezogene Erwartungen, mobilitätsorientierte Erwartungen usw. Die allgemeine Situation, die Einschätzung der allgemeinen Entwicklung sowie der wirtschaftlichen Lage betrifft Sub-Erwartungen wie: Konjunktur-Erwartungen, branchenbezogene Erwartungen, Geldwert-Erwartungen, Rendite-Erwartungen etc. Wenn man feststellt, dass die Rendite-Erwartungen (mutmaßliche Zinsentwicklung) nur *ein* Erwartungsstrang unter vielen ist, so ist es nicht weiter erstaunlich, wenn immer wieder festgestellt wird, dass die Zinshöhe und die Zinserwartungen keinen nennenswerten Einfluss auf die Sparquote haben (vgl. *Fricke 1968,* der von einem unterentwickelten „Zinsbewusstsein" spricht). Dass die Zinshöhe sowie Zinsänderungen wenig Einfluss auf die Sparquote haben, betonte auch *Katona (1975);* allerdings muss ein erheblicher Einfluss auf die Sparform konstatiert werden *(Lea et al. 1987).* Auch dürfte das *Zinsbewusstsein* – eine Parallele zum sog. Preisbewusstsein – im Zuge des Vordringens renditeorientierter Motivationen stärker in den Vordergrund rücken.

(6) Kreditaufnahme/Verschuldung

Werfen wir zuletzt noch einen Blick auf ein Verhalten, das in mancher Hinsicht das Gegenteil von Sparen zu sein scheint: die Aufnahme eines Kredits. Kreditaufnahme ist in vielen Fällen Geschäftsgrundlage, vor allem im Investitionsbereich. Im Konsumbereich ist die Kreditnahme gleichfalls eher bei dauerhaften Gütern mit Investitionscharakter üblich, in selteneren Fällen bei Gütern des täglichen oder periodischen Bedarfs (z. B. beim „Anschreiben"). In jedem Falle handelt es sich um ein Durchbrechen des „delay of gratification": sofort über das begehrte Objekt zu verfügen; dies allerdings unter dem belastenden Aspekt des Kredits. *Greenberg (1980)* spricht hier von *Verschuldungskosten:* Da eine Verschuldungssituation psychische Kosten verursache, versucht der Verschuldete, die Schuld zu reduzieren, entweder durch tatsächliche Gegenleistung oder kognitiv, indem er z. B. den eigenen Vorteil durch die empfangene Leistung oder die Kosten des Gläubigers herunterspielt oder diesem egoistische Motivation unterstellt. Umgekehrt kann der Gebende die psychischen Kosten für den Schuldner erhöhen, wenn es ihm gelingt, seine Leistung altruistisch erscheinen zu lassen *(Greenberg 1980; Meier 2000).*

Im Ausmaß der normativen Besetzung sowie des tatsächlichen Belastungseffekts kann Kredit als *Strafreiz* angesehen werden; allerdings mischen sich hier einige gegenläufige Tendenzen: Man bekommt Kredit „gewährt", man „hat Kredit", ist „kreditwürdig" – dies alles sind u. U. positive Stimuli, die das eigene Selbst aufwerten. Das besondere Interesse der Kreditgeber geht oft dahin, den eventuellen Strafreizcharakter des Kredits zu reduzieren; schon die Sprache verrät ein Kontinuum abnehmender Aversivität: Schulden – Kredit – Dispo-Kredit usw. Die jederzeitige Verfügbarkeit über Kredit suggeriert einen „delay of costs" dadurch, dass die Rückzahlung samt Zinsen eine Art verzögerte Realität darstellt, setzen doch die Strafreize erst relativ spät ein und verlieren damit an Unmittelbarkeit. Hinzu kommt, dass die Bank in ihrer Anonymität keine moralische Instanz mehr darstellt, indem der Vorgang der Kreditnahme mehr und mehr automatisiert und depersonalisiert wird.

Im Zusammenhang mit der Wertwandeldiskussion und einer dabei konstatierten Tendenz der Hedonisierung hat sich der Gedanke eines generellen Abbaus des „deferred gratification pattern" fixiert: Aus der Sparmentalität werde zusehends eine *Verschuldungsmentalität.* Alltagsbeobachtungen, wie die Häufigkeit von Teilzahlungskäufen sowie der wachsende Umgang mit (strafreizmindernden) Kreditkarten, scheinen diese Tendenz zu bestätigen. Die vorliegenden Daten *(Epple 1990)* zeigen zwar einen weiteren Anstieg der privaten Verschuldung, jedoch erreicht diese den parallel verlaufenden Anstieg des Geldvermögens bei weitem nicht. Auch erweisen sparkasseninterne Untersuchungen, dass wir noch weit von amerikanischen Verhältnissen entfernt sind, dass nämlich Sparnormen nach wie vor fest in der Überzeugungsstruktur der Bevölkerung verankert sind; man findet „Kreditaufnahme" und „Schuldenmachen" für konsumtive Zwecke nicht „richtig", sondern präferiert nach wie vor die konventionelle Form des „Ansparens". Lediglich in zwei Fällen bestehen Ausnahmen: beim Erwerb eines Grundstücks/Hauses, bei dem die Aufnahme einer Hypothek als „normal" gilt, abgesichert und kompensiert durch das Wertobjekt, sowie bei größeren Anschaffungen, die jedoch zu einem erheblichen Teil durch eigene Ersparnisse und nur zu einem geringeren Teil durch Kreditaufnahme finanziert werden.

Psychologisch interessant ist der Übergang von der Verschuldung zur *Überschuldung.* Nach einer GP-Studie *(Korczak/Pfefferkorn 1990)* sind die wichtigsten Auslöser (in der Reihenfolge der Bedeutsamkeit): Arbeitslosigkeit, Probleme bei der Haushaltsführung, Niedrigeinkommen, Bildungsdefizite sowie Trennung/Scheidung. Die Überschuldungssituation weist jedoch – unabhängig von den auslösenden kritischen Ereignissen – enge Bezüge zu persönlichkeitsbedingten Faktoren auf. Diese Faktoren betreffen in erster Linie den nicht gelernten Umgang mit Geld und Haushaltsführung: nicht gelernte Budgetplanung, nicht gelernte Kontrolle eigener Konsumwünsche, nicht gelernte Einschätzung des Kreditangebots usw. (vgl. auch *Fischer/Bell 1989)*. Die Faszination durch Konsumwünsche dürfte im Sinne des *myopischen Effekts* wirken: „Verführung" durch zeitlich benachbarte Verstärker (vgl. Teil A, 1.4). Dabei ist wohl auch nicht auszuschließen, dass Kreditgeber oftmals diese „Verführung" unterstützen und zur Kreditaufnahme ermuntern. Dieses „ermunternde" Interaktionsverhältnis in der Anfangsphase dürfte im Übergang zur Überschuldung dann eher restriktive Formen annehmen und den *Kontrollverlust* verstärken.

Versuchen wir, die Gründe für die Verschuldungssituation ein wenig zu systematisieren, so können wir – in Abwandlung zweier Studien von *Lea et al. (1993; 1995)* – die folgenden Ursachen für eine Verschuldungssituation ausmachen:

Ökonomische Gründe
- Zu geringes Einkommen; finanzielle Engpässe
- Außerordentliche kritische Ereignisse (z. B. Scheidung, Arbeitslosigkeit)
- Probleme beim Finanzmanagement

Soziale Gründe
- Unangemessener sozialer Vergleich
- Soziale Unterstützung für Schulden
- Sozialisation für Schulden (durch Eltern, Peers)

Psychische Gründe
- Positive Einstellungen zum Eingehen von Schulden
- Geringe Fähigkeit zur Aufschiebung von Bedürfnissen
- Externale Kontrollüberzeugungen

Die Problematik der Verschuldung und der Überschuldung scheint in den Vereinigten Staaten besonders gravierend, vielfach auch deshalb, weil im Dickicht des Kreditkartensystems leicht der Überblick verloren gehen kann. Hier wäre es sicherlich nützlich, Probleme der Verschuldung unter kontrolltheoretischen Gesichtspunkten (vgl. K 4) zu sehen. Dies hat oft *Prozesscharakter:* zunächst als Auseinanderfallen von objektiver und subjektiv perzipierter Kontrolle – Kontrollillusion eines momentanen Engpasses, den man leicht bewältigen kann – und schließlich als Kontrollverlust in zwei Formen: Der Betroffene verliert den finanziellen Überblick (kognitiver Kontrollverlust) und wird schließlich zum Spielball derjenigen, die nunmehr Kontrolle über ihn ausüben (sozialer Kontrollverlust).

Ein solcher Kontrollverlust mag auch auftreten, wenn wir das Verhalten *kollektiver Akteure* im Rahmen der *Staatsverschuldung* betrachten. Auch hier bestehen seitens der Politiker (Wirtschaftspolitiker) vielfach leichtfertige Kontrollüberzeugungen – u. U. also eine Kontroll-Illusion –, durch die Kreditaufnahme wirtschaftliche Entwicklungen in Gang setzen zu können oder anderweitige wirtschaftliche Problemlagen durch Verschuldung zu beseitigen.

1.3.5 Psychologie des Geldanlegens

(1) Geldanlage-Entscheidungen und Risiko

Wir hatten bisher Erwartungen, Einstellungen und Motivation ganz allgemein in ihrer Beziehung zum Sparverhalten analysiert. Nun wollen wir uns spezifischer mit der Wahl und Nutzung bestimmter Anlageformen beschäftigen, wobei unser Augenmerk in besonderem Maße den Determinanten der Risikobereitschaft in der Geldanlage gilt.

Im finanzwirtschaftlichen Bereich geht man häufig von einem „magischen Dreieck" der Anlageentscheidung aus: Sicherheit (geringes Risiko), Rendite (hohe Verzinsung) und Liquidität (Verfügbarkeit). Unsere Daten *(GWSF 1992)* weisen einen zusätzlichen Faktor aus:

Bequemlichkeit bzw. Unkompliziertheit, d.h. die Möglichkeit, Sinn und Konsequenzen einer Geldanlage rasch durchschauen zu können, sowie die Neigung des Sparers, sich um diese Geldanlage nicht dauernd „kümmern" zu müssen. Das „magische Dreieck" ist folglich ein *Viereck,* wobei Sicherheit und Rendite allerdings vorrangige Kriterien sind (Reihenfolge der zugemessenen Wichtigkeit). Beim direkten Vergleich der Bedeutung von Sicherheit und Rendite gewinnt die Sicherheitsorientierung Dominanz.

Als Determinanten des Anlageverhaltens werden üblicherweise eher ökonomische Variablen (wie Einkommen und Vermögen) und situative Faktoren (insbesondere Lebenszyklus) genannt *(Bromiley/Curley 1992). H. Müller (1995)* bemerkt jedoch zutreffend, dass demographische Variablen oft nur sehr vordergründige Faktoren darstellen, hinter denen spezifische Sozialisations- und Motivationsvariablen stehen. „Dagegen ist die finanzielle Situation selbst erklärungskräftig, da sie nicht nur das potentielle Anlagevolumen, sondern auch das relative Risiko bestimmt, das mit riskanten Anlageformen eingegangen wird" *(H. Müller 1995).* Dies steht im Einklang mit der Alltagsannahme, wonach man sich hohe Risiken bei entsprechendem finanziellem „Polster" eher leisten kann (analog auch möglicherweise bei ruinöser Situation, in der man ohnehin nichts mehr zu verlieren hat).

In einer Sekundäranalyse unserer Untersuchung zur Sparmentalität hat *H. Müller* versucht, neben finanzieller Situation sowie wirtschaftlichen Erwartungen allgemeine und spezielle Motivationsvariablen einzubeziehen. Dabei ergeben sich zwischen Risikobereitschaft und folgenden Motivationsvariablen hohe positive Korrelationen (zwischen .30 und .60):

- bei hohem Renditestreben,
- bei hoher Leistungsmotivation,
- bei hoher Risikolust (sensation-seeking),
- bei hohem Involvement (Interesse),
- bei geringer „convenience" (Bequemlichkeit).

Bei hoher Kontrollüberzeugung ist davon auszugehen, dass das Risiko selbst eine Valenz darstellt, gespeist durch das Leistungsmotiv (beruht allein darauf, dass schwierige Aufgaben besondere Anreizwirkungen haben), durch das Erregungs- und Spielmotiv (sensation-seeking) und durch das Kontrollmotiv (die Neigung, auch mit riskanten Geschehnissen noch kontrolliert umgehen zu können, die Dinge gewissermaßen „im Griff" zu haben).

Des Weiteren ist *Müller (1999)* der Frage nachgegangen, warum zwischen Einstellungs- und Verhaltenswerten im Hinblick auf *risikoreiche Geldanlagen* (z.B. Aktien) erhebliche Diskrepanzen bestehen. Denn ein relativ hoher Erwartungswert der Rendite risikobehafteter Papiere spräche – rational und im Sinne der Wert-Erwartungs-Theorie gesehen – durchaus dafür, zumindest einen Teil seines Einkommens/Vermögens in solche Anlageformen fließen zu lassen. Insofern müsste z.B. der private Aktienbesitz in Deutschland wesentlich höher sein, als er tatsächlich ist. Erste Hinweise auf die Beantwortung dieser Frage bietet die Prospect-Theory (vgl. M 7), die verhaltensdämpfende Wirkungen im Hinblick auf die Risikowahrnehmung unterstellt *(risikoaverses Verhalten).* Eine zweite mögliche Erklärung wäre die Bezugnahme auf *Millers (1944) Annäherungs-Vermeidungs-Konflikt.* Dieses lerntheoretische Konzept unterstellt, dass die Furchttendenz (Vermeidung von Risiko) später, aber steiler ansteigt, d.h. erst kurz vor der Umsetzung in konkretes Verhalten die Oberhand gewinnt.

In jüngster Zeit scheint – insbesondere auch unter dem Einfluss der Medien – die Neigung zum Aktienkauf, vor allem auch von Investment-Fonds verschiedener Risikostreuung, breitflächig zuzunehmen, zumal bei anhaltender Hausse. Insbesondere scheint die Erbengeneration, die mit dem Erwerb ihres Vermögens wenig „Müheerinnerung" verbindet, mehr und mehr bereit, mit einem Teil des Vermögens Risiken einzugehen. Neben den Medien, die häufig selektiv über „phantastische" Gewinne berichten (und insofern zu einer Fehleinschätzung von Risiken beitragen), dürfte auch das *Modell-Lernen* über relevante Bezugspersonen von Bedeutung sein, die (selbstwertdienlich) eher über Gewinne kommunizieren als über erlittene Verluste.

(2) Spekulation und Börse

Unzureichend untersucht sind jene Einflussgrößen, die ihrerseits Erwartungen beeinflussen und u. U. kaleidoskopartig umstrukturieren; man denke etwa an abrupt umschlagende Erwartungen oder an plötzlich auftretenden Kursverfall. Der Grund ist, dass z. B. an der Börse stark spekulative Komponenten *labile Erwartungshaltungen* erzeugen (vgl. zur Erwartungsbildung an der Börse: *Schachter et al. 1986; Frey/Stahlberg 1990).* Insofern ist das Börsengeschehen gleichsam ein Handel mit Zukunftserwartungen, am deutlichsten etwa bei der Terminbörse. Das Verhalten mancher Börsenteilnehmer gleicht im Übrigen eher dem Verhalten von Spielern als dem von Geschäftsleuten. Das Angebot-Nachfrage-Gleichgewicht der Börse ist daher oftmals eher ein „Gleichgewicht auf der Spitze", und es genügt dann oft ein beliebiger Anstoß, um abrupte Änderungen einzuleiten.

Die Tatsache des labilen Gleichgewichts hat bei einigen Psychologen und Ökonomen zu der Vermutung geführt, dass *chaostheoretische* Erscheinungsformen das Geschehen an der Börse bestimmen (z. B. *Day 1983).* Nach dieser Vorstellung unterliegen solche Prozesse jener Art von Iterationen – ständige Rückkopplung durch autokatalytische Verstärkung –, die ins Chaos führen und jede Vorhersagbarkeit unterminieren. Marginale Störereignisse können daher das „Gleichgewicht auf der Spitze" stören und eskalierende Wirkungen freisetzen. Dies hängt auch damit zusammen, dass Börsenspekulation selten Reaktionen auf sogenannte „fundamentals" (harte Wirtschaftsdaten: tatsächlicher Konjunkturverlauf, objektives Wirtschaftspotenzial, Kaufkraftparität usw.) sind, sondern eher das Spiel mit vagabundierenden Geldern, das kaum greifbarer Gesetzmäßigkeit unterliegt.

Auch verfügen wir bisher über keine geeigneten Theorien des Kollektiv-Verhaltens, die uns das Auftreten und den Verlauf wechselseitig infektiöser Prozesse erklären könnten. Dabei sind insbesondere die Entstehung und Ausbreitung von *„Stimmungen"* relevant; auch ist bekannt, dass bei euphorischen Stimmungen kognitive Prozesse inflationär und aufgrund weniger Schlüsselreize ablaufen *(Schwarz/Bohner 1990).* Hinzu kommen beim modernen Börsengeschehen die akzelerierende Wirkung der Medien sowie Relais-Effekte (z. B. die schubweise Reaktion durch Computer, die alle nach gleichen oder ähnlichen Kriterien programmiert waren). So verschiebt sich u. U. die Frage nach den Entstehungsprozessen von Börsenreaktionen auf die Wahl der Programmier-Kriterien im Vorfeld der Ereignisse.

Neuerdings gibt es jedoch insbesondere in Anwendung der Anomalienforschung (vgl. Kapitel 1.4 sowie M 7) einige Hinweise auf börsenbeeinflussende Verhaltenstendenzen, die systematische Urteilsfehler darstellen (vgl. hierzu neuere Studien zur „Behavioral Finance" *(Thaler),* zusammenfassend: *v. Nitzsch/Friedrich 1999 a, 1999 b; Goldberg/v. Nitzsch 1999).* Hierzu gehört zunächst die Orientierung der Börsenteilnehmer an bestimmten Heuristiken: der Verfügbarkeitsheuristik und der Ankerheuristik. Die *Verfügbarkeitsheuristik* besagt bekanntlich, dass ein Ereignis im Gedächtnis besonders verfügbar ist, wenn das Ereignis häufig erlebt oder besonders anschaulich präsentiert worden ist (vgl. etwa *Andreassen 1990).* Ein Anleger wird sich z. B. für Aktien der Firma A entscheiden, weil er gerade darüber einen informativen und anschaulichen Bericht gelesen hat. Deutsche Anleger tendieren dazu, überwiegend in deutsche Unternehmen zu investieren (home bias). Generell haben solche Unternehmen, die besonders bekannt sind, einen Vorteil, vom Anleger gewählt zu werden. Diese „attention-anomaly" führt gelegentlich zu Überreaktionen, zu einer Kursübertreibung nach oben, nämlich für solche Werte, über die die Medien häufig berichten. Umgekehrt wirkt die *Verankerungsheuristik* eher im Sinne einer Unterreaktion. Menschen orientieren sich in ihren

Reaktionen häufig an einem Anker (z. B. dem DAX) oder dem Kurs beim Kauf der Aktie oder einer früheren Einschätzung durch Analysten, sodass auch wichtige neue Informationen dem Gravitationszentrum des Ankers ausgesetzt sind (vgl. *Stephan 1992, 1999; Löffler/Weber 1999).*

Ein weiterer Bereich börsenrelevanter Einschätzungsfehler liegt in der kognitiven Verkürzung komplexer Sachverhalte. Menschen orientieren sich vielfach an *kognitiven Schemata* (K 6), d. h., sie reduzieren die Komplexität der Informationsverarbeitung auf recht einfache, schematische Orientierungshilfen. Sie folgen etwa den Devisen „Papiere des Neuen Marktes zeigen eine besondere Dynamik", „Oktober ist ein Crash-Monat", oder sie bevorzugen Aktien nur deshalb, weil sie den populären Namenszusatz „COM" aufweisen (vgl. *v. Nitzsch/ Friedrich 1999 b).* Ein anderes kognitives Schema liefern Verlaufskurven bisheriger Kurse mit impliziten Hypothesen darüber, wie diese Kurven sich fortsetzen werden. Die verwendeten kognitiven Schemata mögen falschen Signalen folgen, zu simpel gestrickt oder zu sehr verallgemeinert sein: Indem viele Börsenteilnehmer sich nach ihnen richten, gewinnen sie auf dem Wege sich selbst erfüllender Prophezeiungen durchaus an Realität.

Hierzu entwickelt *Shefrin (2000)* eine Phasentheorie von Börsentrends, die wir bereits im Zusammenhang mit dem Verlauf von Konjunkturen angesprochen hatten. Die erste Phase ist durch eine Information gekennzeichnet, deren Inhalt sich noch nicht im Kurs widerspiegelt (Unter-Reaktion), weil sie mit geringer Verfügbarkeit einhergeht. Die Ankerheuristik verhindert zunächst eine Reaktion auf diese Information; auch Analysten halten aus dissonanztheoretischer Sicht an ihren alten Prognosen und Entwicklungen fest (vgl. *von Nitzsch/Friedrich 1999; Nitzsch 2005*). Nach Erreichen eines Schwellenwertes folgt dann der Kurs der fundamentalen Bedeutung der Information. In dieser zweiten Phase werden bereits die Grundlagen dafür gelegt, dass sich der Trend in der dritten Phase verselbständigt und zur Überreaktion führt. Die neuentstandenen Erwartungen beeinflussen nämlich das Wahrnehmungsgeschehen (im Sinne der Hypothesentheorie der Wahrnehmung, vgl. K 1) und führen zu trendförderlichen Handlungen *(Frey/Stahlberg 1990):* Neutrale oder multivalente Informationen (z. B. Personalabbau, Wechsel im Vorstand, Übernahme eines anderen Unternehmens) werden durch Wahrnehmungsverzerrung dem neuen Schema angepasst, das dann die Börse beherrscht.

Ein dritter kognitiver Bias ist der Wunsch nach *Dissonanzreduktion* (vgl. K 2 sowie die von uns formulierte Theorie rationalisierten Verhaltens, Kapitel 1.4), der umso größer ist, je mehr die Entscheidung von „Commitment", d. h. starker emotionaler Bindung, getragen wurde. Dies ist insbesondere dann der Fall, wenn der Anleger lange über die Richtigkeit der Entscheidung nachgedacht, wenn er ohne sozialen Druck entschieden und wenn er sich in dieser Sache aufwändig engagiert hat. Dissonanz könnte nun immer dann auftreten, wenn Verluste entstanden sind, die dem Wunsch nach Erwirtschaftung von Gewinnen psychologisch widersprechen. Bei Vorliegen solcher Dissonanzen nimmt das Individuum verfügbare Informationen sehr selektiv wahr, sodass lediglich solche Informationen noch in das Blickfeld geraten, die für dieses Engagement positiv verlaufen. Die Dissonanz wird immer dann gemildert, wenn auch viele andere einen Verlust hinnehmen müssen, z. B. bei einer generellen Kurskorrektur nach unten (sharing-the-blame-effect nach *Scharfstein/Stein 1990).*

Der beschriebene Effekt der Dissonanzreduktion wird tendenziell so wirken, dass Börsenteilnehmer an ihrem Verlustengagement länger festhalten, als es der rationale Anleger tun würde. Dies ist die Basis des sogenannten *Dispositionseffekts (Shefrin/Statman 1985; Weber/ Camerer 1992, 1998),* der im Wesentlichen besagt, dass Aktienbesitzer an ihren Papieren im Verlustfalle zu lange festhalten und dass sie im Gewinnfall zu früh verkaufen. Dieser Effekt verhindert tendenziell eine starke Volatilität, weil er ausgleichend wirkt. *Weber* und *Camerer* erklären den Dispositionseffekt übrigens nicht dissonanztheoretisch, sondern anhand der Bewertungsfunktion der Prospect-Theory (M 7), wobei die Risikobereitschaft nach Verlusten

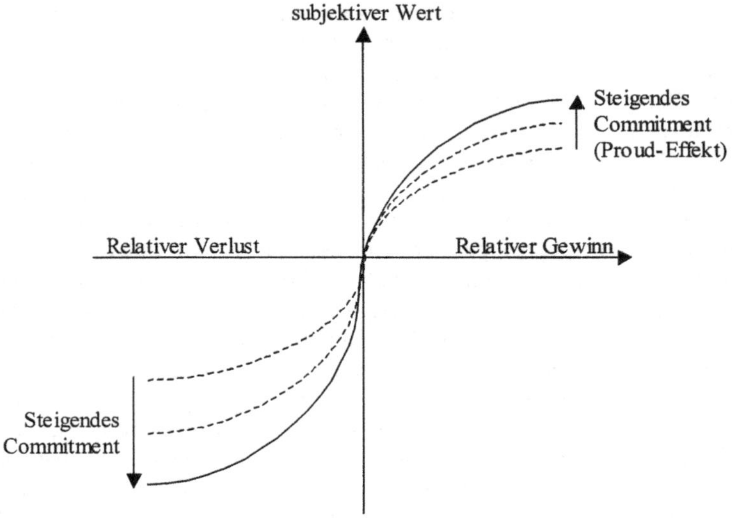

Abb. 32: Zusammenhang zwischen Commitment und Risikobereitschaft (nach Goldberg/v. Nitsch 1999)

steigt (weiteres Halten der Aktie) und nach Gewinnen sinkt (Realisation auch schon geringer Gewinne). Wir sehen, dass der durch die selektive Wahrnehmung bedingte Dispositionseffekt durch die Verlustaversion deutlich unterstützt wird. Bekanntlich geht die Prospect-Theory davon aus, dass Individuen im Verlustbereich risikoreich agieren (indem sie beispielsweise weitere Aktien des Papiers mit Kursverfall hinzukaufen) und dass sie im Gewinnbereich eine ausgesprochene Risikoaversion aufweisen, was zu vorschneller „Gewinnmitnahme" führt (mit der Länge des Planungshorizonts wird jedoch die Länge der Risikoaversion zurückgehen; vgl. *Benartzi/Thaler 1995). Goldberg/v. Nitzsch (1999)* machen deutlich, dass das Ausmaß der Aversion vom *Commitment* der jeweiligen Entscheidung abhängt (Abb. 32).

Liegt Commitment kaum vor (z. B. im Falle einer erzwungenen Entscheidung), so weist die Wertfunktion im Bezugspunkt einen geringen Knick auf. Der Knick wird umso größer, je stärker das Commitment in die Entscheidung war. Dieses Commitment hat im Übrigen auch Auswirkungen auf den Gewinnbereich: Mit höherem Commitment steigt die Hochbewertung von Gewinn, vor allem deshalb, weil man auf seine Ergebnisse stolz sein kann (internale Attribution).

Einen weiteren Ansatzpunkt für kognitive Fehleinschätzungen im Börsenbereich bietet die *Überschätzung kognitiver Kontrolle* (K 4). Börsenteilnehmer – auch professionelle – neigen dazu, das Ausmaß ihrer Prognosefähigkeit falsch einzuschätzen, selbst wenn sie wissen sollten, dass das Ergebnis lediglich zufallswahrscheinlich auftritt *(Laschke/Weber 1999).* Dieser Sachverhalt (overconfidence) ist identisch mit einem der zentralen Attributionsfehler, nämlich der *Kontroll-Illusion (Langer 1975).* Sie wird gestützt, sofern der Anleger „richtig" lag; in diesem Fall ist es durchaus selbstwertdienlich, das Ergebnis der eigenen Voraussicht, Weisheit, Erfahrung, Fähigkeit zuzuschreiben. Lag der Anleger jedoch falsch, dann lassen sich immer externe Gründe dafür finden, warum die Prognose so nicht zugetroffen hat.

Wie *Stephan* in verschiedenen empirischen Studien nachweisen konnte (vgl. zusammenfassend *1999),* unterliegen professionelle Geldanleger (z. B. Fondsmanager) prinzipiell den gleichen Urteilsfehlern, sogar unter Bedingungen der Vorwarnung (z. B. ein vorausgehendes Referat über die hier wirksamen Anomalien).

2 Psychologie mikroökonomischer Prozesse

Wir wollen in Folgendem diejenigen wirtschaftspsychologischen Sachverhalte ansprechen, die unter vorwiegend *einzelwirtschaftlicher* Perspektive analysiert worden sind. Da die psychologische Analyse letztlich immer am Individuum ansetzt, ist die Trennungslinie zwischen makroökonomischen und mikroökonomischen Aspekten psychologischer Behandlung ohnehin fragwürdig und lediglich durch das unterschiedliche Interessenfeld der betriebswirtschaftlichen und der volkswirtschaftlichen Behandlung zu rechtfertigen.

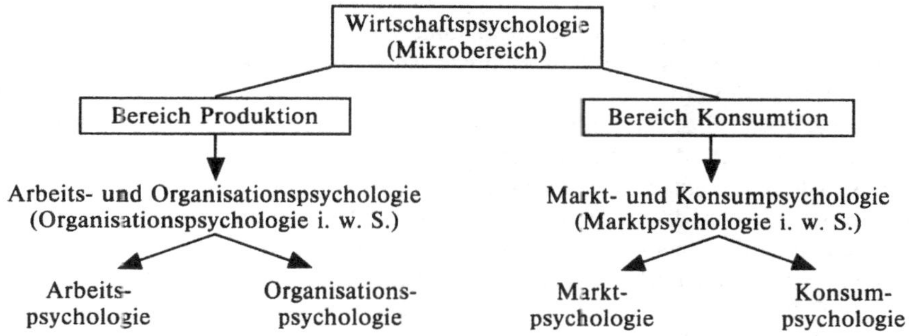

Abb. 33: Mikrobereiche der Wirtschaftspsychologie

2.1 Arbeits- und Organisationspsychologie

In unserem kurzen Überblick werden wir zunächst bei Aspekten menschlicher Arbeit ansetzen (Arbeitspsychologie i. e. S.) und sodann dem Umstand Rechnung tragen, dass menschliche Arbeit heute in aller Regel in betrieblichen Organisationen stattfindet (Organisationspsychologie i. e. S.). Vielfach ist diese Disziplin als „Arbeits- und Organisationspsychologie" institutionalisiert, manche Fachvertreter begründen auch die Auffassung, dass der Titel „Organisationspsychologie" als Oberbegriff zu verstehen ist, in dessen Rahmen die besondere Problematik der Arbeit in Organisationen anzusprechen sei.

2.1.1 Psychologie der Arbeit

Im Vordergrund unserer Darstellung stehen dabei weniger die handlungstheoretischen Arbeiten *(Hacker 1998)* sowie die gleichfalls eher am instrumentellen Handeln orientierten ergonomischen Untersuchungen *(Frieling/Sonntag 1986)*, sondern insbesondere die sozialpsychologischen Aspekte des Arbeitsverhaltens *(Hoyos 1974; Wiswede 1980; Neuberger 1985; Landy et al. 1989; Muchinsky 1990; Furnham 1997; Kirchler 2011; Weinert 2006; Schuler/Sonntag 2007; Nerdinger 2011)*.

2.1.1.1 Psychologie des Arbeitspersonals

Im ersten Abschnitt wollen wir kurz die verschiedenen Selektions- und Sozialisationsprozesse betrachten, die das Verhältnis zwischen Individuum und seiner Arbeit betreffen. Der Grundgedanke hierbei ist, dass Selektionsprozesse und Sozialisationseffekte ineinander greifen; auf welche Weise dies geschieht, werden wir kurz herausarbeiten. Der Bezugspunkt der Analyse ist dabei ein dreifacher: erstens die Arbeit als solche, zum Zweiten der Beruf und drittens die Organisation, in die Arbeit und Beruf meist einbezogen sind.

(1) Auswahlprozesse seitens des Individuums

Die Frage der Personalauswahl bzw. der Bewerberauslese wird meist in der Weise gestellt, dass seitens der Organisation gewisse Selektionsprozesse stattfinden, dass also eine Art Überschussangebot an Arbeitswilligen und Arbeitsfähigen bereitsteht. Das Selektionsproblem kann jedoch auch seitens des Arbeitenden gestellt werden: Welche Gesichtspunkte entscheiden darüber, wo sich P bewirbt, für welchen Beruf er sich entscheidet, welcher Organisation er beitritt und mit welchem Engagement er dort arbeitet? Eine sehr allgemeine Antwort auf diese Frage gibt die sogenannte Anreiz-Beitrags-Theorie *(March/Simon 1958)*, wonach das Individuum die im Rahmen der Arbeitstätigkeit zu leistenden Beiträge (contributions) ständig mit ihren kompensatorischen Äquivalenten, den Anreizen (inducements), vergleichen wird. Auch diese simple Austauschtheorie muss natürlich das Vergleichsniveau für Alternativen berücksichtigen; dieses wiederum ist abhängig von der jeweiligen Konstellation auf dem Personalmarkt.

Ein wichtiges Element der meisten Konzeptionen zu Auswahlprozessen im Arbeitsbereich liegt im Gedanken der Entsprechung, der Balance, des *Übereinstimmens* („fit") zwischen Merkmalen der Person und Merkmalen der Arbeitstätigkeit *(Super 1957; Super/Bohn 1970; Holland 1985, 1996)*. Dieser Grundgedanke der Übereinstimmung (person-environment-fit) wird an verschiedene Wahlbereiche herangetragen: Schulwahl, Berufswahl, Organisationswahl etc. Als prototypisch sei hier kurz die *Theorie der Berufswahl (Super/Bohn 1970)* vorgestellt, die in analoger Anwendung auch als Theorie der Organisationswahl betrachtet werden kann. Dieses Konzept beruht auf der Annahme, dass der Wählende sein berufsbezogenes *Selbstkonzept* mit den Berufsrollenbildern der in Erwägung gezogenen Berufe vergleicht und nach dem Grad der Übereinstimmung auswählt bzw. bei getroffener Wahl die Übereinstimmung anstrebt. Hierbei sind verhaltensaktive Strategien (Einwirkung auf die Berufsrolle, Anpassung des eigenen Verhaltens) ebenso denkbar wie (dissonanzmindernde) kognitive Strategien. Im Ganzen erscheint das Konzept von *Super* als spezieller Anwendungsfall der Rollentheorie (vgl. I 3), hier insbesondere bezogen auf die Dynamik zwischen *Rolle und Selbst*. Die Anwendung rollentheoretischer Konzepte bietet sich u. E. schon deshalb an, weil Arbeitsanforderungen als (berufliche) Rollenerwartungen interpretiert werden können.

Hier muss allerdings auf eine doppelte Ambiguität aufmerksam gemacht werden. Denn die Anwendung des Berufsbegriffs ist angesichts der Turbulenzen im Arbeitssektor – ausgelöst durch den technologischen Wandel – nicht sehr „stabil", und manche Beobachter sehen entsprechende Auflösungstendenzen, objektiv im Verschwimmen bisheriger Berufsbilder und subjektiv in der Entwicklung einer „Job-Mentalität", die sich von den Kristallisationskernen des Berufsverständnisses immer mehr entfernt. Zum anderen können sich die Prozesse der Berufswahl auf einem Kontinuum zwischen höchst undifferenzierten Berufs- und Tätigkeitsvorstellungen bis hin zu konkreten Berufs- und Laufbahnplänen erstrecken *(Seifert 1990)*. Genetisch gesehen ist eine Wandlung von vagen und diffusen, gleichsam abwartenden Berufsvorstellungen bis hin zu konkreten Absichten, Plänen und Entscheidungen anzunehmen, wobei der Grad der Ambiguität nach Persönlichkeitsfaktoren (z. B. Fähigkeiten, Eignung, Interessen) sowie situativen Faktoren (z. B. Familienherkunft, Schulform, „Beziehungen") variiert. Dabei finden zahlreiche Prozesse der realitätsüberprüfenden Konfrontation eigener Vorstellungen und Aspirationen mit der gegebenen Chancenstruktur statt, d. h. mit den objektiv gegebenen Wahlmöglichkeiten, die der Markt eröffnet.

Charakteristisch ist auch, dass einmal getroffene Entscheidungen den Umkreis der dann noch möglichen Handlungsspielräume einengen. Dies geschieht bereits – in allerdings noch weiten Grenzen – durch die Wahl des Schultyps, durch Entscheidungen des Schulabbruchs usw. Allerdings sollte man gewahr sein, dass es sich hier immer um „constrained choices" handelt, also um Entscheidungen in recht begrenzten Feldern, wobei insbesondere soziale Einflussfaktoren (z. B. familialer Einfluss, Gruppeneinfluss, personaler Einfluss, kommunikative Beziehungen) sowie vor allem die gegebene Arbeitsmarktsituation (z. B. Angebot von Lehrstellen, Differenzierung des Arbeitsangebots im Sinne der angestrebten Kongruenz) von Bedeutung sind.

An dieser Stelle erscheint es sinnvoll, zwischen der Thematik der Berufswahl und dem Konzept des *Wertewandels* eine Brücke zu schlagen. Wir verzeichnen hier gegenwärtig gravierende Veränderungen der Ansprüche an die Berufsarbeit *(v. Rosenstiel/Stengel 1987)*, wobei Einkommen und Aufstiegsmöglichkeiten in der Beurteilung rückläufig sind, während Kontaktmöglichkeiten, Abwechslungsreichtum und Eigenverantwortung relativ wichtiger werden.

Auch die Untersuchungen unseres Instituts *(Böde 1989)* bestätigen, dass Aspekte des Berufsinhalts (insbesondere Sinnhaftigkeit, Attraktivität, Freiräume und Verantwortung) wesentliche Motivatoren examensnaher Studenten der Wirtschafts- und Sozialwissenschaften sind und dass das Ziel eines möglichst hohen Einkommens zwar nicht als unwichtig, aber keineswegs als zentral angesehen wird (vgl. Abb. 34). Es ist von besonderem Interesse, diese „Eintrittsmotivatoren" zu kennen, weil sie wichtige Selektionsprozesse einleiten und gewissermaßen die Folie für spätere „Anspruchsglättungen" (oder auch Frustrationen) abgeben.

(2) Sozialisation und Laufbahnentwicklung

Der entwicklungspsychologische Zugang zur Berufswahlforschung ist entweder eingelagert in die allgemeine Sozialisationsforschung oder Bestandteil der Laufbahnforschung *(Super 1980* u. a.). Im Zentrum des beruflichen Entwicklungsprozesses steht auch hier wieder die Angleichung des (berufsbezogenen) Selbstkonzepts an die Berufswirklichkeit samt der interaktiven Beziehung zwischen beiden. Für die empirische Forschung ist das Konzept der *Berufswahlreife* (vocational maturity) von Bedeutung: die Fähigkeit und Bereitschaft, die erwartungsgesteuerten Aufgaben eines Berufes zu bewältigen. Freilich bestehen hier anfangs vielfach diffuse bzw. unrealistische Erwartungen (meist zu hoch gespannte Erwartungen), die dann an der „rauen" Berufswirklichkeit zurechtgestutzt werden. Erst allmählich kommt es zur Entwicklung eines festen „Laufbahnankers" (vgl. *Schein 1978* am Beispiel der Erwartungen von Managern zu Beginn ihrer Laufbahn). Diese Diskrepanz wird oftmals ausgelöst durch die „Schere" zwischen Ausbildungsniveau und tatsächlichen Berufsanforderungen und/oder durch stark empfundene Freiheit in der Ausbildungsphase und geringe Autonomie in formalisierten Organisationen, sodass das Individuum zunächst mit Reaktanz reagiert, deren Überwindung zusätzliche Anpassungsleistungen erfordert.

Ein laufbahnrelevantes Konzept ist hier die „theory of work adjustment" *(Davis/Lofquist 1984)*, die einmal auf die Korrespondenz zwischen den Arbeitsanforderungen und den individuellen Fähigkeiten sowie Bedürfnissen abhebt, zum anderen jedoch auch die Korrespondenz der Arbeitserfordernisse aus der Sicht der Organisation im Hinblick auf den Mitarbeiter thematisiert. Der erstgenannte Aspekt betrifft die Zufriedenheit des Individuums

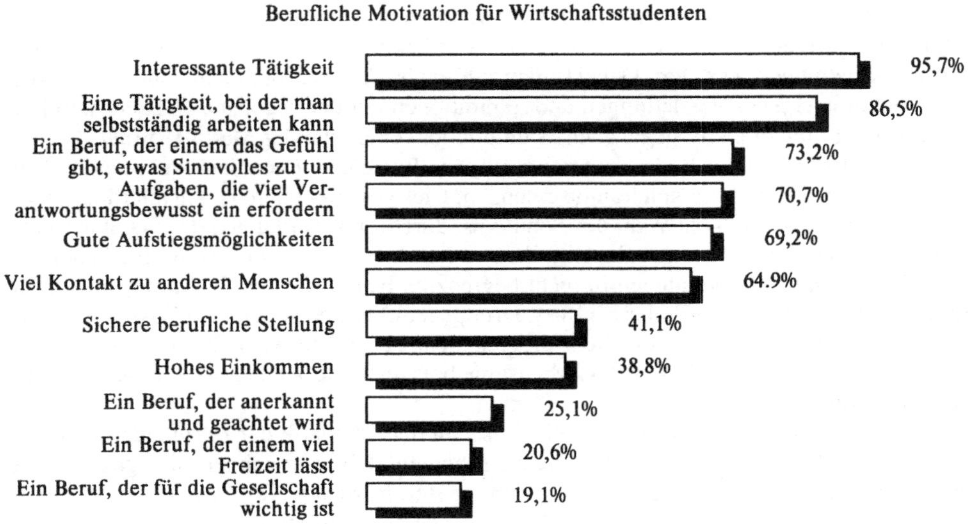

Abb. 34: Berufliche Motivatoren von Wirtschaftsstudenten (Quelle: Institut für Wirtschafts- und Sozialpsychologie, Köln)

mit der Arbeitssphäre („satisfaction"), der zweite Aspekt bestimmt dagegen die Zufriedenheit der Arbeitsumwelt mit dem Individuum („satisfactoriness"). Bezieht man „satisfactoriness" wieder auf das Individuum zurück (perzipierte „satisfactoriness"), so bestimmt sich die berufliche Zufriedenheit (evtl. auch die Verweildauer etc.) aus einer *doppelten Kontingenz* (z.B. „Meine Arbeitsumwelt ist mit mir zufrieden" und: „Ich bin mit meiner Arbeitsumwelt zufrieden").

Ein wesentlicher Teil der Laufbahnforschung befasst sich mit *Laufbahnstadien* anhand idealtypischer Verlaufsmuster. Da werden beispielsweise unterschieden: Explorationsstadium mit dem Ziel der Präferenzbildung; ein Etablierungsstadium mit zunehmender Stabilisierung und Konsolidierung; und schließlich ein Erhaltungsstadium, wobei es vorwiegend darum geht, den beruflichen Status weiter auszubauen und abzusichern. Dieses idealtypische Muster des Fortschreitens und des kontinuierlichen Ausbaus einer Berufslaufbahn gilt freilich nur für idealtypische bzw. konventionelle Laufbahnmuster, die meist nicht dem Normalfall entsprechen: Da gibt es Diskontinuitäten, die personal oder situativ bedingt sein können; da treten zahlreiche Turbulenzen auf, die durch sozialen und vor allem technologischen Wandel bedingt sind und die u. U. Mobilität im Hinblick auf mehrere Berufe nahe legen. Auch gibt es von vornherein instabile Laufbahnmuster, die für den freisetzungsgefährdeten „peripheren Arbeitssektor" typisch sind. Und schließlich suggeriert der Begriff der Laufbahn immer auch Vorstellungen von einer Karriere; soziale Wirklichkeit ist jedoch gelegentlich auch ein beruflicher Abstieg. Manche Berufsrollen implizieren keinerlei Karrierekomponente (z. B. Mitarbeiter im Außendienst), andere Berufsrollen kennen eine Aufstiegsautomatik (höchste Wahrscheinlichkeit sog. Konsequenzerwartungen), andere dagegen lediglich Aufstieg durch Leistung (oder zumindest durch attribuierte Leistung), die teilweise internal kontrolliert werden kann. Auch werden bruchlose Biographien immer seltener (vgl. *Beck 1996; Hall 1996),* sodass idealtypische Vorstellungen von Karriere und Laufbahn immer weniger die Wirklichkeit widerspiegeln, in der die ständige Umorientierung („proteanische Karriere") das Muster immer wieder durchbricht. Im Hinblick auf die Flexibilisierungstendenz werden „gebrochene" Karrieren daher immer häufiger, sodass an das Rollenlernen neue Anforderungen bezüglich Anpassung und Gestaltung gestellt werden müssen.

Die Laufbahnforschung sollte zweckmäßigerweise in den weiteren Kontext der *Sozialisationsforschung* einbezogen werden. Betrachtet man Sozialisation – das Hineinwachsen der Menschen in soziale Zusammenhänge – als lebenslangen Prozess, dann stellt sich die berufliche und/oder organisationale Sozialisation als „tertiäre Sozialisation" dar, und zwar im Gefolge der primären (durch das Elternhaus) und sekundären Sozialisation (durch „peers", Schule usw.). Da Sozialisation als *sozialer Lernprozess* interpretierbar ist, sind Theorien des sozialen Lernens, insbesondere Konzepte des Modell-Lernens sowie des Rollen-Lernens, hier von unmittelbarer Bedeutung (vgl. M 5, M 6 sowie I 4).

Betrachtet man die Einwirkungen des Arbeitsbereichs auf die Sozialisation, so müssen vorausgegangene Effekte sowie Sozialisationswirkungen außerhalb der Arbeitssphäre zumindest gedanklich voneinander getrennt werden. Denn das Individuum hat bereits vor seinem Berufseintritt durch das Elternhaus sowie durch Umgangsgruppen und durch schulische Instanzen etliche Weichenstellungen erfahren, die eine Art Ausgangssituation schaffen und auch Selektionsprozesse auslösen: ein bestimmtes Qualifikationsniveau, Ausmaß an sozialer Kompetenz, die Internalisierung bestimmter Standards, ein Grad an Leistungsmotivation, ein spezifischer Attributionsstil, ein bestimmtes Ausmaß an Handlungskompetenz und Selbstständigkeit. Diese werden im Arbeitsbereich modifiziert; dabei bleibt zunächst offen, ob bestimmte Ergebnisse „verbessert" – z. B. eine Erweiterung sozialer Kompetenz durch zusätzliche Motivierung und Entfaltung – oder „verschlechtert" werden – z. B. durch restriktive Aspekte der Kontrolle, die zu einer Demotivierung führen oder brachliegende Ressourcen nicht nutzen. Streng genommen müsste man jetzt auseinanderhalten können: *berufliche Sozialisation* (die im Wesentlichen die Prägekraft der Berufsrolle zum Gegenstand hat), *Sozialisation am Arbeitsplatz* (die im Kern auf die sozialisierende Wirkung ganz bestimmter Tätigkeiten abzielt) und einer *Sozialisation durch die Organisation* (im engeren Sinne), die ganz spezifisch den Einfluss organisationaler Strukturen auf das arbeitende Individuum betrifft. Da diese Aspekte aber stark ineinander laufen, lassen sie sich in der empirischen Forschung kaum voneinander trennen.

Zahlreiche Studien zur beruflichen und organisationalen Sozialisation verfolgen sozialkritisch-emanzipatorische Interessen; sie betonen die Auswirkung restriktiver bzw. repressiver Bedingungen am Arbeitsplatz *(Groskurth 1979; Bammé et al. 1983)* sowie formaler Zwänge moderner bürokratischer Großstrukturen *(Bosetzky et al. 2002)*. Als abhängige Variablen werden meist untersucht: die Entwicklung bestimmter Persönlichkeitstypen *(Presthus 1966)* oder die selektive Förderung bestimmter „Eigenschaften" wie Anpassung, Gehorsam usw., die einseitige Nutzung menschlicher Ressourcen sowie *Entfremdungstendenzen* wie: Erfahrung der Machtlosigkeit, Sinnentleerung der Arbeit, Partikularisierung sozialer Beziehungen (vgl. zur Entfremdungsdebatte generell: *Israel 1972*, zur sozialpsychologischen Dimension von Entfremdung: *Seeman 1961)*.

Neben diesen überwiegend sozialkritischen Analysen – die sicherlich auch ihre Berechtigung haben, jedoch meist nicht spezifizieren, unter welchen Bedingungen genau welche Persönlichkeitsdefekte auftreten – stehen empirisch gehaltvollere Untersuchungen, die insbesondere als „organisationale *Psychopathologie*" verstanden werden können *(M. Frese et al. 1978)*. Im Vordergrund dieser Untersuchungen stehen etwa:

- das Auftreten von Depressivität und *psychosomatischen* Erkrankungen (z. B. bei geringer „Unterstützung am Arbeitsplatz") bei *Holohan/Moos (1981)*;
- der Einfluss der Arbeitserfahrungen auf *Wertorientierungen* der Organisationsteilnehmer *(Hinrichs 1972 b; Brousseau/Price 1981)*;

- der Einfluss von Arbeitserfahrungen auf die Veränderung von *Kontrollüberzeugungen (Andrisani/Nestel 1976),* also auf die Fähigkeit, durch eigenes Handeln Erfolg und Misserfolg bestimmen zu können;
- die Entwicklung und Veränderung *kognitiver Fähigkeiten* aufgrund vorliegender Aufgabenkomplexität *(Kohn/Schooler 1973).*

So betonen etwa die Vertreter der sog. Handlungstheorie (vgl. K 7), dass die Arbeitsbedingungen über den Erwerb beruflicher Qualifikationen hinaus auch die kognitive Flexibilität, die Handlungskompetenz sowie die berufsbezogene Ich-Identität fördern oder hemmen können *(Hacker 1978; Großkurth 1979; Volpert 1980).* In ähnlicher Weise wirken *Kontrollüberzeugungen* (K 4) sowie die Erfahrung der *Selbstwirksamkeit* (M 6) im Sinne *Banduras (1997).* Erfolge führen zu ausgeprägteren Überzeugungen der Selbstwirksamkeit; umgekehrt vermögen Vorstellungen der Selbstwirksamkeit zielführend und ermutigend zu wirken. Generell dürfte gelten, dass Selbstwirksamkeit – vielfach als mehr oder weniger stabiler Persönlichkeitszug verstanden – in nahezu allen beruflichen Situationen Erfolg und Zufriedenheit mitbestimmt.

Aus rollentheoretischer Sicht verlangt die Anpassung an die Berufsrolle eine *selektive Stimulierung* meist relativ enger Potenziale bei gleichzeitiger Ausgrenzung anderer Potenziale *(Wiswede 1980).* Im Rahmen der beruflich-organisationalen Sozialisation werden daher im Allgemeinen sehr selektive Lernprozesse gefördert. Dies gilt mit Einschränkungen wahrscheinlich sogar für sog. anspruchsvolle und breit angelegte Berufe. Es gilt vermehrt jedoch für restriktive Arbeitsbedingungen und Arbeitsinhalte, und zahlreiche Soziologen machen diese engmaschige Arbeitsstrukturierung für eine Reihe von Folgewirkungen verantwortlich: Entfremdung, mangelnde Selbstverwirklichung, abgeblockte Lernprozesse etc. Auch die Art und Weise, wie solche restriktiven Sozialisationswirkungen im tertiären Bereich auf primäre *Sozialisationsstile der Folgegeneration* weiterwirken, ließe sich hierbei thematisieren.

Selbst wenn man die sozialkritische Dimension ausblendet, scheint immerhin festzustehen, dass Arbeitsplatzerfahrungen zu Persönlichkeitsveränderungen führen und dass diese Veränderungen umso gewichtiger ausfallen, je länger Individuen einer Organisation angehören. Allerdings sind die empirisch festgestellten Zusammenhänge oft nur gering, was mit präorganisationalen und außerorganisationalen Sozialisationsbedingungen zusammenhängen mag. Außerdem ist nicht immer klar, in welchem Ausmaß Organisationen tatsächlich sozialisierend wirken oder inwieweit *Selektionsprozesse* stattfinden, die Individuen solche Arbeitstätigkeiten wählen lassen, die ihren Neigungen (Merkmalen) entsprechen *(Greif 1978; v. Rosenstiel et al. 1995; Walsh/Osipow 1995).*

(3) Auswahlprozesse seitens der Organisation

Auswahlprozesse seitens der Organisation betreffen zunächst die Rekrutierungsphase, erstrecken sich jedoch darüber hinaus bis hin zur Leistungsbewertung und Mitarbeiterbeurteilung. Bei diesen Prozessen der Personalselektion interessiert der Mensch hier vor allem in seiner Rolle als *Leistungsträger;* auch hier erweist es sich jedoch als nützlich, den Leistungsbegriff weit zu fassen: Nicht nur Leistungsergebnisse im engeren Sinne sind von Bedeutung, sondern auch Interaktionseffekte – der Einfluss auf die Leistung anderer Personen – sowie ein möglicher Einfluss auf das Betriebsklima, die Arbeitszufriedenheit und das Konfliktgeschehen einer Organisation, Einflüsse also, die in indirekter Weise wiederum organisationsrelevante Leistungsergebnisse tangieren.

Auch im Hinblick auf die Personalauswahl seitens der Organisation war der Gedanke richtungweisend, dass zwischen den Anforderungen eines Arbeitsplatzes und der Eignung des Arbeitenden eine Art Entsprechung vorliegen müsste („fit"); in der Eignungsdiagnostik spricht man demgemäß von einer Deckung zwischen *Anforderungsprofil* und *Eignungsprofil. French et al. (1974)* bringen zusätzlich den Aspekt der Bedürfnisentsprechung ins Spiel: Zwischen den Bedürfnissen einer Person und den Befriedigungsmöglichkeiten durch die Arbeit müsse gleichfalls eine Entsprechung vorliegen (Person-environment-fit). Insofern lässt sich das Fit-Modell auf unterschiedliche Ebenen beziehen: auf die der Bedürfnisse, des Selbstbildes, der Interessen, der Eignung etc. Im Hinblick auf Fähigkeiten und Fertigkeiten kann der „fit" natürlich auch nachträglich durch *Mitarbeiter-Training* (etwa im Rahmen systematischer Ausbildungs- und Weiterbildungsprogramme) erreicht bzw. im Rahmen der Organisationsentwicklung aufrechterhalten werden.

Lawler (1977) hat noch auf einen anderen Aspekt der Entsprechung hingewiesen, nämlich auf die Bedeutung der Abstimmung gegenseitiger *Rollenerwartungen:* einmal jener Erwartungen, die der Arbeitgeber (der Vorgesetzte, das Management) im Hinblick auf den Positionsinhaber hegt, und zum anderen solcher Erwartungen, die der Stellenbewerber bzw. Stelleninhaber im Hinblick auf Gratifikationen hat, die ihm im Verlauf der Arbeitstätigkeit zuwachsen, insbesondere Aufstiegserwartungen. Vor dem Hintergrund der Wert-Erwartungs-Theorien ist es verständlich, wenn immer wieder beobachtet wird, dass enttäuschte Erwartungen auf beiden Seiten höchst negative Folgen einleiten: auf der Seite des Managements die sich ausbreitende Überzeugung, eine evtl. Fehlbesetzung vorgenommen zu haben – mit allen ökonomischen und sozialen Kosten, die dann anfallen –, und auf Seiten des Arbeitnehmers zunehmende De-Motivierung mit dem möglichen Endeffekt einer „inneren Kündigung" (vgl. Kap. 2.1.1.3).

Die *Eintrittsphase* (organizational entry) ist hier von besonderer Sensibilität (vgl. *Kieser et al. 1990; Wanous 1992; Furnham 1992)*. Die entsprechende Vorinformation sowie antizipatorische Sozialisation können hier einen Praxisschock *(v. Rosenstiel et al. 1998)* abschwächen. Insofern ist es in dieser kritischen ersten Phase wichtig, sich zurechtzufinden und durch die Mitarbeiter akzeptiert zu werden. Dabei ist vor allem die soziale Unterstützung durch Kollegen und Vorgesetzte von Bedeutung, eventuell auch in Form einer „Patenschaft". *Wanous* unterscheidet vier Phasen:

- Konfrontation mit der Organisationsrealität und deren Akzeptieren,
- allmähliches Gewinnen von Rollenklarheit,
- sich selbst verorten in der Organisation,
- sichtbare Zeichen der gelungenen Sozialisation setzen.

Für diese Phasen ist „fit" ein Prozess, in dem sich Erwartung und Realität einander angleichen müssen.

Die Problematik enttäuschter Erwartungen gab *Wanous (1980, 1992)* Anlass zu der Frage, ob es sinnvoll ist, Bewerbern eine möglichst *realistische Tätigkeitsvorausschau* (realistic job preview = RJP) zu bieten. Sicherlich kann man damit geeignete Bewerber auch abschrecken, indem diese sich vermeintlich attraktiveren Arbeitsplätzen zuwenden. Andererseits ist jedoch belegt *(Premack/Wanous 1985; Saks 1989)*, dass durch die Anwendung der RJP nicht nur eine generelle Erwartungssenkung eintritt, sondern auch eine bessere Übereinstimmung zwischen individuellen Bedürfnissen und organisationalen Merkmalen. Durch die hierbei erzielbare größere Rollenklarheit dürften auch Diskrepanzen zwischen beruflichen Rollenanforderungen und Selbstbild bereits im Vorfeld ausgeräumt werden können. Nach dem Prinzip der zweiseitigen Information *(McGuire 1962)*, wonach neben Vorteilen auch Nachteile und negative Aspekte einer Alternative herausgestellt werden, erhöht diese Strategie einmal die Glaubwürdigkeit des Anwerbers (der das Einstellungsgespräch führt), wirkt andererseits auch als Impfung gegenüber unrealistischen Erwartungen, die gleichfalls bereits im Vorfeld gedämpft werden.

Insbesondere für die Mitarbeiter auf höheren Ebenen ist es üblich geworden, Selektionsprozesse systematischer und objektivierbarer zu gestalten, indem *eignungsdiagnostische Verfahren* zur Anwendung gelangen. Im Vordergrund stehen Leistungstests, in höheren Ebenen der Hierarchie jedoch zusätzlich auch Persönlichkeitstests, da insbesondere für Führungspositionen auch Persönlichkeitsmerkmale (z. B. Frustrationstoleranz, soziale Intelligenz, kognitive Komplexität) relevant erscheinen, die zumindest indirekt natürlich wieder mit Leistungsaspekten zu tun haben (vgl. allgemein zur Testpsychologie *Lienert 1969;* speziell zur Eignungsdiagnostik: *Jäger 1970; Triebe/Ulich 1977; Schuler 1996).* Besonderes Augenmerk gilt hier der Findung relevanter Kriterien (Kriterienproblem) sowie der Entwicklung geeigneter Selektionsmodelle (Selektionsproblem). Dies ist Gegenstand eignungsdiagnostischer Bemühungen um möglichst valide Testverfahren, in denen neuerdings die *Situationsdiagnostik* einen besonderen Stellenwert erlangt hat. Statt einer Fixierung auf inhärente „Eigenschaften" von Individuen gerät dadurch die Verflechtung von Person und Situation wieder stärker ins Blickfeld.

(4) Assessment-Center

Ein solcher Versuch, relevante Persönlichkeitsmerkmale („Eigenschaften") vor dem Hintergrund verschiedener situativer Erfordernisse zu diagnostizieren, ist das Assessment-Center. Hierbei handelt es sich um ein Verfahren, in dem mehrere Bewerber – oft mehrere Tage lang – mit unterschiedlichen Tests konfrontiert werden. Die Aufgabenstellungen sind mit entsprechenden Situationen verknüpft, deren Simulation in etwa den Realitätsanforderungen nahe kommen soll. Dabei werden zur Erhöhung der Reliabilität mehrere Beurteiler eingesetzt, die sich in ihrer Gesamtbewertung in verschiedenen Merkmalsdimensionen (z. B. Stress-Resistenz, Zielflexibilität, soziale Kompetenz, Kreativität) abzustimmen haben *(Schuler/Stehle 1992; Lattmann 1989).* Die hierbei eingesetzten Techniken sind u. a. die folgenden:

- ausgedehnte Interviews,
- mehrstufige Bearbeitung eines „Postkorbs",
- eine simulierte Fabrikationsaufgabe,
- eine führerlose Gruppendiskussion,
- projektive Tests (z. B. Satzergänzungsverfahren),
- Intelligenztests,
- ein biographischer Fragebogen, in dem die soziale Vergangenheit des Individuums ausgeleuchtet wird,
- Formen der Selbstbeschreibung.

In der Literatur werden durchschnittliche Validitätswerte (prognostische Validität; hier: Voraussagewert des tatsächlichen Erfolgs zu einem späteren Zeitpunkt) von .40 ermittelt. Dies ist immerhin doppelt so hoch als bei den üblichen eignungsdiagnostischen Verfahren. Allerdings ist unmittelbar einleuchtend, dass die Bündelung verschiedenster Verfahren in einem entsprechend aufwändigen multiplen Gesamtbeurteilungsprozess zwangsläufig zu besseren Validitätskoeffizienten führen muss. *Thornton et al. (1992)* berichten allerdings bei der Durchsicht von 50 Einzelstudien über eine weite Streuung der Werte (-.25 bis +.78), was wiederum einige Zweifel aufkommen lässt. Ein möglicher Aspekt dieser Streuung besteht darin, dass die zum Zeitpunkt der Einstellung (t_1) relevanten Situationen im Laufe der Karriereentwicklung wechseln, sodass zum Zeitpunkt $t_2 \dots t_n$ ganz andere situative Anforderungen bestehen.

Die wissenschaftliche (und praktische) Beurteilung des Assessment-Centers schwankt zwischen einer gewissen Euphorie (z. B. bei *Schuler)* und einer überwiegend kritisch-negativen Einschätzung (z. B. bei *Neuberger).* Dass das Verfahren relativ theorielos im luftleeren Raum steht, wird den Praktiker (der einzig daran interessiert ist, dass es funktioniert) nicht weiter stören. Für den Wissenschaftler ist es jedoch unbefriedigend, wenn einzig darauf verwiesen wird, dass P x S-Konzepte (die die „Interaktion" zwischen Person- und Situationsvariablen thematisieren) hierbei Pate gestanden haben. Ebenso scheint die Kombination von Verfahren, die aus unterschiedlichsten Bereichen mit jeweils ganz verschiedenem theoretischen Hintergrund stammen, außerordentlich problematisch. Auch ist das Zusammenwerfen von Auswertungen der Beurteiler zu einer Gesamtbeurteilung insbesondere bei weiter Streuung psychologisch nicht immer sinnvoll. Und schließlich ergeben sich mittlerweile auch die in der Testpsychologie beklagten Einübungseffekte: Wer zum dritten oder vierten Mal ein Assessment-Center durchlaufen hat, dürfte bessere Fertigkeiten im Umgang mit der situationsgerechten Bewältigung von Aufgabenstellungen haben und entsprechend (normative) Erwartungen antizipieren.

Ein ganz zentraler Einwand ist attributionstheoretischer Natur *(Neuberger 1994, 77)*. Da das Kriterium Organisationserfolg (Führungserfolg etc.) kaum mit harten Daten gemessen wird, sondern auch wieder nur über Beurteilungen, kann man verkürzt sagen: Beurteilungen (im Assessment-Center) werden mit Beurteilungen (zum Zeitpunkt t_2) verglichen. Zwar sind dies in aller Regel nicht dieselben Beurteiler, vermutlich aber solche, die nach den gleichen Kriterien einschätzen, die auch beim Assessment-Center die entscheidenden Auswahlkriterien waren. Von hier aus ergeben sich zwangsläufig gewisse Wahrscheinlichkeiten, dass die Urteile übereinstimmen werden. Relativ hohe Koeffizienten für prognostische Validität könnten daher (zum Teil) Ergebnis eines gleichgerichteten Attributionsverfahrens sein.

(5) Beurteilung von Mitarbeitern

Prozesse der Mitarbeiterbeurteilung erfolgen mehr oder weniger systematisch; Kriterium ist auch hier die Einbettung der jeweils angewandten Verfahren in Konzepte der *Personalentwicklung* oder das Verständnis dieser Methoden als Teil des *Personalinformationssystems*. Beurteilungsprozesse sind ferner in unterschiedlichem Maße objektiviert, in einigen (häufiger auftretenden) Fällen auch durch die Mithilfe eines Organisationspsychologen wissenschaftlich begründet (vgl. zur Gesamtthematik: *Brandstätter 1970; Schuler 1972, 1978* sowie *Schuler/Stehle 1987)*. Die Ziele der Mitarbeiterbeurteilung sind im Allgemeinen: Grundlagen für Personalentscheidungen, insbesondere Beförderungen oder Umbesetzungen, Strategien für *Ausbildung* und Weiterbildung sowie die individuelle Förderung von Mitarbeitern, *Effizienzkontrolle* für beide Seiten: Arbeitgeber können effizientere Selektionsprozesse einleiten; Arbeitnehmer erfahren etwas über Erfolg/Misserfolg ihrer Tätigkeit, zumindest in den Augen der Beurteiler.

Es ist klar, dass einer validen Einschätzung von Mitarbeitern und deren Leistung eine Menge von Problemen erwachsen. Ein erstes Problem besteht in der Erarbeitung von Effizienzkriterien, die dann als *Beurteilungskriterien* an den Mitarbeiter herangetragen werden. Dies kann – insbesondere bei höheren Positionen, deren Rolleninhalte oft nur diffus beschrieben werden können – schon bei den Leistungskriterien schwierig sein, besonders problematisch bei den Aspekten, die über die direkten Leistungsaspekte hinausgehen (z. B. Einwirkung auf das Verhalten anderer, Beitrag zum Betriebsklima etc.). Ein zweiter Problembereich ist die *Beurteilungsmessung*. Bekanntlich erfolgt die soziale Urteilsbildung im Licht typischer Urteilstendenzen, z. B. mangelnder Differenzierung, der sog. „Beschönigungstendenz", und unterliegt ferner dem Filter bestimmter Erwartungen, Einstellungen, Vorurteile und Vorinformationen. Auch die Verfügbarkeit von Beurteilungskonzepten und Beurteilungsschemata im „kognitiven Raum" des Beurteilenden ist von Relevanz. Schließlich steht der Beurteilende selbst im Rahmen einer Interaktionsbeziehung mit dem Betroffenen, sodass leistungsfremde Aspekte (Sympathie/Antipathie, Interaktionserfahrungen etc.) in den Beurteilungsprozess eingehen. Ein dritter Problembereich hängt mit der tendenziösen

Urteilsbildung zusammen: die Frage der *Zuschreibung* von Ursachen und Verantwortlichkeit. Eine erste Orientierung gibt das *Weiner*-Schema (vgl. K 3): Konsequenzen, die man aus einer Beurteilung zieht, werden andere sein, wenn sie der Person oder der Situation angelastet werden resp. wenn sie als stabil (z. B. „dauerhaft unfähig"), variabel (z. B. „vorübergehend krank") oder spezifisch (z. B. „nur für diese Aufgabe ungeeignet") attribuiert werden. Beurteilungsverfahren, die wissenschaftlichen Maßstäben genügen, müssen sich also mit diesen Problemfeldern auseinander setzen (vgl. für einen Überblick über solche Techniken: *Brandstätter 1970).*

Ein angestrebter positiver Nebeneffekt für den Beurteilten ist dessen „Validierung" von Effizienz (im Lichte der Beurteilenden), insofern ein vor allem auch aus lernpsychologischer Sicht höchst erwünschtes Resultat: Es trägt zur Kontingenz zwischen Verhalten und Ergebnis bei, d. h., die Beurteilung ist ein *Rückkoppelungsprozess,* durch den erwünschtes Verhalten u. U. verstärkt, unerwünschtes jedoch abgeschwächt werden kann. Wichtig ist dabei, dass der Beurteilte nicht nur das Ergebnis der Beurteilung akzeptiert – abweichende Attributionen liegen nahe –, sondern auch das Beurteilungssystem. Insofern ist die Frage der *Akzeptanz* des Verfahrens von Bedeutung, wenn das gesamte Beurteilungssystem die gewünschten Verstärkungseffekte haben soll.

Andererseits sind die *latenten Funktionen (Grunow 1976)* der Beurteilung durchaus zwiespältig zu sehen: Sie liegen etwa in der Verschärfung von Kontrolle und wirken damit als Disziplinierungs- und Sanktionierungsinstrumente, die Reaktanzen und Ängste auslösen können. Die unbeabsichtigten Nebenwirkungen – wie: Belastung von sozialen Beziehungen im Sinne einer „Verkrampfung", Beunruhigung von Mitarbeitern, Verschärfung von Hierarchien im Sinne stärkerer Abhängigkeit, Förderung größerer Fügsamkeit statt innerer Akzeptanz, demonstratives Arbeitsverhalten, das lediglich auf beurteilungsrelevante Sichtbarkeit abstellt usw. – sind u. U. so gravierend, dass Zweifel an der bisherigen Praxis von Beurteilungsverfahren angebracht sind. Von hier aus sind Überlegungen am Platz, ob nicht durch gezielte Verstärkung (im lerntheoretischen Sinne) Verhaltensänderungen in die gewünschte Richtung eher erzielt werden können. *Wexley* und *Yukl (1975)* weisen in diesem Sinne darauf hin, dass in einem geplanten „management by reinforcement" wohl die beste Beurteilungskonsequenz liegt *(Luthans/Kreitner 1985; v. Rosenstiel 1992).*

(6) Personalentwicklung und Training

Im weitesten Sinn umfasst Personalentwicklung *alle Lernprozesse* des Individuums in Organisationen, also auch seine Sozialisationserfahrungen (s. hierzu den Abschnitt 2 dieses Kapitels). In engerer Auslegung wird das Konzept PE in *edukativem* Sinn verwendet; es umfasst dann alle betriebsinternen und -externen Maßnahmen, bestimmte Entwicklungsprozesse bei Mitarbeitern einzuleiten und systematisch zu verfolgen *(Sonntag 1989; Weinert 2006; Neuberger 1991).* Übergänge zur Organisationsentwicklung sind dabei fließend (vgl. 2.1.2.6).

Hinsichtlich solcher Maßnahmen sind gewisse *Vorfragen* zu klären. Das Konzept PE erfolgt meist nicht aus der Sicht des Individuums, sondern aus der des Unternehmens: Solche Lernprozesse stehen im Vordergrund, die für die Organisation funktional sind (oder für funktional gehalten werden). Jede Evaluation von PE-Maßnahmen steht daher zunächst vor der Frage, welche genauen Zielsetzungen eigentlich verfolgt werden sollen. Anpassung? Qualifizierung? Leistungssteigerung? Persönlichkeitsentfaltung? Häufig besteht auch die Ansicht, dass die Erhöhung der personalen Effizienz globale Entwicklungsmöglichkeiten eröffnet: Mehr Leistung erhöhe das Erfolgserlebnis, die intrinsische Motivation, die Erfolgszuversicht, das Gefühl internaler Kontrolle, Selbstverwirklichung, Persönlichkeitsentfaltung und Zufriedenheit. Diese Wirkungskette, die wir in etwas veränderter Gestalt auch in den sogenannten Handlungstheorien finden (vgl. nächstes Kapitel), ist manchmal zu optimistisch. Leistungssteigerung kann unter bestimmten Bedingungen durchaus negativ wirken: z. B. stressfördernd, einseitig belastend, angstauslösend, gesundheitsabträglich usw. Auch dürfte sich zeigen, dass hinsichtlich einiger Trainingsprogramme Zielkonflikte auftreten. Evaluationsstudien müssen also genauer präzisieren, welche Wirkungen in Bezug auf intendierte (und nicht intendierte) Ziele auftreten.

In einem gerafften Überblick wollen wir folgende Trainingsmaßnahmen ansprechen, wobei wir zugleich Bezüge zu theoretischen Positionen herstellen:

- Fertigkeitstraining,
- Wissenstraining,
- Leistungstraining,
- Attributionstraining,
- Persönlichkeitstraining,
- Belastungstraining,
- Führungstraining,
- Gruppentraining.

Fertigkeitstraining besteht meist in der Einübung motorischer Fähigkeiten. Ausgangspunkt sind häufig tayloristische Ansätze (Fragmentierung und Neustrukturierung von Arbeitsvollzügen), sodass vor allem quantitative Aspekte der Leistung angesprochen werden. Werden motorische Anforderungen umfangreich, so sind kognitive Leistungen in stärkerem Maße einzubringen. Da tayloristische Entwicklungen zum Teil rückläufig sind – *Kern/Schumann (1984)* sprechen vom „Ende der Arbeitsteilung“ – und die Fertigung kompletter Aufgabeneinheiten („lean production“) mit der Übernahme der Verantwortung für längere Handlungssequenzen stärkere Beachtung findet, dürften neben den üblichen Modellvorstellungen im Hinblick auf den Erwerb motorischer Fähigkeiten auch handlungstheoretische Aspekte (vgl. K 7 sowie den nächsten Abschnitt) von Bedeutung sein.

Wissenstraining konzentriert sich eher auf die kognitive Erweiterung berufsspezifischer Aspekte. Sie bildet den Kern aller Maßnahmen zur Ausbildung, Weiterbildung und Fortbildung. Die fachlichen Ziele richten sich hierbei vor allem auf Verkaufstraining, Sprachbeherrschung, kaufmännisches und technisches Wissen, Informationstechnik, Anpassungsfortbildung an neue Techniken und Datenverarbeitung. Gerade der letztgenannte Aspekt bildet gegenwärtig einen bedeutenden Schwerpunkt. Da der Erwerb von Wissensinhalten von Lernprozessen abhängt, bilden lerntheoretische Überlegungen (M 5) hier eine wichtige Stütze. Insbesondere macht die Konzeption der „Programmierten Unterweisung“ *(Corell 1968)* von solchen Überlegungen, die an *Skinner* anknüpfen, Gebrauch.

Leistungstraining: Hier steht die Förderung der Leistungsmotivation im Vordergrund (vgl. M 4). Dazu gehören vor allem Bemühungen, die „Hoffnung auf Erfolg“ (im Sinne der LM-Theorie) zu verstärken und die „Furcht vor Misserfolg“ abzubauen. *McClelland (1966)* hat Anregungen formuliert, in welcher Weise das Konzept der LM im Rahmen von Trainingsprogrammen genutzt werden kann. Hier geht es in erster Linie um leistungsbezogenes Assoziationstraining, um soziale Verstärkung von leistungsbezogenen Aktivitäten sowie um die Weckung von Erfolgszuversicht. Wichtig sind vor allem auch die Realisierbarkeit einer Leistungsaufgabe (die ja den Anreizwert einer Aufgabe mitbestimmt) und die Setzung von Teil- und Zwischenzielen bei gleichzeitiger Analyse möglicher Hindernisse und Schranken.

Attributionstraining: Die Weckung von Erfolgszuversicht ist insbesondere dadurch möglich, dass Individuen Leistungsergebnisse in einer bestimmten Weise attribuieren (vgl. K 3). Attribuiert eine Person ihren Erfolg/Misserfolg auf internale Ursachen, so werden affektive Reaktionen stärker beeinflusst. Schreibt eine Person ihren Erfolg/Misserfolg hingegen stabilen Ursachen zu, so werden kognitive Zielvorstellungen (insbesondere Erwartungen) in stärkerem Maße tangiert. Das Attributionstraining versucht, der Entwicklung und Stabilisierung solcher Attributionsmuster gegenzusteuern, die leistungsabträglich sind *(Heckhausen/Heckhausen 2009)*. Gelingt es, Trainingspersonen internale Kontrollüberzeugungen (im Sinne von *Rotter* und *Weiner)* zu vermitteln sowie Lageorientierungen zugunsten einer Handlungsorientierung (im Sinne von *Kuhl)* zu durchbrechen, geht mit einem solchen Training auch eine Veränderung innerhalb der Persönlichkeitsstruktur einher.

Persönlichkeitstraining: In dem Maße, in dem bestimmte Trainingsinhalte auch Persönlichkeitsveränderungen hervorrufen (z. B. in Richtung „internals", im Hinblick auf die Entwicklung „höherer" Motivationsformen, zur Stabilisierung der „Handlungsorientierung" oder in die Richtung des „Erfolgssuchers") können diese Vorgehensweisen auch unter dem Aspekt des Persönlichkeitstrainings gesehen werden. Ein häufig genannter Schwerpunkt ist überdies der Aufbau von Selbstvertrauen und selbstsicherem Verhalten. Dieses Ziel der Selbstsicherheit ist zweifellos mit einer starken Kontingenzkontrolle verbunden. Die Praxis geht zunächst von einer Ist-Analyse des gegenwärtigen Verhaltens aus, um sodann die Möglichkeit alternativer Verhaltensweisen (mit entsprechender Kontingenzkontrolle) anzupeilen. Weitgehend inhaltsleer bleibt dagegen die Forderung, durch Trainingsmaßnahmen zur Selbstverwirklichung (sensu *Maslow)* zu gelangen. Hier wird man ohne Bezugnahme auf ein ganz konkretes (humanistisches?) Menschenbild wohl nicht auskommen.

Belastungstraining: Hier werden unmittelbare Bezüge zur Stressforschung hergestellt (vgl. Kap. 2.1.1.5). Von besonderer Bedeutung sind hier solche Trainingsinhalte, die den Mitarbeiter so qualifizieren, dass er erhöhte Kontrolle über seine Arbeitssituation gewinnt (Stresskontrolle) und auf diese Weise eine gewisse Stressresistenz entwickelt *(Semmer/Pfäfflin 1978; Frese 1977)*. Einem individuell ausgerichteten Training könnte hier ein sozial akzentuiertes Programm an die Seite gestellt werden, das auf den Abbau von Stress durch die Einbettung in die soziale Gruppe und deren emotionale Stützung gerichtet ist. Auch das bereits genannte Selbstsicherheitstraining weist Bezüge zur Belastbarkeit auf.

Führungstraining: Hier werden bestimmte Führungskonzepte im Rahmen des Trainings umgesetzt. Über solche Konzepte – meist programmatische Einweisungen zur Änderung eines Führungsstils – werden wir im Kapitel 2.2.4 eingehender berichten. Trainingsprogramme im Führungsbereich folgen meist sehr schlichten „Theorien" (z. B. managerial grid) oder situativen Konzepten, die das Gespür für jeweils unterschiedliche Führungssituationen entwickeln sollen (vgl. zusammenfassend: *Neuberger 1994)*.

Gruppentraining: Zweck dieses Trainings ist die Verbesserung der Kommunikation in Gruppen, mit dem dahinter stehenden Ziel einer besseren Nutzung des Gruppenvorteils. Dazu gehören vor allem die Förderung der sozialen Sensibilität, die Bereitschaft zu kooperativen Verhaltensweisen, die Fähigkeit zur Teamarbeit sowie die Wahrnehmungsfähigkeit gegenüber gruppendynamischen Konstellationen und Prozessen. Eine besonders häufig angewandte Form prozessorientierten Trainings ist das „Sensitivity-Training" *(Hinrichs 1976; Antons 1996)*, bei dem in unstrukturierten Situationen alle aktuellen Probleme („hier und jetzt") auch im persönlichen Bereich einbezogen werden, was allerdings die zwischenmenschlichen Beziehungen manchmal auf eine erhebliche Belastungsprobe stellt. Konzeptionell weiter reichende Trainingsprogramme betreffen die Nutzung besonderer Produktivitätsvorteile der Gruppenarbeit (vgl. 2.1.2.2) etwa im Rahmen bestimmter Managementsysteme, z. B. des „Partizipativen Produktivitätsmanagements" *(Pritchard 1990)*. Dieses PPM beruht auf der Nutzung von Handlungsspielräumen und Partizipation, verknüpft mit möglichst fundierten Rückmeldungsprozessen. Auch solche Systeme bedürfen der Einübung, zumal eine Leitstelle (der Meister, der Chef im herkömmlichen Sinne) als entbehrlich betrachtet wird. Ob dabei tatsächlich Produktivitätsvorteile genutzt werden können, ist von bestimmten Voraussetzungen der Organisationsstruktur sowie der Charakteristik der Gruppenmitglieder abhängig.

Fragen wir nun nach der *Evaluation solcher Trainingsprogramme*. Für rein fachliche Fort- und Weiterbildungsmaßnahmen sind die diesbezüglichen Probleme leichter lösbar als bei den anderen Trainingszielen. Die meisten Studien liegen hier zum Führungstraining und zum gruppendynamischen Training vor. *Back (1972)* und *Neuberger (1991)* gelangen zu einer eher skeptisch-differenzierten Beurteilung, während neuere Metaanalysen von Evaluationsstudien *(Guzzo et al. 1985; Neuman et al. 1989)* optimistischere Perspektiven eröffnen *(Holling/Liepmann 1993)*. Eine endgültige Klärung wird vor allem dadurch erschwert, dass zahlreiche Dritt-Variablen auf die mögliche Effizienz/Nicht-Effizienz einwirken, die schlecht zu kontrollieren sind (vgl. *Moser 1993b)*. Insbesondere scheinen solche Trainingsverfahren wirksam zu sein, die eine Verhaltensmodifikation mit Hilfe des Modell-Lernens (vgl. M 6) anstreben *(Luthans et al. 1983; Gebert/von Rosenstiel 1992)*.

In diesem Zusammenhang ist darauf zu verweisen, dass alle Kriterien für den Erfolg von PE-Maßnahmen zu kurz greifen, die den *Transfer* der Lernresultate nicht mit einbeziehen. *Baldwin/Ford (1988)* legen eine umfassende Studie zum Transferverhalten unter Bezug auf verschiedene lerntheoretische Prinzipien vor. Sie differenzieren zwischen Input- und Output-Variablen, soweit sie einen direkten oder indirekten Einfluss auf erfolgreichen/erfolglosen Transfer ausüben. Danach wird ein Transfer in die Praxis dann erleichtert, wenn

- zwischen Lern- und Realsituation identische Stimulus- und Response-Elemente bestehen;
- nicht spezifische, sondern allgemeinere Prinzipien oder Regeln vermittelt werden;
- eine Vielzahl unterschiedlicher Trainingselemente (Stimulus-Variabilität) eingesetzt wird (typisch vor allem beim Modell-Lernen);
- verteilt (anstatt massiert) gelernt wird und entsprechendes Feedback erfolgt.

Lerntheoretisch gilt ferner, dass bleibende Lernresultate wohl auch nur zu erwarten sind, wenn die *Konsequenzen* im Praxisbereich positiv ausfallen (oder zumindest die feste Erwartung besteht, dass sie in einer absehbaren Zeit belohnender sind als das Verhalten, das vor der Trainingssituation bestand).

2.1.1.2 Psychologie der Arbeitsgestaltung

Im Rahmen der Industriesoziologie *(Schmidt et al. 1982; Lutz/Schmidt 1977)* sowie der Arbeitssoziologie *(Fürstenberg 1977; Kutsch/Wiswede 1986)* sind die Struktur sowie die Strukturierung menschlicher Arbeit verschiedentlich Gegenstand der Forschung gewesen, sei es im Hinblick auf systembildende und systemverändernde Faktoren oder sei es im Hinblick auf das Verhalten und das Bewusstsein von Industriearbeitern *(Kudera et al. 1979)*. Unsere folgende Diskussion wird diese soziologische Dimension weitgehend ausklammern und lediglich eine kurze Betrachtung über den Stellenwert der Arbeitsteilung vorschalten, die für die psychologische Verfolgung von strukturabhängigen Verhaltensweisen unerlässlich ist. Danach werden wir kurz auf „neue Formen der Arbeitsgestaltung" eingehen, wie sie in arbeitspsychologischen Studien diskutiert werden (vgl. für einen Überblick: *Ulich 1993, 1994)*.

(1) Partikularisierung der Arbeit

Die wohl wichtigste Entwicklungstendenz im Arbeitssektor ist in einem sehr weiten Sinne mit dem Begriff der *Arbeitsteilung* umrissen. Arbeitsteilung ist in den globaleren gesellschaftlichen Prozess der Rollendifferenzierung in der Weise eingewoben, dass sie als Form einer spezifischen Rollendifferenzierung, nämlich auf der Basis einer rational orientierten produktiven Aktivität, in Erscheinung tritt. Der neuzeitliche Aspekt der Arbeitsteilung ist am sinnfälligsten am Programm des „scientific management" bzw. des Taylorismus abzulesen. War das Prinzip der Teilung vormals auf die natürliche Gliederung des Prozesses bezogen, so wird nunmehr der gesamte Ablauf im Wortsinne des „Zersetzens" analysiert, rechnerisch in seine Teile aufgelöst, in kleinste Einheiten atomisiert und konstruktiv wieder künstlich zusammengesetzt, sodass – zumindest aus technologischer Perspektive – ein Optimum an Effektivität erreicht wird. Die von *Friedmann (1952)* und vielen anderen herausgestellte Trennung von Planungs-, Fertigungs- und Kontrollprozessen sowie die Trennung von Denken und Ausführen, eine Trennung von Kopfarbeit und Handarbeit, sind der Ausgangspunkt für viele Analysen möglicher negativer Auswirkungen auf die Entwicklung der Arbeitsmotivation und der Arbeitszufriedenheit mit der möglichen Folge der *Arbeitsentfremdung*. Als globale Auswirkung immer weitergehender Arbeitsfragmentierung werden restriktive Sozialisationserfahrungen ausgemacht, die das Individuum in seiner Persönlichkeitsentfaltung eher behindern als fördern. Insofern ist gerade die Überwindung der Partikularisierung und Fragmentierung von Arbeit auch das zentrale Anliegen humanistischer Bemühungen um eine Änderung struktureller Vorgaben. Diese Bestrebungen werden unterstützt durch neuere Beobachtungen *(Kern/Schumann 1984)*, wonach gewichtige *Gegentendenzen zur Arbeitsteilung* sichtbar werden, und dies nicht nur als Folge neuerer Bemühungen um eine Humanisierung der Arbeitswelt, sondern als empirisch auszumachende Tendenz, die ganz offenbar auch mit *Effizienzgrenzen* der Arbeitsteilung zu tun hat.

Insofern gibt es also offenbar *Gegentendenzen*, auch ambivalente Entwicklungen, die den Trend zu weiterer Partikularisierung von Arbeit relativieren. Das Prinzip ungebremster Massenproduktion wird heute schon weitgehend abgelöst durch verstärkt individualisierte Produktion und flexible Spezialisierung. Arbeitsteilung wird konterkariert durch Tendenzen zur Systemisierung, Ganzheitlichkeit, Aufgabenintegration und Funktionsverschmelzung. Starre Strukturen mit ihren angeblichen Formalisierungsvorteilen werden zusehens flexibilisiert, sei es aufgrund marktlicher Anpassungsnotwendigkeiten oder sei es aufgrund neuer Elastizitätserfordernisse. Hinzu kommt jener Trend zur *informellen Arbeit*, insbesondere im innerhäuslichen und schattenwirtschaftlichen Bereich, den wir bereits an früherer Stelle angesprochen hatten: die Auslagerung einiger Aktivitäten vom betrieblichen in den privaten Bereich – hier losgelöst von organisationalen Regelungszwängen. Viele Sozialwissenschaftler sehen hier eine ständig weiter wachsende Gegenwelt zur formellen Arbeit, da die Beharrungskräfte erstarrter Strukturen offenbar nicht (oder noch nicht?) in der Lage sind, die durch den Wertewandel eingeleiteten Ansprüche an Entfaltungsmöglichkeiten im Arbeitsbereich zu absorbieren.

(2) Regulierung der Arbeitstätigkeit

Als zwei prototypische Ansätze, die Wirkung objektiver *Aufgabenbedingungen* psychologisch zu betrachten, werden kurz die auch heute noch diskutierten Konzepte von *Hackman (1969)* und *Hacker (1978, 1986)* dargestellt.

Hackman bezeichnet die vom Arbeitenden perzipierten/kognizierten Antezedenz-Bedingungen als „Re-Definitionen", die – nach entsprechenden Hypothesen – den eigentlichen Arbeitsprozess auslösen. Dieser Prozess wird vor dem Hintergrund spezifischer konstanter und variabler Persönlichkeitsfaktoren gesehen (Abb. 35).

Theoretisch anspruchsvoller, in der Zielrichtung jedoch ähnlich, versucht die handlungstheoretische Forschung den Arbeitsvollzug mit bestimmten Arbeitsbedingungen zu verknüpfen und hierbei im Detail die Phasen der *Handlungsregulation* nachzuvollziehen (vgl. K 7). Dabei konzentriert sich z. B. *Hacker (1978, 1986)* auf die inneren Repräsentationen bzw.

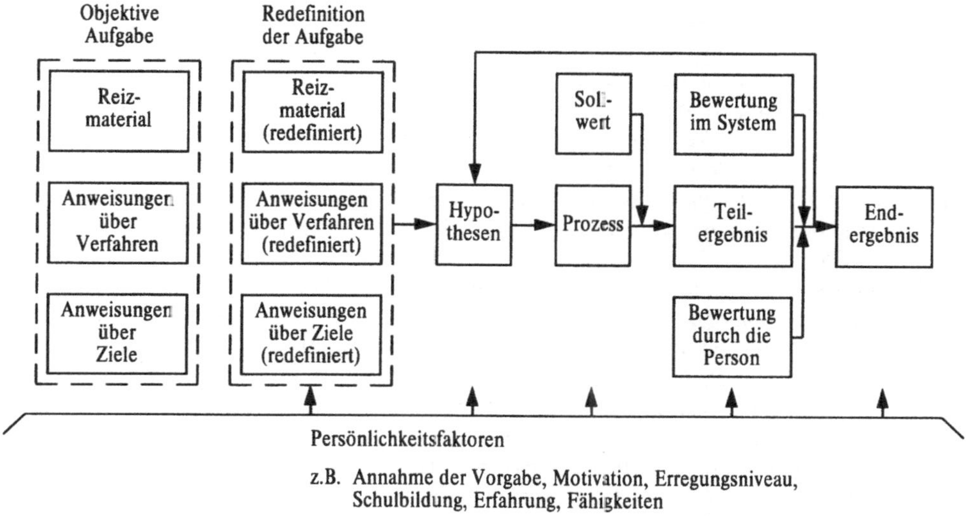

Abb. 35: Arbeitsablaufschema nach Hackman (1969)

die kognitiven Abbilder des Arbeitsprozesses durch den jeweils Betroffenen (operatives Abbildsystem), wobei zwei *regulatorische Stile* unterschieden werden: der momentane und der planende. Momentane Strategien beziehen sich ausschnitthaft lediglich auf die aktuell von außen vorgegebenen Aufgaben, die nach einem bestimmten Verfahren oder Schema zu bewältigen sind. Planende Strategien sind entsprechend weiter vorausgreifend und werden im Rahmen einer integrierten hierarchisch-sequenziellen Regulationsstruktur bewältigt, haben daher systemisch übergreifenden Charakter. (In diesem ganzheitlichen Zugriff auf die Arbeitstätigkeit unterscheidet sich die Handlungstheorie auch entscheidend von früheren ergonomischen Ansätzen.) Unter den Bedingungen der Arbeitsfragmentierung – *Hacker* spricht von Partialisierung der Arbeit – wird die Regulierung der Arbeitstätigkeit auf niedrigere Ebenen der Handlungsregulation beschränkt *(Oesterreich 1981)*.

Wir können an dieser Stelle die differenzierte Analyse des Vollzugs der Arbeitstätigkeit nicht näher verfolgen, zumal ein gewichtiger Teil der handlungstheoretischen Forschung speziell auf den Prozess der Handlungsregulation im Rahmen von Mensch-Maschine-Systemen konzentriert ist und daher die von uns bevorzugte sozialpsychologische Perspektive weniger berührt. Für die Problemstellung dieses Kapitels interessieren uns hier speziell die handlungstheoretischen Folgerungen in Bezug auf die Konsequenzen der praktischen Gestaltung von Arbeitsbedingungen. Hier sieht *Hacker* insbesondere drei Zielsetzungen:

Effektivität, wobei die Arbeitsbedingungen, die Anstrengungen und der Ausstoß miteinander in Beziehung gesetzt werden müssen,
Wohlbefinden, insbesondere Schutz vor physischen und psychischen Beeinträchtigungen,
Persönlichkeitsförderung im Sinne wachsender Handlungskompetenz und Selbstverwirklichung.

Nach *Hacker* braucht zwischen den drei Zielsetzungen kein Widerspruch zu bestehen; vielmehr wird hier ein wechselseitiges Kausalverhältnis angenommen: So setzt z. B. persönlichkeitsfördernde Arbeitsgestaltung Wohlbefinden und Leistungsmotivation frei, und umgekehrt trägt diese Leistungsbereitschaft zur Persönlichkeitsentwicklung bei.

Es ist sicherlich verdienstvoll, den Umkreis relevanter Fragestellungen zu erweitern, indem die im arbeits- und organisationspsychologischen Bereich nahe liegende Effizienzvariable relativiert wird und damit Forschung auch für die Belange der Arbeitenden und deren Persönlichkeitsentfaltung ermöglicht. Dennoch scheint uns vieles bei diesem Forschungsansatz von einigem Wunschdenken beflügelt, sodass im Prinzip die gleichen Einwände gelten, die bereits an früherer Stelle gegen die humanistische Psychologie vorgebracht wurden. Auch scheint für die zentrale Hypothese des Ansatzes, wonach zwischen Aufgabenkomplexität und Freiheitsgrad des Operierens einerseits und Handlungskompetenz sowie intellektueller Flexibilität andererseits ein Zusammenhang bestehe, die empirische Basis weitgehend zu fehlen oder zumindest durch zahlreiche Mediatorvariablen eingeschränkt zu sein (vgl. bereits die Studie von *Kohn/Schooler 1973,* in der Langzeitwirkungen der beruflichen Tätigkeit auf allgemeine Kompetenzen nicht nachgewiesen werden konnten). *Greif (1978)* führt dies vor allem auf methodische Probleme zurück, denn im Rahmen von hierbei notwendigen Längsschnittuntersuchungen müssten eine ganze Reihe situativer Variablen kontrolliert werden, die hier gleichfalls eine Rolle spielen. Schließlich dürfte es von Belang sein, welche Persönlichkeitsmerkmale die handelnden Personen aufweisen (z. B. ob sie externaler/internaler Kontrolle unterliegen). Auch sind jene Sozialisationsprozesse, die im Arbeitsprozess ablaufen, kaum strikt von denen im privaten Bereich zu trennen, gleichfalls von jenen Sozialisationserfahrungen, die die Betroffenen bereits in den Arbeitsprozess einbringen und die schon bei der Arbeits- und Berufswahl Selektionsprozesse veranlassen sowie alle weiteren Lernerfahrungen mitdeterminieren.

(3) Arbeitsstrukturierung und Handlungsspielraum

Der zentrale Gedanke humanistisch orientierter Arbeitspsychologen ist die Auflockerung starrer Strukturen und Vorgaben. In Anknüpfung an die Unterscheidung zwischen „job-enlargement" (Aufgabenerweiterung) und „job-enrichment" (Aufgabenbereicherung) hat *Ulich (1972)* ein Konzept des Handlungsspielraums entwickelt, wobei zwischen der horizontalen Dimension des Tätigkeitsspielraums (Umfang der operativen Aufgabenelemente) und einer vertikalen Dimension des Entscheidungs- und Kontrollspielraums unterschieden wird. Dieses Konzept des Handlungsspielraums wird gelegentlich um die soziale Dimension des Interaktionsspielraums erweitert *(Alioth 1980),* wobei insbesondere der Aspekt der „Enthierarchisierung" bzw. der „kollektiven Arbeitsbereicherung" angesprochen werden soll (Abb. 36).

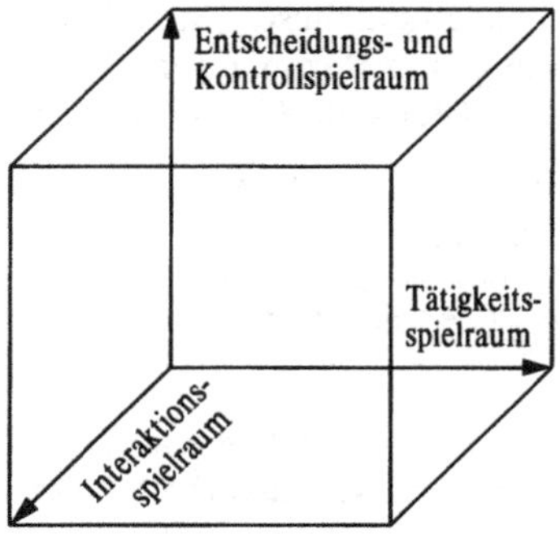

Abb. 36: Dimensionen des Handlungsspielraums nach Alioth (1980, 20)

Horizontale Arbeitsstrukturierung dürfte nur dann motivational stimulierend sein, wenn der Betroffene vorher im Zustand der Unterforderung war. Normalerweise hat die bloße Addition von als sinnlos wahrgenommenen Tätigkeiten vermutlich keine positiven Auswirkungen. Der Unterfall der „job-rotation" erweist sich – abgesehen von möglichen negativen Konsequenzen (Umlernprozesse, Anlaufschwierigkeiten, geringere Kumulation von Erfahrungen am jeweiligen Arbeitsplatz) – oftmals als günstig, um den Herausforderungscharakter von Tätigkeiten auch im Zeitablauf beizubehalten und auf bestimmte Laufbahnen vorzubereiten.

In die Richtung einer vertikalen Erweiterung gehen bereits frühere Konzepte von *Herzberg (1959)* und vielen anderen in ihrem Bemühen, Strategien des „job-enrichment" zu erarbeiten, um damit der immer weitergehenden Arbeitsfragmentierung entgegenzuwirken. Durch Verringerung von Kontrolle und Ausweitung der Verantwortlichkeit soll es nach dieser Vorstellung möglich sein, Attraktivität, Ganzheitlichkeit und Herausforderungscharakter von Arbeitsinhalten zu steigern. Dies ist auch die Kernvorstellung einer ganzen Reihe von Vorschlägen über die sogenannten „neuen Formen der Arbeitsgestaltung" *(Ulich 1973, 1991, 1993, 2001; Davis/Taylor 1972* u. v. a.). Bewusste Auflockerungstendenzen bestimmen auch das Abgehen von skalaren, rein vom Hierarchischen her gedachten Organisationsprinzipien. Ferner wird betont *(Fricke 1975; Kutsch/Wiswede 1986; Kreikebaum/Herbert 1988),* dass die Bedeutung technischer Sachgesetzlichkeiten („Systemzwänge") im Arbeitsprozess stark überschätzt werde: Es gebe keinen Grund, die technischen Bedingungen des Arbeitsprozesses als einzige und unveränderbare Determinante beruflicher Arbeit zu akzeptieren. Eine mögliche Leitlinie solcher Entwicklungen bietet z. B. die Theorie *soziotechnischer Systeme (Emery 1972* sowie *Cummings/Blumberg 1987),* die sich von einem technologischen Determinismus dadurch freizumachen versucht, dass das „soziale System" gegenüber dem „technologischen System" als weitgehend autonom angesehen wird. Dadurch werden den Interessen und Bedürfnissen der Arbeitenden wesentlich mehr Entfaltungsmöglichkeiten eingeräumt, statt ihnen lediglich Anpassungsleistungen abzufordern.

Zahlreiche Konzepte sind entworfen worden, um diesen neuen Autonomiebestrebungen Gestalt zu verleihen. Ein zentraler Ansatz war hier das Konzept der *teilautonomen Gruppen (Thorsrud/Emery 1964).* Darunter sind Kleingruppen zu verstehen, die den ihnen übertragenen Arbeitszusammenhang selbst regeln, sodass alle Aktivitäten von selbstgesetzten Normen abhängig sind. In die herkömmlichen skalaren Strukturen leichter integrierbar ist das Instrument des *Qualitätszirkels (Bungard/Wiendieck 1986):* Hierbei handelt es sich um Kleingruppenarbeit, bei der sich Personen aus einem oder mehreren Arbeitsbereichen treffen, um aufgabenbezogene Probleme zu erörtern, Lösungsvorschläge zu erarbeiten, die dann auch eigenständig realisiert werden. Ein ähnliches Instrument ist die *Lernstatt (Dunkel 1983):* Dabei geht es um ein lernorientiertes Konzept im Rahmen der Personalentwicklung, das seinerzeit vor allem durch die Problemstellung der Integration ausländischer Arbeiter in den Arbeitsprozess entstanden war, mittlerweile jedoch auch für anderweitige Integrationsprobleme eingesetzt wurde.

Über die Erfahrungen mit anspruchsvolleren Konzepten zur Arbeitsstrukturierung wird Widersprüchliches berichtet. Insbesondere bei der Einführung von teilautonomen Arbeitsgruppen war der Erfolg oft nur vorübergehend (etwa im Sinne eines Hawthorne-Effektes), was an den immanenten Problemen solcher Gruppen liegen mag oder an einer Progression des Anspruchsniveaus. Ähnliches scheint generell für Maßnahmen zur Ausweitung des Arbeitsinhaltes zu gelten, wobei euphorische Berichte über die angeblichen Vorzüge bestimmter Instrumente meist nicht in seriösen empirischen Untersuchungen gründen. Vielfach sind auch die Variablen völlig unklar formuliert.

Auf der Seite der unabhängigen Variablen müsste genauer zwischen Faktoren des Arbeitskontexts (äußere Arbeitsbedingungen) und des Arbeitsinhalts unterschieden werden; Letzteres wiederum differenziert nach Komplexität, Ganzheitlichkeit, Attraktivität, Abwechslung, Herausforderungscharakter etc. Bei den abhängigen Variablen ist wiederum an Effizienz, Motivation, Persönlichkeitsentwicklung etc. zu denken, wobei die Effekte keineswegs gleichsinnig verlaufen müssen und überdies völlig unterschiedliche Zeithorizonte implizieren können.

Außerdem zeigten schon Untersuchungen von *Blood/Hulin (1967)*, dass Arbeitsbereicherungsmaßnahmen keineswegs bei allen Betroffenen zu positiven Effekten führten, sondern lediglich bei solchen, die an den Normen des bürgerlichen Mittelstandes orientiert sind. Auch an andere relevante Variablen wäre zu denken: das Qualifikationsgefälle in der Gruppe, Persönlichkeitsmerkmale wie Attributionsstile, differenzielle Motivationslagen (z. B. Ausmaß der Leistungsmotivation) und vieles andere. Vielfach muss davon ausgegangen werden, dass Individuen Arbeitsbereicherungsmaßnahmen nicht schätzen, weil für sie Freiheit Ängste auslöst und Übertragung von Verantwortung Vermeidungsstrategien induziert. Dass hier längerfristig Lernprozesse doch zu positiven Effekten führen können, steht außer Frage; kurzatmigen Bemühungen wird allerdings vielfach kein Erfolg beschieden sein.

(4) Technikfolgen und -akzeptanz

Umstrukturierungen anderer Art werden durch die Etablierung neuer Technologien ins Leben gerufen. Dabei wird vielfach davon ausgegangen, dass die Gegenentwicklung zur Arbeitsteilung sowie die Eröffnung von Handlungsspielräumen lediglich für einen Teil der Arbeitenden – vornehmlich den höherqualifizierten Teil – gelten, nicht dagegen für den Bereich simplerer Tätigkeiten, die durch technologische Veränderungen eher in engmaschigere strukturelle Vorgaben eingespannt werden *(Kern/Schumann 1984)*.

Die Diskussion um die Technikfolgen ist überwiegend von soziologischer Seite geführt worden und hat hierbei insbesondere die Konsequenzen des Vordringens der *Computer-Technologie* – wohl die Haupt-Triebfeder der technischen Entwicklung – betont: Fragen der Entlastung und Belastung, der Depersonalisierung und Technisierung, der Kommunikation, der Abhängigkeit von technologischen Vorgaben, der Undurchschaubarkeit komplexer Technisierungsgüter, die als „black boxes" das Arbeitsleben bestimmen, usw. Psychologisch zu thematisieren sind Folgenabschätzungen für den individuellen Wahrnehmungs-, Erlebens- und Verhaltensbereich sowie Fragen der Akzeptanz von technischen Innovationen.

Zum erstgenannten Bereich sind die Befunde in unterschiedlichen Situationsfeldern uneinheitlich und verraten eine gewisse Ambivalenz. Das Vordringen der Mikroelektronik im Zusammenhang mit neuen *Informationstechnologien*, deren Boom durch das Internet entscheidend verstärkt wurde, mitsamt dem unübersehbaren Feld des „electronic commerce" mit völlig neuen artifiziellen und manchmal virtuellen Interaktionsbezügen, hat die ökonomische Landschaft zusehends kolonisiert. Dennoch wissen wir über die soziale und psychische Dynamik technischer Entwicklungen relativ wenig. Im sozialen Bereich dürfte eine Polarisierung zwischen den Menschen einsetzen, die diese neuen Techniken begreifen, beherrschen, vielleicht mit einer gewissen spielerischen Freude damit umgehen und sie entsprechend nutzen (letzteres nicht immer im Sinne der Organisation), sowie denjenigen, die diesen Neuerungen skeptisch oder hilflos gegenüberstehen. Im psychischen Bereich sind daher – je nach Betroffenheit und intellektuellen Voraussetzungen – sehr unterschiedliche Reaktionsformen zu erwarten: von Ablehnung und Meidung bis hin zur euphorischen Adoption. Dabei wird ein direkter Determinismus durch technologische Stimuli über zahlreiche Moderatorvariablen (wie Einstellungen, Hoffnungen und Befürchtungen) gebrochen, differenziert und damit in seiner Wirkung modifiziert. Wichtige Auswirkungen betreffen den interaktiven bzw. kommunikativen Bereich; aber auch hier sind die Befunde nicht einhellig (vgl. *Boos et al. 2000*). Vermag z. B. das Vordringen von E-Commerce das Ausmaß der Kundenbindung abzuschwächen oder zu verstärken? Die Depersonalisierung (oder Virtualisierung) von Interaktionsbeziehungen spricht für eine Lockerung dieser Bindung. Andererseits entstehen durch den jederzeitigen Zugriff sowie durch die Interaktivität mancher Informationstechnologien neue Verhaltensmuster, für die es in bisherigen Geschäftsbeziehungen keine Entsprechung gab.

Empirisch greifbarer als Reaktionen gegen neue Techniken schlechthin sind konkretere Fragestellungen zur Akzeptanz technischer Innovationen, obgleich auch hier die Art (Qualität, Form) der Innovation vielfach die Richtung der Perzeption bereits festlegt. Im Sinne der „Hypothesen-Theorie" der Wahrnehmung dürfte die Aufnahme- oder Verweigerungsneigung durch implizite Hypothesen der Betroffenen mitbestimmt werden (z. B. „Diese Maßnahme bedroht meinen Arbeitsplatz" oder „Mit dieser Vorrichtung soll ich noch stärker als bisher kontrolliert werden"). Die Hypothesen haben insofern häufig die Qualität von „Befürchtungen": z. B. Einengung der eigenen Entscheidungsspielräume; schwierige und belastende Arbeitstätigkeit; mögliche Freisetzung; veränderter sozialer Status; Veränderung in den sozialen Beziehungen usw. *(Wiendieck 1990).*

Die neuere Akzeptanzforschung hat sich mit Akzeptanzproblemen unterschiedlicher *Reichweite* (Sozialverträglichkeit auf gesamtgesellschaftlicher Ebene, gesamtorganisatorische Akzeptanz auf der Ebene der Organisation, Nutzerakzeptanz und Bedienerakzeptanz auf der mittleren und unteren Ebene der Organisation) sowie unterschiedlicher *Gegenstandsbereiche* (Innovationen technischer, organisatorischer, sozialer oder politischer Art) beschäftigt *(Kühlmann 1988; Meißner 1989).* Als allgemeiner Orientierungsrahmen könnten die Akzeptanzkriterien der klassischen Diffusionsforschung des Kreises um *Rogers (1996,* Orig. *1962)* dienen. Bezugspunkt sind hier die Eigenschaften der Innovation, die zu unterschiedlicher Akzeptanz des Rezipienten führen, nämlich: relativer Vorteil (Nützlichkeit), Kompatibilität (mit bestehenden Strukturen und Wertvorstellungen), Teilbarkeit (d. h. auch sukzessive Einführung wird möglich), Komplexität (also Durchschaubarkeit der Innovation) sowie Mitteilbarkeit (sodass u. U. vorher entsprechend informiert bzw. diskutiert werden kann).

Obgleich andere Ansätze von Kriterien ausgehen, die die Belange wirtschaftlicher Organisationen näher reflektieren, schimmert das Grundmuster von *Rogers* doch auch hier durch. *Meißner (1989)* nennt als relevante Merkmale: Neuheitsgrad, Unsicherheitsstiftung, Komplexität und Konfliktgehalt. Gerade die *Konfliktladung* einer Innovation in Bezug auf differenzielle Betroffenheit oder Statusverschiebung dürfte von hoher Relevanz für das Verhalten in Organisationen sein. *Kühlmann (1988)* spricht an zentraler Stelle gleichfalls die subjektiv wahrgenommene Nützlichkeit bei der Aufgabenbewältigung an (im speziellen Falle z. B. die Bedienerfreundlichkeit), ferner die Geschwindigkeit der Einführung, die Qualität der Vorbereitung (evtl. Schulung), Informationsangebote und -strategien sowie die *Mitwirkungsmöglichkeit* der Betroffenen. Gerade dieser letztgenannte Punkt ist in verschiedenen soziologischen und psychologischen Untersuchungen immer wieder als zentral herausgestellt worden: Partizipation bei Entscheidungsprozessen wie auch bei der Einführung von (technischen) Innovationen kann eine wesentliche Stütze der Akzeptanz sein und die Betroffenen oft sogar veranlassen, negative Folgen in Kauf zu nehmen. Wird die Mitwirkung ausgeschlossen, antworten die Betroffenen vielfach mit reaktantem Verhalten, auch wenn die Innovation ansonsten als im Prinzip nützlich angesehen wird.

(5) Innovation und Kreativität

Die zuletzt angesprochene Akzeptanz-Problematik bedarf der Vorfrage, wie organisationale Innovationen überhaupt zustande kommen und in welchem Umfang sie auftreten. Vielfach müssen Neuerungen zwangsläufig aufgegriffen und umgesetzt werden, soll die Organisation weiterhin Bestand haben und Gewinn abwerfen. Insbesondere in einer Zeit geringen Wirtschaftswachstums und zunehmenden Verdrängungswettbewerbs im Zuge der Globalisierung gilt, dass die Bewältigung solcher Herausforderungen kreatives und innovatives Denken und Handeln erfordert (vgl. *Meier et al. 2005*). Hier setzt das in vielen Fällen explizit betriebene *Innovationsmanagement* an: als bewusstes Gestalten der Voraussetzungen für die Schaffung und Verwertung von Neuerungen (vgl. *Dethloff 2004*).

Seit *Amabile (1996)* ist es üblich, das Thema Innovation mit dem Konzept der Kreativität zu verknüpfen. Die Innovation kann hierbei vom Unternehmer sowie vom Management ausgehen – dann lässt sie sich durch die entsprechende Machtbasis leichter durchsetzen – oder aber von Mitarbeitern, die qua Profession (z. B. im Rahmen der Entwicklungs- und Forschungsabteilung) oder aber gewissermaßen als sekundäre Arbeitsaufgabe Innovationen einbringen (z. B. in Form von Verbesserungsvorschlägen).

Innovatives und kreatives Handeln wird häufig in *Phasenmodellen* beschrieben (vgl. *Amabile 1996*):

Problemidentifizierung (damit klare Zielvorstellungen entwickelt werden können)

Vorbereitungsphase (Einholen relevanter Informationen)

Generierungsphase (Entwurf möglicher Lösungen für den Abruf informationaler Ressourcen)

Beurteilung (Prüfung der Ideen auch im Hinblick auf Durchsetzbarkeit sowie mögliche nicht-intendierte Folgen)

Umsetzung (erstmalige Anwendung, evtl. sukzessives Vorgehen, Auseinandersetzung mit Widerständen und Beseitigung von Konflikten)

Stabilisierung (dauerhafte Anwendung und Institutionalisierung)

Manchmal entstehen Innovationen sicherlich auch ohne Problembewusstsein, indem die Neuerung als Resultat nicht-intendierten Handelns auftritt oder indem die Veränderung lediglich als Nachahmung des Konkurrenzverhaltens initiiert wird. Auch können die Phasen jederzeit unterbrochen werden, indem Widerstände auftreten, Konflikte die Umsetzung erschweren, Machtstrukturen die Innovation abblocken oder aber konkurrierende Innovationen in den Vordergrund treten, die die Handlungskette unterbrechen oder die Neuerung relativieren. Das Insistieren auf der Neuerung kann dann dysfunktional wirken, indem starkes Commitment konkurrierende Ideen unterdrückt und ein Festhalten an der Innovation auch dann noch erfolgt, wenn sie sich als gegenstandslos, überholt oder verfehlt darstellt. Dies gilt insbesondere, wenn in die neue Idee bereits viel investiert wurde (Sunk-cost-Effekt).

Die einschlägige Literatur hat sich insbesondere mit förderlichen bzw. hemmenden Faktoren der Generierung und Umsetzung von Innovationen befasst *(Amabile 1996; West/Farr 1990; Baer/Frese 2003; Meier et al. 2005)*. Sie werden auf drei Ebenen gesehen:

- **Personbezogene Faktoren:** Das Bestehen sog. „creative relevant skills" *(Amabile 1996)*, wobei ein mögliches Persönlichkeitsmerkmal „kreative Intelligenz" (u. a. die Fähigkeit zu divergentem Denken) durch entsprechende Subkonstrukte abgedeckt wird (z. B. Flexibilität, Originalität, Vielfältigkeit der Ideenproduktion, domänenspezifisches Wissen).
- **Gruppenbezogene Faktoren:** Soziale Unterstützung für die Idee, das Bestehen eines Teamklimas *(West 2004)*, heterogene (v. a. komplementäre) Gruppenzusammensetzung, partizipativer bzw. transformationaler Führungsstil (vgl. 2.1.2.5) in Verbindung mit klaren Zielsetzungen.

- **Organisationsbezogene Faktoren:** Ungehinderter Informationsfluss zwischen Personen, Gruppen und externen Instanzen, Kooperation von Abteilungen, funktionstüchtige Forschungs- und Entwicklungsabteilungen, innovatives (ermunterndes) Organisationsklima, Machtstrukturen, die die Innovation fördern und durchsetzen, ausgeprägte funktionale Differenzierung und Dezentralisation.

Kreative und innovative Prozesse werden dann besonders erfolgreich zu inszenieren und zu fördern sein, wenn die entsprechenden Voraussetzungen auf allen drei Ebenen bestehen.

2.1.1.3 Psychologie der Arbeitsmotivation

Bereits die Andeutungen zu Beginn dieses Abschnitts, dass nämlich der Stellenwert der Arbeit objektiv und subjektiv für einzelne Individuen und Gruppen völlig unterschiedlich sein kann, kennzeichnen die erhebliche Variabilität der jeweiligen Motivation zur Arbeit. Schon *Eliasberg (1926)* wies darauf hin, dass die Entwicklung von Motivationsstrukturen stets im Hinblick auf *sozial-kulturelle Bedingungen* erfolgt. Diese Bedingungen können einerseits im interkulturellen Vergleich, zum anderen jedoch auch in historischer Hinsicht thematisiert werden. Wie insbesondere *Max Weber* gezeigt hat, ist unser heutiges Verhalten im Arbeitsbereich – wenn auch durch viele institutionelle Brechungen hindurch – in starkem Maße vom puritanischen Ethos *Calvins* oder von der spezifischen Berufsauffassung *Luthers* geprägt, die die Hochschätzung der Arbeit gegenüber Muße und Konsum betont haben. Folgt man *Inglehart (1977)* und der sich an ihn anschließenden Wertwandel-Diskussion, so scheint diese Abstützung der Arbeitsmotivation durch die Restbestände eines puritanischen Ethos zunehmend zu verblassen.

(1) Grundkonzepte der Arbeitsmotivation

Unter Motivation verstanden wir einen aktivierenden Prozess mit richtunggebender Tendenz (vgl. M 1 – 6), wobei das Augenmerk der Motivationspsychologen entweder mehr auf den aktivierenden Aspekten (Triebe, Erregung, Bedürfnisse etc.) oder aber verstärkt auf der kognitiven Komponente (Zielrichtung, Instrumentalität, Erwartungen etc.) lag. Mit besonderem Hinblick auf die Problematik der Arbeitsmotivation wurde vorgeschlagen, zwischen inhaltlich bestimmten Theorien und Prozesstheorien zu unterscheiden *(Campbell/Pritchard 1976)*, wobei die *Inhaltstheorien* konkrete Aussagen über die jeweils in bestimmten Situationen wirksamen Motive machen, während die *„Prozesstheorien"* lediglich abstrakte Prinzipien des Motivationsverlaufs formulieren, in denen sehr formale Begriffe wie Anreize, Erwartungen, Generalisierungen etc. zentral sind. Man sollte insofern besser von formalen Theorien sprechen, denn der Begriff des Prozesses als eines dynamischen Geschehens lässt sich vom Motivationskonzept ohnehin kaum ablösen (vgl. etwa die Dynamik der Motiventwicklung bei *Maslow)*.

Eine andere Unterscheidung knüpft an das prozessuale Geschehen der Motivation an. Die präintentionale Phase (auch Selektionsphase genannt) bereitet den Prozess bis zur Entstehung einer Handlungsintention vor. In der postintentionalen Phase wird dagegen die Handlungsintention in Handlung umgesetzt (auch Realisationsphase genannt). Dieser Aspekt des Motivationsgeschehens ist insbesondere in der neu erstarkten *volitionalen Tradition* (z. B. *Heckhausen/Heckhausen 2009)* sowie auch in Theorien der Handlungsregulation (z. B. *Hacker 1986)* aufgegriffen worden. Es ist einleuchtend, dass dieser Umsetzungsprozess von Handlungsintentionen in faktisches Handeln für den Arbeitsbereich in besonderem Maße relevant ist, zumal organisationale Barrieren oftmals diese Umsetzung trotz guter motivationaler Voraussetzungen verhindern.

Wir wollen in unserem kurzen Überblick drei verschiedene Theorieansätze zur Arbeitsmotivation vorstellen, ohne sie im Einzelnen abzuhandeln *(Wiswede 1980): physiologisch* orientierte Konzepte *(Scott, Hebb, Berlyne* u. a.); *humanistisch* orientierte *(Maslow, Herzberg, Alderfer* u. a.) sowie *kognitiv* orientierte Konzepte *(Atkinson, Vroom, Porter/Lawler* u. a.). Zum erstgenannten Kreis gehört die *Aktivationstheorie* (vgl. M 1), für die die Vorstellung zentral ist, dass es einen optimalen Punkt der Aktivierung gebe, der zugleich die Bereiche der Untermotivation und der Übermotivation voneinander trennt. Dieser Ansatz hat eine gewisse Bedeutung im Hinblick auf die Erforschung von Belastungsmomenten und Stresssituationen, insbesondere mit Bezug auf körperliche Arbeit. Zum zweiten Kreis gehört die ebenfalls bereits vorgestellte Theorie von *Maslow* (vgl. M 2), die im Arbeitsbereich zwar bevorzugt angewandt wird, dort jedoch kaum empirisch bestätigt werden konnte *(Lawler/ Suttle 1973)*. Auch die „abgemagerte" Version dieser Theorie, das ERG-Konzept von *Alderfer (1969)*, konnte sich nicht durchsetzen. Zum dritten Kreis – den kognitiven Ansätzen – gehören die verschiedenen *Wert-Erwartungs-Theorien* sowie – mit Zuschnitt auf Leistungs- und Arbeitsverhalten – die *Theorie der Leistungsmotivation* (vgl. M 3) sowie die *Instrumentalitätstheorie* von *Vroom (1967)*, die in ihren wichtigsten Aussagen gleichfalls bereits dargestellt wurde (vgl. M 4). Insbesondere der Ansatz von *Vroom* hat sich – ungeachtet der Schwierigkeiten, die sich bei der Transformation sehr abstrakter Kategorien in operationalisierbare Begriffe ergeben – als forschungsleitend erwiesen und den Weg zu differenzierteren Modellvorstellungen eröffnet. Daher wenden wir uns jetzt schwerpunktartig diesen Weiterentwicklungen zu.

(2) Prozessmodelle zur Arbeitsmotivation

Der Kreis um *Lawler (Porter/Lawler 1968)* unterscheidet zwischen zwei Erwartungstypen innerhalb des Modells der Instrumentalitätstheorie. Erwartungen können sich einmal auf die Frage beziehen, ob bei entsprechender Anstrengung das Aufgabenziel erreicht werden kann *(Bandura 1979* bezeichnet dies als *Effizienz-Erwartung)*. Die „optimale" Erwartungswahrscheinlichkeit dürfte (zumindest nach der ursprünglichen Theorie der Leistungsmotivation) bei 0,5 liegen; dann strengt sich der Erfolgsmotivierte am meisten an. Davon abzugrenzen ist die Erwartung, dass eine bestimmte Leistung (z. B. ein Aufgabenerfolg) zu bestimmten Konsequenzen führt *(Banduras Konsequenz-Erwartung):* Beförderung, Achtung von Kollegen, Sympathie des Vorgesetzten. Die Trennung zwischen Effizienz-Erwartungen und Konsequenz-Erwartungen ist u. a. schon deshalb nötig, weil Erwartungswahrscheinlichkeiten, die von der Leistung abgekoppelt sind, eben nicht motivierend wirken (z. B. „Bewährungsaufstieg" bei Beamten, der meist wenig mit Bewährung zu tun hat). Unter diesen Aspekten konstruiert *Lawler* ein komplexes Erwartungsmodell (Abb. 37).

Lawler (1977) weist darauf hin, dass das vielleicht wichtigste Feld psychologischer Beeinflussung im Organisationsbereich in der Beeinflussung der Konsequenz-Erwartungen (P ⟶ O) liegt. Diese lassen sich relativ leicht kontrollieren und beeinflussen. Das geschieht schon bei Arbeitsplatzbeschreibungen im Zuge von Neueinstellungen, indem Erwartungsmöglichkeiten und Ergebnisverknüpfungen explizit gemacht werden, sodass „der Richtige an den richtigen Platz" gelangt. Dies geschieht zum anderen in „Feedback-Strategien", die dem Einzelnen anzeigen, dass bestimmte Leistungsergebnisse ihm zugeschrieben werden und dass er danach beurteilt wird. Ein Beispiel ist das sog. Mitarbeitergespräch zwischen Abteilungsleiter und Sachbearbeiter.

Unser eigenes Modell *(Wiswede 1980 b)* folgt in wesentlichen Zügen dem Konzept von *Porter* und *Lawler*, betont demgegenüber jedoch die Bedeutung sozialer Normen sowie des Gruppendrucks auf das individuelle Arbeitsverhalten (vgl. Abb. 38). Nach unserer Auffassung sind die bisher vorgelegten Theorien der Arbeitsmotivation in starkem Maße individualpsy-

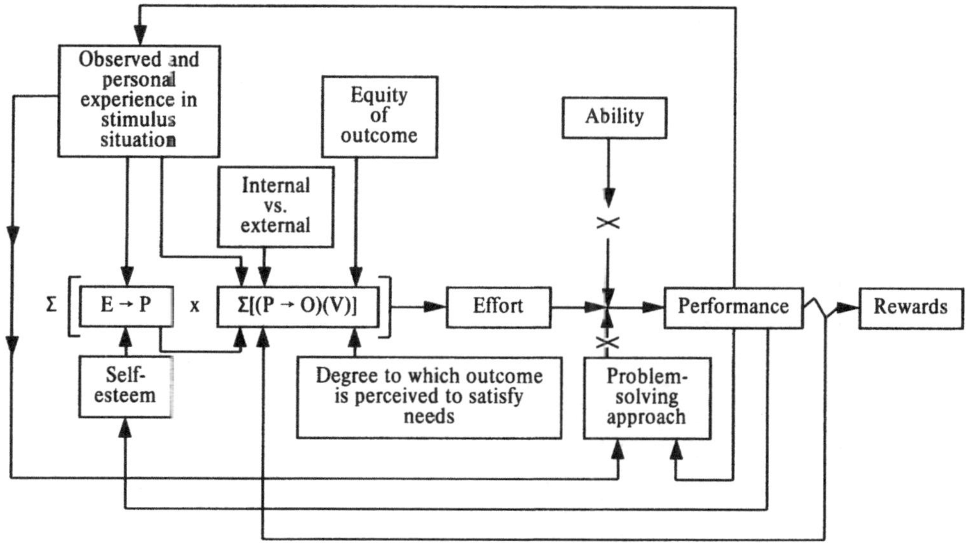

Abb. 37: Lawlers Erwartungsmodell der Motivation

Dabei bedeuten:

Observed and personal experience etc.: an anderen beobachtete und eigene Erfahrungen in ähnlichen Situationen.
Internal vs. external: die Frage, ob das Individuum das Ergebnis sich selbst oder äußeren Umständen (z. B. Zufall) zuschreibt.
Equity of Outcome: Angemessenheit der Belohnung.
Ability: Fähigkeiten und Möglichkeiten, multiplikativ verbunden.
Effort: Leistungseinsatz (Anstrengung).
Performance: Ausführung, Leistung.
Rewards: Belohnungen, positive Verstärker.
Self-esteem: Selbstwertgefühl.
Degree to which outcome is perceived to satisfy needs: Ausmaß, in dem Belohnungen vorhandene Bedürfnisse befriedigen.
Problem-solving approach: Problemlösungsansatz (Konzept, Rezept, Strategie); multiplikativ verbunden.
E ➞ P (Effort ➞ Performance Association): das Ausmaß, in dem das Individuum annimmt, dass Anstrengung zu guter Leistung führt.
Σ (P ➞ O) (Performance ➞ Outcome Associations): das Ausmaß einer zweiten Erwartung, als Summe oder Ergebnis der Annahmen, die Leistung mit Ergebnissen erster Ordnung verbinden.
Σ [(P ➞ O) (V)] (Performance ➞ Outcome Associations, gewichtet nach Valenzen): entspricht den P ➞ O-Erwartungen, wobei jedes Ergebnis mit seiner Valenz multipliziert wird.
(E ➞ P) Σ (P ➞ O) Multiplikation beider Erwartungen jeweils als Produkt der E ➞ P und P ➞ O-Variablen.
(E – P) Σ [(P ➞ O) (V)] (Motivation): ein Maß für Motivation, als Produkt der E ➞ P und (P ➞ O) (V)-Variablen.

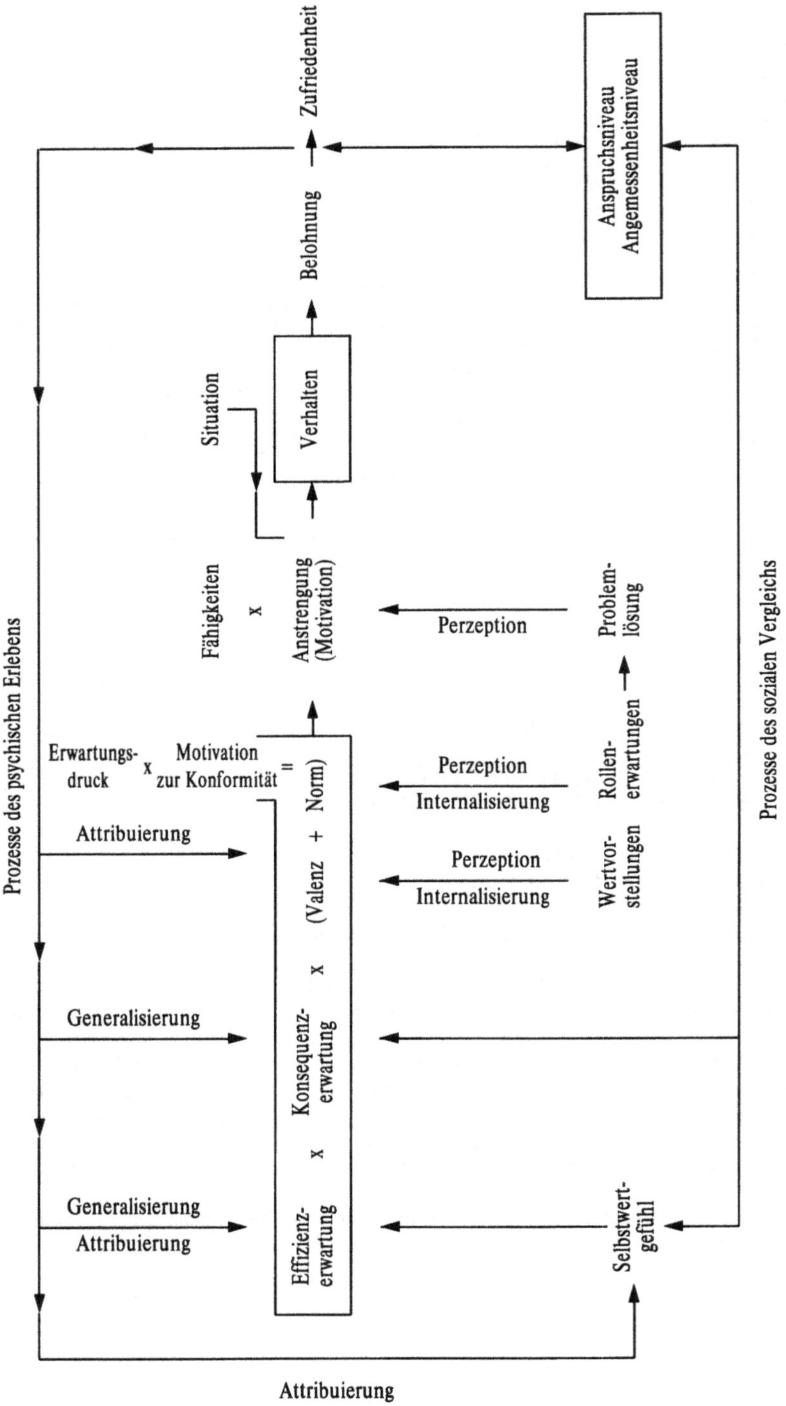

Abb. 38: Prozessmodell der Arbeitsmotivation (Wiswede 1980 b)

chologisch konzipiert; dies gilt sowohl für die Instrumentalitätstheorie wie auch für die Theorie der Leistungsmotivation. Damit solche Konzeptionen nicht zu sehr ins individualistisch-hedonistische Abseits geraten, sollten die Frage sozialer Vergleichsprozesse sowie die Wirkung von Gruppeneinflüssen stärker berücksichtigt werden *(Graen 1976; Wiswede 1980b)*. – Für unser Modell sind Erwartungswerte auf unterschiedlicher Ebene relevant:

interne Erwartungen: nämlich Effizienz-Erwartungen („Schaffe ich das?") und Konsequenz-Erwartungen („Was bringt mir das ein?"),
externe Erwartungen: nämlich normative Erwartungen anderer Personen, und zwar Erwartungen qua Situation („Was wird in dieser Situation von mir erwartet?") und qua Position/Rolle („Was wird in meiner Position/Rolle von mir erwartet?").

Das Verhalten von P ist damit eine Funktion eigener interner Erwartungen sowie des perzipierten/kognizierten Erwartungsdrucks (verursacht durch andere Personen, z. B. Vorgesetzte, Kollegen, Unterstellte), gewichtet (z. B. multipliziert) mit der Neigung des Individuums, solchen Erwartungen zu entsprechen (in *Fishbeins/Ajzens* Terminologie: „motivation to comply", d. h. der motivationalen Neigung, normkonformes Verhalten zu zeigen).

Da aktuelle Normen die Valenzen nahezu kompensieren können, schlagen wir vor, Valenzen mit normativen Komponenten additiv zu verbinden. Im Übrigen muss auch davon ausgegangen werden, dass in den Valenzen des Individuums bereits jene normative Faktoren eingeschmolzen sind, die im Rahmen von Sozialisationsprozessen internalisiert wurden, also bereits als Bestandteil dieser Valenzen in Erscheinung treten. Andererseits sind alle Überlegungen im Hinblick auf differenzielle Motivation weitgehend hinfällig, wenn das Individuum starken Gruppenkräften ausgesetzt ist (vgl. 14), die solche Unterschiede nivellieren und vom Individuum allenfalls ein bestimmtes Anpassungsverhalten verlangen (vgl. Abschnitt 2.2.2 und insbesondere Abb. 50).

Diese und ähnliche Modelle heben in starkem Maße darauf ab, dass der Arbeitende ein kalkulierender Hedonist ist, der in Abwägung aller Alternativen unbeirrt den Weg geht, der ihm den größten Vorteil verspricht. Verinnerlichte Pflicht- und Gehorsamswerte – die zweifellos unter dem Aspekt des Wertewandels auf dem Rückzug sind – spielen in diesen Konzepten allenfalls eine implizite Rolle. Das Gleiche gilt für die Macht der Gewohnheit: Viele Arbeitshandlungen sind motivational und kognitiv ausgedünnt und folgen habitualisierten Schemata oder einem motivational recht einfachen Prinzip, nur das Nötigste zu tun, um nicht negativ aufzufallen. Und schließlich sind alle Ansätze, die dem Instrumentalitätsprinzip verpflichtet sind, auf sog. extrinsische Aspekte des Arbeitslebens konzentriert, vernachlässigen also die Möglichkeiten einer intrinsischen Motivation. Dieser wollen wir uns jetzt zuwenden.

(3) Extrinsische/Intrinsische Motivation

Die Unterscheidung zwischen extrinsischer und intrinsischer Motivation ist zwar Teil der allgemeinen Motivationspsychologie *(Heckhausen/Heckhausen 2009; Deci 1975)*, jedoch im Zusammenhang mit der Problematik der Arbeitsmotivation von besonderem Stellenwert. *Extrinsisch* motiviert ist ein Verhalten immer dann, wenn äußere Belohnungen (Lob des Vorgesetzten, Karriereerfolg, Gehaltserhöhung usw.) angestrebt werden. *Intrinsisch* motiviert ist ein Verhalten stets dann, wenn das Individuum das Handlungsergebnis um seiner selbst willen anstrebt („deutsch" sein – so heißt es in ironischer Selbsteinschätzung – bedeutet: eine Sache um ihrer selbst willen zu tun. Vielleicht stehen deshalb die Deutschen in dem Ruf, gute Arbeiter zu sein.) Lerntheoretisch orientierte Forscher sprechen in diesem Zusammenhang von *Selbstverstärkung:* die Quelle der Belohnung ist das eigene Ich. *Irle (1975)* und *Bandura (1979)* haben allerdings darauf aufmerksam gemacht, dass die Unterscheidung zwischen intrinsischer und extrinsischer Motivation schwierige Transferprobleme impliziert und dass es sich bei der Einschätzung von Intrinsität/Extrinsität auch um eine Frage der jeweiligen Perspektive handelt (vgl. auch *Bandura 1986, 1997).*

Auch wird neuerdings die attributionstheoretische Variante der Unterscheidung zwischen intrinsischer und extrinsischer Motivation stärker betont (bereits *Deci 1975):* Danach attribuiert das Individuum immer dann im Sinne intrinsischer Motivation („Ich bin offensichtlich an der Sache selbst interessiert"), wenn externe Anreize fehlen, um das entsprechende Verhalten zu erklären. Dies ist allerdings ein motivationales *Epi*phänomen (vgl. K 3): Das Auftreten intrinsischen Verhaltens würde in diesem Falle lediglich aus der attributiven Sicht des Individuums gesehen. Diese Betrachtung ist zweifellos eine zusätzliche Perspektive, indem sie z. B. erklären kann, weshalb beim Individuum kognitive Inkonsistenzen auftreten können, wenn ein – nach dieser Sicht – intrinsisch motiviertes Verhalten durch äußere Anreize sogar abgeschwächt werden kann (Überveranlassung, Korrumpierungs-Effekt nach *Deci 1975).* Allerdings ist das attributive Modell nicht in der Lage, das *Primär*phänomen zu erklären; das Vorliegen von intrinsischer Motivation, an der individuelle Zuschreibungsprozesse angreifen können, wird bereits unterstellt.

Eine echte Erklärung für das Auftreten intrinsischer Motivation im Sinne einer motivationalen Veränderung kann u. E. am ehesten durch die Lerntheorie beigebracht werden: Extrinsische und intrinsische Belohnungen folgen nach dieser Vorstellung einem unterschiedlichen Verstärkungsmuster: Während extrinsische Belohnungen hauptsächlich durch kontinuierliche Intervallverstärkung erfolgen, unterliegen intrinsische Belohnungen meist dem wesentlich effizienteren Schema diskontinuierlicher Quoten *(Nord 1969* im Anschluss an die klassischen Untersuchungen von *Skinner* und *Ferster* zur Wirksamkeit verschiedener Verstärkungspläne). *Bandura (1997)* sieht darüber hinaus in der intrinsischen Motivation die Möglichkeit expansiv generalisierbarer *Selbstverstärkung.* Wenn Individuen gelernt haben, sich selbst zu belohnen (oder zu bestrafen), so fördert dies durch die Entwicklung selbstgesetzter Verhaltensstandards die generalisierbare Fertigkeit zur *Selbstregulierung* des Verhaltens. Durch eigene Setzung von Aufgaben und Zielen wächst zudem das Gefühl der Umweltkontrolle durch eigenes Bemühen, mithin das Gefühl persönlicher Effizienz und Kompetenz („self efficacy", vgl. *Bandura 1997* sowie M 6).

Der Wandel von extrinsischer zu intrinsischer Motivation hat in vielen Modellen der Arbeitsmotivation mehr oder weniger explizit Pate gestanden, z. B. auch bei *Maslow* und bei *Herzberg.* Auch sind viele Maßnahmen zur Arbeitsgestaltung – attraktivere Arbeitsinhalte, herausfordernde Aufgaben, Handlungsspielräume etc. – von der Leitvorstellung getragen, Individuen sollten in verstärktem Maße die Möglichkeiten der intrinsischen Motivation erschließen (Human-resources-Modell). Allerdings sind die Möglichkeiten hierzu recht begrenzt: *Bandura (1979)* stellt überdies mit Recht die Frage, welche Art von humanistischer Gesinnung denn eigentlich hinter der Forderung stehe, auch Arbeiter am Fließband sollten verstärkt auf intrinsische Belohnungsaspekte „umfunktioniert" werden.

Wir sagten bereits, dass die analytische Unterscheidung zwischen intrinsischer und extrinsischer Motivation zwar theoretisch sinnvoll, empirisch jedoch oft kaum zugänglich ist. In Befragungssituationen z. B. dürften wir schon durch die Überlagerung mit attributiven Aspekten häufiger Angaben über extrinsische Motivation erhalten, weil sie von vornherein einleuchtender ist und weil das Individuum sich in erster Linie an externen Reizen orientiert (vgl. K 3). So geraten wir in Schwierigkeiten bei der Zuordnung von Extrinsität und Intrinsität. Auch sollte man gewahr werden, dass es zwischen intrinsischen und extrinsischen Belohnungen Übergangsfelder gibt – diese thematisiert die *Selbstregulierungstheorie* von *Deci/Ryan (1985),* die verschiedene Grade der Selbstbestimmung in Arbeitsprozessen unterscheidet – und dass in der Lerngeschichte des Individuums meist intrinsische Motivation ursprünglich aus extrinsischer Belohnung resultiert, bevor das Individuum in die Lage versetzt wurde, sich selbst zu verstärken. Und auch diese Möglichkeit zur Selbstverstärkung ist – je nach Selbstbild – nicht ohne „reality testing" möglich. Deshalb ist das Zusammenspiel beider Motivationsformen wohl etwas komplexer, als es *Deci* angenommen hat *(Ross 1976; Heckhausen 1989).*

Auch im Hinblick auf die motivationale Ausdeutung des Sammelbegriffes intrinsischer Motivation hat man den Eindruck, als seien verschiedene Submotivationen mit diesem Konzept vereinbar. Selbstverstärkung durch Arbeit könnte nämlich dreierlei bedeuten:

Arbeitsfreude: Die Arbeit macht Spaß, Freude, Lust, gibt unmittelbar Befriedigung.
Arbeitspflicht: Die Vorstellung, seine Pflicht zu tun, verschafft Genugtuung, Befriedigung.
Arbeitserfolg: Quelle der Befriedigung sind hier vor allem Erfolgserlebnisse.

Da diese drei Aspekte in der relevanten Forschung ständig miteinander konfundieren, müsste das Konzept der intrinsischen Motivation entweder stärker differenziert oder aber ganz konkret auf einen dieser Aspekte – Arbeitsfreude etwa – konzentriert werden.

Das freudige Aufgehen in einer Handlung wird auch als *Flow-Erleben* bezeichnet *(Csikszentmihalyi 2000).* Hierbei handelt es sich um eine emotional aufgeladene Sonderform intrinsischer Motivation, die eher exzeptionell auftreten dürfte: als freudvolles Aktivitätsgefühl, in dem man bis zur Selbstvergessenheit in einer Sache aufgeht. Dabei verschwinden auch Unterschiede zwischen Arbeit und Spiel (z. B. bei Computer-Freaks). Das Flow-Erleben wird allerdings nur unter der Voraussetzung auftreten, dass die gestellte Aufgabe den eigenen Fähigkeiten entspricht. Verlässt man den *Flow-Kanal,* so resultiert im Falle der Überforderung Angst, bei Unterforderung Langeweile.

Neben dem „fit" von Fähigkeit und Aufgabe wird in der neueren arbeitspsychologischen Diskussion dem Ineinandergriff bestimmter motivationaler Dispositionen mit Aspekten des Aufgabeninhalts besondere Beachtung geschenkt *(Locke/Latham 1990).* Dabei ist der Gedanke entscheidend, dass die Art der Aufgabe bzw. die Gestaltung der Arbeit nur bei komplementären Motivkonstellationen ihren Anreizwert entfalten kann. Umgekehrt bleiben motivationale Ressourcen ungenutzt, wenn die Aufgabenstruktur keine Möglichkeiten der Entfaltung bietet. Der letztgenannte Gesichtspunkt lässt sich als Fit-Modell darstellen.

Nehmen wir an, eine Person habe die in Abb. 39 gekennzeichnete Motivkonstellation M_1 bis M_4, und hierbei sei M_3 (z. B. das Bedürfnis nach Kontakt) besonders ausgeprägt. Die komplementäre Aufgabencharakteristik sei AC_3, d. h., diese Tätigkeit enthält relativ geringe Möglichkeiten, mit anderen Menschen in Kontakt zu treten (z. B. vorwiegend Kommunikation mit dem Computer). Die Abstimmung zwischen Motivationsstruktur und Aufgabencharakteristik ist in diesem Punkt (im Übrigen auch bei M_1/AC_1) nicht optimal. Das Ausmaß des „Fit" kann messtechnisch am ehesten mit dem *Porter*-Fragebogen (vgl. im nächsten Kapitel) oder mit einem der üblichen Multi-Attribut-Modelle (z. B. mit dem *Fishbein*-Modell) empirisch untersucht werden. (Nebenbei: Fragen der Konsumentenmotivation und der Kaufentscheidung können nach dem gleichen Fit-Modell untersucht werden. Statt Aufgabencharakteristika stehen dann Produktattribute oder -charakteristika im Vordergrund.)

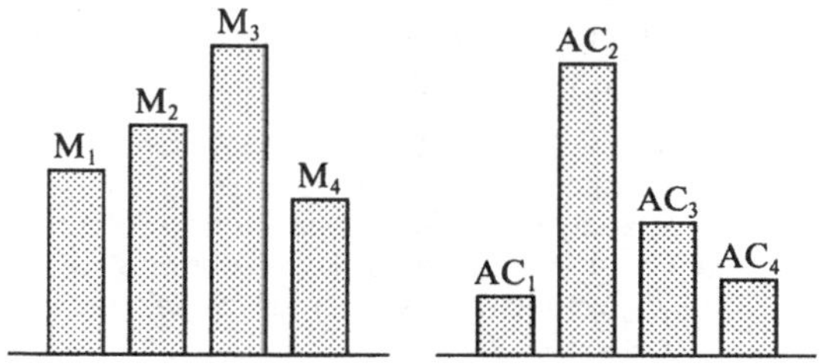

Abb. 39:
Individuelles Motivationsprofil und komplementäre Aufgabencharakteristika

Allerdings sind die Interaktionsbeziehungen zwischen Arbeitsinhalt und Motivationsstruktur noch etwas verwickelter. Denn Motive könnten der jeweiligen Aufgabencharakteristik gleichsam „nachwachsen" (z. B. in zunehmendem Maße entwickelt der Mitarbeiter Freude an eigener Verantwortung, die er anfangs scheute). Umgekehrt kann die Arbeitscharakteristik motivationsakzentuiert kogniziert werden (z. B. das Individuum überschätzt die Verantwortung, die sich mit dieser Tätigkeit verbindet), womit sich auch kognitive Dissonanz reduzieren lässt.

(4) Volition und Zielsetzung

Bereits in älteren Arbeiten zur Psychologie der Arbeitsgruppe wurde die Bedeutung der *Zielinduktion* für den motivationalen Prozess betont. Instrumentalitätstheorien (sensu *Vroom*) heben die Bedeutung von *Zwischenzielen* hervor. Lerntheorien reflektieren insbesondere auf die Bedeutung von *Rückmeldungen* über die Konsequenzen des jeweiligen Handelns. Andere Ansätze konzentrieren sich auf die Bedrohung der Handlungssequenz durch das Auftauchen konkurrierender *alternativer Ziele* (z. B. im Sinne des Gesetzes vom relativen Effekt sowie des myopischen Effekts, vgl. M 5). Handlungstheoretische Konzepte untersuchen verschiedene Strategien der *Selbstbindung,* die verhindern, dass weit in der Zukunft liegende Wünsche trotz konkurrierender Ziele, trotz gewisser Irritationen sowie unvorhersehbarer Barrieren nicht aufgegeben, sondern mit Zähigkeit weiterverfolgt werden.

Volitionale Konzepte der Motivation (für einen Überblick vgl. *Heckhausen/Heckhausen 2009)* versuchen, den Motivationsprozess über das Antriebsgeschehen (prädezisionale Phase) hinaus dahingehend zu analysieren, wie ein bestimmtes Motivationspotenzial durch einen Prozess der Willensbildung konkret in Handlungen umgesetzt (präaktionale Phase) und schließlich realisiert wird (aktionale Volitionsphase). Im arbeitspsychologischen Bereich werden vor allem diskutiert: die Zielsetzungstheorie von *Locke/Latham (1990)* sowie die Theorie der Handlungskontrolle von *Kuhl (1983).*

Die Zielsetzungstheorie *(Locke/Latham 1990, 2002; Austin/Klein 1996)* betont, dass die Leistung bei Bewältigung von Aufgaben direkt von den aufgabenbezogenen Zielen abhängt. Dabei haben – im Gegensatz zur Theorie der Leistungsmotivation – die schwierigsten Aufgaben den größten Anreizwert. Dieser Widerspruch wird damit begründet, dass das Zielsetzungskonzept lediglich für volitionale Prozesse, nicht dagegen für die dezisionale Phase gilt. Schwierigkeit (Anforderungsgehalt) und Bestimmtheit von Zielen erhöhen danach die Leistung über vier Mechanismen:

Ausrichtungs-Effekte: Sie lenken die Aufmerksamkeit und Handlungsbereitschaft in eine bestimmte Richtung und strukturieren damit das relevante Handlungsfeld.
Impuls-Effekte: Sie verstärken den Einsatz des Akteurs, sein Involvement und sein Bemühen um die Bewältigung einer Aufgabe.
Persistenz-Effekte: Sie fördern die Zähigkeit, mit der man sich einer Aufgabe widmet, auch im Hinblick auf die Überwindung von Barrieren.
Strategie-Effekte: Sie veranlassen das Individuum zur Entwicklung einer Handlungsstrategie im Hinblick auf die Bewältigung von Aufgaben.

Von Bedeutung sind ferner die Charakteristik und Entstehung sowie die Formulierung von Zielen. Im Einzelnen gilt:

- Spezifische Zielvorgaben sind motivierender als allgemein gehaltene Zielvorstellungen („Tun Sie Ihr Bestes", „Das kriegen Sie schon hin").
- Mitwirkung bei der Zielbestimmung erhöht die Akzeptanz *(Locke/Latham* weisen jedoch darauf hin, dass Ziele durch die Führungskraft auch „verkauft" werden können).
- Schwierige und herausfordernde (zugleich aber realistische) Ziele sind motivierender als leicht zu erreichende Ziele.

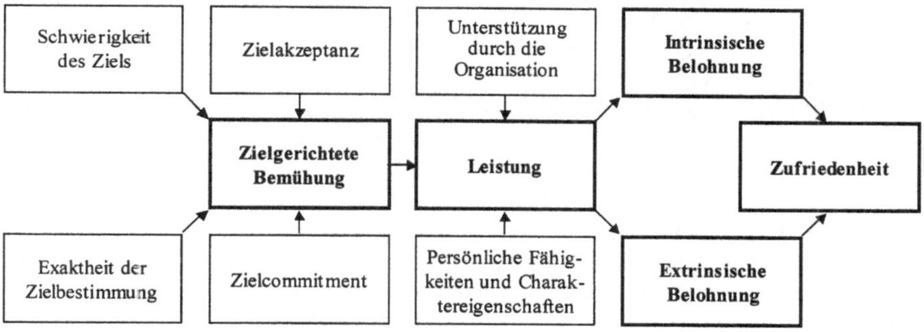

Abb. 40: Motivation und Zielsetzung (nach Locke/Latham 1990)

- Ziele sind umso motivierender, je deutlicher und spezifischer die Rückmeldung im Hinblick auf die Realisierung der Ziele/Teilziele ist, wobei nicht nur Ergebnisrückmeldungen, sondern auch Prozessrückmeldungen (Einschlagen des „richtigen" Weges) von Bedeutung sind *(Early 1988).*

Das ursprüngliche Zielsetzungs-Konzept enthielt lediglich zwei Kernvariablen: *Schwierigkeit des Ziels* sowie *Präzision der Zielbestimmung*. In einer neueren Fassung der Theorie werden als weitere Variablen eingeführt: *Zielakzeptanz* und *Zielcommitment*. Zielakzeptanz bezieht sich auf das Ausmaß, in dem der Akteur sich mit diesen Zielen identifiziert, sie zu seinen eigenen macht. Zielcommitment bedeutet, in welchem Ausmaß die Person eine Art Selbstverpflichtung verspürt, diese Ziele zu erreichen. Die tatsächlich erbrachte Leistung ist dann zusätzlich von organisationalen Variablen (z. B. Unterstützung durch die Organisation) sowie personalen Variablen (Fähigkeiten und Persönlichkeitszüge) abhängig. Abbildung 40 fasst die relevanten Variablen zusammen.

Das Einschlagen angemessener Strategien zur Handlungskontrolle steht im Mittelpunkt von *Kuhls* Theorie *(1983)*, die wir bereits dargestellt haben (K 4). Wie erinnerlich, ist die angemessene Umsetzung in Handeln nur unblockiert möglich, wenn das Individuum alle relevanten Aspekte der Handlung (angestrebter Sollzustand, gegenwärtiger Istzustand, Diskrepanz zwischen Soll und Ist, Handlungsmöglichkeiten) gleichzeitig berücksichtigt *(Handlungsorientierung)*. Ein Individuum ist bei der Verfolgung seiner Handlungsziele in dem Maße gestört, in dem seine Aufmerksamkeit einseitig auf einen dieser Sachverhalte fixiert bleibt *(Lageorientierung)*. Zielzentrierung bedeutet dabei, dass das Individuum zu strikt am Ziel orientiert ist, ohne die Wege zum Ziel zu beachten. Misserfolgszentrierung bedeutet, dass das Individuum ständig Furcht vor Misserfolg empfindet und dadurch in seinem Handeln blockiert wird. Planungszentrierung bedeutet etwa, dass der Akteur vor lauter Planung die Umsetzung der Pläne aus dem Blickfeld verliert. Erfolgszentrierung heißt u. a., dass der Handelnde mögliche Gefahren, Misserfolge, Fallgruben etc. nicht ins Kalkül einbezieht und sich seiner Sache zu sicher ist. Solche Fixierungen sind beim organisationalen Arbeitsverhalten ständig gegenwärtig und blockieren entsprechend die Zielerreichung. Auch Perfektionismus kann in dieser Weise blockierend wirken, weil die Suche nach perfekten Lösungen unrealistisch und vor allem unökonomisch sein kann.

(5) Demotivierung von Mitarbeitern

Lawler (1977) hat einmal gesagt, dass die Motivierung von Mitarbeitern eigentlich gar nicht das vordringliche Problem sei; viel wichtiger seien Maßnahmen zur Verhinderung solcher Führungsaktivitäten, die eine an sich durchaus vorhandene Motivation lahm legen. Die zentrale Fragestellung sei daher weniger die Motivierung der Mitarbeiter sondern die *Verhinderung ihrer Demotivierung*. Dieser Gedanke ist neuerdings wieder aufgegriffen worden (vgl. *Wiswede 1996; Sprenger 2000)*. Bei *Sprenger* wird das gesamte Motivationskonzept als Sackgasse („Mythos Motivation") diskreditiert. *Sprenger* stützt sich hierbei im Wesentlichen auf Praxiserfahrungen; die wichtigste Argumentationslinie besteht darin, dass bestehende intrinsische Motivation durch extrinsische Belohnungen zerstört werden kann. Bekanntlich ist dies der zentrale Aspekt von *Decis Korrumpierungseffekt:* Ein Depot an intrinsischer Motivation werde durch Überveranlassung aufgezehrt. Allerdings hat die diesbezügliche Forschung gezeigt, dass ein solcher subtraktiver Effekt durch zusätzliche extrinsische Anreize nur bei Vorliegen bestimmter Bedingungen gegeben ist. Zudem liegen Befunde vor *(Luthans/Stajkovic 1999)*, dass externe Anreize (wie z. B. Bezahlung) sehr wohl ihre Wirkung entfalten, wenn sie dem richtigen Verstärkungsmodus folgen. Zutreffend ist allerdings auch, dass im Gefolge „höherer Bedürfnisse" äußere Belohnungen (etwa monetäre Anreize) durch die besonderen Sättigungseffekte extrinsischer Motivation immer stumpfer werden.

Vor diesem Hintergrund sollte *Lawlers* Hinweis stärkere Beachtung finden. Eine eigene (nicht-repräsentative) Untersuchung anlässlich von Führungsseminaren *(Wiswede 1996)* weist auf einige *Hauptfaktoren der Demotivierung* hin:

Ungerechtigkeit: Viele Sachverhalte werden von Mitarbeitern als ungerecht oder illegitim angesehen. Ein wichtiger Fall für Ungerechtigkeitsempfinden ist das Gefühl der Unterbezahlung (vgl. zur Equity-Theorie I 2), das im Extremfall dazu führen kann, nur noch das Nötigste zu tun.
Bestrafung: Bestrafungsorientierte Führung hat eine Reihe unerwünschter Nebenwirkungen (der Vorgesetzte verliert an Attraktivität, der Bestrafte übt sich in Vermeidungslernen, Reaktanz etc.). Wichtig ist auch die Form, in der bestrafende Maßnahmen durchgeführt werden (z. B. in rüdem Ton, generalisierend, vor anderen).
Unterforderung: Insbesondere für leistungsmotivierte Individuen (vgl. M 3) gilt, dass die Leistungsmotivation nur dann aufrechterhalten werden kann, wenn der Mitarbeiter ständig mit herausfordernden und schwierigen Aufgaben konfrontiert ist, an denen er sich bewähren muss und die entsprechende Erfolgserlebnisse vermitteln.
Überforderung: Aus der Theorie der Leistungsmotivation folgt ebenfalls, dass Aufgaben an Anreizwert verlieren, wenn ihre Bewältigung aus der Sicht des Betroffenen eher unwahrscheinlich ist. Außerdem weisen Stress-Modelle (vgl. Kap. 2.1.1.5) darauf hin, dass Überforderung insbesondere bei mangelhafter Stress-Kontrolle Leistungseinbußen sowie psychische Probleme besonderer Art nach sich zieht.
Fehlende Rückkopplung: Aus der lerntheoretischen Forschung (M 5) sowie unter Aspekten der Zielsetzungstheorie (vgl. den vorigen Abschnitt) wissen wir, dass das Verhalten durch seine Konsequenzen gesteuert wird. Wenn nun diese Konsequenzen nicht auftreten, irgendwo diffundieren oder intransparent bleiben, so ist hier kein Motivationsschub, keine Verstärkung des Verhaltens zu erwarten, sondern eher dessen Abschwächung. (Überdies: Rückmeldung bedeutet nicht nur eine Stimulierung der Motivation, sondern auch die Möglichkeit korrigierenden Eingreifens.)
Fehlende Information: Vielfach beklagen sich Mitarbeiter, von wichtigen Informationen abgeschnitten zu sein. „Strategisches Informationsverhalten" bedeutet vielfach, dass Informationen zurückgehalten oder verfälscht werden. Der Informationszugang wird für einige beschränkt, bestimmte Mitarbeiter werden bevorzugt (vgl. *Spieß/Winterstein 1999*).
Mangelnde Partizipation: Teilhabe an betrieblichen Entscheidungen wirkt in die Richtung motivationaler Entfaltung und Persönlichkeitsreifung; auch können hierbei zusätzliche „human resources" erschlossen werden. Umgekehrt führt Ausschluss von Entscheidung und Verantwortung in aller Regel zu einer Reduzierung des Engagements.
Externe Kontrolle: Insbesondere dann, wenn die Mitarbeiter gelernt haben, sich selbst zu kontrollieren (Selbstkontrolle, Selbstwirksamkeit), empfinden sie strikte Vorgaben und kontrollierende Maßnahmen einengend und als Eingriff in die Handlungsautonomie. Insbesondere wenn bisher vorhandene Freiheitsspielräume reduziert werden, reagieren die Betroffenen vermutlich mit Reaktanz (K 5).

Erzeugung falscher Erwartungen: Nach *Lawler*, der sich auf eine Wert-Erwartungs-Konzeption stützt, ist die Erzeugung zu hoher Erwartungen der wichtigste demotivierende Faktor. Der Mitarbeiter hat fälschlicherweise (von wem auch immer verursacht) bestimmte Vorstellungen von Verantwortungsbereichen, Autonomie, Einkommensentwicklung, Karriere-Aussichten usw., die vielfach nicht eingelöst werden (z. B. durch blockierte Aufstiegschancen). Die bereits angesprochene „realistische Tätigkeitsvorausschau" (*Wanous 1980;* vgl. Kap. 2.1.1.1) ist eine Möglichkeit, auf beiden Seiten realistische Erwartungen zu etablieren.

Fazit: Die vielfach herausgestellte Funktion der Führung im Sinne der Mitarbeitermotivation ist nur *eine* Seite der Medaille. Die angesichts starrer Organisationsstrukturen vielleicht wichtigere Frage ist die nach der Erhaltung und Pflege einer oftmals hohen Ausgangsmotivation und nach der Verhinderung ihrer Demontage.

2.1.1.4 Psychologie der Arbeitszufriedenheit

In engem Zusammenhang mit der Problematik der Arbeitsmotivation steht das Konzept der Arbeitszufriedenheit. Je nach Schwerpunkt bedeutet Arbeitszufriedenheit

- die Einstellung des Mitarbeiters gegenüber seiner Arbeit insgesamt oder gegenüber einzelnen Facetten der Arbeit;
- das Ausmaß, in dem ein Mitarbeiter bestimmte Erwartungen (Ansprüche, Bedürfnisse oder Werte) durch die Arbeit erfüllt sieht;
- einen positiven emotionalen Zustand, der sich aus der Bewertung der eigenen Arbeit sowie der Arbeitserlebnisse ergibt (dies entspricht der häufig zitierten Definition von *Locke 1976*).

Das Konzept der Arbeitszufriedenheit unterlag in der Forschung starken konjunkturellen Schwankungen. Einer Phase intensiver Bearbeitung (vgl. *Locke 1976; Neuberger 1974; von Rosenstiel 1975; Fischer 1989, 1991*) folgte eine gewisse Ernüchterung, die mit zwei Gründen zusammenzuhängen schien. Zum einen enttäuschten die bis dahin vorliegenden empirischen Untersuchungen insofern, als die prognostizierten Folgewirkungen (vor allem Leistungserhöhung) nicht eindeutig genug festgestellt werden konnten (vgl. *Fischer/Fischer 2005, 6*). Zum anderen hat sich das Konstrukt der Arbeitszufriedenheit als außerordentlich methodenlabil erwiesen, sodass Kritiker von einem methodischen Missverständnis oder einem Kunstprodukt der Forschung sprachen. Es bestehen insbesondere Zweifel an der externen Validität eines solchen Konstrukts, die den Verdacht einer legitimatorischen Verwendung von Zufriedenheitsdaten – gerade auch bei offensichtlich monotoner und geistloser Arbeit – nahe legen. Mittlerweile liegen zahlreiche neuere Studien (zusammenfassend: *Spector 1997; Fischer 2005*) vor, die etwas mehr Ordnung in die Einzelbefunde bringen, beispielsweise Meta-Analysen mit Blick auf die Stabilität von Arbeitszufriedenheitsurteilen sowie den Zusammenhang zwischen Zufriedenheit und Leistung (vgl. hier vor allem *Judge et al. 2001*), sodass von einer Rehabilitierung des Konzepts der Arbeitszufriedenheit gesprochen werden kann.

(1) Zur Konzeptualisierung von Arbeitszufriedenheit

Zu Beginn möchten wir den Vorwurf noch einmal aufgreifen, der besagt, dass Arbeitszufriedenheit ein Artefakt der Forschung sein könnte. Die enge Anbindung von Methode und Ergebnis findet sich bereits dann, wenn unterschiedliche Frageformulierungen gewählt werden, z. B.

- Sind Sie zufrieden mit Ihrer Arbeit? (Ja/Nein);
- Sind Sie zufrieden mit Ihrer Arbeit? (Ja/Unentschieden/Nein);
- Wenn Sie nochmals beginnen müssten, würden Sie dann dieselbe Arbeit wählen?

Schon durch diese variable Frageweise erhalten wir u. U. ein Spektrum der Zufriedenheit zwischen 40 und 80 %.

Es stellt sich demnach die Frage, was eigentlich mit dem Konzept der Arbeitszufriedenheit genau gemeint sein könnte. Da es nicht sinnvoll ist, das „Wesen" der Arbeitszufriedenheit zu ermitteln, könnte eine Diskussion der vorherrschenden *Messverfahren* am ehesten Klärung erbringen. Ohne hier auf Einzelheiten einzugehen *(Neuberger 1974; Wiendieck 1977; Wiswede/Wiendieck 1985),* bestehen die beiden hauptsächlichen Verfahren

- in einer besonderen Fragetechnik, die den Grad der *Bedürfnisbefriedigung* bei der Arbeit ermittelt. Dieses an *Maslow* angelehnte Verfahren ist als „*Maslow*-Hierarchy-Index" bekannt *(Porter 1961);*
- in einer besonderen Fragetechnik, die *Einstellungen* zu bestimmten Aspekten der Arbeit ermittelt. Dieses Verfahren ist als „Job-description-Index" *(Smith et al. 1969)* bekannt. Im deutschen Sprachbereich ist der von *Neuberger* konstruierte Arbeitsbeschreibungsbogen (ABB) weitgehend am JDI orientiert.

Beide Verfahren sind aus verschiedenen Gründen unbefriedigend. Bei der erstgenannten Technik wird z. B. unterstellt, dass die von *Maslow* unterschiedenen Bedürfnisklassen (vgl. M 2) im Bewusstsein der Befragten auch wirklich angemessen differenziert werden können. Aus der Attributionsforschung wissen wir jedoch, dass Personen eher dazu neigen, ihren eigenen Handlungen bestimmte Motive zuzuschreiben, die sie gerade für plausibel halten. Außerdem entwickelt das *Porter*-Verfahren keine Möglichkeit, den sozialen Entstehungszusammenhang von Bedürfnissen, Werten und Erwartungen zu problematisieren.

Die zweite Technik, der „Job-description-Index", ist als Methode der Einstellungsmessung konzipiert; dabei lehnen die Verfasser das Konstrukt einer Gesamtzufriedenheit ab und stellen vielmehr bestimmte Teildimensionen in den Vordergrund, die als relevant für die Ermittlung von Zufriedenheit angesehen werden:

- die Höhe der Bezahlung;
- die Art des Führungsstils;
- die bestehenden Aufstiegschancen;
- die Interaktionsmöglichkeiten mit Kollegen;
- die Anerkennung durch Kollegen und Vorgesetzte;
- die Komplexität der Tätigkeit;
- die Möglichkeit, das Arbeitstempo selbst zu bestimmen;
- die Möglichkeit, auf Entscheidungen Einfluss zu nehmen, die das Individuum selbst betreffen.

Die partikularistische Behandlung der Einzel-Zufriedenheiten sowie die additive Aufrechnung zur Gesamtzufriedenheit ist allerdings in dem Moment methodisch fragwürdig, in dem ein Faktor sich in einem „kritischen" Defizit befindet, sodass kompensatorische Mechanismen nicht mehr greifen. Durchgängig zeigt sich auch jener bereits angesprochene Effekt einer *psychischen Aufwertung* der eigenen Arbeitssituation. Die Verfälschungstendenz kann auf zweifache Weise erklärt werden. Aus Theorien kognitiver Konsistenz (vgl. K 2) ist im Hinblick auf die Arbeitssituation abzuleiten, dass ein Spannungsverhältnis zwischen Arbeitswunsch und Arbeitsrealität nach Reduzierung strebt. Eine erfolgreiche Möglichkeit, diese Dissonanz abzubauen, wäre die Reduktion des Anspruchsniveaus. Die Realität des Arbeitslebens vertraut daher auf *kognitive Selbstheilungsprozesse,* auf Mechanismen, die einen Spannungszustand der Unzufriedenheit auf die Dauer kaum zulassen *(Wiendieck 1977;*

Wiswede/Wiendieck 1985). Ferner: Aus der Attributionstheorie (vgl. K 3) folgt, dass Individuen auf die Dauer ihre Arbeitssituation nicht abwerten können, ohne sich dabei selbst abzuwerten. Die Aufwertungstendenz steht demnach im Dienste selbstwertdienlicher Attribution.

Ungeachtet dieser Probleme hat sich in der Erforschung von AZ das Einstellungsmodell durchgesetzt. Obgleich es zutrifft, dass das Einstellungskonzept auch eine affektive Komponente enthält, wird nach Auffassung etlicher Autoren den Emotionen, die Menschen im Kontext ihrer Arbeit erleben, zu wenig Rechnung getragen, indem spezifische Emotionserlebnisse (z. B. Freude, Ärger, Stolz) oder Stimmungen (Depressivität, Gereiztheit) ausgeblendet werden. Eine neuere Theorie (affective events theory = AET) von *Weiss/Cropanzano (1996)* versucht, diesem Gedanken Rechnung zu tragen. AZ kommt dabei nicht nur auf der Basis kognitiver Urteilsprozesse (z. B. einem Soll-Ist-Vergleich) zustande, sondern auch über die Häufigkeit bestimmter Affekt auslösender bzw. Affekt verändernder Ereignisse bei der Arbeit (z. B. Streit mit Kunden, Auseinandersetzungen mit dem Vorgesetzten, Streitgespräche mit Kollegen, Schwierigkeiten im Umgang mit neuen Technologien, soziale Unterstützung).

Angesichts zahlreicher neuerer Arbeiten (vgl. *Weiss/Brief 2001;* im Überblick *Fischer 2005;* dort insbesondere *Wegge/van Dick 2005*) scheint sich hier ein Paradigmenwechsel dergestalt anzubahnen, dass die AZ-Forschung stärker in die Emotionspsychologie integriert wird, ohne dabei die kognitiven Mechanismen zu vernachlässigen.

(2) Strukturen der Arbeitszufriedenheit

Die angedeuteten Verfälschungsmechanismen bedeuten messtechnisch, dass gleiche Skalenwerte sehr unterschiedliche Bedeutung haben können und dass in ihnen ganz verschiedene Strategien der Bewältigung impliziert sein mögen. Auf der Basis eines Prozessmodells hat *Bruggemann (1974, 1975)* als Erste versucht, die Entwicklung individueller Anspruchsniveaus zu problematisieren, um so die verschiedenen Bedeutungen von Arbeitszufriedenheit zu differenzieren. Schon *Homans (1968)* hatte darauf hingewiesen, dass die Zufriedenheit des alten Mütterchens mit der Zufriedenheit eines Managers wohl ebenso wenig zu vergleichen sei wie die Zufriedenheit eines sportlichen Wettkämpfers mit der Zufriedenheit einer Katze, die am Ofen liegt und behaglich schnurrt. Zufriedenheit im dynamischen Sinne würde insofern weniger als Freude am Erreichten interpretiert, sondern als Prozess der Tätigkeit selbst, die ein bestimmtes Ziel verfolgt. *Bruggemann* argumentiert insofern, dass es zu einer solch progressiven, dynamischen Zufriedenheit nur komme, wenn das Anspruchsniveau im Prozessverlauf ständig erhöht werden könne. Komme es zu Blockierungen, so seien je nach Aufrechterhaltung des Anspruchsniveaus und Problemverarbeitung andere Formen der Zufriedenheit wahrscheinlich, z. B. stabilisierte Zufriedenheit, resignative Zufriedenheit oder Pseudozufriedenheit (Abb. 41).

Obgleich dieses Konzept (auch Zürcher Modell) eine Reihe von messtechnischen Problemen aufwirft, hat es bis zum heutigen Tage zahlreiche empirische und methodische Arbeiten angeregt (vgl. *Ulich 2001*). Neuere Untersuchungen *(Baumgartner/Udris 2005; Büssing et al. 2005)* gehen u. a. der Frage nach, inwieweit resignativ zufriedene und konstruktiv unzufriedene Mitarbeiter auf verschieden große Tätigkeitsspielräume mit unterschiedlichen Handlungsneigungen reagieren. Dadurch gelingt es, zwischen verschiedenen AZ-Typen und konkreter Handlungsebene einen Bezug herzustellen. *Fischer/Fischer (2005)* empfehlen zusätzlich die Einbeziehung volitionaler Motivationskonzepte (sensu *Kuhl*). Von Interesse wäre auch ein Modell der Anspruchsregulation, das dem dynamischen Charakter (und mithin der Forderung nach Längsschnittuntersuchungen in diesem Bereich) Rechnung trägt.

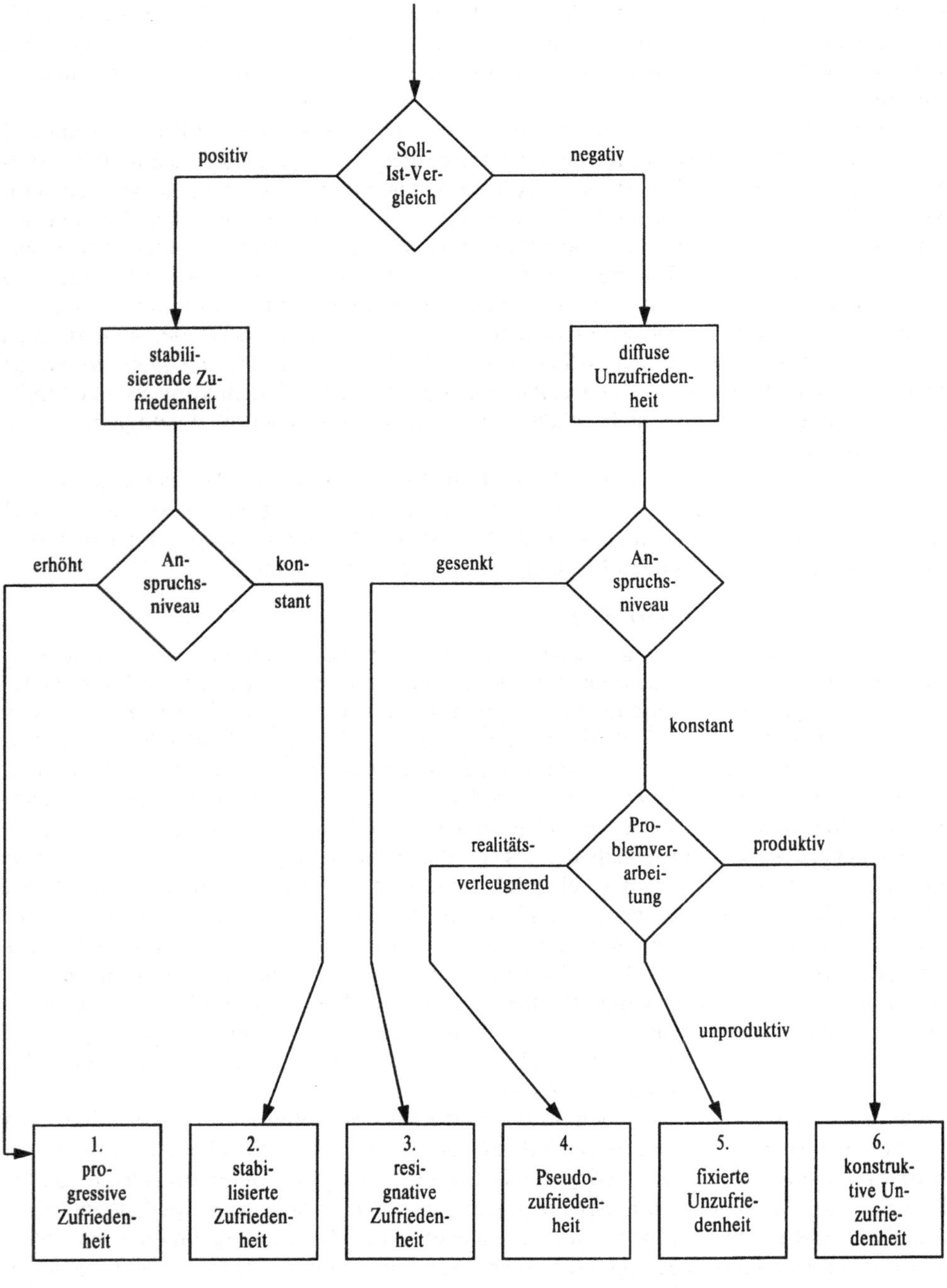

Abb. 41: Mögliche Formen der Arbeitszufriedenheit (nach Bruggemann et al. 1975)

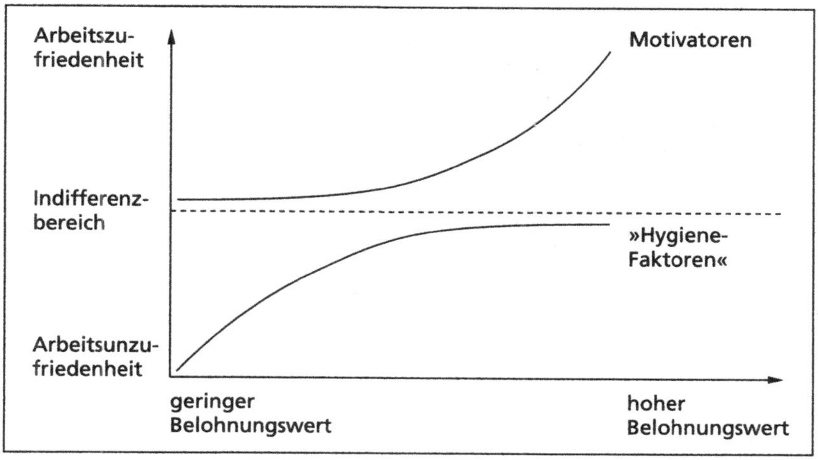

Abb. 42: Wirkung von Motivatoren und Frustratoren auf die Arbeitszufriedenheit

Die Frage nach der Bedeutsamkeit bestimmter Faktoren für das Zustandekommen von Arbeitszufriedenheit, die der Job-description-Index zu erfassen versucht, war auch Gegenstand von *Herzbergs* Konzept, wonach einige Aspekte des Arbeitslebens, die sogenannten Hygienefaktoren oder *Frustratoren* (Aspekte des Arbeitskontexts), lediglich einen Beitrag zur Unzufriedenheit bzw. Nicht-Unzufriedenheit zu liefern imstande sind, während nur sogenannte *Motivatoren* (Aspekte des Arbeitsinhalts) echte positive Zufriedenheit auslösen können. Äußere Arbeitsbedingungen – *Herzberg* spricht von extrinsischen Umständen – fallen demnach erst dann ins Gewicht, wenn sie empfindlich im Defizit sind, ähnlich wie der Faktor Gesundheit für die Lebensumstände des Einzelnen erst dann ins Blickfeld rückt, wenn eben diese Gesundheit gefährdet ist.

Allerdings scheint auch das Konzept von *Herzberg* ein Methoden-Artefakt zu sein (vgl. zur Kritik: *King 1970; Neuberger 1974; Schwab/Henemann 1970; Miner/Dachler 1973).* Denn empirisch nachvollziehbar waren seine Ergebnisse immer dann, wenn die von ihm bevorzugte Methode der „kritischen Ereignisse" angewandt wurde („Erinnern Sie sich an Umstände, bei denen Sie in besonderem Maße zufrieden/unzufrieden waren?"). *Vroom (1967)* merkt an, dass die Zuordnungen bei *Herzberg* auch dadurch zustande gekommen sein könnten, dass Personen dazu neigen, die Gründe für Zufriedenheit in ihren eigenen Leistungen und Erfolgen bei ihrer Arbeit zu sehen, während sie Unzufriedenheit eher auf äußere Umstände (z. B. die schlechte Geschäftsleitung, die miserablen Arbeitsbedingungen usw.) zurückführen und weniger auf persönliche Unzulänglichkeiten und eigenes Versagen. Dies wäre ein attributionstheoretisches Erklärungsmodell, das zumindest im Sinne einer Verzerrung wirksam ist, wenn es nicht gar die gesamte Varianz (bei einigen Faktoren zumal) zu erklären vermag.

Ein weiteres vieldiskutiertes Konzept der Bestimmung von Arbeitszufriedenheit ist das „Job-characteristics-Modell" von *Hackman/Oldham (1975).* Ausgangspunkt dieses Modells war der „Individual-differences-Ansatz" *(Turner/Lawrence 1965; Hulin/Blood 1968; Hackman/Lawler 1971),* der im Prinzip besagt, dass Arbeitszufriedenheit weder als direkte Funktion objektiver Arbeitsbedingungen noch ausschließlich als Funktion der Befriedigung angeblich universeller Bedürfnisse angesehen werden dürfe, sondern unterschiedliche soziale Ausgangsbedingungen reflektiere, die zu differenzieller Sozialisation

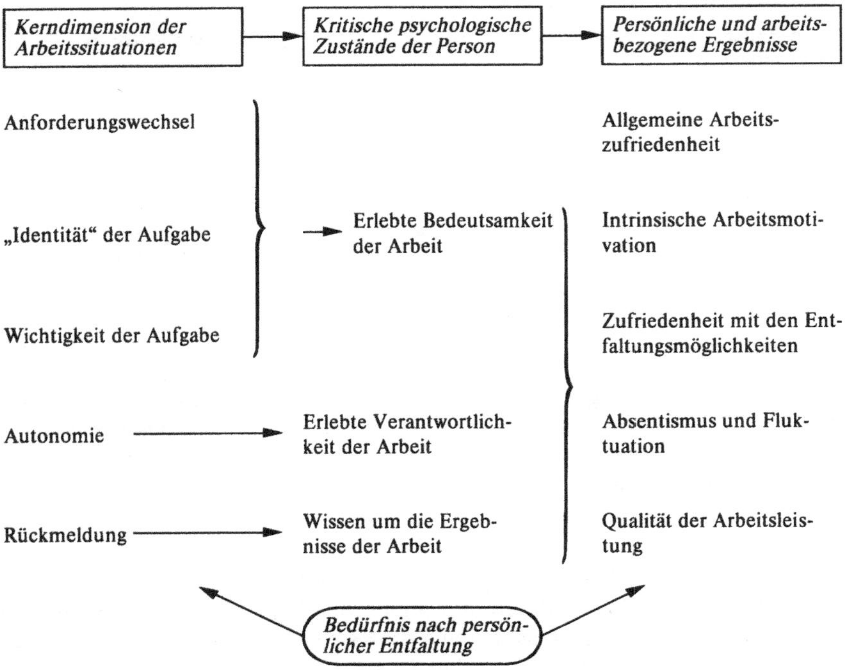

Abb. 43: Das Job-characteristics-Modell nach Hackman/Oldham (1975)

und damit unterschiedlicher Aufnahmebereitschaft für bestimmte Arbeitscharakteristika führen können. *Hackman/Lawler* und *Hackman/Oldham* gehen davon aus, dass lediglich diejenigen Individuen, die Wachstumsbedürfnisse (individual-growth-need-strength) entwickelt haben, in positiver Weise auf herausfordernde und komplexe Arbeitsstrukturen reagieren.

Empirische Untersuchungen *(Schmidt et al. 1981)* bestätigen im Prinzip die Verwendbarkeit des Modells. Jedoch erweisen sich von den fünf Kerndimensionen (erstaunlicherweise) die Dimensionen „Rückmeldung" und „Aufgabenidentität" als verzichtbar, was möglicherweise mit einer Konfundierung der Variablen zusammenhängt und einstweilen keine weiterreichenden theoretischen Schlüsse erlaubt.

(3) Bezugssysteme für Arbeitszufriedenheit

Bereits die Anregungen von *Homans (1968)* wie auch die Auffächerung der Arbeitszufriedenheit in verschiedene Erlebnisqualitäten *(Bruggemann 1974)* zeigten deutlich, dass Zufriedenheit/Unzufriedenheit nicht nur eine Frage unterschiedlicher Arbeitsbedingungen, sondern auch das Resultat eines bestimmten Anspruchsniveaus ist. Der Begriff des Anspruchsniveaus bezieht sich freilich im Zusammenhang mit Zufriedenheit nicht ausschließlich auf Erfolg und Misserfolg in Leistungssituationen. Beide Anspruchsebenen sind nur dann identisch, wenn Leistungsergebnisse und Zufriedenheitsergebnisse parallel laufen; aber dies ist nicht notwendigerweise der Fall, denn Menschen sind oftmals durch ganz andere Faktoren zufrieden zu stellen als durch solche, die zu Leistungsergebnissen im Sinne des Arbeitserfolgs führen.

Allerdings scheint es uns notwendig, das Konzept des Anspruchsniveaus nach seinen Entstehungsbedingungen und seinen Bezugssystemen seinerseits zu hinterfragen. Wir haben vorgeschlagen *(Wiswede 1980)*, vier solcher Bezugssysteme zu unterscheiden:

Erfahrungsniveau (EN): Bisherige Erfahrungen und Ergebnisse in gleichen und ähnlichen Situationen;
Soziales Vergleichsniveau (VN): Maßstäbe, die durch relevante Bezugspersonen/Bezugsgruppen gewonnen werden;
Vergleichsniveau für Alternativen (VA): Bewertung der für das Individuum verfügbaren alternativen Tätigkeiten (Positionen, Beschäftigungsverhältnisse);
Adaptationsniveau (AL): Grad der Abweichung vom gewohnten Standard, der als angenehm/unangenehm empfunden wird.

Die drei erstgenannten Bezugsebenen sind der Austauschtheorie von *Thibaut/Kelley (1986)* entnommen (vgl. I 1); deren Anwendung auf die Zufriedenheitsproblematik wirft einiges Licht auf die sozialen Kontextbedingungen, unter denen Arbeit stattfindet. Die Anwendung der Theorie des Adaptationsniveaus (vgl. M 1) auf die Zufriedenheitsthematik ist problematischer (vgl. zur Begründung *Kaufmann 1978; Wiswede 1980)*, gibt jedoch wichtige Hinweise auf unterschiedliche Quellen der Zufriedenheit (Erregung durch Veränderung in Richtung auf ein Optimum bzw. konstanter Erregungspegel nahe dem Optimum).

In Weiterführung seiner Vorarbeiten im Rahmen unseres Instituts hat sich *Fischer (1989 a)* mit den *„inneren Bezugssystemen"* der Arbeitszufriedenheit beschäftigt. Hier bietet sich zunächst das Selbstbild oder *Selbstkonzept* des Individuums als Bezugsgröße an. Aus den Untersuchungen von *Locke (1976)* wissen wir, dass Personen mit positivem und/oder stabilem Selbstbild insbesondere die Herausforderung durch den Arbeitsinhalt schätzen; auch reagieren sie auf Karriereerfolg im besonderen Maße positiv, weil sie ihn sich selbst zuschreiben. Von ihnen kann man sich am ehesten vorstellen, dass sie aufgrund ihrer bisher gemachten Erfahrungen im Ausmaß des Vergleichsniveaus für Alternativen ihre berufliche Position so lange wechseln, bis Zufriedenheit sich einstellt. Allerdings bedürfte die Selbstbildvariable ihrerseits der näheren ätiologischen Bestimmung; auch ist davon auszugehen, dass ein interaktiver Bezug vorliegt, dass also das Selbstbild seinerseits durch Einflüsse aus dem Arbeitsbereich geformt wird. Sodann wären die Beziehungen zwischen Selbstbild und Anspruchsniveau näher zu bestimmen.

Eine weitere interne Bezugsinstanz nennt *Fischer (1989 a)* in Anknüpfung an die Konzepte zur Person-Wahrnehmung (vgl. K 1) *„implizite Arbeitstheorie"*. Gemeint ist ein zusammengehöriger Satz von „Hypothesen" (des Individuums) über die Arbeit (oder über bestimmte Aspekte der Arbeit). Diese implizite „Arbeitstheorie" steuert und organisiert die Wahrnehmung und Bewertung von Arbeit, wirkt also – wie von der Hypothesentheorie der Wahrnehmung postuliert – sowohl auf die Wahrnehmung und kognitive Verarbeitung äußerer Reizbedingungen (z. B. Arbeitssituationen) wie auch als Steuerungsinstanz für (hypothesengeleitetes) Verhalten. Formierung und Bewährung von Hypothesen unterliegen hierbei den Lerngesetzen: Hypothesen werden auf die gleiche Weise gelernt wie Verhalten *(Campbell 1963; Wiswede 1988 b)*.

Fischer sieht die individuellen Bezugssysteme im Rahmen „innerer Modellbildung" subsumiert, in die nicht nur kognitive Aspekte („Denkmodelle") eingehen, sondern auch Empfindungen und Gefühle. Die Bauprinzipien solcher Modelle oder Schemata sind durch die Mechanismen der Instrumentalität und Selbstwertdienlichkeit charakterisiert, wie sie aus zentralen Funktionalitätsannahmen der Einstellungsforschung sowie der Attributionsforschung abgeleitet werden können. Die verschiedenen semantischen Stufen der Modellbildung, wie sie von *Fischer* unterschieden werden, stellen sich dann wie in Abb. 44 dar.

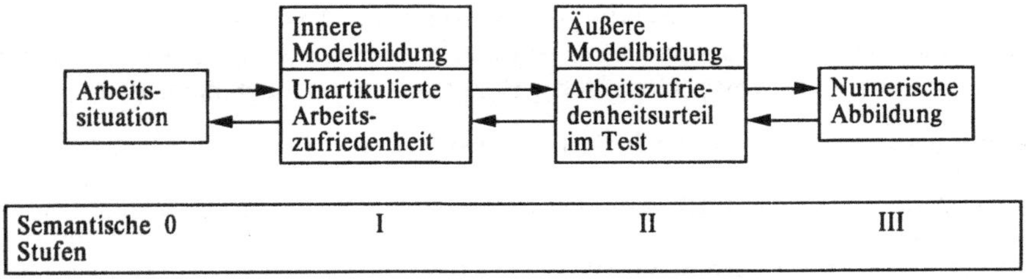

Abb. 44: Semantische Stufen der Modellbildung (nach L. Fischer 1989)

Das Schema zeigt die Interdependenzen/Interferenzen zwischen den verschiedenen semantischen Stufen auf und vermittelt einen Eindruck von den messtechnischen Schwierigkeiten, über die im Forschungsprozess ermittelten Zufriedenheitsdaten die Validität der Ergebnisse zu erschließen.

(4) Leistung und Zufriedenheit

Wenngleich wichtige Impulse der AZ-Forschung aus den Bestrebungen zur Humanisierung der Arbeitswelt stammen und insofern AZ nicht instrumentell, sondern als eigenständige Zielvariable verstanden haben, lag das wichtigste Erkenntnisinteresse der meisten Studien in einer erhofften Steigerung der Arbeitsleistung, auch über den Umweg einer Verringerung des Absentismus und der Kündigungsneigung (zur Übersicht: *Fischer 1989*). Allerdings schienen die meisten Untersuchungen (auch Meta-Analysen) zu belegen, dass der Zusammenhang zwischen Leistung und Zufriedenheit eher dürftig ausfiel und zwischen geringfügig positiven bis sehr geringfügig negativen Korrelationen schwankte. Genannt wurden Koeffizienten von etwa r = .17, so dass AZ kein guter Prädiktor für Leistung zu sein schien. Die Ursachen für diesen schwachen Zusammenhang können u. a. darin bestehen, dass die Beziehung erst dann stringenter wird, wenn vermittelnde Variablen (z. B. Commitment) wirken. Auch wäre die Quelle der AZ zu ermitteln und zu prüfen, welche Anteile an Zufriedenheit aus Leistung resultieren und welcher Teil leistungs- und motivationsirrelevant ist (z. B. AZ durch soziale Kontakte). Mit Rückgriff auf unsere vorausgegangenen Abschnitte über Strukturen und Formen der AZ gilt nämlich: Nicht alle (Erlebens-) Formen der AZ führen zu verstärkter Leistung; manche wirken sogar leistungsmindernd. Gleiches gilt für die mit der AZ einhergehenden Emotionen: Nur bestimmte Emotionsformen (z. B. Stolz) werden Leistungen begünstigen.

In Auseinandersetzung mit verfügbaren Meta-Analysen haben *Judge et al. (2001)* eine vielbeachtete erneute Meta-Analyse vorgelegt. Wie bereits ausgeführt, besteht ein konzeptionelles Problem darin, dass das allgemeine Maß der AZ üblicherweise einen engeren Zusammenhang zu Leistungsindikatoren aufweist als der Durchschnitt spezifischer Maße einzelner Facetten der AZ (wie sie etwa *Vroom* differenziert) und wie sie im Allgemeinen zu einer Unterschätzung des gesamten Zusammenhangs führen. Bleibt man beim globalen Konstrukt, so werden die Zusammenhänge deutlicher. Beseitigt man diese und andere Effekte oder Einseitigkeiten älterer Meta-Analysen, so steigt der Zusammenhang auf r = .30 an.

Allerdings sagt auch diese befriedigendere Korrelation noch nichts über die Kausalrichtung aus (vgl. zu diesen Überlegungen *Locke 1976; von Rosenstiel 1975; Wiswede 1980; Spector 1997; Judge et al. 2001; Schmidt 2005*). Die Lösung **Z → L** (hohe Zufriedenheit führt zu vermehrter Leistung) hat eine gewisse Plausibilität und entspricht den Vermutungen oder Hoffnungen der Human Relations Schule und bildet die Hintergrundideologie der meisten organisationspsychologischen Untersuchungen. Die Relation **L → Z** ist gleichfalls plausibel und dürfte vorwiegend bei hoher Leistungsmotivation und herausforderndem Arbeitsinhalt realisiert sein. Wenn beide Beziehungen (je nach dem Vorliegen bestimmter Randbedingungen) gelten, dann werden auch Interdependenzbeziehungen im Sinne eines Wechselwirkungsmodells nicht auszuschließen sein. Schließlich sind moderierende Faktoren (z. B. Führungsstile, Commitment) denkbar, die sowohl Z, wie auch L gleichsinnig beeinflussen, bei deren Wegfall die Korrelation **Z ⇆ L** verschwindet.

Gerade im Hinblick auf erhoffte Leistungssteigerungen konkurrieren mit dem Konzept der Arbeitszufriedenheit auch alternative Konstrukte, wie Commitment und Organizational Citizenship Behavior (vgl. 2.1.2.1), die eine Zeit lang die Beschäftigung mit dem Thema Arbeitszufriedenheit überschattet haben. Alle drei Konzepte überlappen sich, verweisen jedoch auch auf unterschiedliche Sachverhalte. Das Commitment-Konzept erfasst, wie sich ein Mitarbeiter dem Unternehmen als Ganzes verpflichtet fühlt (ähnlich auch: Involvement als Grad der Einbindung in die Organisation bzw. in die Arbeit). Das OCB-Konzept reflektiert auf Leistungen, die über die normalen Rollenerwartungen hinausgehen (Engagement aus freien Stücken). Eine neuere empirische Studie *(Felfe/Six 2005)* zeigt, dass AZ als Prädiktor für Leistung dem Commitment-Konzept überlegen ist, wohingegen OCB besser durch Commitment und weniger durch AZ vorhergesagt werden kann.

2.1.1.5 Psychologie der Arbeitsbelastung

Mit der im vorigen Abschnitt angesprochenen Problematik der Arbeitszufriedenheit ist ein Thema eng verknüpft, das häufig als Ursache von Unzufriedenheit angesehen wird: der *Belastungsaspekt* der Arbeit. Synonym wird hierbei heute der Begriff „Stress" verwendet, wobei die unterschiedliche Sprechweise auf die einerseits angelsächsische Tradition mit den Begriffen „stress", „strain", „load", „coping" etc. (z. B. *Lazarus 1966; Cooper/Payne 1978)* und andererseits auf die aus den Arbeitswissenschaften kommende deutschsprachige Tradition der „Belastungs- und Beanspruchungsforschung" (z. B. *Frey/Ulich 1981)* zurückzuführen ist (vgl. zusammenfassend: *Belschak 2001*).

In Abweichung von *Selye (1976),* der noch zwischen positivem „Eustress" und negativem „Distress" unterschied, betrachtet man heute Stress meist als negativen, unangenehm empfundenen Spannungszustand *(Greif 1978),* dessen Folgen allerdings positiver Art sein können (z. B. Erhöhung der Handlungskompetenz bei Bewältigung der Stresssituation oder Erweiterung der Frustrationstoleranz eines Individuums).

(1) Psychologische Stressmodelle

Die Stressforschung hat mit einigen begrifflich-konzeptionellen Problemen zu kämpfen *(Semmer 1984; Jerusalem 1990).* Dies betrifft vor allem die verschiedenen Forschungstraditionen (z. B. personenzentrierte vs. situationszentrierte Ansätze; kognitive vs. emotive Konzepte; weit gefasste oder eng gefasste Verständnisweisen von Stress). Die meisten Definitionen sind recht allgemein und vage; der Stressbegriff dient als „umbrella term" für vieles. Steht das Erregungskonzept im Vordergrund, bleibt unklar, welche Erregungszustände gemeint sind. Geht man von aversiven Zuständen aus, so bleibt auch hier offen, ob jeder Stimulus, der als Strafreiz empfunden wird, zu Stress führt. Ein zweites begrifflich-konzeptionelles Problem ist die strikte Trennung von Stressoren, Stress und Stressreaktionen im Rahmen des S-O-R-Modells. Viele Aussagen sind insofern zirkulär, als das Auftreten von

Stress aus gewissen Stressreaktionen oder längerfristigen Folgen abgeleitet wird oder aber indem vom Vorhandensein bestimmter Stressoren automatisch auf Stress geschlossen wird. Mit diesen und ähnlichen Problemen haben sich diejenigen auseinander zu setzen, die die nachfolgend beschriebenen Stress-Modelle messtechnisch in voneinander unabhängige Operationalisierungen umsetzen wollen.

Im Sinne des S-O-R-Modells ergibt sich die folgende elementare Beziehung:

Stressoren ⟶ Stress ⟶ Stressreaktion

Betrachten wir zunächst Stress als abhängige Größe, so fällt auf, dass eine infinite Menge von Variablen Stress auslösen könnten: z. B. Lärm/Ruhe, Überforderung/Unterforderung, Rigidität/Permissivität, enge und weite Handlungsspielräume etc. Es ist also notwendig, intervenierende Variablen einzubeziehen, die darüber Auskunft geben, unter welchen besonderen Bedingungen ein Individuum einen Sachverhalt, eine Situation oder eine Aufgabenstellung als belastend/bedrohend ansieht. Dies ist offenbar eine Frage differenzieller *Persönlichkeitsmerkmale* (z. B. Belastbarkeit, Parallelität von extremer Leistungsmotivation und extremem Rivalitätsverhalten; vgl. *Friedman/Rosenman 1977)* sowie eine Frage unterschiedlicher *Situationsdeutung* (z. B. Kausalattribution, Einschätzung der Situation als vorübergehend, als beherrschbar, als herausfordernd etc.). Beide intervenierenden Variablen bestimmen im Zusammenklang mit auftretenden Stressoren Ausmaß und Qualität des wahrgenommenen/erfahrenen/erlebten/kognizierten Stresses. Interessant ist, dass das Individuum sich im Sinne des „reziproken Determinismus" *(Bandura)* seine eigenen Stressoren verschaffen bzw. setzen kann. Dies geschieht insbesondere im Falle *intrinsischer Motivation,* nämlich dann, wenn das Individuum sich seine eigenen Leistungsziele setzt und sein Anspruchsniveau ständig erhöht (Selbststress). Einen solchen Sachverhalt kennzeichnet die gestrichelte Linie in Abb. 45.

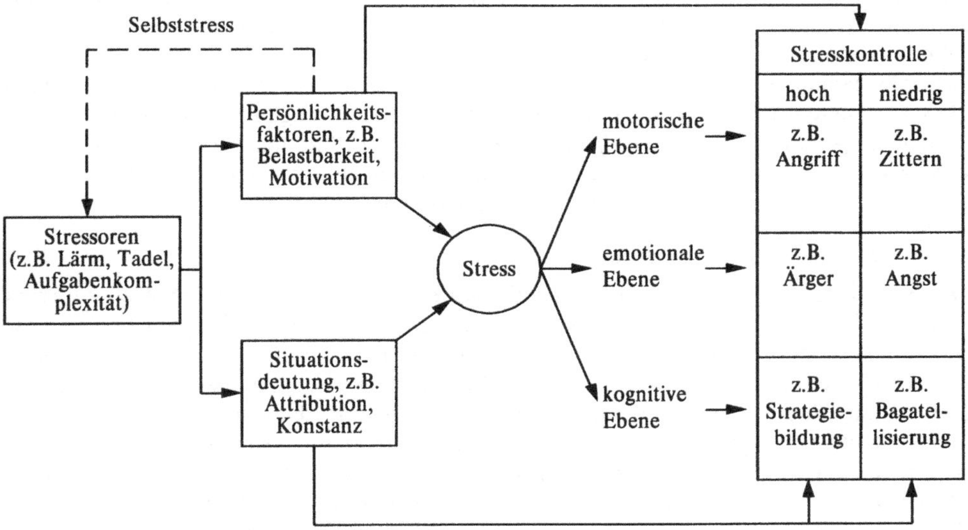

Abb. 45: Stress als intervenierende Variable

Betrachten wir nun Stress als unabhängige Variable. Auch hier werden wir Persönlichkeitsfaktoren sowie Variablen der Situationsdeutung als vermittelnde Größen einführen müssen. So werden nach erfolgter Stress-Einschätzung Faktoren wie Kontrollüberzeugungen, Selbstwertstabilität sowie Erfahrungen mit ähnlichen Situationen als intervenierende Variablen fungieren; *Lazarus (1966)* spricht von „sekundärer Bewertung". Aber diese Faktoren haben bereits im Vorfeld Ausmaß und Qualität des Stresses bestimmt; sie fungieren also gewissermaßen als Puffer, die die Bedrohlichkeit einer Situation abwehren. Doch selbst bei kognizierter Bedrohlichkeit werden diese Persönlichkeitsfaktoren die Art und Weise der Stressreaktion kodeterminieren. So wird z. B. ein Individuum mit positivem/stabilem Selbstbild sowie hoher Kontrollüberzeugung aktiv auf jene Umstände einwirken, die den Stress verursachen, oder entsprechende Lösungsversuche einleiten.

In der Literatur werden verschiedene Stress-Theorien diskutiert, die jeweils auf bestimmte Variablen abheben, z. B. kognitive Bewertungen, wahrgenommene Kontrolle, „Misfit" zwischen Person- und Umweltvariablen, Unsicherheit oder Ausmaß der Bedürfnisbefriedigung. Diese Modelle versuchen meist, Stress sowohl als abhängige als auch als unabhängige Variable zu betrachten. Bei *Lazarus* (vgl. *Lazarus/Launier 1981; Lazarus/Folkman 1984; Lazarus 1991*) fungiert Stress als intervenierende Variable eines *transaktionalen Modells*, d. h. einer phänomenologischen Analyse der durch kognitive Bewertungsprozesse vermittelten Beziehungen (Transaktionen) zwischen Person und Umwelt. Diese Beziehungen werden über einen dreistufigen Bewertungsprozess hergestellt:

- Bei der **primären Bewertung** (primary appraisal) wird ein Ereignis auf seine Bedeutung für das Wohlergehen beurteilt. *Lazarus* unterscheidet dabei zwischen Bedrohung, Schaden/Verlust und Herausforderung (letztere weist positive Erlebnisqualitäten auf).
- Bei der **sekundären Bewertung** (secundary appraisal) wird eine Situation auf die verfügbaren Bewältigungsfähigkeiten und -möglichkeiten eingeschätzt.
- Bei der **Neubewertung** (reappraisal) wird die Situation in einem Rückkopplungsprozess auf der Grundlage eigener Reflexion und gegebenen Informationen auf ihr Bedrohungspotenzial neu eingestuft.

Alle Handlungen, die darauf gerichtet sind, die Bedrohlichkeit einer Situation abzuwenden, werden als „Coping-Prozesse" bezeichnet und sind als eine Art Selbstregulierungsmechanismus zu verstehen. Wir kommen hierauf im Zusammenhang mit Fragen der Stressbewältigung noch zurück.

Ein alternatives Stressmodell stammt von *Harrison (1978)*, das – wie auch schon die entsprechenden Konzepte aus dem eignungsdiagnostischen Bereich sowie aus dem Feld der Berufswahlforschung – als „Misfit-Modell" angelegt ist. Nach *Harrison* tritt Stress immer dann auf, wenn (aus der Sicht des Individuums) zwischen Fähigkeiten/Fertigkeiten des Individuums und den leistungsbezogenen Anforderungen Divergenzen bestehen und/oder wenn die Ressourcen/Möglichkeiten der Arbeitssituation nicht den Bedürfnissen/Motiven des Individuums entsprechen. Ein „Misfit" zwischen „Environment" (E) und „Person" (P) wirkt demnach als Stressor (P-E-fit-Modell). Ähnlich wie auch die Fit-Modelle aus den erwähnten Nachbarbereichen sind solche Konzepte recht allgemein, zumal über die jeweils von Individuen gewählten Stressreaktionen bzw. Bewältigungsstrategien nichts Spezifisches ausgesagt wird. Außerdem sind Entsprechungsmodelle gerade im Hinblick auf die Stressproblematik insofern von begrenztem Aussagewert, als kaum anzunehmen ist, dass unterschiedliche Formen oder Qualitäten von „Misfit" (z. B. Überbelastung vs. Unterbelastung) zu gleichem oder ähnlichem Stresserleben bzw. gleichen Stressreaktionen führen *(Gebert 1981; Gebert/von Rosenstiel 2002; Belschak 2001)*.

Ein weiteres Stressmodell *(McGrath 1976)* betrachtet Stress (Arousal) als Funktion des Produkts aus der Wertigkeit der Konsequenzen leistungsbezogenen Handelns sowie der subjektiven Ungewissheit des Auftretens dieses Erfolgs. Im Gegensatz zum P-E-fit-Modell ist der Stress umso höher, je stärker die Anforderungen in einer Situation und die Fähigkeiten einer Person beieinander liegen. Dies gilt allerdings nur für den Fall hoher Bedeutung des Handlungsziels und seiner Folgen. Die Theorie der Leistungsmotivation (vgl. M 3) besagt indes, dass gerade ein solcher Zustand – ein mittleres Misserfolgsrisiko bzw. eine mittlere Erfolgswahrscheinlichkeit – für das Individuum den stärksten Herausforderungscharakter hat. Dass ein solcher Zustand auch den größten Stress hervorrufen soll, ist nur dann plausibel, wenn das Individuum hierbei zusätzlich unter äußerem Druck steht (z. B. Zeitdruck, besonderer Erfolgsdruck, verheerende Konsequenzen des Misserfolgs). Das Modell von *McGrath* gilt also vermutlich nur unter bestimmten zusätzlichen situativen Bedingungen oder bei Vorliegen bestimmter persönlicher Dispositionen, z. B. Tendenz zur *Misserfolgsmeidung*. Im Übrigen dürfte die Problematik dieses Konzepts auch auf die sehr verkürzte (und möglicherweise sogar verfehlte) Operationalisierung von Stress (Erhöhung der Pulsfrequenz) zurückzuführen sein.

Neuere Entwicklungen der Stressforschung betreffen integrative Bemühungen, z. B. den Stellenwert des Stresskonzepts im Rahmen der Gesundheitspsychologie *(Zimbardo 1992)*, die Rückbesinnung auf die emotionspsychologischen Grundlagen der Stressforschung und die Einstufung des Konzepts als Teil einer umfassenden Emotionspsychologie *(Lazarus 1991)*, oder aber auch Versuche, die bislang unverbundenen psychologischen Stresskonzepte als sich wechselseitig ergänzende Modellvorstellungen auf unterschiedlichem Abstraktionsniveau und mit unterschiedlichen Geltungsbereichen aufzufassen *(Edwards 1992; Belschak 2001)*.

(2) Stressoren im Arbeitsbereich

Es gibt verschiedene Klassifikationen möglicher Stressoren im Betriebs- und Arbeitsbereich *(McGrath 1976; Cooper/Payne 1978; Du Brin 1974)*. So lassen sich etwa unterscheiden:

- *Organisations*bedingter Stress (z. B. bürokratische Strukturen, steile Hierarchien, unklare Kompetenzen);
- *Aufgaben*bedingter Stress (z. B. Aufgabenkomplexität, Überforderung/Unterforderung, Zeitdruck);
- *Rollen*bedingter Stress (z. B. durch Rollenambiguität oder Rollenkonflikte);
- *Ökologisch* bedingter Stress (z. B. durch „Crowding", Lärm, Hitze);
- *Sozial* bedingter Stress (z. B. durch Isolation, Gruppendruck, Rivalität, Meinungsverschiedenheiten, Animositäten, Intrigen);
- *Person*bedingter Stress (z. B. durch Übermotivierung, Unsicherheit, Ängste, mangelnden Bezug zur Arbeit, Konflikte zwischen Familie und Karriere).

Ein Rahmenmodell möglicher Stressquellen bietet *McGrath (1981)*, der von drei Ursachenbereichen ausgeht: dem materiell-technischen, dem sozialen und dem personalen (Abb. 46). Quellen der Beanspruchung liegen entweder in A (z. B. Lärm), in B (z. B. soziale Konflikte), in C (z. B. Ängstlichkeit) oder aber in den Überlappungsbereichen AB (z. B. soziale Isolation oder ihr Gegenteil: „crowding"), in AC (z. B. Unterforderung/Überforderung) und schließlich in BC (z. B. Rollenkonflikte).

Das Ausmaß subjektiver Belastung ist – wie wir bereits in unserem Ausgangsmodell gezeigt haben – eine Frage bestimmter Persönlichkeitsfaktoren (z. B. Belastbarkeit) sowie Situationsdeutungen (z. B. Kontrollierbarkeit). Auch hier gibt es *Anpassungseffekte:* Bewältigter Stress vermittelt im lern- und kontrolltheoretischen Sinne das Gefühl der Zuversicht, stressauslösende Situationen beherrschen und kontrollieren zu können. Man spricht in diesem Zusammenhang von *Stresskontrolle (Frese 1977)*. Insofern reflektiert die individuelle

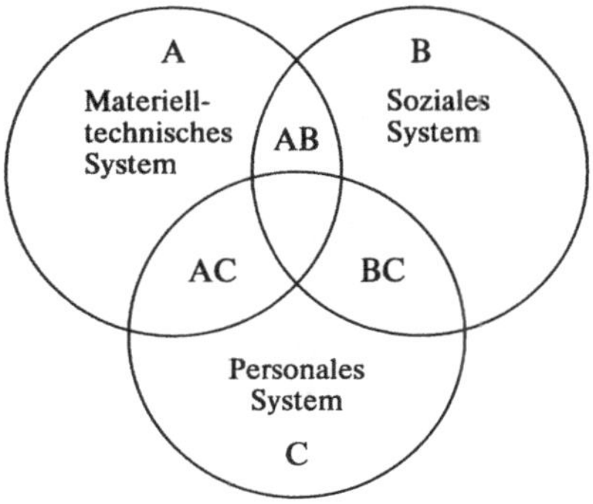

Abb. 46:
Stressquellen in der Arbeit
(nach McGrath 1981)

Belastbarkeit ein durch bestimmte Lerneffekte erreichtes Adaptationsniveau, das auch Ergebnis eines Trainings im Umgang mit Stressoren sein kann.

Die Belastungsforschung hat sich insbesondere mit einseitigen physischen Belastungen beschäftigt *(Karmaus et al. 1979; Volkholz 1977)*. Sie entstehen überall dort, wo monotone und einseitige Beanspruchungen auftreten, also etwa bei Berufsgruppen, die ständig wiederkehrende Abläufe zu bewältigen haben (Fließbandtätigkeiten, Bedienung von Tastaturen) oder deren Sinne einseitig belastet werden (Beobachtung von Bildschirmen, Arbeit in Lärmsituationen) oder bei denen der Biorhythmus durcheinander gerät (z. B. bei Schichtarbeit).

Generell kann ausgesagt werden, dass sich infolge des technischen Wandels die Belastungsschwerpunkte verlagert haben: Während körperliche Belastungen durch manuelle Maschinenbedienung tendenziell abnehmen, steigen psychisch-geistige Belastungen, oft allerdings in sehr einseitiger, häufig auch kurzzeitiger Form. Die Technik selbst kann zum Auslöser von Stress werden (sog. Techno-Stress). Während viele in den neueren computergestützten Technologien spielerische Elemente entdecken und ihnen ein intrinsisches Interesse abgewinnen, sind insbesondere seitens der älteren Arbeitnehmer Barrieren vorhanden, sich mit diesen Techniken erfolgreich auseinander zu setzen.

(3) Stress und Leistung

Durch ein Übermaß an Stress werden in aller Regel die Leistungsfähigkeit und die Leistungsbereitschaft des Individuums herabgesetzt. In gleicher Weise wird die Arbeitszufriedenheit beeinträchtigt. Allerdings ist denkbar, dass kurzfristig die Arbeitsleistung steigt (anspornende, besonders motivierende Wirkung), während langfristig Beeinträchtigungen der Leistungsfähigkeit eintreten (psychische oder physische Schädigung). Umgekehrt ist jedoch auch möglich, dass kurzfristig Unlust und Unmut auftreten (Überforderung), während langfristig der Stress abgebaut wird (positive Stressbewältigung insbesondere auch durch Leistungserfolg).

Aus der Theorie des Aktivationsniveaus sowie aus der Theorie der Leistungsmotivation folgt, dass Menschen Unter- und Überaktivierung im Allgemeinen nicht schätzen. Individuen werden am ehesten stimuliert und herausgefordert durch Aufgaben mittlerer Schwierigkeit (Aufgaben also, die fordern, nicht überfordern). *Atkinson (1964)* vermutet, dass ein Zustand der *Übermotivation* (im Sinne von: „etwas unbedingt wollen“) als Stressfaktor wirkt. Nach seinen Befunden wirken verschiedene Ausprägungsgrade der Motivation mehr oder weniger stimulierend auf die Leistungserstellung ein. Bei einfachen, routinehaften Aufgaben dürfte Übermotivation am unschädlichsten sein, bei hochkomplexen Aufgaben mit hoher Anforderung an Kreativität allerdings wird ein entspannter, keinesfalls ein hochgradig motivierter Zustand günstiger sein (vgl. Abb. 47).

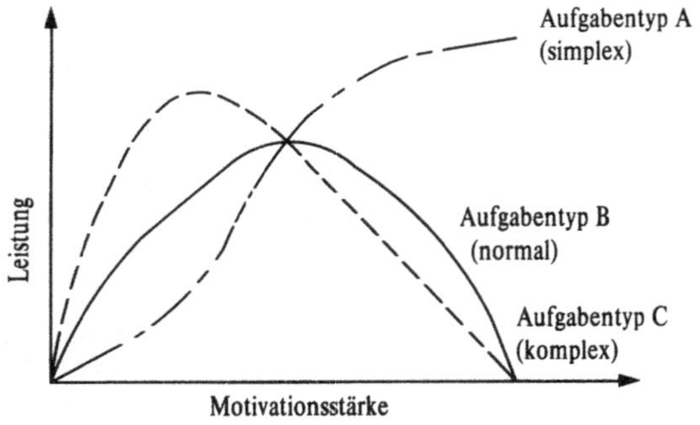

Abb. 47:
Beziehungen zwischen Motivation und Leistung, differenziert nach Aufgabentypen

Stress ist also am ehesten solchen Leistungsergebnissen abträglich, die ein hohes Maß an Kreativität erfordern. Dieser abträgliche Effekt dürfte im Ausmaß des äußeren Drucks stärker in Erscheinung treten. Erfolgt der Druck person-intern (als Selbststress, etwa durch starke intrinsische Motivation), spornt sich also das Individuum selbst zu immer intensiveren Leistungen an, so werden negative Folgewirkungen vermutlich hinausgezögert, können jedoch langfristig zu ständiger Selbstüberforderung („Raubbau") mit entsprechenden physischen Konsequenzen führen.

Auch die Anwesenheit anderer Personen bei der Aufgabenbewältigung kann Stress auslösen. Die Befunde zum Phänomen der „social facilitation" *(Zajonc 1965)* können stresstheoretisch gedeutet werden: Bei Aufgaben im Normalbereich dürfte die Gegenwart anderer Personen (z. B. Beobachter) anspornen und Leistungsverhalten begünstigen, während bei hochkomplexen Aufgabenstellungen eher das Gegenteil zu erwarten ist.

(4) Stressreaktionen und Stressbewältigung

Wie Abb. 45 schon andeutete, sind Stressreaktionen auf verschiedenen Ebenen zu unterscheiden:

- auf der physiologischen Ebene (z. B. Nervosität, Gesundheitsstörungen),
- auf der motorischen Ebene (z. B. Flucht, Rückzugsverhalten, Aggression),
- auf der emotionalen Ebene (z. B. Angst, Ärger, Frustration),
- auf der kognitiven Ebene (z. B. Wahrnehmungsverzerrung, Wandel von Kontrollüberzeugungen, Bagatellisierung).

Die von *Lazarus* beschriebenen Coping-Mechanismen beinhalten in der ersten Phase (primäre Bewertung) die Einschätzung der Situation als mehr oder weniger „stressful", wobei diese Kognition weiter danach differenziert wird, ob die Situation als Bedrohung, als Schaden, als Verlust oder als Herausforderung interpretiert werden kann. In der zweiten Phase (sekundäre Bewertung) erfolgt in Anpassung an die Situationsdeutung die Auswahl möglicher Bewältigungsstrategien, sowohl im Handlungsbereich (problemzentriertes, umweltzentriertes Coping) wie auch im Bereich emotionaler Regulierung (emotionszentriertes, selbstzentriertes Coping). Danach erfolgt rückkoppelnd eine Neubewertung der Situation, wobei sowohl die Vergangenheitsbewältigung (z. B. überwinden, tolerieren) wie auch der Zukunftsbezug (z. B. künftiger Umgang mit Stressoren) bedeutsam sind. Die Wahl der Coping-Strategie hängt von verschiedenen Aspekten ab, insbesondere auch von den kognizierten Kontrollmöglichkeiten. Stresskontrolle variiert dabei auf einem Kontinuum totaler Einflusslosigkeit (gelernte Hilflosigkeit bei *Seligman)* und vollkommener Kontrolle (jederzeitige Möglichkeit, die Stressoren zu beseitigen oder zu beherrschen).

Bei *Lazarus* bleibt weitgehend ungeklärt, welche Stimulus-Klassen stressauslösend wirken und welche nicht. Auch fehlen trotz der Einbettung des Coping-Modells in lern- und kontrolltheoretische Überlegungen spezifizierte Aussagen darüber, unter welchen Stressbedingungen Individuen genau welche Strategien der Bewältigung wählen (vgl. jedoch klärend hierzu: *Lazarus/Folkman 1984)*. Dazu wäre zunächst eine Taxonomie möglicher Strategien zu entwickeln (z. B. verhaltensaktiv vs. kognitiv, offensiv vs. defensiv, individuell vs. kollektiv etc.) und diese dann mit bestimmten Antezedenzbedingungen zu verknüpfen. Faktorenanalytisch konnten die folgenden acht Coping-Strategien identifiziert werden:

- Konfrontatives Coping: aggressive Anstrengungen, die Situation zu ändern
- Distanzierung: Versuch, sich von einem Ereignis psychisch zu distanzieren
- Selbstkontrolle: Anstrengungen, die eigenen Gefühle und Handlungen unter Kontrolle zu halten
- Soziale Unterstützung: Aufsuchen informationaler, instrumenteller und emotionaler Unterstützung
- Verantwortungsübernahme: Anerkennung des eigenen Anteils am Problem bei gleichzeitiger Anstrengung, eigene Fehler wieder gutzumachen
- Flucht/Meidung: kognitive oder verhaltensaktive Flucht- und Vermeidungsstrategien („aus dem Felde gehen")
- Geplante Problemlösung: problemfokussierte Versuche, die Situation zu ändern
- Positive Umwertung: Versuche, ein Ereignis umzudeuten durch positive Bedeutungszuweisung, z. B. als Wachstumschance.

Die Frage allerdings, welche dieser Strategien bei welchen Randbedingungen (z. B. Kontrollmöglichkeiten) genau gewählt wird, bleibt nach wie vor nicht befriedigend gelöst.

Die Chance, eine problemlösende Coping-Strategie erfolgreich anzuwenden, hängt im Übrigen auch von der Mobilisierung verfügbarer *Ressourcen* ab *(Frese/Semmer 1991; Semmer/Udris 1993)*. Dabei wird zwischen situationsbezogenen und personbezogenen Ressourcen unterschieden. Die wichtigsten *situations*bezogenen Ressourcen sind: der Handlungsspielraum (Spielräume wirken meist stressreduzierend) und *soziale Unterstützung*, sei es emotionaler, instrumenteller oder materieller Art. Soziale Unterstützung wirkt oft in direkter Weise (Primär-Effekt), indem sie das physisch-psychische Wohlbefinden verbessert, Stress also gar nicht erst aufkommen lässt, und/oder in indirekter Weise als Moderator (Puffer), indem die Stressoren in ihrer Wirkung abgemildert werden (Sekundär-Effekt). Die wichtigsten *person*bezogenen Ressourcen sind physische Befindlichkeit (z. B. Gesundheitszustand, physische Belastbarkeit), psychische Dispositionen (wie Kontrollüberzeugungen, Gelassenheit, Selbstvertrauen), soziale Kompetenz (Fähigkeit zur Delegation, Kooperation) sowie Qualifikationsvoraussetzungen (Flexibilität, Lernbereitschaft etc.).

Auch die in rollentheoretischer Tradition (vgl. I 3) stehenden Stressmodelle (z. B. die Theorie des *Rollenstresses* von *Goode 1960)* verbleiben bei der Aufzählung gewisser grundsätzlicher Möglichkeiten, sich von betrieblichem Rollenstress zu befreien:

- durch *Neuinterpretation* der Rolle, sofern die Möglichkeit der Rollenselbstgestaltung besteht;
- durch *Aushandeln* der Rolle in einem Prozess der Abstimmung, wobei Marktbedingungen für das Ergebnis des Aushandelns relevant sind;
- durch *Delegation* bestimmter Pflichten, etwa im Rahmen des „management by delegation";
- durch *Abschottung* des Rollenhandelns, d. h. durch Verschleierungstechniken, die das tatsächliche Verhalten des Individuums nach außenhin abschirmen;
- durch *Transfer* bisheriger Rollenerfahrungen in andere Rollen, wobei insbesondere die Übernahme neuer Rollen (z. B. bei sozialem Aufstieg oder beim Arbeitsplatzwechsel) erleichtert wird;

- durch stärkeres *Sichtbarmachen* der bisherigen gesamten Belastung, um dadurch eine stärkere Rücksichtnahme seitens der Umwelt zu erreichen;
- durch *Ausspielen* der einen Rollenverpflichtung gegen die andere (sogenannte Überdeterminierung).

Beim Rollenstress, der ja ein typischer Stress gegenüber sozialen Erwartungen ist, wird besonders deutlich, dass die Belastung nicht nur durch die Beschaffenheit der Aufgabe oder sonstiger situativer Umstände – Komplexität, Ambiguität, Schwierigkeit etc. – verursacht sein kann, sondern vorwiegend durch den Druck zur Konformität und einer hieraus resultierenden Angst vor sozialen Sanktionen (Blamage, sich lächerlich machen, Statusverlust, Verlust der sozialen Identität). Insofern sollten wir zwischen *A-Stress* (durch die Aufgabe ausgelöst) und *S-Stress* (durch die soziale Umwelt ausgelöst oder im Hinblick auf diese antizipiert) unterscheiden. Beide Stressformen dürften auch unterschiedliche (antizipative) Bewältigungsstrategien implizieren.

Unter teilweiser Abgrenzung von der Stressforschung hat sich die neuere *Bewältigungsforschung* etabliert *(Sethi/Schuler 1984; Brüderl 1988)*. Hier ist zu beobachten, dass nach der empirischen Analyse der Effizienz konkreter Bewältigungsmaßnahmen der Blickwinkel vermehrt auf die persönlichkeits- und sozialisationsbedingten Determinanten von „Bewältigungsstilen“, „Bewältigungsmustern“ oder „Bewältigungsstrategien“ gerichtet wird, die auch situationsübergreifend als Folge überdauernder Einstellungen oder Habitualisierungen in Erscheinung treten.

Nach *Jerusalem (1990)* ist die Hierarchie-Ebene, auf der die individuelle Entscheidung über eine konkrete Bewältigungsmaßnahme fällt, abhängig von der Ambiguität der Anforderungssituation: Je weniger frühere Situationen abgerufen werden können und/oder Kontrollmöglichkeiten antizipiert werden, desto eher wird auf sehr generalisierte und habitualisierte Kognitions- und Verhaltensmuster zurückgegriffen. *Kohlmann (1990)* sieht gar in der Fähigkeit, auf neuartige, differenzielle Situationen flexibel (vs. rigide) zu reagieren, die grundlegende determinierende Disposition für erfolgreiches (vs. erfolgloses) Coping. *Grimmer (1991)* konnte zeigen, dass die Rigidität von Bewältigungsstrategien u. a. von der Inadäquatheit eines beruflichen Idealselbst abhängen kann.

Neuerdings wird das *Burnout-Konzept (Maslach 1982)*, das ursprünglich für professionelle Helferberufe formuliert wurde, generell auf den arbeits- und organisationspsychologischen Bereich übertragen *(Nerdinger/Pfann 1993)*. *Maslach* ermittelte faktorenanalytisch drei relevante Dimensionen von „Burnout“: emotionale Erschöpfung, Depersonalisierung und Antriebsverlust. Insbesondere die emotionale Erschöpfung scheint hoch mit Stressmaßen zu korrelieren; die beiden anderen Dimensionen weisen in eine andere Richtung. Ob das Burnout-Syndrom bedenkenlos auf andere Bereiche übertragen werden kann, müsste eine genauere Klärung der Randbedingungen dieses Ansatzes zeigen.

2.1.2 Psychologie der Organisation

Die Thematik der Arbeits- und der Organisationspsychologie ist insofern miteinander verbunden, als Arbeit heute in der Regel im Rahmen *wirtschaftlicher Organisationen* stattfindet. Davon ausgenommen sind allerdings durchaus nicht unwesentliche Teilbereiche des Arbeitens: z. B. die Arbeit der Hausfrauen und Mütter – hier wäre allenfalls an den Haushalt als Organisationsform zu denken – oder die Arbeit der Selbstständigen sowie der gesamte Bereich der informellen Arbeit. Andererseits sind auch wirtschaftliche Organisationen nicht lediglich durch die Funktion der Arbeit gekennzeichnet. In Organisationen wird bekanntlich nicht nur gearbeitet, sondern auch kommuniziert, intrigiert, politisiert; da werden Statusprobleme und Konflikte ausgetragen, Rituale und bürokratische Prozeduren aufrechterhalten u. v. a. Aus diesem Grunde absorbieren solche Organisationen ein Stück „Lebenswelt"; in ihnen findet mehr und anderes statt, als im Konzept des Arbeitens angelegt ist.

Während die Arbeitspsychologie vom Ansatz her ausgeprägte *individual*psychologische Tendenzen hat – hier noch dazu unter technologischem und ergonomischem Blickwinkel –, ist die Organisationspsychologie i. e. S. stärker *sozial*psychologisch geprägt. Neuere Bemühungen um eine integrative Perspektive – z. B. in den gängigen Lehrbüchern *(Dunnette/Hough 1991; Robbins 1991;* vgl. im deutschsprachigen Raum etwa: *Weinert 2006; Gebert/von Rosenstiel 2002; Greif et al. 1989; Schuler 2003; Nerdinger 2011)* – weisen der Organisationspsychologie hierbei die Führungsrolle zu, indem die Arbeitspsychologie unter diesem Dach subsumiert wird.

Die Besonderheit des Verhaltens in Organisationen – und übertragen auch das Spezifikum der organisationspsychologischen Perspektive – ist, dass die *Möglichkeitsspielräume* des Handelns erheblich reduziert sind, weil formale Zwänge und strukturelle Vorgaben den Umkreis dessen, was als Verhaltensmöglichkeiten verbleibt, stark einengen. Das ist auch der Grund, weshalb die psychologische Behandlung dieses Themas sich in starkem Maße der soziologischen, hier vor allem auch der systemtheoretischen Betrachtung annähert *(Katz/Kahn 1978).* Dennoch dürfen wir nicht in den Fehler eines strukturellen Determinismus verfallen, der die Vorstellung nährt, die Verhaltensweisen in Organisationen seien ein spiegelgetreues Abbild struktureller Vorgaben. Die Psychologie kann vielmehr zeigen, dass auch und gerade unter den restriktiven Bedingungen von Kontrolle und Anweisung, Bürokratisierung und Automation, Systemisierung und Organisation das individuelle Verhalten von den strukturellen Mustern abweicht, ja aus Elastizitäts- und Entwicklungsgründen sogar abweichen muss.

Eine weitere Vorbemerkung betrifft die Frage nach der Rationalität menschlichen Verhaltens in Organisationen. Beschränktes Wissen, unvollkommene Technologien, inkonsistente Ziele, wechselnde Teilnehmer und selektive Aufmerksamkeit schaffen mehrdeutige Situationen, die das rationale Modell nicht angemessen abbildet. Auch ist die Informationsverarbeitungskapazität begrenzt, und manchmal müssen Entscheidungen grob vereinfacht werden, um sie in angemessener Zeit zu treffen. Schon *Simon (1957)* versucht daher, das Maximierungsmodell durch ein realistischeres *Satisficing-Modell* zu ersetzen: Menschen geben sich mit Mindestanforderungen, d. h. mit befriedigenden Ergebnissen zufrieden. Drastischer noch hat *March (1994;* vgl. auch *March/Shapira 1992)* die Illusion rationalen Handelns in Form eines Mülleimer-Modells beschrieben: Organisationen als chaotische Arenen, in denen Entscheidungen nicht nach rationalem Kalkül, sondern eher durch ein „muddling-through" erfolgen. Entscheidungen werden insofern mehr als zufällige denn als willentliche und strategisch herbeigeführte Verbindungen zwischen Problemen und Lösungen gesehen.

Allerdings lässt sich die Annahme diskutieren, ob im Bereich des professionellen Handelns mit starken Rationalitätsgeboten (vgl. A 1.4) menschliches Verhalten nicht doch in stärkerem Maße von Rationalität imprägniert ist als etwa im Feld des Konsumentenverhaltens, in dem gelindere Sanktionen für „irrationales" Handeln verhängt werden und Rechenschaftspflicht geringer ausgeprägt sein dürfte. Allerdings könnte es auch sein, dass der normative Ruf nach Rationalität in Organisationen in erster Linie eine „postdezisionale Rationalität" *(Weick)* erzeugt, die erst dann greift, wenn Handlungen ex post „begründet", „gerechtfertigt" und als „sinnvoll" hingestellt werden müssen (vgl. die Theorie des rationalisierten Verhaltens in A 1.4). In eben diesem Sinn haben seitens der Ökonomie *March (1994),* seitens der Organisationssoziologie *Meyer/Rowan (1977)* sowie seitens der Organisationspsychologie *Weick (1985)* darauf hingewiesen, dass die Rationalität in Organisationen häufig ein wohlgepflegter *Mythos* sei, der überwiegend der Rechtfertigung, Selbstdarstellung und Abschirmung diene.

2.1.2.1 Psychologie organisationaler Rahmenbedingungen

Im ersten Abschnitt wollen wir uns mit der Frage befassen, wie der in einer Organisation tätige Mensch diese Organisation und ihre Elemente wahrnimmt (perzipiert) und gedanklich verarbeitet (kognziert). Der Begriff „Wahrnehmung" steht hier – entsprechend den Konzepten zur Personwahrnehmung – für beides: Perzeption und Kognition, mit dem möglichen Ergebnis einer festen *Eindrucksbildung*. Und in Analogie zur „impliziten Persönlichkeitstheorie" – naive Vorstellungen und Einschätzungen bestimmter Personen aufgrund irgendwelcher „Hypothesen" (vgl. K 1) – wollen wir im organisationalen Zusammenhang von einer *„impliziten Organisationstheorie"* sprechen: Vorstellungen darüber, wie diese Organisation *„ist"*, wie sie sich von anderen unterscheidet, wie sie sein sollte, wie sie eingeschätzt wird, welche Zielvorstellungen der Einzelne perzipiert, welche Handlungsspielräume er wahrnimmt, welche generalisierten Einstellungen er im Hinblick auf die Organisation und ihre Teile entwickelt. Aus einer solchen Perspektive können auch Problembereiche wie „Organisationsziele" oder „Organisationskultur" einer psychologischen Behandlung zugeführt werden: Organisationsziele sind unter diesem Aspekt nichts anderes als Kognitionen der Organisationsmitglieder über die Aufgaben der Organisation, wobei das Verhalten in der Organisation durch entsprechende Induktionsprozesse gesteuert wird *(Cartwright/Zander 1972)*. Organisationskultur stellt sich unter dieser Perspektive als kognitives Abbild des Wertsystems von Organisationen dar, das mit bestimmten (oft symbolhaften) Bedeutungen aufgeladen ist und von anderen Organisationsmitgliedern geteilt wird. Das Organisationsklima schließlich lässt sich als kollektiv geteiltes Einstellungskonstrukt begreifen, in dem affektiv-emotionale Komponenten ebenso eingeschlossen sind wie kognitive Überzeugungs- und Wissensstrukturen.

(1) Organisationsziele

Für die *formal*wissenschaftliche Analyse ist das Studium von Organisationszielen relativ unproblematisch: Sie werden gesetzt (oder vorausgesetzt), und es kann dann höchstens über deren Erreichbarkeit und über die Kompatibilität verschiedener Einzelziele referiert werden. Die Systemtheorie schreibt überdies – in fragwürdiger Reifikation – der Organisation *als solcher* Ziele zu; plausibler ist es anzunehmen, dass Menschen, die das System steuern und Teile dieses Systems sind, Zielvorstellungen entwickeln, die dann die Systemziele in irgendeiner Weise repräsentieren. Dabei entsteht zunächst die Problematik der Zielfindung und der Zielformulierung, sodann die organisationspsychologisch noch wichtigere Frage der Abstimmung dieser „Organisationsziele" mit den Individualzielen der einzelnen Beteiligten.

Unsere empirische Perspektive muss folglich auch unterscheiden zwischen *offiziellen* (verkündeten, geplanten) und *operativen* (d. h. den faktisch verfolgten) Zielen *(Mayntz/Ziegler 1977; Hauschildt 1977)*. Es hat sich nämlich immer wieder gezeigt, dass formale Zielsetzungen (wie etwa Gewinnmaximierung) zwar eine gewisse Prägekraft ausüben, dass aber die tatsächliche Zielverfolgung auch auf der Ebene des Eigentümers oder des Managements von solchen Maximen entscheidend abweichen kann. (So wurden z. B. mögliche Diskrepanzen zwischen Eigentümer- und Managementzielen im Rahmen der Theorie der „property rights" untersucht.) Auch beobachtet man immer wieder, dass in einzelnen Segmenten eines Unternehmens (z. B. Abteilungen) unterschiedliche Ziele verfolgt werden: So verfolgt etwa die Finanzabteilung ein Liquiditätsziel, die Verkaufsabteilung ein Umsatzziel, die Fertigung bestimmte Produktionsziele. Auch hier ist die Kompatibilität nicht immer gewährleistet.

Übergreifend gibt es sicherlich das Streben nach Gewinn, allerdings sind die hierbei verfolgten Strategien höchst unterschiedlich (z. B. Maximierungs-Strategie, Satisfizierungs-Strategie, Komparations-Strategie). Das Streben nach Größe, Wachstum, Umsatz usw. kann gleichfalls zu einem autonomen Motiv werden; so weist etwa *Baumol (1959)* nach, dass das

Streben nach Erhaltung der Marktmacht das Gewinninteresse überschatten kann. Auch das Streben nach Wahrung eines Leistungsprofils, eines positiven Firmenbildes (Image) oder nach Verbesserung des „Shareholder value“ vermag in dieser Weise autonom zu wirken. Schließlich ist auch das Streben nach Konsonanz mit Bezugsgruppen der Organisation (z. B. die Konkurrenz, die Branche) außerordentlich handlungsleitend. *Hauschildt (1977)* stellt insofern heraus, dass betriebliche Handlungsziele nicht konsequent aus einem übergeordneten Zielsystem abgeleitet werden können. Ziele werden häufig konfligieren (z. B. Gewinnziel vs. Umsatzziel oder Gewinnmaximierung vs. Arbeitsplatzbereitstellung). Auch werden gelegentlich gesellschaftliche oder ökologische Auswirkungen mit dem Gewinnziel kollidieren.

Ziele wirken einerseits *handlungsleitend,* zum anderen jedoch auch *handlungseinengend* (im Sinne von „constraints“). Die handlungsleitende Funktion wird am ehesten sichtbar im Rahmen der Motivationsforschung, wobei Ziele *Anreize* (i. S. der Zielsetzungstheorie, vgl. 2.1.1.3) darstellen. „Management by objectives“ ist eine Form der Verhaltenssteuerung, die solch zersplitterte Aktivitäten bündeln soll und zudem durch die Attraktivität der Zielerreichung die induktive Kraft der Zielsetzungen verstärken möchte. Die erhoffte Induktionswirkung dürfte sich jedoch nur dann entfalten, wenn es gelingt, die „Organisationsziele“ mit den individuellen Einzelzielen zu koppeln.

Mit dieser Frage hat sich die Organisationspsychologie in besonderem Maße beschäftigt: Wie können die höchst unterschiedlichen Individualziele – Streben nach Macht, nach Kontakt, nach Einkommen, nach Ansehen usw. –, die ja alle auf differenziellen Lebenslagen und Bedürfnissen beruhen, so ausgerichtet werden, dass sie mit den betrieblichen Zielen *vereinbar* oder gar deckungsgleich werden? In Beantwortung dieser Frage müssen mögliche Prozesse untersucht werden, die zur Akzeptanz und/oder Verinnerlichung von Organisationszielen führen.

In Anlehnung an *Barrett (1970)* lassen sich folgende Möglichkeiten der Zielintegration unterscheiden:

Austausch: Hier erwartet der Einzelne für seinen zielkonformen Einsatz entsprechende Belohnungen (vgl. 11); es kommt zu einem „kalkulierten“ Engagement.
Sozialisation: Bestimmte zielkonforme Verhaltensweisen werden verinnerlicht. Im Extremfall identifiziert man sich mit dem Unternehmen und seinen Zielen.
Anpassung: Hierbei wird der Druck der Verhältnisse als so gravierend empfunden, dass durch Gewöhnung oder Resignation eine Anpassung an bestimmte Zielvorgaben erfolgt. Das Engagement für Ziele wird hier in erster Linie von dem Wunsch getragen, negativen Sanktionen zu entgehen.

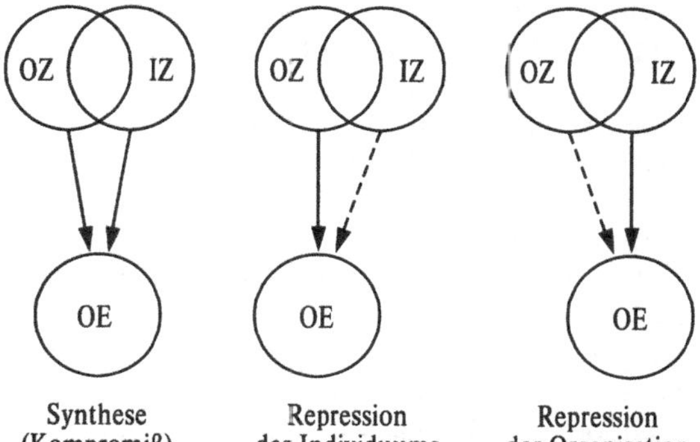

Abb. 48: Mögliche Anpassungsprozesse zwischen Organisationszielen (OZ), Individualzielen (IZ) und Organisationsergebnissen (OE)

Gelegentlich werden – auf dem Wege der funktionellen Autonomie – *Mittel zu Zielen.* So kann z. B. ein bestimmter Verwaltungsaufwand zum Selbstzweck werden. Gerade in formalisierten Bürokratien ist dies häufig der Fall, sodass sich z. T. sinnentleerte Verhaltensmuster herausbilden. Auch habitualisieren und ritualisieren sich bestimmte Zielverwirklichungen im Laufe der Zeit, sodass eingeschliffene Denk- und Verhaltensmuster veränderten Bedingungen der Organisationsentwicklung nicht mehr entsprechen.

(2) Organisations„korsett"

Organisationsstrukturen und Organisationsziele wirken – wie wir sehen – nicht nur handlungsleitend, sondern auch handlungsrestriktiv: Das Individuum ist eingebunden in ein „Korsett" formaler Verpflichtungen, Handlungsanweisungen und technologischer Vorgaben, die die Verhaltensspielräume des Einzelnen stark einengen. Je nach Persönlichkeit, Sozialisationserfahrung und Motivationslage wird das Individuum diese restriktiven Bedingungen seiner Tätigkeit als „Ärgernis", die Organisation demnach eher als „Gefängnis" empfinden oder aber – im anderen Falle – als Entfaltungsraum und als identitätsstiftende Sozialisationsinstanz. *Argyris (1964)* macht gute Gründe dafür geltend, dass meist das Erstere der Fall sein wird. Seine These ist, dass zwischen den Bedürfnissen des Individuums und den Anforderungen traditioneller formaler Organisationen ein fundamentaler Mangel an Übereinstimmung besteht. Allerdings ist die Vermutung von *Argyris,* dass die Organisation im Regelfall einer „Zwangsjacke" gleicht, an bestimmte empirische Bedingungen geknüpft. Die Frage, ob Individuen die Organisation eher als „Gefängnis" ansehen und ob sie ihr gewissermaßen „fremd" gegenüberstehen, ist nicht nur ein Problem tatsächlicher bzw. vom Individuum perzipierter Handlungsspielräume, sondern auch eine Funktion der Bewertung dieser Handlungsspielräume durch das Individuum *(Greif 1983).* In diesen Bewertungsvorgang gehen individuelle und kulturabhängige Sozialisationserfahrungen ein, folglich auch alle Internalisierungs-, Habitualisierungs- und Anpassungsprozesse, die der Mensch anlässlich seiner Konfrontation mit der Organisation und ihren „constraints" vollzogen hat. Unter den Bedingungen bestimmter Ausbildungs- und Erziehungsstile sowie unter den Bedingungen heutigen Wertewandels – individualistische Tendenzen, Vordringen von Selbstentfaltungswerten, wachsende Bedeutsamkeit von Freiheit, Autonomie und Selbstkontrolle – wird freilich der Druck der Organisation auf die Freiheit des Einzelnen stärker und ärgerlicher empfunden, zumal jene Motivationsmöglichkeiten, die in restriktiven Umwelten noch einsetzbar sind, nicht mehr sonderlich greifen. Die Forderung nach einer Lockerung der organisationalen „Fesseln" hat demnach nicht nur eine humanistische Seite, sondern dürfte auch unter Effizienzgesichtspunkten im Ausmaß des Widerspruchs zwischen vorauslaufender Sozialisationserfahrung und Wahrnehmung der organisationalen Restriktionen zeitgemäßer und vermutlich für alle Beteiligten ertragreicher sein.

An dieser Stelle sind auch einige Überlegungen am Platz, in welcher Weise sich Organisationsstrukturen angesichts instabiler, turbulenter Umweltkonstellationen sowie im Hinblick auf revolutionäre Entwicklungen im Technik-Bereich – hier vor allem durch die rasante Entwicklung der Informationstechnologie – verändern werden (vgl. hierzu *Hage 1988; Furnham 1988, 1997; Weinert 2006).* Als Denkmodell wird hier häufig das Konzept der *lateralen Organisation* (vgl. *Mohrman et al. 1995)* verwendet, die dezentralisierte Strukturen, flache Hierarchien, lose gekoppelte Subsysteme und teamorientierte Strukturdesigns aufweist und in der die Mitarbeiter hoch involviert, eigenverantwortlich und selbstkontrollierend agieren (high involvement organization nach *Lawler 1992).* Ein solcher Wandel ist gleichbedeutend mit einer generellen Flexibilisierung von Organisationsstrukturen, die bewusst weich und elastisch gehalten werden und daher möglicherweise geringere repressive Komponenten enthalten als formalisierte, bürokratische Strukturen. Das Individuum erhält dadurch mehr Entscheidungsfreiheit, vermehrte Einflussbereiche sowie ein höheres Maß an Entwicklungsmöglichkeiten. Allerdings will auch der Umgang mit Handlungsspielräumen gelernt sein, sodass das Wirken in derlei Organisationen sehr voraussetzungsvoll sein dürfte. Wer diesen Ansprüchen nicht genügt, kann allenfalls als Randbelegschaft vorübergehend – je nach den Anforderungen des Marktes – noch Einsatz finden. Außerdem impliziert die gewandelte Technostruktur neue und andere Formen der Repression und Entfremdung, die als Folge einer gesellschaftlichen Kolonisierung durch Technik ein „Korsett" anderer Art inszenieren. Aus diesem Grund sollten unsere Prognosen über künftige Entwicklungen nicht allzu emanzipatorisch ausfallen.

Die Beziehungen zwischen *Organisationsstruktur* und individuellen Einstellungen, Formen des Erlebens und Verhaltens am Arbeitsplatz sind nicht nur Gegenstand grundsätzlicher Überlegungen, sondern auch Objekt empirischer Untersuchungen gewesen (vgl. für einen Überblick *Weinert 2006).* Als Merkmale der Organisationsstruktur fungieren üblicherweise Größe der Organisation (sowie Größe ihrer Subeinheiten), Grad der Komplexität, Formalisierung, Zentralisierungsgrad, Steilheit der Hierarchie, Standardisierung (der Produktion), Technologie etc. Als abhängige Variablen sind am häufigsten untersucht worden: Arbeitszufriedenheit, Leistung, Fehlzeiten, Kündigungshäufigkeit. Die Befunde sind meist wenig eindeutig. Dies könnte mehrere Ursachen haben: Um den Einfluss bestimmter Strukturparameter auf individuelles Erleben und Verhalten zu ermitteln, sind wegen der Vielzahl der hier einwirkenden Variablen außerordentlich große Samples notwendig. Zum zweiten dürften zwischen den strukturellen Rahmenbedingungen und den Verhaltenskonsequenzen etliche Moderatorvariablen fungieren, die zusätzlich zu ermitteln wären. Drittens müsste der Einfluss individueller Unterschiede (evtl. segmentiert nach Ebenen der Organisation) erhoben werden. Denn immer wieder hat sich gezeigt, dass strukturelle Merkmale, die von vielen Menschen (auch von Organisationspsychologen) positiv eingeschätzt werden (z. B. Handlungsautonomie, Selbstverantwortlichkeit, Partizipation) für etliche Organisationsmitglieder eher negative Auswirkungen haben, indem sie etwa Stress, Unsicherheit, Strukturlosigkeit auslösen.

Außerdem werden strukturelle Merkmale, Methoden und Techniken, Kriterien für Erfolg und Misserfolg innerhalb verschiedener Segmente der Unternehmung unterschiedlich verstanden und interpretiert; auch weichen die zur Anwendung gelangenden Bezugssysteme, Normen und Wertvorstellungen von Gruppe zu Gruppe, von Abteilung zu Abteilung, von Ebene zu Ebene deutlich voneinander ab. Es zeigt sich also, dass es zwischen den Strukturvariablen einerseits und den Variablen des Erlebens und Handelns am Arbeitsplatz andererseits keine eindeutigen kausalen Beziehungen geben kann. Die *„implizite Organisationstheorie"* (als das personale Konstrukt des Organisationsmitglieds) ist vielmehr die Integration wahrgenommener und beurteilter struktureller Merkmale, die durch zahlreiche Modifikationen und Brechungen zustande kommt.

(3) Organisationskultur

Von Organisationskultur (Unternehmenskultur) zu reden, entspricht einem modernistischen Image. Freilich ist die Sache, um die es geht, alles andere als neu *(Türk 1989, 108).* Neuartig sind allerdings die etwas mystische Einkleidung des Begriffs sowie der subsumierende Anspruch, mit dem dieses Konzept auftritt. Auch scheint man im Managementbereich davon auszugehen, dass die Organisationskultur im Sinne eines organisatorischen Instruments weitgehend beliebig gestaltbar sei *(Frost et al. 1985; Ott 1988).*

Sofern man sich eng am kulturanthropologisch-soziologischen Kulturkonzept orientiert – das wir bereits anlässlich der Wertwandel-Diskussion ausführlicher beschrieben haben –, dürfte es sich beim Konzept der Organisationskultur um ein Muster von Normen, Regeln und Werten einer Organisation handeln, die vielfach mit Symbolgehalten aufgeladen sind und die in den kognitiven Strukturen der Beteiligten ihren Niederschlag finden *(Gazdar 1985)*. Insofern handelt es sich hier oft um *implizite* Wertvorstellungen und *Selbstverständlichkeiten,* die sich im Laufe der Zeit „einspielen", die man nicht mehr wahrnimmt und selten hinterfragt (vgl. *Neubauer 2003*).

Schein (1985) lokalisiert die Organisationskultur in der *„Tiefenstruktur"* einer Organisation; deren Symptome seien dann etwa:

- vorherrschende Werte, die die Organisation unterstützen;
- die „Unternehmensphilosophie", die die Aktivitäten einer Organisation gegenüber Mitarbeitern und Kunden bestimmt;
- die Spielregeln, um in der Organisation voranzukommen, bzw. die „Schliche", die ein Neuling lernen muss, um als Kollege anerkannt zu sein;
- die Normen, die sich in Arbeitsgruppen entwickeln;
- die beobachtbaren interpersonalen Verhaltensriten und Umgangsformen, die Sprache sowie die üblichen Formen des menschlichen Miteinanders;
- das Gefühl oder das Klima, das in einer Organisation durch die strukturellen Verhältnisse sowie durch den Umgang der Mitarbeiter mit Außenstehenden vermittelt wird.

Bezieht man das Konzept der Organisationskultur auf das *Verhalten* der Organisationsmitglieder, so stehen wir vor der bekannten Frage nach den Mechanismen, die die Gefolgschaft der Individuen gewährleisten. Dies mag auf Kalkül beruhen (etwa i. S. der Anreiz-Beitrags-Theorie), auf bloßer Gewohnheit und Anpassung, auf Identifikationsprozessen (etwa aufgrund des Modell-Lernens) oder auf Internalisierung von Wertvorstellungen, Normen oder Rollen. Die Problematik der Organisationskultur erweist sich unter diesem Aspekt – losgelöst von ideologischen oder wertenden Bedeutungsüberschüssen – als Frage der *Sozialisation der Organisationsmitglieder* durch die in ihr ablaufenden Vorgänge, die letztlich auf Lernprozesse (i. S. der Enkulturation) zurückzuführen sind. So betont auch *Schein,* dass die „basic assumptions" und „beliefs", die die Organisationskultur konstituieren, als gelernte Responses bestimmter Gruppenprozesse in Organisationen auftreten *(Schein 1985)*.

Auch der sogenannte „dynamische Ansatz" *(Sackmann 1990)* versucht, den Prozess der Kulturentstehung mit Hilfe *lerntheoretischer* Überlegungen zu erklären. Durch das elementare Prinzip der instrumentellen Konditionierung, dass nämlich erfolgreiche Lösungen wiederholt werden und sich im Laufe der Zeit etablieren, es also zu einer *Selektion von erfolgreichen Konzepten* komme, wird deutlich, dass kulturelles Wissen in Form von Werten, Normen und Spielregeln entsteht und an die Mitglieder der Organisation tradiert wird. Die etablierten kulturellen Muster lassen sich dann nach verschiedenen Kriterien typologisch verorten *(Deal/Kennedy 1982; Denison 1990)*. Beispiele für häufig anzutreffende Syndrome sind „Verwaltungs-Kulturen", „Investitions-Kulturen" oder „Verkaufs-Kulturen".

Trotz der Beliebtheit des Kulturkonzepts muss auf die Gefahren seiner leichtfertigen Verwendung hingewiesen werden, wobei wir insbesondere den Einwänden folgen, die *Türk* neuerdings gegeben hat *(1989)*. Im Mittelpunkt seiner Kritik steht dabei die Vorstellung von Unternehmenskultur als eines Management-Instruments. Die Thematisierung von Organisationskultur entstammt nämlich vor allem neueren Versuchen zur Unternehmensberatung, wobei die Idee der „Machbarkeit von Unternehmenskulturen" im Vordergrund stand. Diese Absicht rationalistischer *Instrumentalisierung von Kultur,* z. B. durch bestimmte kulturprägende Führungspraktiken, überschätzt zweifellos den Machbarkeitsaspekt; Kultur ist nach allen soziologischen Erkenntnissen ein in längeren Entwicklungsprozessen gewachsenes System. Zum Zweiten ist der Gedanke einer einheitlichen Organisationskultur zumindest dort problematisch, wo heterogene Teilsysteme existieren, sodass es eher nahe liegt, von Subkulturen auszugehen, die auf Abteilungsebene oder sogar auf der Ebene von Arbeitsgruppen Platz greifen.

(4) Identifikationsprozesse

Im Umkreis des Kulturkonzeptes ist neuerdings vielfach die Rede von „Corporate Identity". Darunter versteht man – im Gegensatz zu „Corporate Image", das vorwiegend auf die Außenwirkung eines Unternehmens reflektiert – eine Größe, die sich zunächst auf das *Binnenverhältnis* bezieht und zweierlei bedeuten könnte: erstens die Identifikation des Mitarbeiters mit dem Unternehmen und zweitens die Identitätsbildung des Unternehmens selbst *(W. Reinhard 1983),* wobei der Identitätsbegriff in dem Sinne verwendet wird, in dem in der Persönlichkeitspsychologie etwa von Ich-*Identität* oder *Identitätsfindung* die Rede ist. Von hier aus besteht Kontingenz zum Außenverhältnis: Die innere Identität schaffe – so die Verfechter dieses Ansatzes – auch Profil nach außen und diene damit der „Identifizierung" des Unternehmens im Sinne der Abhebung von anderen Unternehmen. Dies zielt dann vor allem auch auf *gebündelte kommunikative Bemühungen* der Organisation.

Wenn man sich vorwiegend auf den erstgenannten Aspekt konzentriert – Identifizierung der Mitarbeiter mit einer Firma –, so könnte man sich zunächst mit den Faktoren beschäftigen, die eine solche Identifizierung herbeiführen oder begünstigen. Dabei ließe sich eine ganze Reihe von Forschungskonzepten heranziehen. Untersuchungen zum Thema „Identifikation" und Imitation (im Sinne des Modell-Lernens) weisen darauf hin, dass die *Aufmerksamkeitslenkung* hier einen bedeutsamen Ausgangsfaktor darstellt. Zum Zweiten muss dieser Bezugsgegenstand – hier die Firma, das Unternehmen – Attraktionswert haben: Nur attraktive Firmen oder Unternehmen können in den Genuss der Identifikation gelangen. Eng verbunden mit diesem *Attraktionswert* sind die Variablen *Macht und Erfolg*. Wer Macht und Erfolg aufzuweisen hat, wirkt attraktiv; und als Teil dieses Ganzen hat der Mitarbeiter den Eindruck, dass ein Teil davon auch auf ihn zurückfließt. Die Erfolgsvariable dürfte daher den durchschlagendsten Einfluss auf die Identifikation haben. Dies deutet an, dass Corporate Identity u. U. vorwiegend nicht als Ursache des Geschäftserfolgs in Betracht kommt, sondern als Folge: Wir identifizieren uns mit den Erfolgreichen.

Aus der Kleingruppenforschung wissen wir überdies, dass das Gemeinschaftsempfinden oder das *Wir-Gefühl* (die Kohäsion) auf verschiedene Weise gefördert werden kann. Zentral sind hier verbindende Normen und Wertvorstellungen, die von den Gruppenmitgliedern geteilt werden, die vielleicht sogar verinnerlicht sind (dies zeigt die Anbindung des Konzeptes an das Kulturkonzept). Ähnlich kann starke Abhängigkeit von der Gruppe wirken; diese Abhängigkeit steigt im Ausmaß fehlender Alternativen. Auch sind starke *Anschlussmotive* (Affiliationsmotive) wichtige Kittsubstanzen, um die Kohäsion einer Gruppe zu erhöhen. Gemeinsam verfolgte Ziele (Zielinduktion) könnten in die gleiche Richtung wirken. Dabei gilt, dass eine Gruppe bestimmte Ziele umso intensiver anstrebt, je mehr sie bei der Ausformulierung und Etablierung dieser Ziele selbst mitgewirkt hat. *Partizipation* ist also ein möglicher Weg zur Identifikation. Zugleich wird hier wieder das Problem angesprochen, weitgehend Übereinstimmung zwischen individuell verfolgten Zielen und den übergreifenden Organisationszielen zu erreichen. Dies bereitet dann Schwierigkeiten, wenn man nicht auf gemeinsame Motivationslagen (wie z. B. hohe Leistungsmotivation, hohe Affiliationsmotivation) zurückgreifen kann.

Unter japanischem Einfluss sind alte Managementkonzepte in der erwähnten Richtung weitergedacht worden. *McGregor (1970),* auf den man in Managementkreisen gerne zurückgreift, unterschied seinerzeit eine „Theorie X" von einer „Theorie Y" (wobei es sich um implizite Persönlichkeitstheorien der Manager handelt!). Nach „Theorie X" ist der arbeitende Mensch eine Art „Herdentier"; ihn müsse man kontrollieren, überwachen, antreiben, er sei von Natur aus faul und unmotiviert. Gemäß „Theorie Y" sei der Mensch indessen entwicklungsfähig, er entwickle die Fähigkeit zur Selbstkontrolle, könne durch Leistungserfolg motiviert werden und sei zu autonomem Handeln fähig, sofern man nur seine „human resources" ausschöpfe (was durch geeignete Führung, durch herausfordernde Tätigkeit und durch Abbau struktureller Einengungen möglich sein sollte).

Neuerdings wird geltend gemacht, dass das der impliziten „Theorie Y" zugrunde liegende Menschenbild eigentlich ein sehr amerikanisches sei: ganz auf *individuelle Leistung* ausgerichtet, ganz im Sinne eines Einzelkämpfers, der mit einer gewissen Rücksichtslosigkeit den Erfolg im Rahmen einer kompetitiven Strategie anstrebt. Deshalb versucht *Ouchi (1981)* diesen Denkmodellen „X" und „Y" eine „Theorie Z" hinzuzufügen: Im Vordergrund steht nicht mehr der Einzelkämpfer, dessen individuelle Motivation angestachelt werden muss, sondern der Angehörige einer Gruppe, der in und durch die Gruppe zum Erfolg gelangt: der Verfechter einer *kooperativen Strategie* im Sinne der Gemeinsamkeit und des verpflichtenden Wir-Gefühls. Im Rahmen der „Theorie Z" soll das Potenzial mobilisiert werden, das in der Gruppe schlummert, das aus dem Teamgeist erwächst und insofern zu erheblichen Synergie-Effekten führen könne (vgl. auch *Furnham/Gunter 1993).*

Das ist nun nicht gerade neu. Der Gedanke einer Gruppensolidarität in wirtschaftlichen Organisationen ist mindestens seit der frühen Human-relations-Bewegung aktuell und zwischenzeitlich häufig revitalisiert worden, man denke beispielsweise an die „Betriebsgemeinschaft" des Dritten Reiches, die schon die Ideologieverdächtigkeit des Konzepts andeutet: Harmonie und Konsens vorzuspiegeln und dabei Interessenkonflikte und Zielvielfalt therapeutisch zu verschleiern. Neu ist vielleicht der besondere *Verpflichtungscharakter* des Wir-Gefühls, den man in japanischen Unternehmen beobachten kann. Dort ist es offenbar gelungen, die historischen Wurzeln des japanischen Clan-Geistes auf wirtschaftliche Organisationen zu übertragen. Wollten wir versuchen, in Europa dieses Modell bruchlos zu imitieren, wird man daran scheitern, dass wir einen solchen Clan-Geist nicht verinnerlicht haben, sondern unsere wirtschaftlichen Leistungen anderen Motivatoren verdanken: in der Vergangenheit der puritanischen Ethik und preußischem Pflichtgefühl, die in der Gegenwart freilich von stark individualistischen Tendenzen überlagert werden, die einer Mobilisierung des Wir-Gefühls im Wege stehen. Die Stärkung des Wir-Gefühls kann in einer stark individualistischen Gesellschaft weniger auf dem Clan-Geist gründen, sondern eher auf *„sozialer Identität"* (vgl. I 5). Denn zu den Ego-Motiven eines Menschen gehört es durchaus, Mitglied einer hochbewerteten Gruppe zu sein, die sich in genügender Weise von anderen abhebt und entsprechende Ansatzpunkte für Attraktivität nach außen bietet. Auf diese Weise kann die Identifizierung der Mitarbeiter mit dem Unternehmen auch dessen „Identität" fördern. Wichtig ist dabei, dass sich die Koordination sozialer Identität nicht auf einzelne Gruppen oder Abteilungen im Unternehmen bezieht. Hier wird starke Kohäsion nach innen („ingroup") oft erkauft durch Feindbilder nach außen („out-group"): eine Abwertung anderer Arbeitsgruppen und die Abschottung nach außen, zu Lasten also der Integration des Gesamtunternehmens. Auch dies könnte zur Ideologisierung des Konzepts führen und falsche Polarisierungen fördern.

Eine gewisse Weiterführung und Fundierung dieser Thematik erfolgte durch die Übernahme der sozialpsychologischen Konzepte Involvement und Commitment. Unter *Involvement* versteht man üblicherweise die Einbindung des Individuums in eine Gruppe (etwa aufgrund des Affiliationsmotivs) oder in einen Sachverhalt (z. B. aufgrund intrinsischer Motivation). *Lodahl/Kejner (1965)* konzentrieren sich auf Aspekte des Job-Involvement (Work-Involvement, Task-Involvement) und stellen als wichtigste Dimensionen heraus:

- Ausmaß der Identifikation (mit der Arbeit);
- Zentralität (gegenüber anderen Lebensbereichen);
- Gütemaßstab bezüglich der geleisteten Arbeit;
- Auswirkungen auf das Selbstwertempfinden.

Ein Überblick über den Stand der Involvement-Forschung *(Conrad 1988)* zeigt die starke Verankerung der diskutierten Ansätze in selbsttheoretischen Konzepten (hier wären insbesondere wiederum Fit-Modelle zu diskutieren), in entfremdungstheoretischen Ansätzen (hier wird Einbindung als psychologisches Gegenteil von Entfremdung diskutiert) sowie in motivationstheoretischen Konzepten. Insbesondere wird betont *(Lawler/Hall 1970)*, dass Job-Involvement von Arbeitszufriedenheit und intrinsischer Motivation faktoriell verschieden sei und daher als eigenständiges Konstrukt angesehen werden müsse. Die starken Überschneidungen der jeweils diskutierten Konzepte lassen jedoch daran Zweifel aufkommen. Überdies muss genau geklärt werden, auf was sich das Einbindungskonzept im Einzelnen bezieht. Zumindest sollten drei solcher Bezugssysteme strikt voneinander geschieden werden, zumal sie auch inhaltlich auseinander fallen können:

- Einbindung in die Aufgabe (Arbeit, Beruf);
- Einbindung in die Gruppe (Arbeitsgruppen, Abteilung);
- Einbindung in die Organisation (Betrieb, Firma).

Für die Gruppeneinbindung gilt, dass diese meist konkret an „Face-to-face-Interaktionen" gebunden ist und dass insbesondere im Rahmen kleinerer Gruppen höhere Kohäsion und einfachere Zielbündelung sowie starke soziale Kontrolle zentrale Determinanten sein können. Organisationale Bindungen sind meist abstrakter, insbesondere bei größeren Unternehmen; auch ist hier die Außenwirkung oft eine starke begleitende Komponente. Gewissermaßen quer zu den genannten Bezugssystemen steht die Einbindung in die soziale Rolle (role involvement): Sie tangiert sowohl den Aufgabenbereich wie auch die Position des Einzelnen in übergreifenden Systemen.

Commitment zielt in eine ähnliche Richtung: Gemeint ist die besondere Selbstverpflichtung im Hinblick auf Aufgaben, auch die Selbstbindung an die Gruppe oder die Organisation als Ganzes (für einen Überblick vgl. *Moser 1996*). *Buchanan (1974)* verweist auf folgende Komponenten des Commitment:

- Akzeptanz organisationaler Ziele und Werte,
- die Bereitschaft, dafür Anstrengungen auf sich zu nehmen,
- das Bedürfnis, die Mitgliedschaft in der Organisation aufrechtzuerhalten.

In Anknüpfung an *Meyer/Allen (1991)* kann zwischen *affektivem, kognitivem* und *normativem* Commitment unterschieden werden. Ersteres bezieht sich auf die emotionale Bindung und Identifikation, Letzteres auf das Pflichtgefühl des Mitarbeiters, weiterhin der Organisation verbunden zu bleiben. Zur kognitiven Bindung gehört das Wissen um die Attraktivität der eigenen Organisation, wobei – wie immer, wenn der Commitment-Begriff verwendet wird – der Gedanke an bereits getätigte Investitionen (im Sinn der Rechtfertigung des Aufwandes) durchschimmert, der ein Individuum auch dann an der Organisation festhalten lässt, wenn seine momentane Arbeitszufriedenheit eher bescheiden ausfällt.

Ein weiteres identifikationsrelevantes Konzept ist *„organizational citizenship behavior"* (vgl. *Organ 1988; Schnake et al. 1991*), eine Art „Engagement aus freien Stücken" *(Bierhoff/Herner 1999)*, oder – in Begriffen der Rollentheorie formuliert – *Extra-role-behavior:* ein Verhalten, das über die Erfüllung der normalen Rollenerwartungen oder Rollenverpflichtungen hinausgeht. OCB lässt sich anhand von fünf Dimensionen charakterisieren:

- altruistisches/kooperatives Verhalten im Arbeitszusammenhang (z. B. Hilfestellung für Vorgesetzte, Kollegen und Mitarbeiter)
- Verantwortungsbewusstsein und Engagement im Sinne von freiwilliger Übernahme von Aufgaben

- „Sportsgeist" und Frustrationstoleranz angesichts vorübergehender Belastungen
- freundliches, umsichtiges und vorausschauendes Verhalten; flexible Befolgung von Regeln
- organisationsbezogenes Engagement und Verantwortungsbewusstsein, so, als wären eigene Interessen betroffen

Konzeptionelle Überlegungen sprechen dafür, „organizational commitment" als vorgelagerte Einstellungsvariable zu betrachten, die zu einem OCB (im Sinne eines Verhaltens oder einer Verhaltensintention) führt (vgl. *Staehle 1999).*

Durch diesen neuen Begriff wird die Konstruktklärung noch weiter erschwert. Obgleich mit Begriffen wie Involvement, Compliance, Commitment, Organizational Citizenship usw. unterschiedliche Schwerpunkte gesetzt werden, ist doch unverkennbar, dass es sich hier nicht um überschneidungsfreie Konzepte handelt. Aus diesem Grunde ist es meist wenig ertragreich, wenn zwischen diesen Variablen Korrelationen hergestellt oder gar Kausalbeziehungen abgeleitet werden.

(5) Organisationsklima

Während Ansätze zur Erforschung der Organisationskultur gegenwärtig starke Beachtung finden, sind die Konzepte „Organisationsklima" und „Betriebsklima" etwas in den Hintergrund getreten; vielfach werden sie auch unter dem Dach der „Organisationskultur" – für manche Organisationsforscher ein „umbrella term" für eine neue Perspektive – subsumiert.

Der deutsche Sprachgebrauch vom „Betriebsklima" war von Anfang an wenig konsistent; auf einige Konfusion hat *Irle (1975)* aufmerksam gemacht. So wird dieser Begriff vor allem im metaphorischen Sinn gebraucht; operationale Schritte zur empirischen Analyse sind ungenügend. Eine Wiederbelebung des Konzeptes durch *von Rosenstiel et al. (1982)* versucht anhand der Facetten-Analyse *(Payne et al. 1976)* eine Abgrenzung zum Organisationsklima und zur Arbeitszufriedenheit, und zwar nach folgenden Gesichtspunkten:

Analyseeinheit: Individuum oder Aggregat,
Analyseelement: Arbeit oder Organisation,
Messart: Beschreibung oder Bewertung.

Nach diesen Kriterien sollen dann die jeweiligen Begrifflichkeiten verortet werden: Arbeitsklima, Betriebsklima, Organisationsklima, Arbeitszufriedenheit etc. Das Konzept des Betriebsklimas soll danach auf Aggregatebene angesiedelt sein, als Analyseelement die betriebliche Organisation ins Auge fassen und eine wertende Stellungnahme der Beteiligten ausdrücken. Im Unterschied dazu zielt das Konzept der Arbeitszufriedenheit auf das Individuum als Analyseeinheit; beim Organisationsklima handelt es sich – nach dieser Taxonomie – um die rein beschreibende Ebene (im Sinne der „beliefs" von *Fishbein/Ajzen 1975),* die auf das Aggregat „Organisation" bezogen werden soll. Dieser letztgenannte Definitionsvorschlag scheint uns nicht besonders sinnvoll; denn einmal ist im Begriff des Klimas offensichtlich der Bewertungsaspekt bereits impliziert – nicht umsonst sprechen wir von einem guten, schlechten, angenehmen, warmen (etc.) Klima –, und zum anderen ist in der empirischen Analyse der beschreibende Aspekt ohnehin schwerlich vom bewertenden zu trennen.

Auch in der amerikanischen Literatur wird der Begriff des „organizational climate" recht inkonsistent behandelt; meist fungiert er als intervenierende Variable *(Schneider/Hall 1972),* die zwischen den Variablen „organizational structure" bzw. „organizational process" einerseits sowie „performance" bzw. „satisfaction" vermitteln soll *(Lawler et al. 1974).* Faktorenanalysen bezüglich des „organizational climate" haben dabei die relevanten Kriterien auf folgende verdichtet (vgl. zusammenfassend etwa *Conrad/Sydow 1984; Neuberger 1985):*

Strukturierung (z. B. Planlosigkeit vs. Bürokratisierung),
Autonomie (z. B. Fremdbestimmung vs. Selbstbestimmung),
Wärme und **Unterstützung** (z. B. Misstrauen vs. Vertrauen),
Leistungsorientierung (z. B. Desinteresse vs. Engagement),
Zusammenarbeit (z. B. Konflikt vs. Harmonie),
Belohnung und **Fairness** (z. B. Unausgewogenheit vs. Gerechtigkeit),
Innovation und **Entwicklung** (z. B. Dogmatismus vs. Offenheit),
Hierarchie und **Kontrolle** (z. B. Unterordnung vs. Gleichheit).

Eine nochmals reduzierte Faktorenanalyse bieten *James/James (1989)*, wobei die gefundenen Faktoren (mit Bezug auf *Lockes* zentrale „Wünsche") eine motivationale Entsprechung aufweisen:

Tabelle 8: Klimafaktoren und komplementäre Wünsche

Wunsch nach	Klimafaktor
Harmonie und Gerechtigkeit	Harmonie und geringer Rollenstress
Herausforderung und Entfaltung	Herausforderung durch Arbeit und Autonomie
Unterstützung und Anerkennung	Unterstützung und Erleichterung durch die Führungskraft
Wärme und gute Sozialbeziehungen	Kooperation, Freundlichkeit, Wärme

Sehr anregend haben sich die Untersuchungen von *Litwin/Stringer (1968)* erwiesen, die an die Tradition *Lewins* anknüpfen, der bereits von „social climates" im Zusammenhang mit bestimmten Führungsstilen sprach. Dabei wird der Globalbegriff des „organizational climate" in drei klimatische Grundmuster aufgeteilt: „achievement climate" (in hohem Maße leistungsbezogen), „power climate" (mit ausgeprägten autokratischen Komponenten) und „affiliation climate" (mit „warmer" mitmenschlicher Atmosphäre). Nach den empirischen Befunden tritt produktives und innovatives Verhalten vor allem beim „achievement climate" auf, die Zufriedenheit ist jedoch beim „affiliation climate" am höchsten.

Auffallend ist, dass in all diesen Untersuchungen zum Organisationsklima Leistung und Leistungsergebnisse die abhängigen Variablen sind. Warum könnte es nicht auch umgekehrt sein? U. E. ist das Klima einer Organisation in entscheidendem Maße an den Erfolg gebunden. In einem Unternehmen, in dem Gerüchte umgehen, dass ein Drittel der Belegschaft freigesetzt werden soll, wird das Betriebsklima schlagartig verdüstert. Wir sehen daher einen entsprechenden Rückkopplungsprozess:

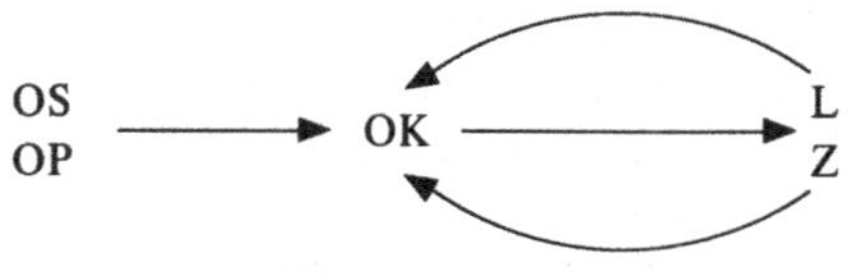

wobei OS = Organisationsstruktur L = Leistung
OP = Organisationsprozess Z = Zufriedenheit
OK = Organisationsklima

Eine weitere Differenzierung erfährt das Konzept des Organisations- bzw. des Betriebsklimas mit der Annahme, dass es – zumal in Großbetrieben – mehrere Klimate oder *Klimazonen* geben könnte *(Wiswede 1980b).* Vielfach ist es nämlich kaum sinnvoll, von *dem* Betriebsklima einer Unternehmung zu sprechen, da der Erfahrungshorizont des Einzelnen zumeist kaum über eine betriebliche Arbeitsgruppe oder eine Abteilung hinausgeht. Die große Streubreite innerhalb der Betriebe, die die Forschungsgruppe um *von Rosenstiel et al. (1982)* ermittelte, dürfte in dieser Weise zu interpretieren sein: Innerhalb des Betriebes bzw. der Organisation gibt es Klimazonen, d. h. Segmente mit bestimmten Klimaten, die zudem auch zeitlich wenig konstant sein werden. Bisher hat es kaum Versuche gegeben, in dieser Weise differenziell vorzugehen. Ein erster empirischer Test *(Knappe 1985)* ergibt allerdings deutliche Hinweise zur Bestätigung der Zonenhypothese. In die gleiche Richtung gehen separate Analysen des *Management-Klimas,* in denen versucht wird, das „Klima" auf der Führungsebene zu ermitteln. Eine wichtige Frage hierbei ist auch, ob und inwieweit das Management-Klima Ausstrahlung auf andere Betriebsteile bzw. auf den gesamten Betrieb hat. Um einen solchen „Trickle-down-Effekt" nachzuweisen, müsste man jedoch vor allem auch exogene Einflussgrößen konstant halten, was messtechnisch einige Probleme aufwirft.

Das neuerdings im Rahmen der Organisationspsychologie stärker beachtete Konstrukt des *Vertrauens* kann – zumindest unter bestimmten Aspekten – gleichfalls unter die Thematik des Organisationsklimas subsumiert werden (vgl. zum Konstrukt „Vertrauen" allgemein: *Schweer 1997;* zur Vertrauensbildung in Organisationen *Mayer et al. 1995; Neubauer 1997, 1999; Neubauer/Rosemann 2006;* siehe im Übrigen unsere ausführliche Diskussion des Vertrauenskonzepts im Rahmen von „Relationship-Management" in Kap. 2.2.1.2). Klimaspezifisch gilt dann, dass es Organisationen gibt, in denen eine Atmosphäre gegenseitigen Vertrauens herrscht, und andere, in denen Misstrauen und externe soziale Kontrolle dominieren.

Zucker (1986) unterscheidet nach der Vertrauensquelle: *Prozessbasiertes* Vertrauen aufgrund eigener Erfahrungen in konkreten Austauschhandlungen, die – im Sinne *Rotters* – als generalisierbare Erwartung an zukünftige Transaktionen herangetragen werden, *eigenschaftsbasiertes* Vertrauen, das auf bestimmten personalen Eigenschaften beruht (Alter, Glaubwürdigkeit, Kompetenz, Image) sowie *institutionenbasiertes* Vertrauen, das über konkrete Austauschpartner hinaus auf Gesetzen, Lizenzen, Prozeduren etc. beruht. Damit verwandt ist der Begriff des Systemvertrauens: Vertrauen in den Markt, in die Rechtsprechung, in die Demokratie.

Die Transaktion vieler Sach- und Dienstleistungen ist ohne ein Minimum an Vertrauen ohnehin nicht möglich. Dies verweist auf eine Doppelfunktion des Vertrauens: Durch Vertrauen wird Komplexität reduziert *(Luhmann 1989)* und die soziale Interaktion erleichtert. In der Sprache der Ökonomie: Transaktionskosten werden durch die Anwendung von Vertrauen entscheidend gesenkt. Allerdings geht der Vertrauende dabei ein gewisses Risiko ein, d. h.: Vertrauen impliziert stets eine riskante Vorleistung. Auch darin sind mögliche antizipierte Kosten zu sehen, die mit einer bestimmten Wahrscheinlichkeit auftreten können. Wird Vertrauen jedoch gepflegt, dann verpflichtet dies u. U. den Partner, ganz gleich, ob es sich um das Verhältnis der Mitarbeiter untereinander (horizontales Vertrauen) oder um Vertrauen innerhalb der Vorgesetzten-Mitarbeiter-Beziehung (vertikales Vertrauen) handelt. Auch kooperative Strategien bedürfen eines Mindestmaßes an Vertrauen (zu den positiven Auswirkungen des Vertrauens vgl. im Einzelnen Kap. 2.2.1.2). Vertrauensbeziehungen transzendieren das Binnensystem (internes Vertrauen) der Organisation und erstrecken sich auch auf den interorganisationalen Bereich (externes Vertrauen: business to business): Beziehungen zwischen Hersteller und Handel, zwischen Lieferanten und Kunden, zwischen der Organisation und staatlichen Institutionen.

2.1.2.2 Psychologie organisationaler Gruppen

Als soziale Gruppe wird i. d. R. eine überschaubare Personenmehrheit betrachtet, die eine längere Zeit in *Interaktion* steht. Nach *Homans (1987)* ist die Interaktionspersistenz als primäres Definitionsmerkmal anzusehen; abgeleitete Kriterien sind dann: die Entstehung bestimmter Verhaltensregelmäßigkeiten, die Ausformung besonderer Einstellungen sowie die Herausbildung bestimmter Strukturen *(Bales 1970;* anders: *Anger 1966,* der die Gruppenstruktur von vornherein in die Definition einbezieht).

Spätestens seit dem Auftreten der „Human-Relations-Bewegung" in Folge der Hawthorne-Untersuchungen gilt die Thematik der sozialen Gruppe als eines der zentralen Themen der soziologisch-sozialpsychologisch orientierten Organisationsforschung. Trotz der besonderen Problematik in Durchführung und Interpretation der Hawthorne-Experimente führte diese Sichtweise zu verstärkter

- Beachtung *sozialer Beziehungen* und sozialer Motive des Menschen in Organisationen;
- Beachtung *integrativer Kräfte,* die von den Gruppenbindungen ausgehen;
- Beachtung *desintegrativer Kräfte,* die innerhalb und zwischen Gruppen Konflikte heraufbeschwören;
- Beachtung der *Gruppenarbeit* unter Berücksichtigung etwaiger Leistungsvorteile der Gruppe;
- Beachtung neuerer *Strukturkonzepte,* insbesondere partizipativer und kooperativer Organisationsformen *(von Rosenstiel 2003).*

(1) Organisationsrelevante Gruppenformen

Katz und *Kahn (1978)* sowie *Irle (1975)* betonen, dass die Gesetzmäßigkeiten der Kleingruppenforschung (vgl. für einen Überblick *Crott 1979; Schneider 1985; Brown 1988; Witte/Davis 1996; Nerdinger 2011)* nicht ohne Modifikationen auf den organisationalen Bereich übertragen werden können. Der Grund ist, dass die Gesetzmäßigkeiten der ad hoc in Laborsituationen gebildeten Kleingruppen nicht unbedingt bei solchen Gruppierungen in Erscheinung treten, die Teil eines umfassend durchorganisierten Großgebildes sind und insofern einen viel stärkeren Formalisierungs- und Strukturierungsgrad aufweisen. *Schein (1965)* betont im genetischen Sinne, dass die Organisation in sich Kräfte ausbildet, die auf die Bildung verschiedener kleiner funktionsgebundener Arbeitsgruppen hindrängen. Das besondere Kennzeichen betrieblicher Arbeitsgruppen ist deren starke Abhängigkeit vom Organisationsplan, der – im Gegensatz zu freiwilligen und ad hoc gebildeten Gruppen – eine Komponente des Zwangs zur Interaktion, oft auch eines Zwangs zur Kooperation in sich birgt.

Je *größer* eine Gruppe ist, desto geringer ist ihre Kohäsion und umso stärkere Integrationsleistungen sind zu erbringen; auch steigt mit wachsender Gruppengröße die Wahrscheinlichkeit, dass sich Untereinheiten (Subgruppen, Cliquen) herausbilden *(Zaleznik 1958),* mit der möglichen Folge der Koalitionsbildung. Verhaltensprägend sind insbesondere *hochkohäsive Gruppen* sowie *Bezugsgruppen,* zu denen eine starke emotionale und/oder kognitive Beziehung besteht. Die Verhaltensrelevanz der Bezugsgruppen ist nach *Kelley (1967)* durch ihre *normative Funktion* (Ausrichtung an den Regeln, z. B. den Leistungsnormen der Gruppe) sowie durch ihre *komparative Funktion* (Vergleich und Einstufung von Merkmalen oder Ereignissen) gegeben. Während positive Bezugsgruppen Verankerungspunkte der eigenen Selbstdeutung darstellen, sind negative Bezugsgruppen dadurch gekennzeichnet, dass man sich von ihnen bewusst abheben möchte. Bezugsgruppen sind allerdings vielfach lediglich bestimmte Personenkreise mit bestimmten Statusmerkmalen (z. B. die „Gruppe" der leitenden Angestellten, die „Gruppe" der Hilfsarbeiter), also keine „echten" Gruppen im sozialpsychologischen Sinne.

Organisational bedeutsam ist auch die Unterscheidung in instrumentelle (aufgabenorientierte) und sozio-emotionale Gruppen *(Bales 1958)*. Gruppen in Organisationen sind zunächst überwiegend *aufgabenorientiert,* obgleich sie im informellen Bereich von sozio-emotionalen Komponenten überlagert werden. Eng mit dieser Unterscheidung verknüpft ist insofern die Abhebung *formeller* von *informellen* Gruppen, wobei erstere einem bestimmten Organisationsplan entsprechen – also fiktive Plankonstrukte darstellen –, während die informelle Gruppe eine Art „Ausweichstruktur" repräsentieren soll, die vom Plankonstrukt abweicht. Reale Gruppenstrukturen in Organisationen bewegen sich jedoch zwischen den gedachten Extremen *(Irle 1963; Wiswede 1980):* Sie werden in starkem Maße vom Kodifizierten geprägt und insofern häufig den Zusammenhängen folgen, die durch die formale Organisation geschaffen wurden. Abweichungen davon sind jedoch z.T. durchaus erwünscht *(Miller/Form 1980; Kutsch/Wiswede 1986),* weil sie den Plan stützen und ergänzen können, weil sie das Netz der Regelungen elastischer machen und diejenigen Motivationen und Bedürfnisse auffangen, die durch das formale Gerüst nicht oder unzureichend befriedigt werden können und weil man Änderungen und neuen Anforderungen leichter und flexibler begegnen kann. Strikte Formalisierung dürfte daher erhebliche dysfunktionale und psychologisch negative Folgen haben: zu geringe motivationale Entfaltung, wenig Anpassungsfähigkeit, geringer Spielraum für innovative Ideen, stärkere Neigung des Individuums zu Reaktanz, Tendenz zur Ausbildung von Gegenstrukturen usw. (vgl. *McKenna 1994)*. Andererseits kann eine Übersteigerung des Informellen Irritationen hinsichtlich der Zielvorstellungen sowie Regellosigkeit (Anomie) bedeuten und damit gleichfalls dysfunktional wirken.

(2) Dimensionen der Gruppenstruktur

Wenn Personen persistent miteinander interagieren, so bilden sich – auf verschiedenen Dimensionen – Strukturen aus: die Affektstruktur, die Kommunikationsstruktur, die Rollen- und Statusstruktur sowie die Macht- und Autoritätsstruktur. Diese Strukturdimensionen können wiederum nach übergreifenden Kriterien (z.B. formell/informell oder objektiv/subjektiv) unterschieden werden. Auch geht es um die Einbettung dieser strukturellen Muster in übergreifende Strukturzusammenhänge (externes System), um die Kompatibilität der Gruppenstruktur mit der formalen Organisationsstruktur.

Die *Affektstruktur* (auch soziometrische Struktur genannt) drückt das Ausmaß der Zuneigung/Abneigung aus, das die Gruppenmitglieder untereinander empfinden. Bei freiwilliger Interaktion – der Aspekt der Freiwilligkeit ist in Organisationen nur bedingt gegeben – ist davon auszugehen, dass die zwischenmenschliche Sympathie mit wachsender Interaktionshäufigkeit steigt. Zur Charakterisierung der Affektstruktur wird meist auf die soziometrische Analyse zurückgegriffen (gegenseitige Wahlpräferenzen); auch werden Beziehungen zum Konzept des Gruppenklimas (bzw. des Organisationsklimas) hergestellt. Der Begriff der Affektstruktur umfasst jedoch u. E. mehr als bloße Sympathie/Antipathie. Vielmehr geht es um die ganze Skala der Affekte, Emotionen und Stimmungen, die sehr subtile Gefühlsstrukturen implizieren und die in der scheinbar so rationalen Welt der Güter, des Geldes und der Leistung doch eine sehr bedeutsame und oft unterschätzte Rolle spielen.

Die *Kommunikationsstruktur* einer Organisation kennzeichnet die Zahl und Beschaffenheit formeller und informeller Kanäle, die Verknüpfung von Kanälen, die Richtung der Kommunikation, ihre Effizienz sowie die Lokalisierung möglicher Kommunikationsstörungen. *Bavelas (1950)* sowie *Leavitt (1951)* untersuchten idealtypisch nach Zentralitätsgraden unterschiedene Gruppenstrukturen und ermittelten, dass zentralisierte Gruppen (d.h. Gruppen, die einer Zentralführung unterliegen) weniger angenehm für ihre Mitglieder, dafür jedoch effizienter sind. *Shaw (1964)* differenziert, dass dies lediglich für einfache

Tätigkeiten gilt, bei komplexen Aufgabenstellungen wäre der zentrale Positionsinhaber überlastet und die Koordination der Teilaufgaben entsprechend schwierig. Ob und inwieweit dieses häufig strapazierte Forschungsparadigma auf komplexere Aspekte der Zentralisierung bzw. Dezentralisierung in Organisationen anwendbar ist, erscheint allerdings fraglich.

Die *Rollenstruktur* einer Organisation ist durch die wechselseitigen Erwartungen der Organisationsmitglieder hinsichtlich des angemessenen Verhaltens charakterisiert. Diese Erwartungen richten sich gewöhnlich nach den Aufgabenstellungen, gehen jedoch vielfach darüber hinaus (z. B. loyales Verhalten, Gruppensolidarität). Die wichtigsten aufgabenbezogenen Rollen in Organisationen sind institutionalisiert und professionalisiert; sie betreffen hauptsächlich den formellen Bereich. Daneben gibt es zahlreiche informelle Rollen, die sich jenseits der Aufgaben- und Funktionsverteilung gleichfalls herausbilden *(Graen 1976)*. Innerhalb einer Rolle oder zwischen den Rollen, die eine Person zu spielen hat, gibt es zwangsläufig oft Konflikte (vgl. I 3). Da Betriebsangehörige oft mehreren Gruppierungen angehören, können solche Rollenkonflikte auch im Gruppenzusammenhang relevant werden. Vielfach sind soziale Rollen unterschiedlich bewertet, insofern spricht man auch von *Statusstruktur*. Die Verfügung über Macht ist ein zentrales Statusmerkmal, daher folgt die Statusstruktur im Wesentlichen auch der Machtstruktur, enthält jedoch auch andere Merkmale (z. B. Titel, Ansehen, traditionelle Bewertungsmuster). Bedeutsam sind stereotype Unterscheidungen zwischen Arbeitern und Angestellten, Akademikern und Nicht-Akademikern, auch Bewertungs- bzw. Abwertungstendenzen bei Frauen in Organisationen.

Die *Machtstruktur* einer Organisation kennzeichnet die Verteilung der Macht auf bestimmte Positionen (formell) bzw. Personen (faktisch). Die tatsächlich ausgeübte Macht ist nicht immer identisch mit den in Organisationsregeln festgelegten Anordnungsbefugnissen, sondern wird entweder nicht ausgeschöpft oder stärker als vorgesehen ausgeweitet. Mit Aspekten formeller und informeller Macht in Organisationen werden wir uns noch eingehender zu befassen haben (2.1.2.3).

(3) Gestaltung der Gruppenstruktur

Jede der genannten Strukturdimensionen hat ihre *eigenen* Gestaltungsprinzipien. So lässt sich die Affektstruktur z. B. durch Erhöhung der zwischenmenschlichen Kontakte verbessern. Die Kommunikationsstruktur kann u. U. durch Zentralisierung oder Dezentralisierung, durch Beseitigung von Kommunikationsstörungen oder durch Schließung von Kommunikationslücken verbessert werden. Die Rollen- und Statusstruktur kann durch klarere Aufgabenabgrenzung und Aufgabenzuweisung sowie Kompetenzregelung verändert werden, auch durch den Abbau stereotyper und vorurteilshafter Rollenbilder. Die Macht- und Autoritätsstruktur schließlich kann durch Einführung kooperativer, partizipativer oder mitarbeiterorientierter Führungsformen aufgelockert werden.

Eine wichtige Gestaltungsaufgabe ist hierbei die Wahl der „optimalen" *Gruppengröße*. Neben der bereits erwähnten Kohäsionsproblematik ist bei kleineren Gruppen die effizientere Kommunikation eher gewährleistet und die Gefahr der Aufspaltung in Subeinheiten verringert. Die optimale Gruppengröße ist jedoch auch von der Aufgabenstruktur abhängig: Bei komplexen Aufgabenstellungen empfiehlt sich die Kleingruppe eher als bei gleichartigen Aufgaben, bei denen weniger Koordinationsprobleme auftauchen *(Cartwright/Zander 1960)*.

Weicht die tatsächliche Gruppenstruktur zu sehr von den *formellen Vorgaben* ab – man denke an die Unterscheidung in formelle und informelle Gruppen –, so sind Maßnahmen einzuleiten, die diese Kluft schließen. Andererseits hatten wir bereits erörtert, dass ein gewisses Ausmaß der Abweichung die Elastizität einer Organisation verbessert, die Innovationsbereitschaft fördert und die Motivation der Beteiligten durch die Eröffnung von Handlungsspielräumen erhöht. Zu hohe Regeldichte bildet zu engmaschige „constraints“, und insbesondere bei turbulenter Umwelt kommt es zu Anpassungsschwierigkeiten.

Ein weiteres relevantes Gestaltungsmerkmal für betriebliche Arbeitsgruppen ist ihre *Homogenisierung*. Übergreifend gilt, dass die Gruppenmitglieder ähnliche Merkmale aufweisen sollten (z. B. in Bezug auf Ausbildungsniveau, Zielorientierung, Motivation). Bei Arbeitsteams gilt jedoch häufig ein Prinzip komplementärer Eigenschaften bzw. Fähigkeiten, insbesondere wenn das Ziel nur gemeinsam erreicht werden kann. Im Vordergrund stehen dann kooperative Konzepte, wie sie im Zuge der Diskussion um das Thema *„Teamarbeit“* entwickelt worden sind (vgl. *West 2004*): z. B. das Colleague-Modell, das Modell der ergänzenden Team-Vermaschung, Gremien-Modelle, das Modell der „Task-Force“ sowie zahlreiche partizipative Konzepte, z. B. partizipative Führung, Modelle der teilautonomen Gruppen etc. Die Diskussion um diese Strukturkonzepte, die uns schon in arbeitspsychologischen Zusammenhängen beschäftigt hat, ist häufig ideologisch und/oder emanzipatorisch eingefärbt, vielfach werden sie auch mit einem gewissen missionarischen Eifer vertreten und als „Patentlösungen“ angeboten. Demgegenüber fehlen empirisch einlösbare Hypothesen, unter welchen Bedingungen genau welche psychischen Folgen auftreten.

(4) Interaktion in Gruppen

Wir betonten bereits, dass die Aufnahme von Interaktionen in organisationalen Gruppen nicht immer unter dem Aspekt der Freiwilligkeit geschieht. Insofern sind gewissermaßen zwei „Kräfte“ (i. S. der *Lewin-Festinger*-Schule) wirksam, von denen die eine als *Gruppendruck,* die andere als *Gruppensog* in Erscheinung tritt (vgl. zu dieser Unterscheidung *Wiswede 1976).* Im Gruppendruck offenbart sich die Zwangskomponente der Interaktion; hier besteht die Aufforderung, im Rahmen von Gruppenbeziehungen zu interagieren, insbesondere zu kooperieren. Neben diesem Kooperationsgebot wirkt ein gewisser Druck im Hinblick auf Konformität (vgl. I 4) bezüglich Zielen und Normen. Diese Ziele/Normen sind z. T. Ausdruck systemübergreifender Regeln, stellen zum anderen jedoch auch „subkulturelle“ Differenzierungen im Rahmen der jeweiligen Arbeitsgruppe dar (z. B. restriktive Leistungsnormen, Aufnahmerituale, Solidaritätsbezeugungen, partikularistische „Rücksichten“ etc.).

Andererseits muss davon ausgegangen werden, dass die Aufnahme der Interaktion in (Arbeits-)Gruppen für das betreffende Individuum attraktiv ist (Gruppensog), was natürlich nur dann der Fall sein dürfte, wenn die Gruppe über *Belohnungsquellen* verfügt, die für das Individuum wichtig sind: z. B. *Instrumentalität* der Gruppe für das Erreichen eigener Ziele (Nutzenerwägungen i. S. von *Thibaut/Kelley;* vgl. I 1) im Vergleich zu alternativen Gruppenbeziehungen (z. B. eine andere Firma, Abteilung, Arbeitsgruppe), Aspekte des Verbundenseins und des Gefühls, „Anschluss“ gefunden zu haben *(Affiliation:* offenbar in japanischen Unternehmen von großer Sogwirkung), das Gefühl, im Rahmen der Gruppe mehr zu leisten und durch die Gruppe geschätzt und bestätigt zu werden, sowie die Entwicklung eines *Wir-Bewusstseins* (soziale Identität) auch durch den gemeinsamen Gruppenerfolg sowie die Tatsache, dass im Rahmen von Interaktionsbeziehungen auch *Vergleichsprozesse* stattfinden, die dem Individuum eine „Validierung“ seines eigenen Denkens, Empfindens und Verhaltens samt seiner Leistungsergebnisse gestatten. Und schließlich – dies klingt bereits bei der Thematik der Affiliation an – besteht im Rahmen der Gruppenbildung auch die Chance, frustrierende Situationen (z. B. Misserfolge, Arbeitsplatzunsicherheit, schlechtes Betriebsklima, desolate oder autokratische Führung) besser durchzustehen und gegebenenfalls auch kollektive Strategien zur Abwendung solcher Situationen zu entwickeln.

Insbesondere bei steilen Organisationshierarchien sind sog. *asymmetrische Interaktionen (Jones/Gerard 1967)* typisch, bei denen der Austauschgedanke durch das Machtgefälle – etwa zwischen Vorgesetzten und Untergebenen – sowie durch den Zwang zur Kooperation

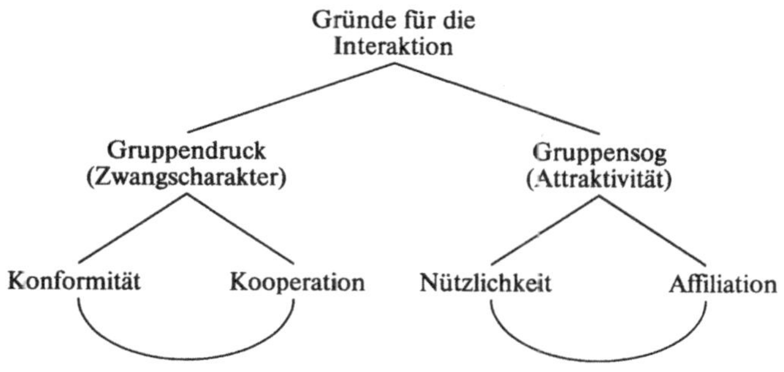

Abb. 49: Motivation zur Interaktion

eingetrübt wird. Übergreifend scheint jedoch auch diese Interaktionsbeziehung vom Equity-Gedanken (vgl. I 2) getragen: Der Unterstellte wird sich Anordnungen nur fügen, wenn er im Gegenzug bestimmte Vorteile erwartet (z. B. Fügsamkeit gegen Geld, Tüchtigkeit gegen Beförderung). Aber es gibt doch Ausnahmen, bei denen der Austauschgedanke nicht mehr das Gesamtverhalten umgreift: etwa im Falle stark verinnerlichter Normen oder Gewohnheiten bezüglich konformen oder gehorsamen Verhaltens oder bei Anwendung ausgeprägter Zwangskomponenten, wie sie den Austauschgedanken z. B. in sog. „totalen Institutionen" *(Goffman)* zur Farce machen, etwa beim Militär oder in Gefängnissen. Freilich steht ein solcher Zwangsaspekt bei betrieblichen Organisationen nicht im Vordergrund, sondern eher der Aspekt des Kalküls *(Etzioni 1965)*, sodass die Austauschtheorie von *Thibaut/Kelley* (vgl. I 1) hier das wohl fruchtbarste Paradigma zur Erklärung organisationaler Interaktionen darstellt.

Allerdings muss auch diese Perspektive *inhaltlich* ergänzt werden. Zentral scheint es um einen Austausch von Dienstleistungen (Arbeitseinsatz) gegen Geld (Arbeitsersatz) zu gehen, aber die Tauschmöglichkeiten in wirtschaftlichen Organisationen sind weit differenzierter. Da werden Informationen ausgetauscht, da entstehen durch Gefälligkeiten Austauschguthaben, da werden Symbole getauscht, Anerkennungen ausgesprochen, Tadel verteilt usw. Ein erst neuerdings im Rahmen der Untersuchungen zur Organisationskultur besonders beleuchteter Aspekt betrifft den *Austausch von Gefühlen:* Liebe und Hass, Respekt und Respektlosigkeit, Zuneigung und Abneigung, Wärme und Feindseligkeit, Freude und Ärger, Angst und Sicherheit, Vertrauen und Misstrauen. Hierzu gibt es bisher trotz des Organisationsklima-Konzepts wenig systematische Forschung, weil man offenbar glaubt, das Verhalten in Organisationen sei im Wesentlichen durch gegenseitige Nutzenerwägungen und Rollenbeziehungen erfassbar.

(5) Leistung in Gruppen

Bei der Analyse der Beziehung zwischen Leistung und Gruppe stehen zwei Fragenkreise im Vordergrund: einmal die Beeinflussung der Leistung durch Gruppennormen und zum anderen der Einfluss der Gruppe auf die Bewältigung von Aufgaben (sog. Gruppenvorteil).

Betrachten wir zunächst den erstgenannten Aspekt. Aus der Kleingruppenforschung ist bekannt, dass eine Gruppe ihre Normen umso stärker beachtet, je höher ihre Kohäsion ist (vgl. I 4). Im betrieblichen Bereich war man bereits anlässlich der Hawthorne-Experimente auf das Phänomen der *Leistungsrestriktion* gestoßen: Kein Mitglied einer Gruppe überschritt ganz bestimmte Leistungswerte, obwohl dies nach individuellen Leistungsmessungen sehr wohl möglich gewesen wäre. Ergänzend fand *Seashore (1954)* in einer Maschinenfabrik beim Studium von 228 Gruppen mit einer Gesamtzahl von 5871 Mitgliedern, dass die

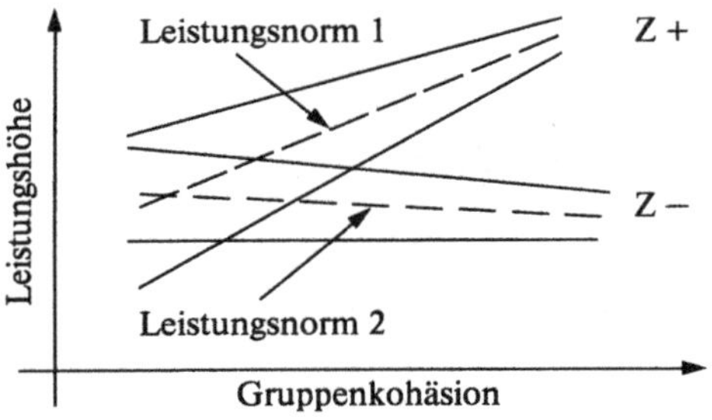

Abb. 50: Kohäsion und Leistungsnorm

Leistungssteigerung *innerhalb* von Arbeitsgruppen im Ausmaß der Kohäsion gering, *zwischen* ihnen jedoch erheblich war. Dieses Ergebnis deutet an, dass positive Beziehungen zwischen Kohäsion und Gruppenproduktivität bestehen können (so bereits *Schachter et al. 1951)*, ein Befund, der insbesondere im Rahmen der Human-Relations-Bewegung in dieser undifferenzierten Form propagiert wurde. Ob die genannte Beziehung jedoch zutrifft, hängt von zusätzlichen Bedingungen ab: von der Art der Bezahlung, von den Einstellungen zum Unternehmen, zur Unternehmensspitze, zum Vorgesetzten und zur Arbeitsaufgabe sowie davon, ob die Gruppe die jeweiligen *Zielvorstellungen* akzeptiert oder nicht. Zusätzlich zur Kohäsion muss infolgedessen auch die Zielinduktion (Z) beeinflusst werden. Dies kann geschehen: durch vermehrte Partizipation an Entscheidungen, eigene Strukturierung von Aufgaben, Betonung übergeordneter Ziele, Transparenz von Zielen, durch den Austausch zwischen Abteilungen, gemeinsame Gremien, Abbau von Vorurteilen und Feindbildern gegenüber anderen Gruppen (Abb. 50).

Der zweite Aspekt dieses Zusammenhanges zwischen Leistung und Gruppe betrifft den sog. *Gruppenvorteil*. Vielfach wird behauptet, dass die Gruppe gegenüber summierten Individualleistungen im Vorteil sei. Anhand einfacher mathematischer Modelle lässt sich zeigen, dass die Gruppe durch die Möglichkeit des Fehlerausgleichs und durch die Erhöhung der Findewahrscheinlichkeit für manche Aufgaben effizienter erscheint, jedoch handelt es sich hier meist um Pseudo-Gruppeneffekte *(Hofstätter 1987)*. Echte Gruppeneffekte entstehen vielmehr durch motivierende, stimulierende und kontrollierende Funktionen der Gruppe, die jedoch nur unter ganz bestimmten Voraussetzungen auftreten (vgl. zur ausführlichen Diskussion *Wilke/van Knippenberg 1997; Fischer/Wiswede 2009*). *Nadler et al. (1979)* geben einen Überblick über den Nutzen der Gruppenarbeit für die Organisation:

- Erledigung von Aufgaben, die ein Einzelner nicht leisten könnte;
- Poolen unterschiedlicher Fähigkeiten und Talente zur Lösung komplexer Probleme;
- kollektive Entscheidungsfindung und Beachtung unterschiedlicher, z. T. konfliktärer Perspektiven;
- effiziente Steuerung des Mitarbeiterverhaltens;
- Erleichterung des organisationalen Wandels;
- Erhöhung der organisationalen Stabilität durch die Sozialisation neuer Mitarbeiter.

Auch für das Individuum ist Gruppenarbeit demnach von Nutzen, z. B. durch soziale Unterstützung, durch leichteres Lernen neuer Fähigkeiten oder durch die Befriedigung zentraler sozialer Bedürfnisse (Kontakt, Gruppenschutz, Kommunikation, soziale Anerkennung).

Um die Effizienz von Arbeitsgruppen angemessen einschätzen zu können, müssen verschiedene Voraussetzungen geklärt werden. Sie betreffen vor allem *Merkmale der Gruppe,* wie Gruppengröße, Gruppenstruktur, Homogenität/Heterogenität/Komplementarität der Gruppenmitglieder, Gruppenklima, Statusdifferenzierung der Gruppe, Kommunikationsstruktur der Gruppe (nach Zentralität/Dezentralität) etc. Sie betreffen sodann die *Merkmale der Aufgabe:* additive Aufgaben (bei denen die Gruppe stets überlegen ist), kompensatorische Aufgaben (im Sinne des Fehlerausgleichs: hier leistet die Gruppe mehr als ein großer Teil der Mitglieder), disjunktive Aufgaben (hier ist die Gruppenleistung gleich der besten Einzelleistung oder schlechter als die beste Einzelleistung), konjunktive Aufgaben (sofern nicht unterteilbar, entspricht die Gruppenleistung dem schwächsten Glied der Gruppe; sofern teilbar, z. B. nach Eignung, ist die Gruppenproduktivität höher als der Schlechteste in der Gruppe).

Zur letztgenannten Kategorie der konjunktiven Aufgaben gehört der Gedanke des *„Teams“*, der in Überlegungen zur Gruppenarbeit immer schon eine zentrale Rolle gespielt hat. Arbeitsteams können (im guten Falle) in der Lage sein, das Leistungsvermögen des Einzelnen zu übertreffen, zumindest dann, wenn die zu erledigende Aufgabe mehrere und unterschiedliche Fertigkeiten verlangt (vgl. zur Teambildung: *Born/Eiselin 1996; Williams 1996; Guzzo/Dickson 1996; West 2004; Stumpf/Thomas 2003).* Dies betrifft vor allem Gruppenzusammensetzungen, die durch eine besondere Art von Heterogenität, nämlich *Komplementarität,* gekennzeichnet sind. Teams sind demnach Gruppen, die durch gemeinsame Anstrengungen und durch gemeinsames Commitment positive Synergieeffekte entfalten.

(6) Soziale Verzerrungstendenzen

Bisher hatten wir einige Voraussetzungen für die Effizienz von Gruppen diskutiert, die einmal im Aufgabenbereich liegen, die zum anderen mit der Zusammensetzung der Gruppe variieren. Das Vorliegen solcher Voraussetzungen ist jedoch keine Garantie für erhöhte Gruppenproduktivität. Denn vielfach werden die möglichen Vorteile der Gruppenarbeit sowohl in der Praxis als auch in der organisationspsychologischen Forschung überschätzt. Im Gruppenkontext wirken nämlich vielerlei Kräfte keineswegs immer im Sinne einer Leistungssteigerung: Angst vor Blamage, Überaktivierung, sozialer Stress, soziales Bummeln, Zeitaufwand, Cliquenbildung, Prestigedenken, Einflüsse von „Vielrednern“, unverantwortlicher Risikoschub, Koordinationsschwierigkeiten, Rivalität in der Gruppe und zwischen Gruppen sind nur einige mögliche Stichworte.

Am gründlichsten sind in der Kleingruppenforschung die folgenden nachteiligen Effekte untersucht, die sich systematisch zwei Bereichen zuordnen lassen: solche, die vor allem in Situationen der Arbeitsbewältigung (Gruppenarbeit i. e. S.) auftreten, und Effekte, die vorwiegend in Entscheidungssituationen durchschlagen:

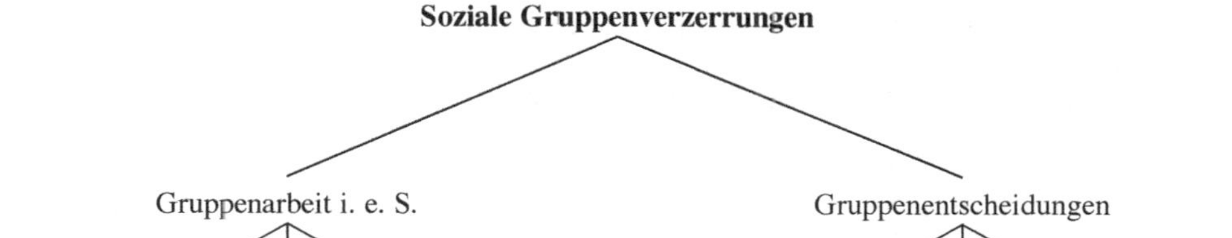

Wenden wir uns zunächst den Effekten zu, die im Rahmen von Gruppenarbeit in Situationen der Arbeitsbewältigung auftreten. Das Problem der *Leistungsrestriktion* hatten wir bereits angesprochen. Erhöhte Kohäsion forciert zwar die Konformität mit der Leistungsnorm, die durch die Gruppe definiert wird, und nivelliert dabei die Bandbreite an sich möglicher Leistungsspreizung, führt dagegen nicht zwangsläufig zu erhöhter Produktivität (vgl. *Mullen/Copper 1994*). Bei Vorliegen bestimmter Bedingungen (z.B. Identifizierung mit den Organisationszielen, starker und lohnender Wettbewerb mit anderen Gruppen) wird sich die Produktivität erhöhen, im Falle anderer Randbedingungen (z.B. bestrafungsorientierte Führung, starke Divergenzen zwischen den Gruppenzielen und denen der Organisation) dagegen eher im Sinn der Leistungsrestriktion auswirken. Dies bedeutet, dass unterschiedliche Niveaus an Leistungsmotivation innerhalb der Gruppe eingeebnet werden; die individuelle Motivation würde zum irrelevanten Sachverhalt.

Ein zweiter Effekt, den wir hier ansprechen, besteht in *Koordinationsschwierigkeiten,* die bereits sehr frühzeitig im arbeitspsychologischen Bereich als *Ringelmann*-Effekt beschrieben wurden. *Ringelmann* stellte u.a. beim Seilziehen fest, dass zwei Menschen nicht etwa die doppelte Leistung erbringen wie ein einzelner Mensch und drei Personen nicht das Dreifache. Diese abnehmende relative Leistung in Gruppensituationen kann durch Motivations- und Koordinationsverluste erklärt werden. Letztere resultieren daraus, dass mehrere Personen, die gemeinsam an einem Seil ziehen oder in einem Boot rudern, ihre Kraft nicht genau zum gleichen Zeitpunkt einsetzen (vgl. *Wilke/van Knippenberg 1997; Fischer/Wiswede 2009*). Solche Koordinationsprobleme und ihre Lösung sind – auf höherem Niveau wie beispielsweise beim Hausbau – auch weiterhin Gegenstand arbeits- und organisationswissenschaftlicher Analyse und spielen auch in der handlungstheoretisch orientierten Arbeitspsychologie eine bedeutsame Rolle.

Ein dritter Effekt, der die Aufmerksamkeit der Sozialpsychologen erregt hat (vgl. *Latané et al. 1979*), ist das sog. *social loafing* (soziale Faulheit, soziales Bummeln), das im Wesentlichen darin besteht, dass der Einzelne glaubt, er könne sich mit einer schwächeren Leistung in der Gruppe „verstecken", weil die Zurechenbarkeit nicht möglich sei. Vermutlich bestehen zwei Submotive, ein „Free-rider-Effekt", weil bestimmte Personen annehmen, auch ohne wesentlichen eigenen Beitrag in den Genuss des Gruppenergebnisses zu gelangen; und ein „Sucker-Effekt", indem man befürchtet, seinerseits in der Gruppensituation ausgenutzt zu werden. Inzwischen liegen Forschungsergebnisse vor, unter welchen Bedingungen dieser Effekt vermehrt auftritt und durch welche Maßnahmen er beseitigt werden kann (vgl. *Karau/Williams 1993; Baron/Greenberg 1992).* Nach *Karau/Williams* ist insbesondere von Bedeutung, dass das Individuum (im Sinne von *Vrooms* Instrumentalitätstheorie, vgl. M 6) „Instrumentalität" zwischen der eigenen Leistung und der Gruppenleistung, zwischen Gruppenleistung und den prinzipiell erreichbaren Ergebnissen der Gruppe sowie zwischen den Gruppenresultaten und den eigenen Ergebnissen herstellt. So wird zum Beispiel hohe Zielvalenz „social loafing" verdrängen. Auch dürfte eine Tendenz zur „sozialen Identität" (vgl. I 6) den Beitrag des Einzelnen zum Gruppenerfolg fördern.

Baron/Greenberg (1992) sehen die folgenden Wege, das „Social-loafing"-Phänomen abzuwenden:

- die Mitarbeiterleistung identifizierbar machen (sodass Zurechnungsmöglichkeiten bestehen und der Einzelne mit seiner Leistung nicht anonym bleibt);
- das Ausmaß des „Involvement" erhöhen (wenn Mitarbeiter genügend in die Aufgabe involviert sind, wird ein Trittbrettfahrer-Effekt in geringerem Maße auftreten);
- die Mitarbeiter entsprechend ihrem Beitrag zum Gruppenergebnis belohnen, wobei insbesondere auch die *sozialen* Beiträge im Vordergrund stehen sollten (z.B. Unterstützung anderer, Beitrag zum Gruppenklima, Vorbildwirkung);

- Bestrafung androhen für alle Fälle, in denen der Mitarbeiter einen bestimmten Standard unterschreitet oder nicht genügend im Sinne des Gruppenziels investiert.

Betrachten wir nun jene Effekte, die vorwiegend in Situationen der Gruppenentscheidung auftreten: „Groupthink“ (Gruppendenken), „hidden profile“ (verdeckte Informationsprofile) sowie „Gruppenpolarisierung“ (vgl. zu Entscheidungsprozessen in Gruppen: *Auer-Rizzi 1998; Schulz-Hardt 2002; Kerr/Tindale 2004*). Das *Groupthink-Phänomen (Janis 1982)* beschreibt ein kollektives Muster defensiver Vermeidung, stellt also eher eine situationsgebundene Theorie für Krisensituationen dar, die als Bedrohung wahrgenommen werden und unter bestimmten Umständen zur maßlosen Überschätzung des eigenen Standpunktes sowie einer Fehleinschätzung bis zum totalen Fiasko führen. Das Groupthink-Modell ist wegen seines „Ausnahmezustands“ eher im politischen Bereich von Relevanz, in wirtschaftlichen Organisationen wohl nur ansatzweise. Allerdings steht fest, dass es auch unter weniger voraussetzungsvollen Bedingungen, nämlich im Rahmen der Theorie sozialer Identität, zu kognitiven und sozialen Verzerrungstendenzen kommen kann, die durch eine rigide ethnozentrische Perspektive nicht nur die Abwertung von Fremdgruppen impliziert, sondern auch eine Überschätzung des eigenen Standpunktes mit der Folge suboptimaler Entscheidungen.

Der Effekt der *Gruppenpolarisierung* hat seinen Ursprung im Phänomen des „risky-shift“: eine von *Stoner (1961)* gefundene und empirisch häufig bestätigte höhere Risikofreudigkeit von Gruppenentscheidungen (im Vergleich zu Einzelentscheidungen), verursacht etwa durch die Diffusion der Verantwortung und/oder durch die Tatsache, dass der Mut zum Risiko in der Gruppensituation höher bewertet wird. Diese Erklärungen erwiesen sich als nicht ausreichend, weil in besonderen Fällen auch das Gegenteil, nämlich ein Vorsichtsschub (cautious shift) auftrat. Angesichts dieser gegensätzlichen Ergebnisse versuchen *Moscovici/ Zavaloni (1969)* zu zeigen, dass übergreifend – im Sinne eines „group shift“ – eine Tendenz zur Polarisierung (Extremisierung) auftritt, in dem etwas Vorhandenes und in sich Uneinheitliches präzisiert und pointiert dargestellt wird. Eine Erklärung dieser Polarisierungstendenz wird durch die Theorie sozialer Identität (im nächsten Abschnitt) möglich. Das Verhalten wird sich an einer Norm ausrichten, die gleichzeitig Intra-Gruppen-Differenzen minimiert und Inter-Gruppen-Differenzen maximiert *(Turner 1991)*. Dies bedeutet für den externen Bereich, dass im Rahmen von Abhebungseffekten (Distinktheit) gegenüber Outgroups extremere Einstellungen favorisiert werden, weil sie stärker zur Abgrenzung nach außen beitragen.

Das Phänomen des *„hidden profile“* (verdecktes Informationsprofil) bei der Diskussion verschiedener Standpunkte deckt auf, dass vor allem *die* Wissensinhalte ausgetauscht werden, die allen bekannt sind. Da jedoch die Zielrichtung einer ertragreichen Gruppenentscheidung gerade darin liegt, das nicht-geteilte Expertenwissen in der Diskussion zu bündeln, handelt es sich um eine erhebliche Reduzierung der Lösungsqualität. Befunde aus der „Information-Sampling-Theorie“ *(Stasser/Titus 1985)* deuten darauf hin, dass neuartige Informationen überhaupt nicht in die Gruppendiskussion eingebracht werden. Insofern besteht eine Tendenz, nur jene Informationen zu diskutieren, die von der gesamten Gruppe gemeinsam geteilt werden, während solche Informationen, die nur einem Mitglied bekannt sind (ungeteilte Information), unzureichend eingebracht werden. Insofern wird von der Gruppe diejenige Alternative gewählt, die durch die geteilten Informationen nahe gelegt wird und nicht diejenige, die auf der Basis aller verfügbaren Informationen die optimale ist. In Hidden-Profile-Situationen werden demnach, wie *Stasser/Titus* experimentell nachweisen konnten, vorhandene Möglichkeiten verspielt und damit suboptimale Entscheidungen getroffen.

Die genannten Verzerrungstendenzen legen eigentlich nahe, auf die angeblichen Vorteile der Gruppenarbeit zu verzichten und damit das Risiko zu vermeiden, in eine oder mehrere der beschriebenen Fallgruben zu stürzen. Die Skepsis der Sozialpsychologie wird jedoch von der Organisationspsychologie (und auch von der betrieblichen Praxis) nicht geteilt, die nach wie vor auf die Produktivität der Gruppe (insbesondere in Arbeitsteams) setzt. Dabei wird vielfach unterstellt, dass die Kenntnis der jeweiligen Verzerrungseffekte die Entwicklung geeigneter Gegenmaßnahmen fördern könnte. Auch optimistische Organisationspsychologen sind sich darüber einig, dass die erstrebten Gruppenvorteile erst nach längerer Vorbereitung und Einübung zu Buche schlagen. So dürfte beispielsweise in einer ersten Phase ein vorübergehender Hawthorne-Effekt auftreten, der dann von einer Ernüchterungsphase abgelöst wird, die sogar eine Verschlechterung der Ausgangssituation nach sich zieht. Erst in einer dritten Phase greifen Sozialisationsmechanismen, die die Investition in Gruppenarbeit und Gruppenentscheidung rechtfertigen.

Der Teamgedanke spielt auch eine tragende Rolle in verschiedenen Strukturkonzepten im Gruppenbereich: Qualitätszirkel, Lernstatt, autonome Arbeitsgruppen, Empowerment, partizipatives Produktionsmanagement etc. Diese und viele andere Konzepte, die sämtlich dem Gruppengedanken verpflichtet sind, werden in ihrer Effizienz meist sehr hoch eingestuft. Strengere Evaluationsstudien liegen erst in Ansätzen vor. *Goodman et al. (1988)* kommen in einer Metaanalyse von 70 Studien zu (teil)autonomen Arbeitsgruppen zu ambivalenten Ergebnissen, allerdings mit generell positiver Tendenz. Vielfach werden positive Berichte auch dadurch entwertet, dass bei der Einführung neuer Konzepte nur temporär positive Wirkungen auftreten (Hawthorne-Effekt). Für die Effizienzbeurteilung dürfte die erwähnte Zeitperspektive von entscheidender Bedeutung sein.

2.1.2.3 Psychologie organisationaler Macht

Die Problematik der Macht in Organisationen berührt sich mit zahlreichen anderen Themenfeldern: der *Gruppenthematik* (weil und insofern Macht innerhalb oder zwischen Gruppen besteht), der *Führungsthematik* (weil und insofern Macht eine Grundlage der Führung darstellt), der *Konfliktthematik* (weil und insofern die Verfügung über Machtmittel Konflikte erzeugen sowie zu ihrer Beendigung beitragen kann). Hierbei sollte betont werden, dass der Besitz oder der Einsatz von Machtmitteln keineswegs immer zu Konflikten führt. Dies ist insbesondere dann nicht der Fall, wenn Macht als legitim angesehen wird, wenn die Folgeleistung (z. B. Gehorsam) internalisiert oder habitualisiert ist und wenn Fügsamkeit (oder auch Akzeptanz) belohnenden oder instrumentellen Charakter hat. Auch entstehen Konflikte nicht ausschließlich durch Macht oder Machtausübung, sondern darüber hinaus aufgrund ganz anderer Ursachen, z. B.: durch technologischen Wandel innerhalb der Organisation, durch unklare Kompetenzverteilung, durch unterschiedliche Bezugssysteme und Rollenzusammenhänge usw.

Wir diskutieren zunächst einige grundsätzliche Aspekte der Macht in Organisationen (vgl. zur Literatur: *Pfeffer 1981; Reber 1980; Mintzberg 1983; Crozier/Friedberg 1979; Luthans 1985; Hill 1995; Keltner et al. 2003; Magee et al. 2005; Neubauer/Rosemann 2006; Nerdinger 2011)* und wenden uns anschließend Fragen der Mikropolitik zu.

(1) Grundlagen der Macht

Lerntheoretisch bedeutet Macht die Verfügung über Verstärker. Eine asymmetrische Interaktionsbeziehung liegt danach immer dann vor, wenn ein Individuum P auf die vom Machtüberlegenen O gewählte Verstärkungsart angewiesen ist, O jedoch seinen Verstärkungsmodus selbst festsetzt *(Adams/Romney 1959)*. Macht ist also nicht allein dadurch definiert, dass O über irgendwelche Ressourcen (Belohnungs- oder Bestrafungsmittel) verfügt, sondern dass der Betroffene (die Betroffenen) P in Bezug auf diese Ressourcen Bedürfnisse hat (depriviert ist). Die Grundfigur der Freiwilligkeit in Interaktionstheorien (vgl. I 1) kann das Auftreten von Macht lediglich als Austauschprozess erklären: P wird anderweitig dafür entschädigt, dass er die Machtausübung des O zulässt (z. B. das Organisationsmitglied unterwirft sich freiwillig der Organisationsdisziplin, weil es sonst nicht bezahlt würde). Allerdings sind die Interaktionsverhältnisse in Organisationen durch eine simple Anreiz- Beitrags-Theorie nicht zureichend beschrieben. P's Abhängigkeit von O (seine Dependenz) ist zugleich durch das Vergleichsniveau für Alternativen definiert (z. B. P hat auf dem Arbeitsmarkt hohe oder geringe Chancen).

In der sozialpsychologischen Forschung wird häufig auf eine – in der Wahl ihrer Kriterien freilich inkonsistente – Unterscheidung zurückgegriffen *(French/Raven 1959; Schneider 1978)*, die folgende Formen (oder Grundlagen) sozialer Machtausübung ausweist:

Belohnungsmacht (reward power): z. B. Zuweisung finanzieller Mittel, Verteilung von Lob und Wertschätzung, Eröffnung von Aufstiegschancen, Abwendung von Strafreizen (z. B. Verlust des Arbeitsplatzes);
Bestrafungsmacht (coercive power): Ausübung von Druck, Drohung, Kontrolle, Ankündigung von Sanktionen (z. B. Versetzung);
Legitime Macht (legitimate power): allseits akzeptierte Machtgrundlage aufgrund von Befugnissen (Herrschaft im Sinne *Max Webers*);
Identifikationsmacht (reference power): Vorbild- und Modellwirkung, charismatische Macht, Bezugspersonen- und Gruppeneinfluss im Hinblick auf Einbindung und commitment;
Expertenmacht (expert power): Fachkompetenz, Sachverstand, Expertenwissen, jedoch auch die Verfügung über bestimmte (strategisch wichtige) Informationen (z. B. Macht der Stäbe).

Die angewandten Machtgrundlagen variieren in ihren Kosten *(Harsanyi 1962)*, in ihrer Verfügbarkeit (Mobilmachungskosten) und nach ihren Auswirkungen. So ist z. B. die Ausübung von Bestrafungsmacht besonders kostspielig: Attraktionsverlust des Machtausübenden, Kontrollkosten, Reaktanz und Vermeidungslernen der Betroffenen, Ausbildung von Gegenmacht etc. (vgl. *Fischer/Wiswede 2009*). Die Befunde zur Theorie sozialer Identität (vgl. I 5) legen nahe, dass die Identitätsmacht am wirksamsten ist und für den Vorgesetzten die geringsten Kosten mit sich bringt *(Hogg 2005)*.

Luthans (1995) zeigt anhand empirischer Befunde hinsichtlich Leistung und Zufriedenheit der Mitarbeiter Folgendes: Bestrafungsmacht vermag lediglich kurzfristig Gehorsam zu erzeugen, darüber hinaus führt sie zu Frustration, schlechter Leistung und Unzufriedenheit. Macht durch Belohnung (analog dem Effektgesetz der Lerntheorie) hat nur unter bestimmten Bedingungen vermehrte Leistung und Zufriedenheit zur Folge. Legitime Macht kann gleichfalls eher gehorsames Verhalten erklären. Expertenmacht weist die höchsten Korrelationen mit Leistung und Zufriedenheit auf. Referenzmacht (z. B. auch charismatische Macht) gilt als schwer steuerbar und zeigt nur unter bestimmten Bedingungen positive Wirkungen.

Welche Machtformen – auch in Kombination – tatsächlich angewandt werden, hängt ab von der jeweiligen Verfügbarkeit der Machtressourcen, von der Persönlichkeit des Machtausübenden (z. B. dessen Dominanzstreben, Machtbedürfnis), von den Kosten des jeweiligen Machteinsatzes (am kostspieligsten ist Bestrafungsmacht, am günstigsten: Kompetenz-, Informations- und Überzeugungsmacht), von der Organisationsstruktur (z. B. Steilheit der Hierarchie) sowie von der Organisationskultur (Werte und Normen, implizite Regeln, Umgangston etc.). Übergreifend wird eine Person solche Machtmittel einsetzen, von denen sie glaubt, dass sie die per Saldo günstigsten Konsequenzen ergeben. (Gemeint ist hier im lerntheoretischen Sinn die Einschätzung der Konsequenzen durch den Handelnden, nicht dagegen die Konsequenzen für die Betroffenen und schon gar nicht die Konsequenzen für die Organisation.

Allerdings gibt es einen Überdeckungsbereich, sofern die handelnde Person, z. B. der Vorgesetzte, Konsequenzen schätzt, die für die Untergebenen oder das Unternehmen günstig sind.)

Yukl/Fable (1993) glauben, hinter den Machtgrundlagen von *French/Raven* zwei Dimensionen ermitteln zu können: *Positionsmacht* und *persönliche Macht*. Sie legen Befunde vor, wonach die Bedeutung der Positionsmacht (formale Autorität, legitime Macht, Belohnungs- und Bestrafungsmacht) zugunsten der personalen Macht zurückgeht. Vorgesetzte, die über gute kommunikative Verbindungen, Kompetenz und (charismatische) Überzeugungskraft verfügen, werden im Falle eigenverantwortlicher und kooperativer Führung mehr Effizienz entfalten als jene, die sich vorwiegend auf ihre Positionsmacht stützen.

Neubauer/Rosemann (2006) finden entsprechend, dass Positionsmacht für eine effektive Führung nicht ausreicht. Der alleinige Einsatz formaler Macht habe zahlreiche Nachteile:

- Lediglich kurzfristige und abnutzbare Wirkungen
- Etablierung eines vorwiegend angepasst-submissiven Verhaltens
- Entstehung einer Verteidigungshaltung (Reaktanz)
- eine Eskalation des Einsatzes von Machtmitteln ist wahrscheinlich
- Einschränkung der vertikalen Kommunikation
- formale (z. B. juristische) Regelungen überschatten inhaltliche Problemlösungen

Solche Vermutungen besagen allerdings noch nicht viel über die tatsächlich zum Einsatz gelangenden Machtmittel. *Bierhoff (1998)* zeigt empirisch, dass die folgenden Einflussstrategien in Unternehmungen besonders verbreitet sind:

- rationale, sachliche Argumentation;
- freundliches, einschmeichelndes Verhalten;
- Bestimmtheit, Nachhaken, Durchsetzungsvermögen;
- Verhandeln, Tauschgeschäfte, Wechselseitigkeit;
- Koalitionsbildung;
- höheres Management einschalten;
- Sanktionen androhen.

Kipnis et al. (1980) ermittelten nicht den faktischen Einsatz, sondern die Einschätzung von Machtmitteln. Sie fanden vier Faktoren, die allgemeine Vorstellungen über einzusetzende Machtmittel gegenüber Untergebenen eines Industriebetriebes darstellen:

- Assertiveness (Forderungen stellen, Anordnungen geben);
- Ingratiation (jemanden loben, sein Selbstgefühl anheben);
- Rationality (Pläne erarbeiten, auf Notwendigkeiten hinweisen);
- Sanctions (mit Entlassung drohen, Prämien streichen).

(2) Strukturelle Macht/Machtstrukturen

In Ergänzung zur obigen Auflistung könnte man (analog *Galtung 1975)* von *struktureller Macht* sprechen. Damit ist gemeint, dass in wirtschaftlichen Organisationen ein Großteil der Machtausübung nicht interpersoneller Natur ist; es sind vielmehr strukturelle oder normative Festlegungen, die als depersonalisierte Kontrollinstrumente fungieren (Stechuhren, Zwangsgesetzlichkeiten des Fertigungsablaufs bei Fließbändern, Einhaltung bürokratischer Prozeduren). Auch Aktivitäten, die in einer Strukturierung der Situation bestehen (Ablaufregelungen, Festsetzung von Tagesordnungen, die Einführung von Beurteilungskriterien) wirken im Vorfeld als „non-decision power" *(Bachrach/Baratz 1963)*, die sich der sozialen Sichtbarkeit weitgehend entzieht. Ähnliches gilt hinsichtlich der Stäbe *(Irle 1963)* oder kompetenter Sachbearbeiter: Entschlüsse werden dort oft so vorprogrammiert, dass – gewissermaßen durch die logische Folge der Akkumulation „kleiner" Vorentschlüsse – für die eigentlichen Entscheidungsträger faktisch kaum Handlungsfreiheit verbleibt.

Einen ganz anderen Aspekt struktureller Macht betrifft die *differenzielle Verteilung* von Macht auf Personen oder Personengruppen. Die tatsächliche Machtstruktur innerhalb einer Organisation gravitiert meist um die formelle Machtstruktur (z. B. Hierarchie, Kompetenzverteilung), weicht jedoch in aller Regel davon ab. Das Ausmaß der Abweichung wird bedingt durch das Ausmaß der Formalisierung (Regeldichte) und deren Verbindlichkeitsgrad (Sanktionsladung) sowie auftretende Gegenkräfte (z. B. Bildung von Gegenmacht, Koalitionsbildung, Einfluss externer Macht).

Zur Beschreibung der tatsächlichen (empirisch vorfindbaren) Hierarchie von Organisationen dient üblicherweise der sogenannte Kontrollgraph *(Tannenbaum/Kahn 1957)*, wobei die Mitglieder eines Betriebes z. B. danach befragt werden, wie groß der Einfluss von Personen bzw. Positionsträgern auf die Entscheidung ist (Dies ist möglicherweise ein trügerischer Indikator, da die Existenz von subkutaner Macht, „nondecision-power" oder mikropolitisch verschleierter Machtstrategien dadurch kaum angemessen abgebildet wird). Die empirischen Befunde erbrachten immerhin den Nachweis, dass in fast allen industriellen Organisationen die Macht *oligarchisch* verteilt ist.

Über die Auswirkungen steiler vs. flacher Hierarchien auf das Verhalten/Einstellungen der Organisationsmitglieder gibt es vergleichsweise wenig empirische Untersuchungen *(Renwick 1975; Naase 1978)*. Analog dürften jedoch die Befunde von *Bavelas (1950)* anwendbar sein, der bei komplexen Aufgabenstellungen die Überlegenheit dezentraler Strukturen (gegenüber zentral gesteuerten Kommunikationsnetzen) in Bezug auf Leistung und Zufriedenheit demonstrieren konnte. In diese Richtung weisen auch soziologische Befunde über die Effizienz heterarchischer oder lose gekoppelter Systeme *(Wiswede 1998 a)*. Zentralistische Machtstrukturen sind ohnehin mit dem Bild einer „lateralen Organisation" wenig vereinbar, da viele Anzeichen für eine *Dispersion sozialer Macht (Irle)* in Organisationen sprechen:

- Vordringen partizipativer Strukturen
- Partikularisierung von Machtzentren
- Dezentralisierung von Machtinstanzen
- Verlagerung von Macht auf verschiedene Ebenen
- Legitimitätskrise von Amtsautorität und Positionsmacht
- Depersonalisierung und Substitution von Führungsstrukturen

Einige dieser Entwicklungen werden vor dem Hintergrund neuer Führungsdesigns (kooperative und partizipative Führung) noch zu diskutieren sein (Kapitel 2.1.2.5). Insbesondere dürfte die *Kompetenz- und Informationsmacht* im Vergleich zu anderen Machtgrundlagen immer bedeutsamer werden, und angesichts wachsender Aufgabenkomplexität kann diese Kompetenz ohnehin nicht auf einige wenige Instanzen konzentriert sein.

Die Eröffnung eigener Gestaltungsspielräume wird vielfach auch mit dem Konzept des *Empowerment* beschrieben. Darunter versteht man die Verlagerung von Macht nach „unten", sodass der Mitarbeiter innerhalb des Zuständigkeitsbereichs die Befugnis erhält, eigene Arbeitsziele zu setzen, Probleme zu lösen und Entscheidungen zu fällen. Davon erwartet man sich positive Einflüsse im Hinblick auf stärkere Identifikation mit der Arbeitsaufgabe, höhere Arbeitsmotivation und -zufriedenheit sowie stärkeres Commitment gegenüber der Gruppe und der Organisation. *Neubauer/Rosemann (2006)* betonen jedoch die Notwendigkeit des Vorliegens von Vorbedingungen: Bereitschaft zur aktiven Mitwirkung, Ermunterung zur Innovation, ausreichende Qualifikation und Information, Betonung der Verantwortlichkeit der Mitarbeiter für die Zielrealisierung. Diese Voraussetzungen sind alles andere als selbstverständlich; ihr Fehlen bewirkt dann, dass die verschiedenen Formen der Machtverlagerung (wie Partizipation, Kooperation, Empowerment) nicht die erstrebten Konsequenzen haben.

(3) Mikropolitik

Es gibt zwei unterschiedliche Ansätze, von Mikropolitik zu sprechen. Der erste ist paradigmatischer Natur *(Burns 1961/62)*. Ähnlich wie *Katz/Kahn* Organisationen als Netzwerke miteinander verflochtener Rollen interpretieren, haben *March/Simon* sowie *Crozier/Friedberg* die Komponente sozialer Macht in den Vordergrund gestellt: Bei den erstgenannten Autoren stellt sich die Organisation als Feld unterschiedlicher Koalitionen dar, die ihre Interessen durchzusetzen trachten. Für *Crozier/Friedberg (1979)* sind Organisationen Netzwerke miteinander verzahnter Spiele, die durch formale und informelle Spielregeln eine indirekte Integration der konfligierenden Machtstrategien der Organisationsmitglieder bewirken. Insofern wird hier eine Forschungsperspektive verfolgt, die in allen organisationalen Handlungen interessengeleitete, politisch durchwirkte Qualitäten vermutet. Es ist klar, dass diese Bezugnahme auf den Machtaspekt und die damit verbundene politische Perspektive andere Zugangsmöglichkeiten (Perspektiven, Paradigmen) aus der Analyse ausblendet.

Neben dieser generellen Perspektive, das Handeln in Organisationen immer auch als politisches Handeln zu verstehen, ist neuerdings ein anderes Verständnis von Mikropolitik verbreiteter *(Bosetzky et al. 2002; Küpper/Ortmann 1988; Neuberger 1988)*. Hier geht es um Techniken der Machtausweitung, wie sie in folgenden Stichworten zum Ausdruck gelangen: „Günstlingswirtschaft“, „Intrigenspiele“, „Grabenkriege“, „Seilschaften“, „Gefälligkeiten“, „Loyalität“, „Beziehungen“, „Kuhhandel“, „Absprachen“, „Mobbing“ etc. oder wie sie durch bestimmte Aktivitäten charakterisiert sind: „schikanieren“, „kaltstellen“, „unterlaufen“, „schleimen“, „mauscheln“, „klüngeln“, „bestechen“, „abschieben“, „verschleiern“, „verharmlosen“ usw. Es geht also weitgehend um informelle Machtstrategien und Techniken, mit denen der eigene Vorteil (oder der der eigenen Gruppe) meist auf Kosten anderer in oft verdeckter Weise gesucht wird.

Mikropolitik in diesem Sinne ist also ein Arsenal jener alltäglichen Techniken, mit denen Macht auf Mikroebene aufgebaut, erweitert und genutzt wird, um eigene Interessen durchzusetzen, eigene Handlungsspielräume zu erweitern, sich fremder Kontrolle zu entziehen und gleichzeitig die Kontrolle über andere zu ermöglichen. Wie *Neuberger (1988, 6)* hervorhebt, sind die Abstufungen zur „großen“ Politik lediglich graduell. Danach vermeidet Mikropolitik offene Frontstellungen, sie verheimlicht oder verschleiert Gegnerschaft, sie ist kurzatmiger (mehr Taktik als Strategie) und weist einen engeren, meist personalisierten Themenhorizont auf; auch besteht ihr Ziel meist nicht in der Schaffung neuer Ordnungen, um diese nach außen zu legitimieren. Dabei geht es um Techniken, die das Licht der Öffentlichkeit scheuen müssen, weil es eben nicht die institutionalisierten und legitimen Wege sind, die hier genutzt werden, sondern „Schleichwege“, deren Legitimität zumindest fragwürdig ist.

Allerdings ist über das tatsächliche Ausmaß mikropolitischer Aktivität in Organisationen wenig bekannt. Dies liegt einmal daran, dass es sich eben um verdeckte Aktivitäten handelt, die nur in kritischen Fällen sichtbar werden und meist lediglich von negativ Betroffenen nach außen getragen werden. Zur Dunkelziffer trägt auch bei, dass mikropolitische Aktivitäten oft mit großem Geschick vorbereitet und angewandt werden (z.B. durch das Agenda-Setting einer Tagesordnung), sodass Beobachter der Szene im gesamten Vorgang ein durchaus legitimes, durch genaue Verfahrensregeln abgestütztes Verfahren erblicken mögen. Auch dem wissenschaftlichen Zugriff entzieht sich das mikropolitische Geschehen in eigentümlicher Weise. Dies gilt einmal vom theoretischen Ansatz her, soweit er das Geschehen in Organisationen primär unter rationalen Gesichtspunkten zu betrachten sucht. Es gilt zum anderen jedoch auch empirisch: Niemand im Unternehmen – mit Ausnahme der negativ Betroffenen – ist sonderlich daran interessiert, dass mikropolitische „Machenschaften“, an denen man vielleicht selbst beteiligt ist, aufgedeckt werden. Sofern die subkutane Realität solcher Aktivitäten nicht schlichtweg geleugnet wird, so könnte man doch zumindest befürchten, dass der gute Ruf des Unternehmens darunter leidet. Deshalb ist die diesbezügliche empirische Forschung oft eher impressionistisch und exemplarisch *(Kipnis et al. 1980)*.

Es ist nahe liegend, dass das Ausmaß solch mikropolitischer Möglichkeiten mit bestimmten *Bedingungskonstellationen* korreliert *(Neuberger 1988)*. Die strukturelle Chance der verdeckten mikropolitischen Aktion dürfte dann besonders hoch sein, wenn folgende Bedingungen vorliegen: geringe Visibilität von Handlungsvollzügen, geringe soziale Kontrolle, intransparente Organisationsstrukturen, komplexe und mehrdeutige Beziehungen, starke Turbulenz von Ereignissen, instabile Machtverhältnisse, wechselnde Koalitionen usw. Auch seitens der strategischen Position des Handelnden begünstigen bestimmte Voraussetzungen effizientes mikropolitisches Handeln: Akkumulation von Rollen oder Ämtern, Verfügbarkeit informeller kommunikativer Netze (z. B. „schwacher Verbindungen"), konspirative Autorität *(Bosetzky)* in Form von Hintergrund- und Geheimwissen, meist gepaart mit der Fähigkeit, das Labyrinth organisationaler Normen für eigene Zwecke auszulegen und zu nutzen.

Die verdeckten mikropolitischen Aktivitäten sind freilich nicht ausschließlich abhängig von bestimmten Bedingungskonstellationen, die dann quasi-automatisch zu politischer „Wühlarbeit" führen. Hier werden vielmehr auch Persönlichkeitsvariablen mitspielen. Im Allgemeinen ordnet man solche Verhaltensweisen dem machiavellistischen Persönlichkeitstyp zu, der ein hohes Machtbedürfnis und ein entsprechendes Geschick in der Machthandhabung aufweist. Nach *McClelland/Watson (1973)* sind zwei verschiedene Formen des Machtbedürfnisses zu unterscheiden, von denen die eine (S-Macht) eher im Sinne des übergeordneten Ganzen (hier also der Organisation und ihrer Effizienz) ausgeübt wird und von denen die andere eher im Ego-Interesse der Handelnden fungiert (P-Macht). Die mikropolitische Diskussion scheint sich hier eher auf diesen zweiten Machttyp zu konzentrieren, der vorwiegend das Eigeninteresse der Machtausübenden thematisiert. Die Grenzen machiavellistischer Umtriebe sind jedoch durch zwei Umstände markiert. Erstens darf der Machiavellismus nicht zu sehr auffallen: Einem Menschen misstraut man meistens und begegnet ihm mit Vorbehalt, wenn Taktiken und Strategien, Intrigen und Verschleierungen publik werden; der Mikropolitiker hat sich dann selbst ausmanövriert. Andererseits wird der Machiavellismus in seinen Aktivitäten dadurch begrenzt, dass er zur Aufrechterhaltung oder Ausweitung seiner Machtstellung auch auf die Interessen der anderen reagieren muss, von denen er letztlich abhängig bleibt. Er muss also unfreiwillig kooperieren, insbesondere mit jenen, die ihrerseits über legitime oder illegitime Mittel verfügen und die für ihn Machtressourcen darstellen. Diese strukturelle Begrenzung steht einer inflationären Machtausweitung im Wege.

An besondere Bedingungskonstellationen ist auch das sogenannte *„Mobbing"* geknüpft, das neuerdings die Aufmerksamkeit der psychologischen Forschung erfährt (vgl. *Niedl 1995; Neuberger 1994*, der eine theorieorientierte Perspektive bietet). Dieses ist als Abwärts-Mobbing (der Vorgesetzte schikaniert den oder die Mitarbeiter), als horizontales Mobbing (einer oder mehrere Mitarbeiter versuchen, andere auszustechen/anzuschwärzen etc.) und als Aufwärts-Mobbing (die Mitarbeiter versuchen, den Vorgesetzten zu diskreditieren) denkbar. Beim Abwärts-Mobbing dürften unterschiedliche Motive bestehen: z. B. Weitergabe eigener frustrierender Erfahrungen, „Freisetzungs"-Absichten, Demontage fähiger Mitarbeiter, die als mögliche Rivalen gelten, und schließlich Freude an der Schikane selbst (intrinsisches Mobbing). Horizontales Mobbing ist sicherlich häufig durch Rivalitätsdenken verursacht, kann jedoch auch im Zuge von Initiationsritualen auftreten und betrifft damit meist den Neuling in der Arbeitsgruppe oder Abteilung.

2.1.2.4 Psychologie organisationaler Konflikte

Eng verbunden mit der Gruppenproblematik in Organisationen ist die Thematik des Konflikts. Obgleich immer wieder ideologisch eingefärbte Harmonielehren – angefangen von der Human-Relations-Bewegung bis hin zur Beschwörung einer „Corporate identity" – das Konfliktgeschehen im Betrieb zu bagatellisieren oder therapeutisch zu verschleiern suchen, ist i. d. R. davon auszugehen, dass wirtschaftliche Organisationen ein Konfliktfeld darstellen, in dem höchst unterschiedliche Interessen und Voraussetzungen latente und manifeste Konflikte wahrscheinlich machen *(Euler 1977; Thomas 1976; Berkel 1984, 2002; Regnet 2001)*. Um ihren psychologischen Stellenwert geht es in diesem Abschnitt.

(1) Formen des Konflikts

Formen des Konflikts werden meist nach ihrer Lokation (z. B. endogene/exogene Konflikte), nach ihrer realen Basis (echte oder scheinbare Konflikte, objektiv oder subjektiv empfundene Konflikte), nach ihrer Bewusstheit (latente/manifeste Konflikte), nach ihren Folgen (funktionale/dysfunktionale Konflikte) oder nach ihrem Entstehungshintergrund (strukturinduzierte/verhaltensinduzierte Konflikte) unterschieden.

In Anknüpfung an *Galtung (1975)* und *Esser (1975)* lassen sich – bezogen auf die Organisation – vier Klassen von Konflikten anhand einer Matrix darstellen (Tab. 9). Da uns in diesem Zusammenhang der soziale Konflikt in besonderem Maße interessiert, ist es nützlich, psychische (intrapersonale) und soziale (interpersonale) Konflikte voneinander zu unterscheiden. Die häufigsten Formen des *psychischen Konflikts* sind Entscheidungskonflikte, Motivkonflikte und Entwicklungskonflikte. Die wichtigsten Formen des *sozialen Konflikts* sind Rollenkonflikte, Bewertungskonflikte, Verteilungskonflikte, Beeinträchtigungskonflikte und Kommunikationskonflikte. Soziale Konflikte führen häufig gleichzeitig oder in der Folge zu psychischen Konflikten (z. B. Wie soll man entscheiden? Wie setze ich mich durch?), wie auch umgekehrt Entscheidungskonflikte in soziale Interessenkonflikte einmünden können (z. B. bei der Einführung der EDV, bei Betriebsstilllegungen usw.), sofern von betrieblichen Entscheidungen unterschiedliche Interessen betroffen sind.

Beim *Rollenkonflikt* geht es um das Aufeinandertreffen unvereinbarer normativer Erwartungen. Insbesondere Personen in Scharnierpositionen (auch Sandwich-Positionen genannt) sind in Organisationen solchen Konflikten ausgesetzt (zwangsläufig auch jede Führungsposition). *Bewertungs- und Beurteilungskonflikte* sind gegeben, wenn Kontrahenten unvereinbare Handlungspläne realisieren wollen, sei es, weil sie den Ergebnissen jeweils unterschiedlichen Wert zumessen oder weil sie deren Auftretenswahrscheinlichkeit unterschiedlich beurteilen. Ein *Kommunikationskonflikt* besteht darin, dass zwischen A und B Kommunikationsstörungen auftreten (z. B. fehlende, fehlerhafte oder falsche Information) oder zwischen verschiedenen Kommunikationsebenen Verwechslungen vorliegen (z. B. eine Aussage auf der Sachebene wird auf der Beziehungsebene missverstanden) oder aber der Kommunikationsstil Konflikte verursacht (z. B. die rüde Art des Umgangs, die als demo-

Tabelle 9: Organisationale Konfliktmatrix

	Konflikt innerhalb eines Sytems	*Konflikt zwischen Systemen*
Individualebene	intraindividueller Konflikt	interindividueller Konflikt
Kollektivebene	intraorganisationaler Konflikt	interorganisationaler Konflikt

tivierend, entwürdigend empfunden wird oder zu Gesichtsverlust führen kann). Ein *Beeinträchtigungskonflikt* ist dann gegeben, wenn im Rahmen des Verhaltens von A für B negative Folgen anfallen (z. B. A raucht oder telefoniert mit besonderer Lautstärke), die üblicherweise als „externe Effekte" bezeichnet werden.

Von diesen Formen des sozialen Konflikts abzugrenzen ist der eigentliche *Verteilungskonflikt* (Interessenkonflikt im engeren Sinne), der Sozialpsychologen (wie *Pruitt* oder *Deutsch)* und Soziologen *(Coser* oder *Coleman)* in besonderer Weise beschäftigt hat. Folgen wir der Definition von *Pruitt/Rubin,* so meint ein solcher Konflikt „perceived divergence of interest, or a belief that the parties current aspirations cannot be achieved simultanously" *(1986, 4).* Konflikt resultiert nach diesen Autoren aus dem Anspruchsniveau der Konfliktparteien (dessen Höhe und Rigidität) und den erreichbaren Alternativen (integrative Alternativen oder aber Nullsummen-Spiele).

(2) Konfliktverlauf und Konfliktregelung

Konfliktlösungen können grundsätzlich im Nachgeben (Kompromiss) bestehen (was zumindest auf einer Seite eine Zurücknahme des Anspruchsniveaus bedeutet) oder aber in einer distributiven Regelung, die eine bestimmte Alternative z. B. mit Machteinsatz auf Kosten des anderen durchsetzt. *Thomas (1976)* spricht in seiner Klassifikation der *Konfliktstile* von *Machteinsatz:* eine Strategie, die aufgrund bestimmter Kosten der Machtausübung (vgl. Kap. 2.1.2.3) Schmälerungen der Ergebnisse erwarten lässt und die Zukunft der Interaktion u. U. aufs Spiel setzt (vgl. Abb. 51).

Bei der Strategie der *Anpassung* („Klein-Beigeben") erfolgt eine Orientierung an den Wünschen des anderen; die eigenen Interessen werden zurückgestellt (etwa auch im Sinne der Wahrung anderer Interessen oder der Beibehaltung der Beziehung). Die Strategie der *Konfliktvermeidung* besteht häufig in einer Kaschierung, Verdrängung und Verlagerung des eigentlichen Konflikts. Auch ist ein totaler Rückzug aus dieser Beziehung möglich.

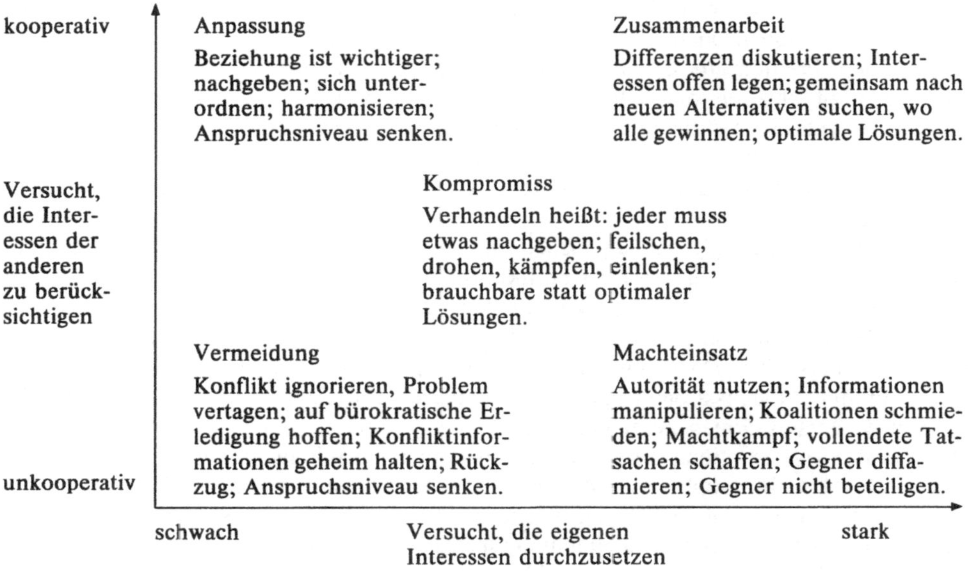

Abb. 51: Konfliktstile (in Anlehnung an Thomas 1976)

Die Strategie der *Zusammenarbeit* (Kooperation) ist gekennzeichnet durch starke beiderseitige Versuche, eigene Interessen möglichst weitgehend durchzusetzen, gepaart mit dem gleichzeitigen Wunsch, hierbei auch die Interessen des anderen mit zu berücksichtigen (dual-concern-model). Dieser Weg wird allgemein als der produktivste angesehen *(Thomas 1976; Deutsch 1976; Pruitt/ Rubin 1986)*, erfordert jedoch eine Reihe von Voraussetzungen, z. B. Einsicht in die Möglichkeiten der Kooperation, kooperative Einstellungen der Beteiligten, soziale Kompetenz (etwa im Rahmen von Verhandlungen) sowie Kreativität im Finden innovativer Lösungen.

Manchmal entwickeln sich Konflikte ganz anders, als es strategisch intendiert ist. Der besondere *dynamische Charakter* sozialer Konflikte ist Gegenstand zahlreicher Versuche, bestimmte *Konfliktepisoden (Pondy 1967; Deutsch 1976)* zu beschreiben. Als Variablen(-gruppen), die auf das Konfliktgeschehen einwirken, unterscheidet *Deutsch:* Merkmale der Konfliktparteien (z. B. ihre Einstellungen und Motive), bisherige Konflikterfahrungen (mit dieser Partei), Kontext des Konflikts (z. B. Mitwirkung der Öffentlichkeit), interessierte Dritte, Strategien und Taktiken (die mehr oder weniger institutionalisiert oder ritualisiert sein können) und schließlich das Konfliktergebnis. Dieses Ergebnis beeinflusst (als Konsequenz) wiederum künftiges Verhalten; auch entscheidet die Art des Ergebnisses über die Wahrscheinlichkeit, dass der Konflikt wieder auflebt.

Episodisch interessant sind Prozesse der *Konfliktverschiebung:* Gruppen entlasten sich oftmals von internen Schwierigkeiten, indem sie diese nach außen auf vorgeschobene oder vermeintliche „Sündenböcke" projizieren oder in fremde Bereiche abdrängen. Gravierender ist die *Konfliktverschärfung* als autokatalytischer Prozess: die Verstärkung oder Eskalation des Konflikts. Gründe dafür sind u. a.: emotionale Aufladung, starke Wettbewerbshaltung, Einsatz von Machtmitteln (auch Drohungen), Ausnützen von Schwächen, Prozesse der „Verpflichtung", Fehlen institutioneller Regelungen. Mögliche Folgen sind: das Zurücktreten solidarischer Zielsetzungen und die Verstärkung von Einzelinteressen, Wahrnehmungsverzerrungen, wobei Gemeinsamkeiten unterschätzt werden, Trennendes dagegen überschätzt wird, sodass Vorurteile bestätigt und Polarisierungstendenzen begünstigt werden, Einschätzungsfehler in Bezug auf Absichten, Wertvorstellungen und Machtverhältnisse bis hin zur autistischen Feindseligkeit, die zu einem völligen Kommunikationsabbruch führen kann. Freilich gibt es auch Kräfte, die das Konfliktausmaß beschränken und die De-Eskalation einleiten: die Geltung von Normen (etwa der Reziprozität oder der distributiven Gerechtigkeit), die Institutionalisierung von Konflikten (die bereits bestimmte Regelungsautomatismen enthält), die Einfügung kooperativer Elemente sowie kreatives Denken, das die Lösbarkeit des Konfliktes in neuem Lichte sieht (Ausbrechen aus dem Teufelskreis).

Im Rahmen des *Konfliktmanagements* wird betont *(Oechsler 1979* in Anknüpfung an *Galtung; Berkel 2002)*, dass viele Konflikte im Betriebsleben nicht durch das Verhalten sowie die besonderen Interaktionsbeziehungen verursacht sind, sondern auf *strukturelle Gegebenheiten* zurückgehen. Insofern seien Organisationsstrukturen auf ihre Konfliktträchtigkeit zu untersuchen. Dazu benötigen wir allerdings Hypothesen über das Konfliktpotenzial bestimmter Organisationsstrukturen, die in dieser Hinsicht nur in wenigen Fällen (z. B. bei Matrix-Organisationen, beim Stab-Linie-System) empirisch untersucht sind. *Von Rosenstiel (1980, 169)* empfiehlt aufgrund des bisherigen Forschungsstandes folgende Wege struktureller Konfliktprophylaxe: Minderung von Koordinationszwängen, Konzeption der Organisation nach sozialwissenschaftlichen (nicht nur nach ökonomisch-technologischen) Gesichtspunkten, Schaffung von Handlungsspielräumen, klare Kompetenzverteilung, Vermeidung von Nullsummen-Situationen, klare Verteilungsregeln, Partizipation am Entscheidungsprozess etc. Wichtig ist auch die Durchbrechung stetiger Koalitionen (cross-cutting).

Die Transparenz von Entlohnungssystemen scheint gleichfalls konfliktmindernd zu wirken *(Lawler 1971)*.

Neben der Konfliktprophylaxe ist die wichtigste Aufgabe des Konfliktmanagements, den Konfliktverlauf unter Kontrolle zu bekommen (Konfliktkontrolle): Institutionalisierung von Konflikten, Nutzung der Produktivkraft des Konflikts *(Krüger 1972; Naase 1978; Rüttinger 1977; Furnham 1997)* sowie die Bereitstellung von Lösungsmustern, wobei sichergestellt sein muss, dass die eingebauten Lösungsmechanismen den Konflikt richtig „auffangen" und angemessen austragen helfen. Die *Institutionalisierung* von Konflikten – mit formalisierten bzw. ritualisierten Verlaufsmustern – ist damit auch ein wichtiges Regulativ im Hinblick auf die Konflikteskalation, wie dies bei typischen Arbeitgeber-Arbeitnehmer-Konflikten der Fall ist.

Dies deutet bereits an, dass der hier skizzierte Arbeitskonflikt zwar der nahe liegendste und im Urteil der Beteiligten sicherlich auch der wichtigste ist, zumal er durch entsprechende Institutionen immer auf einem bestimmten manifesten Niveau ins Bewusstsein tritt und dabei zahlreiche ideologische Verzerrungen erfährt. Daneben gibt es in Betrieben aber zahlreiche *andere Spannungslinien:* Konflikte zwischen verschiedenen Abteilungen, Konflikte zwischen Stab und Linie, zwischen Männern und Frauen, zwischen Einheimischen und Gastarbeitern, zwischen Chemikern und Ingenieuren, zwischen Farbigen und Weißen, zwischen Älteren und Jüngeren, zwischen Akademikern und Nicht-Akademikern, zwischen Ausbildern und Lehrlingen usw. Es ist denkbar, dass Spannungslinien sich jeweils auf verschiedenen Konfliktebenen befinden und somit entschärfen, sie werden sich jedoch in dem Maße verstärken, in dem die gleichen „Bruchlinien" mehrere Interessenbereiche betreffen *(Coleman 1957; Wiswede 1998a)*. Auch hier bestehen oft zwischen der realen Basis des Konflikts (z.B. unterschiedliche Interessenlagen, unterschiedliche Behandlung der Mitarbeiter) und der Reaktion der Betroffenen (z.B. stereotype Einschätzungen, Gefühl der distributiven Ungerechtigkeit) erhebliche Diskrepanzen. Ein brauchbares Ausgangsmodell für solche Konfliktsituationen ist zweifellos die *Equity-Theorie* (vgl. I 2), die – flankiert von der *Theorie sozialer Identität* (vgl. I 5) – die wichtigsten Dimensionen der Konfliktentstehung erklären kann.

(3) Konflikte in organisationalen Gruppen

Konflikte innerhalb der Gruppe sind meist Interaktionskonflikte mit vielfältigen Ursachen *(Filley 1975; Naase 1978; Crott 1979; Robbins 1991)*, z.B. persönliche Reibereien, Intrigenspiel, fehlende Ähnlichkeit der Interaktionspartner in Bezug auf Fähigkeiten, Motivation, Status, Ausrichtung, Zielvorstellungen, Ausbildung, Alter, ferner: Rivalität zwischen Gruppenmitgliedern, distributive Ungerechtigkeit, Verfall der Leistungsergebnisse (mit entsprechenden Schuldzuweisungen), Abschieben von Verantwortung, konfliktauslösender (z.B. autokratischer, inkonsistenter oder inkompetenter) Führungsstil, unterschiedliche Behandlung der Mitarbeiter, Kampf um die Führung in der Gruppe, fehlende Legitimation etc. Bei sehr großen Gruppen ist ohnehin die Gefahr vorhanden, dass sie in Sub-Einheiten zerfallen und sich Cliquen mit unterschiedlichen Zielvorstellungen herausbilden, die die soziale Identität mit der Gesamtgruppe zerbrechen lassen. Auch hier kann zwischen strukturinduzierten und verhaltensinduzierten Konflikten unterschieden werden. So könnte etwa die Verteilung von Positionen und Funktionen in der Gruppe bestimmte Rollenkonflikte erzeugen. Auch sind Kommunikations- und Interaktionsstrukturen, die manche Gruppenmitglieder vom Informationsfluss ausschließen, geeignet, Spannungen innerhalb der Gruppe hervorzurufen. Demgegenüber beruhen verhaltensinduzierte Konflikte meist auf irgendwelchen Animositäten sowie auf unterschiedlicher Wahrnehmung und Interpretation der Situation. Solche Konflikte finden sich sowohl in der Horizontalen (Kollegen-Konflikt) wie auch in der Vertikalen (d. h. im Vorgesetzten-Untergebenen-Verhältnis). Oft sind Spannungen zwischen Führung und Mitarbeitern durch bestimmte Annahmen (implizite Persönlichkeitstheorien) der Beteiligten untermauert; sie erlangen dadurch eine gewisse Permanenz.

Mit dem Verhältnis von Kooperation und Konkurrenz hat sich vor allem *M. Deutsch (1976)* befasst; seine Ergebnisse lassen sich meist bruchlos auf den Organisationsbereich übertragen. *Deutsch* weist darauf hin, dass kompetitive Strategien ein ungleich größeres Konfliktpotenzial bewirken und zu schweren Störungen der Kommunikation, Verzerrung der Wahrnehmung, Ausbildung feindlicher Einstellungen usw. führen können, wobei die auftretenden Prozesse sich autokatalytisch verstärken. Allerdings dürfte auch Kooperation „Kosten“ verursachen:

- Die Kooperation erfordert Koordinationsbedarf, der im Ausmaß der Komplexität der Aufgaben und der Gruppengröße wächst.
- Die Kooperation einiger kann sich gegen solche Mitglieder richten, die von der In-Group ausgeschlossen bleiben.
- Die in kooperativen Gruppen auftretende Solidarisierung kann durch „persönliche Beziehungen" zu „falscher" Loyalität führen.
- Die Kooperation dämpft u. U. individualistische Tendenzen, möglicherweise auch eine stark individualistische Leistungsmotivation.
- Der Zwang zur Kooperation führt zu Reaktanz, sofern hierin eine Einschränkung der Verhaltensfreiheit gesehen wird.
- Unter bestimmten Bedingungen führt Kooperation zu „social loafing", weil sich der Einzelne nicht mehr verantwortlich fühlt.
- Erfolgreiche Kooperation setzt nicht nur die Willigkeit, sondern auch die Fähigkeit zur Kooperation voraus, und die Schaffung solcher Voraussetzungen kann kostspielig sein.

Die Analyse von Konflikten in Gruppen wird in starkem Maße durch spiel- und entscheidungstheoretische Überlegungen im Rahmen von Macht- und Konfliktstrategien dominiert. Dabei geht es um Tendenzen der Machtausweitung, der Maximierung des persönlichen Gewinns oder der gerechten Verteilung im Sinne der Equity-Theorie (vgl. I 2), andererseits auch um eine Tendenz zur Harmonisierung des Gruppenklimas *(Gamson 1964)*. Die diesbezüglichen Überlegungen sind meist vorbelastet durch irgendwelche Maximierungsannahmen, die empirisch nur von mittelbarer Relevanz sind. Dies gilt vor allem für Spielsituationen, die dem Typ des „Gefangenendilemmas“ nachgebildet sind. Auch *Axelrods* Studien zur *„Evolution der Kooperation“ (1987)* strapazieren dieses Grundmuster und kommen zu dem Ergebnis, dass Kooperation am wahrscheinlichsten dann auftritt, wenn der Eröffnungszug (erste Handlung) das Interesse der anderen Partei mitberücksichtigt und wenn die Antwort ebenfalls kooperativ ausfällt („Tit-for-tat-Strategie“). Insbesondere für länger andauernde Interaktionssituationen garantiert ein solches Verhaltensmuster den größten gemeinsamen Gewinn, auch wenn keinerlei Kommunikation über das wechselseitige Vorgehen stattfindet. Diese Strategie dürfte sich schon deshalb als besonders effizient erweisen, weil bei Wiederholungen der Spielzüge beide Parteien hinreichend Gelegenheit hatten, die Vorzüge der Kooperation mit den relativ schlechteren Resultaten der Kompetition zu vergleichen *(Grzelak 1997; Fischer/Wiswede 2009)*. Die (in der Realität meist gegebene) Möglichkeit zur Kommunikation wird – im Einklang mit den Ergebnissen von *Deutsch* – den Hang zur Kooperation noch verstärken *(Dawes 1980; Argyle 1991)*.

Ein weiteres wichtiges Forschungsfeld stellt hierbei die sog. *Koalitionsbildung* dar. Forschungsleitend waren verschiedene Modellvorstellungen über das Entstehen solcher Koalitionen (z. B. Gruppierung nach Merkmalen der Ähnlichkeit, der Effizienz oder der Macht; *Schneider 1985)*. Partikulare Zielvorstellungen und Funktionsbereiche scheinen im Übrigen Koalitionen zu fördern (sog. Bereichsbildung). Übergreifende Zielvorstellungen dürften

Koalitionsbildungen entschärfen und zu stärkerer Kooperation veranlassen. Überlappende oder gleichzeitige Mitgliedschaften in mehreren Gruppen (cross cutting memberships) werden Konflikte entschärfen *(Coleman 1957)*. Wechselnde Koalitionen können überdies positiv wirken, sofern sie an unterschiedlichen Sachfragen festgemacht werden und nicht stabilisiert bzw. personalisiert sind. Bei permanenten Koalitionen bleiben Spannungslinien allerdings erhalten, die eine Tendenz zur Polarisierung und Vorurteilsbildung auslösen (vgl. *Kutsch/Wiswede 1986; Wiswede 1998 a*).

(4) Konflikte zwischen organisationalen Gruppen

Auch diese Konflikte sind häufig strukturinduziert, indem z. B. unklare Machtverhältnisse oder ungerechte Belohnungssysteme bestehen. Meist erwachsen solche Konflikte zwischen sog. Interessengruppen, die nicht mehr Gruppen im sozialwissenschaftlichen Sinn sind, sondern „Kategorien" oder „Quasi-Gruppen" im soziologischen Verständnis: z. B. Angestellte vs. Arbeiter, Lohnabhängige vs. Arbeitgeber, Produktion vs. Vertrieb, Chemiker vs. Ingenieure, Techniker vs. Kaufleute etc.

Der Ansatz von *Sherif (1966)* geht davon aus, dass zwischen Gruppen, die im *Wettbewerb* um knappe Ressourcen stehen, automatisch Interessenkonflikte ausbrechen. Die wahrgenommene Bedrohung durch die Fremdgruppe führt dann zu einer feindseligen Haltung gegenüber dieser Gruppe und erhöht gleichzeitig die Kohäsion und Solidarität im Binnenverhältnis. Insbesondere konnte *Sherif* mit seinen Ferienlager-Experimenten zeigen, dass bei Aufhebung der Wettkampfsituation und der Verkündung einer Reihe übergeordneter, nur gemeinsam erreichbarer Ziele solche Feindseligkeiten abgebaut werden konnten.

In den letzten Jahren wird in diesem Zusammenhang das Konzept der *sozialen Identität* (vgl. I 5) stärker diskutiert *(Taifel 1975; Turner 1978)*. Die Autoren zweifeln daran, dass Interessenkonflikte eine notwendige Bedingung für Konflikte sind, vielmehr wird betont, dass bereits der Vorgang der *Kategorisierung* ein Organisationsprinzip darstellt, das Stereotypisierung und damit bewusst diskriminierendes Verhalten einleitet. Zwar führt die Suche nach sozialer Identität zu besonders hoher Kohäsion im internen System – dies kann durchaus erwünscht sein –, zugleich jedoch zur Abschottung und Abwertung anderer Gruppierungen; dies kann im Sinne integrativer Strategien nicht erwünscht sein (vgl. hierzu *Stroebe et al. 1988; Brown 1997)*.

In Auswertung der vorliegenden Konzepte lassen sich dann einige Strategien zum Abbau von Intergruppenkonflikten formulieren:

- Suche nach gemeinsamen Zielsetzungen (dies der Ansatz von *Sherif*);
- Erhöhung der Kontakt- und Kommunikationsmöglichkeiten;
- geringere Kategorisierungssalienz (vgl. I 5), um Stereotype zu vermeiden;
- komplementäre Aufgabenstellungen, die Kooperation erfordern;
- gemeinsame Veranstaltungen (z. B. Fortbildungskurse);
- Rollenumkehrung sowie Rotationsverfahren;
- Betonung der Attraktivität größerer und umgreifender Gruppenzusammenhänge (bis hin zur „Corporate identity").

Die weitere Forschung hat sich insbesondere mit der These beschäftigt, dass häufige Interaktionen zwischen Konfliktgruppen die Vorurteile zwischen ihnen reduzieren können *(Brown et al. 1999; Gärtner et al. 1994; Pettigrew 1998)*. Diese Vorstellung geht auf die traditionelle *Kontakthypothese* zurück, wonach Vorurteile durch persönliche Kontakte abgebaut werden können. Wie insbesondere *Pettigrew* gezeigt hat, ist dies jedoch nur dann zutreffend, wenn bestimmte Bedingungen gegeben sind (z. B. Länge der Kontakte, kaum Status-Unterschiede, Freiwilligkeit der Kontakte). Bei Vorliegen dieser Bedingungen werden gegenseitige Ängste und Vorbehalte abgebaut, sodass wechselseitige Sympathien zwischen den Teilnehmern entstehen können.

In der Gestaltung von Intergruppen-Beziehungen sind neuerdings auch so genannte *Phasen-Modelle* von Bedeutung (vgl. *Pettigrew 1998*), die einer sequenziellen Entwicklung mit aufeinander aufbauenden Prozessen Raum geben. Nach einer Phase der De-Kategorisierung, in der die Gruppenzugehörigkeit bzw. die ethnische Zugehörigkeit in den Hintergrund tritt, werden u. U. Gemeinsamkeiten erschlossen, die zu einer Re-Kategorisierung führen. Ideale Kontaktbedingungen bieten dabei sog. Teams, sofern sie – nach *Pettigrew* – die folgenden Merkmale aufweisen:

- Gleicher Status zwischen den Angehörigen der Gruppen
- gemeinsame oder zumindest ähnliche Zielvorstellungen
- Kooperation zwischen den Angehörigen der verschiedenen Gruppen
- Unterstützung des Austauschs zwischen den Gruppen durch Autoritäten
- Möglichkeit zur Entwicklung von länger andauernden Freundschaften

Die Re-Kategorisierung kann dann im guten Falle ein Modell der gegenseitigen Intergruppendifferenzierung (vgl. *Brown et al. 1999*) begünstigen, das die Unterschiedlichkeit der einzelnen Gruppen respektiert, ohne dass die anderen dabei abgewertet werden. Einen solchen Zustand, der manchmal sicherlich einer Wunschvorstellung entspricht, hat man auch als „organischen Pluralismus“ (vgl. *Haslam 2001*) bezeichnet.

Die Intergruppenforschung hat zahlreiche Berührungspunkte mit zwei Forschungsströmen: das *Schnittstellenmanagement* sowie das sog. *Boundary Spanning*. Im erstgenannten Fall geht es um die Zusammenarbeit zwischen funktionalen Abteilungen, wobei als Hauptursache von Konflikten angesehen werden (vgl. *Brockhoff/Hauschild 1993*): Unfähigkeit, unterschiedliche Ziele und Prioritäten von anderen Abteilungen zu berücksichtigen und zu verstehen, fehlerhafte Kommunikation durch Abschottung der Abteilungen, unklare Organisationsstrukturen, unterschiedliche Leistungskriterien und Belohnungssysteme, Asymmetrien im Status oder im Informationszugang, unterschiedliche Entwicklungsgeschwindigkeiten in Abteilungen (bezogen auch auf verschieden turbulente Umweltbedingungen). Diese separatistischen Tendenzen hatten uns bereits bei der Erörterung der Organisationsziele beschäftigt, die auf eine Art funktioneller Autonomie der Einheiten/Gruppen/Abteilungen hinauslaufen und die durch bewusstes Gegenmanagement durchbrochen werden muss.

Das Boundary Spanning (vgl. *Ancona/Caldwell 1992*) schließlich betont die Öffnung nach außen (externes System) und thematisiert das Ausmaß des bewussten Managements externer Aktivitäten. Die Verfasser argumentieren, dass der Einfluss von B-S-Aktivitäten auf den Teamerfolg umso größer sein wird, je kritischer die Ressourcen, je innovativer die Aufgabe und je komplexer die Interdependenzen zwischen externen Gruppierungen sind. Die Implikationen auch dieses Forschungsansatzes gründen in der Vorstellung, dass Gruppen nicht als isolierte Gebilde anzusehen sind. Sie basieren darüber hinaus in der zentralen (systemtheoretisch inspirierten) These, dass Differenzierungsprozesse von Integrationsbemühungen begleitet sein müssen, um die Funktionsfähigkeit aufrecht zu erhalten.

Dabei beleuchtet die Fokussierung auf das Konfliktgeschehen nicht nur dessen Zwangsläufigkeit, sondern auch die Wahrnehmung und den Umgang mit diesen Konflikten. Zwar ist es zutreffend, dass Konflikte häufig kontraproduktiv und dysfunktional sind (Friktionsverluste, Kommunikationsstörungen, „Wir-gegen-die-anderen“-Einstellung), jedoch fördern manche Konfliktsituationen die Wachsamkeit und das Problembewusstsein; auch sind sie u. U. geeignet, den Wettbewerbsgeist und den Ehrgeiz anzustacheln und ein falsches Harmoniestreben zu unterbinden (vgl. *Hennessy/West 1999; Steinmann/Schreyögg 1997*).

2.1.2.5 Psychologie organisationaler Führung

Ein besonderes Thema, das gleichfalls in die Kleingruppenforschung eingebunden war, ist Fragen der Führung in Organisationen gewidmet. Mittlerweile hat sich die Führungspsychologie zu einem eigenständigen Gebiet entwickelt *(*für einen Überblick vgl. *Neuberger 1976, 2002)* und die hier relevante Management-Literatur *(Staehle 1999; Kieser et al. 1995; Messick/Kramer 2005; Schreyögg/Werder 2004)* befruchtet.

Dabei wurde ein spezifisches Führungsverhalten in den meisten Konzepten als unabhängige Variable eingeführt; die Explananda sind dann: Führungsergebnisse, Führungserfolg, Führungskonsequenzen.

Führungsverhalten Führungsstil Führungsmerkmale	→	Führungsergebnisse Führungserfolg Führungskonsequenzen

Dabei ist die Effizienzproblematik (z. B. „Welcher Führungsstil ist unter welchen Bedingungen der effizienteste?") zur dominierenden Perspektive geworden. Wesentlich seltener wurde dagegen die Frage problematisiert, wie Vorgesetzte denn nun faktisch führen, wenn sie unterschiedlichen Randbedingungen ausgesetzt sind:

Randbedingungen (z. B. bürokratische Strukturen, unmotivierte Mitarbeiter, Dringlichkeit der Entscheidung etc.)	→	Führungsverhalten (z. B. direktives Führungsverhalten, Herausbildung eines autokratischen Führungsstils etc.)

Insbesondere ist die Führungsforschung angesichts der vorherrschenden situationistischen Ansätze sehr stark auf den Führer und dessen situationsgerechte Entscheidung konzentriert gewesen, wobei das Verhalten der Geführten im Sinne eines Interaktionsgeschehens zwischen Führer und Gefolgschaft vernachlässigt wurde. Wir werden daher in unserem kurzen Überblick (vgl. auch: *Wiswede 1990; Fischer/Wiswede 2009*) besonders auf diesen Punkt abheben.

(1) Faktisches Führungsverhalten

Ein wesentlicher Teil der Aufgaben des Managements hat mit Personalführung im engeren Sinn sehr wenig zu tun. Da sind Entscheidungen über künftige Investitionspolitik zu treffen, Verhandlungen mit Gremien zu führen, Weichen für künftige Absatzstrategien zu stellen, Überlegungen zu neuen Produktionskonzepten durchzuführen usw. *Mintzberg (1973)* unterscheidet insgesamt 10 „Arbeitsrollen" des Managers, die eigentliche Führungsrolle sei nur eine davon. Je höher die Hierarchie-Ebene ist, desto eher ist anzunehmen, dass die jeweiligen Manager-Aktivitäten globale funktionale Bereiche betreffen. *Mahoney et al. (1965)* stellen daher auch fest, dass die Bedeutsamkeit der Führungsrolle mit steigender Hierarchieebene von etwa 50 % (der investierten Zeit) auf lediglich 20 % zurückgeht.

Was aber tun Führer (Manager) *tatsächlich?* Mit dieser Fragestellung hat sich die sogenannte „Work-activity-Schule" *(Mintzberg 1973; Luthans/Rosenkrantz 1987; Luthans et al. 1988; Schirmer 1992)* befasst. Methodischer Ausgangspunkt sind Eigenbeobachtungen (Tagebuchaufzeichnungen) sowie (strukturierte und unstrukturierte) Fremdbeobachtungen mit mehr oder weniger elaborierten Kategoriesystemen. Die Ergebnisse dieser Studien sind interessant und scheinen die üblichen betriebswirtschaftlichen Funktionsbeschreibungen zu korrigieren:

- Vorgesetzte sind zu einem wesentlichen Teil ihrer Tätigkeit mit *persönlicher Kommunikation* beschäftigt. Ganz offenbar sind die Zahl und die Nutzung jeweiliger Kontakte (auf informeller Ebene, auch unter Nutzung sog. schwacher Verbindungen) ein wesentliches Indiz des Führungsverhaltens.

- Vorgesetzte erleben einen *fragmentierten Alltag,* ihr Arbeitsablauf ist „porös" und „zerstückelt", und die einzelnen Sequenzen (Episoden) sind meist nach Minuten bemessen. Größere Arbeitsepisoden sind selten; kontemplative Phasen kommen kaum vor.
- Die Fragmentierung ist zugleich gepaart mit einer *mangelnden Strukturierung* des Verhaltens. Der Arbeitsablauf enthält vergleichsweise wenig geplante, organisierte und strukturierte Elemente, sondern ähnelt eher Ad-hoc-Aktivitäten (eher reagieren als agieren) im Sinne flexibler und mobiler Bereitschaft, kritischen Ereignissen zu begegnen.

Beobachtungen des Führungsverhaltens geben allerdings noch keinen Aufschluss darüber, welche Zielvorstellungen der Vorgesetzte tatsächlich verfolgt, d.h. welchen subjektiven „Sinn" er mit seinen Handlungen (oder Unterlassungen) verbindet. Sicherlich ist es richtig, dass er sich irgendwelchen Effizienzkriterien beugen muss, die sein Verhalten instrumentell bestimmen. Anstatt jedoch anzunehmen, dass der Vorgesetzte den Zielen des Unternehmens – worin immer diese bestehen mögen – folgt und ihnen dient, ist es psychologisch zunächst plausibel anzunehmen, dass der Führer seinen eigenen Zielen nachgeht. Unter diesem Aspekt ist ein Führer erfolgreich, wenn er selbst Karriere macht, wenn er sich durchsetzt (z.B. auch mikropolitisch erfolgreich ist), wenn er bei seinen Vorgesetzten (und Mitarbeitern) gut dasteht, wenn er Anerkennung und Respekt erhält, wenn er akzeptiert wird usw. – kurz: wenn er seine eigenen Bedürfnisse und Interessen durchsetzen kann. Um dies zu erreichen, wird er die Attributionen anderer (z.B. über das Vorliegen von Führungsqualitäten) zu beeinflussen suchen (impression management).

Luthans et al. (1988) haben *erfolgreiche* von *effektiven* Managern unterschieden. Erfolgreich sind Manager im eben beschriebenen Sinne immer dann, wenn sie bei der Verfolgung ihrer eigenen Interessen (z.B. Gehaltsentwicklung, Karrieregeschwindigkeit) tüchtig sind. Effektiv sind Manager, die anhand von Außenkriterien (z.B. Beurteilung von Vorgesetzten und Mitarbeitern, Erfolg einer Abteilung, Budgetabweichungen) nützliche Arbeit leisten.

Tabelle 10: Relative Verhaltenshäufigkeiten von erfolgreichen und effektiven Managern (aus Luthans et al. 1988, 161)

	Alle Manager	Erfolgreiche Manager	Effektive Manager	Erfolgreiche *und* effektive Manager
Routinekommunikation	29	28	44	31
trad. Managementfunktion	32	13	19	34
Beziehungspflege	19	48	11	20
Human Resource Management	20	11	26	15

Die Ergebnisse zeigen, dass sich individuell erfolgreiche Manager von effizienten Managern unterscheiden: „Erfolgreiche" Manager befassen sich offensichtlich verstärkt mit mikropolitischen Aktivitäten (vgl. Kap. 2.1.2.3), sind also um die Pflege informeller Beziehungsnetze bemüht (impression management), während effektive Manager eher im Hinblick auf das „Human-resources-Management" (motivieren, verstärken, Personalentwicklung, Konfliktmanagement) involviert sind. Von hier aus stellt sich generell die Frage nach den Zielvorstellungen und den Persönlichkeitsmerkmalen von Führungskräften.

(2) Führungseigenschaften und Führungsattribution

Eine eigenschaftstheoretische Variante der Führungsforschung suchte lange Zeit nach den charakteristischen Merkmalen oder „Eigenschaften" von Führern, die diese angeblich von Nicht-Führern unterscheiden sollten. Insgesamt war diesem Forschungsansatz jedoch wenig Erfolg beschieden, allenfalls wurde sichtbar, dass die Koppelung von Persönlichkeitsmerkmalen mit bestimmten Situationsklassen zu tragfähigeren Ergebnissen führte *(Fiedler/Garcia 1987)*. Auch zeigen Metaanalysen (z.B. *Lord et al. 1986; Barrick/Mount 1991;* letztere in Anwendung der fünf zentralen Persönlichkeitsdimensionen Extraversion, Verträglichkeit, Gewissenhaftigkeit, emotionale Stabilität, Offenheit für Erfahrungen), dass man mit den „richtigen" Persönlichkeitsmerkmalen durchaus beachtliche Varianz im Führungsverhalten aufdecken kann. Besondere Beachtung hat neuerdings auch das Konstrukt der „kognitiven Komplexität" gefunden *(Streuffert/Sweezey 1986)*, das auf die Suche und Verwendung zahlreicher und unterschiedlicher Informationen für das Fällen von Entscheidungen zielt. Gleiches gilt für das Konstrukt *„Soziale Kompetenz"* (Fähigkeit im Umgang mit anderen Menschen), das ein „Syndrom" verschiedenster dispositionaler und erlernter Komponenten umfasst und daher nicht mehr eindeutig als Persönlichkeitsmerkmal bezeichnet werden kann. Die Forschung ist zur Zeit bemüht, die verschiedenen Teildimensionen sozialer Kompetenz in Subkonstrukte zu zerlegen und operationalisierbar zu machen (z B. Kritikfähigkeit, Perspektivenübernahme, Kommunikationsfähigkeit).

Das Eigenschaftskonzept ist im Zusammenhang mit der Führungsthematik in etwas anderer Sinngebung revitalisiert worden. Ein rollentheoretischer Ansatz (vgl. I 3) greift auf die bereits von *Korman (1968)* skizzierte Vermutung zurück, dass Personen im Führungsbereich bestimmte „Eigenschaften" entwickeln, weil und insofern an den Führer bestimmte *normative Erwartungen* gestellt werden. Führungseigenschaften sind aus dieser Sicht das Ergebnis eines Sozialisationsprozesses im Rahmen „erwartungsgesteuerten" Führungsverhaltens. Neben diesem rollentheoretischen Aspekt waren es jedoch vor allem *attributionstheoretische* Überlegungen (vgl. K 3), die davon ausgehen, dass bestimmten Personen gewisse Eigenschaften oder *Merkmale zugeschrieben* (attribuiert) werden. Hier wird die Eigenschaftstheorie auf die Ebene des Betrachters projiziert. So versucht *Calder (1977)* seine zentrale These zu stützen, wonach Führung sich nicht in objektiven Prozessen vollzieht, sondern lediglich als Wahrnehmungs- und Zuschreibungsphänomen. (Dies ist natürlich eine überzogene Perspektive; denn Führung und vor allem Führungsergebnisse haben durchaus auch eine objektive Dimension.) Umgekehrt lassen sich dann auch die Zuschreibungsprozesse des Führers gegenüber den Mitarbeitern analysieren *(Green/Mitchell 1979)*. Dabei ist einsichtig, dass Attributionsprozesse gerade in strategisch wichtigen, relaisartigen Führungspositionen folgenreiche Konsequenzen auslösen, denn Führungspersonen werden ihr Verhalten u. a. auch danach ausrichten, welche Ursachen-Vermutungen bzw. Konsequenz-Erwartungen sie haben *(Mitchell/Wood 1980)*. Auch hatten wir bereits bei der Erörterung des Unternehmerverhaltens gesehen, dass bestimmte *Attributionsstile* (insbesondere starke Kontrollüberzeugungen) „unternehmerisches" Verhalten begünstigen. Zum anderen dürften auch Auswahl und Bewertung von Führungskräften mit impliziten Persönlichkeitstheorien verbunden sein, die natürlich einem Trend zur Übersimplifizierung, Stereotypisierung und Vorurteilsbildung unterliegen.

Im Zwischenfeld von Eigenschaftstheorie und Attributionstheorie sind Vorstellungen vom *„charismatischen" Führer* (vgl. etwa *Conger/Kanungo 1998; Conger 1989; House/Shamir 1993)* sowie vom *„Transformationsführer"* (vgl. *Bass/Avolio 1994; Bass/Mahwah 1998)* angesiedelt. Charismatische Führer zeichnen sich durch ein besonderes Sendungsbewusstsein aus, durch Aufgeschlossenheit, durch die Fähigkeit, Visionen zu artikulieren und durchzusetzen. Dieses Charisma soll bei den Mitarbeitern die intrinsische Motivation erhöhen, zur Identifikation mit den Zielen einladen, Commitment, Treue und Loyalität fördern. In ähnlicher Weise wird gelegentlich zwischen dem *Transaktionsführer* (der den Stil des Managers alter Schule verkörpert) und dem *Transformationsführer* unterschieden, der in Umbruchs- oder Aufbruchssituationen Charisma, Inspiration, intellektuelle Stimulierung und Hinwendung ausstrahlt. Die leuchtenden Farben, mit denen ein solches (vermutlich eher normatives) Ideal beschrieben wird, entsprechen wohl selten der Realität in den Betrieben; sie dürften im politischen oder religiösen Bereich eher anzutreffen sein. Außerdem empfinden wir einige Zweifel im Hinblick auf diese Idealfigur, die u. a. von ihren Mitarbeitern (blinde) Ergebenheit fordert. Insofern vermögen wir die Begeisterung über charismatische Führer, die immer auch Verführer sein können, nicht ganz zu teilen.

Schließlich wären noch neuere Versuche erwähnenswert, den *Master-Manager* zu konzipieren, der sämtliche 10 Führungsrollen (oder 20; je nach Autor) zugleich optimal ausfüllen kann. Ausgehend von *Mintzbergs* „Führungsrollen" sind hier Profile von mehr oder weniger leistungsfähigen Managern gezeichnet worden, je nach dem Ausmaß, in dem sie diesen Rollen (eigentlich: Funktionen) gerecht werden. Solche Bemühungen wirken ein wenig anachronistisch in einer Zeit, in der eher die Partikularisierung von Führung und das Aufteilen von Führungsrollen im Rahmen dezentralisierter Strukturen bedeutsam werden. Sie widersprechen im Übrigen auch sozialpsychologischen Befunden, wonach schon die instrumentelle (aufgabenorientierte) und die sozio-emotionale Rolle selten in einer Person vereinigt sind.

(3) Führungsstile

Der Begriff des Führungsstils kennzeichnet einen Übergang von personalistischen zu situativen Führungskonzepten. Die Tatsache, dass ein Vorgesetzter einen bestimmten Stil „hat" oder „verfolgt", kann auch als Persönlichkeitszug aufgefasst werden: nämlich als typische und relativ stabile Konfiguration von Führungsakten *(Fiedler 1967).* Dabei bedient man sich oftmals ad hoc aufgestellter Typologien (z. B. kooperativer, konservativer, leistungsorientierter, delegativer Führungsstil), häufig aber auch dichotomer Kategorien (autokratisch vs. demokratisch, aufgabenorientiert vs. personenorientiert, bestrafungsorientiert vs. belohnungsorientiert, konsistent vs. inkonsistent).

Die gesamte Führungsstilforschung ist ein wenig ins Wanken geraten, seit *Graen* und seine Mitarbeiter *(Graen/Schiemann 1978* u. v. a.) ermittelt haben, dass die Annahme eines mehr oder weniger konsistenten (homogenen) Führungsstils (ALS = average leadership style) empirisch selten einzulösen ist; wahrscheinlicher sei ein Splitting des Führungsstils im Sinne einzelner dyadischer Beziehungen (VDL = vertical dyad linkage). Vielleicht ist die Annahme plausibel, dass das faktische Führungsverhalten eine Komposition aus einmaligen dyadischen Beziehungen (erste Komponente) und einem generellen persönlichen Stil (zweite Komponente) darstellt. Vermutlich hängt die Frage, ob der generelle Stil oder der dyadische Stil überwiegt, auch vom Vorliegen bestimmter Stituationen ab. Zum anderen könnten sich auch zwei polarisierte Stile herausbilden. So betont bereits *Graen,* dass ein Vorgesetzter gegenüber Personen der „ingroup" (denen er besonders geneigt ist) belohnungsorientierter und kooperativer führen wird als gegenüber Mitgliedern, die in dieser Arbeitsgruppe eher randständig sind und – aus Sicht des Vorgesetzten – zur Effizienz wenig beitragen.

Die beiden einflussreichsten Führungsstilkonzepte gehen auf die *Lewin*-Schule zurück. Die erste orientiert sich an den „organisationsinternen" Führungsfunktionen der Lokomotion (Zielerreichung) und der Kohäsion (Gruppenbindung). Hiernach unterschied bereits *Bales (1958)* einen mehr *aufgabenorientierten* (instrumentellen) und einen mehr *sozioemotionalen* (mitarbeiterorientierten) Führungsstil; diese Grundunterscheidung wurde mannigfach in Führungskonzepten verarbeitet (insbesondere im Rahmen der Ohio- und der Michigan-Schule). Vereinfachte Führungsmodelle, wie etwa das „managerial grid", wurden hieraus abgeleitet: Vorgesetzte sollten auf beiden Dimensionen hohe Werte aufweisen. Die zweite Forschungsrichtung in der Tradition *Lewins* knüpft an die Unterscheidung zwischen „demokratischem" und „autokratischem" Führungsstil an; feinere Abstufungen innerhalb dieser polaren Skala sind dann (im Ausmaß der Beteiligung der Mitarbeiter) etwa: patriarchalisch, informierend, beratend, kooperativ, partizipativ und demokratisch *(Tannenbaum/ Schmidt 1958)*. Dabei bleibt die Frage zunächst ausgeklammert, ob der Führende tatsächlich immer konsistent führt, einmal im Zeitablauf, sodann situativ und schließlich auch je nach Mitarbeiter.

Die erste Etappe der Führungsstilforschung bestand in der Suche nach dem optimalen Führungsstil; sowohl *Lewin* (im Erziehungsbereich) wie auch *Likert* (im Organisationsbereich) hatten über recht optimistische Befunde berichtet, wonach der demokratische resp. der mitarbeiterorientierte Führungsstil sowohl zu hoher Leistung wie auch zu hoher Zufriedenheit führte. Diese und ähnliche Untersuchungen erwiesen sich als nicht tragfähig; insbesondere wurde darauf hingewiesen, dass das Kausalverhältnis auch umgekehrt sein könnte: In hochproduktiven Abteilungen kann man es sich leisten, einen mitarbeiterorientierten bzw. demokratischen Führungsstil zu praktizieren.

(4) Führungssituationen

Die Suche nach einem optimalen Führungsstil konnte u.a. auch deshalb als gescheitert gelten, weil unterschiedliche Kontextbedingungen bzw. -situationen auch entsprechend unterschiedliches Vorgehen nahe legten. Auf diese Weise wurde es notwendig, Führungsstilkonzeptionen *situationsspezifisch* zu differenzieren, also „angemessenes" Führungsverhalten qua Situation neu zu problematisieren. Die Wahl des „richtigen" Führungsstils ist damit ein Problem des Diskriminationslernens geworden.

Fiedler (1967), der ein erstes Modell zur situativen Führung vorgelegt hat, unterschied drei relevante Situationsvariablen: Aufgabenstruktur (strukturiert/unstrukturiert), die Führer-Mitarbeiter-Beziehungen (gut/schlecht) sowie die Positionsmacht des Führers (hoch/ niedrig). Situative Bedingungen mit strukturierten Aufgaben, guten Beziehungen und hoher Positionsmacht sind für den Führer „günstig", im umgekehrten Fall sind sie „ungünstig". *Fiedlers* Kernthese läuft darauf hinaus, dass bei sehr günstigen und sehr ungünstigen Konstellationen ein aufgabenorientierter Führungsstil effizienter sei, während sich bei Situationen „mittlerer Günstigkeit" ein mitarbeiterorientierter Führungsstil empfehle. Gleichwohl solle man nicht versuchen, den Stil des Führungspersonals zu ändern, sondern Führungspersonen selektiv so einzusetzen, dass sie in den jeweiligen Situationen erfolgreich sind. Auch sei es u. U. leichter, die Situationen zu ändern als den Menschen in seinem jeweiligen Verhaltensstil.

Diese Führungstheorie, die insbesondere die Management-Praxis in den USA stark beeindruckt hat, ist empirisch außerordentlich fragwürdig. Die Kritik richtet sich insbesondere auf die eindimensionale Dichotomie Mitarbeiterorientierung-Aufgabenorientierung – als gäbe es nur diese Stildimension –, die noch dazu in recht enger und exotischer Weise operationalisiert wurde; sie ließe sich jedoch auch auf die Auswahl der angeblich allein relevanten Situationsvariablen beziehen, die nach vielen Gesichtspunkten einer Erweiterung und einer feineren Abstufung bedürfen (vgl. zur Kritik etwa: *Neuberger 2002)*.

In anderen Modellen wurde eine ganze Reihe weiterer Situationsvariablen diskutiert, die für die Wahl eines Führungsstils relevant sind: z.B. das Organisationsklima, die Organisationskultur, die Größe und Homogenität der Arbeitsgruppe, der Einfluss des Vorgesetzten nach „oben", das Entlohnungssystem und andere *(Weinert 1999)*. *Vroom/Yetton (1973)* schlagen ein Entscheidungsbaumverfahren vor, wobei bestimmte Entscheidungsbedingungen (z. B. Dringlichkeit der Entscheidung, Wahrscheinlichkeit der Akzeptanz etc.) zu Eliminationsregeln im Hinblick auf die Selektion situational sinnvoller Führungsstile führen. Ein viel simpleres (weil eindimensionales) Modell bietet das situative Führungskonzept von *Hersey/ Blanchard (1977),* das – je nach „Reifegrad" der Geführten – ein Pendeln zwischen anweisender bis hin zu delegierender Führung empfiehlt.

Diese und andere situative Konzepte kranken daran, dass die Auswahl der relevanten Situationen wenig theoriegeleitet erfolgt und dass der strukturelle Kontext der Organisation kaum thematisiert wird. Problematisch ist insbesondere der semi-normative Charakter dieser Forschungstradition mit Bezug auf weitgehend ungeklärte Effizienzkriterien. Daneben bleibt das eigentlich situationistische Problem eher randständig: die Frage nämlich, unter welchen situativen Bedingungen sich Vorgesetzte unterschiedlich verhalten. Auch berücksichtigen situative Ansätze bisher zu wenig den Umstand, dass das Verhalten nicht nur die Folge situativer Gegebenheiten oder Veränderungen ist, sondern dass es *selbst Situationen schafft,* verändert, gestaltet, was dann rückwirkend wiederum das Führungsverhalten zu beeinflussen vermag *(Katz/Kahn 1978).* Hinzu kommt, dass auch das Leistungsverhalten der Mitarbeiter einen bestimmten Führungsstil mitverursacht *(Greene 1975),* sodass es voreilig wäre, den Zusammenhang zwischen Führungsstil und Leistungsverhalten immer nur in eine Kausalrichtung zu interpretieren.

(5) Führung und Interaktion

In den situativen Konzepten zur Führung bleibt offen, ob und inwieweit die Interaktionsbeziehungen zwischen Führern und Geführten gleichsam als Situationsvariable behandelt werden sollen. Betrachtet man Führung als einen sich wechselseitig steuernden Interaktionsprozess, so verschiebt sich der Fokus der Betrachtung von der Führungsperson hin zum Verhalten der Geführten *(Neuberger 2002).* Bereits *Irle (1975)* verabschiedet das kategorische Denken in Führen und Nichtführen und empfiehlt, Führung als variaten Begriff zu verwenden: Führung finde sich partikelweise im Gefüge der Gruppen- und Organisationsstruktur. Diese *Dispersion von Führung* wird verstärkt, weil und insofern angesichts wachsender Mitarbeiterkompetenz, bewußtem Abbau von Hierarchien und Öffnung von Handlungsspielräumen sowie stärkeren Tendenzen zur partizipativen und kooperativen Führung die Partikularisierung über die formellen Aspekte hinaus an Bedeutung gewinnt (vgl. hierzu *Wunderer/Grunwald 1980; Wunderer 1997; Fischer 1990; Fischer/Wiswede 2002).* Diese Verlagerung der Macht nach unten wird auch in Begriffen wie „Empowerment" *(Bowen/Lawler 1992)* oder „Führung von unten" *(Herold 1977; Wunderer 1995)* deutlich. Gemeint ist, dass untergebene Mitarbeiter Vorentscheidungen treffen oder Vorarbeit dergestalt leisten, dass die Headship-Instanz lediglich ergänzende, koordinative oder „absegnende" Funktionen hat.

Innerhalb des interaktionistischen Ansatzes gibt es eine Reihe von paradigmatischen Schwerpunkten, die wir kurz diskutieren. Erstens: Interaktion kann im *rollentheoretischen* Sinn (vgl. I 3) als wechselseitige Kontingenz normativer Erwartungen interpretiert werden. Diese normativen Erwartungen richten sich einmal an den Vorgesetzten; umgekehrt hegt der Führer bestimmte Erwartungen im Hinblick auf seine Mitarbeiter. Dabei sind die auftretenden Erwartungen nicht nur aufgabenbezogen, sondern umgreifen auch andere Bereiche, z. B. Erwartungen in Bezug auf Loyalität, Freundlichkeit, Kooperation, Pünktlichkeit usw. Das Auftreten inkonsistenter Erwartungen, unzumutbarer Erwartungen oder unklar geäußerter Erwartungen stellt Problemfelder dar, die mit dem Instrumentarium der Rollentheorie (vgl. I 3) zugänglich sind *(Katz/Kahn 1978; Mintzberg 1975; Graen 1976; Graen et al. 1982).*

Eine zweite Möglichkeit, Interaktionsbeziehungen zu bestimmen, besteht in der motivationalen Einbindung des Konzepts in eine *Wert-Erwartungs-Theorie*. Dies ist der Ansatzpunkt des sog. Weg-Ziel-Konzepts *(House 1973; House/Mitchell 1974)*, das im Prinzip besagt, dass ein Führungsstil umso eher akzeptiert wird, je eher dieser Stil für das Erreichen bestimmter Zielvorstellungen (Motive/Valenzen) des Einzelnen instrumentell ist. Hierbei handelt es sich letztlich um nichts anderes als eine Übertragung von *Vrooms* Instrumentalitätstheorie (vgl. M 4) auf den Bereich der Führung. Die *Motivation zur Leistung* seitens der Mitarbeiter wird hierbei auf zwei Faktoren zurückgeführt: a) auf die verschiedenen Präferenzen für Ergebnisse (Valenzen) sowie b) auf das Ausmaß, in dem die Betroffenen glauben, dass das Verhalten zu den angestrebten Ergebnissen führt. Der Führer trägt also durch sein Führungsverhalten dazu bei, bestimmte Erwartungen zu erzeugen bzw. zu stabilisieren (oder zu zerstören bzw. zu labilisieren), dass Anstrengungen auch zu erwünschten Ergebnissen führen werden. Im Unterschied zum rollentheoretischen Konzept geht es hier freilich nicht um normative, sondern um antizipative Erwartungen, die die Wahrscheinlichkeit des Auftretens von Konsequenzen treffen. Dabei ist wichtig, dass ein bestimmtes Mitarbeiterverhalten nicht folgenlos bleibt, denn die Erzeugung falscher Erwartungen wirkt spätestens beim Realitätsnachweis *demotivierend*. Auch Effizienzerwartungen können beeinflusst werden, indem geeignete, anspruchsvolle und herausfordernde Aufgaben an den Mitarbeiter herangetragen werden und durch konstruktive Mitwirkung und Kritik Erfolgszuversicht vermittelt wird *(Lawler 1977)*.

Ein weiterer Ansatz zum Verständnis menschlicher Interaktionen stand auch im Vordergrund unserer einleitenden Theoriebetrachtung (vgl. I 1): Interaktionen als *Austausch von Kosten und Erträgen (Thibaut/Kelley 1986)*. Dieser Ansatz ist in der Organisationsforschung häufig als *Anreiz-Beitrags*-Theorie verstanden worden: Gleichgewicht sei erreicht, wenn die Interaktionspartner eine ausgeglichene Kosten-Bilanz ausweisen *(March/Simon 1958)*. Für die Geführten bedeutet dies etwa, dass die Interaktion so lange positiv bewertet und akzeptiert wird, so lange sie einen positiven Saldo ausweist. In einer eher *lerntheoretischen* Version des Interaktionsgeschehens *(Homans 1958)* werden Nutzenkategorien durch Belohnungen und Strafreize ersetzt. Das Austauschgeschehen zwischen Führern und Geführten entspricht dann einer ständigen gegenseitigen Emission von Belohnungen und Bestrafungen, wobei der Führer durch seine Positionsmacht gewissermaßen „am längeren Hebel" sitzt: Die Interaktionssituation ist asymmetrisch: Der Führer verfügt über die gewichtigeren Verstärker.

Einen vernachlässigten Aspekt greift der bereits angesprochene „Vertical-dyad-linkage"-Ansatz *(Graen/Schiemann 1978)* auf. Hier wird der impliziten Annahme widersprochen, der Führer verhalte sich allen Gruppenmitgliedern gegenüber gleich. In Wahrheit ist diese *Homogenitätsannahme* eine starke Vereinfachung. Führer verhalten sich zur gleichen Zeit gegenüber bestimmten Subgruppen oder Einzelpersonen höchst unterschiedlich (z. B. unterstützend/fördernd im Hinblick auf in-group-members, kritisch/distanziert im Hinblick auf Gruppenmitglieder, mit denen wenig kommuniziert wird und die nicht weiter beachtet werden). Dieser Ansatz legt nahe, dass die bisher betriebene Führungsstilforschung ein konsistentes Führungsmuster dort unterstellte, wo in Wirklichkeit je nach kognitiver und/oder affektiver Bewertung *differenzielle Verhaltensweisen* auftreten. Ähnliches gilt auch für die Einstellung der Gruppenmitglieder gegenüber dem Führer; auch sie verhalten sich gegenüber dem Führenden sowie in Bezug auf Führungsaktivitäten höchst unterschiedlich, was sicherlich wiederum auf dem Hintergrund der jeweiligen Kosten-Nutzen-Relationen zu sehen ist.

Durch austauschtheoretische Konzepte der genannten Art wird es auch möglich, Führungsverhalten als *Lernprozess* zu begreifen, der sowohl den Vorgesetzten als auch den Untergebenen betrifft: Der Führer lernt, welches Verhalten (z. B. welcher Stil) in welchen Situationen (diskriminative Stimuli) positive Konsequenzen (z. B. Gehorsam, Akzeptanz, Leistungserhöhung, Verbesserung der Kohäsion, Steigerung seines Ansehens oder seiner Beliebtheit) nach sich zieht. Und die Untergebenen lernen den Umgang mit dem entsprechenden Führungsverhalten, generell im Sinne des Austauschs von Sanktionen, vorausdenkend durch Erwartungslernen (welche Konsequenzen hat ein bestimmtes Arbeitsverhalten beim Vorgesetzten?), durch Diskriminationslernen (in welchen Situationen sollte man dies oder jenes tun oder unterlassen?) usw.

Die älteren, lerntheoretischen Konzepte zur Führung (vgl. *Luthans/Kreitner 1975; Mawhinney/Ford 1977; Sims 1977; Podsakoff 1982)* sind noch recht behavioristisch geprägt und bilden den Mittelpunkt der *Verhaltensmodifikation* in Organisationen. *Luthans/Kreitner* orientieren sich in ihrem neueren Buch *(1985)* verstärkt an Prozessen des Modell-Lernens (M 5) und formulieren eine „Soziale Lerntheorie" der Führung. Für dieses Konzept ist – neben der Orientierung an Modell-Personen – konstitutiv, dass das Verhalten nicht nur als Funktion seiner Konsequenzen gesehen wird, sondern als Funktion antizipierter Konsequenzen und situativer Bedingungen. Damit öffnet sich das Lernkonzept auch kognitiven Modifikationen: Ähnlich wie bereits *Rotter* in seiner „sozialen Lerntheorie" Verstärkerwerte mit Erwartungswerten koppelte, entsteht nunmehr eine lerntheoretisch fundierte Wert-Erwartungs-Theorie der Führung. Diese ist unter einem Doppelaspekt zu sehen. Zum einen bemüht sich der Führende, gewünschte Verhaltensmuster zu verstärken und entsprechende Erwartungen seitens des Mitarbeiters zu stabilisieren. Zum anderen unterliegt der Führende selbst einem Lernprozess, wobei dasjenige Verhalten favorisiert wird, das für die Führungsperson (nicht unbedingt für den Mitarbeiter oder die Organisation) günstig ist. Ein Lerntraining für Führungskräfte muss daher (im Sinne der Zielsetzungstheorie) versuchen, Kontingenz zwischen den verstärkten Verhaltensweisen des Vorgesetzten und den betrieblich erwünschten Konsequenzen herzustellen.

Ein weiteres interaktionistisches Konzept interpretiert soziale Interaktion im Sinne besonderer *„sozialer Fertigkeiten" (Argyle)*. Hier geht es darum, wechselseitig Beeinflussung zu steuern und durch soziale Kompetenz die tatsächlichen Verhaltensweisen des anderen genau wahrzunehmen, angemessen zu interpretieren und adäquat darauf zu reagieren. Dabei ist es häufig nötig, sich gedanklich in die Rolle des anderen zu versetzen, sich also einzufühlen, mutmaßliche Reaktionen des anderen vorauszusehen und darauf abgestimmtes Handeln zu zeigen. Dieser Forschungsansatz berührt sich mit dem Paradigma des *„symbolischen Interaktionismus"*, der insbesondere den Aspekt der Entstehung relativ überdauernder Interaktionsmuster unter dem Einfluss von Deutungs- und Interpretationsschemata zu analysieren sucht.

Der symbolische Interaktionismus ist zugleich auch die Grundlage des *„symbolischen Managements"*, eine Perspektive, die die „Bedeutung" von Führungshandlungen in den Vordergrund rückt. Dieser Ansatz *(Lasser 1987; Neuberger 2002)* macht insbesondere darauf aufmerksam, dass Führungsakte nicht nur in direkter Weise Leistungsergebnisse beeinflussen, sondern dass sie durch ihren Bedeutungsgehalt im Rahmen der Organisationskultur Nebeneffekte haben, die in ihren Wirkungen sogar die intendierten Folgen überschatten können. Diese eher phänomenologische Spielart der Führungsforschung orientiert sich zwar an der Tradition des symbolischen Interaktionismus, ohne jedoch dessen Implikationen im Einzelnen nachzuvollziehen; sie verbleibt einstweilen vielfach im anekdotischen Bereich. Außerdem läuft diese Perspektive Gefahr, Führung überwiegend auf eine Art „Showbusiness" zu reduzieren: auf bloße symbolische Gesten, letztlich auf die eigene Image-Pflege bedacht. Sicherlich sind auch diese Aspekte bedeutsam – möglicherweise stehen sie bei der Repräsentationsfunktion oder bei der Aufrechterhaltung eines Mythos oder Charismas sogar im Vordergrund –, doch neigen solche angeblich „neuen" Perspektiven meist dazu, ihre Erkenntnisleistung unter gleichzeitiger Abwertung bisheriger Ansätze maßlos zu überschätzen *(Wiswede 1990a).*

(6) Führungskontext

Werfen wir zum Schluss dieses Kapitels noch einen Blick auf die äußeren Rahmenbedingungen, unter denen Führung in Organisationen stattfindet. Die bisherige Führungsforschung hat zweifellos zu sehr unter der Dominanz der Kleingruppenforschung gestanden und war daher nicht immer in der Lage, den Besonderheiten organisationaler Strukturen und Einbindungen Rechnung zu tragen. Neuerdings wird daher in der Organisationspsychologie in verstärktem Maße versucht, die organisationalen Kontextvariablen stärker in die Analyse einzubeziehen. Damit folgt man auch in der Führungsforschung einer Tendenz, die in der Organisationspsychologie in den letzten Jahren im Rahmen des *Mikro-Makro-Variablen-Ansatzes* bereits zur Selbstverständlichkeit wurde. Dabei geht es neben den kulturellen Rahmenbedingungen und deren Wandel vor allem auch um strukturelle Variablen, deren wichtigste sicherlich Veränderungen der Techno-Struktur betreffen, die den Grundcharakter soziotechnischer Systeme berühren *(Wiendieck/Wiswede 1990).*

Versuche, Variablen des weiteren sozio-technischen Kontextes zum Führungsverhalten in Beziehung zu setzen, sind von Psychologen und Soziologen unternommen worden. Eine vielbeachtete Konzeption bieten die sog. *Anpassungs-Reaktions-Theorie (Osborn/Hunt 1975)* sowie die *Substitutions-Theorie (Kerr/Jermier 1978).* In beiden Fällen ist Führungsverhalten die abhängige Variable; gezeigt wird, dass sich der Führende den Makro-Variablen des äußeren Kontextes eher *anpasst,* während er lediglich auf Mikro-Variablen *reagiert.* Die Substitutionstheorie versucht solche Variablen zu identifizieren, die die Bedeutung von Führung reduzieren, ja vielleicht sogar überflüssig machen (z.B. strukturelle Vorgaben, starke Rollenverpflichtung der Mitarbeiter, professionelle Orientierung). Insbesondere strukturelle und rechtliche Vorgaben bilden „constraints", die die Entscheidungsspielräume des Führungsgeschehens oftmals außerordentlich beschneiden. Auch deutet die Substitutionstheorie an, dass die Neigung zur Personalisierung dazu geführt hat, die Person des Führenden (und das, was sie bewirken kann) zu überschätzen.

Soziologische Ansätze *(Türk 1981)* zeigen in gleicher Weise, dass Führungsfunktionen angesichts struktureller Zwänge und systemischer Vorgaben drastisch reduziert worden sind – *Türk* spricht von einer „Lückenbüßer-Funktion" des Führenden –, wobei durch *strukturelle Selektion* die Möglichkeitsspielräume für Führungsverhalten und Entscheidungsalternativen erheblich eingeschränkt werden *(Wiswede 1981, 1990a).* Dafür sprechen alle Tendenzen, die den gegenwärtigen sozialen Wandel begleiten: Versachlichung der Vorgesetzten-Unterstellten-Beziehung, Verrechtlichung betrieblicher Sachverhalte, Technisierung betrieblicher Abläufe, Standardisierung organisationaler Praktiken, Autonomisierung und Verselbstständigung der Kontrollbereiche, Verlagerung von Macht auf die strukturelle Ebene usw. Andererseits muss gesehen werden, dass die formalisierten Zwänge organisationaler Systeme bestimmte expressiv-emotionale Komponenten menschlicher Bedürfnisse nicht aufzufangen vermögen, sodass anstelle „funktionaler Autorität" eine Art „emotionaler Autorität" *(Türk)* in den Vordergrund tritt. Dies spricht nun wiederum dafür, dass die soziale (oder psychologische) Kompetenz des Führenden gegenüber der instrumentellen, aufgabenbezogenen Kompetenz an relativer Bedeutung gewinnt. Insofern dürfte es – mitbedingt durch den sozialen und technologischen Wandel – innerhalb der wahrzunehmenden Führungsfunktionen erhebliche Bedeutungsverschiebungen geben.

2.1.2.6 Psychologie organisationalen Wandels

Im Folgenden betrachten wir die psychologisch relevanten Aspekte des organisationalen Wandels. Der Ausdruck Wandel bezieht sich auf alle Veränderungen in (und von) Organisationen, seien sie geplant (intendiert) oder ungeplant (nicht-intendiert). Der Begriff „Entwicklung" wird in den Sozialwissenschaften (insbesondere in der Soziologie) meist gleichbedeutend mit (sozialem) Wandel gebraucht. Allerdings ist es in der Organisationsforschung üblich geworden, als „Organisationsentwicklung" (OE) lediglich den Bereich bewusst geplanter Veränderungen zu bezeichnen. In diesem Kapitel interessieren uns jedoch beide Aspekte des Wandels, soweit sie psychologisch relevant sind (vgl. zur Literatur: *Hannan/Freeman 1984; Weick 1985; McKelvey/Aldrich 1983; Kieser 1999;* zur OE zusammenfassend: *Gebert 1974, 1993; Huse/Cummings 1985; French et al. 1990; Cummings/Worley 1997; Staehle 1999).*

(1) Bereiche organisationalen Wandels

Organisationaler Wandel kann sich auf *Strukturen und Prozesse* beziehen (struktureller Wandel) sowie auf *Verhaltensweisen und Einstellungen* der Organisationsmitglieder. Struktureller organisationaler Wandel ist etwa: Formalisierung und Bürokratisierung, Vergrößerung, Differenzierung, Zentralisierung, Hierarchisierung (sowie das jeweilige Gegenteil), ganz konkret etwa auch: Übergang zur Fließfertigung, Aufnahme neuer Produktionskonzepte, Einführung neuer Kommunikationsmedien oder innovativer Techniken, neue Überwachungssysteme usw. Psychologisch bearbeitbar sind hier die Fragen: Wer veranlasst mit welchen Zielsetzungen welche strukturellen Veränderungen (soweit sie sich nicht durch eigendynamische Prozesse dem menschlichen Zutun entziehen)? Welche Auswirkungen haben strukturelle organisatorische Veränderungen (z. B. Eröffnung von Handlungsspielräumen, neue Formen der Arbeitsgestaltung) auf die Beteiligten (in ihrem Verhalten, in ihrem Erleben, in ihren Einstellungen)? In diesem letzteren Falle sind strukturelle Wandlungsvorgänge nichts anderes als Änderungen in den Randbedingungen, die ein entsprechend verändertes Verhalten erwarten lassen.

Konzentriert man sich jedoch in direkter Weise auf das Verhalten (die Einstellungen, das Erleben) der Organisationsmitglieder, so stehen andere Fragen im Vordergrund: Gibt es Wandlungen im Präferenzsystem (Wertsystem) der Beteiligten? Haben sich bestimmte Einstellungen (z. B. gegenüber Arbeitsinhalten, Führungsstilen) geändert? Lassen sich Wandlungen in den Motivationsstrukturen erkennen? Wie wirken sich die Änderungen in den Ausbildungsvoraussetzungen (etwa in Bezug auf Anspruchshaltungen) der Beteiligten aus? Diese und ähnliche Fragen setzen beim Menschen selbst an. Dabei werden die Handlungen und Kognitionen der Individuen möglicherweise ihrerseits den Impuls zur strukturellen Änderung geben. Ein starker Wunsch nach Partizipation wird u. U. zur Auflösung autokratischer Strukturen führen. Gestiegenes Bildungs- und Kompetenzniveau wird vielfach die Vorteile dezentralisierter und teilautonomer Strukturen erkennen lassen. Planerische Überlegungen werden vielfältig ihren strukturellen Niederschlag finden.

Lerntheoretisch plausibel wäre die Annahme, dass sich in einer Organisation solche Strukturen entwickeln (durchsetzen), die effizienzsteigernde Konsequenzen bewirken. Allerdings gibt es sowohl auf der Verhaltens- wie auch auf der strukturellen Ebene *Trägheitstendenzen (Hannan/Freeman 1984).* Auf der Verhaltensebene: habituelles, formalisiertes und ritualistisches Verhalten mit gestörten Feedback-Impulsen. Auf der Strukturebene: eigendynamische Strukturen und Prozesse, Beharrungstendenzen, Umstellungskosten, Anpassungsschwierigkeiten etc. Im Allgemeinen sind strukturelle Festlegungen änderungsresistenter als Verhaltensweisen und Zielsetzungen. Das Thema „gewandelte Werte" und

„erstarrte Strukturen“ *(Klipstein/Strümpel 1985)* ist ein Makroaspekt einer solchen Diskrepanz, die vermehrten Handlungsbedarf für eine Änderung struktureller Voraussetzungen reklamiert. Psychologisch ist hierbei insbesondere zu bedenken, dass bestimmte Reifungs- und Entwicklungsvorgänge im menschlichen Verhalten (z. B. Teilhabe an Entscheidungen, Übernahme von Verantwortung, Entwicklung von intrinsischer Motivation, Identifikation mit bestimmten Aufgaben) nur zu erwarten sind, wenn gewisse strukturelle Voraussetzungen (z. B. heterarchische und dezentralisierte Strukturen, Handlungsspielräume, ganzheitliche Aufgabeninhalte) vorliegen.

(2) Wandel als Evolution

Unter evolutionstheoretischer Perspektive (vgl. vor allem *Hannan/Freeman 1984)* sind Wandlungsprozesse weniger das Produkt bewusster Gestaltung (im Sinne der OE), sondern vielmehr durch die Umwelt herbeigeführte *Auslesevorgänge,* die darüber entscheiden, welche organisationalen Variationen von Nutzen sind und zum Überleben der Organisation beitragen (vgl. *Kieser/Woywode 1999).* Dies ist für die Management-Lehre (oder auch für change agents) eine etwas unerträgliche Perspektive, da sie die menschlichen Einflussmöglichkeiten marginalisiert. Danach ist Management-Handeln lediglich eine Art Mutation oder Variation, die sich unter verschiedenen Umweltbedingungen bewähren kann oder auch nicht. Nach *Hannan/Freeman* sind es insbesondere die folgenden Gründe, die für eine solche Annahme sprechen:

- Organisationen sind zu komplex, um durch geplante Eingriffe in kontrollierter Weise in einen gewünschten Zustand überführt werden zu können.
- Die Trägheit von Organisationen verhindert, dass die Bemühungen der Gestalter mit der Schnelligkeit von Umweltänderungen Schritt halten können.
- Die Gestalter haben nur unvollständige Information über Zweck-Mittel-Relationen, sodass sie in weitgehend intransparenten Räumen handeln.
- Innerhalb der Organisation sind Interessengruppen am Werk, die unterschiedliche Ziele verfolgen und durch politische Manöver verhindern, dass rationale Anpassungsprozesse an Umweltänderungen stattfinden können.

Sicherlich bedeutet diese Sichtweise eine Absage an die Vorstellung universeller Machbarkeit und Steuerbarkeit angesichts der wachsenden Komplexität von Organisationen. Allerdings sollte zugleich die Annahme zurückgewiesen werden, dass Veränderungen in Organisationen lediglich die Folge eines mehr oder weniger blinden Vorgehens nach Versuch und Irrtum darstellen. Denn die evolutionstheoretische Sicht impliziert, dass Lern- und Anpassungsprozesse gleichsam nach behavioristischem Muster erfolgen. Hilfreich ist sicherlich der Hinweis darauf, dass sich *organisationale Lernprozesse* nicht nur im Sinne simplexer Konditionierungsprozesse abspielen, sondern daneben auch komplexe Informationsverarbeitungs-Prozesse einschließen. So wird beispielsweise das Modell-Lernen (z. B. Benchmarking) verhindern, dass eigene schlechte Erfahrungen gemacht werden müssen. Auch wird die mehr oder weniger realistische Antizipation bestimmter Handlungskonsequenzen tendenziell „richtige“ Entscheidungen begünstigen, wenngleich unbedachte und/oder unerwünschte Nebenwirkungen nicht ausgeschlossen bleiben. Es geht demnach nicht allein um *adaptives Lernen* – Anpassung der Organisation an Umweltveränderungen –, sondern auch um *generatives Lernen (Argyris 1990; Argyris/Schön 1999),* das auch eine Neubewertung von Organisationszielen und -prozessen bedeutet. Dies schließt ein, Veränderungen im Voraus zu erwarten und ihnen evtl. zuvorzukommen. *Argyris* spricht (in Anknüpfung an *Ashby)* auch von „double-loop-learning“. Hier stehen die Führungsgrößen und Prämissen (z. B. auch die Zielvorstellungen) selbst zur Disposition. Diese Abkehr von problematischen Prämissen setzt Offenheit und Unvoreingenommenheit voraus. In der Vergangenheit erfolgreiche Handlungsmuster müssen einer Revision unterzogen werden. Hierbei ist auch ein Entfernen solcher Muster notwendig, die sich unter anderen Randbedingungen durchaus bewährt haben.

Neben „single loop" und „double loop" wird auch die Bedeutung des „Deutero-Lernens" *(Bateson)* hervorgehoben. Hier handelt es sich um eine besondere Form reflexiven Lernens, indem über Lernprozesse selbst nachgedacht wird. Dieses „Lernen des Lernens" stellt eine Art „Meta-Lernen" dar, wobei auch der jeweilige Lernkontext mit problematisiert wird. Dabei wird die Frage thematisiert, warum welche Lernprozesse in welchen situativen Kontexten zum Erfolg geführt haben.

Auch die älteren *kontingenztheoretischen Vorstellungen* kreisen um den Gedanken der Auslese. Diese Thematik betrifft die Einbindung des Systems „Organisation" in das externe System Umwelt. Der wichtigste Aspekt der organisationsrelevanten Umwelt ist der Markt (bzw. die Teilmärkte des Unternehmens: Beschaffungs- und Absatzmarkt als Gütermärkte, Finanz- und Arbeitsmarkt als Faktormärkte), darüber hinaus jedoch auch die Konkurrenzsituation, Aspekte des politischen Systems, Gewerkschaften, ökologische Strukturen etc. (zur Klassifikation von Organisationsumwelten: *Emery/Trist 1965; Wilpert 1993).*

Als zentrale Aussage des Kontingenzkonzepts gilt die Annahme, dass eine Organisation umso effizienter ist, je besser die Übereinstimmung (fit) zwischen dem System und seiner Umwelt ist *(Lawrence/Lorsch 1969).* Konkret: Eine Organisation kann sich eine bürokratisch-formalistische Struktur leisten, wenn die Umwelt statisch, homogen und sicher ist. Ist die Umwelt dagegen unsicher und turbulent – prekäre Absatzmärkte, schwindende Exportchancen, fluktuierende Finanzmärkte usw. –, so darf das Ausmaß formaler Regelungen nicht zu hoch sein; die betriebliche Struktur muss sich Flexibilität, Reagibilität und Wandlungsfähigkeit erhalten (was im Übrigen auch das Ausmaß autokratischer und zentralistischer Regelungen betrifft).

Betrachtet man diesen Zusammenhang nicht präskriptiv, sondern deskriptiv-theoretisch, so wäre eine mögliche Erklärung entweder strukturell-evolutionistisch (schlecht angepasste Organisationen werden aus dem Markt herausgedrängt) oder lernpsychologisch-evolutionistisch (Strukturkonzeptionen werden entweder ex ante oder durch sukzessive Anpassungsprozesse entwickelt). Die Bezugnahme auf lernpsychologische Vorgänge schließt jedoch strukturelle Ausleseprozesse nicht aus; die Erklärungen sind vielmehr komplementär, zumal es sich um gleichgerichtete Prozesse handelt.

Weick (1985) betont zusätzlich die den Evolutionsprozessen vorgelagerten Kognitionen (Wahrnehmungen, „Hypothesen", Symbole): Auf diese Weise würden alle geplanten Eingriffe in den organisationalen Zusammenhang durch „Hypothesen" über die Bewährung bestimmter Maßnahmen gestützt:

- Was hat sich in der Vergangenheit bewährt?
- Was wird sich in der Zukunft bewähren?

sodass Selektionsprozesse als kognitiv gesteuerte Prozesse zu denken sind. Es ist einleuchtend, dass solche Hypothesen – auch wenn sie durch Diskriminationslernen verfeinert sind – „fehlerhaft" sein werden; sie enthalten Einschätzungsfehler, was die Vergangenheit betrifft, und sie enthalten Prognosefehler, was die (nicht ganz berechenbare) Zukunft anbelangt. Insbesondere sind Transformationen problematisch: Maßnahmen oder Strukturen, die sich zum Zeitpunkt t_1 in der Bedingungskonstellation A_1 bewährt haben, sind möglicherweise zum Zeitpunkt t_2 in der Konstellation A_2 untauglich. Generell gilt für Organisationen eine Tendenz, an bewährten Verhaltensmustern festzuhalten, ohne sich darüber klar zu werden, dass hier oft nur eine „Bewährung auf Zeit" vorliegt.

Weick (1985) bezeichnet die impliziten Entwicklungshypothesen als „kognitiven Orientierungsrahmen“ (in unserer Terminologie: implizite Theorien, vgl. K 1). Dieser Orientierungsrahmen liefert die interpretative Deutung aller Datenänderungen und bestimmt zugleich den Selektionsmechanismus: Verschiedene Erklärungsmuster werden so lange ausprobiert, bis sich die zunächst vieldeutigen Informationen zu einem konsistenten Bild der relevanten Umwelt fügen. Erst wenn bestimmte Signale (Informationen) auf dem Raster des Orientierungsrahmens geordnet sind, werden sie zu interpretierbaren Veränderungen, machen sie „Sinn“ (z. B. die Interpretation sinkender Absatzzahlen als Krise). Sinnstiftende und erfolgreiche Prozesse der Verarbeitung vieldeutiger Informationen werden sodann durch einen *Mechanismus der Bewahrung* gespeichert, damit sie für die Zukunft verfügbar bleiben.

Das interpretative Konzept von *Weick* ergänzt ältere evolutionstheoretische Ansätze (zur Kritik an evolutionstheoretischen Konzepten: *Perrow 1986; Wiswede 1998a)* durch die Einbeziehung des kognitiven Orientierungsrahmens, gelangt jedoch inhaltlich zu durchaus ähnlichen Aussagen wie eine kognitiv angereicherte Lerntheorie, bietet also insofern keine überraschenden neuen Einsichten und dem Organisationspraktiker keine sonderlich brauchbaren Handlungsempfehlungen.

(3) Phasen organisationalen Wandels

Ähnlich wie bei der Analyse sozialen Wandels werden auch im organisatorischen Bereich verschiedene *Entwicklungsphasen* unterschieden, die für den „Lebenszyklus“ von Organisationen typisch sein sollen. Es handelt sich hier um idealtypische Verlaufsformen, ähnlich denen, wie man sie auch im menschlichen Lebenszyklus, beim Produktlebenszyklus oder bei den Phasen des Adoptionsprozesses unterscheidet. Häufig diskutierte Typologien dieser Art stammen von *Greiner (1971)* und *Lievegoed (1974)*. Üblicherweise sind solche Typologien recht holzschnittartig, aber sie sind immerhin hilfreich, den Blick für verschiedene Bedingungskonstellationen im Zeitablauf einer Organisation zu schärfen.

In Anknüpfung an diese Autoren lässt sich zu Beginn eine Pionier- und Aufbruchsphase unterscheiden, in der die Organisation noch eine sehr überschaubare, simplexe Struktur aufweist und zentral gesteuert wird. Mit zunehmendem Markterfolg und anwachsender Diversifikation der Produktpalette steigt die Notwendigkeit, den Verwaltungs- und Produktionsapparat gründlich zu organisieren, um auf diese Weise Komplexität zu reduzieren und steuerbar zu machen (Differenzierungsphase). In der dritten Phase zeigen sich dann erste Verkrustungserscheinungen; der Verwaltungsapparat wird zu kopflastig, die Strukturen sind nicht mehr elastisch, schlank und anpassungsfähig, die Bürokratie wuchert. Es ist daher erforderlich, zu reorganisieren: starre Regelungssysteme zu durchbrechen, die Produktion schlanker zu gestalten, Handlungsspielräume (wieder) zu eröffnen, steile Hierarchien abzubauen, dezentrale Strukturen einzuführen. Auch wird es jetzt notwendig sein, Weichen für weitere Entwicklungen zu stellen, neue Ideen einzubringen, weniger Bewährtes abzubauen. Im Wesentlichen geht es darum, Trägheitsmomente von Organisationen (organizational inertia) abzubauen und durch reintegrierende Mechanismen Autonomie- und Abschottungstendenzen auszugleichen (Integrationsphase).

Die *psychologischen Implikationen* einer solchen Phasenfolge liegen auf der Hand: Die Funktionen der Mitarbeiter, vor allem der Führung, wandeln sich mit der Änderung der Rahmenbedingungen. Zu Beginn ist der Typ des risikobereiten „Eroberers“ und des kreativen Pioniers funktional erforderlich. Stellt sich der Markterfolg ein, gehört die Zukunft zunächst dem Typ des Organisators und Administrators, der die Anfangserfolge konsolidiert und auf eine solide organisatorische Basis stellt. Dabei wird sich möglicherweise auch die „Organisationskultur“ ändern: Aus der „Innovationskultur“ des Anfangs wird eine typische

„Verwaltungskultur“. Erstarrte Strukturen erfordern dann in der nächsten Phase wiederum ein drittes Verhaltensmuster: die Fähigkeit, Neuland zu betreten, verkrustete Strukturen elastischer und anpassungsfähiger zu gestalten, möglicherweise auch: neue Ziele (Visionen) zu setzen. Wie *Greiner (1972)* betont hat, durchläuft jede Organisation revolutionäre Krisen, in denen notwendige Entwicklungsschübe vorbereitet werden. Da sich die Randbedingungen u. U. drastisch ändern, können solche Fiktionsphasen häufig nur durch ein besonderes Krisenmanagement *(Schminke/Töpfer 1985)* bewältigt werden.

(4) Organisationsentwicklung

Wandel in (von) Organisationen ist immer ein Kompositum geplanter (intendierter) und ungeplanter (nicht-intendierter) Entwicklungen. Es ist üblich, den Ausdruck OE für gezielte und geplante organisationale Veränderungen zu verwenden. Ansatzpunkte für ein solches Eingreifen sind *Strukturen* (z. B. Änderungen im Produktionssystem, Lockerung bürokratischer Strukturen, Änderungen im Organisationsplan, neue Formen der Arbeitsgestaltung) oder *Verhaltensweisen* (z. B. Änderung des Führungsstils, neue Anreizsysteme zur Erhöhung der Motivation, Maßnahmen der Personalentwicklung, vgl. 2.1.1.1). Dementsprechend werden in der OE-Forschung *personale* und *strukturale* Ansätze beschrieben, verbunden mit der Forderung, beides zu verzahnen *(Leavitt 1965; Gebert 1974)*. Die jeweiligen Änderungsprozesse können *intern* (z. B. durch das Führungspersonal oder durch besondere Stäbe) oder *extern* (z. B. durch besondere change agents oder durch sogenannte Krisenmanager) initiiert werden, wobei das besondere Interaktionsverhältnis zwischen dem Klientensystem und den „change agents“ spezifische Kommunikations- und Kooperationsprobleme aufwirft.

Da OE-Maßnahmen sowohl im strukturellen wie auch im personalen Bereich sehr weit streuen und manchmal etwas wildwüchsig in Erscheinung treten, bietet sich auch hinsichtlich der Effizienz ein unterschiedliches Bild. Während *sozialtechnologische* Strategien die Machbarkeit organisatorischer Strukturen und Prozesse betonen und gelegentlich überschätzen, hegen die Vertreter des *Evolutionismus* eher die Vorstellung, mit planendem Eingreifen nicht allzu viel bewirken zu können: Der Wandel in Organisationen vollziehe sich eher nach systemimmanenten Gesetzen organisationaler Entwicklung, innerhalb derer die Handelnden (z. B. Manager) lediglich Erfüllungsgehilfen oder Reaktionsbeschleuniger sind. Für viele Aspekte moderner Organisation dürfte der Gedanke der Gestaltbarkeit in der Tat auf enge Grenzen stoßen, sodass Maßnahmen zur OE – etwa im Bereich der Organisationskultur – oftmals eher Kontrollillusionen darstellen, um dem Management selbstwertdienliche Attributionsspielräume zu vermitteln.

Evaluationsstudien (z. T. auch Metaanalysen) zeigen daher im Hinblick auf die Effizienzprüfung auch ein unterschiedliches Bild *(Nicholas 1982; Beekun 1989; Neuman et al. 1989; Guzzo et al. 1985)*, sind jedoch von der Tendenz her – zumal bei „bewährten“ Konzepten (z. B. Teilautonomie, Survey-feedback, Team-Entwicklung) – eher positiv (vgl. zusammenfassend *Gebert 1993, 2002)*. Allerdings handelt es sich oft nicht um langfristige Verbesserungen, sondern vielfach nur um vorübergehende Hawthorne-Effekte.

Neben den eher partikularistisch eingesetzten Instrumenten des „Change-Management“ (Verbesserungsvorschläge, Benchmarking, Teambildung, Qualitätszirkel etc.) werden in letzter Zeit ganzheitliche Konzepte diskutiert, die im Wesentlichen um den Begriff der *„lernenden Organisation“* kreisen *(Argyris/Schön 1999; Argyris 1990; Wiegand 1996)*. Im Zentrum steht die bereits im vorigen Abschnitt diskutierte Annahme, dass Organisationen nicht nur in adaptiver Weise, gleichsam behavioristisch lernen, sondern reflexives generatives Lernen praktizieren (sollen), wobei auch die Zielvorstellungen ständig neu überdacht werden müssen. An dieses Paradigma schließen sich aktuelle Management-Leitbilder (lernende Organisation, laterale Organisation, wissensbasierte Organisation, intelligentes Unternehmen usw.) an. Hierbei wird das Management des Wandels selbst thematisiert. Nicht mehr Routineverhalten steht im Vordergrund, sondern die Art und Weise, wie neue Probleme zu lösen und wie Innovationen systematisch zu inszenieren sind.

Der etwas nach Reifikation klingende Begriff der „lernenden Organisation" ist natürlich eine Metapher (so sieht dies auch *Argyris),* die heuristisch darauf verweist, dass lernende Individuen einer Organisation Lösungen etablieren und institutionalisieren, die sich von Personen ablösen und auf diese Weise eine Art Eigendynamik entfalten. Organisationales Wissen (als Ergebnis erfolgreicher Lern- und Wandlungsprozesse) wird dann in Normen, Werten, Prozeduren, Unternehmensleitlinien, Arbeitsplatzbeschreibungen oder Computerprogrammen in den Strukturen verankert (vgl. *Kühl 2000).* Ein solcher Lernprozess kann die Innovations- und Anpassungsfähigkeit im Unternehmen steigern. Allerdings führt das Ergebnis von Lern- und Wissensprozessen wiederum dazu, dass die bewährten und durch den Erfolg positiv bewerteten Strukturen festgeschrieben werden. Diese neuen Strukturen verhindern dann möglicherweise weitere Lernprozesse und erschweren auch das „Verlernen" organisationaler Strukturmuster, sofern nämlich angesichts neuer Randbedingungen diese Muster wiederum dysfunktional werden. Strukturen tendieren nämlich dazu, als dauerhafte Lösungen etabliert zu werden, zumal wenn sichtbar ist, dass sie erfolgreich waren. Sie erzeugen damit Unbeweglichkeit im Hinblick auf neue Bedingungen, denn gerade die wahrgenommenen Erfolge verhindern die Sicht auf die Notwendigkeit weiterer Veränderungen (vgl. *March 1994).* Auf diese Weise sind Stabilität und Wandel Gegensätze, und sie stellen das Management vor ein grundsätzliches Dilemma: Bis zu welchem Ausmaß sollten bewährte Strukturen institutionalisiert werden? Und in welchem Ausmaß müssen die zur Verfestigung neigenden Strukturen wieder verflüssigt werden? Denn je turbulenter die Umwelt wird, desto steiler und desto kurzatmiger müssen die Lern- und Vergessenskurven ausfallen. Um in dieser wenig beständigen Zeit erfolgreich zu agieren, sind weiche und elastische Strukturen, ultrastabile und lose gekoppelte Subsysteme erforderlich, die multioptionale Lösungen zulassen. Die Mikroelektronik mit ihren sich ausweitenden Anwendungsmöglichkeiten dürfte Wege in diese Richtung aufzeigen.

2.2 Markt- und Konsumpsychologie

Die Psychologie des Käuferverhaltens sowie die Psychologie der absatzpolitischen Instrumente (auch Marketing-Psychologie, Absatzpsychologie) werden gelegentlich unter der Bezeichnung „Marktpsychologie" zusammengefasst *(von Rosenstiel/Ewald 1979; Irle 1983).* Dieser Begriff suggeriert Ansprüche, die durch die tatsächlichen Forschungsschwerpunkte nicht abgedeckt sind. Eine erste Einschränkung betrifft den marktlichen Ausschnitt: Es geht hier lediglich um den Gütermarkt, speziell um Aspekte des *Konsumgütermarktes,* nicht dagegen um Faktormärkte (Finanzmarkt, Arbeitsmarkt). Letztere wären gleichwohl einer psychologischen Analyse zugänglich; Ansätze dazu liegen z. B. in der Personalmarktforschung und in der Finanzmarktforschung vor. Eine zweite Einschränkung betrifft den Umstand, dass das Verhalten der Marktteilnehmer vorwiegend unter *einzelwirtschaftlicher* Perspektive betrachtet wird, auch wenn die Analyseebene oftmals höhere Aggregatniveaus einschließt (z. B. Verhalten der Marktparteien, die Meinungsstruktur des Marktes, die Segmentierung von Märkten etc.). Und eigentlich sollte man erwarten, dass eine Psychologie der Marktbeziehungen sowohl das wechselseitig aufeinander abgestimmte Verhalten der

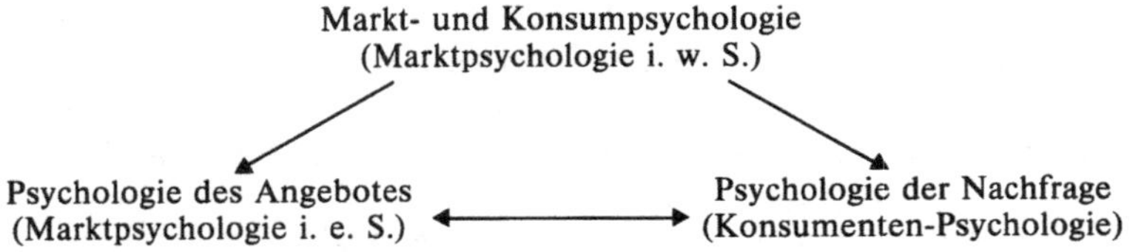

Abb. 52: Bereiche der Markt- und Konsumpsychologie

Anbieter wie auch der Nachfrager untersucht. Die bisherige Marktpsychologie widmet sich jedoch einseitig dem *Nachfragerverhalten,* und auch dies geschieht vorwiegend unter dem Aspekt des Verwertungsinteresses durch die Anbieter, um nämlich deren absatzwirtschaftliches Instrumentarium effektiver durchzusetzen.

Versuche, diese Umgrenzungen zu überwinden, sind selten (vgl. jedoch *Irle 1983).* Auch wird die Frage kaum gestellt, in welcher Weise marktwirtschaftliche Regelungssysteme in der Lage sind, Persönlichkeits- und Motivationsstrukturen der Individuen selektiv zu formen (vgl. hierzu ansatzweise *Wiswede 1983; Lea et al. 1987).* Zudem wird selten explizit gemacht, dass die Marktpsychologie von einem halbwegs intakten Markt ausgeht, in dem überwiegend die Bedingungen eines *„Käufermarktes"* gegeben sind: also ein vergleichsweise hoher Grad der Marktsättigung, erhebliche Ermessensspielräume der Konsumenten, problematische Absatzchancen, Unausweichlichkeit von Marketing-Bemühungen. Dabei wären andere Rahmenbedingungen – z. B. in Entwicklungsländern, in bisher sozialistischen Ländern, die sich ein marktwirtschaftliches Gepräge geben wollen oder Marktmechanismen als schattenwirtschaftliches Element zuließen bzw. bewusst förderten – gleichfalls ein interessantes Feld der psychologischen Analyse.

Im Bewusstsein dieser Einschränkungen wollen wir in unserem kurzen Überblick dennoch den Ausdruck Marktpsychologie beibehalten, obgleich es sich nach den vorliegenden Befunden eher um eine „Marketing-Psychologie" handelt. Reservieren wir – noch weiter eingrenzend – den Ausdruck Marktpsychologie vorwiegend für die Aktivitäten des Anbieters mit seinem absatzpolitischen Instrumentarium – gewissermaßen eine Psychologie des Angebots –, so stellt die Konsumpsychologie (auch Konsumentenpsychologie, Psychologie des Käufer- bzw. Konsumentenverhaltens) im engeren Sinn eine Psychologie der Nachfrage dar (Abb. 52).

2.2.1 Psychologie des Angebots

Beginnen wir also mit der Psychologie des Angebots bzw. der absatzpolitischen Instrumente, wobei wir insbesondere die Gegenstandsbereiche *Produkt* (Dienstleistung), *Preis* (Preisänderungen), *Werbung* (absatzwirtschaftliche Kommunikation) sowie *Verkauf* betrachten wollen. Im Hinblick auf die auch hier sehr umfangreichen Forschungsarbeiten kann unsere Darstellung wiederum nur sehr selektiv sein. (Zur Literatur vgl. die einzelnen Ressorts – Produktpsychologie, Psychologie der Dienstleistung, Werbepsychologie etc. –, ferner die relevante Marketing-Forschung, soweit sie verhaltenswissenschaftliche Anregungen integriert hat, z. B. *Kotler/Bliemel 1999* oder *Nieschlag et al. 2002* sowie die Darstellungen zum Konsumentenverhalten, z. B. *Kassarjian/Robertson 1991; Assael 1998; Kroeber-Riel et al. 2009).*

2.2.1.1 Psychologie des Produkts

Die psychologische Forschung hat es bekanntlich nicht mit Objekten an sich zu tun, nicht mit ihrer objektiven Beschaffenheit oder physikalischen Realität, sondern mit einem „inneren Abbild" dieser Realität, wie sie durch Wahrnehmung, Vorstellung und Beurteilung geformt (verformt) wird. Dieser marktpsychologische Grundgedanke war auch für den Bereich des Produkt-Marketing *(Wind 1982; Koppelmann 2001)* forschungsleitend, wobei in diesem Zusammenhang – zumindest in früheren Entwicklungsphasen – das Image-Konzept im Vordergrund stand. Wir werden daher unsere Skizze der „Produktpsychologie" mit einer kurzen Erörterung dieses Konzepts beginnen und uns danach mit neueren kognitiven Perspektiven zur Produktwahrnehmung und Produktbeurteilung beschäftigen.

(1) Image und Produktpositionierung

Der Imagebegriff ist von *Gardner/Levy (1955)* in die marktpsychologische Diskussion eingeführt worden; trotz zahlreicher Klärungsversuche auch im deutschsprachigen Raum *(Spiegel 1961; Bergler 1963, 1972; Wiswede 1973)* ist die Verwendung dieses Begriffs inkonsistent geblieben und z.T. mit etwas antiquiert wirkenden gestalt- und tiefenpsychologischen Bedeutungsgehalten überfrachtet (vgl. *Lilli 1983).*

Wenn man das Image als das Insgesamt der Einstellungen definiert, die einem Produkt gegenüber bestehen, so hat man zwar einige Definitionsschwierigkeiten ausgeklammert, doch setzt die Rede von *dem Image* eines Objektes, einer Person oder einer Institution eine gewisse Homogenität und Konsistenz der zugrunde liegenden Einstellungen voraus. Bei starker Streuung der Messwerte erscheint eine solche Konzeption problematisch, sodass die Ermittlung von Images zumindest segmentspezifisch erfolgen muss. Dies ist auch ein Grundgedanke der sog. *Marktsegmentierung* (für einen Überblick vgl. *Freter 1983; Gunter/Furnham 1992; Berrigan/Finkbeiner 1992; Martin 1992):* die Überzeugung, dass Käufergruppen (Segmente) existieren, die hinsichtlich des Kaufverhaltens in sich gleichartig, untereinander jedoch verschiedenartig auf Veränderungen des Einsatzes absatzpolitischer Instrumente reagieren.

In sogenannten Marktmodellen *(Spiegel 1961; Wind 1982)* wird die Positionierung von Produkten in einem „multidimensionalen Merkmalsraum" vorgenommen; relevante Merkmalsdimensionen sind z.B. für Margarine: „gesund-ungesund" und „billig-teuer", für Automobile „sportlich-unsportlich", „geringes-hohes Prestige", „sicher-unsicher". Die meisten Marktmodelle dieser Art werden der Anschaulichkeit halber gern in zweidimensionaler Struktur vorgestellt. Bei komplexeren Positionierungsmodellen bedient man sich der multidimensionalen Skalierung, sodass die Möglichkeit besteht, mehr als zwei oder drei Produktausprägungen zu berücksichtigen und darüber hinaus auch die Position von Konkurrenzprodukten einzubeziehen *(Wind 1982; Tomczak et al. 1996).*

Die neuere Image-Forschung (vgl. *Engel et al. 1995, Trommsdorff 1998, Keller 1998*) definiert das Produktimage als die Menge aller Assoziationen, die ein Konsument mit einer Marke in Verbindung bringen kann. Dies verweist auf die *Schematheorie* (K 6), die davon ausgeht, dass Objekte und Ereignisse in Wissensstrukturen im Langzeitgedächtnis gebündelt und organisiert sind (für einen Überblick vgl. *Schank/Abelson 1977; Wyer 1980*). *Rumelhart (1980)* spricht von Schemata als komplexen Wissenseinheiten, die die typischen Eigenschaften von Objekten, Personen und Ereignissen in Form von standardisierten Vorstellungen repräsentieren und die hierarchisch organisiert sind. Neue, schemarelevante Informationen interagieren mit den bisher vorhandenen Schemata; schemakonsistente Informationen stärken das Schema, schemainkonsistente Informationen werden abgewehrt oder stören das Schema-Gefüge.

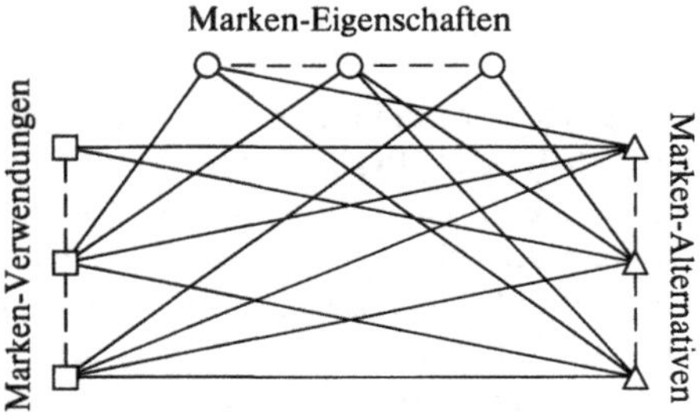

Abb. 53: Produktrelevantes Netzwerk

Für die grafische Repräsentation von Schemata haben sich semantische Netzwerke als hilfreich erwiesen (vgl. *Collins/Quillian 1972; Peter/Olson 1998*). Nach diesem Ansatz (vgl. K 6) sind Wissensstrukturen assoziativ miteinander verbunden, und zwar im Ausmaß der semantischen Ähnlichkeit verschiedener Kategorien bzw. Knotenpunkte. Beispielsweise ist der Begriff Auto verbunden mit Begriffen wie: Straße, Verkehr, Ambulanz; der Begriff Ambulanz dagegen wieder mit Blut, Krankheit, Krankenhaus usw. Je mehr Oberbegriffs- oder Eigenschaftsassoziationen zwischen verschiedenen Konzepten vorhanden sind, desto mehr Verbindungslinien bestehen zwischen ihnen und desto größer ist die Wahrscheinlichkeit, dass diese Netzwerke aktiviert werden. Auf den Kaufentscheidungsprozess angewandt *(Grunert 1982),* entsteht ein Netzwerk der produktrelevanten Struktur nach drei Dimensionen: Marken-Verwendung (V), Marken-Merkmale (M) und Marken-Alternativen (A). Die Relationen MV entsprechen den Markenanforderungen, MA dem Markenwissen und VA den Produkterfahrungen (auf der Basis von Lernvorgängen).

Das Modell macht deutlich, dass die einzelnen Wissenselemente über eine Marke nicht isoliert nebeneinander stehen, sondern über Assoziationsbeziehungen systemisch verknüpft sind. Dieser Sachverhalt bedeutet eine erhebliche Einschränkung des Geltungsbereichs der Multi-Attribut-Modelle und betont die Notwendigkeit kontextueller Forschung in diesem Bereich.

Bisher war von der *inneren Struktur* eines Produkt- oder Markenschemas die Rede. Da zwischen verschiedenen Schemata Interaktionen bestehen, muss auch der Aspekt der *externen Struktur* im Kontext anderer Schemata analysiert werden. Solche Markenstrukturen treten z. B. beim *Markentransfer* (Imagetransfer) auf. Das Ziel solcher Transferstrategien besteht darin, vorhandene Wissensstrukturen in Form von Markenbekanntheit und Markenimage auf das neue Produkt zu übertragen, um damit die Kosten einer Neumarken-Strategie zu sparen. Über die Erfolgsfaktoren von Markentransfers existieren umfassende Studien *(Hätty 1989),* auch sind mittlerweile mögliche (negative) Rückwirkungen auf das Mutterimage untersucht.

Weitere Bezugspunkte im externen System sind Markendehnungen, Markenallianzen (mit Fremdmarken) sowie *Markenarchitekturen.* In einem sehr allgemeinen Sinn wird unter Markenarchitektur die (kognitiv widergespiegelte) Struktur der Marken eines Unternehmens verstanden, häufig in Form einer hierarchischen Ordnung i. S. von Dach- und Submarken. Da diese Begriffe sämtlich aus der Sicht des Kunden/Käufers definiert sind, müssen daher *kognitive Markenstrukturen* thematisiert werden. Zur verhaltenswissenschaftlichen Fundierung dienen meist *Fit-Modelle* (Grad der Übereinstimmung/Ähnlichkeit/Übertragbarkeit der Marken) oder Aspekte der *Schematheorie* (K 6), indem Markenschemata als „Wissensbündel" das gesamte Markenwissen umfassen, wobei deren assoziative Verknüpfung (Assoziationstyp, Vorteilhaftigkeit, Stärke und Einzigartigkeit von Assoziationen) wiederum in Form *semantischer Netzwerke* dargestellt werden kann. Auf der Basis der Schematheorie kann dann analysiert werden, in welcher Form Individuen z. B. bei der Wahrnehmung eines Co-Brand-Stimulus neue Informationen kathegorisieren und so auf bestehende Markenschemata zurückgreifen, um mit Hilfe dieses Wissens auch das Co-Brand-Produkt ohne direkte Produkterfahrung zu beurteilen. Geht es um eine Markenerweiterung, so können zusätzliche, bisher noch nicht aktivierte assoziative Verknüpfungen der Schemata zur Stamm-Marke und zum potentiellen Erweiterungsprodukt aktiviert werden. Dabei mögen einzelne assoziative Verknüpfungen relativ an Stärke gewinnen (oder auch verlieren) und als Konsequenz gedanklich tiefer oder oberflächlicher verarbeitet werden. Eine Verwässerung des Markenbildes ist dabei nicht auszuschließen.

Im internen System fungiert das Konzept der *identitäsbasierten Markenführung* (vgl. *Meffert et al. 2005*), das z. T. auch durch sozialpsychologische Befunde aus der Identitätsforschung (vgl. K 8 und I 5) gestützt wird. Diese Perspektive berührt sich mit dem allgemeinen *Fit-Ansatz* auf der Konsumentenseite. Markenidentität im Sinne von *Meffert* und *Burmann* konstituiert sich durch den Managementprozess der Markenführung und entsteht aufgrund raum-zeitlicher Merkmale einer Marke als „Gestalt", mit dem Ziel der Authentizität und Unverwechselbarkeit. Natürlich müssen sich alle Markenführungs-Strategien vor dem Raster des Publikums bewähren.

(2) Produktwahrnehmung und -beurteilung

Der im vorigen Abschnitt skizzierte Schemabegriff weist eine Reihe von Überschneidungen mit dem Einstellungskonzept sowie mit der Hypothesentheorie der Wahrnehmung (K 1) auf. Während die Schematheorie den strukturell-deskriptiven Aspekt des Wahrnehmens problematisiert und dabei vorwiegend statisch konzipiert ist, betont die Hypothesentheorie (*Bruner/Postman 1951;* für einen neueren Überblick vgl. *Lilli 1993*) die Tatsache, dass das Individuum zwischen Wissensbeständen und neuen Informationen schlussfolgernde Beziehungen herstellt, indem es – gewissermaßen wie ein Wissenschaftler – „Hypothesen" oder Hypothesensysteme (implizite Theorien) bildet (z. B.: Wenn ein Verkäufer freundlich ist, dann nur deshalb, weil er etwas verkaufen will; oder: Wenn ein Produkt unter der Bezeichnung „Bio" verkauft wird, ist es gesundheitsförderlich). Trennen wir – zumindest analytisch – zwischen Wahrnehmung im Sinne eines aufmerksamkeitsgelenkten Perzeptionsvorgangs und Beurteilung im Sinne eines kognitiven Prozesses gedanklicher Weiterverarbeitung, so haben wir es zunächst mit *Selektionsvorgängen* zu tun. Nach Vorstellungen der Hypothesentheorie wird die Aufmerksamkeit insbesondere durch zwei Komponenten gelenkt: Die erste dieser Komponenten wird repräsentiert durch die Antriebs- und Aktivierungskräfte sowie die durch sie ausgelösten Emotionen: Menschen nehmen vor allem Reize

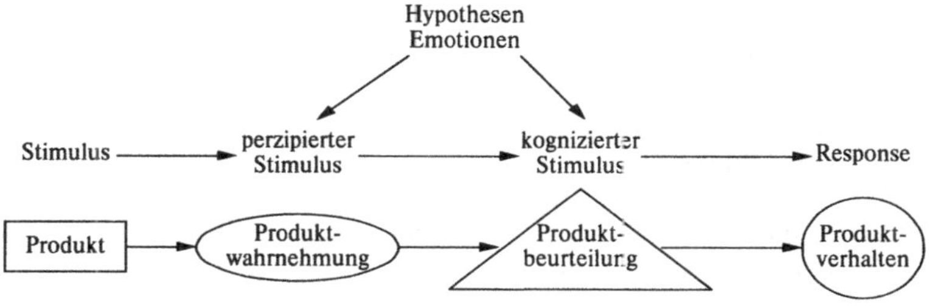

Abb. 54: Produktwahrnehmung und Produktbeurteilung

wahr, die ihren Bedürfnissen und Wünschen entsprechen. Diese motivationsgerechte Akzentuierung formt ein Umweltrelief, das diese Motivationsstruktur weitgehend reflektiert. Besonders extrem äußert sich dies in akuten Mangelsituationen. In weniger extremen Fällen wirkt jedoch jedes Suchverhalten gleichermaßen selektiv für die Wahrnehmung der Umwelt.

Die zweite Komponente, die den Selektionsprozess bestimmt, ist kognitiver Natur: Hier handelt es sich um die erwähnten „Hypothesen" des Individuums, insbesondere um Erwartungen, Einstellungen und Attributionen. Diese „Hypothesen" des Individuums, seien sie ad hoc gebildet, in Form von Einstellungen als „permanente Hypothesen", als Hypothesen über kausale Verknüpfungen in Form von Attributionen oder schließlich als Hypothesen über das Eintreffen bestimmter Konsequenzen in Gestalt von Erwartungen präsent, fungieren als *kognitive Prädisposition* bezüglich bestimmter Objekte. Sie haben eine zentrale Funktion für die Gestaltung des Wahrnehmungsprozesses und fungieren ferner als kognitive Leitinstanz für die Informationsverarbeitung bis hin zum faktischen Verhalten. Hypothesen führen demnach zu hypothesengerechter Wahrnehmung und leiten über zur hypothesengerechten kognitiven Verarbeitung und Beurteilung (vgl. K 1).

Leiten wir nun über zu Fragen der Produktbeurteilung, die gleichermaßen unter dem Primat der Selektivität steht. Dies gilt vor allem im Hinblick auf die verfügbaren Produktinformationen *(van Raaij 1977; Bettman 1979; Bleicker 1983; Schulte-Frankenfeld 1985).* In einem mittlerweile klassischen Experiment von *Jacoby et al. (1974, 1977)* erhielten 9 Versuchsgruppen unterschiedliche Informationsmengen, wobei die Vorgaben von 4 Marken mit je 2 Produkteigenschaften (=8 Informationen) bis zu 6 Marken je 12 Eigenschaften (= 72 Informationen) variierten. Aus den jeweiligen Eigenschaften (z. B. Preis, Markenname, Packungsinhalt) ging jedoch für die Vpn nicht deren Informationswert hervor. Die simulierte Kaufentscheidung wurde mit der subjektiv bestmöglichen Kaufentscheidung – eine methodisch umstrittene Größe – verglichen; dabei bedient sich *Jacoby* der Matrix-Darstellung („IDM" = Information-Display-Matrix). Die wichtigsten Ergebnisse dieser (und ähnlicher) Versuche bestehen in der Erkenntnis, dass Konsumenten aus der Fülle der ihnen angebotenen Informationen nur einen verhältnismäßig *geringen* Teil tatsächlich nutzen und dass sie zur Produktbeurteilung bevorzugt *Schlüsselinformationen* heranziehen.

Die Bedeutung von Schlüsselreizen zur Produktbeurteilung entspricht dem Prinzip *kognitiver Entlastung*. Solche Schlüsselinformationen für Kaufentscheidungen sind z. B.: der Preis, die Markenbezeichnung, ein Testurteil oder die simple Tatsache, dass eine relevante Bezugsperson das gleiche Produkt verwendet. Schlüsselinformationen sind daher oftmals kognitive Hülsen, Denk- und Handlungsschablonen, die einen differenzierten Entscheidungsprozess ersetzen. Der Markenartikel profitiert von einer solchen kognitiven „Verdichtung": Weitere Detailinformationen werden irrelevant. Wir können auch sagen: Im Falle der Schlüsselinformation sind die „Hypothesen" des Beurteilenden nicht sehr differenziert.

Ganz im Gegensatz zur reduzierten Nutzung von Informationen geht der Beurteilende jedoch bei der Urteilsbildung meist über das hinaus, was durch vorhandene Urteilskriterien möglich wäre. Dieses Phänomen der *Inferenz* besagt, dass Individuen bei der Urteilsbildung verallgemeinern und sich ein abgeschlossenes Bild (im Sinne der Gestaltbildung) von einem Objekt (hier Produkt) machen, also einer Tendenz zur Vervollständigung der Urteilsbildung unterliegen. Salopp formuliert: Stehen 10 Produktinformationen zur Verfügung, so nutzt unser Beurteiler nur 3 davon; sein Urteil jedoch sieht so aus, als habe er 30 Informationen verwertet. Ist die Hypothesenbildung des Individuums abgeschlossen und kommt es zu permanenten Hypothesen in Bezug auf bestimmte Produkte, so kristallisieren sich festgefügte Einstellungen heraus, anders formuliert: Der Käufer entwickelt eine *„implizite Produkttheorie"*.

Die im Rahmen impliziter Produkttheorien in Betracht kommenden Hypothesen treten auch in Gestalt von Attributionen auf, allerdings geht es hier seltener um Kausal-Attributionen (z. B.: Was gut ist, muss auch teuer sein), sondern eher um Merkmals-Zuschreibungen (Wenn ein Produkt Merkmal M_1 hat, wie wahrscheinlich ist es dann, dass es auch Merkmal M_2 aufweist?). Diese Ausstrahlungseffekte sind in der Marktpsychologie oft unter dem Begriff der Irradiation *(Spiegel 1970)* beschrieben worden, jedoch handelt es sich genau genommen um drei unterschiedliche Effekte (vgl. hierzu ausführlich *von Rosenstiel/Neumann 2002; Kroeber-Riel et al. 2009)*, denen wir einen vierten hinzufügen:

Detaildominanz ($M_1 \rightarrow P$): Schluss von einem Merkmal auf die Gesamtbeschaffenheit des Produktes (Preis → Qualität). Detaildominanz tritt insbesondere dort auf, wo ausgeprägte Schlüsselreize bestehen (z. B. Ausstrahlung des Markennamens).
Irradiation ($M_1 \rightarrow M_2$): Schluss von einem Merkmal auf ein anderes (z. B. Geruch → Reinigungskraft). Irradiation wird insbesondere dort auftreten, wo Merkmale diffus und wenig thematisch erlebt werden, sowie dort, wo assoziative „Brücken" bestehen *(Spiegel 1970)*.
Halo-Effekt ($P \rightarrow M_1, M_2$): Schluss vom Gesamteindruck auf eine oder mehrere Teilbeschaffenheiten (z. B. Sportwagen → hoher Benzinverbrauch). Ausgeprägte Halo-Effekte treten auf bei geringer Vertrautheit mit dem Produkt, bei schwer zu interpretierenden Eigenschaften und bei starker Beliebtheit des beurteilten Produkts *(Beckwith et al. 1978)*.
Kontext-Effekt ($K \rightarrow P \rightarrow M_1, M_2$): Schluss vom Eindruck des Umfeldes (z. B. Ladengestaltung, Schaufenstergestaltung) auf das Produkt als Ganzes oder einzelne Attribute. Kontext-Effekte treten umso häufiger auf, je eher das Objekt als Teil des Umfeldes wahrgenommen wird (situative Feldabhängigkeit).

Die Gesetzmäßigkeiten solcher assoziativen Verknüpfungen folgen den Befunden der Attributions- und Konsistenztheorien. Insbesondere das von *Spiegel (1961)* unter dem Begriff der „Harmonie der Teilbeschaffenheiten" diskutierte Konzept einer im kognitiven Feld kongruenten/konvergenten Wahrnehmung der Produktattribute – „passende" Verpackung, psychologisch „stimmiger" Preis, „angemessenes" Design – dürfte sich unter dissonanztheoretischer Perspektive ebenso erklären lassen *(Wiswede 1973)* wie unter schematheoretischen Aspekten.

„Unpassende" Produktmerkmale (z. B. „Maggi"-Schokolade) können als *Dissonanz zwischen kognitiven Elementen* interpretiert werden. Diese führt zur Ablehnung (oder erregt ein Motiv der Dissonanzreduktion: es kommt zu Harmonisierungseffekten). Ähnliche Dissonanzen entstehen durch in sich unstimmige Bedeutungselemente in der Produktwahrnehmung (z. B. eine Konfundierung der Tendenzen „sportlich" und „bequem" oder „konservativ" und „progressiv") oder bei widersprüchlichen Stilelementen (z. B. der Werbestil harmoniert nicht mit dem Produktstil). Im Hinblick auf die Entstehungsbedingungen von Dissonanz gilt jedoch: Auch „Hypothesen" (des Individuums) darüber, welche kognitiven Elemente konsonant oder dissonant sind, werden (weitgehend) in *Lernprozessen* erworben und sind damit z. T. auch kulturspezifisch.

(3) Auswahl- und Beurteilungsmodelle

Entgegen den oben beschriebenen Vorstellungen über assoziative Verknüpfungen und Ausstrahlungseffekte gehen die komplexeren Modelle zur Produktbeurteilung vorwiegend davon aus, dass sich die Eindrucksbildung aufgrund von *Teilurteilen* hinsichtlich der Produktelemente oder Produktattribute reflektierter herausbildet. Ein erster Prototyp solcher Modellvorstellungen sind *Auswahlmodelle,* die bestimmte Eigenschaftsausprägungen von Produkten (z. B. 1 – 10) und deren zugemessene Wichtigkeit (z. B. 1 – 4) messen. Dabei werden verschiedene heuristische „Regeln" unterschieden, die der Wählende anwenden könnte:

a) die *konjunktive* Regel: Man eliminiere alle Alternativen, die auf einer Eigenschaftsdimension einen Mindestwert (Anspruchsniveau) nicht erreichen;
b) die *disjunktive* Regel: Man schließt solche Alternativen aus, die nicht mindestens auf einer Eigenschaftsdimension einen hohen Schwellenwert erreichen;
c) die *lexikographische* Regel: Diejenigen Alternativen werden eliminiert, die bei der wichtigsten (oder den wichtigsten) Eigenschaftsdimension(en) schlechter abschneiden. Ein Sonderfall der lexikographischen Regel ist „elimination by aspects" *(Tversky 1972):* Alle Produkte werden eliminiert, die einen bestimmten Mindestwert zu den jeweils wichtigsten Dimensionen nicht erreichen.

Auch diese – zunächst lediglich fiktiven – Entscheidungsregeln sind noch relativ einfache Auswahlverfahren. Sie fungieren durch ihre nicht-kompensatorische Form als Modelle einer ersten Vorauswahl, als Selektionsregeln, die als Resultat einen *„evoked set"* darstellen: vom Konsumenten in Erwägung gezogene Alternativen. Als komplexere Verfahren der Produktbeurteilung können die sog. *Multi-Attribut-Modelle* angesehen werden, die dem Typ der sog. kompensatorischen Modelle entsprechen: Liegt der Wert hinsichtlich eines Kriteriums niedrig, so kann er durch hohe Werte in anderen Dimensionen ausgeglichen werden.

In der Marktpsychologie werden insbesondere drei solcher Modelle diskutiert: das *Rosenberg*-Modell *(Rosenberg 1960),* das *Fishbein*-Modell *(Fishbein/Ajzen 1975)* und das *Trommsdorff*-Modell *(Trommsdorff 1975).* Das *Rosenberg*-Modell versucht, die jeweiligen Ausprägungen von als relevant erkannten Produkteigenschaften mit der Wichtigkeit dieser Eigenschaft für den Konsumenten zu multiplizieren. Das *Fishbein*-Modell untersucht zunächst die wahrgenommenen Eigenschaften, wobei die Wahrscheinlichkeit des Vorliegens dieser Eigenschaft bei dem betreffenden Objekt ermittelt wird. Dieser Wahrscheinlichkeitswert (belief) wird sodann mit der affektiven Komponente, nämlich der Bewertung dieser Eigenschaft, multipliziert (wir kommen auf die Problematik dieses Modells und seiner Erweiterung im Zusammenhang mit konsumrelevanten Einstellungen noch zurück). Das *Trommsdorff*-Modell schließlich lehnt die multiplikative Verknüpfung von kognitiven und affektiven Rating-Werten ab und versucht, die Ausprägung von Merkmalen eines Objekts mit derjenigen Ausprägung in Beziehung zu setzen, die die befragte Person als ideal empfindet. Bei der Ermittlung von Idealen sowie aus den möglichen Folgerungen einer Diskrepanz zwischen Ideal und Wirklichkeit handelt sich *Trommsdorff* jedoch wiederum andere Probleme ein, insbesondere dürfte die Formulierung von Idealvorstellungen im Hinblick auf Produkte segmentspezifisch oft sehr unterschiedlich sein. Außerdem wird – worauf *Kroeber-Riel et al. 2009* hinweisen – die Idealvorstellung häufig am Marktführer kognitiv fixiert, sodass die Handlungsanweisung des *Trommsdorff*-Modells in manchen Fällen ein recht problematisches Nachahmungsverhalten nahe legt.

Die Multi-Attribut-Modelle vom Typ *Fishbein* erfreuen sich in der Produktpsychologie hoher Beliebtheit. Die Kritik muss zunächst an der recht elementenpsychologisch wirkenden Analyse ansetzen, die wichtige Aspekte der Eindrucksbildung sowie der Gestalthaftigkeit von Images vernachlässigt (in diesem Punkt ist das ganzheitlich konzipierte Verfahren der Verbundmessung den Multi-Attribut-Modellen überlegen). Zum Zweiten sind die Annahme einer multiplikativen Verknüpfung der Eindruckskomponenten sowie die additive Handhabung im Hinblick auf das Gesamturteil recht fragwürdig. Die genannten Modelle sind daher zweifellos von gewisser prognostischer Valenz bei gleichzeitig geringem explanativem Wert (was für die pragmatische Handhabung weitgehend irrelevant ist). Vielfach scheint man aber dennoch zu glauben, dass sich hinter bestimmten Messvorschlägen Theorien im erklärenden Sinn verbergen. Insofern werden diese Modelle oft so gehandhabt, dass die Inhalte des Einstellungsbegriffs aus dem Messinstrument, nicht dagegen aus einer übergreifenden Einstellungstheorie erschlossen werden.

Die zuletzt beschriebenen Modelle attributiver Produktbeurteilung kranken insofern an dem Umstand, dass sie ganzheitliche Aspekte der Eindrucksbildung (insbesondere das Problem der Zentralität) sowie die Gestalthaftigkeit von Images vernachlässigen. Die bereits angeführten Ausstrahlungseffekte (Irradiation, Halo-Effekt etc.) sind gleichfalls mit einer attributiv-partikularistischen Sichtweise kaum vereinbar. Die attributiven Modelle der Produktbeurteilung müssten demnach durch Modelle der *„systemischen Produktbeurteilung" (Wiswede 1992)* ergänzt werden, die weniger elementenpsychologisch konzipiert sind (vgl. zur Informationsintegration auch: *Enders 1997)*.

Um diesem Gedanken systemischer Verbundenheit der einzelnen Teilaspekte Rechnung zu tragen, wird in der psychologischen Marktforschung neuerdings verstärkt vom Verfahren der *Verbundmessung* (conjoint measurement) Gebrauch gemacht. Hierbei werden den Versuchspersonen z. B. Kärtchen vorgelegt, auf denen hypothetische Produkte beschrieben sind, die jeweils eine unterschiedliche Kombination einzelner Produktmerkmale darstellen. Die Aufgabe der Befragten besteht darin, die Produkte in einer Präferenz-Rangfolge zu ordnen.

(4) Produktbeurteilung nach dem Kauf

Nach dissonanztheoretischen Vorstellungen (vgl. K 2) kommt es unmittelbar nach dem Kauf zu einem Regret-Effekt – Bedauern darüber, nicht doch eine andere Alternative gewählt zu haben –, anschließend jedoch zu Prozessen der *Dissonanzreduktion* durch kognitive Aufwertung der gewählten und Abwertung der verworfenen Alternative. Beide Effekte sind auch beim Kaufverhalten nachgewiesen (vgl. K 2). Je länger die Nutzungs- bzw. Verwendungsphase dauert, desto stärker reichert sich das Beurteilungsspektrum mit Komponenten der Erfahrung an, wobei dieser Anreicherungsprozess stets der (heilsamen) Tendenz kognitiver Aufwertung unterliegt. Diesbezügliche Strategien zur kognitiven Verzerrung stehen dem Verwender in großer Zahl zur Verfügung, einige Verarbeitungsmuster werden durch die rationalisierenden Strategien der Werbung gleich mitgeliefert. Die Produktbeurteilung unterliegt also einem Lernprozess; die Regeln des instrumentellen Lernens (vgl. M 5) sind anwendbar: Positive Konsequenzen führen zur Zufriedenheit, mit der möglichen Wirkung des Folgekaufs bis hin zur Produkttreue. Negative Konsequenzen werden durch den beschriebenen Mechanismus der Dissonanzreduktion abgepuffert. Sollte unser Käufer mit seinen negativen Produktergebnissen allein dastehen, dann ist es aus attributionstheoretischer Sicht durchaus möglich, dass dieser Käufer die negative Konsequenz – z. B. das schlechte Funktionieren – nicht dem Produkt, sondern den besonderen Umständen oder gar sich selbst („ich kann damit nicht umgehen") anlastet *(Zaltman/Wallendorf 1983)*.

Anderson (1973) stellt diesen Sachverhalt in den Bezugsrahmen einer Wert-Erwartungs-Theorie. Den Nutzenerwartungen vor dem Kauf werden die tatsächlichen Ergebnisse nach dem Kauf gegenübergestellt. Sind diese identisch, so besteht Gleichgewicht, bei positiven Diskrepanzen – ein unerwarteter Zusatznutzen etwa – kommt es zu einer besonders innigen Bindung an das Produkt, bei negativer Diskrepanz dagegen zur Unzufriedenheit. Die veränderte Produktbeurteilung durch eigene Verwendung ist daher im marktpsychologischen Bereich auch unter dem Aspekt von Zufriedenheit/Unzufriedenheit untersucht worden *(Hunt 1977; Howard 1977; Bruhn 1982)*: Zufriedenheit stabilisiert die Bindung zwischen Konsument und Produkt; eine mögliche Folge ist eine weitere Reduzierung kognitiver Anstrengung bei Folgekäufen, mit dem möglichen Endeffekt der Habitualisierung. Auch ist anzunehmen, dass sich erst bei Verwendung der Güter festgefügte Einstellungen bilden, die die Folgekäufe dann steuern.

Allerdings sind einige Zweifel darüber angebracht, ob das oben skizzierte Erwartungs-Bestätigungs-Modell eine adäquate Konzeption zur Ermittlung von Kundenzufriedenheit darstellt. Zunächst ist der Zufriedenheitsbegriff unklar (vgl. *Bruhn/Stauss 1999; Hentschel 1992; Simon/Homburg 1998)*: Soll die Dienstleistung idealen Maßstäben entsprechen, soll sie typisch sein (was üblicherweise zu erwarten ist), soll sie den Kosten entsprechen, oder soll sie lediglich tolerierbar sein (also z. B. einen unteren Grenzwert nicht unterschreiten)? Weiter ist unklar, ob Zufriedenheit ein rein kognitives Konstrukt darstellen soll – wie es das Diskonfirmationsmodell nahe legt – oder ob damit auch affektive Reaktionen erfasst werden sollen (wie es *Groß-Engelmann 1999* empfiehlt). Schließlich ist auch davon auszugehen, dass die Erfüllung von Erwartungen den Charakter einer Selbstverständlichkeit annimmt und insofern kaum Bewertungsprozesse provoziert, sodass – in Analogie zu *Herzbergs* Konzeption der Arbeitszufriedenheit (vgl. Kap. 2.1.1.4) – diese allenfalls zu Nicht-Unzufriedenheit führen. Hierbei dürfte auch das Involvement sowie das damit verbundene Anspruchsniveau des Konsumenten von Bedeutung sein. Weitere Anregungen zur Kundenzufriedenheitsforschung böte auch die Austauschtheorie von *Thibaut/Kelley* (vgl. I 1), die nicht nur von einem bestehenden Vergleichsniveau (der Erfahrung) ausgeht, sondern auch Vergleichsniveaus für Alternativen einbezieht. Diese und ähnliche Ansätze sind im Rahmen der CS/CD-Research (Consumer Satisfaction/Dissatisfaction; für einen Überblick: *Andreasen 1991)* und insbesondere auch beim Studium der Zufriedenheit mit Dienstleistungen weiter verfolgt worden (vgl. den im nächsten Abschnitt erörterten Zusammenhang zwischen Dienstleistungsqualität und Kundenzufriedenheit).

Unzufriedenheit nach dem Kauf wird bestimmte Aktivitäten auslösen; ein grobes Raster ist „Abwanderung“ oder „Widerspruch“ *(Hirschman 1974)*. Von hier aus kann auch die Brücke geschlagen werden zum Themenkomplex des *Beschwerdeverhaltens (Bruhn 1982; Stauss 1989),* dessen Bestimmungsfaktoren u. a. sind: die Diskrepanz zwischen Nutzenerwartung und tatsächlicher Nutzenstiftung, die wahrgenommene Instrumentalität der Beschwerde („Ist die Beschwerde vermutlich Erfolg versprechend?“) sowie möglicherweise eine (in Sozialisationsprozessen erworbene) Persönlichkeitsdisposition „Beschwerdeneigung“. Neben solchen verhaltensaktiven Responses sind (insbesondere bei hohem Commitment) auch kognitive Heilungsprozesse (im Sinne der Dissonanzreduktion) möglich.

2.2.1.2 Psychologie der Dienstleistung

Der Ausdruck „Produkt“ ist sowohl in der Marketingliteratur wie auch im Bereich der Marktpsychologie häufig so weit gefasst worden, dass er Dienstleistungen als „Produkte besonderer Art“ mit einbezog. Es muss jedoch die Frage gestellt werden, ob die Produktpsychologie, die noch dazu den Markenartikel als Prototyp favorisiert, den Besonderheiten des Dienstleistungssektors gerecht wird. Nachdem insbesondere im letzten Jahrzehnt eine „Psychologie der Dienstleistung“ entstanden ist (für einen Überblick vgl. *Nerdinger 1994),* die sich von der Produktpsychologie weitgehend abgekoppelt hat, werden wir gleichfalls versuchen, zunächst die psychologischen Besonderheiten von Dienstleistungen nachzuzeichnen und in Bezug auf ihre sozialpsychologischen Komponenten zu hinterfragen.

Im üblichen Sprachverständnis gibt es zweierlei Typen von Dienstleistungen: Wir sprechen beispielsweise von Dienstleistungen dann, wenn die Gegenleistung kein materielles Produkt, sondern einen abstrakten Sachverhalt darstellt (z. B. ein Rahmensparvertrag, eine Versicherungsleistung). In einem anderen Sinn sprechen wir von direkten interpersonellen Dienstleistungen, die in den meisten Fällen professionalisiert sind: Arzt, Pilot, Detektiv, Verkäufer, Kundenberater, Prostituierte, Rechtsanwalt, Psychotherapeut, Steuerberater, Stewardess, Taxifahrer, Kellner, Animateur, Makler, Krankenpfleger, Friseur, Kundendienst etc. Die persönliche Kommunikation bzw. Interaktion von Angesicht zu Angesicht macht hierbei den Kern des Alltagsverständnisses von Dienstleistungen aus *(Nerdinger 1994). Nerdinger* hält vier Definitionsmerkmale für konstitutiv:

a) Face-to-face-Interaktion bzw. -Kommunikation;
b) Lösen eines persönlichen Problems, gleichsam die Leistungserstellung;
c) über die Dienstleistungsbeziehung hinaus besteht keine Verpflichtung;
d) es erfolgt Leistung gegen Geld (Äquivalententausch).

Es handelt sich hierbei um eine bewusst restriktive Definition, die allerdings unter psychologischem Vorzeichen durchaus sinnvoll erscheint. Einen weiteren Ausschnitt aus der Klasse von Dienstleistungsinteraktionen – nämlich Interaktionen zwischen Käufer und Verkäufer – werden wir in einem gesonderten Abschnitt dieses Kapitels behandeln (2.2.1.6).

(1) Besonderheiten von Dienstleistungen

Fragen wir zunächst, was Dienstleistungen von materiellen Produkten (tendenziell) unterscheidet und welche psychologischen Gesichtspunkte hierbei von Relevanz sind (vgl. *Parasuraman et al. 1985; Corsten 1988; Zeithaml et al. 1992)*. Ein erstes Merkmal ist die *Immaterialität* (Intangibilität), d. h., es handelt sich bei der Dienstleistung um ein relativ abstraktes, materiell nicht greifbares Gut. Der Mensch hat im Allgemeinen zu konkretmateriellen Dingen eine größere psychische Realität. Sie kann sich an konkreten, fühlbaren und vorzeigbaren Objekten leichter dingfest machen. Wie wir aus *Festingers* Theorie sozialer Vergleichsprozesse (I 4) wissen, entsteht in allen Fällen, in denen physische oder physikalische Realität schwer einzuschätzen ist, eine Verhaltenstendenz, diese „Realität" aus anderen Quellen herzustellen: Das Individuum bedarf zur Beurteilung der „sozialen Realität", d. h., der Bediente ist weitgehend auf das Urteil anderer angewiesen. Es ist daher zu vermuten, dass die Unsicherheit hinsichtlich der Qualität der Dienstleistung stärker als im Produktbereich durch Mundpropaganda sowie durch die ausgeprägte Suche nach persönlichen Informationen abgebaut wird (empirisch bestätigt durch *Murray 1991)*.

Eng mit der Immaterialität hängt ein zweites Merkmal von Dienstleistungen zusammen: die vergleichsweise höhere *Komplexität,* die ein verstärktes Bedürfnis von Komplexitätsreduktion, z. B. durch Vertrauensbildung, auslöst. *Zeithaml et al.* versuchen zu zeigen, dass Güter bzw. Dienstleistungen entweder auf Prüfqualitäten beruhen (d. h. jederzeit nachprüfbarer Qualität) oder auf Erfahrungsqualitäten (diese entstehen durch Lernprozesse) oder aber auf Vertrauensqualitäten (ich muss zwangsläufig dem Dienstleister, z. B. einem Arzt, vertrauen, ohne bereits Erfahrung einbringen zu können). Dienstleistungen sind demnach – so *Zeithaml* – durch Erfahrungsqualitäten, vielfach jedoch auch in starkem Maße durch Vertrauensqualitäten dominiert. Dieses Beurteilungsmuster mag in manchen Fällen durchbrochen werden; denken wir nur an viele Technisierungsgüter (z. B. Video-Kameras, Computer), die gleichfalls hochkomplexe Güter sind. Auch hier sind wir gezwungen, die Prüfqualitäten (zumindest vor dem Kauf) zurückzustellen und auf Vertrauen in die Marke oder in den Hersteller zu setzen.

Eine weitere Besonderheit des Dienstleistungsbereichs ist die häufig gegebene *Synchronizität:* Produktion und Konsumtion fallen zeitlich oft zusammen (Uno-actu-Prinzip). Vielfach bedarf es auch der *Mitwirkung* des Bedienten (Beispiele: Folgeleistung bei Anordnung des Arztes, vorbereitende Arbeiten für den Steuerberater). Die Mitwirkung eines Kunden bei einem Beratungsgespräch kann mehr oder weniger passiv sein. Eine minimale Mitwirkung besteht dann darin, dass man zumindest das Problem präsentiert und dass man den Anregungen und Argumenten des Beraters folgt. Eine maximale Mitwirkung – anzunehmen bei hohem Involvement – wäre ein fruchtbarer Austausch von Argumenten in einem elaborierten Entscheidungsprozess. Dies betont den interaktiven Prozess der Dienstleistungsbeziehung, die selten einseitig (also im Sinne einer Pseudo-Interaktion) verläuft, sondern Gegenseitigkeit, mit Rollenwechsel (Kommunikator/Rezipient), einschließt. Weil das Gelingen eines Dienstleistungsaktes oft entscheidend auf die Mitwirkung und die Investition des Bedienten (in puncto Kompetenz, Zeitaufwand, Anstrengung, Vorleistung etc.) angewiesen ist, sind Dienstleister häufig daran interessiert, entsprechende Lernprozesse bei Kunden zu fördern (sogenannte Kunden„entwicklung"). Allerdings dürfte damit auch das Anspruchsniveau der Bedienten und damit das Anforderungsniveau an den Dienstleister steigen.

Bereits in der weiter oben vorgeschlagenen Definition charakterisierten wir die *persönliche Kommunikation* als den kleinsten gemeinsamen Nenner der Dienstleistungsbeziehung. In grober Sichtung lassen sich die im Kommunikationsprozess entstehenden Austauschhandlungen in zwei Kategorien einteilen:

instrumentelle Handlungen, d. h. solche Verhaltensweisen, die problemlösend, aufgabenbezogen und zielorientiert sind (die sachliche und kognitiv-rationale Seite der Interaktion);
sozio-emotionale Handlungen, d. h. solche Verhaltensweisen, die insbesondere an der Aufnahme, Wahrung und Verbesserung persönlicher Beziehungen orientiert sind, also gewissermaßen den Kundenkontakt pflegen (die soziale und affektiv-emotionale Seite der Interaktion).

Entscheidend ist hier der „menschliche Faktor", d. h. die Aufladung des Tausch- und Kaufaktes mit personalen Komponenten. Hierbei spielen nun zum einen die Merkmale des Dienstleisters eine Rolle, z. B. seine Glaubwürdigkeit, sein Auftreten, seine Kompetenz, die wahrgenommene Ähnlichkeit, die Art und Weise der Argumentation, Überzeugungskraft, die Sympathie, die er ausstrahlt, die implizite Strategie, die er verfolgt. Zum anderen sind die Merkmale der Bedienten in Abstimmung und Komplementarität zum Dienstleister von Bedeutung: seine Erfahrung, sein Vorwissen und Informationsstand, seine Einstellungen, seine Motivation, seine Bedarfssituation, sein Vertrauen usw. Manchmal sind allerdings Kommunikationsprozesse auch bei Dienstleistungen ausgedünnt; die Tendenz zur Depersonalisierung und Automatisierung – als Folge der hohen Kosten für menschliche Arbeit sowie ständig verbesserter Möglichkeiten, die menschliche Arbeitskraft zu ersetzen – wird sich zweifellos fortsetzen. Trotz neuer und verkürzter interaktiver Zugriffsmöglichkeiten im Rahmen von „e-commerce" dürften die persönlichen Beziehungen im Geschäftsleben erheblich ausgedünnt werden. Allerdings gibt es Bereiche, in denen die interpersonelle Dienstleistung unverzichtbar ist, sei es, weil die Problemlösungen äußerst komplex und erklärungsbedürftig sind oder weil die Kunden auf persönliche Ansprache nicht verzichten wollen.

Als eine weitere Besonderheit von Dienstleistungsbeziehungen gilt die größere Schwankungsbreite, d. h. die ausgeprägtere *Heterogenität der Qualität,* die mit der Person des Dienstleisters und seiner unterschiedlichen Kompetenz und Motivation schwankt. Gleichbleibend guter Service ist im Dienstleistungsbereich auch möglich, tritt jedoch hier vermutlich seltener auf. Bei materiellen Objekten dürfte die Schwankungsbreite schon wegen der Gesetzlichkeiten der industriellen Fertigung geringer sein. Gerade der Markenartikel behauptet ja vom Anspruch her, gleichbleibende Qualität zu verbürgen. Im Dienstleistungsbereich ist dieser Markenartikel-Anspruch schwerer einzulösen, ansatzweise z. B. bei Restaurant- oder Hotel-Ketten, bei denen man jedoch auf individuellen Zuschnitt weitgehend verzichtet. Im Rahmen des „internen Marketings" *(Bowen/Lawler 1992)* versucht man das Problem der Schwankungsbreite insbesondere durch zwei Strategien anzugehen: einmal durch weitgehende Schematisierung und Strukturierung (Produktionsansatz), sodass man ähnlich verfahren kann wie bei Markenartikeln, zum anderen bei sehr komplexen Dienstleistungen – in denen Gestaltungsvielfalt herrscht – durch „empowerment", d. h. durch Schulung der „heuristischen Kompetenz" der mit Befugnissen ausgestatteten Mitarbeiter, um besonders für nicht-vorhersehbare, nicht-schematisierbare und individuell abzustimmende Problemlösungen ein gleichmäßig hohes Dienstleistungsniveau zu gewährleisten.

(2) Dienstleistungsqualität und Kundenzufriedenheit

Probleme der Erfassung und Messung von Dienstleistungsqualität werden in der Marketing-Literatur ausgiebig diskutiert (vgl. *Parasuraman et al. 1985, 1988; Berry/Parasuraman 1991; Zeithaml 1992; Bruhn/Stauss 1999; Hentschel 1992; Meffert/Bruhn 1997; Gierl/Helm 1998*). Das wohl prominenteste Modell der Dienstleistungsqualität stammt von *Parasuraman et al. (1985)*. Es handelt sich hier um einen „kundenorientierten“ Ansatz: Dienstleistungsqualität wird aus der subjektiven Sicht des Kunden ermittelt. Das Konzept ist ein *Erwartungs-Bestätigungs-Modell* (auch Diskonfirmationsmodell genannt): Es geht von einem kognitiven Vergleich der erlebten Dienstleistungsqualität mit bestehenden Erwartungen aus, wobei die Erwartungen als Idealvorstellungen definiert werden. Diskrepanzen werden als Unzufriedenheit gedeutet, die Erwartungsbestätigung dagegen als Zufriedenheit.

Auf der *Angebotsseite* werden vier Lücken untersucht, die auf Kommunikations- und Kontrollmängel zurückgeführt werden. Dies sind

- Diskrepanzen zwischen Kundenerwartungen und der Wahrnehmung dieser Erwartungen durch das Management,
- Diskrepanzen zwischen wahrgenommenen Kundenerwartungen und dem angestrebten Dienstleistungsstandard,
- Diskrepanzen zwischen angestrebtem Dienstleistungsstandard und der vom Kontaktpersonal tatsächlich erbrachten Leistung,
- Diskrepanzen zwischen erbrachter Leistung und der durch Firmenkommunikation versprochenen Leistung.

Auf der *Nachfrageseite* entsteht dann als zentrale Lücke die Diskrepanz zwischen Erwartung (erwarteter Service) und tatsächlichem Erleben (wahrgenommener Service). Diese fünfte Lücke steht im Mittelpunkt des Modells und wird als Ergebnis der vier Lücken auf Anbieterseite gesehen, d. h., Lücke 5 ist eine Funktion der anderen Lücken. Diese letztere Annahme ist nicht ohne Weiteres plausibel, denn es könnten ja auch kompensatorische Effekte auftreten. Auch dürfte die hier verfolgte merkmalsorientierte Sichtweise der besonderen Charakteristik des Interaktionsprozesses (z. B. auch der Mitwirkung des Bedienten) nicht gerecht werden.

Auf der Basis ihres Modells entwickeln die Verfasser ein Messinstrument, den sog. SERVQUAL-Fragebogen, in dessen Zentrum vorwiegend die Lücke 5 steht. In verschiedenen Untersuchungen haben die Autoren die wichtigsten Dimensionen faktorenanalytisch (von ursprünglich 10) auf fünf Hauptdimensionen verdichtet: *Verlässlichkeit, Einsatzbereitschaft, Einfühlungsvermögen, Kompetenz* und *Umfeld*. Im weiteren Verlauf der Forschungen erwiesen sich diese Dimensionen zumindest branchenübergreifend als nicht sonderlich valide. Auch scheint allein die Frage nach der Bewertung der Leistung, weniger dagegen die Diskrepanz zwischen Leistung und Erwartung den Grad der Zufriedenheit zu erklären.

Andere Modellvorstellungen, z. B. von *Bitner* und ihren Mitarbeitern *(Bitner 1990)*, beziehen Attributionen (vgl. K 3) ein. Nach *Bitner* suchen Bediente nach Erklärungen dafür, warum sich bestimmte Erwartungen nicht erfüllt haben. Erst die Einschätzung dieser Ursache entscheidet darüber, ob Zufriedenheit oder Unzufriedenheit beim Kunden ausgelöst wird (vgl. hierzu auch Kapitel 2.2.2.5 zur Attribution beim Käuferverhalten). *Groß-Engelmann (1999)* hat vorgeschlagen, zunächst eine diffuse Unzufriedenheit anzunehmen, die dann über Attributionsprozesse abgeschwächt oder verstärkt, auf jeden Fall spezifiziert wird (vgl. Abb. 55). Dabei erweist sich – entsprechend dem Ansatz von *Weiner (1995)* – die wahrgenommene Kontrollierbarkeit der Service-Umstände als wesentlich für die Zuschreibung von *Verantwortlichkeit*. Entschuldbar sind Ereignisse immer dann, wenn der Bediente den Eindruck gewinnt, dass der Fehler vom Dienstleister nicht zu vertreten war, d. h. nicht seiner Kontrolle unterstand. Wenn z. B. bei einem Flug Turbulenzen auftreten und der Pilot die Passagiere dahingehend informiert, dass gerade eine Schlechtwetterzone überflogen wird, so dürfte dies niemand dem Flugpersonal oder der Fluggesellschaft übel nehmen. Wichtig ist allerdings, dass *überhaupt* eine Information erfolgt; die Kenntnis der Ursache kann ebenso beruhigend wirken wie die Tatsache, dass der Dienstleister darüber informiert (vgl. *Bitner 1990; Groß-Engelmann 1999).*

Ein wichtiger Kritikpunkt am Diskonfirmations-Modell liegt in dessen kundenorientierter Sicht. *Nerdinger (1994)* kritisiert eine Perspektive, in der die Dienstleistung als bloßes Instrument zur Herstellung von Qualitätserlebnissen des Kunden konzipiert wird. Er argumentiert, dass hiermit eher Aspekte der Kundenzufriedenheit erfasst werden, während die Dienstleistungsqualität von den Wahrnehmungserlebnissen des Kunden abgelöst und einer übergreifenden organisationalen und damit objektiveren Sicht zugeführt werden müsse. In diesem Verständnis kann die Qualität von Dienstleistungen als „die von Dienstleistern wahrgenommene Ausrichtung innerorganisatorischer Prozesse an den Erfordernissen der Dienstleistung" bestimmt werden. Eine solche Perspektive berührt sich mit den Studien von *Schneider* (vgl. *Bowen/Schneider 1988)* zur Konzeption eines *„Dienstleistungsklimas",* das in der psychologischen Verknüpfung von Strukturen und Prozessen des organisationalen Kontextes gründet. Auf höherer Aggregatebene könnte man dann auch entsprechend von einer „Dienstleistungskultur" sprechen.

In ähnliche Richtungen gehen auch Versuche, die Qualität des Dienstleistungspersonals zu erhöhen, wobei allerdings zu fragen ist, welche Qualifikationen hierbei zu erbringen sind (vgl. auch 2.2.2.6). Neben der vielfach genannten Empathie (Einfühlung in den Kunden) stellt *Otto (1999)* in seinen empirischen Studien zum Problemlösungsverhalten in High-Contact-Dienstleistungen *heuristische Kompetenz* (d. h. die Fähigkeit, auch in unsicheren und unvorhersehbaren Situationen Kompetenz zu entwickeln) sowie *Rollen-Commitment* (die Einbindung in die Rolle des Dienstleisters, gewissermaßen sein besonderes Engagement) heraus. Wie *Otto* gezeigt hat, ist jedoch ein zu hohes Rollen-Commitment für die Dienstleistungsinteraktion eher dysfunktional, weil es die in Interaktionsprozessen erforderliche Flexibilität reduziert.

Kehren wir wieder zurück zur kundenorientierten Qualitätsanalyse, die nach *Nerdinger* eher Facetten der *Kundenzufriedenheit* widerspiegelt. Nach Vorstellungen des Diskonfirmationsmodells entsteht Zufriedenheit als Übereinstimmung (fit) zwischen (idealer) Erwartung und tatsächlichem Erleben der Dienstleistung. Ein alternatives Verständnis von Zufriedenheit kann interaktionstheoretisch jedoch auch anhand des Konzepts von *Thibaut/Kelley* (vgl. I 1) entwickelt werden. Danach besteht beim Kunden ein bestimmtes Anspruchsniveau, das als Vergleichsniveau (CL) fungiert, durch eigene Erfahrungen und soziale Vergleichsprozesse geformt wird, wobei die jüngsten Erfahrungen (vor allem wegen ihrer „Verfügbarkeit") eine besondere Rolle spielen. Zufriedenheit ist nach dieser Vorstellung dann zu erwarten, wenn das CL übertroffen wird. Unzufriedenheit stellt sich dann ein, wenn es unterschritten wird. Entscheidend ist jedoch auch das Vergleichsniveau für Alternativen (CL_{alt}). Unzufriedenheit kann nicht nur in einer objektiven Verschlechterung des Dienstleistungsergebnisses oder durch kritische Ereignisse entstehen, sondern auch durch die Lenkung der Aufmerksamkeit auf *bessere Alternativen.* Manchmal nehmen wir auch schlechte Dienstleistungen in Kauf, weil wir darauf angewiesen sind, wenn ein starkes Bedürfnis nach dieser Leistung besteht oder wenn keine besseren Alternativen verfügbar sind. Dies erklärt, warum Menschen manchmal an einer Geschäfts-

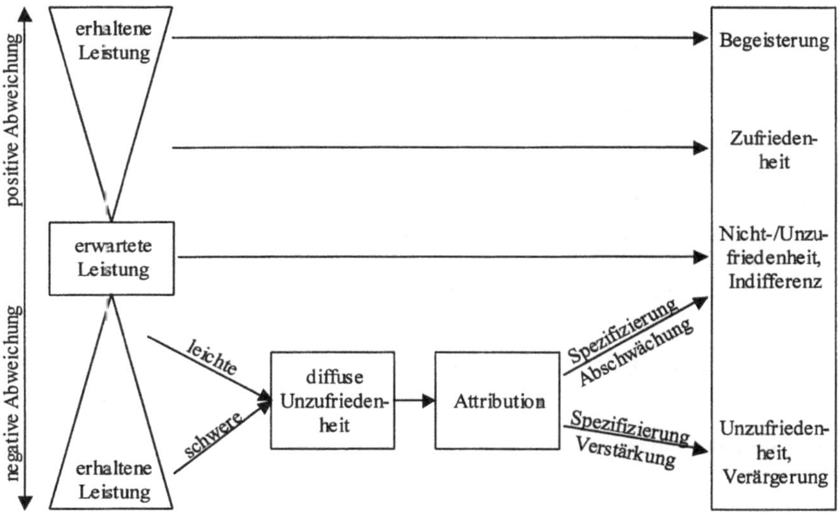

Abb. 55: Attribution und Zufriedenheit mit Dienstleistungen (Groß-Engelmann/Wiswede 1999)

beziehung festhalten, obgleich sie unzufrieden sind. Auch wäre denkbar, dass sich in diesem Falle Neutralität oder so etwas wie „resignative Zufriedenheit" einstellt. Denn aus der Erforschung von Arbeitszufriedenheit (Kap. 2.1.1.4) wissen wir, dass es sinnvoll ist, je nach Erlebnisqualität und Anspruchsniveau verschiedene Formen von Zufriedenheit zu unterscheiden.

Hinzu kommt ein weiterer Gesichtspunkt, den wir der Erforschung von *Arbeitszufriedenheit* entlehnen können. Verlaufen nämlich Dienstleistungen so, wie wir es gewohnt sind, fallen sie meist nicht sonderlich in unser Aufmerksamkeitsfeld, und wir machen uns auch wenig Gedanken darüber, wie denn nun diese Dienstleistung zu beurteilen sei. Analog zu *Herzbergs* dualem Konzept der Arbeitszufriedenheit lässt sich dies auch so ausdrücken: Die Einhaltung der gewohnten Standardqualität führt lediglich zur Nicht-Unzufriedenheit, merkliche Abweichungen nach unten führen zur Unzufriedenheit, und nur erhebliche Abweichungen vom Anpassungsniveau berühren unser Bewusstsein so, dass wir aktiv Zufriedenheit empfinden. Es ist also eine Indifferenzzone, ein Bereich wohlwollender Neutralität *(Solomon et al. 1985)* zu unterstellen, der bei allen gewöhnlichen Fällen von Dienstleistung – und dies sind wohl die meisten – die Frage nach der Zufriedenheit erst gar nicht entstehen lässt (oder nur in der Befragungssituation provoziert).

Die Indifferenzzone dürfte vor allem dann ausgeprägt sein, wenn es sich um wenig riskante Dienstleistungen handelt. *Solomon* arbeitet hier mit dem *Skript-Konzept* (vgl. K 6). Wenig riskante Dienstleistungen werden weitgehend gedankenlos (skriptmäßig) bewältigt (z.B. beim Friseur, bei McDonalds). Erst dann, wenn die Transaktion merklich vom Skript abweicht, geraten Bediente in einen Zustand der Bewertung, möglicherweise auch in einen Zustand der Irritation mit anschließender Attribution. Bei riskanteren Dienstleistungen, hinsichtlich derer ein hohes Involvement besteht (Hauskauf, Einlieferung ins Krankenhaus), ist diese Zone schmal, insbesondere was die Kern-Dienstleistung (z.B. die Operation) anbelangt. Hier wird Zufriedenheit einsetzen, wenn der Kunde das Gefühl hat, dass der Dienstleister über den normalen Tauschvorgang hinaus besonderes Interesse an seiner Person hat. In solchen Fällen investiert der Kunde auch entsprechendes Vertrauen.

(3) Vertrauen und Kundenbindung

Besonders bei risikobeladenen Dienstleistungen ist ein gewisses *Mindestmaß an Vertrauen* unabdingbar. Wenden wir uns daher jetzt dieser Komponente von Dienstleistungsbeziehungen zu. *Rotter (1954)* betrachtet Vertrauen im Rahmen seiner sozial-kognitiven Lerntheorie (vgl. M 3) als Desiderat gelernten Verhaltens, das lediglich durch Generalisierung seinen situationsübergreifenden Charakter annimmt: Vertrauen ist damit eine *generalisierte Erwartung* eines Individuums oder einer Gruppe, dass man sich auf das Wort, das Versprechen, die verbalen oder geschriebenen Aussagen anderer Individuen oder Gruppen verlassen kann. Diese generalisierte Erwartung wird umso bedeutsamer, je größer die Ungewissheit und Risikohaftigkeit der Interaktion sind. Dabei erfüllt die Bildung von Vertrauen vor allem zwei Funktionen:

Reduktion von Komplexität: Mit steigender Komplexität wächst die Neigung, vereinfachte Entscheidungshilfen zu akzeptieren sowie der Person, welche Hilfe anbietet, zu vertrauen *(Luhmann 1989).*
Erleichterung der Interaktion: Interaktionsprozesse werden durch Vertrauen erleichtert, manchmal erst ermöglicht. Fehlt Vertrauen, entstehen hohe Investitionskosten (z. B. Erkundigungen, Auskünfte, rechtliche Absicherung, Schriftform, Kaution). Misstrauen kann die Interaktion verhindern oder erschweren; man belastet sich mit Komplexität und ist auf andere Strategien der Absicherung angewiesen.

Ein hoher Grad an generalisiertem Vertrauen ist daher in dreifacher Hinsicht für den Interaktionsverlauf günstig:

In ökonomischer Hinsicht: Die Informationskosten (Transformationskosten) werden geringer.
In sozialer Hinsicht: Der Interaktionsprozess und die Kooperationsbereitschaft werden gefördert.
In psychischer Hinsicht: Psychische Spannungen werden geringer, das psychische Wohlbefinden steigt.

In der Literatur (vgl. für einen sozialpsychologischen Überblick *Petermann 1996; Schweer 1997)* werden eine Reihe von *Dimensionen* oder *Korrelaten* des Vertrauens analysiert, z. B. Erreichbarkeit, Beständigkeit, Diskretion, Integrität, Loyalität, Fairness, Offenheit, Ehrlichkeit. Als abhängige Variablen (in Korrelation von ITS = Interpersonal Trust Scale) sind bestätigt: Verringerung von Angst, Auslösung von Vertrauen auf der Gegenseite, Selbstoffenbarung, geringere Konfliktneigung, konstruktiver Umgang mit Konflikten, Selbstsicherheit, psychisches Wohlbefinden, Bereitwilligkeit zu verstärkter Kommunikation und zur Informationspreisgabe, Motivierung und Zufriedenheit bei der Begünstigung von Kooperation und Risikobereitschaft, Verzeihen von Fehlern, Erhöhung von Kreativität im Entscheidungsprozess, Billigung vorübergehender Verstöße gegen das Equity-Prinzip im Hinblick auf Ausgleich in der Zukunft usw.

Demgegenüber bietet die verfügbare Literatur wenig Hypothesen über die *Entstehung des Vertrauens*. Der wohl wichtigste Ursachenbereich ist die *Erfahrung*. Insbesondere dann, wenn die Interaktionsbeziehung zwischen Dienstleister und dem Kunden bereits länger währt, steht das Vertrauen auf bewährten Stützpfeilern, die auf bisherigen Konsequenzen gründen. Erfahrungen werden häufig generalisiert: Vertraut man X im Hinblick auf A, so neigt man dazu, ihm auch hinsichtlich B und C zu vertrauen, so lange, bis man die Grenzen des Vertrauens erkennt und wieder stärker diskriminieren muss. Die eigene Erfahrung kann – zumindest bis zu einem gewissen Teil – auch durch Erfahrungen aus zweiter Hand ersetzt werden (z. B. Empfehlung eines Arztes oder Referenz für einen neuen Mitarbeiter). Allerdings muss man dabei dem Empfehlenden Vertrauen entgegenbringen, z. B. dahingehend, dass dieser die gleichen Maßstäbe anlegt. Insofern ist auch die Ähnlichkeit in bestimmter

Hinsicht vertrauensbildend, zumal hinsichtlich geteilter Wertvorstellungen und Normen, von denen man annimmt, dass der andere sich daran hält.

Mit der Erfahrungsbasis verbunden ist das *Vertrautsein*, nach *Luhmann* eine Vorstufe des Vertrauens. Vertrautheit ergibt sich ihrerseits als Ergebnis *häufiger Interaktion* und Kommunikation: Häufiger Kontakt enthält die Chance, dass das Vertrauen durch wachsende Vertrautheit erhöht wird. Allerdings ist Vertrautheit keine sehr stabile Basis des Vertrauens, weil sie oft auf Routineabläufen beruht und von elaborierten Überlegungen kaum erreicht wird. Bei kritischen Ereignissen ist demnach das bloße Vertrautsein als Grundlage des Vertrauens meist nicht ausreichend.

Ein vertrauensbegründetes Verhalten liegt auch in der Betonung der *persönlichen Komponente:* Der Dienstleister handelt in seiner Eigenschaft als Mensch in seiner besonderen Beziehung zum Partner, was meist über das sogenannte „Geschäftliche" hinausgeht. In diesen Umkreis gehört auch die Vermutung *fehlender Interessengebundenheit* (z. B. Pro-Domo-Verhalten). Eine solche Attribution – fehlende Interessengebundenheit – kann durch nicht-opportunistisches Verhalten des Dienstleisters verstärkt werden. Zusätzlich wirkt eine *hohe Konsistenz im Verhalten* und in der Argumentation vertrauensbildend und wird mit Verlässlichkeit, Zuverlässigkeit, Voraussagbarkeit, Übereinstimmung von bekundeter Einstellung und tatsächlichem Verhalten assoziiert. Auch dürfte das Vertrauen dadurch gefestigt werden, dass der Bediente den Eindruck der Freiwilligkeit hat, dass er nicht bedrängt wird, dass der Dienstleister keinerlei „Bedrohung" ausübt. Natürlich ist auch der *Argumentationsstil* für die Ausbildung von Vertrauen von Relevanz, ebenso wie die perzipierte (fachliche) *Kompetenz,* die ebenfalls der Generalisierung unterliegt.

Der Leser wird bemerken, dass einige zentrale Variablen sowohl beim Konstrukt des Vertrauens wie auch bei dem der *Glaubwürdigkeit* relevant sind. Die beiden Konstrukte haben einen breiten Überdeckungsbereich, jedoch dürfte Glaubwürdigkeit allenfalls einen Teilaspekt des Vertrauens widerspiegeln. Glaubwürdigkeit bezieht sich lediglich auf kommunikative Akte und ist überwiegend kognitiv bestimmt (vgl. hierzu im Kapitel über Verkaufsinteraktionen 2.2.1.6). Beim Vertrauen ist entscheidend, dass man sich in einem mehr oder weniger wichtigen Bereich einem anderen Menschen (oder Gruppe, Organisation, Firma) gewissermaßen „ausliefert", sodass das Vertrauen prinzipiell auch missbraucht werden könnte. Personen, die häufig solche negativen Erfahrungen gemacht haben – sie haben den falschen Menschen vertraut oder das Vertrauen zu hoch angesetzt –, sind anderen gegenüber grundsätzlich misstrauisch. Sie sind „non-trusters" im Sinne von *Rotter:* Zunächst einmal misstrauen sie anderen bis zum Beweis des Gegenteils. Manchmal haben jedoch auch „non-trusters" keine Wahl; man denke an den Arzt, der die Operation durchführt, oder den Piloten, der eine Notlandung versucht.

In diesem Zusammenhang wird in der Marketing-Literatur insbesondere der Begriff des Beziehungsmanagements (relationship management, relationship marketing) bemüht (vgl. für einen Überblick: *Diller/Kusterer 1988; Morgan/Hunt 1994; Jung 1999),* wobei hier generell die Beziehungen zwischen Geschäftspartnern, z. B. auch zwischen Handel und Hersteller oder Lieferant und Abnehmer, gemeint sein können. Die Dimension des Vertrauens spielt auch hier eine zentrale Rolle. Neben diesem Konstrukt wird jedoch zusätzlich auf die Bedeutung der Faktoren „Zufriedenheit" und „Commitment" verwiesen. Nach diesen Vorstellungen bilden *Vertrauen, Zufriedenheit und Commitment* die Trias einer gelungenen Dienstleistungsbeziehung. Ein solcher Ansatz ist nur dann fruchtbar, wenn genau geklärt werden kann, in welchem Verhältnis die drei Konstrukte zueinander stehen und welche Hintergrundtheorien in ihnen repräsentiert sind. Vertrauen und Zufriedenheit sind – wie wir gesehen haben – vielschichtige Variablen; das Gleiche gilt für den Faktor Commitment, der in der Marketing-Literatur meist in recht verkürzter Form verwendet wird. Schon in der

Sozialpsychologie ist der Begriff nicht einhellig bestimmt; er taucht auf im Rahmen der Dissonanztheorie (insbesondere bei *Brehm/Cohen),* in der Interaktionsforschung (insbesondere im Rahmen des Investment-Modells von *Rusbult),* in der Kleingruppenforschung (insbesondere bei *Kiesler)* und in der Rollentheorie (als role-commitment).

Der gemeinsame Kern des Commitment-Begriffs stellt eine Art *Verpflichtungsgefühl* dar, das den Wunsch auslöst, zwischenmenschliche Beziehungen aufrechtzuerhalten. Charakteristisch für Commitment ist der Umstand, dass eine Person durch ihr Verhalten in eine Verpflichtung mit *Bindungswirkung* an dieses Verhalten hineinwächst. Bindung in der Vergangenheit beeinflusst die Entscheidungen im Bezug auf künftiges Verhalten. Dabei ist die Bindungswirkung umso stärker, je mehr das Verhalten mit Investitionen verbunden war (z. B. Kosten und Zeitaufwand des Bedienten), je eher die Interaktion unter dem Aspekt der Freiwilligkeit steht (der Kunde hatte die Auswahl zwischen mehreren Anbietern und hat sich sodann entschieden) und je mehr der Bediente seine Entscheidung für einen bestimmten Dienstleister öffentlich bekundet hat (man „steht" gewissermaßen zu einer Beziehung, insbesondere wenn die Entscheidung nicht solistisch, sondern im Beisein anderer gefällt wurde). Interessant ist am Commitment-Begriff, dass die Beziehung beidseitig in Commitment einmünden kann: Auch Dienstleister investieren oft freiwillig in die Kundenbeziehung, ohne dass sie hierzu (etwa vom Führungspersonal) dazu gezwungen würden, und manchmal kann die dadurch entstehende Kundenbindung für das Unternehmen durchaus dysfunktional wirken.

Die Absicht, die Dienstleistungsbeziehung mit den Konstrukten Zufriedenheit, Vertrauen und Commitment zu charakterisieren und gewissermaßen einzukreisen, mag durchaus Fingerzeige für ein erfolgreiches Beziehungsmanagement geben. So könnte ein Vertrauensmanagement in folgende Anwendungsregeln einmünden:

- Vermittlung von Sachkompetenz durch möglichst objektive Beratung;
- mehrseitige Kommunikation, in der auch Nachteile oder andere Alternativen angesprochen werden;
- konsistente Argumentation und Vermeidung eines opportunistischen Eindrucks;
- Vermeidung von Handlungen, die als mögliche Bedrohung oder Einschränkung des Freiheitsspielraums des Kunden angesehen werden könnten;
- Betonung personbezogener Kommunikation, die den anderen als Menschen in seiner Besonderheit wahrnimmt und ihn nicht lediglich als beliebigen Geschäftskunden behandelt;
- Schaffung eines Vertrauensklimas, das auf Langfristigkeit der Geschäftsverbindung angelegt ist.

Entsprechende Sozialtechniken lassen sich auch für Zufriedenheit und Commitment formulieren. Allerdings sind solche Empfehlungen wegen der Vagheit und der Vielschichtigkeit der Konstrukte problematisch. Theoretisch fundierter wäre u. E. die Anwendung von Austauschkonzepten (sensu *Thibaut/Kelley* oder *Rusbult*) auf die Analyse der Kundenbindung. Hier bietet sich insbesondere das *Investment-Modell (Rusbult 1980; Rusbult/van Lange 1996)* an, das ursprünglich für das Studium von Paarbeziehungen entwickelt wurde, jedoch durch die Klarheit der Konstrukte und die positive empirische Befundlage (vgl. *Athenstaedt et al. 2002*) auch für die Analyse der Kundenbindung Erfolg versprechend sein dürfte.

Nach diesem Modell ist das Commitment (hier stellvertretend für Kundenbindung) abhängig von drei Faktoren:

- **Beziehungszufriedenheit,** die aus der subjektiven Bewertung der erlebten Belohnungen und Kosten resultiert. Positive Anreize sind z. B. die Beratungsqualität, die Freundlichkeit der Mitarbeiter; negative Reize sind u. a. Konflikte, Reklamationen, finanzielle Kosten.
- **Attraktivität von Alternativen,** die sich aus dem Vergleich mit Wettbewerbern und Anbietern, aber auch durch Optionen anderer Art (z. B. Verzicht oder Vertagung des Kaufs) ergeben.

– **Investitionen,** die hohe Wechselkosten *(Rombach 2001)* implizieren, insbesondere wenn bestimmte Güter angeschafft werden mussten, um eine Dienstleistung nutzen zu können. Dabei sind materielle Investitionen (Anschaffung eines Mobiltelefons) von zeitlichen Investitionen zu trennen (wie Zeit, um eine Vertrauensbindung herzustellen, oder Zeit für die Bewertung von Angeboten).

Die Kosten, die diese Beziehungszufriedenheit eintrüben, liegen auf einer anderen Ebene als die Kosten, die die Investitionen tangieren. Erstere sind aktuelle Kosten (wie der lange Weg zu einer Einkaufsstätte), die letzteren dagegen Kosten, die in der Vergangenheit entstanden sind und eine Art Festlegung bedeuten. Im Sinne der Dissonanztheorie (K 2) bewirken derlei Investitionen auch eine Art „Rechtfertigung des Aufwands".

Das Modell hat – im Überblick – die folgende Gestalt:

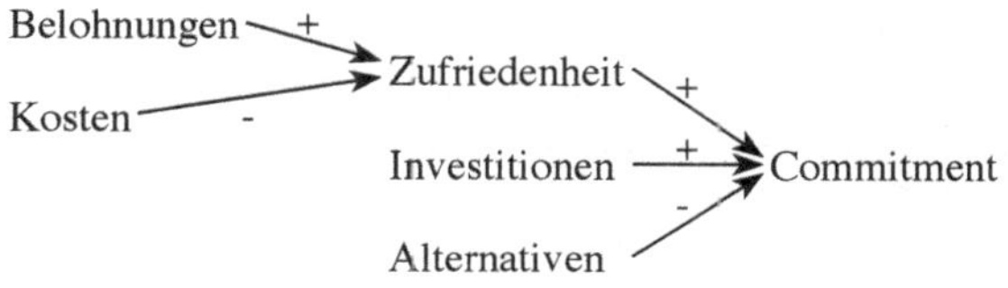

Kirchler et al. (2002, 2004) haben dieses Modell auf die Analyse der Beziehungen zwischen Bankkunden und ihrem Geldinstitut angewandt und empirisch (auch im Ländervergleich) überprüft. Die Befunde bestätigen im Prinzip das Investment-Modell, jedoch nicht in vollem Umfang. Als stärkste Variable für die Kundenbindung wirkt offenbar die Zufriedenheit. Der Einfluss von Investitionen fällt wesentlich geringer aus, und die Variable „Einschätzung von Alternativen" blieb insignifikant. *Kirchler* und seine Mitarbeiter vermuteten, dass die Variablen „Investitionen" und „Alternativen" nur dann einen Einfluss auf die Bindung aufweisen, wenn es sich um Kunden mit hohem Involvement (hier definiert als subjektive Wichtigkeit der Bankverbindung) handelt. Die Ergebnisse zeigen im Sinne dieser Zusatzhypothese, dass das Investment-Modell für höher involvierte Personen gültig ist, während sich wenig involvierte Personen von verschiedenartigen zufällig salienten Variablen leiten lassen *(Kirchler et al. 2002, 372).*

(4) Rollenerwartungen und Rollenkonflikte

Solomon et al. (1985) empfehlen, für die Analyse von Dienstleistungsinteraktionen das Potenzial der Rollentheorie (I 4; für einen Überblick vgl. *Wiswede 1977; Fischer/Wiswede 2009)* zu nutzen. Sie denken dabei weniger an die theateranaloge Verwendung des Begriffes (im Sinne von *Goffmans* Metapher „Wir spielen alle Theater"), sondern verknüpfen das bereits angesprochene *Skript-Konzept* – das Ablaufmuster einer typischen Dienstleistungsepisode – mit dem Rollenkonzept.

Zunächst stehen die Rollenerwartungen des Dienstleisters und des Bedienten zur Debatte. Jeder Partner hat bestimmte Erwartungen an sein Gegenüber: So bestehen seitens des *Kunden* etwa die Erwartung der Gleichbehandlung (oder der Vorzugsbehandlung), der Fairness und Konzessionsbereitschaft, der Loyalität und Verschwiegenheit, der Fachkompetenz zugunsten des Kunden, Aufwand an Zeit, Höflichkeit, Interesse, Besorgtheit, Einfühlungsvermögen. Demgegenüber stehen die Rollenerwartungen des *Dienstleisters* an den Bedienten: Mitwirkung am Dienstleistungsprozess, keine überzogenen Vorstellungen, Zugänglichkeit hinsichtlich logischer Argumente, Ehrlichkeit der Kaufabsicht, Anerkennung des Aufwandes an Zeit und Kompetenz, Kaufkraft und Zahlungsbereitschaft, Konzessionsbereitschaft usw. Die hier genannten Erwartungen und viele weitere entstammen dem Rollenverständnis des Dienstleisters bzw. des Bedienten, die von Hause aus divergente Interessen haben. (Ein triviales Beispiel: Der Kunde will bei gegebener Qualität einen möglichst niedrigen Preis bezahlen. Der Dienstleister will dagegen einen möglichst hohen Preis erzielen.) Ganz allgemein gilt: Je mehr die Rollenerwartungen beider Partner aufeinander abgestimmt sind, desto besser ist der „fit", d. h. der Zusammenklang bei einer solchen Begegnung, und desto harmonischer und effizienter wird die Geschäftsbeziehung sein. Rollenkonflikte können naturgemäß in der Interaktionssituation ausgeräumt werden, z. B. können überzogene Vorstellungen des Kunden als unrealistisch gelten, oder die unterschiedlichen Preisvorstellungen gleichen sich an. Gelegentlich werden jedoch die Konflikte nicht überbrückt, oder sie können sogar eskalieren.

Rollenkonflikte entstehen jedoch auch dadurch, dass der Dienstleister zusätzlich die Erwartungen des Arbeitgebers (des Vorgesetzten, der Firma, des Geschäfts) zu erfüllen hat *(Inter-Sender-Konflikt).* Insbesondere in den unteren Hierarchie-Ebenen, die hinsichtlich der Rolle wenig Gestaltungsraum zulassen, kann dieser Konflikttyp wichtig werden, zumal dann auch wenig Flexibilität für die Verhandlungsführung verbleibt. Auch sog. *Intra-Sender-Konflikte* können auftreten, indem z. B. der Vorgesetzte die Einfühlung in den Kunden ebenso erwartet wie eine „Pro-Domo-Haltung" beim Verkaufsabschluss. Gelegentlich kollidiert die Forderung nach einem ökonomischen Zeitmanagement mit Beratungswünschen des Kunden, die auch vom Vorgesetzten als legitim angesehen werden (vgl. beispielhaft eine Studie von *Damiani 1991* über typische Rollenkonflikte beim Kundenkontaktpersonal der Banken). Auch Kunden mögen Intra-Sender-Konflikte initiieren, indem sie bestimmte Dinge gleichzeitig verlangen (z. B. Sicherheit einer Geldanlage bei gleichzeitiger maximaler Rendite).

Brown/Peterson (1993) ermitteln im Rahmen einer (pfadanalytisch ausgewerteten) Meta-Analyse für Verkaufspersonal kausale Zusammenhänge zwischen Rollenambiguität (unklare Rollenvorgaben) sowie Rollenkonflikten (Intersender-Konflikte) einerseits und ausgewählten abhängigen Variablen wie Leistung, Arbeitszufriedenheit, Bindung an die Organisation sowie Kündigungsabsicht. Während Rollenambiguität mit allen abhängigen Variablen beachtliche Zusammenhänge aufweist, korreliert der Rollenkonflikt lediglich mit der affektiven Bindung an die Organisation relativ eng, während sich in Bezug auf das Leistungsverhalten keine nennenswerten Zusammenhänge zeigen. Rollenambiguität scheint demnach in diesem Kontext die stärkste Rollen-Stress-Bedingung darzustellen.

Einen weiteren Konflikttyp bietet der *Person-Rolle-Konflikt* (auch: Rolle-Selbst-Konflikt). Menschen haben im Allgemeinen auch Erwartungen an sich selbst, z. B. möchten sie sich mit ihrer Tätigkeit identifizieren (role-commitment). Ein solcher Konflikt ist insbesondere dann wahrscheinlich, wenn der Dienstleister auf Weisung des Hauses gezwungen wird, ein bestimmtes Angebot zu favorisieren oder die Serviceleistung auf ganz bestimmte Sachverhalte auszurichten (z. B. die Reparatur eines Gerätes als nicht mehr lohnend hinzustellen). Auch die Weisung, gegenüber unangenehmen Kunden höflich und zuvorkommend zu sein, mag gegen das eigene Selbstkonzept verstoßen. Des Weiteren könnten seitens des Kunden bestimmte Ansinnen gestellt werden, die den Dienstleister einem Dilemma aussetzen, z. B. Teilhabe an illegalen oder illegitimen Geschäften. Oder ein anderes Beispiel: Ein Bauherr macht dem Architekten Auflagen, die nach dessen Auffassung mit der Gesamtkonzeption unvereinbar sind.

Die Rollenanalyse bietet eine (vielfach theorielose) Sprache zur mehr oder weniger angemessenen Beschreibung von Sachverhalten, in denen die Interaktionsteilnehmer als Inhaber bestimmter Positionen handeln, also in Rollen eingebunden sind. Eine gewisse Asymmetrie besteht allerdings darin, dass der Dienstleister mit dieser seiner Rolle zugleich die *Berufsrolle* teilt. Aus diesem Grund wird er in die Interaktionsbeziehung sehr viel mehr Professionalität und Involvement einbringen als der Bediente, der die Dienstleistungsbeziehung nur als einmalige oder seltene Episode auffasst. Deshalb dürfte die Rolle des Dienstleisters auch die ausgeprägteren Konturen haben und einen normativ viel stärker geprägten Verpflichtungscharakter aufweisen. Dies bedeutet in der Regel ein Gefälle an fachlicher und sozialer Kompetenz, das – zumindest unter dieser Perspektive – auch einen Machtvorsprung gegenüber dem Bedienten bedeutet. Der stärkere Verpflichtungscharakter der Rolle des Dienstleisters wird daher tendenziell dazu führen, dass der Dienstleister bei einem Rollenkonflikt zwischen Kundenerwartung und Vorgesetztenerwartung die Letztere höher gewichtet, also den Konflikt zugunsten der Organisation entscheidet (empirisch bestätigt bei *Damiani 1991)*. Der Grund ist, dass die Vorgesetzten als Rollensender im Urteil der Dienstleister stärkere *Sanktionsmacht* ausüben können.

2.2.1.3 Psychologie der Innovation

Die Problematik der Innovation hatten wir bereits in verschiedenen Zusammenhängen angeschnitten: anlässlich von Unternehmensgründungen (1.1.1), im Rahmen der Entwicklungsländerproblematik (1.1.2) sowie in Hinblick auf die Entstehungsbedingungen und Akzeptanzprobleme bei technischen Innovationen im Organisationsbereich (2.1.1.2). Zur Groborientierung sollten wir zwei verschiedene Zielrichtungen unterscheiden:

internale Innovationen, die sich auf organisationsinterne Aspekte beziehen (z. B. Verbesserung und Beschleunigung von Fertigungsprozessen, betriebliches Vorschlagswesen), wobei die Generierung neuer und nützlicher Ideen mit dem Konzept der Kreativität verbunden wird (vgl. *Amabile 1986; Maier et al. 2005),* und

externale Innovationen, die zwar ebenfalls im innerorganisatorischen Zusammenhang initiiert werden, die sich jedoch vorwiegend im externen System, nämlich auf dem Markt, bewähren müssen (z. B. ein neues Produkt, ein neues Design). Insofern stehen hier vor allem Aspekte der Akzeptanz von Innovationen durch den Käufer/Kunden im Vordergrund.

In diesem Kapitel wollen wir uns vorwiegend mit diesem letztgenannten Aspekt beschäftigen. Es handelt sich demnach lediglich um einen Teilbereich der Innovationsthematik, die zusätzlich dadurch eingeschränkt wird, dass wir das vorwiegend soziologische und ökonomische Problemfeld der Diffusion (vgl. hierzu *Kaas 1973*) hier weitgehend ausklammern.

Bei der Behandlung dieses Themenkreises werden wir uns auch mit der Frage, was im marktpolitischen Zusammenhang eigentlich unter Innovation verstanden werden kann, nicht lange aufhalten (vgl. zu dieser Fragestellung: *Robertson 1971)*. Für die psychologische Analyse gilt ohnehin, dass von Innovationen nur dann die Rede ist, wenn das Objekt (z. B. ein Produkt, ein Produktattribut oder ein Verwendungszweck) vom Rezipienten (z. B. dem Verbraucher) als neu oder neuartig wahrgenommen wird. Dies ist bei diskontinuierlicher Innovation sicherlich eher der Fall als bei kontinuierlichen Neuerungen, die im Wesentlichen lediglich Produktänderungen bzw. -verbesserungen darstellen dürften. Es kann also durchaus vorkommen, dass objektive Neuheiten vom Konsumenten als keineswegs neu empfunden werden und umgekehrt: dass geringfügige Änderungen von marginalem Ausmaß subjektiv als neuartige Besonderheit perzipiert werden. Ein erheblicher Teil sämtlicher Produktvariation zielt auf die psychologische Hochstilisierung marginaler Differenzierung

(Riesman) und betont den Narzissmus kleiner Unterschiede *(Bourdieu),* auch im Zusammenhang mit neuen Produktvarianten.

Die Abkoppelung des psychologischen Innovationsbegriffs von objektiven Neuerungen gestattet uns übrigens auch, modische Innovationen in die Analyse einzubeziehen. Eine Psychologie der Mode existiert zwar in Ansätzen *(Solomon 1985; Sommer/Wind 1988; Sommer 1989),* wird jedoch in marktpsychologischen Zusammenhängen meist ausgeklammert.

(1) Akzeptanz von Neuerungen

Die Problematik der Akzeptanz von Neuerungen hat uns bisher bereits in zwei anderen Zusammenhängen beschäftigt: einmal im Kontext der Modernisierungsforschung, als es um Anstoßwirkungen für wirtschaftliche Entwicklungen ging (Kap. 1.1 des Teils B), und zum anderen, als wir uns mit Akzeptanzproblemen im Arbeitsbereich befasst haben (vgl. 2.1.1.2). Als klassischer Orientierungspunkt für die Akzeptanzproblematik gelten die Arbeiten von *Rogers (1996,* Orig. *1962).* Die hier im Bereich landwirtschaftlicher Innovationen, also technischer Neuerungen durchgeführten empirischen Untersuchungen führten zu der bereits diskutierten Abhängigkeit der Akzeptanz/Adoption von den Merkmalen: relative Vorteilhaftigkeit, Kompatibilität, Komplexität, Teilbarkeit und Mitteilbarkeit. Oder – als Hypothese formuliert: „Je größer der relative Vorteil, der Kompatibilitätsgrad, die Teilbarkeit und die Mitteilbarkeit sind, und je geringer die Komplexität des Produktes aus der Sicht des Individuums ist" *(Schulz 1972, 47),* desto eher kommt es zur Akzeptanz, zur Adoption und möglicherweise zur darauf folgenden Diffusion der Neuerung.

Auch im organisationalen Bereich sahen wir bereits, dass das klassische Paradigma von *Rogers* modifiziert werden muss; insbesondere ging es dort um die besondere Rolle der Partizipation im Entscheidungsprozess, die die Akzeptanz organisatorischer Neuerungen erheblich mitbeeinflusst. Im Konsumbereich stehen wir gleichfalls vor der Frage, ob der Konsument als Adressat von Produktneuheiten mit dem Landwirt gleichgesetzt werden darf, der letztlich nicht als Konsument, sondern eher als Unternehmer handelt *(Schulz 1972; von Rosenstiel/Ewald 1979a).* Insbesondere ist zu vermuten, dass die Übernahme einer Innovation und damit deren Diffusion mit dem wahrgenommenen Kaufrisiko zusammenhängt (vgl. *Robertson 1971* sowie Kap. 2.2.2.5). Fügen wir diese Überlegungen in allgemeinere, lerntheoretische Annahmen ein, so scheinen folgende Faktoren die Akzeptanz einer Innovation zu fördern:

- hohe *Belohnungserwartung,* insbesondere wenn es wahrscheinlich ist, dass hohe Belohnungen mit großer Sicherheit in naher Zukunft auftreten,
- geringer *Strafreizcharakter,* insbesondere die Wahrnehmung geringen Risikos sowie geringer Mühe bei der Aneignung der Innovation,
- hohe *Aufmerksamkeitslenkung,* insbesondere hohe Mitteilbarkeit, Zugänglichkeit, Sichtbarkeit und Auffälligkeit der Innovation,
- *Modell- und Identifikationswirkungen,* insbesondere hohe kommunikative/persuasive Effekte durch relevante Bezugspersonen, Diffusionsagenten und Meinungsführer,
- hohe wahrgenommene *Kompatibilität,* insbesondere Konsistenz mit bestehenden kognitiven Strukturen sowie mit kulturellen (subkulturellen) Werten, Normen und Lebensstilen.

Im Hinblick auf den letztgenannten Punkt hatten wir bereits im Zusammenhang mit Diffusionsprozessen bei wirtschaftlicher Modernisierung herausgestellt, dass die Variable „Kompatibilität" dissonanztheoretisch gedeutet werden kann. Innovationen haben daher nur dann eine Chance, akzeptiert zu werden, wenn sie kognitiv konsistent sind, also keine Dissonanzen heraufbeschwören. *Stefflre (1965)* weist in diesem Zusammenhang darauf hin, dass über die Akzeptanz neuer Produkte entschieden werden kann, wenn feststeht, ob und in welchem Ausmaß sie in die „cognitive map" des Konsumenten passen.

(2) Prinzip der optimalen Neuerung

Aufgrund der vorangegangenen Überlegungen erhalten wir nun auch Hinweise über *Akzeptanzbereiche,* innerhalb derer eine Neuerung vom Konsumenten positiv bewertet wird. Aufgrund des Konsistenzpostulats sollten wir erwarten, dass geringfügige Inkonsistenzen dann akzeptiert werden, wenn die Belohnungserwartung dies kompensiert. Aus Theorien im Umkreis der Aktivation und der Adaptation sollten wir gleichfalls ableiten können, dass eine gewisse Abweichung vom GIAL (vgl. M 1) vom Individuum positiv bewertet wird, während eine zu große Abweichung negative Effekte auslöst. Aufgrund dieser theoretischen Hinweise können wir einen Punkt der optimalen Neuerung postulieren, der in der Mitte zwischen den Polen „überhaupt nicht neu“ und „viel zu neu“ liegen dürfte. Die größte Akzeptanz wird daher dort liegen, wo die Neuheit sich gewissermaßen „mit einem Bein im Bewährten“ bewegt, also an Vorhandenes und Bewährtes anknüpft (Beispiel: „Dieser neue YZ-Motor ist eine konsequente Weiterentwicklung unseres bewährten XY-Motors“).

In Anknüpfung an *Berlyne* (vgl. M 1) entwickelte *Raju (1981)* einen Zwei-Komponenten-Ansatz zur Erklärung eines optimalen Erregungspotenzials (optimum arousal potential) und schlägt vor, das aktuelle Potenzial auf zwei Komponenten zurückzuführen: die novelty component (positiv eingeschätzte Merkmale wie Neuartigkeit, Überraschungswert) sowie die conflict component (überwiegend negative Merkmale wie Unsicherheit, Ambiguität oder Inkongruenz).

Das für den Konsumenten charakteristische optimale Stimulationsniveau wird dann nach *Raju* additiv aus der Kombination der beiden entgegengesetzten Wirkungen abgeleitet. Dabei bleibt jedoch unklar, welche Konflikte bzw. Konfliktformen durch welche Attribute der Stimuli erzeugt werden (vgl. kritisch: *Dethloff 2004*). *Norman (2002)* verweist auf gewisse Schwierigkeiten im Umgang mit komplexen Gütern, z. B. aus der *digitalen Welt,* die insbesondere die ältere Generation häufig als Überforderung, Belastung und Konfusion *(confused consumer)* empfindet.

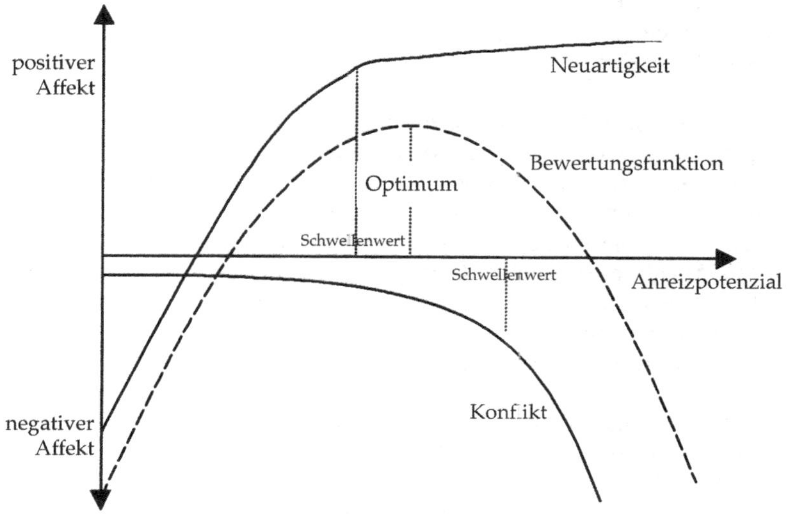

Abb. 56: Der integrative Ansatz zum optimalen Stimulationsniveau (in Anlehnung an Raju 1981)

(3) Innovatoren

Von Innovatoren hatten wir bereits im Zusammenhang mit unternehmerischem Handeln gesprochen. Während jedoch Innovatoren im unternehmerischen Sinn eher als Außenseiter, z. T. sogar als „Abweichler" gelten können, sind Innovatoren im Markt- und Konsumbereich keineswegs Außenseiter, sondern eher „Vorreiter", die sozial gut integriert sind und sich meist auch durch besonders häufige Kontakte auszeichnen.

Der gemeinsame Nenner der Innovatoren in beiden Bereichen ist jedoch die höhere Bereitschaft zum Risiko. *Robertson (1971)* führt das Ausmaß der Beziehung zwischen innovativer Haltung und Meinungsführerschaft auf das Risiko zurück, das mit der Übernahme eines neuen Produktes verbunden ist. Konsumpioniere und Meinungsführer können also vielfach gleichgesetzt werden, doch wird dies wohl nur dann der Fall sein, wenn es sich um ein kalkuliertes oder mittleres Risiko (im Sinne der Leistungsmotivation) handelt. Spekulative Risiken einzugehen, jede Neuheit sofort aufzugreifen, würde im Falle der Nicht-Bewährung bzw. der Nicht-Ausbreitung einen schnellen Verlust der Meinungsführerschaft bedeuten. Aus diesem Grunde muss der Innovator abwägen und sich selektiv bewähren (dieser Umstand erklärt widersprüchliche empirische Ergebnisse bezüglich der Frage, ob Konsumpioniere, also die Erstübernehmer, auch mit den Meinungsführern identisch sind oder nicht).

Es hat zahlreiche Versuche gegeben, soziodemographische und psychographische Merkmale ausfindig zu machen, die zwischen frühen und späten Übernehmern bzw. Innovatoren und Nicht-Innovatoren differenzieren (vgl. etwa *Foxall/Bhate 1993; Assael 1998; Wood/ Swait 2002; Dethloff 2004*). Als wichtigste Persönlichkeitsmerkmale, die die Innovationsbereitschaft (Innovationsneigung) bestimmen, wurden u. a. diskutiert:

- open-mindedness (Offenheit für neue Erfahrungen)
- Ambiguitätstoleranz (Durchblick)
- Flexibilität und Anpassungsfähigkeit
- need for cognition (Wissbegierde)
- Kontrollüberzeugungen, Selbstwirksamkeit
- Risikobereitschaft, Freude am Risiko
- Interessen-Involvement
- hedonistische Wertorientierung

Obgleich in zahlreichen Untersuchungen entsprechende Zusammenhänge ermittelt wurden, sind die Ergebnisse über verschiedene Produktbereiche keineswegs konsistent, sodass ein generalisierbares Konstrukt „Innovationsneigung" vermutlich nicht tragfähig ist.

Hinsichtlich des Kommunikationsflusses bedient man sich allgemeiner Überlegungen, wie sie bereits im Grundkonzept des *mehrstufigen Kommunikationsflusses* von *Katz/ Lazarsfeld (1955)* anklingen. Dieses Konzept hat seit seiner ersten Vorstellung eine Reihe von Metamorphosen erlebt (vgl. *Schenk 2002),* die insbesondere das ursprüngliche Einbahnstraßen-Modell der Kommunikation in ein transaktionistisches Konzept verwandelt und die Zweiseitigkeit auf der Basis eines „multi-step-flow" *(Katz)* differenziert haben.

Die älteren Kommunikationsmodelle sind auch durch die *Digitalisierung der Medien* ins Wanken geraten *(Strauss/Frost 2009; Göbel 2012).* Dies betrifft einmal das Interpretationsverhalten mit Zugriff auf sämtliche relevanten Daten, zum anderen jedoch auch den *Austausch* innerhalb sozialer Netzwerke, wobei sich die Rollen des Senders und des Empfängers ständig vertauschen (vgl. auch 2.2.1.5).

(4) Mode und Konsumentenverhalten

Die eben im Zusammenhang mit Innovationen allgemein aufgestellte These, wonach eine Neuerung nur im Ausmaß der kognitiven Konsistenz eine Ausbreitungschance hat, gilt für die Mode im gleichen Maße. Dabei werden neue Moden wie jeder „new look“ zumindest kurzzeitig meist Dissonanz auslösen, die dann jedoch auf dem Wege allmählicher Gewöhnung – *Spiegel (1961)* spricht anschaulich von Harmonisierung – allmählich abgebaut wird. Starke Dissonanzen, also erhebliche Abweichungen vom Adaptationsniveau, wirken jedoch für die Ausbreitung einer Mode retardierend. Zwar gelingt es immer wieder, neue Moden auch „contre dissonance“ durchzusetzen, jedoch ist dieses Unterfangen für die Textilindustrie und den Handel recht kostspielig: Durch die abwartende Haltung der Konsumenten bleiben die Lager gefüllt (vgl. zur Akzeptanzproblematik: *Wiswede 1976; Sommer 1989).*

Häufig wechselnde Moden und wachsende Individualisierungstendenzen haben dazu geführt, dass Konsumenten zumal im Textilbereich den modischen Herausforderungen nicht immer „zeitgerecht“ folgen können und wollen, sodass sich ein Prinzip der Gleichzeitigkeit mehrerer Moden und Stile herausgebildet hat, fast nach dem Motto: „anything goes“. Dennoch bleiben einige Segmente des Marktes – abgestuft meist weniger nach Schichtzugehörigkeit oder Bildungsgrad, sondern eher nach Altersklassen und Bezugsgruppen – zumindest partikularistisch an bestimmte Moden gebunden.

Obgleich verschiedentlich betont worden ist, dass modisches Verhalten der Stützung des individuellen Selbst diene *(Back 1985),* sind modische Neuerungen stärker noch als Innovationen in anderen Konsumbereichen mit sozialen Einflussprozessen verbunden. Gruppeneffekte in Richtung auf Konformität sowie Modelleinflüsse durch Bezugspersonen oder Bezugsgruppen sind ausgesprochen verhaltensprägend. Insbesondere das *Modell-Lernen* dürfte hier von ausschlaggebender Bedeutung sein: Imitation des modeabhängigen Verhaltens durch aufmerksamkeitslenkende Modelle, die aufgrund ihrer besonderen „Wirkung“ Identifikationsangebote darstellen. Die Aussagen des Modell-Lernens sind entsprechend anwendbar (vgl. M 6). Die Modellpersonen sind häufig identisch mit den bereits angesprochenen Meinungsführern, hier speziell im modischen Bereich (sog. „fashion leader“). Die Modepioniere sind dabei oft eine Minorität. Im Sinne der Theorie *Moscovicis* (über den Einfluss von Minoritäten vgl. I 4) kann eine Minderheit Einfluss auf die (schweigende, passivere) Mehrheit gewinnen, wenn sie ihren Standpunkt (z. B. ihr Kleidungsverhalten, ihre Frisur) entschieden, konsistent und kompromisslos vertritt (vgl. zur Anwendung dieses Konzepts auf das Modeverhalten: *Sommer/Wind 1988; Wiswede 1998; Nerdinger/ v. Rosenstiel 1998).*

In zahlreichen Arbeiten zur Psychologie und zur Soziologie der Mode *(Simmel 1905; König 1988)* wird behauptet, dass modebewusstes Verhalten als eigenartige Ambivalenz zwischen Konformitätsbeweisen einerseits und individueller Abhebung und Selbstdarstellung andererseits zu verstehen sei. Wie kann man diesen scheinbaren Widerspruch auflösen? Wir versuchen zunächst eine Deutung vor dem Hintergrund der Theorie *sozialer Identität* (vgl. I 5): Dort wird u. a. ausgesagt, dass ein Individuum zur Wahrung seiner sozialen Identität im Rahmen seiner Bezugsgruppe Angleichungstendenzen aktiviert, jedoch nach außen Abhebungstendenzen fordert. Die Angleichung nach innen dient also dem Streben nach Konformität mit eigenen modeorientierten Normen, mit dem Ergebnis einer Stärkung des Wir-Gefühls (vgl. *Brewer 1991*). Die Abhebung nach außen macht deutlich, dass sich das modebewusste Individuum von der „out-group“ abheben möchte. Die Aussagen der Theorie sozialer Identität sind cum grano salis anwendbar. Interessant ist in diesem Zusammenhang, dass bereits *Georg Simmel* in seinen Reflexionen über die Mode auf die hier wirkende Ambivalenz von *Abhebung* und *Angleichung* hingewiesen hat.

Vielfach wird behauptet, in der Mode drücke sich ein expressives, symbolhaftes Verhalten aus (z. B. *Roderer 1986).* Der Hinweis auf den Symbolgehalt modischen Verhaltens ist allerdings erst dann informativ, wenn genau expliziert wird, welche symbolischen Inhalte angesprochen sind. Als theoretische Basis stand hier der symbolische Interaktionismus Pate *(Blumer 1969)* oder die Psychologie non-verbaler Kommunikation im Gefolge *Argyles*. In der von uns bevorzugten Perspektive liegt auch eine Bezugnahme auf lerntheoretische Mechanismen nahe: Der Modereiz erhält seine Bedeutung durch die Assoziation mit Trägermerkmalen und Kontextmerkmalen, mit denen er gemeinsam auftritt *(Dollase 1988).* Der Grundvorgang ist der der klassischen Konditionierung (vgl. M 5), sicherlich überformt von kognitiven, z. B. attributiven Prozessen. Stehen zur Beurteilung eines Individuums (z. B. bei einem Vorstellungsgespräch) keine oder wenige anderweitige (verlässlichere) Informationen zur Verfügung, wird vom Merkmal Kleidung u. U. auf die ganze Persönlichkeit geschlossen. In dieses Bild passen zahlreiche amerikanische Untersuchungen über den Einfluss von Kleidung (hip, sloppy, poorly, casual bzw. straight, well, „high-status“) auf die Reaktionen Außenstehender (z. B. in Bezug auf Hilfeleistung, Einschätzung politischer Überzeugungen, Bereitwilligkeit zu spenden, als Marktforscher eingelassen zu werden usw.), die sämtlich Metamorphosen von *Gottfried Kellers* „Kleider machen Leute“ darstellen (vgl. die Zusammenstellung bei *Dollase 1988).*

Weitere empirische Studien befassen sich mit anderen Signalwirkungen der Kleidung: Mode signalisiert Wissen und Kennerschaft, Zugehörigkeit, Status/Reichtum, einen bestimmten Lebensstil (stellvertretend oft über das Logo einer Marke), Erfolg bzw. Erfolgsstreben. Im letzteren Sinne wird eine bestimmte Art von Kleidung auch taktisch-strategisch im Rahmen eines *„impression management“* (z. B. bei Bewerbungen) eingesetzt *(Solomon 1985).* Andere Studien (z. B. *Rosenfeld/Plax 1977)* betonen die enge Beziehung zwischen Persönlichkeitsmerkmalen („Mentalitäten“) und Kleidung; diese und ähnliche Studien sind Gegenstand bestimmter Segmentierungsmodelle im Modebereich. Besondere Aufmerksamkeit hat hierbei auch die Bedeutung des *Selbstkonzepts* (vgl. K 8) für das modeorientierte Verhalten erfahren. *Gibbins/Gwynn (1975)* präsentieren Daten, die weniger auf das „reale Selbst“ (so, wie das Individuum sich selbst sieht), sondern auf das Ideal-Selbst (so, wie das Individuum sein möchte) als relevante Bezugsbasis des Verhaltens hinweisen (vgl. *Hegner* 2008). Ähnliche Untersuchungen gibt es im Übrigen auch zum Konsumentenverhalten allgemein *(Grubb/Grathwohl 1967),* wobei es sich um Güter handelt, die als soziale Symbole gelten (z. B. Autos) und *„symbolische Selbstergänzung“ (Wicklund/Gollwitzer 1985)* gestatten. Insofern erweisen sich auch jene Güter als besonders modeanfällig, die an der Peripherie veränderbar sind, die soziale Visibilität aufweisen und Ansatzpunkte für ästhetische Gestaltungsmöglichkeiten bieten.

2.2.1.4 Psychologie des Preises

Mit einem wichtigen Produktmerkmal müssen wir uns noch etwas genauer befassen: mit dem Preis. Die ökonomische Auffassung von Preisen findet ihren Ausdruck im Nachfragegesetz: Die Bereitschaft des Konsumenten, ein Produkt zu erwerben, steige bei Konstanz aller übrigen Preise, sofern dessen Preis niedriger ist. Aber auch die ökonomische Theorie beschäftigt sich mit gewissen Anomalien der üblichen Preis-Absatz-Funktion, z. B. beim sog. *Giffen*schen Fall oder den von *Leibenstein (1966)* skizzierten Effekten: Bandwagon-Effekt (man kauft, weil andere dies auch kaufen); Snob-Effekt (man kauft gerade dann nicht, wenn alle oder viele dies kaufen); Veblen-Effekt (Prestige des hohen Preises, genauer nach *Veblen:* hoher Preis „verursacht ein besonderes Produkterlebnis“; *Veblen 1899).*

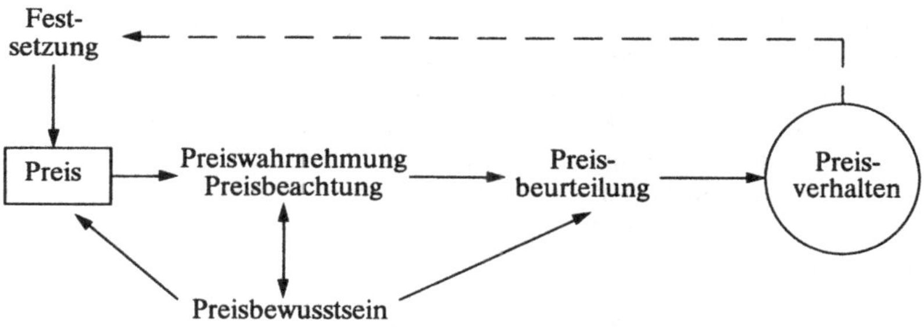

Abb. 57: Kognitionen preisorientierten Verhaltens

Wir befassen uns in Folgendem mit dem Preis als einer psychologischen Variable, wobei einige Querverbindungen zur Finanzpsychologie sichtbar werden: die Themenbereiche „Geld" und „Einkommen" hängen mit einer Psychologie des Preises in mannigfacher Weise zusammen. Die wichtigsten Begrifflichkeiten der psychologischen Preisforschung seien zunächst in einem Schema skizziert (Abb. 57).

Preiswahrnehmung und Preisbeachtung sind Wahrnehmungskonstrukte, Preisbewusstsein eine (situationsabhängige) Einstellungsvariable, Preisbeurteilung kennzeichnet den kognitiven Prozess der Ausdeutung (Interpretation, Attribution), das Preisverhalten impliziert Responses wie: Kauf, Nicht-Kauf, Aufschub etc.

(1) Preisfestsetzung

Im Prinzip könnte die empirische Preisforschung zweierlei zum Gegenstand haben: zum ersten die Frage, aufgrund welcher Überlegungen und Vorstellungen Preise festgesetzt oder verändert werden, und zum zweiten die Frage, wie Abnehmer bzw. Konsumenten auf bestimmte Preise oder Preisveränderungen reagieren. Beide Problembereiche sind miteinander verbunden, denn implizite Hypothesen über die Reaktion der Abnehmer beeinflussen sicherlich auch die Überlegungen bei der Preisfestsetzung.

Allerdings ist die Preisfestsetzung bisher vorwiegend Gegenstand präskriptiver, also nicht empirischer Forschung gewesen. Insbesondere geht es im Rahmen der Preis-Absatz-Funktion um das Optimierungsproblem: jenen Preis zu finden, bei dem das Produkt aus Absatzmenge und Preis den höchsten Wert annimmt. Nur wird dies der Unternehmer (oder derjenige, der den Preis festsetzt) meist nur dann bestimmen können, wenn es sich um neue Produkte handelt *(von Rosenstiel/Ewald 1979);* im Übrigen wird er als „Mengenanpasser" handeln. Im Grunde hat der Anbieter zwei Orientierungspunkte für Preise: die eigenen Einstandskosten und eine auf diesen beruhende *Kalkulation* (soweit sie tatsächlich nach mehr oder weniger expliziten oder formalisierten Regeln durchgeführt wird) sowie die *Preise der Wettbewerber,* die gleiche oder ähnliche Produkte anbieten. Lediglich bei geringer physikalischer Realität – d. h., die Qualität oder Vorteilhaftigkeit des Produktes kann vom Verbraucher nicht, schlecht oder erst im Nachhinein beurteilt werden – hat der Anbieter die Chance, das Produktimage so zu verlagern, dass höhere Preise erzielt werden können.

Einer der wenigen Versuche, Preisfestsetzungen empirisch durch Beobachtungsverfahren zu ermitteln *(Morgenroth 1972),* beruht auf einem Preisbildungsmodell, das aus Interviews mit den leitenden Angestellten und aus Aufzeichnungen der Gesellschaft abgeleitet wurde. Die Kernfrage „Wie fällen Sie Entscheidungen über Preise?" wurde insbesondere über die Technik des „lauten Denkens" weiterverfolgt. Dabei wurde von speziellen Entscheidungen ausgegangen, um von hier aus die Anwendung genereller Entscheidungsregeln unter besonderen Bedingungen darzustellen. Die Untersuchung gibt u. a. wichtige Fingerzeige darauf,

auf welch informelle Weise Preise zustande kommen und welche Vergleichsprozesse – vor allem im Hinblick auf Marktsituation und Wettbewerb – im Einzelnen stattfinden. Die reale Preisfindung scheint sich zwischen den Polen des rein ökonomischen Kalküls auf der einen Seite und einem reinen Versuchs-Irrtums-Konzept auf der anderen Seite zu bewegen, das allerdings durch (schlechte oder gute) Erfahrungen laufend Korrekturen erfährt. Im Ganzen ist diese Problematik bisher wenig untersucht; von der empirisch- psychologischen Forschung ausgespart sind bisher auch angrenzende Themenbereiche wie Preiskämpfe oder Preisabsprachen.

(2) Preiswahrnehmung und Preisbeachtung

Normalerweise finden Preise umso eher Beachtung, je stärker sie von einem gewohnten Niveau abweichen (vgl. *Diller 1978; Wiswede 1972)* oder Produkte betreffen, die man erstmals kauft, bei denen keine Preiserfahrung vorliegt und deren Preise starker öffentlicher Beachtung bzw. Diskussion ausgesetzt sind. Umgekehrt besteht bei starker Markentreue erheblich abgeschwächte Aufmerksamkeit für unterschiedliche Preise. Auch wird die Preisbeachtung sicherlich durch aufmerksamkeitslenkende Maßnahmen (z. B. Sonderangebote, augenfällige Preisschilder) gefördert. Außerdem ist in bestimmten diskriminativen Situationen – z. B. bei einem unbekannten Geschäft oder Misstrauen gegenüber dem Anbieter – die Preisaufmerksamkeit erhöht, in anderen dagegen reduziert: z. B. bei Weihnachtseinkäufen oder Festveranstaltungen, bei denen bekanntlich der Preiswiderstand geringer ist, oder bei Geschenk-Einkäufen, bei denen der Preis oft eine geringe Rolle spielt oder andere Funktionen erfüllt (vgl. zur Situationsgebundenheit der Preiswahrnehmung: *Monroe et al. 1977).* Schließlich dürfte auch das allgemeine *Preisbewusstsein* – sicherlich situativ abgestuft – die Preiswahrnehmung beeinflussen. Preisbewusstsein wird hier als EinstellungsVariable verstanden (ähnlich wie Markenbewusstsein), allerdings wird „Preisbewusstsein“ (ähnlich wie Preiskenntnis) auf partielle Erfahrungsbereiche beschränkt sein, die z. B. mit der Aufgabenverteilung im Haushalt bzw. mit bestimmten Kompetenzbereichen zu tun haben. Auch setzt sich Preisbewusstsein situativ unterschiedlich durch: In manchen Situationen breiten sich gelegentlich „Kaufstimmungen“ aus; das Vorliegen solch positiver Stimmungen dürfte – in analoger Anwendung der empirischen Befunde von *Schwarz (1990)* – den Preiswiderstand herabsetzen.

Dort, wo Anbieter nicht auf Imagewerte oder Markenartikel-Effekte vertrauen, sind Vertriebsstrategien bewusst preisorientiert; es muss also darauf ankommen, dass der Konsument den Preis bemerkt und darauf sein Verhalten gründet. Andererseits sind Anbieter oft daran interessiert, den Preis durch *Ablenkungseffekte* in den Hintergrund treten zu lassen. Nach neueren Untersuchungen *(Müller et al. 1990)* haben semantische Strukturierungen mit Hilfe von Sonderangebotsschildern eben diese preisablenkende Wirkung. Das Vertrauen gründet sich dann vorwiegend auf die Preisgünstigkeit der Einkaufsquelle und den Ausweis als Sonderangebot.

(3) Preisschwellen

Konsumenten haben meist eine mehr oder minder deutliche Vorstellung davon, was ein Produkt höchstens kosten darf und wie viel es mindestens kosten muss. Diese Vorstellung von absoluten Preisschwellen geht auf französische Untersuchungen der 50er Jahre zurück *(Stoetzel et al. 1954)* und wurde später in den USA *(Gabor/Granger 1964, 1966)* und in Deutschland durch unser Institut *(S. Müller 1981, 1990; Müller et al. 1982; Müller/Bruns 1984)* empirisch weiterverfolgt. Das Grundkonzept behauptet die Existenz einer oberen Preisschwelle, ab der das Produkt zurückgewiesen wird (mögliche Gründe: „Prinzipien“ beim Kauf, finanzielle Voraussetzungen, Vorstellung eines unfairen Preises und einer möglicherweise hieraus resultierenden Reaktanz), sowie einer unteren Preisschwelle, die gleichfalls vom Kauf abschreckt (mögliche Gründe: „Snob-Effekt", nicht akzeptabler Imagebereich, Misstrauen hinsichtlich der Qualität). Innerhalb dieses Bereiches zwischen oberer und unterer Preisschwelle bildet sich der „gewohnte" oder „faire" Preis aus. Weicht man von der Vorstellung eines „Produktpreises" ab, so lässt sich innerhalb eines kognitiv überformten Adaptationsniveaus von einem *Ankerpreisbereich* sprechen. Dieser Bereich, der infolge allgemeiner Preiserhöhungen oder Preisverlagerungen jeweils neuen Anpassungsprozessen unterliegt, kann in seiner Entstehung und Dynamik durchaus im Sinne einer (modifizierten) Adaptationsniveau-Theorie interpretiert werden. Diese geht davon aus, dass die Beurteilung eines Reizes (hier des Preises) vom individuellen Anpassungsniveau abhängig sei, das sich aus dem gewichteten geometrischen Mittel aller bisher wahrgenommenen Reize ergibt.

Dabei wird nun angenommen, dass der Konsument das objektive Preiskontinuum aus Gründen leichterer Orientierung in relativ grobe (stereotype) Urteilskategorien unterteilt („zu teuer" – „relativ teuer" – „normal" – „preisgünstig" – „zu billig"). Kontinua werden psychologisch in Klassen aufgeteilt – ähnlich der Farben beim Lichtspektrum – und erhalten dabei unterschiedliche qualitative Zuordnungen. Weiter wird unterstellt, dass ein wahrgenommener Reiz innerhalb der einzelnen Kategorien generalisiert (nivelliert), zwischen den Bereichen jedoch in besonderer Weise kontrastiert wird *(Monroe 1973; Müller et al. 1990). Monroe* bezieht sich hierbei auf die Assimilations-Kontrast-Theorie von *Sherif/ Hovland (1961);* ein konzeptionell ähnliches Bezugsfeld wäre *Tajfels* Theorie stereotyper Systeme (1959). Nebeneinander liegende Preise *innerhalb* einer Urteilskategorie werden demnach nicht weiter differenziert (Assimilations-Effekt), nebeneinander liegende Preise *zwischen* verschiedenen Urteilskategorien jedoch subjektiv als weit auseinander liegend empfunden (Kontrast-Effekt). *Müller et al. (1990)* sehen daher einen treppenartigen Verlauf der Preis-Absatz-Funktion (Abb. 58), wobei das Grundmodell nach verschiedenen Kriterien variiert werden kann:

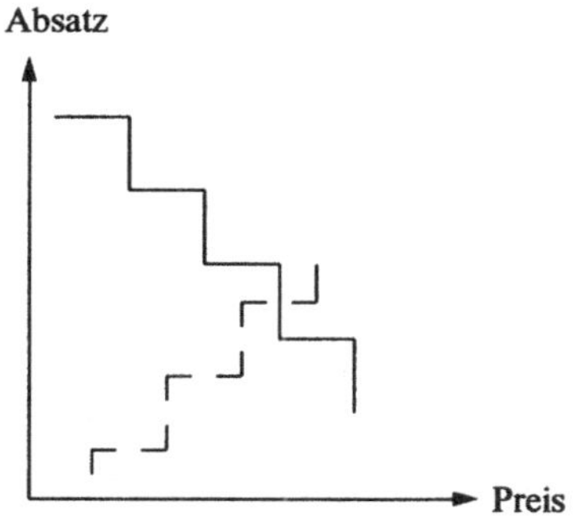

Abb. 58: Treppenverlauf der Preis-Absatz-Funktion

- Veränderung der *Stufenhöhe* (Verringerung etwa durch geringe produktspezifische Preisbeachtung, durch besondere Verwendungszwecke, durch hohe Markentreue; Erhöhung durch besonderen Preiswiderstand, etwa im Sinne von Reaktanz).
- Veränderung der *Stufenzahl* (durch feinere Diskrimination und dadurch differenziertere Urteilskategorien, durch Diskriminations-Vorgaben der Anbieter).
- *Ansteigen* der Treppe (Veblen-Effekt, Vermutung der Qualitätssteigerung, Neuinterpretation des Image, Vorratskäufe wegen vermuteter Verknappung oder weiterer Verteuerung).

Untersuchungen unseres Institutes *(Müller/Bruns 1984)* zeigen in Verfolgung der Schwellenproblematik, dass als kognitive Verankerungspunkte für Urteilskategorien (und auch absolute Preisschwellen) sog. *Glattpreise* gelten. Die Fixierung der Urteile an einfach wahrzunehmenden und gut zu behaltenden Glattpreisen dient dabei vor allem der kognitiven Entlastung *(Müller et al. 1990)*. Die angedeuteten „Sprünge" in der Treppe erfolgen also nicht willkürlich; es besteht eine erhöhte Wahrscheinlichkeit, dass sie sich an Glattpreisen orientieren.

Die Problematik der Glattpreise war bereits in anderem Kontext Gegenstand preispsychologischer Untersuchungen *(Monroe 1973, 1979)*, zumal es im Absatzbereich einer weit verbreiteten Übung entspricht, mit „gebrochenen" Preisen zu arbeiten und diese dicht unter dem Glattpreis festzusetzen (also etwa 299 €, 3,98 €). Implizite Hypothesen der Anbieter laufen darauf hinaus, dass der Preiswiderstand bei Erreichen einer Glattpreisschwelle sprungartig anwächst. In der Tat scheinen empirische Untersuchungen *(Müller et al. 1982)* die diesbezügliche Wirksamkeit der Glattpreisschwellen zu bestätigen. Eine Erklärung könnte in dem oben beschriebenen Sachverhalt gesehen werden, dass sich der Wechsel von Urteilskategorien am Verankerungspunkt der Glattpreisschwelle festmacht. Eine alternative (oder zusätzliche) Erklärung wäre ein Primacy-Effekt in der Wahrnehmungsabfolge von links nach rechts (bei € 3,98 also die Ziffer 3). Eine weitere – und hier durchaus einleuchtende – Interpretation wäre gestaltpsychologisch; ein gebrochener Preis hat eine andere „Gestalt" als ein Glattpreis; daher handelt es sich um verschiedene Anmutungsqualitäten.

(4) Preis und Qualität

Vor allem bei hohem wahrgenommenen Risiko und/oder bei fehlendem Einblick in die objektive Beschaffenheit (physikalische Realität) von Produkten bestehen psychologische Beziehungen zwischen Preis und Qualitätsurteil bzw. Qualitätsvermutung: d. h., der Preis dient als *Indikator der Produktqualität*. Der Preis ist damit eine Schlüsselinformation; er wirkt im Sinne der Detaildominanz auf das Qualitätsurteil ein.

In einer klassischen Untersuchung bot *McConnell (1968)* studentischen Biertrinkern drei verschiedene Biermarken, die sich lediglich durch ihre Preise unterschieden, wobei sie nach Ablauf der Versuchszeit (mehrere Wochen) gebeten wurden, die Bierqualität nach typischen Biereigenschaften zu beurteilen sowie eine allgemeine Qualitätsabschätzung abzugeben. Erwartungsgemäß stellte sich heraus, dass die subjektive Qualitätseinstufung mit der Preishöhe positiv korrelierte. Mittlerweile liegen zahlreiche weitere Untersuchungen zu diesem Fragenkreis vor (vgl. zusammenfassend *Monroe 1973)*, mit im Prinzip gleichem Ergebnis, wenn auch mit angreifbarer Künstlichkeit der Methode.

Interessanter und lebensechter wird die Rolle des Preises im Kaufentscheid dann zu sehen sein, wenn auch *andere Attribute* in die Untersuchungssituation einbezogen werden (z. B. verschiedene Markenbezeichnungen, unterschiedliche Materialbeschaffenheit, unterschiedliches Image der Geschäfte etc.). In solchen *„Multicue-Studien" (Jacoby et al. 1974; Venkataraman 1981)* zeigte sich dann auch, dass der Zusammenhang zwischen Preis und Qualitätsurteil recht abgestuft in Erscheinung treten kann, sodass zusätzliche Variablen wie Produkt- und Situationsspezifika hier einbezogen werden müssen. Insbesondere scheint auch der Markenartikel-Effekt – Qualitätsvertrauen trotz unterschiedlicher Preise – den Preiseinfluss zu überdecken.

Die Korrelation zwischen perzipierter Produktqualität und Preis – insbesondere dann, wenn Preisdaten den einzigen verfügbaren Schlüsselreiz für die Produktqualität darstellen – wird von *McConnell* dissonanztheoretisch erklärt: Danach löst ein hoher Preis zunächst Dissonanz aus, die durch preisentsprechende Produktbeurteilung reduziert wird. Eine dissonanztheoretische Deutung steht im Einklang mit unserer These von der kognitiven Konsistenz der Produktattribute, bewegt sich jedoch mit der Behauptung, dass ein hoher Preis zunächst Dissonanz erregt, außerhalb dieses Bezugsrahmens. In Anknüpfung an *von Rosenstiel/Ewald (1979a),* die den Effekt aus der „Social-perception-Theorie“ ableiten, vermuten wir die Existenz impliziter Hypothesen des Käufers, die dieser im Hinblick auf den Zusammenhang zwischen Preis und Qualität hat: Solche Hypothesen haben hier meist die Gestalt von Attributionen (z. B. „Gute Ware hat ihren Preis“; „Was teuer ist, muss auch gut sein“ etc.), die sich in bestimmten Lernprozessen herausbilden und daher mehr oder weniger stabile Attributionen darstellen. Dissonanzen wären dann lediglich bei Ungereimtheiten mit diesen Hypothesen zu vermuten.

Weitet man diesen hypothesentheoretischen Gesichtspunkt aus, so könnte man dem Konsumenten eine *„implizite Preistheorie“* unterstellen, die situations- und produktspezifisch die Rolle des Preises (auch im Kontext mit anderen Informationsreizen) bestimmt. Solche Hypothesen setzen sich einer ständigen Bewährungsprobe aus, die durch selektive Wahrnehmung und Interpretation allerdings meist positiv ausfällt. Entsprechend unterliegen Preiserfahrungen auch der Generalisierung (z. B. „In diesem Geschäft ist alles teuer“) oder der Diskriminierung (z. B. „In dieser Feinkostabteilung sind nur die Wurstwaren preisgünstig“). Im Sinne der Generalisierung kann es zur Übertragung eines Urteils von einer Ebene (z. B. Geschäftsebene) auf eine andere (z. B. Artikelebene) kommen *(Nyström 1970).*

2.2.1.5 Psychologie der Werbung

Die Werbepsychologie hat sich als relativ eigenständiges Forschungsfeld etabliert, wobei frühere Entwicklungsphasen vorwiegend gestaltpsychologisch, neuere Forschungsansätze dagegen überwiegend kommunikationspsychologisch ausgerichtet sind (vgl. im amerikanischen Bereich: *Ray 1982; Percy/Woodside 1983; Rossiter/Percy 1995;* in Deutschland vgl. etwa: *Kroeber-Riel/Esch 2004; v. Rosenstiel/Kirsch 1996; Felser 1997; Mayer/Illmann 2000; Schenk et al. 1990).* Aus absatzwirtschaftlicher Sicht interessieren vor allem die kaufauslösenden Werbewirkungen mit dem Ziel effizienterer Gestaltung der Botschaften. Andere Aspekte der Werbewirkung betreffen die Konsumentensozialisation sowie die behauptete Entwicklung konsumorientierter „materialistischer“ Werthaltungen durch individuelle oder kollektive Modellwirkungen.

Die Werbepsychologie ist ausgesprochen methodenorientiert *(Spiegel 1970);* zahlreiche raffinierte Verfahren (etwa zur Messung der Aufmerksamkeit, der Erinnerungswirkung, des Aktivierungsgrades) sind in diesem Umfeld entwickelt worden. Die meisten dieser Verfahren haben eine gestaltpsychologische „Schlagseite“, d. h., ihre Validität steht und fällt mit bestimmten gestaltpsychologischen Annahmen, die im Lichte neuerer Forschung in wichtigen Punkten problematisch zu sein scheinen. Wir können jedoch im Rahmen unserer eher inhaltsorientierten Einführung auf diese Messmethoden nicht im Einzelnen eingehen (vgl. hierzu: *Schub v. Bossiazky 1992).*

(1) Werbung als Kommunikation

Werbung kann als interessengebundene, intentional beeinflussende Kommunikation aufgefasst werden, die bestimmten absatzwirtschaftlichen Zielen dient: meist Verhaltensbeeinflussung im Sinne der Absatzsteigerung oder -erhaltung, auch indirekt über Einstellungs- oder Imageänderungen.

Entsprechend können Werbewirkungen als Spezialfall von Kommunikationswirkungen analysiert werden. Gemäß der *Lasswell*-Formel lassen sich daher die Analyseeinheiten an der Frage festmachen: „Wer sagt was womit zu wem mit welchem Erfolg?“ Mit Bezug auf die Ergebnisse der Medienwirkungsforschung (vgl. zusammenfassend: *Schenk 2002,* der zwischen den Extrempositionen „Wirkungslosigkeit" und „Omnipotenz" der Medien vermittelt) lassen sich dann auch jene Vorstellungen korrigieren, die die Allmacht der Werbung behaupten und den Mythos vom manipulierten Verbraucher heraufbeschwören. Solche Vorstellungen übersehen, dass auch die Werbung lediglich über ein Netzwerk zahlreicher Brechungen – insbesondere präkommunikative Einstellungen und soziale Beziehungsnetze – wirksam werden kann und vornehmlich dazu geeignet ist, bereits vorhandene Einstellungen und Verhaltensweisen zu verstärken. Ein erheblicher Teil der Werbung hat daher auch eher eine verhaltensstabilisierende – etwa im Sinne der Dissonanztheorie rechtfertigende – Funktion.

Folgt man dem Mediationsmodell von *McGuire (1985,1978)*, so lässt sich die Werbewirkungskette anhand einer *„Hierarchie der Effekte"* studieren, wobei eine Art Trichtereffekt entsteht: *Exposition* (Wer ist überhaupt der Werbung ausgesetzt?) – *Perzeption* (Wer nimmt die Werbung überhaupt wahr?) – *Kognition* (Wer setzt das Wahrgenommene in Denkprozesse um?) – *Akzeptanz* (Wer akzeptiert die auf diese Weise verstandene Botschaft?) – *Erinnerung* (Wer erinnert sich in der realen Kaufsituation an die Botschaft?) – *Aktion* (Wer setzt aufgrund situationaler Umstände die erinnerte Botschaft in eine Kaufhandlung um?). Ein noch weiter differenziertes Stufenmodell, das bereits zentrale Aspekte der *Informationsverarbeitung* enthält, stammt von *Preston (1982)*. Sein Assoziationsmodell betont zunächst verschiedene Stadien der „awareness", die über Bewertungsprozesse in eine Stimulierungsphase übergehen. Bei einem Objekt werden bestimmte Attribute (product-awareness) oder andere Assoziationen (association-awareness) wahrgenommen und bewertet (association-evaluation). Sodann wird die Bewertung auf das Produkt übertragen (product-evaluation). Die Verknüpfung von „association-evaluation" mit dem Produkt ist dabei die primäre Aufgabe der Werbung (vgl. hierzu ausführlicher *Schenk et al. 1990)*.

Wie insbesondere im Gefolge der Studien von *Krugman (1965)* einzuschränken ist, gilt bei *geringem Involvement* (Betroffenheit, Engagement, Ich-Beteiligung), dass die Phasen der Kognition und der Akzeptanz gewissermaßen unterlaufen werden und überwiegend emotionale Vorgänge angeregt werden. Dies wird besonders deutlich in einem Modell der *Wirkungspfade*, das *Kroeber-Riel* und *Meyer-Hentschel (1982)* in Anknüpfung an *Krugman* und *Ray* und in Abwandlung der Stufenmodelle entwickelt haben (Abb. 59).

Auf der Basis dieses Grundmodells wird danach unterschieden, ob informative (rational argumentierende) oder ob emotionale Werbung im Spiel ist sowie ob es sich um stark oder schwach involvierte Konsumenten handelt. Bei involvierten Konsumenten weist der Wirkungspfad sofort auf die starke Aufmerksamkeit, die im Falle der informativen Werbung intensive kognitive Vorgänge, im Falle der emotionalen Werbung dagegen emotionale Vorgänge mit Rückwirkung auf kognitive Prozesse auslöst. In diesem Falle bewegen sich die kognitiven Vorgänge gewissermaßen im Schlepptau der emotionalen, haben demnach den Charakter handlungsvorausgreifender Attributionen (z. B. Rechtfertigungen).

Sowohl das Hierarchiemodell wie auch das Wirkungspfad-Modell zeigen deutlich, dass Werbewirkungstests, die allein die Erinnerungswerte (Recall-Test) zum Maßstab des Werbeerfolgs machen, für diesen nicht angemessen sind. Bei involvierten Konsumenten geht es zusätzlich um kognitive Vorgänge (Beurteilung, Abwägung, Akzeptanz etc.), bei wenig involvierten Rezipienten dagegen um emotive Verarbeitungsprozesse, was sich in Erinnerungsleistungen unterschiedlich niederschlägt.

Allerdings gibt es erhebliche operationale Probleme bei der Anwendung des Involvement-Konzepts *(Finn 1983; Rothschild 1984)*. Der Bezug auf Produkte dürfte sehr problematisch sein, weil im Prinzip jedes Gut Involvement auf sich ziehen kann. Auch scheinen dem Involvement differenzielle Motivationen vorgelagert: z. B. Interesseninvolvement (enduring involvement) oder aber Kaufabsicht: Bedürfnisinvolvement (situa-

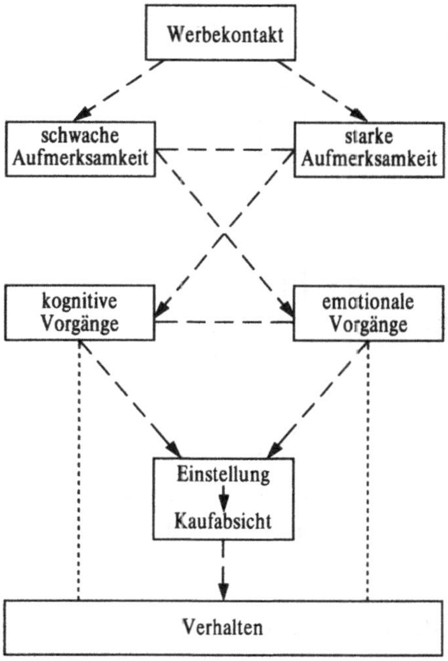

Abb. 59: Wirkungskomponenten der Werbung (nach Kroeber-Riel/Meyer-Hentschel)

tional involvement). Aus diesem Grund wird die hier aufgegriffene Problematik heute eher anhand des Elaboration-likelihood-Modells *(Petty/Cacioppo 1986)* diskutiert, das von einem *zentralen* und einem *peripheren* Weg der Einstellungsbildung und Einstellungsänderung ausgeht (vgl. K 6 sowie 2.2.2.3) und bessere Operationalisierungsmöglichkeiten bietet.

Da es in der Werbung in der Regel weniger um Argumentqualität geht – dieses Kriterium wäre entscheidend für die zentrale Route der Informationsverarbeitung –, dürfte die Werbung ihre besondere Bedeutung in der Lieferung von *peripheren Hinweisreizen* (z.B. Stereotypen) erfahren. Auch im Falle der Ambivalenz (vgl. Abb. 12 zum „Elaboration-Likelihood-Modell"), in dem die Produkt-Informationen sowohl attraktive als auch weniger attraktive Gesichtspunkte enthalten, kann die Produktwahl durch die periphere Route bestimmt werden *(Petty et al. 1988)*. Ebenso ist der Fall denkbar, dass interaktive Effekte von der peripheren zur zentralen Route verlaufen. Periphere Merkmale mögen erst die Aufmerksamkeit und das Interesse des Konsumenten wecken, der sich dann entschließt, weitere Informationen einzuholen und zu verarbeiten *(Miniard/Dickson 1988)*. Der Rezipient „springt" also möglicherweise während des Informations-Verarbeitungsprozesses von einer Route auf die andere.

(2) Werbung und Gedächtnis

In den Untersuchungen, in denen das Erinnern oder Wiedererkennen von werblichen Informationen gemessen wird, folgt man meist einer klassischen Assoziationstheorie, in der die verstärkenden Bedingungen der Situation außer Betracht bleiben. Lernen wird also hier nicht primär als Verhaltensmodifikation bzw. als Erwerb von Verhaltensmustern verstanden, sondern im (auch umgangssprachlich üblichen) Sinne des Erwerbs von Wissen.

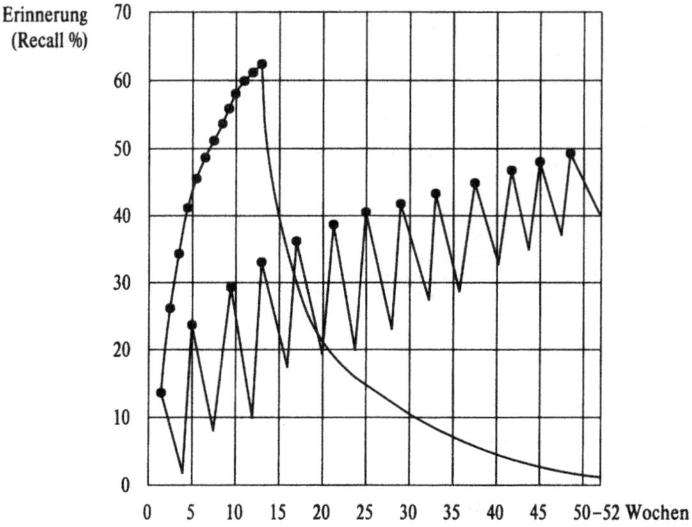

Abb. 60:
Wirkungen massierter und zeitlich verteilter Werbung
(nach Zielske 1959)

Für diesen Sachverhalt gilt die allgemeine Lernkurve (S-Kurve), für das Verlernen die sog. Vergessenskurve. Nach *Zielske (1959)* kann durch eine *zeitlich verteilte* Wiederholung der Information höhere Lernleistung erzielt werden als durch massierte Wiederholungen. Die entsprechenden Recall-Werte werden durch die sogenannte „Sägezahnkurve" deutlich (Abb. 60).

Eine zeitlich verteilte Wiederholung von Werbebotschaften erhöht somit die sog. Depot-Effekte: überdauernde Erinnerungswerte gegenüber steil abflachenden Vergessenskurven (dieser Sachverhalt wird in der Praxis als „Werbeindikator" gemessen).

In diesem Zusammenhang hat man sich generell mit der Frage beschäftigt, ob und in welchem Umfang die Wiederholung von Werbebotschaften die Aufnahmebereitschaft beim Rezipienten begünstigt. Eine Art „Trommelfeuerhypothese" geht davon aus, dass Werbebotschaften gar nicht häufig genug an den Verbraucher herangetragen werden können, da im Normalfall von geringem Involvement auszugehen sei. Durch die ständige Konfrontation werde – im Sinne von *Zajonc (1968)* – eine besondere Vertrautheit (mere exposure) mit dem Stimulus geschaffen. Diese Annahme wird gestützt durch neuere Studien, die zeigen, dass ein *Abnutzungseffekt* („wear-out"), wie ihn *Grass/Wallace (1969)* unterstellen, vermutlich nicht gegeben ist *(Sternthal/Craig 1982)*. Allerdings bezieht sich dies lediglich auf die Lernleistung, also auf die Behaltenseffekte. Daneben ist zu unterstellen, dass auf der affektiven Ebene ein *Sättigungsprozess* einsetzt, der innere Widerstände gegen häufige Wiederholungen hervorruft. Dies lässt sich reaktanztheoretisch (vgl. K 5) begründen. (Ähnliche Unmutsreaktionen wie gegenüber immer wieder gleichen Werbespots treten im Hinblick auf Unterbrechungen von Handlungssequenzen auf, z. B. bei einer Vielzahl von Werbeblocks innerhalb von Spielfilmen.)

Einen ähnlichen Zusammenhang postulieren *Rethans et al. (1986)*, die von einer Zweifaktorentheorie (positive learning factor vs. negative tedium factor) sprechen und einen affektiven Netto-Effekt beider Faktoren zu ermitteln suchen. Man kann die Sättigungskurve hinausschieben oder gar vermeiden, wenn Wiederholungen variiert werden (z. B. originelle Abwandlung eines „gags"). Auf diese Weise können die für Werbung ebenfalls erforderliche Kontinuität und Unverwechselbarkeit *(Bergler 1982)* gewahrt bleiben und ein vorzeitiger Abnutzungseffekt vermieden werden (vgl. *Hughes 1992*). Ähnliches gilt für Reminder- oder Tandem-Werbung, bei der der gleiche Spot in verkürzter Form wiederholt wird (vgl. *Brosius/Fahr 1996*).

Speicherwirkungen von Werbebotschaften hängen eng mit der jeweiligen *Informationsverarbeitung* zusammen. Allgemein kann man davon ausgehen, dass folgende Merkmale die Gedächtnisrepräsentation und die Abrufleistung begünstigen (vgl. *Nisbett/Ross 1980*):

- die Anschaulichkeit, Konkretheit, Augenfälligkeit (Salienz),
- die Lebendigkeit und Dynamik (vividness),
- die Vertrautheit mit dem Stimulus (mere exposure),
- die räumliche und zeitliche „Nähe" der Information.

Auch können Inhalte leichter dekodiert werden, wenn in der Handlungssituation (z. B. beim Kauf) ähnliche situative Bedingungen bestehen wie zum Zeitpunkt der Informationsaufnahme.

In der Werbung ist insbesondere auch die *Bildhaftigkeit* von besonderer Effizienz für die Informationsaufnahme und die Abrufleistung. Hier besteht die Annahme, dass verbale und bildliche Informationen in voneinander getrennten, aber miteinander verknüpften Gedächtnissystemen kodiert, verarbeitet und gespeichert werden (*Paivio 1971; Bower 1972*). Diese Theorie der *dualen Kodierung* besagt ferner, dass bildliche Informationen sowie sprachliche Stimuli, die sich leicht in konkrete Bilder umsetzen lassen („Imagery"), wesentlich leichter gelernt und besser behalten werden als verbale Reize, zumal abstrakte Begrifflichkeiten. Lernkurven verlaufen daher für bildliche Reize steiler, Vergessenskurven fallen flacher ab. Dies spricht deutlich für die höhere Effizienz *bildlichen Materials,* dem ja gegenüber verbalen (nicht-analogen) Reizen auch von vornherein der größere Aufmerksamkeitswert zukommt, auch wenn gewisse Ablenkungseffekte im Hinblick auf die eigentliche Werbebotschaft – die möglicherweise in verbaler Form vermittelt werden soll – dabei nicht auszuschließen sind (*Kroeber-Riel 1993*).

Eine andere „duale" Konzeption hat sich indes nicht als sonderlich tragfähig erwiesen. Wir meinen das Konzept eines dualen Wahrnehmungsapparates, mit dem die Möglichkeit *subliminaler Wahrnehmung* (hier: unterschwelliger Werbung) erklärt werden sollte. Unsere institutseigenen Untersuchungen samt einer kritischen Überprüfung aller empirischen Studien zum Phänomen der unterschwelligen Wahrnehmung *(Brand 1978)* führten zum Ergebnis, „dass in sämtlichen Fällen, in denen Nachweise für die Wirksamkeit unterschwelliger Stimulation postuliert werden, nicht nur auf Seiten der abhängigen Variablen (beeinflusstes Verhalten), sondern mehr auf Seiten der unabhängigen Variablen („subliminaler" Stimulus) methodische Unzulänglichkeiten vorliegen, die in hohem Maße das Zustandekommen arti-

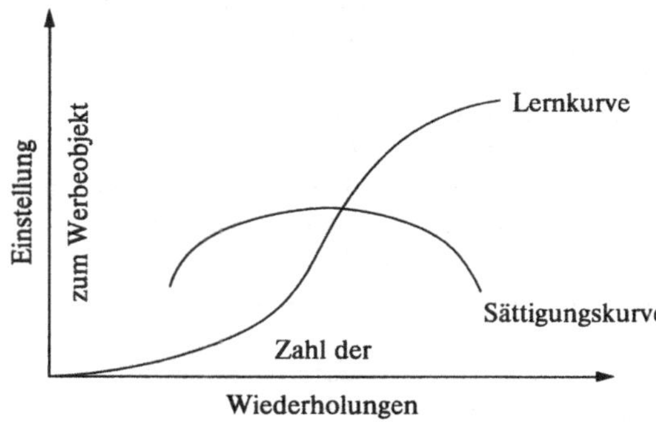

Abb. 61:
Wirkungen der Werbewiederholung

fizieller Befunde begünstigen“ *(Brand 1978, 219). Von Rosenstiel/Ewald (1979a)* vermuten nichtsdestoweniger, dass in dieser Sache das letzte Wort noch nicht gesprochen sei (vgl. auch *Moore 1991* sowie *Bornstein 1989,* der insbesondere eine Verstärkung des „Mere-exposure“-Effekts vermutet). Sollten tatsächlich marginale Effekte der behaupteten Art auftreten, so sind sie aber sicherlich nicht als Wunderwaffe „geheimer Verführung“ zu betrachten; auch benötigt man zu ihrer Erklärung keineswegs die Vorstellung eines dualen Wahrnehmungsapparates. Derartige Effekte – soweit sie tatsächlich auftreten – könnten dann durchaus auch im Sinne eines probabilistischen Wahrnehmungsverlaufs erklärt werden, der das Wahrnehmen nicht nach dem Prinzip eines „Alles-oder-nichts“, sondern als kontinuierlichen Prozess auffasst *(Irle 1975).*

(3) Motivations- und Konditionierungseffekte

Auch in der Werbepsychologie muss dem Umstand Rechnung getragen werden, dass letztlich nicht das Erinnern oder Wiedererkennen von Botschaften intendiert ist, sondern die Aktivierung des Verhaltens. Aktivierende Effekte sind etwa: Veränderung, Überraschungswert, Inkongruenz, Neuartigkeit, erotische Reize, besondere Originalität und Kreativität, Humor etc., die in ihrer Aktivierungswirkung werbepsychologisch gut untersucht sind (vgl. *Mayer/Illmann 2000).* Aktivierung wird dabei häufig als intervenierende Variable der Werbekommunikation angesehen. Allerdings: Die Aktivierung allein – mittels sog. autonomer Reaktionen anhand von Reizvorlagen gemessen – bedeutet noch keine motivationale Hinlenkung auf das intendierte Verhalten. „Wenn die durch den Inhalt der Werbung angeregten spezifischen Motive nicht zugleich jene sind, die den Kauf des Werbegegenstandes bestimmen, so besteht zwischen Indikatoren der Aktivierung und Indikatoren des Kaufverhaltens keine Korrelation“ *(von Rosenstiel/Ewald 1979a, 140).* Außerdem besteht die Gefahr einer stark ablenkenden Wirkung, die die Aufmerksamkeit an das aktivierte Ereignis bindet. Lediglich wenn es gelingt, die Aktivierung zielgerecht auszurichten, kann von *Motivaktivierung* gesprochen werden. Dabei kann man werbepsychologisch an einer Vielfalt möglicher Motive ansetzen: am Leistungsmotiv, am Prestigebedürfnis, an der Neugierde, am Sicherheitsmotiv, am Affiliationsbedürfnis usw.

Neben den Aktivierungsaspekten muss sich die Werbepsychologie mit den verstärkenden Bedingungen auseinander setzen, mit denen die Wirksamkeit von Werbebotschaften ver-knüpft ist. Der motivationale Anreizwert von Werbeappellen ist dabei gleichbedeutend mit dem *Verstärkerwert* des angesonnenen Verhaltens *(instrumentelle Konditionierung).* Dies kann auf einer eher emotional-symbolischen Ebene geschehen („Wenn du die Marke X rauchst, bist du ein cooler Typ.“) oder aber auf eher kognitiver Ebene durch die Darstellung einer instrumentellen Nutzen-Erwartung (z. B. höhere Zinsen für einen Sparvertrag).

Belohnungen liegen im lerntheoretischen Sinne auch dann vor, wenn aversive Reize (z. B. Schuldgefühle) abgebaut werden sollen. Neben die mehr oder weniger glaubwürdige Darstellung des negativen Stimulus (z. B. Mundgeruch, Krankheitsrisiko) tritt dann meist der Hinweis, wie solche Strafreize durch die Verwendung dieses Produktes abgebaut werden können (kein Mundgeruch mehr) und die Schleusen für erstrebte Belohnungen offen stehen (liebevolle und bakteriell einwandfreie Küsse von einer begehrenswerten Frau). In ähnliche Richtung zielt auch der Einsatz von *Furchtappellen* in der Werbung (vgl. *Janis/Feshbach 1953* und werberelevante Folgeuntersuchungen), die – im Sinne der Aktivationstheorien – in mittlerer Intensität am wirkungsvollsten, wohl auch am glaubwürdigsten sein dürften.

Neben der instrumentellen Konditionierung ist auch das Prinzip der *klassischen Konditionierung* werberelevant. Dabei wird der zunächst noch neutrale Stimulus (ein neues

Produkt, ein noch unbekannter Firmenname) mit einem anderen Reiz gepaart, dessen intensive und positiv emotionale Ladung bekannt ist (z. B. Bild einer attraktiven Frau, die Aura eines Palmenstrandes), in der Erwartung, dass es dabei zu einem emotionalen Transfer kommt. *Kroeber-Riel (1979, 1992)* konnte experimentell nachweisen, dass eine solche „emotionale Konditionierung" *(Staats/Staats 1978)* – Erzeugung positiver/negativer Einstellungen gegenüber Objekten mittels klassischer Konditionierung – durch werbliche Appelle im Hinblick auf Produkte möglich ist.

Freilich kann geltend gemacht werden, dass hier assoziative Beziehungen im Spiel sind, die ohne kognitive Beteiligung kaum in dieser Deutlichkeit ablaufen würden (so kritisiert z. B. *Behrens 1988*). Dieser Einwand ist jedoch weitgehend unerheblich, da wir in unseren Vorstellungen von einem kognitiv durchsetzten Behaviorismus ohnehin von kognitiven Bindegliedern zwischen Stimulus- und Response-Variablen auszugehen haben, sodass lediglich die Streitfrage verbleibt, ob kognitive Assoziationen den Konditionierungsprozess lediglich beschleunigen oder ihn erst inszenieren.

Sicherlich mit erheblicher kognitiver Beteiligung werden solche Konditionierungsprozesse auch über *soziale Modelle* (Leitbilder) ausgelöst. Dabei bestehen auch für die Analyse werbewirksamer Modelle die gleichen Fragen, wie wir sie aus der Theorie des Modell-Lernens (vgl. M 6) kennen: Wann und unter welchen Bedingungen erregen Modelle die Aufmerksamkeit? Wann und unter welchen Bedingungen erscheinen die Modelle nachahmenswert? usw. Die von *Bandura* identifizierten Variablen im Hinblick auf Modellnachahmung und Identifikation mögen hier wegweisend sein (vgl. M 6). Darüber hinaus muss eine mit Modellen arbeitende Werbung darauf achten, „stimmige" Leitbilder zu präsentieren. Diese Abstimmung ist einmal produkt(gattungs)spezifisch notwendig (verfehlt z. B. ein „glamour-girl", das für Waschmittel wirbt), zum anderen auch segmentspezifisch (Leitbilder variieren nach Schichtzugehörigkeit, Alter, Lebenszyklus, Geschlecht, Beruf, Gruppenbindung etc.), sodass aus Gründen der Identifizierbarkeit und zur Vermeidung kognitiver Dissonanz differenzielle Strategien den Vorzug haben.

(4) Werbung und Meinungsführer

Werbung wirkt durch ein Netzwerk von Brechungen; Mediationsstationen dieser Art sind in der Regel Diffusionsagenten und Meinungsführer. Einige wichtige Zusammenhänge zwischen Meinungsführung und Innovation hatten wir bereits anlässlich der Adaption neuartiger Produkte diskutiert; wir werden daher hier unmittelbar anknüpfen.

Das ursprüngliche Konzept des „two-step-flow of communication" *(Lazarsfeld et al. 1948; Katz/Lazarsfeld 1955)* besagt im Wesentlichen:

- dass persönliche Beziehungen und Interaktionen einen größeren Einfluss auf die Meinungsbildung haben als die Massenmedien;
- dass bestimmte Personen (opinion leader) im Rahmen informeller sozialer Beziehungen Einfluss auf die Meinungen der Gruppenmitglieder ausüben;
- dass diese Meinungsführer den Massenmedien in stärkerem Maße ausgesetzt sind und entsprechende Informationen an den weniger aktiven Teil der Bevölkerung weitertragen.

Die Vorstellung der Zweistufigkeit hat sich allerdings nicht halten lassen *(Katz 1957; Wright 1964)*; zugleich ist die Vorstellung eines überwiegend passiven Publikums differenzierungsbedürftig *(Cox 1976)*. *Troldahl/van Dam (1965)* sowie *Wright/Cantor (1970)* gehen nicht lediglich von „opinion leaders" und „non leaders" (followers) aus, sondern von „opinion givers", „opinion askers" und „silenters" (Inaktive); auch wurde eine weitere Kategorie von Mischtypen (mixers) eingeführt, die gelegentlich aktiv sind und dann entweder als „Führer" oder als „Folger" auftreten *(Grefe/Müller 1976; Wiswede 1978)*. Schwierigkeiten bereitete zudem das Auffinden von Meinungsführern – von besonderer strategischer Bedeutung für gezielte Werbekampagnen –, die für einige Produktgattungen (z. B. Technisierungsgüter, Pharmaprodukte) leichter, für andere Produktfelder (insbesondere im Bagatellbereich) jedoch kaum lokalisierbar waren. Auch schien die Tatsache, als Meinungsführer zu fungieren, keine „Eigenschaft", sondern vielmehr Merkmal unterschiedlicher Interaktionsbeziehungen zu sein. Anklänge an das Interaktionskonzept aus dem Führungsbereich (vgl. 2.2.4) werden deutlich. Auch scheint Meinungsführerschaft recht spezifisch zu sein. Zu Überlappungseffekten *(King/Summers 1970)* kommt es allenfalls auf dem Wege attributiver Generalisierung auf einem Kontinuum ähnlicher Kompetenzbereiche *(Jacoby 1974)*, z. B. Fernsehgeräte und Videorecorder, heikel bereits bei Kompetenzgeneralisierung etwa von Videorecordern zu Videokameras.

Sieht man von komplexen transaktionistischen Modellen ab, so ist vom ursprünglichen „Two-step-flow-Konzept" nicht mehr viel übrig geblieben (vgl. etwa *Schenk 2002*, der empfiehlt, dieses Konzept zu den Akten zu legen); auch hat das Modell durch die immer weitergehende Differenzierung seine pragmatische Funktion weitgehend eingebüßt. Geblieben ist der Grundgedanke, dass Werbung lediglich im Kontext sozialer Brechungen wirksam werden kann und dabei zahlreiche Modifikationen, Verstärkungen und Abschwächungen erfährt. Hier ist auch die sog. *„Mundpropaganda"* zu verorten („word-of-mouth-advertising"). Die diesbezüglichen Forschungen (z. B. *Arndt 1976)* deuten an, dass beiläufige Konsumgespräche den Einfluss der Werbung um ein Vielfaches übertreffen können. Ähnliches hatten schon *Katz* und *Lazarsfeld* anhand ihrer Befunde vermutet, dass interpersonelle Beeinflussung die Wirkung der Medien marginalisiere. Bereits *Cox (1976)* weist jedoch darauf hin, dass die relative Wirksamkeit personaler und formeller Informationsquellen in hohem Maße von der Phase des Entscheidungsprozesses abhängt. Im Vorfeld einer Entscheidung wird der Konsument zunächst einmal Informationen aus den Massenmedien aufnehmen. Erst im Stadium der Entscheidungsreife, insbesondere des Vergleichs und der Bewertung, wächst die Tendenz, sich mit anderen Personen über die geplante Anschaffung zu unterhalten und sich im Ausmaß des Kompetenzgefälles beraten zu lassen.

Abgesehen von dieser Relativierung ist die ausgeprägtere Effizienz interpersoneller Beeinflussung unbestritten. Ein wichtiger Grund ist die möglicherweise höhere Glaubwürdigkeit des Kommunikators (sofern es sich nicht um einen Verkäufer handelt); ein weiterer ist die besondere Vertrauensbasis, die insbesondere bei hoher Kompetenzvermutung und geringer perzipierter Interessengebundenheit besteht; und schließlich ermöglicht interpersonelle Kommunikation die Eröffnung des „feedback" sowie einer damit gegebenen Möglichkeit des Gedankenaustauschs.

Die Rahmenbedingungen der Werbung und Markenführung sind in den vergangenen Jahren durch die *Digitalisierung* gravierenden Veränderungen ausgesetzt gewesen *(Strauss/ Frost 2009; Göbel 2012)*, so dass ältere Einbahnstraßen-Konzepte der Werbewirkung obsolet geworden sind. Dabei kommt es zu einer Art Kontrollverlust der Anbieter: Bedingt durch den globalen Zugang zu Informationen sowie durch die Möglichkeit des Austauschs mit anderen Konsumenten führt dies zu einem ganz neuen Selbstverständnis von Verbrauchern, so dass man im Zuge dieser Entwicklung von „consumer empowerment" *(Pires et al. 2006)* gesprochen hat.

Dabei wandelt sich das Internet von einem reinen *Zugriffsmedium* – globaler Zugang zu Informationen – hin zu einem *interaktiven Medium (Göbel 2012)*. Dabei betätigen sich Konsumenten gewissermaßen als kritische Gutachter oder selbst ernannte Advokaten (user generated content), so dass die älteren Befunde zum Konzept des word-of-mouth angesichts konsumentenseitiger Netzwerkstrukturen in neuem Licht betrachtet werden müssen.

(5) Sozialisation durch Werbung

In der Werbepsychologie steht (einseitig) die effiziente Gestaltung der Werbung mit dem Ziel absatzwirtschaftlicher Beeinflussung im Sinne kaufauslösender Wirkungen im Vordergrund. Die Werbung hat jedoch – wie die Massenkommunikation überhaupt – auch andere Auswirkungen, die wir hier unter dem Stichwort „Sozialisationseffekte" ansprechen wollen. Neuere Entwicklungen der Medienwirkungsforschung (vgl. zusammenfassend *Schenk 1987),* vor allem im Rahmen der Agenda-Setting-Funktion der Medien, scheinen durchaus auf Langzeiteffekte hinzudeuten, an denen die Werbung nicht ganz unbeteiligt sein dürfte.

Mögliche Sozialisationseffekte der Werbung sind verschiedentlich untersucht worden *(Bergler/Six 1979; Hermanns 1972; Robertson 1980; Roth 1983; Moschis 1987).* Bei *Hermanns* stehen langzeitliche Lerneffekte sowie die Übernahme von Rollenmustern und Werthaltungen der im Werbespot agierenden Modellpersonen im Vordergrund. Diese Perspektive betont auch *Roth (1983),* der insbesondere auf die Übernahme ganzer Konsummuster nach Prinzipien der Theorie des Modell-Lernens verweist. Dabei hat die Darstellung traditioneller Rollenmuster und stereotyper Leitbilder zahlreiche Kritiker auf den Plan gerufen. *S. Müller (1982)* weist jedoch darauf hin, dass der Kontext einer Werbeaussage, ähnlich wie auch anderer medialer Botschaften, „bis zu einem gewissen Umfang gesellschaftlich akzeptierte Realität widerspiegelt und es einem einzelnen Anbieter kaum zuzumuten ist, als Innovator auf werbefremdem Feld aufzutreten und durch nonkonformen Kontext einen Fehlschlag seines eigentlichen Anliegens zu riskieren" *(Müller 1982, 245).*

Die Forschergruppe um *Ward* hat sich mit den Sozialisationswirkungen der Fernsehwerbung beschäftigt *(Ward 1974; Ward et al. 1978; Kuhlmann 1983).* Dabei geht es vor allem um die Angemessenheit bestimmter werblicher Aussagen im Rahmen kognitiver Stile sowie um Transformationsprozesse der Erlebniswelt von Erwachsenen auf Kinder. Insbesondere wird argumentiert, dass Kinder in den frühen Phasen der kognitiven Entwicklung noch nicht in der Lage seien, Sachaussagen von werblichen Aussagen zu unterscheiden (vgl. hierzu die vom Verfasser mitbetreute EG-Studie „Publicité et enfants", *1980* sowie neuerdings *Cram/Ng 1999*). Außerdem wird geltend gemacht, dass Kinder – verstärkt durch Bezugsgruppeneinflüsse seitens der Gleichaltrigen – sozialen Konsumdruck auf Eltern ausüben, wodurch sich u. U. übersteigerte Anspruchshaltungen fortsetzen.

Jenseits der eher kurzfristigen Sozialisationswirkungen, die empirisch besser einlösbar sind *(Bergler/Six 1979),* bleiben Überlegungen zur langfristigen, gesellschaftsrelevanten Sozialisationswirkung weitgehend spekulativ. Dennoch steht außer Frage, dass zahlreiche Normen unter dem Einfluss der Werbung geringfügig, aber konstant modifiziert, verstärkt oder abgeschwächt werden (z. B. Hygienenormen, Sparnormen, Kleidungsnormen, gesellschaftliche Rollenbilder), bis hin zur Entwicklung gesellschaftlich „verbindlicher" Konsumstandards. Die Fixierung von Geschlechtsrollen durch die Verfestigung von *Rollenstereotypen* ist gleichfalls der Werbung mit anzulasten. Zwar gibt es mittlerweile den Sondertypus der Karrierefrau; nichtsdestoweniger bleibt die Hausfrau als dekorative Ausstattung von Männerwelten das dominante Rollenmuster, das in der Werbung vermittelt wird (vgl. *Thomas 1993; Paduschek 1995).*

Auch werden bestimmte Modetrends oder Konsumgewohnheiten vielfach von der Werbung inszeniert, um sich dann – durch zahlreiche soziale Brechungen – u. U. infektiös auszubreiten. Zudem dürfte tendenziell gelten, dass Werbung dahingehend sozialisierend wirkt, materialistische Wert- und Normvorstellungen mit allen Aspekten des sozialen Vergleichs zu fördern, darüber hinaus eine „heile Welt" zu propagieren, die ihr Heil vorwiegend aus Konsumgütern erfährt *(Kutsch/Wiswede 1986, 233)*. Soziologen sprechen hier häufig von der „ideologischen Kraft der Werbung" oder von einer „Reklamisierung der Gesellschaft". Hier geht es weniger um den Kaufanreiz für spezifische Produkte, sondern um die Vermittlung bestimmter Lebens- und Konsumstile sowie um die Förderung spezifischer Zielvorstellungen und Anspruchshaltungen. Widersprüche zwischen der Botschaft vom schönen und guten Leben einerseits und den realen Möglichkeiten, diese Ziele zu erreichen, andererseits (Beispiel: ehemalige DDR und in der Nachfolge die neuen Bundesländer) können dann im Sinne des Chancenstruktur-Ansatzes anomietheoretisch gedeutet werden. Makropsychologisch verzeichnen wir hier wieder eine unangemessene Ansteckwirkung im Sinne des Modell-Lernens (vgl. M 6): Ertragsaspekte des Modells werden imitativ angestrebt, ohne die Bereitschaft, Kosten gleichfalls zu übernehmen. Hier können wir an unsere Ausführungen zur psychologischen Problematik der Wiedervereinigung sowie zur Anspruchsbildung (Kap. 1.2.2) anknüpfen.

Andererseits sollte die verbreitete Vorstellung von der Omnipotenz der Werbung auch in diesem Zusammenhang auf ein sozialwissenschaftlich angemessenes Maß zurechtgestutzt werden: Werbung ist in solchem Kontext nur *eine* Einflussgröße unter vielen, auch agiert Werbung vornehmlich in konsistentem Gleichklang mit Zeitströmungen, denen sie sich lediglich anschmiegt.

2.2.1.6 Psychologie des Verkaufs

Einen absatzpsychologisch besonders wichtigen Problembereich bilden Anbieter-Nachfrager-Interaktionen (vgl. hierzu zusammenfassend: *Schoch 1969; Bagozzi 1979; Jacoby/Craig 1984; Reingen/Woodside 1981; G. F. Müller 1983; Nerdinger 2001*). Die anwendungsorientierte Literatur zum „personal selling" erweist sich hierbei oft als problematisch, da der Rezeptcharakter der Befunde allzu sehr im Vordergrund steht, weshalb eine „Verkaufspsychologie" in Psychologen-Kreisen als „nicht-existent" gilt. Nichtsdestoweniger verfügt die Sozialpsychologie über zum Teil hochentwickelte Theorien zur sozialen Beeinflussung, Interaktion und Kommunikation, die in diesem Bezugsfeld recht fruchtbar sein könnten. Auch wäre von neueren Ergebnissen der Verhandlungsforschung zu profitieren, sodass es grundsätzlich möglich sein müsste, eine empirisch und theoretisch fundierte Verkaufspsychologie zu etablieren. Darüber hinaus könnte durch die stärkere Bezugnahme auf die Verhandlungsforschung die diesbezügliche Perspektive auf *Marktinteraktionen* generell ausgeweitet werden und somit einen allgemeineren Beitrag zur Marktpsychologie liefern *(Specht/Wiswede 1976; Wiswede 1983; G. F. Müller 1983; Nerdinger 2001)*.

Die „vorderste Verkaufsfront" – nämlich der Konsument – kann vom Hersteller nur dann beeinflusst werden, wenn der Markt über direkte „Promotion" bearbeitet wird. Ansonsten bleibt nur die Möglichkeit der indirekten Einwirkung. Wie bei allen absatzpolitischen Aktivitäten gilt jedoch auch hier die enge Verflechtung zwischen Anbieter- und Nachfrager-Verhalten: Das Handeln der Anbieter ist – insbesondere in entwickelten und relativ gesättigten Märkten – interaktiv auf das Verhalten bzw. die mutmaßlichen Reaktionen der Konsumenten abgestimmt. Verkaufspsychologie ist daher die Psychologie eines Interaktionsprozesses.

(1) Person des Verkäufers

Das Interesse an der Person des Verkäufers bestand zu Beginn der Forschung vor allem in der Suche nach den Merkmalen oder Eigenschaften „guter", v. a. erfolgreicher Verkäufer (vgl. *Kroeber-Riel/Weinberg 2003; Nerdinger 2001*). Wie parallel auch bei der Thematik von Führungseigenschaften (vgl. 2.1.2.5) war diesem Ansatz wenig Erfolg beschieden. *Vinchur et al. (1998)* haben eine aufwändige Meta-Analyse ausgewählter Verkäufer-Studien durchgeführt, in denen Zusammenhänge zwischen Verkaufserfolg und zentralen Persönlichkeitsdimensionen („big five"), nämlich Gewissenhaftigkeit, Extraversion, Neurotizismus, Verträglichkeit und Offenheit für Erfahrung empirisch überprüft wurden. Dabei wurden allenfalls schwache Korrelationen zwischen Leistung und Gewissenhaftigkeit sowie Extraversion ermittelt. Erstaunlich war, dass sich kein Zusammenhang zwischen Neurotizismus und Leistung findet; auch der Zusammenhang mit Extraversion – eine Eigenschaft, die Verkäufern üblicherweise zugeschrieben wird – blieb verblüffend niedrig. Die enttäuschend geringen Zusammenhänge zwischen Leistung und Verkäufer-Persönlichkeit scheinen durch Situationsvariablen moderiert (vgl. *Nerdinger 2001*), wobei das Augenmerk mehr auf den situativen Bedingungen liegen sollte, die wir parallel auch in den situativen Führungskonzepten thematisiert haben.

Neben dem Fünf-Faktoren-Modell wurden auch andere Persönlichkeitsmerkmale oder Dispositionen einbezogen, von denen man annahm, dass sie für Verkaufserfolge unerlässlich sind. *Caldwell/O'Reilly (1982)* ermittelten z. B., dass Verkäufer mit hoher Selbstüberwachungstendenz *(Snyder 1987)* durch ihre gute Beobachtungsgabe in der Lage sind, die Erwartungen und Wünsche der Käufer zu diagnostizieren und darauf opportunistisch und flexibel zu reagieren. *Snodgrass et al. (1998)* ermittelten, dass das Persönlichkeitsmerkmal *Expressivität* geeignet sei, sich in andere Menschen einzufühlen (Empathie). Dabei geht es um kognitive Empathie (Perspektivenübernahme) – sich in die Gedanken anderer hineinzuversetzen – sowie um emotionale Empathie – sich in die Gefühlswelt anderer (z. B. Ängste, Statusprobleme, Entscheidungsstress) zu versetzen. *Brown et al. (1998)* berichten über starke Zusammenhänge zwischen Leistung und *Selbstwirksamkeit* (i. S. *Banduras*) in diversen Verkaufsfeldern, was schon dadurch nahe gelegt wird, dass Selbstwirksamkeitsvorstellungen (Kontrollüberzeugungen) generalisierte Dispositionen darstellen, komplexe Situationen zielführend und erfolgreich anzugehen (vgl. M 6). In die gleiche Richtung wirkt ein positiver Attributionsstil (vgl. *Johnston/Kim 1994;* vgl. auch K 3).

Daneben sind – und hier entfernt man sich von einer persönlichkeitstheoretischen Perspektive – Fähigkeiten und Wissen zentrale Aspekte erfolgreichen Verkaufens. Im Hinblick auf komplexe Güter und Dienstleistungen ist eine gewisse Fachkompetenz unerlässlich. Bezüglich der Verhandlungsführung ist *soziale Kompetenz* mit ihren zahlreichen Facetten (Kommunikationsfähigkeit, Empathie, Überzeugungskraft, Menschenkenntnis) von Bedeutung *(Schuler/Barthelme 1996)*. In diesem Zusammenhang ist auch „kategorisches Wissen" wichtig. Kategorien sind, ähnlich wie Schemata, kognitive Strukturen, die das organisierte und interdependente Wissen über einen Bereich (z. B. Verkaufssituation, Kundentypologien) repräsentieren. Verkäufer, die z. B. über eine differenzierte Kundentypologie verfügen, können aufgrund sozialer Hinweisreize Kunden klassifizieren und kognitiv zuordnen. Zu simple Kategorien wirken stereotyp; der Verkäufer ist dann nicht in der Lage, komplexere und schemadurchbrechende Formen der Interaktion aufzugreifen und zu steuern.

(2) Interaktionsaspekte des Verkaufs

Empirischer Forschungsschwerpunkt bei Verkaufsinteraktionen sind die Bedingungen, die deren Effizienz begünstigen. Eine klassische Studie von *Evans (1968)* bestätigt die Hypothese, dass Absatzerfolg und wahrgenommene *Ähnlichkeit* von Verkäufer und Käufer kovariieren. Ähnlichkeit bezieht sich dabei auf übereinstimmende Merkmale des individuellen und sozialen Hintergrunds: in Bezug auf Werthaltungen, Einstellungen, Lebensstil, Alter, Berufsstatus, Interessengebiete usw. Statt von Ähnlichkeit spricht *Sheth (1974)* von *Kom-*

patibilität zwischen Käufer und Verkäufer im Hinblick auf Ziel und Inhalt der Kommunikation: Je weiter die Einstellungen und Erwartungen der beiden Interaktionspartner über Inhalt der Kommunikation (z. B. Bewältigung von Sachfragen, Informationsgehalt, Problemlösungen) und den Stil der Kommunikation (aufgabenorientiert-sachlich, personorientiert-emotional) voneinander abweichen, umso geringer ist die Chance einer reibungslosen und erfolgreichen Transaktion.

Die Ähnlichkeitsbedingung ist wohl die meistuntersuchte verkaufsfördernde Bestimmungsgröße gewesen *(Cialdini 1987; Busch/Wilson 1976; Crosby et al. 1990)*. *Woodside/Davenport (1974)* kombinierten die Variablen Kompetenz und Ähnlichkeit; bei gleichzeitigem Vorliegen ergaben sich Synergie-Effekte, wobei sich jedoch die wahrgenommene Kompetenz des Verkäufers stärker auf die Anzahl der Käufe/Verkäufe auswirkte als die wahrgenommene Ähnlichkeit. *Crosby et al. (1990)* finden in ihrem „relationship quality model“, dass Ähnlichkeit vor allem den kurzfristigen Verkaufserfolg berührt. Allerdings dürfte zusätzlich entscheidend sein, worauf sich die Ähnlichkeit im Einzelnen bezieht: lediglich auf äußere Merkmale (Auftreten, Kleidung, Umgangsformen) oder auf den Lebensstil und ähnliche Lebensumstände oder aber auf den Status (ähnliches Bildungsniveau, Einkommensniveau etc.). Im Sinne der Eindrucksbildung könnten auch hier generalisierende Attributionen sowie die beschriebenen Ausstrahlungseffekte (Halo-Effekt, Irradiation, Detaildominanz, Kontext-Effekt) von Bedeutung sein, die zur Überschätzung (oder Unterschätzung) der Ähnlichkeit führen können.

In einer an *Bales'* Interaktionsanalyse orientierten Untersuchung beobachteten *Willett/Pennington (1976)* Verkaufs-Interaktionen als *Problemlösungsprozess* und stellten hierbei fest, dass erfolgreiche Transaktionen sich durch überdurchschnittlich viele aufgabenorientierte Aktivitäten des Verkäufers auszeichneten. Bei erfolglosen Verkaufsgesprächen traten emotionale Spannungen auf, die meist vom Verkäufer zu vertreten waren. Der Ansatz von *Willett* und *Pennington* bildete auch das Grundparadigma zahlreicher Programme zur Verkaufsschulung (z. B. „selling grid“), das die Spannbreite möglicher Variablen zur Beeinflussung des Verkaufserfolgs auf zwei Faktoren reduzierte: Aufgabenorientierung (Zielstrebigkeit, Domination, „ego drive“) und Kundenorientierung (Empathie, Integration). Die nahe liegende, aber etwas kurzschlüssige Formel für Verkaufserfolg liegt nach dieser Rezeptologie darin beschlossen, dass der erfolgreiche Verkäufer beides beherrschen müsse: *Zielstrebigkeit,* also das angestrebte Verkaufsziel – wenn auch auf produktiven Umwegen – zu erreichen, und *Einfühlung,* d. h. die Belange des Kunden, seine Einstellungen, Erwartungen, Wünsche und Vorinformationen empathisch nachzuvollziehen, auch auf dem Wege der „Rollenübernahme“ („taking the role of another“).

Beschränkt man sich versuchsweise tatsächlich auf die genannten Einflussgrößen, so dürfte bereits ein Blick auf den zeitlichen Verlauf von Verkaufsverhandlungen darauf aufmerksam machen, dass das „effiziente“ Mischungsverhältnis aus empathischen und zielstrebigen Verhaltensweisen in den jeweiligen Interaktionsphasen wechselt: z. B. zu Beginn eine „kommunikative Hinstimmung“, Schaffung eines positiven emotionalen Klimas, Wahrnehmung der Wünsche und Probleme des Interaktionspartners, sodann die Verstärkung problemorientierter und problemlösender Aktivitäten und schließlich – nach Erreichen des Abschlusses oder einer Einigung – die Entspannung in einer wiederum positiv-emotionalen Atmosphäre in der Abschlussphase, verbunden möglicherweise mit zusätzlicher Hilfestellung beim Abbau kognitiver Dissonanzen (Abb. 62).

Ein solcher Interaktionsablauf kann auch als *soziale Episode* bzw. als *Skript* (i. S. der Schematheorie, K 6) betrachtet werden. Sowohl Käufer wie auch Verkäufer haben schematisches Wissen darüber gespeichert, wie ein Verkaufsgespräch verlaufen und ein Kunde oder Verkäufer reagieren sollte (Verkäuferschema, Kundenschema). So kann ein bestimmtes

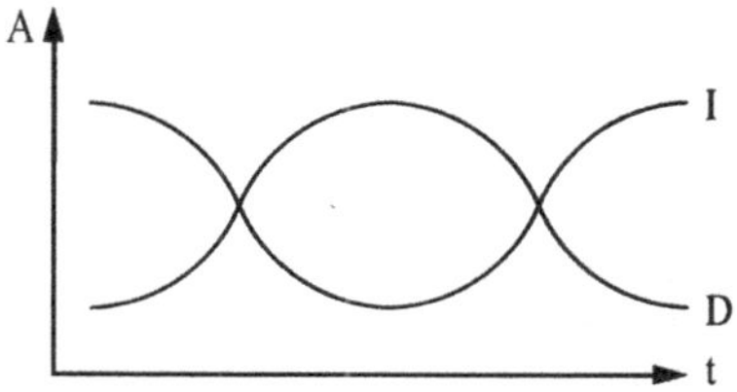

Abb. 62:
Anteil integrativer (I) und dominativer (D) Aktivitäten (A) während des Interaktionsverlaufs (idealtypisch)

Verhalten des Verkäufers, das der Kunde als Beeinflussungsversuch interpretiert, das Schema des Beeinflussungswissens aufrufen (vgl. *Nerdinger 2001*). Ist ein solches Schema aktiviert, werden alle weiteren Informationen im Lichte dieses Schemas interpretiert („Der will mir ja doch nur etwas verkaufen!").

Beim Interaktionsverlauf ist auch zu berücksichtigen, dass der Verkäufer in aller Regel stärker *rollengebunden* ist, weil und insofern er dem Erwartungsdruck übergeordneter Instanzen unterliegt. Beim Käufer ist dies nur dann der Fall, wenn er als Einkäufer eines Betriebes auftritt oder wenn er – als Konsument – die Erwartungen anderer (z. B. der Nachbarn, der Familienmitglieder) in seine Kaufüberlegungen einbezieht.

Auch könnte die Interaktionsperspektive beider Interaktionspartner in eine Rollenperspektive (I 3) umgemünzt werden: Gegenseitige Rollenerwartungen und deren jeweilige Erfüllung/Nicht-Erfüllung im Interaktionsprozess werden den Verlauf der Interaktion entscheidend mitbestimmen. Kommt es zu Diskrepanzen (z. B. ungenügende Kompetenz des Verkäufers, fehlende Neigung des Käufers, auf Argumente angemessen einzugehen), wird der Interaktionsverlauf gestört, was bestimmte Attributionsprozesse auslösen wird (z. B. „labeling": „Dieser Kunde ist ein Dummkopf") oder Zuschreibung bestimmter Intentionen (z. B. interessengebundene Verkaufsstrategie) bei „hard selling".

Die Rollenperspektive hatten wir bereits im Zusammenhang mit dem Dienstleistungsprozess (das Verkaufsgeschehen ist hier einzuordnen) ausführlicher behandelt (vgl. 2.2.1.2). Da Verkäufer häufig unklaren Rollenerwartungen *(Rollenambiguität)* und *Rollenkonflikten* vom Typ des Intersender-Konflikts ausgesetzt sind (vgl. I 3), wurden vielfach Zusammenhänge dieser Rollenstressoren mit bestimmten abhängigen Variablen wie Leistung, Zufriedenheit, Bindung an die Organisation und Kündigungsabsicht ermittelt. Eine diesbezügliche meta-analytische Studie ergab nur mäßige Beziehungen zwischen Rollenkonflikten und Leistung bzw. Zufriedenheit, ausgeprägte Korrelationen dagegen für Rollenambiguität. Insofern dürfen wir annehmen, dass unklare Rollenerwartungen einen besonders sensiblen Bereich für die Arbeit eines Verkäufers darstellen.

Es entspricht dem Interaktionsaspekt, auch die Möglichkeit der Beeinflussung des Verkäufers durch den Käufer in Betracht zu ziehen *(Schoch 1969)*, z. B. durch nichtökonomisches Reinforcement (etwa Schmeicheleien), das u. U. zur Veränderung von Zahlungskonditionen führt. *Keil (1991)* konnte überdies zeigen, dass informierte (kompetente) Käufer eine größere Chance haben, Preiszugeständnisse zu erzielen. Für viele Betriebe ist ein besonderes Vertrauensverhältnis zwischen professionellen Einkäufern und Verkäufern problematisch, weil Verkäufer dann nur noch zu suboptimalen Bedingungen verkaufen und zu viele Zugeständnisse machen.

(3) Kommunikationsaspekte des Verkaufs

Analog zu den *Hovland-Studien* über die Einflussmöglichkeiten eines glaubwürdigen Kommunikators liegt es nahe, wahrgenommene Verkäufer*kompetenz* (Kompetenz im Sinne von Fachwissen) als Variable in den Verkaufserfolg einzubeziehen *(Busch/Wilson 1976)*. Auch andere Variablen, die die Glaubwürdigkeit beeinflussen, fallen hier ins Gewicht: *Status* (im Allgemeinen dürfte ein Verkäufer/Berater mit höherem Status glaubwürdiger wirken), *Erfahrung* (gute bzw. positive Erfahrung mit einem Kommunikator fördert die Erwartung, auch jetzt und künftig gut beraten zu werden). Auch die Vertrauensdimension (wahrgenommene *Interessengebundenheit)* dürfte hier von Belang sein: Je ausgeprägter die perzipierte Interessengebundenheit und je intensiver der Aufforderungsdruck des Verkäufers ist, desto weniger dürfte er glaubwürdig erscheinen. Auch die im Rahmen dieser Forschungsreihen untersuchte Variable *„Dynamik"* – Gesprächsführung mit hoher vs. niedriger emotionaler Beteiligung – mag hier von Relevanz sein – man denke an die Methode des „hard-selling" –, wobei die empirischen Ergebnisse für eine „mittlere Dynamik" sprechen, die einerseits ein gewisses Engagement („Überzeugungskraft") verrät, andererseits jedoch die Interessengebundenheit durch zu großes Engagement nicht zu sehr in den Vordergrund treten lässt.

Die Wirkung von Aufforderungsdruck, Interessengebundenheit und Dynamik lässt sich auf der Basis der *Reaktanztheorie* (vgl. K 5) beschreiben: Allzu dominatives Verhalten engt beim Rezipienten (Kunden, Käufer) wahrgenommene Verhaltensspielräume ein. Mögliche Folgen sind: Bumerang-Reaktion (d. h., der Kunde tut das Gegenteil dessen, was ihm angeraten wurde), Fluchtreaktionen (d. h., der Kunde geht aus dem Feld, verlässt das Geschäft) und Meidungsreaktionen (d. h., der Käufer wird künftig im Sinne des Vermeidungslernens reaktante Situationen umgehen, also z. B. das Geschäft nicht wieder betreten) (vgl. zur diesbezüglichen Anwendung der Reaktanztheorie: *Wiswede 1979).*

Allerdings gibt es Zweifel, ob Dynamik als eigenständiger Faktor neben „competence" und „trustworthiness" fungiert. Anders als in den Yale-Studien von *Hovland* lassen sich Kompetenz und Vertrauenswürdigkeit auch als *personale Konstrukte* (im Sinne *Kellys)* bzw. als Hypothesen des Individuums (im Sinne der Hypothesentheorie, K 1) auffassen. Äußere Stimuli (z. B. Aussehen, Geschlecht, Alter, sichtbarer Status, nonverbales Verhalten, Argumentationsstil, Kleidung, Dynamik) determinieren dann (via Wahrnehmungs- und Interpretationsprozesse) die personalen Konstrukte, die ihrerseits in Urteile (über Glaubwürdigkeit) umgemünzt werden.

Im Sinne des ELM (vgl. K 6) ist freilich darauf hinzuweisen, dass bei zentraler Informationsverarbeitung die Bedeutung der Kommunikator-Stimuli sowie auch des Argumentationsstils sinkt, weil der Fokus hier auf eine Auseinandersetzung mit den inhaltlichen Aspekten des Problems gerichtet ist. Bei geringer Fähigkeit und Motivation zur Informationsverarbeitung ist der Rezipient eher auf die peripheren Quellencharakteristika angewiesen. Bei zentraler Informationsverarbeitung büßen diese Hinweisreize – Expertenstatus des Kommunikators, Beliebtheit und Attraktivität des Kommunikators, das non-verbale Verhalten des Kommunikators, die Anzahl der Argumente etc. – ihre Wirkung ein; entscheidend bleibt allein die *Argumentqualität (Petty/Cacioppo 1986; Petty et al. 1983).*

Da sich jedoch Verkaufsgespräche häufig im peripheren Verarbeitungsbereich abspielen – auch ein „Springen" zwischen peripherer und zentraler Route ist jederzeit möglich – und das Kompetenzgefälle zwischen den beiden Parteien oft erheblich ist, sind *nonverbale Hinweisreize* (Mimik, Blickkontakt, Gestik, Körperhaltung, paraverbale Signale) nichtsdestoweniger von hoher Bedeutung für die Einschätzung des Verkäufers und dessen Beeinflussungserfolg (vgl. allgemein: *Argyle 1996,* mit Zuschnitt auf nonverbale Marktkommunikation: *Weinberg 1986*). Ein wichtiger Aspekt ist hier der „fit" zwischen verbaler und nonverbaler Information. Bei Divergenzen zwischen beiden Kommunikationssignalen wird die nonverbale Komponente stärker durchschlagen und unter Umständen im Sinne einer Täuschung interpretiert (Vermeiden von Blickkontakt, zu große Hektik, unsichere Sprechweise).

(4) Soziale Techniken des Verkaufs

Aus den genannten Konzepten lassen sich im pragmatischen Sinn soziale Techniken ableiten (die man Verkäufern anraten und vor denen man Käufer warnen könnte). Eine erste Regel bestünde darin, *reaktanzauslösende* Verhaltensweisen zu vermeiden, also den Käufer nicht unter Druck zu setzen, ihm das Gefühl zu geben, am Entscheidungsprozess voll beteiligt zu sein oder ihn die Schlussfolgerung selbst ziehen zu lassen. Um dies zu gewährleisten, sind erhebliche Empathie-Leistungen zu erbringen; der Verkäufer hat ein Gespür dafür zu entwickeln, ob und in welcher Weise perzipierte Freiheitsspielräume des Kunden eingeengt werden.

Eine zweite Regel folgt aus dem Grundparadigma der Interaktion als eines *Austauschgeschehens (Busch/Wilson 1976):* Danach wird auch die Beziehung zwischen Käufer und Verkäufer als Austausch von Belohnungen und Strafreizen interpretiert. Belohnungen durch den Verkäufer sind etwa: wertvolle Informationen, Preisnachlässe, Lob des Kunden (z. B. über dessen „richtige" Ansichten), freundliches Verhalten, Aktivitäten, die das Selbstbild bzw. den Status des Käufers fördern, etc. Strafreize durch den Verkäufer geraten in die Interaktionsbeziehung durch: Widerspruch und Korrektur von Meinungen, zu wenige oder zu viele Alternativen, zu komplexe Argumentation, Unfreundlichkeit, konfliktäre Verhandlungsführung, Ausspielen von Kompetenzvorteilen, Einschränkung der Wahlfreiheit etc. Da Interaktionen immer strafreizgefährdet sind, obliegt es dem Verkäufer, im Rahmen der Interaktionsbeziehung Strafreize so schnell wie möglich abzubauen, auftretende Dissonanzen am besten gemeinsam mit dem Interaktionspartner zu reduzieren.

Weitere soziale Techniken lassen sich aus *Argumentationsstilen* ableiten, soweit sie in der Kommunikationsforschung genügend erforscht sind. Eine wichtige Strategie ist in diesem Zusammenhang die *zweiseitige* (mehrseitige) Argumentation. Darunter versteht man (im engeren Sinn) das gleichzeitige Herausstellen von Vorteilen und Nachteilen einer in Erwägung gezogenen Alternative, im weiteren Sinne auch die Einbeziehung anderer Alternativen. Dieses Verfahren hat den Vorteil einer glaubwürdigen, weniger interessengebunden wirkenden Darstellung des Anbietenden, mit der Folge geringerer Reaktanzgefährdung. Durch kognitive Beteiligung des Interaktionspartners beim Entscheidungsprozess stabilisiert sich u. U. die getroffene Entscheidung, sie wird gewissermaßen einwandsimmun *(McGuire 1962)*. Der Nachteil der zweiseitigen Argumentation liegt u. U. darin, dass Konflikte erst heraufbeschworen werden und dass der Rezipient durch die komplexe Argumentation überfordert ist. (Aus diesem Grund sind die Befunde zur zweiseitigen Argumentation uneinheitlich; es kommt auf die Bedingungen an, unter denen sie stattfindet.)

Einige Aufmerksamkeit hat in diesem Zusammenhang noch die Frage gefunden, ob der Verkäufer das Gespräch möglichst in sachlich-kognitiven Bahnen verlaufen lassen oder eher emotional argumentieren solle. Natürlich ist ein solches Entweder-oder ziemlich unsinnig; die effiziente Mischung ist u. a. auch eine Frage des Interaktionsverlaufs, wie wir eben bereits dargestellt haben. Im Allgemeinen kann man davon ausgehen, dass die emotionale Einstimmung zu Beginn eines Gesprächs – also ein positives Affektklima – den besten Nährboden dafür liefert, dass Informationen auch angemessen kogniziert werden. In einem solchen Klima des Vertrauens und der Sympathie wird auch der kognitive Aufwand reduziert: Es genügt oft die Darbietung einiger relevanter Schlüsselinformationen. Seitens des Kunden ist freilich umgekehrt davon auszugehen, dass die Qualität einer Entscheidung aufgrund des positiven Affektklimas sowie gehobener „Stimmung" *(Schwarz 1990)* entscheidend eingetrübt sein kann. Ihm wäre also zu raten, emotionale Aufladung weitgehend zu vermeiden.

Capon/Swasy (1981) diskutieren Möglichkeiten der Einflussnahme anhand des Modells von *Fishbein/Ajzen* (vgl. K 1). So vermag der Verkäufer die Belief-Struktur zu beeinflussen, indem er Argumente verwendet, die die Überzeugungsstärke erhöhen. Andererseits kann auch die Value-Komponente Gegenstand der Einflussnahme sein (Stimulierung von Bedürfnissen, Aufzeigen ungeahnter Möglichkeiten). Auch die normative Seite des Modells steht der Stimulation offen (z. B. Hinweise auf Bezugspersonen und -gruppen; andere Verwender, die positive Modelle abgeben; Hinweise auf soziale Konsequenzen positiver und negativer Art). Daneben werden andere „compliance gaining techniques" diskutiert, u. a. die bereits in der klassischen Sozialpsychologie behandelte „Foot-in-the-door-Technik" (wenn das Eis erst einmal gebrochen ist ...) oder die „Door-in-the-face-Technik" (den anderen zunächst überfordern und dann schrittweise konzessionieren), wobei die letztere allerdings reaktanzauslösend wirken kann. Eine grundsätzliche strategische Option wäre aus dem ELM (vgl. K 6) abzuleiten: Soll der Verkäufer den zentralen oder den peripheren Weg der Verhaltensbeeinflussung einschlagen (vgl. hierzu *Petty et al. 1984)?* Der zentrale Weg ist dann vorzuziehen, wenn eine stabile Entscheidung (etwa mit der Folge von Kundentreue etc.) angestrebt wird. Der periphere Weg (also die Argumentation mit Schlüsselreizen oder „heuristischen Krücken") wäre „kostensparender" und eher dort ohne negative Folgen, wo es sich nur um einmalige Interaktionsprozesse handelt (z. B. im Falle von „Laufkundschaft").

Bei der Erörterung der Sozialtechniken des Verkaufs könnte auch auf *Cialdinis (2007)* „sechs Säulen der Beeinflussung" zurückgegriffen werden (die deutsche Übersetzung seines Buches trägt zu Unrecht den Titel: „Die Psychologie des Überzeugens"; es geht eigentlich um Manipulationstechniken). *Cialdini* unterscheidet sechs solcher Ansatzpunkte: das Reziprozitätsprinzip, das Commitmentprinzip, das Prinzip der Bewährtheit, das Sympathieprinzip, das Autoritätsprinzip und das Knappheitsprinzip.

Das Prinzip der *Reziprozität* besteht darin, den Partner durch besondere Zuwendungen (Geschenke, eine unerbetene Gefälligkeit) in den Stand der Verpflichtung zu bringen. Wir kennen dieses Prinzip bereits aus der Austauschtheorie. *Cialdini* sieht auch die (von ihm sogenannte) „Door-in-the-face-Technik" unter diesem Gesichtspunkt: Man setze die Anfangsforderungen so hoch an, dass man Raum für mehrere Konzessionen/Gegenangebote hat. Denn der andere fühlt sich u. U. verpflichtet, auf eine Konzession seinerseits mit einer Konzession zu reagieren. Dadurch entsteht ein sozialer Druck, sich revanchieren zu müssen. Allerdings – dies hatten wir an anderer Stelle bereits betont – erweisen sich ähnliche Techniken als reaktanzgefährdet.

Das Prinzip *„Commitment"* reflektiert darauf, dass der Geschäftspartner (hier der Kunde) sich in der Angelegenheit festlegt, indem er selbst aktiv wird, indem er dies möglichst öffentlich tut, jedoch auf (vermeintlich) freiwilliger Basis. (Wir erinnern uns: Diesen Commitment-Faktor hatten wir im Zusammenhang mit dem Beziehungsmarketing bereits diskutiert; vgl. Kap. 2.2.1.2.) Einmal getroffene Entscheidungen rufen stets neue Gründe und Rechtfertigungen auf den Plan. Sie bestehen auch dann fort, wenn die ursprüngliche Entscheidungsgrundlage weggefallen ist. Ein Paradebeispiel ist hier die bereits erwähnte Foot-in-the-door-Taktik: mit einer kleinen Bitte beginnen, um schließlich Zustimmung zu einer größeren zu erreichen.

Das Prinzip der sozialen *Bewährtheit* (social proof) ist am Verhalten anderer orientiert und reflektiert die Neigung der meisten Menschen zur Konformität. Als richtig wird empfunden, wenn man sich so verhält wie die anderen. Nach *Cialdini* ist dieses Prinzip, das zur Nachahmung einlädt, besonders wirksam im Falle der Unsicherheit (geringe physikalische Realität im Sinne der Theorie sozialer Vergleichsprozesse; vgl. Kap. 2.2.1.2.) und Ähnlichkeit der jeweiligen Bezugspersonen.

Das Prinzip der *Sympathie* gründet auf der Tatsache, dass sympathische Kommunikatoren (Verkäufer) es leichter haben, andere Menschen zu beeinflussen. Sympathie erscheint dabei nicht als vorgegebene Größe; vielmehr können Sympathie konstituierende Faktoren beeinflusst werden: Erhöhung der Attraktivität, Betonung von Ähnlichkeit, Schaffung von Vertrauen (vgl. 2.2.1.2), die Anwendung von Komplimenten und Einschmeichelungstaktiken. Mancher Kauf würde nicht zustande kommen, wenn der Verkäufer nicht so sympathisch wäre.

Das Prinzip der *Autorität* (hier im Sinne von Fachautorität) folgt der Erfahrung, dass Menschen leichter etwas glauben, wenn sie „Autoritäten" gegenüberstehen. Verkäufer machen gelegentlich auch davon Gebrauch, dass sie für bestimmte Fragen einen „Experten auf diesem Gebiet" hinzuziehen. Autorität ist häufig mit bestimmten Symbolen verbunden, z. B. Titel, Kleidung, Luxusgüter. Dabei wird in der Regel verdrängt, dass Autoritäten oft nicht ehrlich sind: Sie mögen zwar kompetent sein, sind jedoch durch ihre besondere Interessengebundenheit wenig vertrauenswürdig. Die perzipierte Glaubwürdigkeit (und Vertrauenswürdigkeit) kann jedoch auch dadurch manipuliert werden, dass man auf kurzfristige Erfolge verzichtet (z. B. der Kellner, der vom teuren Gericht abrät und gerade dadurch Freiraum für die Empfehlung eines besonders teuren Weines gewinnt).

Das Prinzip der *Knappheit* (scarcity principle) macht sich die Erkenntnis zunutze, dass Objekte, die selten, knapp oder schwer erreichbar sind, höher bewertet werden. Dieses Prinzip basiert auf zwei Quellen: Geringe Verfügbarkeit suggeriert höhere Qualität oder etwas „Besonderes". Zum Zweiten bedeutet Unerreichbarkeit einen Verlust an Freiheit, was zu Reaktanz führt (insbesondere, wenn diese Freiheit vorher bestand), mit der Folge einer Aufwertung der schwer erreichbaren Alternative. Auch exklusive Informationen, die nicht jedermann zugänglich sind, haben im Allgemeinen mehr Überzeugungskraft, sodass es immer günstig ist, in den Augen des Betroffenen diese Exklusivität zu betonen.

Cialdini ist sich im Klaren darüber, dass es sich hier um Schleichwege der Beeinflussung handelt, die man gelegentlich als „soft influence" bezeichnet und die bei geschickter Anwendung reine *Manipulation* bedeuten. Er sieht deren Erörterung jedoch schon deswegen als legitim an, weil Betroffene die Möglichkeit haben, sich vor solchen Beeinflussungsstrategien zu schützen, wenn sie sie durchschaut haben. Allerdings könnte eine solche Feststellung auch eine gewisse Alibi-Funktion für alle diejenigen haben, die Beeinflussungswissen vermitteln *(Cialdini 2007)*.

(5) Psychologische Aspekte der Verkaufsförderung

Verkaufsförderung wird häufig als Ergänzung zu Werbung und Verkauf verstanden. Typisch für diese Maßnahmen ist der eher punktuelle Einsatz zum Zweck kurzfristiger Stimulierung des Absatzes. Es handelt sich dabei um das Setzen von Anreizen zum Verkauf, z. B. durch Produktproben, Gutscheine, Rabatte, Aktionen, Werbegeschenke, Treueprämien, Preisnachlässe, Gratisbeilagen etc.

Aus psychologischer Sicht gilt, dass das Setzen solcher Anreize kurzfristig durchaus in der Lage sein mag, den Absatz zu stimulieren, zumal oft allein der Hinweis darauf, dass es sich um einen Sonderpreis und um eine Sonderaktion handelt, ausreicht, um eine Rechtfertigung zum bevorzugten Kauf zu haben. Dies gilt – zumal bei geringer Preiskenntnis – auch dann, wenn das Angebot in Wahrheit keinerlei Besonderheit bedeutet. Allerdings können die externen Stimuli Attributionen fördern, dass das Objekt keine glanzvollen Eigenschaften hat, sondern nur wegen der zusätzlichen Anreize gekauft wird. Im Sinne der Dissonanztheorie (K 2) sind das Sonderangebot und das Bonussystem bereits ausreichende Begründung für den Kauf; die Produkteigenschaften müssen deshalb nicht zur Begründung bemüht werden. Im Sinne der Attributionstheorie (K 3) könnte dies als „Überveranlassung" interpretiert werden: Der Hinweis auf „externe" Gründe (die Stimuli der Verkaufsförderung) mag die „internen" Gründe (z. B. Wert und Eigenschaften des Produktes selbst) unterminieren. Dies führt auf längere Sicht zur Imageschädigung und zu einem Verlust der Bindungskräfte an dieses Produkt. Je stärker nämlich ein Verhalten durch äußere Anreize motiviert wird, desto unwahrscheinlicher wird die Bindung des Konsumenten an das Produkt (vgl. *Felser 1997, 200)*. Dies geht zu Lasten der Loyalität und der Markentreue.

Hierzu passt die Beobachtung, dass der Absatz von Produkten, die mit einem besonderen Bonus verbunden waren, unter das Ausgangsniveau sinkt, wenn der Bonus wegfällt *(Mullen/ Johnson 1990)*. Denn durch externe Anreize werden die Einstellungen zum Produkt eher verschlechtert als verbessert. Für ein gesteigertes Commitment ist es sogar im Gegenteil besser, wenn das Produkt nur über bestimmte Barrieren verfügbar ist (z. B. begrenztes Angebot, das Produkt ist nicht überall zu bekommen, das Produkt ist teuer, die Lieferzeiten sind lang usw.). Solche Barrieren können im Sinne der Reaktanz-Theorie (K 5) als Freiheitsverlust interpretiert werden. Auch unter dieser Perspektive würde dann das Produkt aufgewertet werden.

Die negativen Auswirkungen externer Anreize zeigen sich vor allem bei Preis-Promotions, und zwar sowohl im Hinblick auf die Markentreue wie auch auf die Einkaufsstätten-Treue. Allerdings sind solche Aktionen für neue Produkte manchmal der einzige Weg, in verhärtete Märkte einzudringen und habituelles Kaufverhalten zu durchbrechen. Der Kunde hat nun Anlass, sich mit dem neuen Produkt vertraut zu machen, was ja immerhin auch bedeuten kann, dass er seine Vorzüge schätzen lernt.

2.2.2 Psychologie der Nachfrage

Die Erörterung absatzpolitischer Instrumente impliziert in ihren psychologischen Aspekten bereits die gedankliche Einbeziehung bestimmter Konsumentenreaktionen. Mit diesen Verhaltensweisen wollen wir uns nun jedoch explizit auseinander setzen. Der Ausdruck Verbraucherverhalten (Konsumentenverhalten) bezieht sich dabei auf sämtliche Verhaltensweisen, die auf die Erlangung und private Nutzung wirtschaftlicher Güter (einschl. Dienstleistungen) gerichtet sind. Die Kaufhandlung selbst ist hierbei nur ein einzelner Schritt in einem größeren Prozess, dem bestimmte Vorgänge vorangehen (z. B. Bedürfnisbildung, Entscheidungsvorbereitung, Informationsbeschaffung) und andere Vorgänge folgen: z. B. Nutzung, Gebrauch, Demonstration. Denkt man sich die Kaufhandlung und damit die der empirischen Ermittlung direkt zugängliche Marktentnahme als Kernstück des Verbraucherverhaltens, so ist der Begriff Verbrauch demnach der inhaltlich weitere Begriff.

Der hier betonte *Prozesscharakter* des Konsums ist für eine sozialwissenschaftliche Behandlung dieses Themas außerordentlich bedeutsam. Dabei sind auch hier wieder die psychologischen Aspekte des Konsumentenverhaltens, wie sie hier im Vordergrund stehen, in sozial-kulturelle Bedingungszusammenhänge eingebettet. Fragen des Lebens- und Konsumstils sind u. a. Ausdruck bestimmter struktureller Bedingungen (Versorgungsniveau einer Gesellschaft, Gesellschaftssystem, Marktentwicklung, Teilhabe an Gütern etc.) sowie kultureller Werthaltungen (materialistische „Gesinnung“, Lebensstile etc.), die den Stellenwert und den Bedeutungsgehalt konsumrelevanter Handlungen erst verständlich machen. So macht es wenig Sinn, über Konsummotive nachzudenken oder Maße für „consumer discontent“ zu entwickeln, ohne die gesellschaftlichen Ausgangsbedingungen zu reflektieren, die zu ganz spezifischen Verhaltensweisen führen.

Zum Konsumentenverhalten gibt es zahlreiche Lehrbuchtexte; die bekanntesten sind: *Zaltman/Wallendorf (1983); Kassarjian/Robertson (1991); Engel et al. (1995); Wilkie (1994); Solomon (1996); Mowen (1997); Assael (1998)*. Deutsche Texte stammen von *v. Rosenstiel/ Ewald (1979); Behrens (1991); Müller-Hagedorn (1994); Trommsdorff (2003)* sowie *Kroeber-Riel et al. (2009)*.

2.2.2.1 Psychologie der Käufermotivation

Unter dem Dachbegriff „Motivation“ behandeln wir gemäß unserer Definition (vgl. M 1 – 4) zunächst wieder einige energetische Aspekte, die insbesondere mit Problemen der Aktivierung und der Emotion verbunden sind, um uns sodann den zielgerichteten, eher kognitiv orientierten Aspekten des Motivationsgeschehens zuzuwenden.

(1) Aktivierung und Emotion

In der Konsumentenforschung wird die aktivierende Komponente des Kaufverhaltens zum Teil völlig unterschlagen (z. B. *Engel et al. 1995)*, zum anderen jedoch – unseres Erachtens zu Recht – in besonderem Maße betont *(Kroeber-Riel et al. 2009; Behrens 1991)*.

Die Bedeutung aktivierender, emotional positiv oder negativ getönter Komponenten auf das Konsumverhalten ist unbestritten. Allerdings sind die Aussagen – trotz der von *Kroeber-Riel* nachhaltig propagierten psycho-biologischen Messverfahren – recht allgemein geblieben, was wohl daran liegen mag, dass der Erregungsbegriff in den vorliegenden Aktivations- und Emotionstheorien (vgl. M 1) doch recht unspezifisch verwendet wird. Auch spekulative Anwendungen des Aktivationskonzepts vom Typ *Berlyne* bilden keine ausreichende Grundlage für die weit reichenden Schlüsse, die etwa *Scitovsky (1977)* daraus zieht. Dieser versucht nämlich den Nachweis zweier verschiedener Formen der Bedürfnisbefriedigung zu liefern: einer ersten, die auf dem Wege zum Optimum wachsende Erregung (z. B. Abwechslung, Reiz des Neuen) impliziert, und einer zweiten, die durch ein Verweilen innerhalb des Erregungsoptimums zustande kommt und – wir erinnern an die Erörterungen zur Arbeitszufriedenheit – eher mit einem statischen Begriff des Behagens zu beschreiben ist. *Scitovsky* nimmt an, dass Konsumgüter mit wachsendem Wohlstand eher der so beschriebenen Erregung dienen. Er schlägt ferner die Brücke zur Wertwandeldiskussion, indem er behauptet, dass solche Tendenzen mit veränderten Werthaltungen (z. B. einem Hang zum Aktivismus, zum Hedonismus) zusammenhängen. In diesem Kontext stehen auch die Konzepte des Emotions-Marketings sowie des *Erlebnis-Marketings* (vgl. etwa: *Weinberg 1992)*.

Ein weiterer Anwendungsfall des Aktivationskonzepts beschäftigte uns gleichfalls bereits beim Arbeitsverhalten: Dabei interessiert insbesondere die umgekehrt u-förmige Beziehung zwischen *Erregungsgrad* und positiver Auswirkung (z. B. hohe Leistung). Beim Konsumentenverhalten geht es vor allem um hohe Aufmerksamkeit, angenehme Empfindungen und effiziente Informationsverarbeitung. Dabei wird im Hinblick auf Werbewirkungen konstatiert, dass Aktivierung zu erhöhter Aufmerksamkeit und Sensibilisierung gegenüber bestimmten Reizen führt, die dann auch besser erinnert werden. Da bei Werbereizen im Allgemeinen die Schwelle zur Überaktivierung kaum überschritten wird *(Meyer-Hentschel 1983; Kroeber-Riel et al. 2009)*, kommt es zur Überaktivierung wohl lediglich bei überzogener und drastischer Darbietung von Werbebotschaften (z. B. Furchtappellen), die nach Überschreiten einer Schwelle aversiv wirken. Jenseits der Werbewirkungen kann Überaktivierung auch dann gegeben sein, wenn unter Zeitdruck entschieden werden muss oder wenn bestimmte Bedürfnisse (insbesondere auf physiologischer Ebene) so bedrängend wirken, dass der Emotionsdruck unmittelbar durchbrüchig wird.

Von besonderer Bedeutung sind die Auswirkungen der Emotionsstärke bzw. des Aktivierungsgrades auf den Prozess der *Informationsverarbeitung*. Unteraktivierung bietet ein zu geringes Stimulusniveau, um kognitive Prozesse in Gang zu setzen. Ein mittlerer Aktivierungsgrad (aber auch mit positiver Emotionalisierung) schafft – wie bereits im Zusammenhang mit Werbewirkungen ausgeführt – den besten Nährboden für eine effiziente Informationsverarbeitung. Emotionalisierung vermag die Art und Weise der Bewertung rationaler Appelle selektiv vorzustrukturieren. Dabei zeigte sich allerdings, dass euphorische Stimmungen (z. B. Kaufstimmung, Konsum in ausgelassener Stimmung) die Qualität der Informationsverarbeitung negativ beeinflussen, während (etwas) „gedrücktere" oder pessimistische Stimmungen deren Effizienz verbessern *(Schwarz 2001; Forgas 2000)*.

Jenseits dieser speziellen Anwendungen ergibt sich die Bedeutung energetischer Komponenten für das Konsumverhalten (wie für wirtschaftliches Verhalten überhaupt) aus der Tatsache, dass Aktivierungsprozesse sowie deren Emotionalisierung (in angenehm/unangenehm) die Grundlage der Präferenzbildung darstellen. In vielen Modellen zum Konsumentenverhalten (z. B. in den Einstellungsmodellen oder den Konzepten zur Informationsverarbeitung) werden Bewertungen mehr oder weniger als gegebenes Faktum übernommen und nicht nach ihren Entstehungszusammenhängen hinterfragt. Auch wenn solche Bewertungen kognitiv besetzt sind: Sie stellen – wohl auch ontogenetisch gesehen – die primäre und eigentliche Schubkraft des Verhaltens dar *(Zajonc 1980)*. Die Tatsache, dass Emotionen vielfach in kognitiven Hülsen auftreten und in sozialen Umfeldern ausgerichtet und geprägt werden, sollte nicht zu einer Überschätzung der kognitiven Perspektive führen (wie sie für die neuere Konsumentenpsychologie typisch ist).

(2) Motive und Bedürfnisse

Ersten Anwendungen des Motivationskonzepts auf das Konsumentenverhalten im Rahmen der sog. Motivforschung (motivation research) war wenig Erfolg beschieden. Die Motivforschung *(Dichter 1961)* beschränkte sich auf eine höchst einseitige und noch dazu inadäquate Anwendung psychoanalytischer Erklärungsmuster. Auch die hier entwickelten indirekten Methoden (vor allem projektive Tests und qualitative Intensiv-Interviews mit erhoffter größerer Validität um den Preis geringerer Zuverlässigkeit) haben mittlerweile ihren zentralen Stellenwert wieder eingebüßt. Erst in den letzten Jahren versucht man unter Vermeidung tiefenpsychologischer Fallgruben mit Erfolg, qualitative Verfahren wiederzubeleben (z. B. nondirektive Gesprächsführung, Gruppendiskussionen mit „Konsumexperten"), wobei sich der Einsatz dieser weniger strukturierten Verfahren insbesondere auf die ersten Forschungsphasen beschränken sollte.

Eine zweite Variante der Anwendung motivationspsychologischer Konzepte bestand in der Übernahme der Vorstellung, es gebe eine begrenzte „Liste" von Grundmotiven, die zugleich einen Katalog möglicher Kaufmotive abgeben könnten. Auch *Maslows* Hierarchiemodell – hier meist in Verbindung mit dem Wertwandelkonzept – ist auf den Konsumbereich bezogen worden *(Scherhorn 1983)*, vor allem um zu zeigen, dass mit wachsendem Wohlstand andere Motivkonstellationen das Verbraucherverhalten bestimmen und dass expansivere Motive (wie Selbstverwirklichung, Erleben) in den Vordergrund treten.

Unsere einleitende Betrachtung zu den verschiedenen Motivationstheorien hat deutlich gezeigt (vgl. M 1 – 7), dass der Geltungsbereich des Konzepts auf relativ homogene Lernumwelten eingeschränkt bleibt. Dies allein macht es möglich, z. B. vom Leistungsmotiv zu sprechen. Aber selbst beim Leistungsmotiv verbergen sich – wie wir bereits im Zusammenhang mit unternehmerischem Verhalten und wirtschaftlicher Entwicklung gesehen haben – höchst unterschiedliche qualitative, im Erleben der Betroffenen möglicherweise auch differenzierende Submotivationen, die lediglich durch den sozialen Kontext in ihrer qualitativen Ausprägung gedeutet werden können. Es kann also nur sinnvoll sein, von bestimmten Motivsyndromen zu sprechen, die allen Menschen eines Kulturkreises mehr oder weniger gemeinsam sind, und zwar in dem Maße, wie Bedingungen festgestellt werden können, die regelmäßig zu einer affektiven Veränderung durch kulturelle Arrangements beitragen.

Auf diese Weise sind wichtige soziale Motive, wie Affiliation, Macht und Leistung, erfolgreich analysiert und auch gelegentlich auf das Konsumentenverhalten übertragen worden. Dies gilt zunächst für das *Leistungsmotiv* (vgl. M 3): Auch beim Kaufverhalten ist zwischen Konsumenten zu unterscheiden, die auf Sicherheit bedacht sind, und solchen Verbrauchern, die eher nach Erfolg streben. Auf diese Weise kann man die Neigung zum Risiko deuten, desgleichen die Relation zwischen Sparen und Konsum (sowie die Wahl der Sparform), die Neigung zu Teilzahlungskäufen sowie das Auftreten von Konsumpionieren und Nachzüglern *(Wiswede 1973)*. Auch das (benachbarte) *Geltungsmotiv*, das seit *Veblen (1899)* im Konsumbereich eine herausragende Rolle spielt (vgl. auch *Leibenstein 1966; Vershofen 1959)*, ist neuerdings als „Prestigemotiv" Gegenstand von Untersuchungen gewesen *(Adlwarth 1983)*. Wenig beachtet ist demgegenüber das sog. *Anschluss- oder Affiliationsmotiv*. Dabei legen zahlreiche empirische Untersuchungen nahe, in den eher expressiven Formen des Konsumverhaltens von Kindern und Jugendlichen (z. B. in der Kleidung, bei Schallplatten) die Wirkung dieses sozialen Motivs zu sehen.

Betrachtet man den Zusammenhang zwischen Motivationsstruktur und Produktcharakteristika, so kann von folgenden Voraussetzungen ausgegangen werden *(Wiswede 1972)*:

- Das Individuum will meist mit einem Konsumgut mehrere Bedürfnisse befriedigen.
- Konsumgüter sind mehr oder weniger gut dazu geeignet, dieser Bedürfniskonstellation zu entsprechen, d. h. bestimmte Zwecke zu erfüllen (z. B. einwandfreies Funktionieren, Prestigevermittlung, ästhetischer Genuss, Erlebnisse).
- Das auszuwählende Produkt wird vom Individuum nach der Eignung, für die verschiedenen Bedürfnisintensitäten passende Befriedigungsmöglichkeiten zu bieten, kognitiv „abgetastet".

Im Ergebnis entspricht dieses Konzept einem Fit-Modell, wie wir es ähnlich bereits im Zusammenhang mit der Berufswahl oder im Hinblick auf Aspekte der Arbeitsmotivation kennen gelernt haben.

(3) Motivation und Nutzenerwartung

In der neueren Motivationsforschung dominieren – wie bereits ausgeführt – kognitive Theorien *(Heckhausen 1989; Weiner 1988)*, die allerdings oft recht formal und inhaltlich kaum definiert sind. Der Grundgedanke der *Wert-Erwartungs-Theorien* (vom Typ *Rotter* oder *Vroom*, vgl. M 4) lässt sich zweifellos auch auf das Konsumverhalten anwenden *(Jacoby 1975; Wiswede 1980c)*. Dabei kann man die subjektive Wertigkeit (Instrumentalität eines Produktes X zur Erreichung bestimmter Endziele) von Handlungsergebnissen ermitteln. Es ist also z. B. festzustellen, welche Zwischenziele und Endziele ein Individuum beim Kauf eines Automobils realisieren möchte. Diese Wertigkeit wird sodann – nach dem bekannten Muster – mit der subjektiven Wahrscheinlichkeit gewichtet (z. B. multipliziert), mit der der Konsument das Eintreten bestimmter Konsequenzen (oder Zwischenfolgen) erwartet. Dabei sind auch hier wieder die Erwartungen das Ergebnis bestimmter Lernerfahrungen. Sie unterliegen dem Prinzip des Risikos, vor allem dort, wo sich der Käufer neuen Produkten gegenübersieht, deren Verhaltenskonsequenzen (z. B. Tauglichkeit, Wiederverkaufswert, soziale Bewertung durch Bezugsinstanzen) er nicht richtig abschätzen kann (vgl. 2.2.2.5).

Modelle der geschilderten Art werden im Konsumbereich vor allem im Rahmen der Einstellungsforschung verfolgt, was zum einen auf Berührungspunkte zwischen Einstellungs- und Motivationsforschung verweist, zum anderen jedoch auch wieder jenen gemeinsamen Theoriekern der Wert-Erwartungs-Theorien hervorhebt. Und ähnlich, wie man in der Einstellungsforschung zwischen Einstellungen unterscheidet, die eine starke kognitive oder aber eine ausgeprägte affektive Komponente beinhalten, kann man Motivationen unterscheiden, die durch kognitive Vorgänge (rationale Einsicht, Überlegungen, elaborierte Informationsverarbeitung) getragen werden, und solche, die überwiegend auf Konditionierung oder Modell-Lernen gründen.

Ein Konzept, welches versucht, das relevante Produktwissen in die Motivationsanalyse einzubeziehen, stellt das *„laddering-concept“ (Reynolds/Whitlark 1995)* dar. Das Produktwissen bestimmt dabei die subjektiven Produktvorteile, die anzeigen, dass der Konsument eine bestimmte Motivation mit dem Produkt befriedigen kann. Der Grundgedanke des Leiter-Konzeptes ist dabei ähnlich wie bei der Instrumentalitätstheorie von *Vroom (1994,* vgl. M 4); erfasst wird hier die Instrumentalität mit gestaffelten, hierarchisch angeordneten Warum-Fragen (z. B. Frage: Warum ist dieses Produkt wichtig für Sie? Antwort: Es macht nicht so müde wie alkoholische Getränke. Frage: Warum legen Sie Wert darauf, nicht müde zu sein? usw.; vgl. zu dieser Technik des „Hinterfragens“ auch *Peter/Olson 1998).* Bei dieser Art des Vorgehens ist allerdings unterstellt, dass die Befragten genauere kognitive Vorstellungen über die instrumentelle Verknüpfung haben. Wenn sie erst in der Befragungssituation konstituiert werden, ist höchst zweifelhaft, ob solche Verknüpfungen in der Realsituation auf die gleiche Weise wirken.

(4) Motivation und Lernen

Wir haben bereits deutlich gemacht, dass das Motivationsgeschehen unlösbar mit Lernprozessen verbunden ist und von ihnen umso mehr überformt wird, je stärker sich Verhalten an konkreten Zielen und Objekten orientiert. Lerntheorien (vgl. M 5, M 6) können also auf das Konsumentenverhalten angewandt werden, weil und insofern dieses Verhalten durch Lernprozesse erworben wird. Zu unterscheiden sind dabei lerntheoretische Analysen des Verbraucherverhaltens generell (i. S. einer allgemeinen Theorie des Konsumentenverhaltens; vgl. *Wiswede 1985; Foxall 1989, 1994)* sowie lerntheoretische Anwendungen auf spezielle Konsumprobleme (z. B. Fragen der Produktwahl und des Produktwechsels, Entwicklung von Markentreue, emotionale Konditionierung bei Werbeappellen etc.), aber auch Vorgänge, die zum faktischen Verhalten lediglich mittelbare Bezüge aufweisen, z. B. Informationsaufnahme, -verarbeitung und -speicherung.

Das zentrale Postulat der lerntheoretischen Perspektive bleibt das *Effektgesetz* (vgl. M 5). Für das Konsumverhalten bedeutet dies Folgendes: Ein diesbezügliches Verhaltensmuster wird umso eher auftreten (und sich damit etablieren/stabilisieren), je häufiger es in der Vergangenheit (per Saldo) belohnt wurde. Belohnungen/Bestrafungen sind dabei auf drei Ebenen zu sehen (vgl. *Wiswede 1972, 1985* sowie unsere empirischen Untersuchungen: *Wiswede/Müller 1980; Adelt et al. 1990):*

- auf der *Objekt-Ebene,* instrumentell durch den Gebrauchsnutzen des Konsumgutes (z. B. Waschkraft, Haltbarkeit);
- auf der *Sozial-Ebene,* vermittelt durch die Resonanz, die der Kauf bzw. die Verwendung des Gutes bei anderen findet (z. B. Anerkennung, Missbilligung);
- auf der *Selbst-Ebene,* durch die Möglichkeit des Individuums, sich selbst zu belohnen und zu bestrafen (z. B. Genugtuung über umweltbewusstes Verhalten, Schuldgefühle bei exzessivem Konsum).

Da in aller Regel Belohnungen und Strafreize beim Kauf- und Verwendungsverhalten in spezifischer Mischung auftreten, sind Konfliktsituationen (vom Typ des Appetenz-Aversions-Konfliktes) unvermeidlich. Im zeitlichen Vorausgriff werden die erwarteten Belohnungen/Strafreize mit Wahrscheinlichkeiten gewichtet: Es kommt zu mehr oder weniger stabilen Nutzenerwartungen, die durch Produkterfahrungen dann eingelöst oder enttäuscht werden. *Anderson (1973)* sieht nach vollzogener Handlung einen Soll-Ist-Vergleich: Diskrepanzen zwischen individuellen Nutzenerwartungen und tatsächlich erlebten Nutzenqualitäten führen zu bestimmten Konsequenzen (Ausweichen auf andere Produkte, Beschwerdeverhalten, Abbau kognitiver Dissonanz etc.).

Die lernpsychologische Grundannahme, wonach das Verhalten durch seine Konsequenzen gesteuert wird, ist durch Prinzipien der Generalisierung und der Diskriminierung zu ergänzen. Befassen wir uns zunächst kurz mit der *Generalisierung,* die (im Hinblick auf die Stimuli) besagt, dass das Individuum in subjektiv ähnlichen Situationen gleiches (bewährtes) Verhalten zu zeigen versucht. Auf diese Weise kommt es zu Transfer-Effekten: Das Individuum generalisiert z. B. seine Einkaufserfahrungen im Geschäft X oder generalisiert gute Produkterfahrungen mit Y des Herstellers Z in der Weise, dass auch andere Güter dieses Geschäfts oder Herstellers in Erwägung gezogen werden (Image-Transfer). Solche Generalisierungen können im kognitiven Sinne die Form von „Hypothesen" annehmen. *Diskriminierung* bedeutet im Hinblick auf unterschiedliche Situationsklassen, dass das Verhalten im Ausmaß der Stärke dieser Situation nur dann belohnend ist, wenn der betreffende diskriminative Stimulus vorliegt (z. B. Rauchen oder Alkoholkonsum nur in „Gesellschaft"). Werden – im Hinblick auf die Response – nur bestimmte Elemente oder Aspekte eines Verhaltens belohnt, so wird das Individuum selektiv vorgehen und mit differenziertem Verhalten antworten. Dies ist der Ansatzpunkt der psychologischen Produktdifferenzierung, die darauf angelegt ist, dort diskriminative Unterschiede zu schaffen, wo durch weitgehende Homogenität der Güter wenig Abstufungsmöglichkeiten bestehen. Durch die Betonung der sog. „kleinen Unterschiede" wird es möglich, in Fragen des Lebensstils mit subtilem Verhalten zu reagieren und „Kennerschaft" auszuweisen.

Von besonderer Bedeutung erweisen sich beim Konsumverhalten nicht nur Vergleichsprozesse mit früheren Ergebnissen, sondern auch Vergleiche mit signifikanten Bezugspersonen oder Bezugsgruppen. Dabei sollten auch die Annahmen des *Modell-Lernens* (vgl. M 6), die bisher in der Konsumpsychologie eine etwas stiefmütterliche Rolle spielten, stärker in die Analyse einbezogen werden (vgl. jedoch bereits: *Krais 1977).* Es zeigt sich nämlich, dass die Übernahme kompletter Konsum-Muster am ehesten durch die Theorie des Modell-Lernens zu erklären ist. Das Konzept dürfte dabei vor allem im Rahmen der Konsumenten-Sozialisation von besonderer Bedeutung sein *(Roth 1983).* Die Theorie der Imitation und des Beobachtungslernens schlägt ferner eine Brücke zur Frage der Medienwirkung auf das Verbraucherverhalten. Dies wird unterstrichen durch die besondere Funktion von Leitbildern im Konsumbereich, auch in der Werbung.

Neben diesen eher „klassischen" Anwendungen der Lernprinzipien auf das Konsumentenverhalten erweist sich auch das Gesetz des *relativen Effekts* (in Verbindung mit dem *myopischen Effekt;* vgl. 1.4 des ersten Teils sowie M 5) als relevant. So könnte z. B. die sofortige Befriedigung von Konsumwünschen (etwa durch Kredit oder unter Verzicht auf Sparen) den Vorrang gegenüber einem rational sinnvolleren Bedürfnisaufschub erhalten. Solche Verlockungen werden begünstigt durch institutionelle Ermunterung zum sofortigen Konsum, z. B. durch Werbeappelle oder durch die Einräumung von Überziehungskrediten. In ähnlicher Weise lassen sich Menschen oft zu einem (unter Rationalitätsgesichtspunkten gesehen) wenig sinnvollen Konsumverhalten verleiten: im Übermaß fernzusehen, zu rauchen oder zu trinken, die Diät zu durchbrechen, der Droge nachzugeben usw., obgleich die Konsequenzen auf der Hand liegen. Der Grund besteht darin, dass in der Zukunft liegende Konsequenzen in starkem Maße und in zeitlich inkonsistenter Weise abdiskontiert werden, sodass man sich durch die sofortige Verfügbarkeit bestimmter Konsumbelohnungen oftmals „verführen" lässt.

2.2.2.2 Psychologie konsumrelevanter Gewohnheiten

Gewohnheiten sind auch im Arbeits- und Organisationsbereich von erheblicher Bedeutung; allerdings sind sie dort meist eingebettet in ein Netz formalisierter und bürokratischer Regeln, die eine gewisse Routine schaffen. Im Konsumbereich jedoch haben Gewohnheiten einen besonderen Stellenwert, den bereits *Katona (1960)* mit seiner Abgrenzung sog. „echter Entscheidungen“ von gewohnheitsmäßigen Handlungen hervorgehoben hat. Die Bedeutung von Gewohnheitshandlungen im Konsumbereich wird auch in neueren Untersuchungen (vgl. vor allem *Dieterich 1986)* herausgestellt.

(1) Entstehung von Konsumgewohnheiten

Die Habitualisierung ist – lerntheoretisch betrachtet – eine Folge dauerhafter Verstärkung. Insbesondere lassen bei kontinuierlicher Verstärkung die kognitiven Aktivitäten nach *(Bayton 1958),* d. h., das Individuum engagiert sich immer weniger in die Aktivität. Es kommt also zu einer *kognitiven Entlastung* von Handlungsvollzügen, die gewissermaßen auf eingefahrenen Geleisen ganz automatisch ablaufen. *Weinberg (1981)* misst „kognitive Entlastung“ als Differenz zwischen der Zahl jener Produkteigenschaften, auf die es nach Auskunft der Befragten „grundsätzlich“ beim Kauf von Produkten ankommt, und der Zahl der tatsächlich berücksichtigten Kriterien (das Verfahren gleicht der Informations-Display-Matrix von *Jacoby* hinsichtlich der tatsächlich genutzten Informationsmenge) und stellt signifikante Korrelationen zwischen individuellem Gewohnheitsverhalten und der auftretenden kognitiven Entlastung fest.

Für das Konsumverhalten bedeutet dies, dass zur Ausbildung von Gewohnheiten zunächst Verstärkerereignisse vorausgegangen sein müssen: positive Produkterfahrungen, Zufriedenheit mit einem Geschäft, gute Resonanz bei Bezugspersonen. Die Gewohnheit ist dann nichts anderes als die Sicherstellung und Fortführung eines Verhaltens, das sich einst als tauglich erwiesen hat. Dabei wird meist ein typischer *Phasenablauf* angenommen *(Howard 1977):* zunächst extensives (extensive problem solving), dann vereinfachtes (limited problem solving) und schließlich habituelles (routinized responses) Entscheidungsverhalten. *Kaas (1982,* vgl. auch *Dieterich 1986)* konnte diese Phasenfolge beim Kauf von Baby-Bedarfsartikeln bestätigen: Danach nahmen mit zunehmender Erfahrung sowohl der Informationsbedarf als auch extensive Auswahlüberlegungen ab. Allerdings muss nicht unbedingt angenommen werden, dass zu Beginn jedes Gewohnheitshandelns ein extensiver Entscheidungsprozess stand. Insbesondere bei Bagatell-Gütern (petty goods) sind extensive kognitive Anstrengungen eher unwahrscheinlich, sodass aus lerntheoretischer Sicht Gewohnheitsverhalten durchaus auch aus gelungenen Versuchs-Irrtums-Handlungen resultieren kann. Außerdem mag die Gewohnheitsbildung auch auf sozialen Ansteckwirkungen (insbesondere Modell-Lernen) beruhen. Wir unterscheiden daher:

- Gewohnheiten, die auf Versuchs-Irrtums-Prozessen beruhen;
- Gewohnheiten, die auf assoziative Verknüpfungen zurückgehen;
- Gewohnheiten, die auf sozialen Ansteckwirkungen (Modellen) beruhen;
- Gewohnheiten, die aus extensiven Entscheidungsprozessen resultieren.

Nur für die zuletzt genannten Gewohnheiten gilt das Phasenkonzept von *Howard (1977).* Für diesen Gewohnheitstyp kann ferner wegen seiner kognitiven Fundierung hohe Stabilität vorausgesagt werden *(Dieterich 1986, 170).*

Die „Macht der Gewohnheit“ hat einen gewichtigen Gegenspieler: das Bedürfnis nach Abwechslung, manchmal auch das Neugiermotiv. Bei risikoarmen Gütern kommt es daher häufiger zu einem Wechsel („öfter mal was Neues“), ohne dass eindeutig bessere Alternativen wahrgenommen werden. Allerdings ist der Produktwechsel vielfach mit gewissem Risiko verbunden (vgl. zum Risikoverhalten Kap. 2.2.2.5), sodass jeder Wechsel auch zugleich strafreizgefährdet ist. Abstrakt formuliert, ist das Beibehalten einer Gewohnheit dann zu erwarten, wenn der Anreizwert aus Abwechslung vergleichsweise gering und die risikobedingte Strafreizerwartung relativ hoch ist. Das Abgehen von Gewohnheiten wird jedoch dann wahrscheinlich, wenn starke Hinweisreize erfolgen, dass das Gewohnheitsverhalten nicht mehr angemessen ist und offensichtlich bessere Alternativen bestehen. Gewohnheitsdurchbrechende Marketing-Maßnahmen (z.B. „Sonderaktionen") zeigten im Übrigen kaum Nacheffekte *(Charlton/Ehrenberg 1976)*, sodass empirisch von einer hohen Stabilität vieler Konsumgewohnheiten (und einer daraus resultierenden Markentreue) auszugehen ist.

(2) Angriffspunkte für Konsumgewohnheiten

Damit es überhaupt zu habituellem Verhalten kommt, bedarf es häufig auftretender Verhaltensweisen in möglichst ähnlicher Situation. Der Kauf eines Einfamilienhauses ist niemals eine Gewohnheitshandlung. Die Anschaffung eines Automobils kann dann habituell erfolgen, wenn der Konsument häufig einen neuen Wagen kauft und dabei seinem Modell treu bleibt. Der eigentliche Kernbereich habituellen Verbraucherverhaltens liegt jedoch bei Gütern des periodischen Bedarfs: bei Zahnpasta, Waschmitteln, Schuhcreme, Dosenmilch, Spirituosen, Benzin etc. Habituelles Verbraucherverhalten wird demnach im Bereich des periodischen Bedarfs häufig, auf dem Sektor des aperiodischen Bedarfs seltener und im Bereich des einmaligen Bedarfs überhaupt nicht auftreten *(Katona 1960)*.

Teilweise unabhängig von der Kaufhäufigkeit hat die Gewohnheitsbildung etwas mit der *Bedeutsamkeit* des Kaufobjektes zu tun: Mit zunehmender Bedeutung des Konsumguts – und mithin auch mit steigender finanzieller Belastung – wird die Habitualisierungstendenz abnehmen, einfach deshalb, weil kognitive Anstrengungen lohnender werden. Bei Bagatell-Einkäufen braucht das Bewusstsein erst gar nicht behelligt zu werden. Dieser Entlastungsvorgang führt zugleich zu einer stereotypen Behandlung der Umwelt, die auch bei vereinfachten Entscheidungen vorliegen kann; es genügt z. B. die Identifizierung der gewohnten Marke.

Habitualisierungen im Konsumbereich sind im Übrigen nicht auf die Wahl bestimmter Produkte beschränkt. Sie können sich auch auf ein bestimmtes Warenhaus oder Fachgeschäft beziehen. Desgleichen gewöhnt man sich an bestimmte Personen: an Verkäufer, Vertreter oder Kundenberater. Vielfach kommt es zur Gewohnheitsverkettung: eine Gewohnheit zieht die andere nach sich. Assoziative Verknüpfungen folgen ebenfalls häufig einem habituellen Muster; ihr Zustandekommen ist u. a. durch das Prinzip der klassischen Konditionierung (vgl. M 5) erklärbar: z. B. die Gewohnheit, Bier mit Korn zu trinken, Sekt gewohnheitsmäßig nur aus bestimmten Gläsern in genau festgelegten Situationen zu trinken etc. Auf diese Weise kommt es nicht nur zur Ausformung habitueller Kaufmuster, sondern auch gewohnheitsmäßiger Verwendungsmuster, die ein ganzes System routinierter Abläufe oder Episoden umfassen können.

(3) Markentreue und Firmentreue

Konsumrelevante Aspekte der „Treue" sind vielfältig; sie betreffen die Produkttreue, speziell die Markentreue, die Geschäftstreue (auch Firmentreue), Kundentreue etc. Statt von Treue ist auch von Bindung oder von Loyalität die Rede, und wir erinnern uns daran, dass wir im Kapitel über Dienstleistungen (2.2.1.2) vor allem die Loyalität in Interaktionsbeziehungen zwischen Geschäftspartnern (also auch zwischen Verkäufer und Kunde) thematisiert haben. Als wichtige Komponenten der Kundenbindung hatten wir dabei *Zufriedenheit, Vertrauen und Commitment* herausgestellt. Auch hier gibt es Gewohnheitseffekte, aber die ursprüngliche Basis der Bindung dürfte aus kognitiven und/oder emotionalen Elementen bestehen.

Man könnte diese Aspekte der Kundenbindung auch auf Produkte (Marken) übertragen. Dabei ist die Habitualisierung sicherlich einer der wichtigsten Faktoren der sog. Markentreue;

im Vorfeld sind jedoch die zur Gewohnheitsbildung führenden *Lernprozesse* relevant *(Howard/Sheth 1969)*. Diese Lernprozesse sind in der Literatur zur Markentreue gut untersucht (vgl. *Kroeber-Riel/Trommsdorff 1973; Krais 1977; Weinberg 1977; Kotler/Bliemel 1999). Kroeber-Riel et al. (2009)* gehen davon aus, dass Konsumenten eigentlich zwei Arten von Kaufgewohnheiten ausbilden: solche, die das Verhalten entlasten, und solche, die besondere Vorlieben widerspiegeln. Bei den letztgenannten wird der Verbraucher „gute Gründe" ins Feld führen: gute Erfahrungen mit dem Produkt, großes Risiko des Produktwechsels, Zufriedenheit mit dem Produkt, auch – obgleich man dies weniger gern zugibt – eine gewisse emotionale Bindung an das Produkt. Vielleicht wird unser Konsument dem Produkt auch dann noch die Treue halten, wenn er zugeben muss, dass es bessere Alternativen gibt. Markenloyalität findet sich vor allem auch dort, wo das Kaufverhalten in „persönliche" Beziehungen eingebettet ist, also etwa dort, wo das Kaufverhalten auf persönlichem Kontakt zu einem Verkäufer oder Berater beruht (vgl. *Felser 1997)*. Auch wird Loyalität mit bestimmten Marken einsetzen, wenn starkes Commitment besteht und das Produkt mit dem Selbstkonzept, auch dem sozialen Status, zusammenhängt.

Kaufgewohnheiten verkörpern demnach auch unterschiedliche Anteile kognitiver, emotiver und habitueller Komponenten. Wenn man den Umkreis möglicher „Bindekräfte" noch weiter zieht, so lassen sich auf einer mehr beschreibenden Ebene die folgenden psychischen Hintergründe für Treueverhalten unterscheiden:

Affektive Bindung: das Festhalten an einem Produkt oder einer Marke aufgrund positiver affektiv-emotionaler Beziehungen;
Kognitive Bindung: das Festhalten an einer Marke aufgrund von Überzeugungen, die bewusst erfahren werden, auf „rationaler" Ebene reproduzierbar sind und ein „Vertrauen" ausdrücken;
Habituelle Bindung: das Festhalten an einer Marke aufgrund der Gewohnheitsbildung. Hier greifen i. e. S. jene Mechanismen, die in diesem Kapitel beschrieben wurden;
Risikomeidende Bindung: das Festhalten an einer Marke aufgrund der Tatsache, dass Entscheidungsverhalten immer auch Risikoverhalten bedeutet;
Tradierte Bindung: der Transfer des Treueverhaltens, insbesondere im Rahmen von Sozialisationsprozessen (z. B. Übernahme des elterlichen Konsummusters);
Soziale Bindung: das Festhalten an einem Objekt (Produkt, Marke, Geschäft) aufgrund der Tatsache, dass relevante Bezugspersonen oder Modelle dieses Objekt kaufen bzw. verwenden.

Daneben gibt es noch so etwas wie „Scheintreue", die meist auf irgendwelchen strukturellen Zufälligkeiten beruht: regionale Nähe z. B. oder die Verfügbarkeit von Parkplätzen. In diesem Falle ist die „Treue"- Beziehung an periphere situative Merkmale gebunden; sie ist daher auch entsprechend labil.

2.2.2.3 Psychologie konsumrelevanter Einstellungen

Einstellungen können – ähnlich den Gewohnheiten – als Lernresultate angesehen werden. Auch Verhaltensdispositionen – hier Einstellungen – werden nicht anders erworben als das Verhalten selbst *(Campbell 1963):* durch Prozesse der klassischen und der instrumentellen Konditionierung sowie durch Modell-Lernen samt der überformenden kognitiven Prozesse. Einstellungen sind in diesem Sinne durch Lernen erworbene Dispositionen, ein bestimmtes Objekt in konsistenter Weise positiv oder negativ zu beurteilen *(Fishbein/Ajzen 1975)*. Insofern haben wir Modelle der Einstellungsmessung bereits im Umkreis der Produktbeurteilung (vgl. 2.2.1.1) diskutiert.

Vom Umfang der Forschungsarbeiten her gesehen, hat zweifellos das Einstellungskonzept die psychologische Konsumforschung am nachhaltigsten beeinflusst *(Jacoby 1976)*, auch wenn das Interesse an diesem Forschungsbereich in den letzten Jahren zugunsten des „Information-Processing-Ansatzes“ stark zurückgegangen ist. Der Vorteil des Einstellungskonzepts liegt zunächst darin, dass sich Einstellungen durch zahlreiche hochentwickelte Verfahren messen lassen – man denke an die sog. Einstellungs-Modelle –, zum anderen in der Tatsache, dass die im Umkreis der Einstellungsforschung entwickelten Theorien – meist als kognitive Konsistenztheorien (vgl. K 2) konzipiert – auf das Verhalten von Konsumenten angewendet werden können. Der Nachteil des Konzepts besteht wohl darin, dass das Verhältnis von Einstellung und faktischem Verhalten durch zahlreiche Brechungen (z. B. Konsumnormen, Kaufsituationen, Kaufkraft etc.) eingetrübt wird und dass viele Einstellungshypothesen trivial und tautologisch sind (z. B. „Sparsam eingestellte Menschen sparen mehr“). Außerdem scheint das Einstellungskonzept nur bei starkem Involvement zu „greifen“; lediglich wenn Individuen in Konsumhandlungen stark involviert sind, fungieren Einstellungen als mediatisierende Prozesse.

(1) Konsumrelevante Einstellungen

Im Gegensatz zu Werten (Wertvorstellungen) beziehen sich Einstellungen immer auf bestimmte Objekte, wobei der Objektbegriff hier so weit gefasst ist, dass Gegenstand von Einstellungen auch Personen (selbst die eigene Person) oder auch ein bestimmtes Verhalten sein können (z. B. Einstellung zum Drogenkonsum). Im Konsumbereich werden Einstellungen gewöhnlich auf Produkte, Marken, Institutionen (z. B. Firmen, Geschäfte) oder Personen (z. B. Verkäufer, Meinungsführer) bezogen. Die Einstellungen können dabei mehr oder weniger spezifisch sein (Einstellung zu Produkt X; Einstellung zum gesamten Produktbereich). Da eine auf das Objekt projizierte Einstellung als Image bezeichnet werden kann, ist die Image-Forschung weitgehend mit der Einstellungsforschung identisch (vgl. unsere Diskussion in Kap. 2.2.1.1). Konsumrelevant sind jedoch auch generelle Einstellungen, die das Verbraucherverhalten in mehr oder weniger direkter Weise beeinflussen oder tangieren (z. B. Einstellungen zur Hygiene, Einstellung, ein Kind zu bekommen).

Während für den Praktiker die Bedeutung des Einstellungskonzepts vor allem in seiner prognostischen Funktion für Kaufabsichten oder tatsächliches Kaufverhalten besteht, sind die internen Vorgänge kognitiver Verarbeitung auch ohne direkte Bezugnahme auf faktisches Verhalten von Interesse. Die Attributionstheorie (vgl. K 3) macht im Übrigen auch auf völlig umgekehrt verlaufende Zusammenhänge aufmerksam: Unter bestimmten Umständen schließt das Individuum aus seinem Verhalten auf eine diesem Verhalten zugrunde liegende Einstellung. Wenn beispielsweise jemand ein teures Geschenk macht, so wird er evtl. auf seine großzügige Einstellung schließen (was natürlich eine Fehlattribution sein kann).

Einstellungen spielen auch eine zentrale Rolle für die *Marktsegmentierung* nach psychographischen Kriterien (vgl. etwa *Freter 1983, 1995; Martin 1992)* und eine darauf abgestimmte *Produktpositionierung* (vgl. Kap. 2.2.1.1). Dabei geht es entweder darum, das Produkt bestehenden Einstellungen anzupassen oder aber bestehende Einstellungen so zu modifizieren, dass sie auf das Angebot passen (vgl. *Kroeber-Riel et al. 2009)*. In diesem Zusammenhang spielt auch das bereits besprochene Konzept der Einstellung zu einem idealen Produkt eine Rolle (vgl. *Trommsdorff 1975, 1998)*. Die Problematik einer am Ideal ausgerichteten Absatzstrategie hatten wir schon angesprochen.

(2) Einstellung und Verhalten

Das in der allgemeinen Sozialpsychologie häufig diskutierte Problem der Verhaltensrelevanz von Einstellungen *(Wicker 1969)* hat auch im Konsumbereich schon wegen seiner praktischen Bedeutung hohen Stellenwert. Hier wiederholt sich in vielen empirischen Studien das Ergebnis, dass Einstellungen manchmal gute, manchmal schwache und manchmal überhaupt untaugliche Prädiktoren für faktisches (Kauf-)Verhalten sind. Die wichtigsten Gründe für diese fehlende Stringenz *(Meinefeld 1977; Wiswede 1973; Stroebe 1980; Pieters 1988; Fischer/Wiswede 2009)* seien kurz zusammengestellt:

- Einstellungen sind oft sehr generell (z.B. Einstellungen zum Wohnen), also nicht geeignet, um spezifisches Verhalten (z.B. Kauf bestimmter Möbel) vorauszusagen.
- Einstellungen spielen nur dann eine Rolle, wenn der Konsument involviert ist (ansonsten dominiert etwa impulsives oder habituelles Verhalten).
- Sowohl Affekte wie auch Kognitionen können direkt auf das Verhalten einwirken, ohne dass Einstellungen mediatorisierend wirken.
- Einstellungen können untereinander im Widerspruch stehen (z.B. positive Einstellung zu einem Produkt, das ich lediglich in einem negativ beurteilten Geschäft erwerben kann).
- Einstellungen konfligieren gelegentlich mit normativen Erwartungen oder Rollenverpflichtungen (schon die Anwesenheit anderer Personen kann von Bedeutung sein).
- Die Umsetzung der Einstellung scheitert an den Möglichkeiten (z.B. mangelnde Kaufkraft, fehlende Alternativen).
- Das Verhalten ist von gelernten/antizipierten Verhaltenskonsequenzen abhängig, was mitunter zu einer Dissoziation von Einstellung und Verhalten führen kann (Einstellungen bleiben daher vielfach unverbindlich und werden lediglich im Sinne sozialer Erwünschtheit geäußert).
- Einstellungen haben oft nur begrenzte Persistenz; sie können sich geändert haben, wenn sie motivational aktuell werden.

Diese Vorbehalte zeigen deutlich, dass Einstellungen manchmal „schwache" Mediatoren sind und dass „trotz einer einstellungsbedingten Kaufbereitschaft eine Reihe von Faktoren in die Zeitspanne zwischen Kaufentschluss und Kaufrealisation intervenieren können" *(Wiendieck et al. 1983, 19)*. Auch Kaufabsichten (Intentionen) können in der konkreten Kaufsituation noch von situativen Gegebenheiten überlagert werden. Allerdings sind Intentionen näher am Verhalten angesiedelt und implizieren normative Einflüsse sowie die Einschätzung der erwarteten Kaufbedingungen. Wir erinnern uns, dass einige Einstellungsmodelle (vgl. K 1) mit dem Anspruch aufgetreten sind, die Kluft zwischen Einstellung und Verhalten zu schließen (vgl. insbesondere *Fishbein/Ajzen 1975; Ajzen 1985, 1989, 1996)*. Daher ist zu überlegen, ob *Wickers* skeptische Haltung zum E → V-Zusammenhang noch berechtigt ist. Denn insbesondere bei sogenannten „starken" Einstellungen (z.B. bei besonderen Vorlieben) dürften Einstellungen doch relativ stringent mit bestimmten Verhaltensweisen zusammenhängen. *Six (1992)* kommt insofern aufgrund einer Metaanalyse zahlreicher empirischer Studien zu einem durchaus optimistischen Urteil.

Das Dilemma besteht jedoch in Folgendem: Starke Korrelationen zwischen Einstellung und Verhalten ergeben sich vor allem dann, wenn sehr spezifische Einstellungen ermittelt werden, die relativ nahe am zu erklärenden Verhalten angesiedelt sind. Dies senkt den Informationsgehalt von E → V-Aussagen im Sinne der bereits erwähnten Tautologiegefahr (vgl. *Fischer/Wiswede 2009)*. Anders formuliert: Je dichter die Einstellung am Verhalten definiert wird, desto eher besteht die Gefahr, dass man etwas mit sich selbst erklärt.

(3) Einstellungsänderungen

Die Stabilität von Einstellungen ist gleichbedeutend mit ihrer Resistenz gegenüber Änderungen. Wenn Einstellungen durch starke Hypothesen („beliefs") gestützt werden, besteht hohe Änderungsresistenz (vgl. zum Begriff der Hypothesenstärke K 1). Einstellungen, die aus direkter Erfahrung (z.B. aus dem Umgang mit einem Produkt) resultieren, sind im Allgemeinen stabiler als solche, die in kommunikativen Prozessen (z.B. Gespräche mit anderen Konsumenten, Werbung und Medien) erworben wurden *(Fazio/Zanna 1981; Smith/*

Swinnyard 1983). Darüber hinaus dürfte die soziale Unterstützung – Übereinstimmung mit den Hypothesen anderer – von Bedeutung sein, insbesondere dort, wo das Fehlen konkreter Stimulus-Informationen (z. B. fehlende physikalische Realität bei Produktbeurteilung) auf soziale Validierung angewiesen ist.

Im Hinblick auf die Einstellungsstärke betont das „Elaboration-likelihood-model" *(Petty/Cacioppo 1986)* darüber hinaus die Intensität der kognitiven Auseinandersetzung (K 6): Einstellungen, die einen *zentralen Weg* der Informationsverarbeitung durchlaufen, sind stabiler als solche, bei denen lediglich ein *peripherer Weg* zur Einstellungsbildung und Einstellungsänderung führt. *Chaiken (1987)* bezeichnet die zentrale Informationsverarbeitung als *systematisch* und grenzt sie von einer lediglich heuristischen Informationsverarbeitung ab. Es gibt empirische Belege, dass unter Zeitnot oder in guter Stimmung eher heuristische (bzw. periphere) Verfahren der Informationsverarbeitung angewandt werden *(Bless et al. 1991; Kamphausen 1994)*.

Ein anderes Konzept der Informationsverarbeitung *(Fazio 1986)* betont die *Zugänglichkeit* einer Einstellung: Diese sei umso größer, je eher die Einstellungsbildung auf eigenen Erfahrungen beruht und je häufiger sie in der Vergangenheit (besonders in jüngster Vergangenheit) abgerufen und damit aktiviert wurde. Je stärker sich damit eine konsumrelevante Einstellung präsentiert, desto eher wird sie auf das entsprechende Konsumverhalten (auch gegenüber retardierenden Kräften, z. B. Gruppendruck) durchschlagen, desto änderungsresistenter (etwa in Form von Markentreue) wird sie sein und desto eher wird sie konkurrierende Hypothesen (z. B. im Hinblick auf alternative Produkte oder etwaige Nachteile des gewählten Produkts) verdrängen.

Durch besondere Umstände ist das Individuum hin und wieder gezwungen, im Widerspruch zu seiner Einstellung zu handeln (sog. *einstellungskonträres* Verhalten, vgl. *Festinger 1957*, vgl. auch *Zimbardo et al. 1965*, der seine Vpn Heuschrecken essen ließ). Die möglichen Gründe liegen auf unterschiedlicher Ebene:

- die aktuellen Verhaltenskonsequenzen überschatten die Schubkraft der Einstellung (Beispiel: P bekommt nach dem Genuss von Wein Sodbrennen);
- soziale Normen gestatten nicht die Umsetzung der Einstellung in Verhalten (Beispiel: P muss seine Vorliebe für pornographische Filme unterdrücken);
- sozialer Druck erzwingt ein bestimmtes Konsumverhalten (Beispiel: Frau und Tochter bestehen auf fleischloser Ernährung);
- hemmende oder beschränkende Faktoren (constraints) verhindern die Umsetzung der Einstellung in Verhalten (Beispiel: Mangelnde Kaufkraft verhindert trotz positivster Einstellung zu einem neuen Mercedes-Auto dessen Kauf).

Die Dissonanztheorie (vgl. K 2) sagt für den Fall einstellungskonträren Verhaltens voraus, dass das Individuum im Laufe der Zeit seine Einstellungen dem Verhalten anpasst, sofern die Möglichkeit einer Kontrolle der Umstände nicht gegeben bzw. mit hohen Kosten verbunden ist. In diesem Fall kann die Dissonanzreduktion am ehesten durch Einstellungsänderung erfolgen.

McGuire (1962, 1985) hat ein Forschungsprogramm initiiert, in dem er nicht nur die Frage nach Einstellungsänderungen in den Vordergrund stellt, sondern nach Faktoren in Kommunikationsprozessen sucht, die Einstellungen *änderungsresistent* machen. Hierbei bestätigte sich auch, dass solche Einstellungen besonders stabil sind, die durch eigene konkrete Erfahrung zustande kommen und bei deren Genese das Individuum selbst durch kognitive Anstrengungen mitbeteiligt war. (Ähnlich geht ja auch das ELM davon aus, dass elaborierte Entscheidungsprozesse zu starken, stabilen Einstellungsänderungen führen.) Auch die Strategie der zweiseitigen Argumentation (vgl. 2.2.1.6) – z. B. die Auseinandersetzung auch mit dem Angebot der Konkurrenz oder das Abwägen von Vor- und Nachteilen bestimmter Produktalternativen – ist dazu geeignet, Einstellungen gegenüber künftigen Gegenargumenten zu immunisieren (sog. Inokulations-Strategie). Empirisch können bestimmte Attributionsprozesse (insbesondere die Zuschreibung geringer Interessengebundenheit) bei Einschätzung zweiseitig argumentierender Werbebotschaften nachgewiesen werden (*Smith/Hunt 1978*).

Bei resistenten Einstellungen wird das Individuum bei kommunikativem Druck verstärkt mit *Reaktanz* reagieren. Ein Anwendungsfall dieser Theorie (vgl. K 5) besteht ja darin, dass das Individuum glaubt, es solle gegen seine eigene Meinung zu einem anderen Standpunkt „bekehrt" werden: der aufdringliche oder „besserwisserische" Verkäufer, die apodiktische Werbebotschaft, die andere Alternativen abwertet – dies sind Beispiele solcher kommunikativer Beeinflussung, die insbesondere bei wahrgenommener Interessengebundenheit und mithin geringer perzipierter Glaubwürdigkeit des Kommunikators Reaktanz auslösen (vgl. zur Anwendung im Konsumbereich: *Wiswede 1979a; Clee/Wicklund 1980*).

Auch dort, wo keine stabilen Einstellungsmuster bestehen, wo vielmehr die Einstellung zum Konsum- oder Werbeobjekt noch relativ offen ist (geringes Commitment), kann Reaktanz dann auftreten, wenn geringes Commitment als „Meinungsfreiheit" empfunden wird (*Feigs 1976*). Nach den Befunden von *Feigs* gilt dies auch für die Kompetenzempfindung: Mit der Sicherheit, ein Produkt richtig beurteilen zu können, wächst das Gefühl der Freiheit und mithin auch die Sensibilität gegenüber jeder Art von „Bedrohung" dieser Freiheit.

2.2.2.4 Psychologie konsumrelevanter Attributionen

Für die Urteilsbildung von Konsumenten sind u.a. Attributionen relevant (vgl. K 3). Im weitesten Sinn versteht man unter Attribution einen Prozess der Zuschreibung, indem wir z.B. Personen bestimmte charakterliche Merkmale zuschreiben (z.B. Großzügigkeit, Kompetenz, Gerissenheit) oder Menschen in eine soziale Kategorie einordnen (z.B. Querulant, Geschäftemacher, Snob). Im engeren Sinn verstehen wir unter Attribution die Zuschreibung konkreter Ursachen; in diesem letzteren Sinn wird auch von *Kausal-Attribution* gesprochen. Dabei wird die Frage gestellt, auf welche Ursachen Menschen bestimmte Ereignisse (z.B. eine misslungene Urlaubsreise; die Tatsache, dass das Fernsehgerät schon wieder kaputt ist; die Frage, warum dieses Restaurant immer so voll ist) zurückführen. Attributionsrelevante Fragestellungen sind etwa:

- Liegt es an mir oder am Produkt, dass ich damit nicht zurecht komme?
- Ist der resultierende Nutzen tatsächlich auf das Produkt zurückzuführen?
- Ist es nur dieses Produkt in Abhebung zu anderen, welches die positive Wirkung zeigt?
- Aus welchen Gründen habe ich eigentlich das Produkt gekauft?
- Ist der Verkäufer auch wirklich glaubwürdig?
- Wer wird für unerfreuliche Ereignisse verantwortlich gemacht?
- Warum kaufen oder verwenden andere Personen dieses Produkt?
- Bin ich vielleicht zu anspruchsvoll, weil ich mit dieser Dienstleistung nicht zufrieden war?

Auf diese und ähnliche Fragestellungen kann die Attributionsforschung Antworten geben; wir wollen kurz auf einige Anwendungsmöglichkeiten eingehen.

(1) Ursachenbereiche und Informationen

Nach Vorstellungen der Kovariationstheorie von *Kelley (1967)* wird eine Wirkung derjenigen Ursache aus der Menge möglicher Ursachen zugeschrieben, mit der sie über die Zeit hinweg kovariiert. Wir erinnern uns (vgl. K 3): Es werden drei Ursachenbereiche unterschieden: die Eigenschaften von *Personen* (z. B. deren Faulheit, deren Snobismus), die Eigenschaften des Objektes oder des *Stimulus* (z. B. die besondere Qualität eines Produktes oder einer Dienstleistung) sowie die Merkmale der Umwelt bzw. der *Situation* (z. B. ein Sonderangebot, ein Werbespot). Um jedoch den Prozess der Zuordnung (Person, Stimulus, Situation) zu ermöglichen, benötigt das Individuum bestimmte Informationen, nämlich

Konsensus-Informationen: Viele Personen verhalten sich auf die gleiche Weise (alle Kundenberater dieser Bank sind kompetent).
Distinktheits-Informationen: Auftreten nur bei bestimmten Ereignissen (der Verkäufer ist nur bei bestimmten Fragestellungen kompetent).
Konsistenz-Informationen: Häufiges Auftreten des Ereignisses im Zeitablauf (der Verkäufer war immer schon kompetent).

Je nach Konfiguration der entsprechenden Informationen ordnen Außenstehende die Ursachen der Person, dem Objekt oder den Umständen zu. Beispiel: Ein Produkt wird häufig gekauft (hoher Konsensus), das Produkt hebt sich von anderen Produkten erheblich ab (hohe Distinktheit), das Produkt ist schon lange erfolgreich auf dem Markt (hohe Konsistenz). In einem solchen Fall wird der Verkaufserfolg eindeutig der Qualität des Produktes zugeschrieben.

Konsensus-Informationen geben darüber Aufschluss, wie sich andere Konsumenten des Produkts und der Dienstleistung verhalten. Beklagt sich etwa ein Autokäufer über den mutmaßlich langen Bremsweg seines neu erworbenen Fahrzeugs, kann der Händler durch den Hinweis darauf, dass andere Kunden gerade den kurzen Bremsweg des Fahrzeugs loben, entsprechende Hinweise auf hohen Konsensus anderer kommunizieren. Wenn andere Personen ein Produkt schätzen und loben, so neigt ein Konsument dazu, dem Produkt auch dann noch gute Eigenschaften zuzuschreiben, wenn die eigenen Erfahrungen möglicherweise schlecht sind (empirische Bestätigungen hierzu sind jedoch schwach; vgl. *Hewstone/ Jaspars 1983*). Konsensus-Informationen lassen sich (absatzpolitisch) beeinflussen (z. B. durch die Publikation von Zufriedenheitsdaten, durch Referenzlisten, Einschätzung durch Experten, Marktanteilssteigerungen).

Distinktheits-Informationen geben Hinweise zur Differenzierung des Marktangebots. Die Werbung oder ein Verkaufsgespräch könnte etwa der Tatsache, dass ein Auto relativ teuer erscheint, mit dem Hinweis begegnen, dass dieses Fahrzeug als einziges seiner Klasse über neuartige Sicherheitsvorrichtungen verfügt. Distinktheitsinformationen sollen daher die Positionierung im Sinne der Abhebung und Profilierung zu anderen Produkten oder Marken (möglicherweise durch ein einziges schlagkräftiges Argument im Sinne der USP) deutlich machen. Nur durch diese Unterscheidbarkeit wird es möglich, die Produktqualität als Grund für den Kauf anzunehmen. Distinktheitsinformationen lassen sich absatzpolitisch ebenso beeinflussen (z. B. durch Publikation von Testberichten, Darstellung von Besonderheiten, die andere nicht haben, Abhebungskriterien gegenüber Konkurrenzprodukten etc.). Die Distinktheit kann selbst dann gefördert werden, wenn sich die Differenzierungen lediglich im Bereich psychologischer Variation bewegen.

Konsistenz-Informationen prägen das Bild des Konsumenten von der Zuverlässigkeit und Eignung des Produkts insbesondere im Zeitablauf. Dies ist am ehesten dann gewährleistet, wenn das betreffende Produkt sich bereits seit längerem auf dem Markt bewährt hat und wenn Innovationen am Bewährten anknüpfen. Auf diese Weise kann der Eindruck gleichbleibender Qualität, Zuverlässigkeit und Lebensdauer gestärkt werden. Absatzpolitisch lassen sich solche Konsistenzinformationen ebenfalls beeinflussen (z. B. Hinweise auf ISO-Zertifizierung, Betonung gleichbleibender oder stetig verbesserter Qualität, Hinweise auf Zuverlässigkeit und Lebensdauer, Termintreue, Glaubwürdigkeit, die auf Vertrauen gründet).

(2) Attributionen in der (Vor-)Entscheidungsphase

Man kann beim Konsumentenverhalten drei Phasen (vgl. *Wiswede 1972)* unterscheiden, nämlich

- die (Vor-)Entscheidungsphase einschließlich der Genese des Motivationsprozesses bis hin zur Entscheidungsreife,
- die Kaufepisode einschließlich der hiermit notwendigen Umsetzung in „Handlung" und der besonderen Interaktionsprozesse, die diese Umsetzung begleiten, sowie
- die Verwendungs- bzw. Nachkaufphase, die insbesondere bei dauerhaften Gütern längerfristig angelegt sein kann.

Wenden wir uns zunächst den Attributionsprozessen der ersten Phase zu. Dieser Phase sind alle Studien zuzuordnen, die die attributiven Auswirkungen bestimmter Produktinformationen betreffen. Von besonderem Interesse sind hier Attributionsprozesse bei der Informationsverarbeitung von Werbebotschaften und bei der Produktbeurteilung. Attributionen, die bei der Perzeption von Werbeinhalten erfolgen, münden häufig in einen attributional bestimmten Prozess der Produktbeurteilung ein, der wiederum bestimmte Zuschreibungsprozesse bei der Kaufentscheidung begründet (vgl. *Puppendahl 1996).* Dies betrifft die Zuschreibung subjektiv empfundener Qualität sowie die Glaubwürdigkeit von Werbungtreibenden (vgl. *Settle/Golden 1974; Mizerski/Green 1978; Zaltman/Wallendorf 1983).* In diesem Zusammenhang steht auch der sogenannte Markenartikel-Effekt. Danach gilt die Marke als Schlüsselreiz für Inferenzen im Sinne eines Versprechens gleichbleibender (stabiler) Qualität. Dabei ist jede herausragende, „distinkte" Eigenschaft geeignet, Attributionsprozesse auszulösen (vgl. *Smith/Miller 1983).*

Bei allen hier genannten Anwendungen ist allerdings oftmals fraglich, ob nicht der eigentliche Erklärungsbereich der Attributionstheorien verlassen wird. Dabei gilt insbesondere, dass in diesem Feld die verfügbaren Attributionstheorien nicht sonderlich explizit und elaboriert zur Anwendung gelangen. Das Gleiche gilt für ein häufig strapaziertes Thema, nämlich die erhöhte Glaubwürdigkeit von Werbeaussagen bei zweiseitiger Argumentation. Zweiseitige Argumentation bedeutet meistens, dass Vor- und Nachteile des Produktes durch den Kommunikator angesprochen werden; z.T. aber auch, dass auf alternative Möglichkeiten (z.B. andere Produkte) hingewiesen wird. Bei *Settle/Golden (1974)* oder auch *Kamins/ Assael (1987)* wird nur indirekt auf Attributionsprozesse geschlossen; explizit ermittelt werden sie nicht. Stärker theorieorientiert ist die Untersuchung von *Hunt et al. (1982).* Die Autoren haben Rückschlüsse auf Persönlichkeitsdispositionen gezogen, wobei sie die zugeschriebene Vertrauenswürdigkeit als Attribution auf Dispositionen des Kommunikators interpretieren (kritisch hierzu *Seewi 1995).*

Gerade bei diesen Studien zur Informationsphase wird sichtbar, dass in der Regel nur unvollständige Informationen (der drei Informationsklassen) verfügbar sind. *Kelley* hat für diese Fälle defizitärer Information die Wirkung „kausaler Schemata" behauptet, die in Form simpler Inferenzregeln wirken (z.B. Markenartikel haben immer gleichbleibende Qualität; Sparkassen sind konservativ; was billig ist, kann nicht gut sein). Gerade bei limitierten Entscheidungen (vgl. im nächsten Kapitel) kann man nicht davon ausgehen, dass Individuen komplizierte attributionale Überlegungen anstellen; sie folgen eher einfachen heuristischen Regeln (kausalen Schemata).

(3) Attributionen in der Kaufphase

Betrachtet man den Interaktionsvorgang zwischen Käufer und Verkäufer als bedeutsamen Prozess bei Kaufentscheidungen – insbesondere auf dem Feld der Dienstleistungen –, so stellt sich hier die Frage nach den (wechselseitigen) Attributionen von Käufern (Kunden) und Verkäufern (Beratern). Hier nun sind die bisher vorgelegten empirischen Untersuchungen spärlich. Mit gewissen Einschränkungen lassen sich jedoch die Befunde zur Glaubwürdigkeit in der Werbung auch auf Verkaufsinteraktionen übertragen. So werden z. B. mehrseitig argumentierende Verkäufer an Glaubwürdigkeit gewinnen. Gleiches dürfte bei „soft-selling" im Sinne eines wenig dominanten Auftretens des Verkäufers gelten, da die Intentionalität (Verkaufsabsicht) dadurch etwas in den Hintergrund gerät. *Mowen et al. (1985)* ermitteln zudem, dass es für die Einschätzung der Kompetenz eines Verkäufers wichtig ist, wie „locker" er den Verkauf abwickelt. Danach werden Verkäufer in den Augen ihrer Kunden als besonders befähigt angesehen, wenn sie möglichst geringe Anstrengungen in den Verkaufsvorgang hatten investieren müssen (vgl. *Niemeyer 1993, 74).*

Eine weitere Studie, die sich explizit mit der Bedeutung von Attributionen im Verhandlungs- bzw. Verkaufskontext auseinander setzt, stammt von *Rose/Dickson (1988).* Die Verfasser folgen weitestgehend der Attributionstheorie von *Kelley,* schränken jedoch ein, dass Konsistenz- und Distinktheitsinformationen während einer Kaufverhandlung meist nicht verfügbar sind, es sei denn, die Verhandlungspartner würden wiederholt aufeinander treffen. *Rose/Dickson* konzentrieren sich auf Konsistenzinformationen, wobei die Konsistenz des Verhandlungsmusters während einer Verhandlungsepisode thematisiert wird. Von Merkmalskonsistenz sprechen die Autoren, wenn ein plausibles Verhandlungsmuster (z. B. abnehmendes Konzessionieren, was im Sinne externer ökonomischer Zwänge zu interpretieren ist) sichtbar wird. Inkonsistent wäre demgegenüber zunehmendes oder erratisches Konzessionieren; dies würde eher das Misstrauen des Käufers verstärken. Die Studie ergab, dass die Kunden sich tatsächlich imstande sahen, die in der Untersuchung manipulierten Merkmalsmuster zu erkennen, und verhaltenskonsistente Verhandlungspartner dementsprechend für vertrauenswürdiger hielten.

In Anknüpfung an *Rose* und *Dickson* beschäftigt sich *Puppendahl (1996)* mit Interaktionen zwischen Käufern (unterschieden nach Privatkunden und professionellen Einkäufern) und Verkäufern. Als abhängige Variable fungiert jeweils die Art der Attribution: Rollen-Attribution und Personen-Attribution. Rollen-Attribution wäre nach dieser Vorstellung bei der Einschätzung eines professionellen Einkäufers durch den Verkäufer gegeben. Personen-Attribution dürfte – so eine der Hypothesen – eher im Falle eines Vertreters vorliegen, der das Verhalten eines Privatkunden einzuschätzen hat. Bei zunehmender Vertrautheit (Stammkunde, bevorzugter Verkäufer) wird eine Tendenz des Wandels von Rollen-Attributionen zu Personen-Attributionen vorausgesagt und empirisch bestätigt.

(4) Attributionen in der Verwendungsphase

In diesem dritten Bereich sind die vorliegenden empirischen Untersuchungen am spärlichsten. Einige Studien (z. B. *Ray 1973)* befassen sich mit kognitiven Dissonanzen nach erfolgter Kaufentscheidung, wobei Attributionen als *Rechtfertigung* des Kaufs dienen und der eigenen Motivation überlagert sind. Typischerweise werden hierbei bestimmte Kaufgründe vorgegeben, die einmal auf das Produkt (den Stimulus), zum anderen jedoch auf besondere Umstände (z. B. Preisaktionen, differenzielle Verfügbarkeit) zurückzuführen sind (vgl. *Scott/Yalch 1980; Tybout/Scott 1983).* Weitere Themen wären Attributionen bei Produktmängeln, Defekten, schlechterem Service oder Effizienzaspekten im Hinblick auf den angemessenen Umgang mit Produkten (z. B. bei technisch anspruchsvollen Geräten). In diesem Kontext ist insbesondere der Self-Serving-Bias bedeutsam, d. h. die Tendenz zur selbstwertdienlichen Wahrnehmung, wenn z. B. Unzufriedenheit mit einem technisch komplizierten Produkt auftritt. *Richins (1983)* bestätigte diesen Effekt zunächst für positive Produkterfahrungen und Kaufentscheidungen, die internal attribuiert (d. h. der eigenen Person zugeschrieben) wurden, während Enttäuschungen auf das Produkt, den Verkäufer oder den Berater zurückgeführt wurden. *Krishnan* und *Valle (1979)* zeigten in diesem Kontext, dass die Beschwerdeneigung von Kunden zunimmt, wenn sie von einem Verschulden des Unternehmens bei Produktmängeln ausgehen.

Attributionen üben einen moderierenden Effekt auf die *Kundenzufriedenheit* aus *(Bitner 1990; Groß-Engelmann 1999)*. Insbesondere bei negativen Ereignissen treten Attributionsprozesse ohnehin eher auf, während sie bei gewöhnlichen Vorgängen (z. B. normalen Dienstleistungsepisoden) zurücktreten (vgl. Kap. 2.2.1.2). Ist das Ergebnis spürbar negativ, kann zunächst internal (mein eigenes Verschulden) oder external (der Verkäufer, die Firma oder das Produkt ist schuld) attribuiert werden. Des Weiteren könnte von Belang sein, ob die Ursachen als stabil oder variabel (evtl. nur vorübergehend) angesehen werden. Im letzteren Sinn könnte der Konsument der Meinung sein, Fehler können schon mal vorkommen; man brauche deshalb nicht den Stab über den Anbieter zu brechen. Auch eine Attribution als global vs. spezifisch könnte von Belang sein: Dieses Fahrzeug ist durch und durch schlecht (global); an diesem Auto ist lediglich der Sitzkomfort auf der Hinterbank schlecht (spezifisch).

Weiner (1986, 1995) sieht in der *Kontrollierbarkeit* einer Ursache den eigentlichen Kern der Vorstellung von *Verantwortlichkeit* einer Handlung. Ist z. B. ein Hersteller oder Dienstleister für die als schlecht empfundene Leistung aus der Sicht des Kunden verantwortlich zu machen, sind negative kognitive und emotionale Reaktionen zu erwarten. Wird dagegen keine Verantwortlichkeit attribuiert (z. B. das Flugzeug kann wegen Nebels nicht starten), so können negative Bewertungstendenzen leicht neutralisiert werden. Negative Reaktionen werden auch dadurch abgemildert, dass sich der Hersteller oder Dienstleister zu seiner Verantwortung bekennt und das betreffende Ereignis als Ausnahmeerscheinung (im Sinne der Distinktheit) deklariert *(Groß-Engelmann 1999)*.

2.2.2.5 Psychologie der Kaufentscheidung

In diesem Kapitel werden wir zwar zu Beginn eine Typologie von Konsumenten*entscheidungen* vorstellen, reservieren jedoch den Ausdruck „Entscheidung" für solche Fälle, in denen mindestens zwei verschiedene Alternativen auftreten und bei denen erkennbar kognitive Beteiligung stattfindet. Entscheidungen in diesem Sinn sind also lediglich eine Teilklasse konsumrelevanter Verhaltensweisen. Außerdem werden in unserer verhaltenswissenschaftlich-empirischen Betrachtung lediglich deskriptiv-theoretische Ansätze zur Entscheidungsforschung diskutiert, präskriptive Entscheidungstheorien dagegen ausgeklammert. Der Grund ist, dass wir uns in dieser Arbeit nicht mit Soll-Zuständen befassen und weder dem Produzenten noch dem Konsumenten einen Ratschlag erteilen wollen, wie er seine Entscheidungen zu fällen habe.

Wir wollen in diesem Kapitel zunächst eine erste Klassifikation von Entscheidungen geben, uns sodann mit Fragen der Informationsbeschaffung und Informationsverarbeitung befassen, um uns schließlich mit sog. Entscheidungsmodellen (Modellen des Käuferverhaltens) zu beschäftigen, die in der Konsumentenpsychologie zwar zur Übersichtlichkeit beitragen, die jedoch in ihrem Erklärungswert wesentlich überschätzt werden.

(1) Eine Typologie der Kaufentscheidung

Ausgangspunkt der typologischen Überlegungen war die bereits diskutierte Unterscheidung *Katonas (1960)* zwischen „echten Entscheidungen" einerseits und Gewohnheitshandlungen (habituelle Käufe) andererseits (eine dritte Kategorie, nämlich Impulskäufe, hat *Katona* aus seiner makro-psychologischen Perspektive heraus für nicht bedeutsam gehalten). Der Begriff der „echten Entscheidung" wurde später weiter ausdifferenziert *(Engel et al. 1995; Howard*

1977; Howard/Sheth 1969; Weinberg 1981; Schulte-Frankenfeld 1985), insbesondere nach extensiven und vereinfachten (limitierten) Entscheidungen. Ferner wurde die gleichfalls zentrale Bedeutung der impulsiven Kaufhandlungen betont und zahlreichen empirischen Studien unterzogen.

Trotz dieser Differenzierung liegen die Kategorien teilweise auf unterschiedlicher Ebene – vermutlich logisch wie auch psychologisch. Denn an Kaufhandlungen lassen sich unterschiedlichste Kriterien anlegen:

- Ausmaß der Planung: geplant vs. ungeplant;
- Grad der kognitiven Beteiligung: kognitiv vs. emotiv;
- Art der kognitiven Beteiligung: steuernd vs. begründend;
- Grad der habituellen Verfestigung: überlegt vs. habituell;
- Ausmaß des Risikos: risikolos vs. riskant;
- Grad der Impulsivität: abwägend vs. impulsiv;
- Ausmaß des sozialen Einflusses: beeinflusst vs. unbeeinflusst;
- Grad der strukturellen Bindung: optional vs. restriktiv;
- Häufigkeit: häufig/periodisch vs. selten/einmalig;
- Reversibilität: reversibel vs. irreversibel.

Diese und andere Kriterien von Entscheidungen – die Taxonomie könnte zweifellos noch fortgesetzt werden – legen eine mehrdimensionale Typologie nahe; freilich sind diese Dimensionen nicht unabhängig voneinander. Auch spielen sie in verschiedenen Zusammenhängen eine höchst unterschiedliche Rolle, sodass für spezielle Fragestellungen ad hoc aufgestellte Typologien sinnvoll sein können. Beschränkt man sich auf einige der gebräuchlichsten Kriterien, so scheint uns Abb. 63 ordnungsstiftend zu sein:

Spontankäufe: Hier wirken entweder interne Stimuli (Impulskauf i. e. S.) oder externe Reize (attraktives Angebot in den Regalen, ein Objekt im Schaufenster). Letztere können auftreten als Erinnerungsreize („Dies wollte ich noch mitnehmen") oder als zusätzliche Anreize („Dies könnte ich mal probieren"). Nur die Letzteren wirken in kaufausweitendem Sinn, sofern nicht kompensatorisch auf anderem Gebiet eingespart wird. Sowohl externe wie auch interne Reizkäufe regen ein Motiv nach „Begründung" an (etwa in Form von Rationalisierungen).

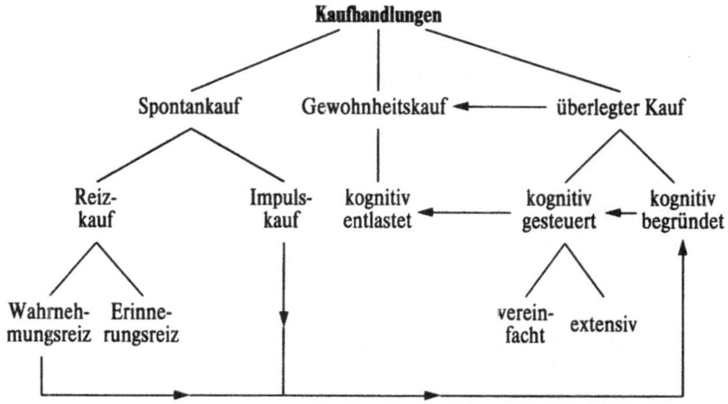

Abb. 63: Typologie der Kaufhandlungen
Legende: Linien —— Unterscheidungsformen; Pfeile ——► Transformationsformen

Gewohnheitskäufe: Sie sind – wie ausgeführt – das Ergebnis vorausgegangener, meist überlegter Käufe, die sich bewährt haben, sodass das Individuum von der Anstrengung ständiger Motivbildung und kognitiver Bemühung entlastet wird. Wie wir gesehen haben, sind diese kognitiv entlasteten Handlungen häufig mit Markentreue verbunden.

Überlegte Käufe: Sie implizieren mehr oder weniger hohe Grade kognitiver Beteiligung. Dabei ist es ein Unterschied, ob der kognitive Aufwand betrieben wird, um tatsächlich die beste (oder eine zumindest befriedigende) Alternative auszuwählen, oder ob Kognitionen lediglich ex post bemüht werden, um eine (innerlich) bereits beschlossene Kaufhandlung zu begründen bzw. zu rechtfertigen. Solche Begründungen mögen durchaus in den künftigen Steuerungsprozess (für weitere Konsumhandlungen) eingehen. Die meisten Konsumhandlungen dürften dem Bereich der vereinfachten Entscheidungen angehören; durch die hier stattfindende kognitive Entlastung nähern sie sich den Gewohnheitshandlungen an. Als typisch für diesen Entscheidungstyp diskutierten wir bereits die Wirkung von Schlüsselinformationen (z. B. Markenname, Preis, Geschäft) sowie mit ihnen verknüpfte „Hypothesen", die ein Grobraster für „richtige" Entscheidungen bereitstellen.

Es ist sinnvoll, die hier aufgestellten Formen als *Idealtypen* zu verstehen; realiter finden wir vielfach Durchmischungen und Überlagerungen. So mag manche extensive Entscheidung z. T. in Gewohnheitsstrukturen eingebettet sein. Es ist sogar denkbar, dass extensive Entscheidungsprozesse, die letztlich eine Entscheidung zwischen ähnlich attraktiven Alternativen nahe legen (Appetenz-Appetenz-Konflikt) und die mithin die größte Dissonanz bewirken könnten, eines „Züngleins an der Waage" (sog. Auxiliar-Situation), also möglicherweise eines Impulses bedürfen.

Natürlich wird von vornherein der Gedanke nahe liegen, dass Gewohnheitshandlungen und Impulskäufe nur im Falle des Bagatellkonsums in Betracht kommen, aber die Macht der Gewohnheit umgreift vielfach auch bedeutsamere Handlungen. Unterscheiden wir Entscheidungen danach, ob sie leicht oder nur mit hohen Kosten wieder rückgängig gemacht werden können *(Townsend 1970),* so wäre zweifellos auch hier unsere erste Vermutung, dass Konsumenten sich im ersten Falle als „Satisficer" und im zweiten Fall eher als „Maximierer" (jeweils i. S. von *Simon)* mit intensiver Informationssuche und angestrengten kognitiven Strategien verhalten. Dennoch lässt sich dies bei wichtigen Entscheidungen oft keineswegs beobachten: beim Kauf eines Hauses beispielsweise, beim Abschluss einer Versicherung oder bei einer Operation, wo wir dem erstbesten „Anbieter" auf Gedeih und Verderb vertrauen.

(2) Stadien des Entscheidungsprozesses

Noch ein anderer Sachverhalt hat die typologische Analyse angeregt: das Studium verschiedener Stadien des Entscheidungsprozesses. Ein einfaches, an *Engel et al. (1995)* orientiertes Ablaufmodell umfasst die folgenden Phasen:

1. Phase: Identifizierung des Problems
2. Phase: Informationssuche
3. Phase: Informationsauswertung
4. Phase: Entscheidung (z. B. Kaufakt)
5. Phase: Nachentscheidungsphase (Nachkaufphase)

Bei diesen und ähnlichen Ablaufmodellen ist unklar, inwieweit hier eine Vermengung von normativen und deskriptiven Entscheidungsanalysen vorliegt. Faktisch werden häufig auch Phasen übersprungen *(Witte 1972),* oder es wird zu früheren Phasen des Entscheidungsprozesses zurückgekehrt. Auch werden Entschlüsse häufig umgestoßen, bevor ihre Ausführung angeregt wird.

Zudem bestehen Entscheidungen in der Regel aus einer Menge von Vor- und Teilentscheidungen, die keineswegs in abgegrenzten Phasen kumulieren. *Howard (1977)* legt überdies nahe, zwischen zwei Entscheidungsprozessen zu differenzieren: Wahl der relevanten Produktklasse und Wahl einer bestimmten Marke innerhalb der präferierten Produktklasse. Wichtiger noch als typologische Analysen wären allerdings empirisch prüfbare Hypothesen, z. B. über den Zusammenhang zwischen Affekten und Kognitionen im Informationsverarbeitungsprozess und das Wechselspiel ihres Zusammenwirkens oder über die Wirksamkeit und den relativen Stellenwert sozialer Instanzen (z. B. sozialer Informationsquellen) innerhalb solcher Phasenfolgen.

Im Rahmen der dissonanztheoretischen Forschung hat man sich insbesondere mit der Nachkaufphase befasst. Ausgehend von klassischen Experimenten zur Dissonanzforschung *(Ehrlich et al. 1957)*, die die einseitige Information von Konsumenten nach vollzogener Kaufentscheidung untersuchten, stützen auch neuere Befunde *(Raffée et al. 1973; Silberer 1979; Schuchard/Ficher 1979)* die Vorhersage, dass Konsumenten nach erfolgter Kaufentscheidung vorübergehende Regret-Effekte dadurch auszugleichen versuchen, dass sie die gewählte Alternative zu Lasten der verworfenen Alternative aufwerten. Praktische Anwendungen beziehen sich auf Strategien der Vermeidung und/oder Reduzierung von Dissonanz, insbesondere im Hinblick auf die Stabilisierung von Markentreue *(Silberer 1979)* im Rahmen „rationalisierender“, den Verbraucher bestätigender Werbung.

(3) Kaufentscheidung und Risiko

Seit *Bauers* klassischem Aufsatz mit dem Titel „Consumer behavior as risk-taking“ *(1960)* ist es üblich geworden, Verbraucherentscheidungen auch unter dem Aspekt des Risikos zu betrachten. Der Konsument steht in einem Konflikt zwischen der Hoffnung auf die Erfüllung seiner Erwartungen und Ansprüche einerseits sowie der Angst und Unsicherheit im Hinblick auf nicht antizipierte oder vorhersehbare Konsequenzen dieser Entscheidung andererseits. Insbesondere bei irreversiblen Entscheidungen kann ein solcher Risikoaspekt gravierend sein.

Betrachten wir zunächst das Risiko als *abhängige Variable*. In der Literatur hat es (reichlich akademische) Auseinandersetzungen darüber gegeben, ob das Kaufrisiko aus den Komponenten „Unsicherheit“ und „Bedeutsamkeit“ zusammengesetzt sei *(Hansen 1972)* oder aber die beiden Dimensionen „Unsicherheit“ und „Kauffolgen“ repräsentieren solle *(Cunningham 1967)*. Theoretische Überlegungen im Zusammenhang mit der Wert-Erwartungs-Theorie sowie empirische Ergebnisse von *Kaplan et al. (1974)* favorisieren das *Cunningham*-Modell: Danach ist das Risiko eines Kaufes dann hoch, wenn die perzipierte Unsicherheit hoch ist, dass bedeutsame negative Konsequenzen auftreten können.

Faktoren, die die *Unsicherheit* erhöhen können, sind etwa:

- geringer Zugang zur physikalischen Realität;
- mangelnde Erfahrung mit diesem Produkt;
- intransparente Marktsituation (z. B. schwer vergleichbares Konkurrenzangebot); *(von Rosenstiel/Ewald 1979)*.

Faktoren, die *bedeutsame Kauffolgen* darstellen können, sind z. B.:

- hohe Preis-Einkommens-Relation;
- Langfristigkeit der Kauffolgen;
- Irreversibilität der Entscheidung.

Die im Zusammenhang mit Kauffolgen stehenden Erwartungen sind i. d. R. Konsequenz-Erwartungen; theoretisches Bezugsfeld sind folglich *Wert-Erwartungs-Theorien*. Unter bestimmten Aspekten können sie aber auch als Effizienz-Erwartungen im Sinne der Theorie der Leistungsmotivation (vgl. M 3) auftreten (Beispiel: der Käufer eines Personal-Computers, der hofft, damit umgehen zu können). In der Tat bewegen sich Konsumentscheidungen oft im Zwischenfeld zwischen Effizienz- und Konsequenzerwartungen, insbesondere wenn Käufe oder Konsumverwendungen nach Erfolgskriterien – erfolgreicher Umgang, Prestige, Kennerschaft und dergleichen – eingestuft werden können. Ähnliches hatten wir bereits bei Sparentscheidungen bemerkt, und zwar dort, wo Geldanlegen im Dienste von Effizienz und Erfolgsträchtigkeit steht. Die Risiko-Modelle der Theorie der Leistungsmotivation (vgl. M 3) sind in den angedeuteten Grenzen daher auch im Konsumbereich anwendbar *(Wiswede 1973)*.

Eine Differenzierung der Konsequenzvariablen erfolgte im Rahmen verschiedener empirischer Studien zum Kaufrisiko. So unterscheiden *Kaplan et al. (1974;* vgl. auch *Katz 1983)* als relevante Kauffolgen:

- Brauchbarkeit (Instrumentalität);
- finanzielle Folgen (z. B. geringer Wiederverkaufswert);
- psychologische Folgen (z. B. Frustration);
- soziale Folgen (z. B. Anerkennung durch andere);
- physische Sicherheit (z. B. Unfallrisiko).

Die Interkorrelation der einzelnen Variablen sowie der fünf Variablen mit dem Gesamtrisiko zeigt, dass die „Brauchbarkeit" den größten Anteil am Gesamtrisiko hat, sicherlich deshalb, weil andere Kauffolgen darin teilweise bereits psychologisch subsumiert sind.

Betrachten wir nun das Kaufrisiko als *unabhängige Variable* und stellen Konsequenz-Erwartungen in den Vordergrund. Sehen wir die Wert- Erwartungs-Theorie in einem lerntheoretischen Kontext (vgl. M 5), so kann Unsicherheit in Bezug auf möglicherweise negative Kauffolgen als aversiver Reiz interpretiert werden. Ein anderes Bezugsfeld wäre die Dissonanztheorie (vgl. K 2) in einer Anwendung auf die Vorentscheidungsphase *(Wiswede 1972; Irle 1975):* Das Individuum versucht antizipativ, kognitive Dissonanzen zu vermeiden. Risikomeidung wäre damit lediglich ein anderer Ausdruck für ein gelerntes Verhaltensmuster, kognitive Dissonanzen bereits im Vorfeld abzubauen.

Als Strategien der *Senkung des Kaufrisikos* kommen in Betracht:

- aktive Informationssuche und -ausweitung,
- Markentreue, Firmentreue, Geschäftstreue,
- Nachahmung anderer, insbesondere relevanter und kompetenter Bezugspersonen,
- Anwendung bestimmter heuristischer Prinzipien,
- Senkung des Anspruchsniveaus,
- Wahl teurer Produkte.

Empirisch durchschlagend scheinen erweiterte *Informationsaktivitäten* zu sein, wobei insbesondere persönliche Informationsquellen bevorzugt werden *(Sheth/Venkatesan 1968)*. Nach den Untersuchungen von *Roselius (1971)* wird die Markentreue am häufigsten als angemessenes Mittel zur Verringerung des wahrgenommenen Risikos genannt, die Strategie des hohen Preises jedoch am seltensten. *Von Rosenstiel/Ewald (1979)* vermuten jedoch – u. E. zu Recht – dass die Ablehnung einer solchen Strategie im Urteil der Befragten dem Prinzip sozialer Erwünschtheit folgen könnte und deshalb selten zugegeben wird.

(4) Determinanten der Informationssuche

Wie wenig Informationen die Konsumenten vor dem Kauf tatsächlich benutzen, haben bereits *Katona* und *Mueller (1955)* empirisch nachweisen können. Diese Studie hat eine Reihe von Untersuchungen angeregt, die besonders die folgenden Fragenkreise berührten:

- Empirische Studien zur tatsächlichen Nutzung eines Informationsangebots, wobei sich zeigte (vgl. 2.2.1.1), dass nur ein kleiner Teil verfügbarer relevanter (Produkt-)Informationen auch tatsächlich genutzt wird. Insbesondere bei vereinfachten Entscheidungen dominieren Schlüsselinformationen (z. B. Markenbezeichnung, Geschäftsimage), durch die andere Informationen substituiert werden.
- Empirische Studien zum Informations- und Kaufverhalten von Konsumenten nach differenziellen Gesichtspunkten, insbesondere in Bezug auf alters-, bildungs- oder schichtspezifische Unterschiede.
- Empirische Ansätze, in denen die Beurteilung, Verwendung und Wirkung neutraler Verbraucherinformationen (oder Gegeninformationen) im Vordergrund steht.
- Empirische Ansätze, in denen danach geforscht wird, wie die „Elitekonsumenten" lokalisiert werden sollen, die als „information seekers" *(Thorelli et al. 1975)* ein besonders kritisches Verhalten an den Tag legen.
- Theoretische Ansätze, die auf der Basis des verfügbaren empirischen Materials Aussagen über das tatsächliche Informationsnutzungsverhalten im Konsumbereich formulieren. Diese Theorien sind meist modifizierte Nutzentheorien *(Burnkrant 1976; Wiswede 1976b)* oder Theorien kognitiver Komplexität.
- Theoretische und empirische Ansätze zur Informationsverarbeitung, die entweder als Theorien der Urteilsbildung konzipiert sind und von Entscheidungsheuristiken ausgehen (z. B. *Tversky 1972*) oder die den Prozess der Informationsaufnahme, -speicherung und -verwertung in Form von Prozessmodellen nachzubilden versuchen *(Bettman 1979)*.
- Theoretische und empirische Ansätze, die die Motivation zur Information in den Vordergrund rücken. Hierzu gehören verschiedene Involvement-Konzepte (Überblick bei *Donnerstag 1996*) sowie das ELM (K 6), das eine mehr oder weniger elaborierte Informationsverarbeitung in Abhängigkeit von Motivation und Fähigkeit voraussagt.

Nachdem wir uns mit selektiver und eingeschränkter Informationsnutzung von Konsumenten bereits im Zusammenhang mit Fragen der Produktbeurteilung beschäftigt haben, wollen wir uns in den folgenden Abschnitten insbesondere mit den beiden zuletzt aufgelisteten Problembereichen befassen. Im Hinblick auf das Suchverhalten („extent of information seeking activity" bei *Katona/Mueller 1955)* sei als Eingangshypothese formuliert: Die Wahrscheinlichkeit, dass ein Individuum sich informiert, ist umso größer, je höher die eingeschätzten Ertragszuwächse durch (zusätzliche) Informationen sein werden. Konsumenten werden ihre Informationsbemühungen nur dann fortsetzen, wenn sie glauben, dass die dadurch erreichte Ergebnisverbesserung den Wert zusätzlicher Informationskosten übersteigt, wenn also der subjektiv erwartete Netto-Ertrag positiv ist *(Wiswede 1976a, 251)*.

Die erwartete Belohnung der Informationssuche besteht z. B. in der Stabilisierung von Entscheidungen, in der Einschränkung des Risikos sowie in der Vermeidung von Frustrationen und kognitiven Dissonanzen. Diese Belohnungen sind aufzurechnen gegen die „Suchkosten" *(Stigler 1961)*: Konsumenten werden ihre Informationsbemühungen nur dann steigern, wenn sie glauben, dass sich dies lohnt; es sei denn Information ist intrinsisch belohnend. Bei weitergehender Information werden die Ertragszuwächse immer geringer, auch könnte „Überinformation" verwirrend wirken, sodass Entscheidungshemmungen auftreten. Auch können durch überdehnte Planungsperioden bestimmte Gelegenheiten „verpasst" werden, sodass u. U. schnelle Entscheidungen bessere Ergebnisse einbringen.

Eingebettet in die skizzierte Wert-Erwartungs-Theorie dürfte das Informationsverhalten des Verbrauchers eine Funktion folgender Variablengruppen sein:

- Merkmale des *Entscheidungsgegenstandes:* Je höher z. B. das Preis-Einkommens-Verhältnis ist, desto höher wird im Allgemeinen die Informationsintensität sein.
- Merkmale der *Person:* Je höher z. B. der Bildungsgrad eines Konsumenten ist, desto besser wird er Informationsangebote nutzen und verwerten können.
- Merkmale der *Situation:* Je unüberschaubarer die Situation und je höher das Kaufrisiko, desto stärker ist das Bedürfnis nach Information.

- Merkmale des *Informationsangebots:* Hier ist es von Bedeutung, wie viele und welche Informationsquellen zur Verfügung stehen, wie transparent sie sind, wie kostspielig ihre Benutzung ist und welches Prestige sie aufweisen.

(5) Informationsverarbeitung

Die Informationssuche unterliegt motivationspsychologischen, die Informationsaufnahme dagegen vorwiegend wahrnehmungspsychologischen Gesichtspunkten, wobei die Wahrscheinlichkeit der Aufnahme (auch) motivationsthematisch, also etwa bedürfnisakzentuiert erfolgt. Ein zentraler Begriff der Informationsverarbeitung ist die *Verfügbarkeit* von Informationen. Einige der zentralen Variablen haben wir bereits beim Zusammenhang von Werbung und Gedächtnis (Kap. 2.2.1.5) diskutiert: Salienz, Vividness, Vertrautheit, „mere exposure", räumliche und zeitliche Nähe der Information. Wichtig ist auch das sogenannte *„Priming":* Vorher dargebotene Informationen können die spätere Informationsverarbeitung im Sinne einer Voraktivierung des Gedächtnisinhaltes beeinflussen und in eine ganz bestimmte Richtung lenken. Auch die im Rahmen der Produktpsychologie diskutierten Effekte (Halo-Effekt, Detail-Dominanz, Irradiation, Kontexteffekt) beeinflussen die Informationsverarbeitung und damit auch die Verfügbarkeit in der Handlungssituation.

Vorgänge der Informationsverarbeitung werden heute mehr oder weniger explizit mit „Information-Processing-Theorien" in Verbindung gebracht (vgl. K 6). Wir wiederholen an dieser Stelle nur kurz, dass die hierbei zur Anwendung gelangenden Modelle Denkprozesse weitgehend in der Programmsprache des Computers beschreiben. Als Phasen des Prozesses werden Encodierung, Abspeicherung und Abruf unterschieden. Als Hauptmerkmale eines Informationsverarbeitungssystems kommen in Betracht: der Input-Output-Mechanismus, die Speichereinheiten (hier arbeitet man meist nach dem Drei-Speicher-Modell) und verschiedene Verarbeitungseinheiten (Prozessoren).

An dieser Stelle skizzieren wir kurz das Modell von *Bettman (1979),* das im konsumpsychologischen Bereich am meisten diskutiert wird und das im Gegensatz zu den sog. Strukturmodellen des Konsumentenverhaltens – auf die wir später noch eingehen – im engeren Sinne ein „Information-Processing"-Modell darstellt (Abb. 64).

Die erklärungsbedürftigen Schlüsselelemente des Modells sind dabei:

- Informationsverarbeitungskapazität, die im Hinblick auf die grundsätzlich zur Verfügung stehende Informationsmenge begrenzt ist;
- Motivation, die mit wachsendem Involvement des Konsumenten immer zielgerichteter sein wird;
- Aufmerksamkeit, wobei (im Anschluss an *Kahneman 1973*) zwischen willentlicher („voluntary") und absichtsloser Aufmerksamkeit unterschieden wird;
- Gedächtnis, gewissermaßen ein „Warenhaus" interner Information, unterschieden nach Langzeit- und Kurzzeitspeicher, wobei die Verfügbarkeit („availability") von gespeicherten „Schemata" sowohl bei der Informationsaufnahme wie auch beim -abruf eine Rolle spielt;
- Scanning- und Unterbrechermechanismen sorgen dafür, dass zwischen den individuellen Sollwerten (Erwartungen) und Ist-Werten (gegenwärtige Umweltbedingungen) stets Übereinstimmung besteht und dass unerwarteten Entwicklungen Rechnung getragen werden kann (vgl. das *TOTE*-Modell).

Der Entscheidungsprozess wird dabei von Heuristiken (kognitiven Programmen) gesteuert und nach dem Muster des Entscheidungsbaumverfahrens dargestellt. Solche Entscheidungsheuristiken hatten wir bereits am Beispiel der Produktbeurteilung (2.2.1.1) herausgestellt; sie reichen von einfachen Entscheidungsregeln (z. B. konjunktive, disjunktive, lexikographische Regel) bis hin zu komplexeren, kompensatorischen Beurteilungsprogrammen, wie sie etwa in den Multi-Attribut-Modellen verfolgt werden.

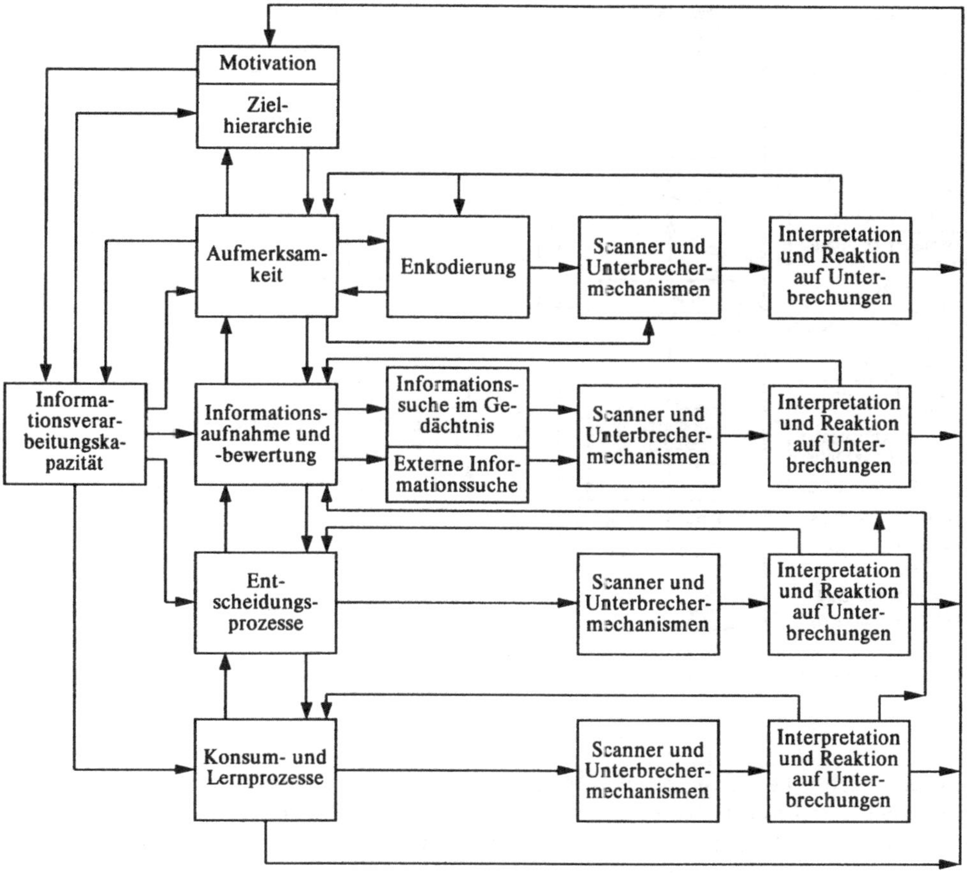

Abb. 64: Das Bettman-Modell des Konsumentenverhaltens

Von konsumpsychologischer Relevanz sind auch die in unserer Theorie-Betrachtung (K 6) vorgestellten Dualen-Prozess-Theorien (zusammenfassend: *Chaiken/Trope 1999; Kahnemann 2003*), wobei sich zeigt, dass viele Konsumentscheidungen der *Gedankenlosigkeit* (mindlessness i. S. *Langer 1989*) unterliegen oder simplen *Heuristiken* anvertraut werden.

(6) Strukturmodelle des Konsumentenverhaltens

Kontrovers diskutiert werden die älteren *Total-Modelle* des Konsumentenverhaltens, die den Entscheidungsprozess in Ablaufmodellen nachbilden (vgl. als prominenteste Beispiele *Nicosia 1966; Engel et al. 1995; Howard/Sheth 1969;* zusammenfassend: *Macanek 1978; Friedman 1988*). Nachstehend – und gewissermaßen stellvertretend für die mittlerweile inflationäre Zahl ähnlicher Konzepte – sei hier das Modell von *Howard* und *Sheth* kurz vorgestellt, das in der Marketing-Literatur wohl am meisten diskutiert wurde (vgl. *Müller-Hagedorn 1994*).

Die Verfasser unterscheiden zwischen Stimulusvariablen (z. B. Produktinformationen, soziale Einflüsse), intervenierenden organismischen Variablen (die durch theoretische Konstrukte repräsentiert sind) und Response-Variablen (z. B. Kauf, Kaufabsicht, resultierende

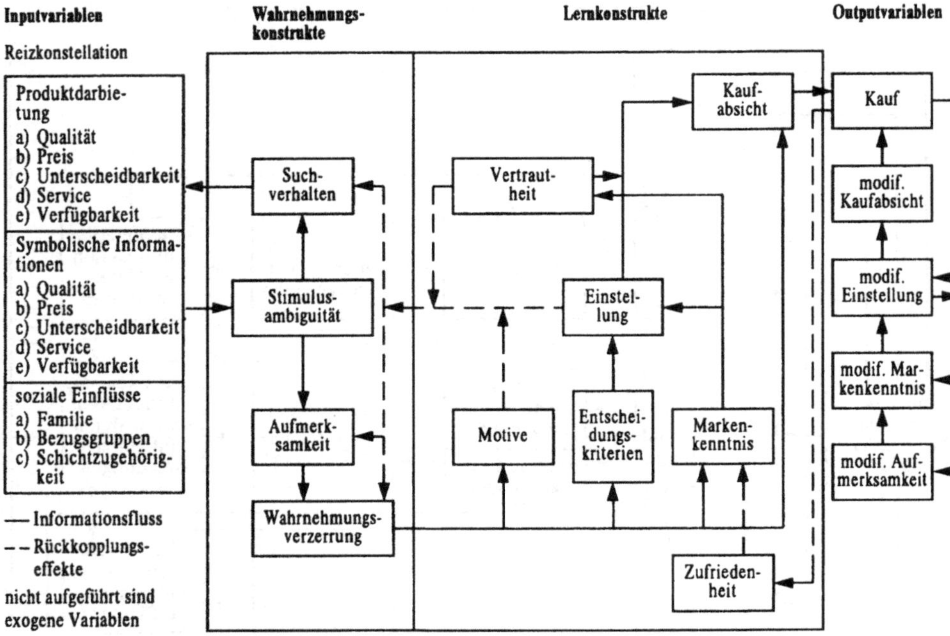

Abb. 65: Howard-Sheth-Modell der Kaufentscheidung (vereinfachte Darstellung; 1969)

Einstellungen), die von exogenen Variablen (z. B. Zeitdruck) überlagert werden. Die Besonderheit des Modells ist eine Auffächerung der O-Variablen in Wahrnehmungs- und Lernkonstrukte. Hierbei handelt es sich nach Auffassung von *Howard* und *Sheth* um Teilfunktionen des „Konsumentenorganismus", die sich gegenseitig ergänzen. Die Wahrnehmungskonstrukte sind Reizfilter, die für die Auswahl und Aufbereitung der Reize sorgen, die dann von den Lernkonstrukten weiterverarbeitet und letztlich in Aktionen umgesetzt werden (Abb. 65).

Dieses „Schubladen-Modell" hat sicherlich einen gewissen heuristischen Wert, indem es Hinweise auf mögliche Variablen liefert und den Gesamtzusammenhang des Entscheidungsprozesses herausarbeitet. Die Kritik muss jedoch an zwei wichtigen Punkten ansetzen. Der erste ist überwiegend *forschungslogischer* Natur. Das interne System enthält keine empirisch greifbaren Größen und keine Beziehung zwischen Variablen, sondern die Beziehung zwischen Konstrukten, deren modell-immanent postulierte Autonomie unklar und unbegründet bleibt *(Hunziker 1972; Wiswede 1973; Wiendieck et al. 1983)*. *Hunziker* spricht hier von einer spekulativen Überinterpretation der Konstrukte, indem versucht wird, die verschiedenen Konstruktarten additiv und grob schematisch zu einem Gesamtsystem zusammenzufassen, deren Zusammenwirken wie das von empirisch umsetzbaren Merkmalen gesehen wird. „Dies setzt Vorstellungen über den Gesamtzusammenhang der Organismusfunktionen voraus, die nur von einem übergeordneten theoretischen Konzept her zu gewinnen sind. Da bereits die einzelnen Konstrukte theoretische Gebilde sind, stellen die Aussagen über den Zusammenhang der Konstrukte gewissermaßen Theorien zweiten Grades dar" *(Hunziker 1972, 65)*. Es handelt sich daher um eine (im Übrigen untaugliche) Theorie über den Zusammenhang von Konstrukten, eine Art Meta-Theorie; etwaige Versuche zur empirischen Bestätigung *(Farlay/Ring 1970)* müssen daher schon wegen der Multivalenz und Mehrdeutigkeit der Konstrukte und der fehlenden Zuordnung zu Beobachtungsgrößen scheitern.

Der zweite Einwand betrifft jenen Teil der Arbeit, in dem versucht wird, die jeweiligen Konstrukte *substanziell* zu interpretieren. Naturgemäß haben sich die Verfasser an psychologischen Theorien orientiert, die in den 60er Jahren in besonderer Weise diskutiert wurden. So ist beispielsweise die enge Anbindung des Wahrnehmungskonstruktes an *Berlyne* wenig glücklich und von sehr begrenzter Relevanz. Auch die Ausarbeitung des Lernkonstruktes ist wenig explizit. Zwar gehen die Verfasser von bestimmten lerntheoretischen Einsichten aus (insbesondere von *Hull,* in der Version von *Spence),* die nach *Osgoods* Mediationshypothese spezifiziert sind, doch wird nirgendwo formuliert, wie denn nun die aufgestellten Hypothesen genau lauten und in welcher Weise sie das Gesamtsystem *Hulls* oder einen Teil davon repräsentieren. Selbst wenn dies explizit gemacht wäre, so ist der Rückgriff auf das Lernmodell von *Hull* aus heutiger Sicht als weitgehend überholt zu betrachten; auch fehlen bei *Howard* und *Sheth* (naturgemäß) neuere Varianten kognitiven Lernens sowie eine Auseinandersetzung mit dem Konzept des Modell-Lernens.

2.2.2.6 Psychologie konsumrelevanter Gruppeneinflüsse

Die vorherrschende individualpsychologische Perspektive des dominierenden Information-Processing-Ansatzes hat dazu geführt, soziale Einflussfaktoren auf das Konsumentenverhalten zu vernachlässigen. In einigen Publikationen nehmen sie allerdings einen bedeutenden Raum ein (z. B. bei *Zaltman/Wallendorf 1983; Kroeber-Riel et al. 2009).* Hierbei sind sozialpsychologische Ansätze häufig, soziologische Konzeptionen dagegen seltener zu finden (vgl. zu letzteren: *Hörning 1970; Wiswede 1972, 2000; Zaltman/Bagozzi 1975).*

In der folgenden Diskussion geht es uns zunächst um den Kontext allgemeiner sozialer Werte und Normen als Determinanten des Marktverhaltens, im weiteren Verlauf dann um den engeren sozialen Kontext, insbesondere um Gruppeneinflüsse und haushaltsdeterminierte Entscheidungen. Direkte interaktive Bezüge werden dabei lediglich insoweit berührt, als sie nicht bereits in anderem Zusammenhang (Meinungsführung, „word of mouth advertising", Verkaufsinteraktionen) Gegenstand unseres Interesses waren.

(1) Kultureller Kontext

Wie sämtliche Marktteilnehmer, so kann auch der Konsument seine Intentionen nur innerhalb bestimmter Rahmenbedingungen realisieren. Diese strukturieren einmal im ökologischen, ökonomisch-technischen und sozial-strukturellen Bereich das Verhalten als Ausdruck spezifischer Ressourcen vor und geben zum anderen als kultureller Bezugsrahmen mehr oder weniger allgemeinverbindliche Grundmuster „richtigen" oder wertbezogenen Verhaltens ab. Dies ist eine i. e. S. soziologische Problemstellung *(Wiswede 1972, 1983);* freilich ist sie insofern auch Gegenstand sozialpsychologischer Betrachtung, als konsumrelevante Verhaltensweisen diesen kulturellen Kontext reflektieren. Sozial-kulturelle Wertsetzungen sind daher auch in unseren lerntheoretischen Überlegungen die relevanten Eingangsgrößen: Welche Ereignisse und Zustände vom Individuum als belohnend oder bestrafend empfunden werden, ist keineswegs in der „Natur" des Menschen „angelegt", sondern weitgehend das Ergebnis bestimmter Lern-Umwelten, also sozial-kultureller Ausgangsbedingungen.

Auch der von vielen Forschern diagnostizierte *Wertewandel* – wir erinnern an die Implikationen für das Verbraucherverhalten – zeigt Einfluss auf die Konsumsphäre, sei es im Sinne eines gesteigerten Hedonismus, dem Aufkommen postmaterialistischer Gesinnungen oder veränderten Einstellungen zur Freizeit *(Silberer 1991; Duncker 1998)*. Wie empirische Untersuchungen gezeigt haben, bestehen zentrale Verbindungslinien zwischen veränderten Werthaltungen im Konsumbereich und anderen Lebenszusammenhängen, z. B. der Arbeitsmotivation *(Klipstein/Strümpel 1985)* oder dem intergenerativen Verhalten *(Oppitz 1984)*, wobei segmentsspezifische Unterschiede auftreten *(Szallies/Wiswede 1991)*.

Ein wichtiger Schwerpunkt in diesem Bereich ist die interkulturelle Differenzierung des Konsumverhaltens. Im Vordergund stehen zunächst Versuche, eine Theorie des *interkulturellen Konsumverhaltens* zu entwickeln *(Sheth/Sethi 1977)*, hier vor allem mit dem Ziel, differenzielle Marketing-Strategien einzusetzen (vgl. 1.1.4; *Douglas/Craig 1983; Jain 1889; Assael 1998; Usinier/Walliser 1993; Holzmüller 1995)*. Sowohl zu Zwecken interkultureller wie auch subkultureller Analyse wird häufig das *Lebensstilkonzept* verwendet. Nachdem es eine Zeit lang in der Marketingforschung üblich war, Lebensstile über Aktivitäten, Interessen und Meinungen (AIO-approach) zu definieren, dominierten in der Folge wiederum Wertedimensionen (z. B. VALS = values and life styles; Euro-socio-styles, soziale Milieus im Sinne des Sinus-Instituts), wobei entweder die Individualisierungstendenz oder die Postmaterialismus-Dimension oder die Erlebnisorientierung (Hedonismus) im Vordergrund standen (vgl. für einen Überblick *Banning 1987; Michman 1991; Kahle/Chiagouris 1997)*. Hierbei ergeben sich Berührungspunkte mit soziologischen Analysen (z. B. *Schulze 1996)*, die allerdings vielschichtiger angelegt sind (vgl. für einen Überblick *Hartmann 1999)*. Nach Auffassung einiger Soziologen (z. B. *Featherstone 1987)* kann allerdings auch das Lebensstilkonzept das Anliegen der Marktsegmentierung – nämlich nach außen hin relativ heterogene und abgrenzbare, nach innen hin möglichst homogene Segmente zu liefern – kaum mehr einlösen. Insofern wird vermutet, dass eine Dispersion von Lebensstilen im Sinne multipler Optionen *(Gross'* Begriff der Multioptionsgesellschaft, *1994)* stattfindet, was *Featherstone* veranlasst, vom „Ende der Marktsegmentierung" zu sprechen.

(2) Konsumentensozialisation

Die Thematik der Konsumentensozialisation – das Hineinwachsen des jungen Menschen in die Konsumgesellschaft – kann zunächst in genereller Weise behandelt werden, wie wir dies bereits unter dem Aspekt der Sozialisation durch Werbung diskutiert hatten (Kapitel 2.2.1.5).

Auswirkungen der Konsumwelt auf die Sozialisation von Kindern, soweit sie in globale, kulturkritische Behauptungen einmünden, sind empirisch schwer nachweisbar und oft lediglich Ausdruck allgemeinen Unbehagens gegenüber der modernen Konsumgesellschaft. Die Gründe für den schwierigen empirischen Nachweis sind einmal in der Langfristigkeit der hier vermuteten Folgen zu sehen, was lediglich durch Längsschnittuntersuchungen zu verfolgen wäre *(Ward 1974; Gorn/Goldberg 1982)*. Auch sind diese Folgen nicht abzulösen von vermittelnden, modifizierenden, verstärkenden oder abschwächenden Sozialisationsinstanzen wie Elternhaus und Bezugsgruppen samt deren sozial-struktureller Verankerung im Gefüge der Gesellschaft (vgl. *Roth 1983; Cram/Ng 1999*).

Wichtig erscheint in diesem Zusammenhang das Konzept der *antizipatorischen Sozialisation*. Es kann davon ausgegangen werden, dass frühkindliche Sozialisationsmuster, die im Interaktionsprozess mit Eltern und Peers erworben wurden, erst später aktiviert werden. So unterscheidet bekanntlich auch die Theorie des Modell-Lernens (vgl. M 6) eine Akquisitions- und Ausführungsphase des Lernens; gemeint ist, dass gewisse Sozialisationsinhalte „gespeichert" werden und erst bei bestimmten Bedingungen (z. B. Verfügung über eigenes Einkommen, Heirat usw.) realisiert werden. Insoweit sind Sozialisationsprozesse Einübungen auch in die Konsumentenrolle. Dabei werden zentrale Einstellungen zum Konsumstil, Verwendungsverhalten, Sparverhalten usw. sicherlich bereits sehr frühzeitig geprägt. Der Einfluss der Medien kann sich dann lediglich auf der Folie dieser präkommunikativen Einstellungen ausbreiten.

Betrachten wir nun einige *spezifische Aspekte* des elterlichen Einflusses. Eine Zusammenfassung der wichtigsten Ergebnisse zur familialen Konsumentensozialisation stammt von *Moschis (1985, 1987):*

- Eltern beeinflussen die Entwicklung von Präferenzen für Produkte, Marken und Geschäfte sowie die Fähigkeit, Informationen in der Werbung einzuschätzen.
- Der Elterneinfluss ist in allen Stadien des Entscheidungsprozesses noch vorhanden und variiert mit der Produktcharakteristik (höher bei „shopping goods", „speciality goods" sowie bei hohem perzipiertem Risiko).
- Der elterliche Einfluss beim Erlernen von Konsum-Entscheidungsmustern variiert mit der Schichtzugehörigkeit; er ist durchweg in der Mittelschicht höher als in der Unterschicht. Durch das hier stärker vermittelte „deferred gratification pattern" ist auch der Zukunftsbezug des Konsumverhaltens ausgeprägter.
- Die Charakteristik familialer Kommunikationsprozesse (z. B. Training, gemeinsames Einkaufen, belohnungsorientierte Verstärkung prosozialen Konsumverhaltens) entscheidet über die Effizienz konsumrelevanten Modell-Lernens.

Im Einzelnen unterscheidet *Moschis* vier familiale Kommunikationsmuster entsprechend der Ausprägung einer „socio orientation" (ein Muster, das darauf abzielt, anderen nachzueifern und mit Gruppennormen konform zu gehen) und einer „concept orientation" (ein Muster, das darauf abzielt, zur Verfügung stehende Alternativen nach objektiven – nonsozialen – Kriterien zu bewerten). Ein „pluralistisches" Muster (low socio orientation, high concept orientation) fördert die Entwicklung *konsumtiver Kompetenz:* Kinder aus solchen Familien informieren sich besser, sie sehen mehr Nachrichtensendungen, sie evaluieren Informationen aus mehreren Quellen. Ein protektives Muster (high/low) fördert die Einflüsse außerfamilialer Instanzen sowie der ungefilterten Medien, z. B. der Fernsehwerbung; insgesamt führt Socio-oriented-communication zu einer häufigeren Nutzung der Massenmedien für „soziale Zwecke" (d. h. Übernahme von meist nur oberflächlich internalisierten Werten und Normen im Sinne einer Außenlenkung des Verhaltens).

Auf der Suche nach einem positiven und stabilen *Selbstkonzept* versucht der Heranwachsende vor allem in der Adoleszenzphase personale und soziale Identität herzustellen. Personale Identität (im Sinne *Eriksons)* bedeutet, die persönliche Einzigartigkeit gegenüber anderen Menschen zu betonen; soziale Identität (im Sinne *Tajfels)* bedeutet, sich einer bestimmten sozialen Gruppierung zuzuordnen, mit der man sich identifizieren möchte (vgl. I 5). In beiden Fällen sind Distinktionsleistungen zu erbringen, d. h., das Individuum muss sich ausreichend von anderen bzw. von anderen Gruppen abgrenzen können. Über die Wahl und die Nutzung spezifischer sozial sichtbarer Konsumgüter steht ein Weg offen, diese Distinktionsleistung (z. B. als symbolische Selbstergänzung; vgl. K 8) zu erbringen. Es ist daher einsichtig, dass der Aufbau einer personalen und einer sozialen Identität zwangsläufig mit dem Elterneinfluss in Kollision gerät, sodass insbesondere in der Adoleszenzphase eher Abhebungseffekte zum elterlichen Modell in Erscheinung treten können: Der Jugendliche versucht, seine eigene konstruktive Realität zu finden, und emanzipiert sich von der Elternkontrolle, öffnet sich jedoch anderen Einflüssen, insbesondere denen der Gleichaltrigen (vgl. *Wiswede 1999).*

Es ist daher nahe liegend, dass der elterliche Einfluss bereits frühzeitig von den prägenden Wirkungen der „peers" überlagert wird. Verschiedentlich hat man vermutet *(Parsons/Bales 1964),* dass die familialen Einflüsse vorwiegend die instrumentellen Aspekte des Konsumentenverhaltens betreffen (z. B. im Umgang mit Geld), während die sozial-emotionalen, eher expressiven Komponenten (z. B. Rauchen) – die ja in stärkerem Maße identitätsfördernd sind – von den „peers" geprägt werden.

(3) Bezugsgruppen-Einflüsse

Wenden wir uns zunächst dem Einfluss der Gleichaltrigen auf das Konsumentenverhalten zu. Dabei gibt es verhältnismäßig wenig Untersuchungen, die Vergleiche zwischen familialen Sozialisationsinstanzen und Peer-Einflüssen gestatten. Einer der wenigen Befunde stammt von *Childers/Rao (1992),* wobei zum einen produktspezifisch unterschieden wird (luxury vs. necessity), zum anderen danach, ob das Produkt eher in die Privatsphäre fällt oder öffentlich sichtbar in Erscheinung tritt. Der Einfluss der Peers ist in der Kombination public-luxury besonders ausgeprägt, insbesondere was die Markenwahl anbelangt. Im Übrigen ist davon auszugehen, dass der elterliche Einfluss zwar wie eine Prägeform künftiger Konsummuster zu wirken scheint, dass er jedoch gegenüber den Peer-Einflüssen allmählich verblasst. Danach werden je nach Rollenphase und Sozialkontext jeweils andere Bezugsgruppen relevant, z. B. die Arbeitsgruppe, die Nachbarn, der Freundeskreis.

Nach Vorstellungen der Bezugsgruppenforschung üben Bezugsgruppen komparative und normative Wirkungen aus. Die theoretische Grundlage für *komparative Einflüsse* ist die Theorie der sozialen Vergleichsprozesse, die im Wesentlichen besagt, dass insbesondere im Falle unsicherer Beurteilung (fehlende physische Realität) ein gesteigerter Wunsch nach sozialer Validierung besteht, sodass das Individuum für informativen Einfluss besonders empfänglich ist (vgl. I 4). Dabei werden die Bezugspersonen bzw. Bezugsgruppen im Ausmaß der *Ähnlichkeit* ausgewählt. Ähnlichkeit bezieht sich dabei auf ähnliche Einstellungen (z. B. Konsumwünsche) sowie Fähigkeiten (z. B. Kaufkraft).

Der *normative Einfluss* besagt in diesem Zusammenhang, dass Menschen ihr Verhalten an bestimmten Gruppennormen ausrichten. Dabei sind insbesondere solche Bezugsgruppen einflusswirksam, die aufgrund ihrer *Attraktivität* eine Art „Gruppensog" entfalten oder die soziale Sanktionen verhängen können (Gruppendruck). Attraktiv sind z. B. Aspirationsgruppen, denen man angehören will oder die das konsumrelevante Anspruchsniveau – insbesondere im Bereich des externen, nach außen sichtbaren Standards – bestimmen. Zu hohe Diskrepanz zwischen eigenen Mitteln und bezugsgruppenvermittelten Ansprüchen kann hier zur Quelle dissonanter Vergleiche werden und Stress im Sinne des „keeping up with the Jones'" bewirken.

In hochkohäsiven Gruppen bestehen nach den Ergebnissen der Kleingruppenforschung (vgl. I 4) restriktive Normen, die in unserem Zusammenhang eine konforme Produktbeurteilung und Produktverwendung nahe legen. Entscheidend dürfte hier auch die Dependenz sein: Je stärker das Individuum von der Gruppe abhängt, desto eher werden konforme Konsummuster im gruppeninternen Bereich entstehen *(Stafford 1976; Brandstätter 1983; Kumpf 1983; Assael 1998).*

Dabei ist die Frage, ob Prädispositionen gegenüber bestimmten Produkten oder Bezugsgruppeneinfluss im Einzelfall stärker durchgreifen, Gegenstand verschiedener empirischer Untersuchungen gewesen *(Lewin 1963; Bourne 1972; Bearden/Etzel 1982).* Produktklassenspezifisch konnte nachgewiesen werden, dass Bezugsgruppeneinfluss in relativ starkem Ausmaß auch dann durchgreift, wenn der Konsument ansonsten eine überwiegend negative Einstellung zum Produkt hat (dissonanztheoretische Überlegungen zum einstellungskonträren Verhalten sagen eine Angleichung dieser Einstellung voraus). *Bearden* und *Etzel (1982)* stellen relativierend fest, dass Bezugsgruppeneinfluss insbesondere bei sozial auffälligen Gütern und bei Luxusgütern durchgreift, wobei nach Produktwahl und nach Markenwahl zu differenzieren ist (vgl. auch *Childers/Rao 1992*).

Auch die in der Bezugsgruppenforschung geläufige Unterscheidung zwischen *positiven und negativen Bezugsgruppen* ist für die Ausrichtung des Konsumverhaltens von Bedeutung. Während das Individuum sich mit positiv bewerteten Bezugsgruppen identifiziert, das Ausmaß der Ähnlichkeit mit anderen Gruppenmitgliedern überschätzt und sich komparativ und normativ daran ausrichtet, vollzieht sich im Hinblick auf negative Bezugsgruppen, die naturgemäß als „Fremdgruppen" in Erscheinung treten, ein Prozess der Abwehr, der Distanzierung und der Abhebung. Unähnlichkeiten werden durch diese *soziale Akzentuierung* in übertriebenem Maße wahrgenommen. Das Individuum versucht nun, durch besonders artikuliertes Konsumverhalten Konformität mit der positiven Bezugsgruppe an den Tag zu legen (z. B. durch die Verwendung bestimmter Produkte, durch die Akzeptanz besonderer Moden) und sich hierbei von negativ eingeschätzten Bezugsgruppen durch Distinktionsleistungen abzuheben (vgl. I 5). Diese Grundfigur der Konformität, nämlich Anpassung nach innen und Abhebung nach außen, hatten wir bei der Analyse modeorientierten Verhaltens mit Bezug auf *Georg Simmel* bereits kennen gelernt (Kap. 2.2.1.3).

(4) Haushalts-Entscheidungen

Die meisten Kaufentscheidungsmodelle und Information-Processing-Konzepte folgen einem individuellen Entscheidungsmuster, das die Kaufentscheidung von der Bedürfnisweckung bis hin zur Nutzung der Güter als Ergebnis isolierter und solistischer Prozesse ansieht, indem normativ-soziale Einflüsse lediglich implizit in subjektive Präferenzen eingehen. Es gilt also, dem Umstand Rechnung zu tragen, dass Kaufentscheidungen und Konsumverwendungen häufig im familialen Kontext stattfinden und insofern kollektive, d. h. *interaktiv abgestimmte* oder *ausgehandelte Entscheidungen* darstellen. Die Betrachtung dieses Binnensystems hat auszugehen von der Einbettung der Familie (in ihrer Eigenschaft als Haushalt) in den übergreifenden sozial-kulturellen Kontext (Wertänderungen, Individualisierungstendenzen, Geschlechtsrollenwandel) sowie in den umgreifenden sozial-strukturellen Kontext (Entstandardisierung von Familien, Pluralisierung der Lebensformen, non-familiale Haushaltstypen etc.). Es sind u. a. diese *Entstandardisierungsprozesse,* die die älteren idealtypischen Modelle des „Lebenszyklus" zu einem erheblichen Teil obsolet machen. Ein neuerer Versuch, diesen Veränderungen in Lebenslaufmodellen Rechnung zu tragen, stammt von *Gilly/Ennis (1982).*

Obgleich man Haushaltsentscheidungen gelegentlich als *machtorientierte* Vorgänge und als austauschorientierte Prozesse im Rahmen neuerer Interaktionstheorien (vgl. I 1 – 5) untersucht hat (vgl. *Scanzoni/Polonko 1980; Corfman 1987; Kirchler 1989, 2011; Palan/ Wilkes 1997),* ist darauf hinzuweisen, dass konsumtiv relevante familial abgestimmte Verhaltensmuster keineswegs immer als Entscheidungs- oder Aushandlungsprozesse verstanden werden können. Insbesondere werden im fortgeschrittenen Stadium der Partnerschaft Arbeitsteilungen stattfinden, Gewohnheiten Platz greifen, Kompetenzen zugeordnet, sodass Vorwegnahmen des Entscheidungshandelns – antizipatives Einbeziehen der mutmaßlichen Reaktion des anderen – eher die Regel sind als echte Entscheidungsprozesse (vgl. *Wiswede 1976/1999; Scanzoni/Szinovacz 1980),* die lediglich in besonderen Fällen (z. B. bei ungewöhnlichen oder bedeutsamen Anschaffungen) an Relevanz gewinnen.

Ferner ist davon auszugehen, dass familiale Interaktionsprozesse in *Rollenverteilungen* einmünden (vgl. I 3), die gleichsam fertige Muster für die Entscheidungsprozesse abgeben. Dies führt zu einer gewissen Verkrustung im Sinne von normativ abgesicherten Festlegungen, bei denen nicht jedesmal erneut darüber nachgedacht oder verhandelt wird, wer denn nun in welchem Ausmaß welche Entscheidung trifft. Die Rollenaufteilung trägt zur Erleichterung des Interaktionsprozesses sowie zur Bewahrung bestimmter Interaktionsstrukturen bei, sodass Ziele und Prozeduren nicht jedesmal neu ausgehandelt werden müssen. Die entsprechenden *Entscheidungsskripts* (vgl. K 6) existieren vor allem im Bereich des periodischen Bedarfs; bei teuren und langlebigen Gütern, die nur selten oder gar einmalig angeschafft werden, lässt sich auf solche Skripts nicht zurückgreifen.

Man hat den relativen Einfluss der Ehepartner (und auch der Kinder und Jugendlichen) häufig empirisch untersucht (vgl. *Davis/Rigaux 1974; Dahlhoff 1980; Kirchler 1989; Assael 1998)*. Männer und Frauen üben in Angelegenheiten des Konsums in etwa gleich viel Einfluss aus; allerdings variiert dieser Einfluss (schwach) mit der Berufstätigkeit der Frau sowie der Stellung im Lebenszyklus. Die Einflussverteilung variiert ferner mit dem Produkttyp; sie weist auf eine durchaus konventionelle Rollenspezialisierung hin und entspricht weitgehend dem *herkömmlichen Rollenstereotyp* von Ehemann und Hausfrau. Danach dominiert der Ehemann die Kaufentscheidung, wenn es um den Kauf technischer Erzeugnisse (Auto, Fotoapparat, TV-Geräte) geht, wenn es sich um Geldangelegenheiten (Anlageentscheidungen) handelt und wenn es (tendenziell) um Produkte geht, die außer Haus genutzt werden. Die jeweiligen Einflussmuster variieren auch mit der Phase des Entscheidungsprozesses (Anregungsphase, Such- und Auswahlphase, Kaufakt, Verwendungsphase). Gemeinsame Entscheidungen sind eher in der Initiationsphase und in der Kaufphase zu finden, in geringerem Maße im Stadium der Informationsbeschaffung. Frauen (und auch Kinder) spielen in der Anregungsphase sowie bei der Vorauswahl eine wichtige Rolle, liefern gewissermaßen eine Art „Weichenstellung" für die Entscheidung.

Seit *Davis/Rigaux (1974)* wird das Entscheidungsverhalten der Ehepartner üblicherweise in Form eines Rollendreiecks dargestellt (vgl. Abb. 66). Dabei bedeuten:

Bereich I	Mann dominiert
Bereich III	Frau dominiert
Bereich IV	Gemeinsame Entscheidung
Bereich II	Autonome Entscheidung

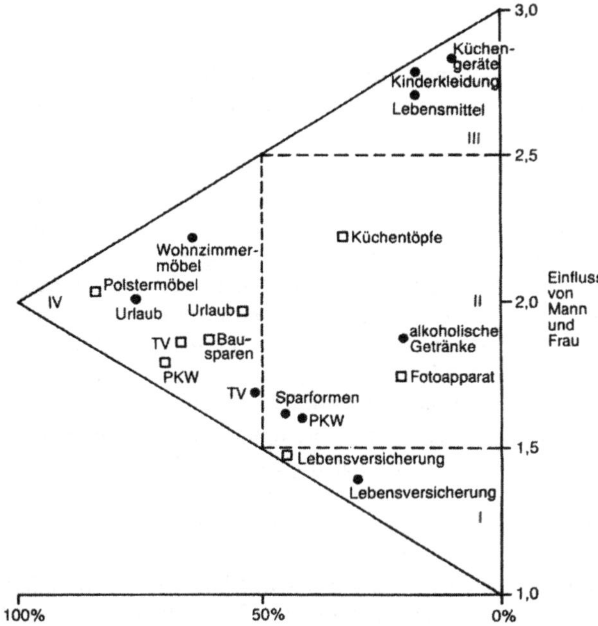

• = Ergebnisse von *Davis* und *Rigaux* (1974, S. 54)
□ = Ergebnisse von *Dahlhoff* (1980, S. 192)

Abb. 66: Das Rollendreieck (nach Davis/Rigaux 1974)

Die Abszisse gibt an, wie häufig gemeinsam entschieden wird (Ausmaß verschiedener Rollenspezialisierung). Der Wert der Ordinate bedeutet, wie häufig (relativ zur Gesamtzahl der Allein-Entscheidungen) der Mann bzw. die Frau entscheidet.

Die Vorstellung, dass der Gemeinsamkeitsanteil von Entscheidungen mit dem Vordringen egalitärerer Verhaltensmuster gestiegen sei, konnte empirisch nicht bestätigt werden *(Kirchler 1989, 2003)*. Demgegenüber ist jedoch eine Zunahme sogenannter autonomer Entscheidungen zu vermerken, bei denen die klassischen Muster der Rollentrennung verlassen werden, also stärkere *Rollendurchmischung* stattfindet. Die Thematisierung von Gemeinsamkeit und Autonomie lässt allerdings häufig außer Acht, welche vorgelagerten Interaktionsprozesse zur Ausbildung von Autonomiezonen und zur Etablierung gemeinsamer Vorstellungen führen. Gemeinsamkeit kann heißen: Gleichklang der Meinungen, Identifikation mit den Absichten und Ansichten des anderen. Es kann aber auch heißen: ein Konfliktgeschehen, das über längere Auseinandersetzungen und Verhandlungsprozesse schließlich in einen gemeinsamen Kompromiss einmündet. Die von *Kirchler* (in verschiedenen Arbeiten) dargelegten Zusammenhänge zwischen Beziehungsqualität und Entscheidungsfindung sind hier zweifellos richtungweisend. Die Beziehungsqualität der Partner entscheidet darüber, auf welche Weise Gemeinsamkeit zustande kommt, z. B. durch Streit, durch Identifikation oder durch altruistische Transformation.

Konfliktsituationen werden vor allem im Hinblick auf die *Einkommensverwendung* auftreten; die beiden häufigsten Fälle können folgendermaßen umschrieben werden *(Forsa 1998)*: „A meint, B gebe zu viel aus!" „A meint, der andere gebe Geld für das Falsche aus." Insbesondere in den Anfangsstadien der Partnerschaft muss sich hier ein Gleichgewicht erst einspielen, das möglicherweise zu Beginn durch starke Ego-Tendenzen (häufiger des Mannes, vor allem im Technisierungsbereich) gefährdet ist. Dennoch wird nach den vorliegenden Daten („Wie oft streiten Sie sich über Geld"?) die Bedeutung dieses Konflikttyps überschätzt. Auch scheinen ältere ressourcentheoretische Vorstellungen – Macht- und Einflussverteilung je nach relativen Einkommensbeiträgen – für moderne Partnerschaften nicht mehr zu gelten (vgl. *Kirchler 1989*).

2.2.2.7 Psychologie organisationalen Kaufverhaltens

Bereits beim familialen Einkaufsverhalten wird der Gedanke der sozialen und organisationalen Einbindung deutlich. Diese Einbettung in übergreifende Kontexte ist beim *organisationalen Einkaufsverhalten* (auch: business-to-business, vgl. *Morris et al. 2001*) noch ausgeprägter. Im konsumnahen Bereich (z. B. beim Einkauf des Groß- und Einzelhandels im Konsumgütersektor) bleibt eine starke Ausrichtung auf die Konsumentenwünsche bestehen, während in vorgelagerten Stufen (z. B. bei reinen Produktionsbetrieben) neben dem üblichen „Verbrauchsmaterial" vor allem auch Investitionsgüter beschafft werden müssen. Die Zahl der Anbieter und Nachfrager ist dabei stark eingeschränkt und in der Regel transparent. Auch sind die Geschäftsverbindungen häufig *gewachsen* und dauerhaft, möglicherweise durch reine Habitualisierungsprozesse entstanden. Das Konzept der „Lieferantentreue" hat hier ähnlichen Stellenwert wie die Marken- oder Geschäftstreue beim Konsumentenverhalten – enthält also durchaus auch Komponenten psychischer Trägheit und Entlastung –, allerdings dürfte der Risikoaspekt hier eine deutlichere Rolle spielen *(Webster/Wind 1972; Moriarty 1983; Morris et al. 2001)*, da sich bei Fehlentscheidungen gravierendere Konsequenzen (für die Organisation, jedoch auch für die Verantwortlichen) ergeben dürften.

(1) Besonderheiten organisationalen Kaufverhaltens

Hinsichtlich des Entscheidungsprozesses beim Kaufverhalten in Organisationen bestehen gewisse Besonderheiten (vgl. auch *Backhaus 2003; Meffert 1992; Assael 1998)*. Ein relativ hoher *Formalisierungsgrad* resultiert aus fixierten Verfahrens- und Zuständigkeitsregeln (insbesondere auch bei Behörden). Ferner besteht oftmals ein erhebliches Ausmaß an *Determiniertheit,* indem etwa der Kunde dem Anbieter genaue Spezifikationen vorschreibt oder extra festlegt, welche Teillieferungen von welchem Sublieferanten zu beziehen sind. Insbesondere bei wiederholten und damit routinisierbaren Einkaufshandlungen kann eine Art *Automatisierung* der Beschaffungsvorgänge (etwa durch den Einsatz von EDV-Systemen) stattfinden. Sind jedoch echte Entscheidungen notwendig, so sind diese selten das Ergebnis solistischen Handelns; insofern sprechen wir von einer *Kollektivierung* des Einkaufsverhaltens in Organisationen.

In der Literatur zum organisationalen (auch: business-to-business) Einkaufsverhalten *(Bonoma et al. 1978; Woodside et al. 1977; Morris et al. 2001; Dwyer/Tanner 2006)* wird daher hervorgehoben, dass solche Kaufentscheidungsprozesse in der Regel durch mehrere Personen durchgeführt werden, durch eine Art „Buying-Center". Dies gilt allerdings nur unter bestimmten Bedingungen, nämlich Käufen mit folgenden Merkmalen:

- hohes Risiko (Bedeutsamkeit, gepaart mit Konsequenzunsicherheit),
- Komplexität (Intransparenz, geringe physische Realität),
- Neuartigkeit (erstmaliger Kauf, wenig Erfahrungen),
- Konflikthaftigkeit (umstrittene Alternativen oder Lieferanten).

Liegen diese Merkmale nicht vor, so wirken Einkäufer oder Einkaufsleiter (purchasing agents) eher solistisch. Insbesondere dann, wenn die Anforderungen technisch nicht komplex sind (oder vorgängig Komplexität dauerhaft reduziert wurde), dürften Bestellungen weitgehend routinisiert auftreten und oft allein nach kaufmännischen Gesichtspunkten (Preis, Lieferzeit etc.), aufgrund der Lieferantentreue (Vertrauen, affektive Bindung) oder auf der Basis des Anbieter-Image (Größe des Lieferanten, Reputation, Stabilität des Unternehmens, Zuverlässigkeit) entschieden werden. Auch hier sind Preise/Kosten oft *kein* zentraler Faktor *(Zaltman/Wallendorf 1983, 152),* sofern ein bestimmter *Ankerpreisbereich* nicht durchbrochen wird. Dieser Ankerpreisbereich weitet sich mit der Komplexität und technischen Aufwändigkeit der Güter; hier werden Preise oftmals zu einer marginalen Größe.

Auch wenn Einkäufer oder Einkaufsleiter die „gewöhnlichen" Beschaffungen mehr oder weniger solistisch abwickeln, ist ihr Handeln „professionell", d. h., sie handeln im Rahmen einer bestimmten sozialen Rolle, an die normative Erwartungen geknüpft werden (vgl. I 4). Diese Erwartungen enthalten z. B. ein *Rationalitätsgebot:* Jede Einkaufshandlung sollte rational, also nach Kriterien der Vernünftigkeit, erfolgen. Ferner sollten gewisse *Regeln* beachtet werden (z. B. die Bestimmung und Anwendung von Entscheidungskriterien, Ausschreibungen, schriftliche Angebote, vorgeschriebene Verträge, Einhaltung von Klauseln). Durch diese Formalisierungsgebote sollen subjektive, nicht-rationale, außerökonomische Gesichtspunkte – wie in *Webers* Bürokratie-Modell – weitgehend vermieden werden. Zudem besteht für den Einkäufer oder Einkaufsleiter meist eine gewisse *Rechenschaftspflicht:* Nachweis der Rationalität und Regelhaftigkeit des Beschaffungsverhaltens (vgl. Kap. 1.4 zur Theorie rationalisierten Verhaltens).

Dieser Rationalitätsdruck, dem die Mitglieder in Organisationen je nach Position mehr oder weniger unterliegen, führt sicherlich dazu, Entscheidungsprozesse extensiver und unter Beachtung einer Vielzahl von Kriterien durchzuführen. Aber auch für ein Umfeld, das in starkem Maße durch Regelungen, Kontrollen und Rationalitätsgebote geprägt ist, gilt nach wie vor, dass psychische Prozesse (persönliche Vorlieben, Fehlattributionen, Vorurteile, Trägheit etc.) in vielerlei Gestalt in den Entscheidungsprozess einwandern. Oft wirkt das Rationalitätsgebot vor allem auf die Phase *nach* der Entscheidung und setzt kognitive Rechtfertigungsstrategien in Gang. Auch formalisierte Verfahrensweisen bei der Auswahl von Produkten und/oder Lieferanten spiegeln häufig die Macht des Agenda Setting: Kriterien werden so gewählt, Gewichtungsregeln so formuliert, dass bestimmte Alternativen begünstigt werden, andere nicht. Auf diese Weise sind Entscheidungen business-to-business zwar oft hochgradig formalisiert und professionalisiert *(Backhaus 2003; Morris et al. 2001)*, doch gibt es auch in solchen Abläufen die Einbruchstelle für irrationale oder einseitig begünstigende Entscheidungen.

(2) Rollenverteilung in „buying centers“

Betrachten wir nun kurz die Mehr-Personen-Entscheidungen durch sogenannte Buying Centers. *Webster/Wind (1972)* unterscheiden fünf Rollen in solchen Gruppierungen, wobei eine Person im Rahmen des Beschaffungsprozesses auch mehrere Rollen einnehmen kann:

- Benutzer, in deren Bereich das anzuschaffende Gut später verwendet wird (z. B. Werksleiter des Pharma-Bereichs einer chemischen Fabrik);
- Einkäufer (oder Einkaufsleiter), die nach kaufmännischen oder juristischen Gesichtspunkten Kaufverträge vorbereiten und abschließen;
- Beeinflusser, meist Fachleute, die als Meinungsführer über besondere Informationen verfügen und von Fall zu Fall – auch extern – herangezogen werden;
- Entscheider, die aufgrund ihrer Positionsmacht Entscheidungskompetenz besitzen. Insbesondere wird dies diejenige Person (oder Personengruppe) sein, die bereit und in der Lage ist, Verantwortung zu übernehmen;
- Informationsselektierer, die im Vorfeld bereits eine Vorauswahl treffen, Entscheidungskriterien zusammenstellen, Vorlagen erarbeiten, Angebotsauswertungen vornehmen etc. Obgleich hier – meist auf der Ebene der Sachbearbeiter – keine Entscheidungskompetenzen gegeben sind, erfolgt durch Vorstrukturierung oft bereits eine erhebliche Alternativenreduktion.

Die verschiedenen Rolleninhaber im Buying Center werden in aller Regel unterschiedliche Auswahlgesichtspunkte in den Entscheidungsprozess einbringen. So wird etwa der künftige Benutzer vor allem auf höchste Qualität, Lebensdauer und Benutzerfreundlichkeit des Produkts achten oder den Gesichtspunkt „typenreiner“ Ausstattung (z. B. mit Maschinen der gleichen Firma) betonen. Der Einkäufer wird insbesondere dem Preisvergleich und der Bewertung bestimmter Konditionen das Wort reden. Auch ist die jeweilige Rollenmacht je nach Situation unterschiedlich. Ist die Anschaffung technisch nicht zu komplex und verfügt auch der Einkäufer über ausreichendes technisches Wissen, so ist seine Machtstellung bedeutend, und er wird die Entscheidung maßgeblich über kaufmännische Gesichtspunkte beeinflussen. Ist die Anschaffung sehr risikoreich, wird das Urteil des Benutzers besonders entscheidungsrelevant; er könnte z. B. darauf verweisen, wer sonst außer ihm denn die Verantwortung übernehmen wolle. Ist man auf spezielle Berater und Meinungsführer angewiesen, so ist deren Machtstellung den Stäben vergleichbar.

Der Entscheidungsprozess in einem BC gleicht in gewisser Weise durchaus einem *Macht*kampf, wobei die jeweiligen Rolleninhaber in unterschiedlichen Phasen des Prozesses ihre Macht ausüben (z. B. wirken Informationsselektierer vor allem im Vorfeld der Entscheidung). Zu Beginn dürften auch formelle Informationsquellen von Relevanz sein, während später bei der Klärung technischer Details persönliche Kontakte und Verhandlungen stärker in den Vordergrund rücken *(Bonoma et al. 1978)*. Auch persönliche Quellen, die nicht vom Anbieter dominiert sind *(Assael 1998)*, scheinen von Fall zu Fall entscheidungsbeeinflussend zu sein (schwache Verbindungen, Referenzen, „word of mouth“, Gerüchte etc.).

Des Weiteren sind Eigengesetzlichkeiten des *Gruppenverhaltens* im Buying Center zu beachten. Neben den individuellen Zielen der Gruppenmitglieder sind Konformitätseinflüsse sowie die Gruppeneinbindung hervorzuheben. Auch interne Charakteristika der Gruppe (Struktur, Hierarchisierung, Komplementarität, Führerschaft, Befugnisse) sowie externe Gruppeneinflüsse (etwa durch die Organisation als Ganzes oder durch andere Gruppen) müssen einbezogen werden. Interorganisationale und Umweltbeziehungen stehen daher im Vordergrund sog. multi-organisationaler Strukturansätze *(Zaltman/Bonoma 1977)* oder neuerer Netzwerkansätze *(Backhaus 2003)*, die insbesondere interaktionale Verflechtungen betonen.

In der Literatur weniger beachtet ist die Tatsache, dass Verhandlungen auch von der *Verkaufsseite* her als Mehrpersonenspiel geführt werden können. Auf diese Weise stehen Buying Center einer Gruppierung gegenüber, die man *Selling Center* nennen könnte (Mitglieder etwa: der Außendienstmitarbeiter, der Verkaufsleiter, ein technischer Spezialist usw.). Ist z. B. der Verhandlungsgegenstand durch hohe technische Komplexität gekennzeichnet, werden die Technikspezialisten die dominanten Gesprächsführer sein und – phasenweise – die anderen Teilnehmer in die Rolle von Statisten abdrängen. Die unterschiedliche Kommunikationsebene der verschiedenen Gesprächspartner verhindert meist, dass sich auf jeder Interaktionsseite ein Gefühl „sozialer Identität" entwickelt, das etwaige Konflikte zwischen den Verhandlungsparteien heraufbeschwören würde (vgl. I 5). Dies wäre auch dem Ziel der Verhandlungen abträglich, das ja nicht in einer Unterwerfung des einen unter den anderen bestehen kann, sondern bei angestrebter Interaktionsstabilität eher in einer Geschäftsverbindung, die vom Geist der Reziprozität und Fairness getragen ist. Deshalb werden Machtpositionen auf beiden Seiten selten ausgereizt (z. B. Ausnutzung der Macht des monopolistischen Anbieters, Ausnutzung der Macht gegenüber einem Unternehmen, das auf diesen Auftrag angewiesen ist), sondern eher kooperativ gehandhabt *(Axelrod 1987)*. Der Grund liegt vor allem darin, dass man im Allgemeinen an einer längerfristigen Interaktionsbeziehung (Geschäftsverbindung, Lieferantentreue) interessiert ist.

Schlussbemerkung

Wir sind damit am Ende unserer Einführung in die Wirtschaftspsychologie angelangt, die sich im zweiten Teil – notgedrungen selektiv und kursorisch – mit verschiedenen Einzelbereichen dieser Wissenschaftsdisziplin befasste. Die Behandlung der scheinbar heterogenen, durch unterschiedliche Forschungstraditionen geprägten Teilbereiche sollte hierbei zwar den Zugang zu deren spezifischen Problemen und Fragestellungen eröffnen, insbesondere jedoch auch den Blick auf ihren gemeinsamen Kern lenken. Hierbei hatten wir uns der Führungsrolle einer kognitiv durchsetzten lerntheoretischen Perspektive anvertraut, wie sie uns für die Thematik wirtschaftlichen Verhaltens besonders angemessen erschien.

Das Studium wirtschaftlicher Verhaltensweisen könnte sich im Übrigen auch von paradigmatischer Bedeutung für die Erforschung des Verhaltens überhaupt erweisen. Zwar bedient sich die Wirtschaftspsychologie zunächst der theoretischen Basis, die die allgemeine Psychologie sowie die Sozialpsychologie bereitstellen. Mehr und mehr entwickelt sich jedoch die Wirtschaftspsychologie zu einer Disziplin mit eigenen Ansätzen zur psychologischen Grundlagenforschung. Theorien und Konzepte, die im Bereich des Arbeitslebens konzipiert wurden, mögen insofern generell für instrumentelles Handeln Geltung beanspruchen. Modelle und Befunde, die zunächst das Konsumverhalten zu betreffen scheinen, sind möglicherweise für solche Verhaltensweisen von Relevanz, die in irgendeiner Weise mit Austauschprozessen vom Typ des Gebens und Nehmens zu tun haben. Und das Verhalten in Organisationen mag u. U. als Modell menschlichen Handelns unter den Bedingungen struktureller Eingrenzung gelten. Mit diesen generalisierenden Ansprüchen weist die Wirtschaftspsychologie jedoch weit über ihr vielfach noch übliches Selbstverständnis als einer bloßen Service-Disziplin hinaus.

Literatur

Abramson, L. Y. et al. (1978). Learned helplessness in humans: critique and reformulation. Journ. Abn. Psych., 87, 49 – 74.

Adams, C. J./Webley, P. (2001). Small business owners' attitude on VAT compliance in the UK. Journal of Economic Psych., 22, 195 – 216.

Adams, J. S. (1965). Inequity in social exchange. In Berkowitz, L. (ed.), Advances in Exp. Soc. Psych. New York.

–, Romney, A. K. (1959). A functional analysis of authority. Psychological Review, 66, 234 – 251.

Adelt, P. et al. (1990). Umweltbewußtsein und Konsumverhalten. In Szallies, R./Wiswede, G. (Hrsg.), Wertewandel und Konsum. Landsberg.

Adler, N. J. (⁴2002). International dimensions of organizational behavior. Cincinnati/Ohio.

Adlwarth, W. (1983). Formen und Bestimmungsgründe prestigegeleiteten Konsumverhaltens. München.

–, Wimmer, F. (1986). Umweltbewußtsein und Kaufverhalten. Jahrb. der Abs. und Verbr.-Forsch. 166 – 192.

Ainslie, G. (1975). Specious reward: a behavioral theory of impulsiveness and impulse control. Psychological Bulletin, 82, 463 – 496.

– (1986). Beyond microeconomics: conflict among interests in a multiple self as a determinant of value. In Elster, J. (ed.), The multiple self. Cambridge.

Ajzen, I. (1985). From intentions to actions: A theory of planned behavior. In Kuhl, J./Beckmann, J. (eds.), Action-control: From cognition to behavior, 11 – 39. Heidelberg.

– (1989). Attitudes, personality and behavior. London.

– (1996). The directive influence of attitudes on behavior. In Gollwitzer/Bargh (eds.), 385 – 403.

–, Fishbein, M. (1980). Understanding attitudes and predicting social behavior. Englewood Cliffs/ N.Y.

Albert, H. (1967). Marktsoziologie und Entscheidungslogik. Neuwied.

Alden, D. L. et al. (1999). Markenpositionierung durch Werbung in Asien, Nordamerika und Europa. Die Rolle einer globalen Konsumentenkultur. Journal of Marketing, 63, 75 – 87.

Alderfer, C. P. (1972). Existence, relatedness and growth. New York.

Alderfer, H. (1969). An empirical test of a new theory of human needs. Org. Beh. Hum. Perf., 4.

Alhadeff, D. (1982). Microeconomics and human behavior. Berkeley.

Alioth, A. (1980). Entwicklung und Einführung alternativer Arbeitsformen. Bern.

Allais, M. (1979). The foundations of a positive theory of choice involving risk and a criticism of the postulates and axioms of the American School. In Allais, M./Hagen, O. (eds.), Expected utility and the Allais Paradox, 27 – 145. Dordrecht.

Allport, G. W. (1949). Persönlichkeit. Stuttgart.

Amabile, T. M. (1996). Creativity in context: Update to „The social psychology of creativity". Boulder.

Ancona, D. G./Caldwell, D. F. (1992). Bridging the boundary: External activity and performance in organizational teams. Administrative Science Quarterly, 37, 634 – 665.

Anderson, J. R. (1983). The architecture of cognition. Cambridge/Mass.

Anderson, N. H. (1968). A simple model for information integration. In Abelson, R. P. et al., Theories of cognitive constistency. Chicago, 731 – 743.

Anderson, R. E. (1973). Consumer dissatisfaction. Journ. of Mark. Res., 10.

Andreasen, A. R. (1977). A taxonomy of consumer satisfaction/dissatisfaction measure. In Hunt, H. K. (ed.), Conceptualization and measurement of consumer satisfaction and dissatisfaction, 23 – 27. Cambridge.

– (1991). Consumer behavior research and social policy. In Robertson/Kassarjian (eds.), 459 – 506.

Andreassen, P. B. (1990). Judgment extrapolation and market overreaction: On the use and disuse of news. Journal of Beh. Dec. Making, 3, 153 – 174.

Andrisani, P. J./Nestel, G. (1976). Internal-external control as contributor to an outcome of work experience. Journ. of Appl. Psych., 6, 156 – 165.

Anger, H. (1966). Kleingruppenforschung heute. Kölner Zeitschr. für Soz. und Sozialpsych. Sonderheft 10, 15 – 43.

– (²1980). Gruppendynamisches Training. In Grochla, E. (Hrsg.), HWB der Org., 804 – 811. Stuttgart.

Antonides, G./Raaij, W. F. van (eds.) (1997). Advances in economic psychology. Chichester.

Antons, K. (⁶1996). Praxis der Gruppendynamik. Göttingen.

Argyle, M. (1967). The social psychology of social change. In Burns, T. S./Saul, B. (eds.), Social theory and economic change. London.

- (1972). Soziale Interaktion. Köln.
- (1991). Cooperation. London.
- ([7]1996) Körpersprache und Kommunikation. Paderborn.

Argyris, C. (1964). Integrating the individual and the organization. New York.
- (1990). Overcoming organizational defenses. Needham Heights/Mass.
-, Schön, D. A. (1999). Die lernende Organisation. Grundlagen, Methode, Praxis. Stuttgart.

Ariely, D. (2008). Predictably irrational: The hidden forces that shape our decisions. New York.

Arndt, J. (1976). Mund-zu-Mund-Werbung. In Specht, K. G./Wiswede, G. (Hrsg.), Marketing-Soziologie, 269 – 279. Berlin.

Aronson, E. (1978). The theory of cognitive dissonance. In Berkowitz, L. (ed.), Cognitive theories in social psychology, 181 – 220. New York.
- (1994). Sozialpsychologie. Menschliches Verhalten und gesellschaftlicher Einfluß. Heidelberg et al.

Assael, H. ([6]1998). Consumer behavior and marketing action. Boston.

Athenstaedt, U. et al. (2002). Die Theorie sozialer Interdependenz. In Frey, D./Irle, M. (Hrsg.), Theorien der Sozialpsychologie, Bd. 2, 62 – 91. Bern.
- et al. (2006), Soziale Interdependenz. In Bierhoff, H. W./Frey, D. (Hrsg.), Handbuch der Sozialpsychologie und Kommunikationspsychologie, 478 – 485, Göttingen.

Atkinson, J. W. (1964). An introduction to motivation. Princeton.
-, Feather, N. T. (1966). A theory of achievement motivation. New York.
-, Raynor, J. O. (eds.) (1974). Motivation and achievement. New York.

Auer-Rizzi, W. (1998). Entscheidungsprozesse in Gruppen. Wiesbaden.

Austin, J. T./Klein, H. J. (1996). Work motivation and goal striving. In Murphy, K. R. (ed.), Individual differences and behavior in organizations. San Francisco.

Austin, W./Walster, E. (1975). Equity with the world: The transrelational effects of equity and inequity. Sociometry 38, 475 – 496.

Axelrod, R. (1987). Die Evolution der Kooperation. München.

Ayllon, T./Azrin, N. H. (1968). The token economy. Norwalk.

Babb, H. W./Kopp, D. G. (1978). Applications of behavior modification in organizations. Ac. of Management Rev., 3, 281 – 292.

Bachrach, P./Baratz, M. S. (1963). Decisions and non decisions: an analytical framework. American Political Science Review, 57, 632 – 642.

Back, K.W. (1972). Beyond words. New York.
- (1985). Modernism and fashion. In Solomon, M. R. (ed.), The psychology of fashion, 3 – 14. Lexington/Mass.

Backhaus, K. ([7]2003). Investitionsgütermarketing. München.

Baeckmann, I. v. (1998). Downsizing. München/Mering.

Baer, M./Frese, M. (2003). Innovation is not enough: climates for initiative and psychological safety, process innovations and firm performance. Journal of Org. Behavior 24, 45 – 68.

Bänsch, A. (1996). Käuferverhalten. München et al.

Bagozzi, R. P. (ed.). (1979). Sales management: New Developments from behavioral and decision model research. Cambridge/Mass.
-, Bagozzi, R. P. (1980). Causal Models in Marketing. New York.
- et al. (1992). State versus action or and the theory of reasoned action: An application to coupon mage. Journ. of Cons. Res., Vol. 18, No. 4, 502 – 518.

Balderjahn, I. (1986). Das umweltbewußte Konsumentenverhalten. Eine empirische Studie. Berlin.

Baldry, J. C. (1987). Income tax evasion and the tax schedule: Some experimental results. Public Finance, 42, 357 – 383.

Baldwin, T. T./Ford, J. K. (1988). Transfer of training: A review and direction for future research. Personal Psych., 41, 64 – 105.

Bales, R. F. (1958). Task roles and social roles in problem solving groups. In Maccoby, E. et al. (eds.), Readings in social psychology. New York.
- (1970). Personality and interpersonal behavior. New York.

Bamme, A. et al. (1983). Berufliche Sozialisation. München.

Bandura, A. (1969). Principles of behavior modification. New York.
- (1979). Sozial-kognitive Lerntheorie. Stuttgart.
- (1986). Social foundations of thought and action. Englewood Cliffs/N. J.
- (1997). Self-efficacy. The exercise of control. Houndmills.

Banning, T. E. (1987). Lebensstilorientierte Marketing-Theorie. Heidelberg.

Bargh, J. A./Morsella, E. (2008). The unconscious mind. Perspectives on psychological science. 3 (1), 73 – 79.

Barlow, R. et al. (1966). Economic behavior of the affluent. Washington.

Baron, J./Hershey, J. C. (1988). Outcome bias in decision evaluation. Journ. of Pers. and Soc. Psych., 54, 569 – 579.

Baron, R./Greenberg, G. (1992). Behavior in organizations. Boston.

Barre, R. (1958). Le developement economique, analyse et politique. Paris.

Barrett, J. H. (1970). Individual goals and organizational objectives. A study of integration mechanisms. Ann Arbor, MI.

Barrick, M. R./Mount, M. K. (1991). The big five personality dimensions and job performance: A meta-analysis. Pers. Psych., 44, 1 – 26.

Bass, B. M. (1970). Group decisions. American Psychologist, 32, 230 – 231.

– (1981). Leadership in different cultures. In Bass, B. M./Stogdill, R. M. (eds.), Handbook of Leadership, 522 – 549. New York.

–, Avolio, B. J. (1994). Improving organizational effectiveness through transformational leadership. Thousand Oaks/Ca.

–, Mahwah, N. J. (1998). Transformational leadership. New York.

Bauer, R. A. (1976). Konsumentenentscheidungen als Risikoverhalten. In Specht, K. G./Wiswede, G. (Hrsg.), Marketing-Soziologie. Berlin.

Baumgartner, M./Udris, I. (2005). Das „Zürcher Modell" der Arbeitszufriedenheit – 30 Jahre „still going strong". In Fischer, L. (Hrsg.), Arbeitszufriedenheit II, 111 – 134. Göttingen.

Baumol, W. J. (1959). Business behavior. Value and growth. New York.

Bavelas, A. (1950). Communication patterns in task oriented groups. Journ. of the Accoustical Society of America, 22, 725 – 730.

Bayton, J. A. (1958). Motivation, cognition, learning. Basic factors in consumer behavior. Journ. of Mark., 10.

Bearden, W. O./Etzel, M. J. (1982). Reference group innuence on product and brand purchase decisions. Journ. of Cons. Res., 9, 183 – 194.

Beck, U. ([12]1996). Risikogesellschaft. Frankfurt.

Becker, G. S. (1976). The economic approach to human behavior. Chicago.

Beckwith, N. E. et al. (1978). Halo effects in marketing research: review and prognosis. In Hunt, H. K. (ed.), Advances in consumer research, 5, 465 – 468. Ann Arbor.

Beekun, R. J. (1989). Assessing the effectiveness of socio-technical interventions: Antidote of fad? Human Relations, 42, 877 – 897.

Begley, T. M./Boyd, D. B. (1987). Psychological characteristics associated with performance in entrepreneurial firms and small business. Journal of Business Venturing, 2, 79 – 93.

Behrens, G. (1976). Werbewirkungsanalyse. Opladen.

– ([2]1991). Konsumentenverhalten. Heidelberg.

Belschak, F. (2001). Stress in Organisationen. Lengerich et al.

–, et al. (2004). Die Bedeutung des Leistungsmotivs für das Stresserleben in Leistungssituationen. Wirtschaftspsychologie, IV, 45 – 55.

Benartzi, S./Thaler, R. H. (1995). Myopic loss aversion and the equity premium puzzle. Quart. J. of Economics, 110, 73 – 92.

Bennett, M. J. (1998). Intercultural communication: A current perspective. In Bennett, M. J. (ed.), Basic concepts of intercultural communication, 1 – 34. Yarmouth.

Bergemann, N./Sourisseaux, A. (Hrsg.). (1992). Interkulturelles Management. Heidelberg.

Bergler, R. (1963). Psychologie des Marken- und Firmenbildes. Göttingen.

– (1966). Psychologie stereotyper Systeme. Bern.

– (1972). Marktpsychologie. Bern.

– (1982). Psychologie in Wirtschaft und Gesellschaft. Köln.

–, Six, K. (1979). Psychologie des Fernsehens. Bern.

Berkel, K. (1984). Konfliktforschung und Konfliktbewältigung. Ein organisationspsychologischer Ansatz. Berlin.

– ([7]2002) Konflikttraining. Konflikte verstehen, analysieren, bewältigen. Heidelberg.

Berlyne, D. E. (1960/1974). Conflict, arousal and curiosity. New York.

Bernoulli, D. (1896). Specimen theoriae novea de mensura sortis. Economica, 22, 23 – 36.

Berrigan, I./Finkbeiner, R. (1992). Segmentation-Marketing – New methods for capturing business markets. New York.

Berry, J. W./Dasen, P. R. (eds.). (1974). Culture and cognition: Readings in cross-cultural psychology. London.

Berry, J. W. et al. ([2]1996). Handbook of cross cultural psychology. Vol. 1 & 2, Boston et al.

Berry, L./Parasuraman, A. (1991). Marketing services: Competing through quality. New York.

Bettman, J. R. (1979). An information processing theory of consumer choice. Reading/Mass.

Biddle, B. J. (1979). Role theory. Expectations, identities and behavior. New York.

Bierhoff, H. W. ([4]1998). Sozialpsychologie. Ein Lehrbuch. Stuttgart.

–, Frey, D. (Hrsg.) (2006). Handbuch der Sozialpsychologie und Kommunikationspsychologie. Göttingen.

–, Herner, M. J. (1999). Arbeitsengagement aus freien Stücken: Zur Rolle der Führung. In Schreyögg, G., Sydow, J. (Hrsg.). Managementforschung 9. Berlin/New York.

–, Herner, M. J. (2007). Vertrauen. In Schuler, H./Sonntag, K. (Hrsg.). Handbuch der Arbeits- und Organisationspsychologie, 300 – 305, Göttingen.

Bitner, M. J. (1990). Evaluating service encounters: The effects of physical surroundings and employee responses. J. of Marketing 54, 2, 69 – 82.

– et al. (1990). The service encounter: Diagnosing favorable and unfavorable incidents. J. of Marketing, 54, 1, 71 – 84.

Björkmann, M. (1984). Decision making, risk taking and psychological time. Scand. Journ. of Psych., 25, 31 – 49.

Black, J. S. (1990). The relationship of personal characteristics with the adjustment of Japanese expatriate managers. Man. Int. Rev., 30, 119 – 134.

Blau, P. M. (1964). Exchange and power in social life. New York.

Bleicker, U. (1983). Produktbeurteilung der Konsumenten. Würzburg.

Bless, H. et al. (1991). Gut gelaunt und leicht beeinflußbar? Stimmungseinflüsse auf die Verarbeitung persuasiver Kommunikation. Psych. Rundschau, 43, 1 – 17.

–, Ruder, M. (2000). Informationsverarbeitung und Stimmung. In Otto, J. H. et al. (Hrsg.), Emotionspsychologie, Ein Handbuch, 306 – 314. Weinheim.

Blomquist, H. C. (1983). On the formation of inflationary expectations: some empirical evidence from Finland. Journ. of Ec. Psych., 3.

Blood, M. R./Hulin, C. L. (1967). Alienation, environmental characteristics and worker responses. Journ. of Appl. Psych., 51, 284 – 290.

Blumer, H. (1969). Fashion: from class differentiation to collective selection. Soc. Quart., 10, 275 – 291.

Böde, U. (1989). Marktsegmentierung auf dem Personalmarkt. Unv. Diplomarbeit, Institut für Wirtschafts- und Sozialpsychologie, Universität zu Köln.

Boehm, J. W. (1968). Attitude change from threat to attitudinal freedom. In Greenwald, A. G. et al. (eds.), Psychological foundation of attitudes. New York.

Böltken, F./Jagodzinski, J. W. (1983). Sekundäranalyse von Umfragedaten aus dem Zentralarchiv. ZA-Information, 12, 11 – 20.

Bolles, R. C. (²1975). Theory of motivation. New York.

Bond, M. H. (ed.). (1988). The cross-cultural challenge to social psychology. Newbury Park.

Boneau, C. A. (1974). Paradigm regained? Cognitive behaviorism restated. Am. Psych., 30, 297 – 309.

Bonnett, C./Furnham, A. (1991). Who wants to be an entrepeneur? A study of adolescents interested in a young enterprise scheme. Journal of Ec. Psych., 12, 465 – 478.

Bonoma, T. et al. (1978). Industrial buying behavior. Cambridge/Ma.

Boos, M. et al. (2000). Computervermittelte Kommunikation in Organisationen. Göttingen.

Borg, I. (1992). Überlegungen und Untersuchungen zur Messung der subjektiven Unsicherheit der Arbeitsstelle. Zeitschrift für Arbeits- und Organisationspsychologie, 36, 107 – 116.

–, Braun, M. (1992). Arbeitsethik und Arbeitsinvolvement als Moderatoren der psychologischen Auswirkungen von Arbeitsplatzunsicherheit. ZUMA Arbeitsbericht.

– et al. (1993). Are East Europeans ready for a market economy? In Proceedings of the 4th Int. Facet theory conference. Prague.

Born, M./Eiselin, S. (1996). Teams. Chancen und Gefahren. Bern.

Bornemann, E. (1976). The psychological analysis of money. New York.

Bornstein, R. F. (1989). Subliminal techniques as propaganda tools: Review and critique. The Journal of Mind and Behavior 10, (3), 231 – 262.

Bortz, J./Döring, N. (³2002). Forschungsmethoden und Evaluation. Berlin.

Bosetzky, H. et al. (³2002). Mensch und Organisation. Aspekte bürokratischer Sozialisation. Köln.

Bourdieu, P. (1982). Die feinen Unterschiede. Kritik der gesellschaftlichen Urteilskraft. Frankfurt.

Bourne, F. S. (1972). Der Einfluß der Bezugsgruppen beim Marketing. In Kroeber-Riel, W. (Hrsg.), Marketingtheorie, 141 – 155. Köln.

Bowen, D. E./Lawler, E. E. (1992). The empowerment of service workers: what, why, how and when. Sloan Management Rev., 33, 31 – 39.

–, Schneider, B. (1988). Services marketing and management: Implications for organizational behavior. In Cummings, L. L./Staw, B. M. (eds.), Research in organizational behavior. Vol. 10, 43 – 80. Greenwich/Conn.

Bower, G. K. (1972). Mental imagery and associative learning. In Gregg, L. (ed.), Cognition in learning and memory, 51 – 88. New York.

Brand, H. W. (1978). Die Legende von den „geheimen Verführern". Kritische Analyse zur unterschwelligen Wahrnehmung und Beeinflussung. Weinheim.

Brandstätter, H. (1970). Die Beurteilung von Mitarbeitern. In A. Mayer/Herwig, B. (Hrsg.), Handbuch der Psychologie. Band IX, Betriebspsychologie, 668 – 734, Göttingen.

– (1983). Emotional responses to other persons in everyday life situations. Journ. Pers. and Soc. Psych., 15, 871 – 883.

– et al. (1987). Rücksichtnahme und Betroffenheit von Ehepaaren in Konfliktsituationen. In Todt, H. (Hrsg.), Die Familie als Gegenstand sozialwissenschaftlicher Forschung. Berlin.

– (1997). Becoming an entrepeneur – A question of personality structure? Journal of Economic Psych., 18, 157 – 177.
– (2005). Experimentelle Wirtschaftsforschung. In Frey, D. et al. (Hrsg.), Wirtschaftspsychologie, 83 – 91. Weinheim/Basel.
Brehm, J. W./Cohen, A. R. (1962). Explorations in cognitive dissonance. New York.
– (1966). A theory of psychological reactance. New York.
– (1968). Attitude change from threats to attitudinal freedom. In Greenwald, A. G. et al. (eds.), Psychological foundations of attitudes. New York.
– (1972). Responses to loss of freedom. A theory of psychological reactance. Morristown.
Brewer, M. B. (1991). The social self: On being the same and different at the same time. Personality and Social Psychology Bull., Vol. 17, 475 – 482.
Brief, A. P./Weiss, H. M. (2002). Organizational behavior: Affect in the workplace. Annual Rev. of Psychology, 52, 279 – 307.
Brinkmann, Ch. (1978). Belastung durch Arbeitslosigkeit: Finanzielle und soziale Probleme der Arbeitslosigkeit. In Kutsch, T./Wiswede, G. (Hrsg.), Arbeitslosigkeit, Bd. 2, Psycho-soziale Folgen. 96 – 131, Königstein.
Brockhaus, R. H. (1980). The psychology of the entrepreneur. In Kent, D. L. et al. (eds.), Enzyclopedia of Entrepreneurship. 39 – 57, Englewood Cliffs/N. J.
Brockhoff, K./Hauschild, J. (1993). Schnittstellen-Management – Koordination ohne Hierarchie. Zeitschr. Führung und Organisation, 6, 396 – 403.
Bromiley, P./Curley, S. P. (1992). Individual differences in risk taking. In Yates, F. R. (ed.), Risk-taking Behavior, 87 – 132. Ann Arbor, Michigan.
Brosius, H. B./Fahr, A. (1996). Werbewirkung im Fernsehen. München.
Brousseau, K. R./Price, J. B. (1981). Job-person dynamics: an extension of longitudinal research. Journ. Appl. Psych., 66, 63 – 68.
Brown, R. (1988). Group processes. Dynamics within and between groups. Oxford.
– ([3]1997). Intergruppen-Beziehungen. In Stroebe, W. et al. (Hg.), Sozialpsychologie. Berlin/Heidelberg.
– et al. (1999). Changing attitudes through intergroup contact: the effects of group membership salience. European Journal of Social Psych., 29, 741 – 764.
Brown, St. P. et al. (1988). Effects of trait competiveness and perceived intraorganizational competition on salesperson goal setting and performance. Journal of Marketing, 62, 88 – 98.
–, Peterson, R. A. (1993). Antecedents and consequences of salesperson job satisfaction: Metaanalysis and assessment of causal effects. Journal of Marketing Research, 30, 63 – 77.
Brüderl, L. (Hrsg.). (1988). Theorien und Methoden der Bewältigungsforschung. Weinheim.
Bruggemann, A. (1974). Zur Unterscheidung verschiedener Formen der „Arbeitszufriedenheit“. Arbeit und Leistung, 28.
– et al. (1975). Arbeitszufriedenheit. Bern.
Bruhn, M. (1982). Konsumentenzufriedenheit und Beschwerden. Frankfurt.
–, Homburg, C. (Hrsg.) (2008). Handbuch Kundenbindungsmanagement. Wiesbaden.
–, Stauss, B. (Hrsg.). ([3]1999). Dienstleistungsqualität. Konzepte, Methoden, Erfahrungen. Wiesbaden.
Bruner, J. S./Goodman, C. C. (1947). Value and need as organizing factors in perception. Journ. of Abn. and Soc. Psych., 42, 33 – 44.
–, Postman, L. (1951). An approach to social perception. In Dennis, W./Lippit, R. (eds.), Current trends in social psychology, 71 – 118. Pittsburgh.
Buchanan, B. (1974). Building organizational commitment: the socialization of managers in work organizations. Administrative Science Quarterly, 19, 533 – 546.
Bungard, W. (1980). Die „gute“ Versuchsperson denkt nicht. Artefakte in der Sozialpsychologie. München.
–, Wiendieck, G. (1986). Qualitätszirkel als Instrument zeitgemäßer Betriebsführung. Landsberg.
Burghardt, A./Wiswede, G. (1981). Konflikt. In v. Beckerath, G. et al. (Hrsg.), Handbuch der Betriebspsychologie und Betriebssoziologie. Stuttgart.
Burnkrant, R. E. (1976). A motivational model of information processing intensity. Journ. of Cons. Res., 3.
Burns, T. (1961/62). Micropolitics: Mechanisms of institutional change. Administrative Science Quarterly, Vol. 6.
Busch, P./Wilson, D. T. (1976). An experimental analysis of a salesman's expert and referent bases of social power in the buyer-seller dyad. JMR, 13, 3 – 11.
Bush, R. R./Mosteller, F. (1955). Stochastic models for learning. New York.
Buss, D. M. (1999). Evolutionary psychology. The science of the new mind. Needham Heights. M. A.
Büssing, A. et al. (2005). Formen der Arbeitszufriedenheit und Handlungsqualität in Arbeits- und Nicht-Arbeitskontexten. In Fischer, L. (Hg.) Arbeitszufriedenheit, II, 135 – 159. Göttingen et al.

Calder, B. J./Burnkrant, R. E. (1977). Interpersonal influence on consumer behavior: An attribution theory approach. Journ. of Cons. Res., Vol. 4, 6, 29–38.

Calder, R. J. (1977). An attribution theory of leadership. In Staw, B./Salanczik, G. (eds.), New directions in organizational behavior, 179–204. Chicago.

Caldwell, D. F./Reilly, Ch. A. (1982). Boundary spanning and individual performance: The impact of self-monitoring. Journal of Applied Psychology, 67, 124–127.

Campbell, D. T. (1963). Social attitudes and other acquired behavioral dispositions. In Koch, S. (ed.), Psychology: A study of a science, Vol. 6, 94–172. New York.

Campbell, Y. P./Pritchard, R. D. (1976). Motivation theory in industrial and organizational psychology. In Dunnette, M. D. (ed.). Chicago.

Cantril, H. (1965). The pattern of human concern. New Brunswick/N. J.

Caplowitz, D. (1963). The poor pay more. New York 1963.

Capon, N./Swasy, J. (1981). Testing a model of personal selling by industrial salesmen's perceptions of compliance gaining techniques. In Reingen, P. H./Woodside, A. G. (eds.), Buyer-Seller interactions: empirical research and normative issues, 161–189. Chicago/III.

Cartwright, D. (ed). (1959). Studies in social power. Ann Arbor.

–, Zander, A. (eds.). (1960, [4]1972). Group dynamics research and theory. New York.

Carusgil, T. S./Li, T. (1992). International Marketing. An annotated bibliography. Chicago.

Chaiken, S. (1987). The heuristic model of persuasion. In Zanna, M. P. et al. (eds.), Social influence, Vol. 5. Hillsdale/N. J.

Charlton, P./Ehrenberg, A. S. C. (1976). An experiment in brand choice. Journ. of Mark. Res., 13, 152–160.

Chell, E. et al. (1991). The entrepreneurial personality. London.

Chestnut, R. W./Jacoby, J. (1984). The impact of interpersonal attraction on salesperson effectiveness. In Jacoby, J./Craig, C. S. (eds.), Personal Selling. Theory, research, and practice. Lexington/Mass.

Childers, T. L./Rao, A. R. (1992). The influence of familial and peer-based reference groups on consumer decisions. Journ. of Cons. Res. 2, 198–211.

Churchill, G. A./Hansen, R. A. (1974). An empirical examination of some husband-wife decision making propositions. American Marketing Association Comb. Proc. 36, 67–70.

Cialdini, R. B. (1987). Compliance principles of compliance professionals: Psychologists of necessity. In Zanna, M. P. et al. (eds.), Social Influence. The Ontario Symposium, Vol. 5, 165–185. Hillsdale/N. U.

– (1997). Die Psychologie des Überzeugens. Bern.

Clark, M. S./Mills, J. (1993). The difference between communal and exchange relationships. What it is and is not. Personality and Social Bulletin, 19, 6, 684–691.

Clee, M. A./Wicklund, R. A. (1980). Consumer behavior and psychological reactance. Journ. of Cons. Res., 6, 389–405.

Cloward, R. A./Ohlin, Z. E. (1960). Delinquency and opportunity. New York.

Cobb, S./Kasl, S. V. (1977). Termination – The consequences of job loss. Cincinatti.

Cocanougher, A. B./Bruce, C. D. (1972). Socially distant reference groups and consumer aspirations. Journ. of Mark., 36, 12–19.

Cohen-Charah, Y./Spector, P. E. (2001). The role of justice in organizations: A meta-analysis. Org. Behavior and Human decision processes, 86, 278–321.

Coleman, J. S. (1957). Community conflict. New York.

Collins, A. M./Quillian, M. R. (1972). How to make a language user. In Tulving, E., Donaldson, W. (eds.), Organization of memory. New York.

Conger, J. (1989). The charismatic leader. San Francisco.

Conger, J. A., Kanungo, R. A. (eds.). ([2]1998). Charismatic leadership: The elusive factor in organizational effectiveness. San Francisco.

Conrad, P. (1988). Involvementforschung. Berlin.

–, Sydow, J. (1984). Organisationsklima. Berlin.

Cooper, C. L./Payne, R. (eds.). (1978). Stress at work. New York.

Corell, W. (Hrsg.) ([3]1968). Programmiertes Lernen und Lehrmaschinen. Braunschweig.

Corfman, K. P. (1987). Group decision making and relative influence when preferences differ. In Hirshman, E. C./Sheth, J. N. (eds.), Research in consumer behavior, Vol. 2. Greenwich.

Corsten, H. (1988). Betriebswirtschaftslehre der Dienstleistungsarbeit. München.

Cox, D. F. (1976). Informationssuche und Kommunikationskanal. In Specht, K. G./Wiswede, G. (Hrsg.), Marketing-Soziologie, 219–234. Berlin.

Cram, F./Ng, S. H. (1999). Consumer socialization. Appl. Psychology: An international review, 48, 3, 297–312.

Cranach, M. v. et al. (1980). Zielgerichtetes Handeln. Bern.

Cropanzano, R. (2001). Justice in the workplace: From theory to practice, Vol. 2. Mahwah/N. J.

Crosby, L.A. et al. (1990). Relationship Quality in Services Selling: An Interpersonal Influence Perspective. Journal of Marketing, Vol. 54, 7, 68–81.
Crott, H. (1979). Soziale Interaktion und Gruppenprozesse. Stuttgart.
–, Müller, G. F. (1978). Wirtschafts- und Sozialpsychologie. Hamburg.
Crozier, M. (²1976). The bureaucratic phenomenon. Chicago.
Crozier, M./Friedberg, E. (1979). Macht und Organisation. Königstein.
Csikszentmihalyi, M. (1975). Beyond boredom and anxiety. San Francisco.
– (2000). Das Flow-Erlebnis. Stuttgart.
Cummings, T. G./Blumberg, M. (1987). Advanced manufacturing technology and work design. In Wall, T. et al. (eds.), The human side of advanced manufactoring technology. Chichester.
–, Worley, C. G. (⁶1997). Organization development and change. Cincinnati/Ohio.
Cunningham, S. M. (1967). The major dimensions of perceived risk. In Cox, D. F. (ed.), Risk taking and information handling in consumer behavior, 265–288. Boston.
Cyert, R. M. /March, J. G. (1963). A behavioral theory of the firm. Englewood Cliffs/N. J.

Dahlhoff, H. D. (1980). Kaufentscheidungsprozesse in Familien. Frankfurt.
Damiani, E. (1991). Qualität im Bankgeschäft. Augsburg (zit. n. Nerdinger 1994).
Danis, L. L./Lennon, Sh. J. (1985). Self-monitoring, Fashion Opinion Leadership, an Attitude toward Clothing. In Solomon, M. R. (ed.), The Psychology of Fashion, 177–182. Lexington, Mass.
Davies, J. C. (1973). Eine Theorie der Revolution. In Beyme, K. v. (Hrsg.), Empirische Revolutionsforschung. Opladen.
Davis, H. L./Rigaux, B. P. (1974). Perception of marital roles in decision processes. Journ. of Cons. Res., 1, 51–62.
Davis, L. E./Lofquist, L. H. (1984). A psychological theory of work adjustment. Minneapolis.
–, Taylor, J. (eds.). (1972). Job design. Harmondsworth.
Dawes, R. M. (1980). Social dilemmas. Ann. Rev. Psychol. 31, 169–193.
Day, R. H. (1983). The emergence of chaos from classical economics growth. Quart. Exon., 5.
Day, R. L./Hamblin, R. L. (1964). Some effects of close and permitive styles of supervision. Am. Journ. of Soc., 499–510.
–, Landon, E. L. (1977). Toward a theory of consumer complaining behavior. In Woodside, A. G. et al. (eds.), Consumer and industrial buying behavior, 425–437. New York.
Deal, T. E./Kennedy, A. A. (1982). Corporate culture. New York.
DeCharms, R. (1968). Personal causation. New York.
Deci, E. L. (1975). Intrinsic motivation. London.
Denison, D. R. (1990). Corporate culture and organizational effectiveness. New York.
Dethloff, C. (2004). Akzeptanz und Nicht-Akzeptanz von technischen Produktinnovationen. Lengerich et al.
Dichter, E. (1961). Strategie im Reich der Wünsche. Düsseldorf.
Diehl, M./Stroebe, W. (1987). Productivity loss in brainstorming groups. J. of Pers. and Soc. Psychology, 53, 497–509.
Diekmann, A./Preisendörfer, P. (1992). Persönliches Umweltverhalten. Diskrepanzen zwischen Anspruch und Wirklichkeit. Kölner Zeitschrift für Soziologie und Soz. Psych., 44, 2, 226 – 252.
Dieterich, M. (1986). Konsument und Gewohnheit. Heidelberg.
Diller, H. (1978). Theoretische und empirische Grundlagen zur Erfassung der Irreführung über die Preisbemessung. WiSt, 7, 249–255.
–, Kusterer, M. (1988). Beziehungsmanagement. Marketing, 10, 211–220.
Dittes, J. E. (1959). Attractiveness of group as a function of self-esteem and acceptance by group. Journ. Abn. Soc. Psychol., 59, 77–82.
Dittmar, H./Drury, J. (2000). Self image – is it in the bag? A qualitative comparison between „ordinary" and „excessive" consumers. Journal of Economic Psych., 21, 109–142.
Dollase, R. (1988). „Von ganz natürlich bis schön verrückt". Zur Psychologie der Jugendmode. In Baacke, D. et al. (Hrsg.), Jugend und Mode, 93–140. Opladen.
Donnerstag, J. (1996). Der engagierte Mediennutzer. Das Involvement-Konzept in der Massenkommunikationsforschung. München.
Doob, L. W. (1960). Becoming more civilized. New Haven.
Dornstein, M. (1987). Taxes: Attitudes and perception and their social base. Journal of Economic Psych. 8, 55–76.
Douglas, S. P./Craig, C. S. (1983). International Marketing Research. Englewood Cliffs/N. J.
Driver, M. J./Streufert, S. (1965). The „general incongruity adaptation level" (GIAL) hypothesis. (Zit. nach van Raaij, W. F. et al., 1988).
DuBrin, A. J. (1974). Fundamentals of organizational behavior. New York.
Duesenberry, J. (1952). Income, saving and the theory of consumer behavior. New York.
Duncan, O. (1975). Does money buy satisfaction? Social Indicators Research, 2, 267–274.

Duncker, Ch. (1998). Dimensionen des Wertewandels in Deutschland. Frankfurt/M.
Dunkel, D. (Hrsg.). (1983). Lernstatt. Modelle und Aktivitäten deutscher Unternehmen. Köln.
Dunnette, M. D. (ed.). (1976). Handbook of industrial and organizational psychology. Chicago.
–, Hough, L. M. (eds.). (1991 – 1993). Handbook of industrial and organizational psychology, Vol. 1 – 4. Palo Alto.
Dunning, D. (Hg.) (2010). Handbook of social motivation. New York.
Duscheleit, S. et al. (1979). Persönlichkeitsförderliche Arbeitsplätze. In Siebert, H. (Hrsg.), Taschenbuch der Weiterbildungsforschung, 246 – 265. Baltmannsweiler.
Dwyer, F. R./Tanner, J. F. (³2006). Business marketing: Connecting strategy, relationships, and learning. Boston.
– et al. (1987). Developing buyer-seller relationships. J. of Marketing, Vol. 52, 4, 21 – 34.

Eagly, A. H./Chaiken, S. (1993). The psychology of attitudes. Fort Worth.
Earl, P. E. (1988). Psychological economics. Boston.
Early, P. C. (1988). Computer-generated performance feedback in the magazin-subscription industry. Organizational Behavior and Human Decision Processes, 41, 50 – 64.
– et al. (1997). New perspectives in international industrial/organizational psychology. San Francisco.
Easterlin, R. A. (1974). Does economic growth improve the human lot? In David, P. A./Reder, M. W. (eds.), Nations and households in economic growth, 89 – 125. New York.
Ebers, M. (1985). Organisationskultur: Ein neues Forschungsprogramm. Wiesbaden.
Edwards, J. R. (1992). A Cybernetic theory of stress, coping, and well-being in organizations. Academy of Management Review, 17, 238 – 274.
Edwards, W. (1954). The theory of decision making. Psych. Bull., 51, 380 – 417.
Eggert, U. (1997). Konsumtrends. Düsseldorf.
Ehrlich, D. et al. (1957). Postdecision exposure to relevant information. Journ. of Abn. and Soc. Psych., 54, 98 – 102.
Eichenberger, R. (1992). Verhaltensanomalien und Wirtschaftswissenschaft. Wiesbaden.
Einsiedler, H. E. (1986). Werthaltungen von Führungskräften zu partizipativen Veränderungsstrategien. Frankfurt.
Eisenberg, P./Lazarsfeld, P. F. (1938). The psychological effects of unemployement. Psych. Bull., 35, 358 – 390.
Elffers, H. (1991). Income tax evasion. Theory and measurement. Amsterdam.
–, Hessig, D. J. (1997). Influencing the prospects of tax invasion. Journal of Economic Psych., 18, 289 – 304.
Eliasberg, W. (1926). Richtungen und Entwicklungstendenzen in der Arbeitswissenschaft. Berlin.
Elliot, J. E. (1983). Schumpeter and the theory of capitalist economic development. Journ. of Ec. Beh. and Org., 4, 277 – 308.
Ellsberg, D. (1961). Risk, ambiguity and the Savage axioms. Quarterly Journ. of Economics, 75, 643 – 669.
Elster, J. (1979). Ulysses and the sirens. Cambridge.
– (1986). The multiple self. Cambridge.
Emery, F. E. (1972). Characteristics of socio-technical systems. In Davis/Taylor (eds.), Design of jobs. Harmondsworth.
–, Trist, E. L. (1965). The causal texture of organizational environments. Human Relations, 18, 21 – 32.
Enders, A. (1997). Informationsintegration bei der Produktbeurteilung. Heidelberg.
Engel, J. F. et al. (⁸1995). Consumer behavior. Hinsdale.
Epple, M. (1990). An der Schwelle der 90er Jahre. Finanzverhalten im Wandel. In Szallies, R./Wiswede, G. (Hrsg.), Wertewandel und Konsum. Landsberg.
Erev, I./Cohen, B. L. (1990). Verbal versus numerical probabilities: Efficiency, biases and the preference paradox. Organizational Behavior and Human Decision Processes, 45, 1 – 18.
Ernst, A. (1977). Ökologisch-soziale Dilemmata. Psychologische Wirkungsmechanismen des Umweltverhaltens. Weinheim.
Estrada, C. A. et al. (1994). Positive affect improves creative problem solving and reported sources of practice satisfaction in physicians. Motivation and Emotion, 18, 4, 285 – 299.
Etzioni, A. (1965). Organizational control structure. In March, J. G. (ed.), Handbook of organizations. Chicago.
Euler, H. P. (1977). Das Konfliktpotential industrieller Arbeitsstrukturen. Opladen.
Evans, R. B. (1959). Psychological and objective factors in the predicition of brand choice. Journ. of Business 32, 340 – 369.
– (1968). Selling as a dyadic relationship: a new approach. In Davis, K. R./Webster, F. E. (eds.), Readings in sales force management, 125 – 131. New York.

Farley, I. U./Ring, L. W. (1970). An empirical test of the Howard-Sheth-Model of buyer behavior. Journ. of Mark. Res., 7, 427 – 438.
Fazio, R. H. (1986). How do attitudes guide behavior? In Sorrentino, R. M./Higgins, E. T. (eds.), Handbook of motivation and cognition. Chichester.

Fazio, R. N./Zanna, M. P. (1981). Direct experience and attitude-behavior consistency. Adv. in Exp. Soc. Psych., 14, 161–202.
Featherstone, M. (1987). Lifestyle and consumer culture. Culture and Society, 4.
Feeney, E. J. (1981). „Getting More Out of Your Employees". Inc. Magazine, November 1981.
Feigs, J. (1976). Der Einfluß der Einstellung zu Werbung und Kompetenzempfindung auf die Werbewirkung. Eine empirische Untersuchung. Diss. Saarbrücken.
Felfe, J./Six, B. (2005). Die Relation von Arbeitszufriedenheit und Commitment. In Fischer, L. (Hrsg.), Arbeitszufriedenheit, II, 37–60. Göttingen et al.
Felser, G. (1997). Werbe- und Konsumentenpsychologie: Eine Einführung. Stuttgart.
Festinger, L. (1950). Informal social communication. Psych. Rev., 57, 271–282.
– (1954). A theory of social comparison processes. Hum. Rel., 7, 117–140.
– (1957, 1978). A theory of cognitive dissonance. Evanston.
Fetchenhauer, D. (1998). Betrügerisches Verhalten gegenüber einem anonymen Geschädigten aus sozialpsychologischer, soziologischer und ökonomischer Perspektive. Köln.
– (2001). Fehlende Solidarität: Zur Erklärung von Steuerhinterziehung, Schwarzarbeit und (Sozial-) Versicherungsbetrug. In Bierhoff, W./Fetchenhauer, D. (Hrsg.), Solidarität. Opladen.
– (2005). Finanzielle Unehrlichkeit. In Frey, D. et al. (Hrsg.), Wirtschaftspsychologie, 96–100. Weinheim/Basel.
– (2011). Psychologie. München.
Fiedler, F. E. (1967). A theory of leadership effectiveness. New York.
–, Garcia, J. E. (1987). New approaches to leadership. Cognitive resources and organizational performance. New York.
Fiedler, K./Forgas, J. P. (eds.). (1988). Affect, cognition, and social behavior. Toronto.
Fietkau, H. J. (1984). Bedingungen ökologischen Handelns. Weinheim.
Filley, A. A. (1975). Interpersonal conflict resolution. Glenview.
Finn, D. W. (1983). Low-involvement isn't low-involvement. In Bagozzi, R./Tybout, A. (eds.), Advances in Consumer Research, Vol. 9, 419–424. Ann Arbor, Michigan.
Firth, R. ([3]1963). Elements of social organization. Boston.
Fischer, L. (1989). Die stillschweigenden innerbetrieblichen Voraussetzungen von Mitarbeiterbefragungen. In Fischer, L. (Hrsg.), Arbeitszufriedenheit. Göttingen.
– (1989 a). Strukturen der Arbeitszufriedenheit. Göttingen.
– (1990). Kooperative Führung. In Wiendieck, G./Wiswede, G. (Hrsg.), Führung im Wandel. Stuttgart.
– (2005). Arbeitszufriedenheit II. Konzepte und empirische Befunde. Göttingen et al.
–, Lück, H. E. (1972). Entwicklung einer Skala zur Messung von Arbeitszufriedenheit (SAZ). Psychologie und Praxis, 16.
–, Bell, R. (1989). Psychologische Aspekte der Überschuldung privater Haushalte. In Höfling, S./Butollo, W. (Hrsg.), Psychologie für Menschenwürde und Lebensqualität, 12 b–13 g. Bonn.
–, Wiswede, G. (2005). Steuerpsychologie. In Frey, D. et al., Wirtschaftspsychologie, 327–332. Weinheim/Basel.
–, Fischer, O. (2005). Arbeitszufriedenheit: Neue Stärken und alte Risiken eines zentralen Konzepts der Organisationspsychologie. Wirtschaftspsychologie, 7, 1, 5–20.
– et al. (Hrsg.). (1999). Finanzpsychologie. München/Wien.
– et al. (2002). Der TEURO und die Geldillusion. Wirtschaftspsychologie, 4. Jg., 4, 43–60.
–, – ([3]2009). Grundlagen der Sozialpsychologie. München.
Fischhoff, B. et al. (1981). Acceptable risk. Cambridge.
Fishbein, M. (1963). An investigation of the relationship between beliefs about an object and the attitude toward that object. Hum. Rel., 16, 233–239.
–, Ajzen, I. (1975). Belief, attitude, intention and behavior. Reading/MA.
Fisher, C. D./Ashkanazy, N. M. (2000). The emerging role of emotions in work life: An introduction. Journal of Org. Beh., 21, 123–129.
Fiske, S. T./Pavelchak, M. A. (1986). Category-based versus piecemeal-based affective responses. In Sorrentino, R. M./Higgins, E. T. (eds.). The Handbook of motivation and cognition: Foundations for social behavior, 167–203. New York.
–, Taylor, S. E. (2008). Social cognition. New York.
Fittkau-Garthe, H./Fittkau, B. (1971). Fragebogen zur Vorgesetzten-Verhaltensbeschreibung (FVVB). Göttingen.
Fleishman, E. A./Burtt, H. E. (1955). Leadership and supervision in industry. Columbus.
Flora, P. (1974). Modernisierungsforschung. Opladen.
Foa, E. B./Foa, U. G. (1980). Resource theory: Interpersonal behavior as exchange. In Gergen, K. J. et al. (eds.), Social Exchange: Advances in theory and research. New York.

Folkes, V. S. (1984). Consumer reactions to product failure. An attributional approach. Journ. of Cons. Res., 10, 398–409.

Folkes, V. S. (1988). Recent attribution research in consumer behavior – A review and new direction. J. of Consumer Research, 14, 548–565.

Fontaine, G. (1990). Cultural diversity in intimate intercultural relationships. In Cahn, D. (ed.), Intimates in conflict: A communication perspective. Hillsdale/N. J.

Forgas, J. P. (ed.). (2000). Feeling and thinking: the role of affect in social cognition. Cambridge.

Foxall, G. (1989). Consumer psychology in behavioral perspective. London.

–, Bhate, S. (1993). Cognitive styles and personal involvement of market initiators for healthy food brands: implications for adoption theory. Journ. of Ec. Psych., 14, 33–56.

– (1994). Behavior analysis and consumer psychology. Journ. of Economic Psych., Vol. 15, 1, 5–91.

–, Goldsmith, R. E. (1994). Consumer psychology for Marketing. London.

Fraisse, P. (1963). Les Emotions. In Nuttin, J. et al. (Hrsg.), Motivation, emotion et personnalité, 102–191. Paris.

Frank, H./Korunka, C. (1996). Zum Informations- und Entscheidungsverhalten von Unternehmensgründern. Zeitschrift f. Betriebswirtschaft 66, 947–963.

Frank, R. E. et al. (1972). Market segmentation. Englewood Cliffs/N. J.

Franke, H. (1980). Problemlösen und Kreativität. Goch.

Franz, G./Herbert, W. (1986). Werte, Bedürfnisse, Handeln: Ansatzpunkte politischer Verhaltenssteuerung. Frankfurt.

French, J. R. P./Raven, B. H. (1959). The bases of social power. In Cartwright, D. (ed.), Studies in social power, 150–167. Ann Arbor.

– et al. (1974). Adjustment as person-environment fit. In Coelho, G. V./Adams, J. E. (eds.), Coping and adaptation. New York.

French, W. L./Bell, C. H. (1977). Organisationsentwicklung. Bern.

– et al. ([3]1990). Organisationsentwicklung. Sozialwissenschaftliche Strategien zur Organisationsveränderung. Bern/Stuttgart.

Frese, E. (1987). Unternehmensführung. Landsberg.

– ([7]1998). Grundlagen der Organisation. Wiesbaden.

Frese, M. (1977). Psychische Störungen bei Arbeitern. Stuttgart.

–, Mohr, G. (1978). Die psychopathologischen Folgen des Entzugs von Arbeit: Der Fall Arbeitslosigkeit. In Frese, M. et al. (Hrsg.), Industrielle Psychopathologie. 282–320. Bern.

– et al. (Hrsg.). (1978 a). Industrielle Psychopathologie. Bern.

–, Semmer, N. (1991). Streßfolgen in Abhängigkeit von Moderatorvariablen. In Greif, S. et al. (Hrsg.), Psychischer Streß am Arbeitsplatz, 135–153. Göttingen.

–, Zapf, D. (1994). Action as the core of working psychology. In Dunette, M./Hough, L. (eds.), Handbook of industrial and organizational psychology, 271–340. Palo Alto.

– (Hrsg.). (1998). Erfolgreiche Unternehmensgründer. Göttingen.

Freter, H. (1983). Marktsegmentierung. Stuttgart.

– ([2]1995). Marktsegmentierung. In Tietz, B./Köhler, R. et al., Handwörterbuch des Marketing. Stuttgart, Sp. 1802–1814.

Frey, B. S. (1990). Entscheidungsanomalien: Die Sicht der Ökonomie. Psych. Rundschau, 41, 67–83.

Frey, B. S./Stutzer, A. (2003). Happiness and economics. How the economy and institutions affect human well-being. Princeton/Oxford.

Frey, D./Stahlberg, D. (1990). Erwartungsbildung und Erwartungsänderung bei Börsenakteuren. In Maas, P./Weibler, J. (Hrsg.), Börse und Psychologie. Köln.

–, Schulz-Hardt, S. (1997). Eine Theorie der gelernten Sorglosigkeit. In Mandl, H. (Hrsg.), Bericht über den 40. Kongress der DGP, 604–611. Göttingen.

– et al. (Hrsg.). (2005). Wirtschaftspsychologie. Weinheim/Basel.

–, Rosenstiel, L. von (Hrsg.). (2006). Enzyklopädie der Psychologie: Wirtschaftspsychologie. Göttingen.

Frey, F./Ulich, E. (Hrsg.). (1981). Beiträge zur psychologischen Arbeitsanalyse. Schriften zur Arbeitspsychologie (hrsg. von E. Ulich). Nr. 31. Bern.

Fricke, D. (1968). Das Sparverhalten der privaten Haushalte in der BRD. Berlin.

Fricke, W. (1975). Arbeitsorganisation und Qualifikation. Bonn.

Friedmann, G. (1952): Der Mensch in der mechanisierten Produktion. Köln.

– (1953). Zukunft der Arbeit. Köln.

Friedmann, M., Rosenman, R. (1977). The key cause – Type A behavior pattern. In Monat, A. M./Lazarus, R. S. (Hrsg.), Stress and coping. New York.

Friedman, M. (1953). Essays in positive economics. Chicago.

Friedman, M. (1988). Models of consumer choice behavior. In Van Raaij, W. F. et al. (eds.), Handbook of Economic Psychology. Dordrecht.

Friedrichs, G./Schaff, A. (Hrsg.). (1982). Auf Gedeih und Verderb. Mikroelektronik und Gesellschaft. Bericht an den Club of Rome, Wien.

Friedrichs, J. ([15]1997). Methoden der empirischen Sozialforschung. Opladen.

Frieling, E. (1975). Psychologische Arbeitsanalyse. Stuttgart.

–, Sonntag, K. (1986). Einführung in die Arbeitspsychologie. Bern.

–, – (Hrsg.). ([2]1999). Lehrbuch Arbeitspsychologie. Bern et al.

Frost et al. (ed.). (1985). Organizational culture. Beverly Hills.

Fürstenberg, F. (1977). Einführung in die Arbeitssoziologie. Darmstadt.

Furnham, A. (1983). Inflation and the estimated sites of motes. Journ. of Ec. Psych., 349 – 352.

– (1988). Unemployment. In Van Raaij et al. (eds.), Handbook of Economic Psychology, 594 – 637. Dordrecht.

– (1989). The Protestant work ethic: The psychology of work beliefs and values. London.

– (1992). Personality at work. London.

– (1997). The psychology of behaviour at work. Hove East Sussex.

–, Gunter, B. (1993). Corporate assessment. London.

–, Argyle, M. (1998). The psychology of money. London/New York.

–, Lewis, A. ([2]1995). Economic mind – The new economic mind. Brighton et al.

Gabor, A./Granger, C. W. (1964). Price sensitivity of the consumer. Journ. of Adv. Res., 4, 40 – 44.

–, – (1966). Price as an indicator of quality: Report on an enquiry. Economica, 33, 43 – 70.

Gaertner, S. L. (1994). The contact-hypothesis: The role of a common ingroup identity on reducing intergroup bias. Small group research, 25, 224 – 249.

Gäfgen, G. ([2]1968). Theorie der wirtschaftlichen Entscheidung. Tübingen.

Galtung, J. (1975). Strukturelle Gewalt. Reinbeck.

Gamson, W. A. (1964). Experimental studies of coalition formation. In Berkowitz, L. (Hrsg.), Advances in exp. soc. psych., 1, 81 – 110. New York.

Gardner, B./Levy, S. (1955). The product and the brand. Harv. Bus. Rev., 33.

Garnesan, S. (1994). Determinants of long term orientation in buyer-seller relationships. Journal of Marketing, 58, 2, 1 – 19.

Gebert, D. (1972). Die Gruppendynamik in der betrieblichen Führungsschulung. Berlin.

– (1974). Organisationsentwicklung – Probleme des geplanten organisatorischen Wandels. Stuttgart.

– (1981). Belastung und Beanspruchung in Organisationen. Ergebnisse der Streßforschung. Stuttgart.

– (1993). Interventionen in Organisationen. In Schuler, H. (Hrsg.), Lehrbuch Organisationspsychologie, 481 – 494. Bern.

– (2002). Führung und Innovation. Stuttgart.

–, v. Rosenstiel, L. ([5]2002). Organisationspsychologie. Stuttgart.

George, J. M./Brief, A. P. (1996). Motivational agendas in the workplace. The effects of feelings on focus of attention and work motivation. Research in Organizational Behavior, 18, 75 – 109.

Geroms, H./Wilmots, H. (1985). An empirical model of tax invasion and tax avoidance. Public Finance, 40, 190 – 209.

Gerrig, R. I./Zimbardo, P. G. (2008). Psychologie. München.

Gibbins, K./Gwynn, T. K. (1975). A new theory of fashion changes. British Journ. of Soc. and Clin. Psych., 1, 1 – 9.

Gierl, H./Helm, P. (1998). Die Messung der Dienstleistungsqualität. Jahrbuch der Abs. und Verbrauchsforschung, 4, 356 – 372.

Giersch, H. (1984). The age of Schumpeter. Am. Ec. Rev., 74, 103 – 109.

Gigerenzer, C. (2007). Bauchentscheidungen: Die Intelligenz des Unbewussten und die Macht der Intuition. München.

Gijsel, P. de (Hrsg.). (1984). Schattenwirtschaft und alternative Ökonomie. Regensburg.

Gilad, B. (1986). Entrepreneural decision making: some behavioral considerations. In Gilad, B./Kaish, S. (eds.), Handbook of Behavioral Economics, Volume A, 189 – 208. Greenwich.

–, Kaish, S. (eds.). (1986). Handbook of Behavioral Economics. Vol. A, Vol. B. Greenwich.

Gilbert, D. T. (2002). Inferential Correction. In: Gilovich, T. et al. (eds). Heuristics and biases. The psychology of intuitive jeudgment. New York.

Gilly, M. C./Enis, B. M. (1982). Recycling the family life cycle: a proposal for redefinition. In Mitchell, A. A. (ed.), Advances in consumer research, 9, 271 – 276. Ann Arbor.

Glatzer, W./Zapf, W. (Hrsg.). (1984). Lebensqualität in der Bundesrepublik. Frankfurt.

Glüsing, J. et al. (2006). Der Kampf um die Rohstoffe (3): Der Fluch der Ressourcen. Der Spiegel, 15, 124 – 134.

Göbel, F. (2012). Markenführung im Web 2.0 – Empirische Ergebnisse am Beispiel des Videoportals. o. O.

Goldberg, J./Nitzsch, R. v. (1999). Behavioral finance – Gewinnen mit Kompetenz. München.

Gollwitzer, P. M./Bargh, J. A. (eds.). (1996). The psychology of action: Linking and motivation to behavior. New York.

Goode, W. J. (1960). A theory of role strain. Am. Soc. Rev., 25.

Goodman, P. S. et al. (1988). Groups and productivity: Analyzing the effectiveness of self-managing teams. In Campbell, J. P. et al. (eds.), Productivity in organizations. San Francisco.

Gouldner, A. W. (1960). The norm of reciprocity: a prelimary statement. Am. Soc. Rev., 25.

Gorn, G. J./Goldberg, M. E. (1977). The impact of television advertising on children from low income families. Journ. of Cons. Res., 4, 86 – 88.

– (1982). Behavioral evidence of the effects of TV food messages on children. Journ. of Cons. Res., 9, 200 – 206.

Graen, G. B. (1976). Role making process within complex organizations. In Dunnette (ed.), Handbook of industrial and organizational psychology. Chicago.

– et al. (1982). The effects of leader-member exchange and job design on productivity and satisfaction. Org. Beh. Hum. Perf., 30, 109 – 131.

–, Schiemann, R. W. (1978). Leader-member agreement: A vertical dyad linkage approach. Journ. of Appl. Psych. 63, 206 – 212.

Graham, J. L./Meissner, H. G. (1986). Content analysis of business negotiations in five countries. Working paper (zit. nach Usinier/Walliser 1993).

Granovetter, M. S. (1974). Getting a job. Study of careers and contacts. Cambridge.

Grass, R. C./Wallace, W. H. (1969). Satiation effects of TV commercials. Journ. of Adv. Res., 9, 3 – 8.

Graumann, C. F./Fröhlich, A. (1957). Ansätze zu einer psychologischen Analyse des sogenannten Steuerwiderstandes. Finanzarchiv, 15.

– (1965). Subjektiver Behaviorismus? Archiv für die gesamte Psychologie, 117, 240 – 251.

Green, S. G./Mitchell, T. R. (1979). Attributional process of leaders in leader-member interactions. Org. Beh. and Hum. Perf., 23, 429 – 458.

Greenberg, J./Cropanzano, R. (2001). Advances in organizational justice. Stanford, C. A.

Greenberg, M. S. (1980). A theory of indebtedness. In Gergen, K. J. et al. (eds.), Social exchange advances in theory and research, 3 – 26. New York.

Greenborg, G./Baron, R. ([6]1995). Behavior in organizations. Boston.

Greene, C. N. (1975). The reciprocal nature of influence between leader and subordinate. Journ. of Appl. Psych., 60, 187 – 193.

Greenhalgh, L./Rosenblatt, Z. (1984). Job insecurity: Towards conceptual clarity. Academy of Management Review, 9, 438 – 448.

Grefe, R./Müller, S. (1976). Interpersonale Beeinflussung durch „Opinion Leader“. Zeitschr. für Markt-, Meinungs- und Zukunftf., 19, 4011 – 4034.

Greif, S. (1978). Intelligenzabbau und Dequalifizierung durch Industriearbeit? In Frese, M. et al. (Hrsg.), Industrielle Psychopathologie, 232 – 256. Bern.

– (1983). Konzepte der Organisationspsychologie. Bern.

– et al. (Hrsg.). (1989). Arbeits- und Organisationspsychologie. Intern. Handbuch in Schlüsselbegriffen. München.

Greifeneder, R. /Blees, H. (2006). Gedankenlosigkeit. In Bierhoff, H. W., Frey, D. (Hrsg.), 280 – 286.

Greiner, L. E. (1967). Pattern of organization change. Harvard Business Review, 5/6, 119 – 130.

– (1972). Evolution and revolution as organizations grow. Harvard Business Review, Vol. 50, 4, 37 – 46.

Greitemeyer, T. et al. (2002). Erwartungsgeleitete Wahrnehmung bei der Einführung des Euro: Der Euro ist nicht immer ein Teuro. Wirtschaftspsychologie, 4. Jg., 2, 22 – 28.

Grether, D. M./Plott, C. P. (1979). Economic theory of choice and the preference reversal phenomenon. Am. Ec. Rev., 69, 623 – 638.

Greve, W. (2002). Handlungstheorien. In Frey, D./Irle, M. (Hrsg.), Theorien der Sozialpsychologie, Bd. 2, 300 – 325., Bern et al.

Grimmer, W. (1991). Arbeitszufriedenheit, Burnout-Symptomatik und Bewältigungsstrategien von Lehrern an Sonderschulen für Lern- und Geistigbehinderte. Unv. Diplomarbeit. Universität zu Köln.

Groenland, E. A. G./vanVeldhoven, G. M. (1983). Tax evasion behavior: a psychological framework. Journ. of Ec. Psych., 3, 129 – 44.

Groskurth, P. (1974). Arbeitszufriedenheit als normatives Problem. Arbeit und Leistung, 11.

– (Hrsg.). (1979). Arbeit und Persönlichkeit. Reinbek.

Gross, N. et al. (1958). Explorations in role analysis. New York.

Gross, P. (1994). Die Multioptionsgesellschaft. Frankfurt.

Groß-Engelmann, M. (1999). Kundenzufriedenheit als psychologisches Konstrukt. Bestandsaufnahme und emotionstheoretische Erweiterung bestehender Erklärungs- und Meßmodelle. Lohmar/Köln.

–, Wiswede, G. (1999). Attribution und Kundenverhalten. Perspektiven und Anwendungsfelder einer einflußreichen Theorie. Jahrbuch der Abs. u. Verbrauchsforschung, 2, 168 – 194.

Grubb, E. L./Grathwohl, H. L. (1967). Consumer self-concept. Symbolism and marketing behavior: A theoretical approach. JM, 31.

–, Hupp, G. (1968). Perception of self. Generalized stereotypes and brand selection. Journ. of Mark. Res., 5.

Grunert, K. G. (1982). Informationsverarbeitungsprozesse bei der Kaufentscheidung. Frankfurt.
–, Lewis, A. (1986). The economic mind – The social psychology of economic behavior. Brighton.
–, Ölander, F. (eds.). (1989). Understanding Economic Behavior. Dordrecht.
– (1990). Kognitive Strukturen in der Konsumforschung. Entwicklung und Erprobung eines Verfahrens zur offenen Erhebung assoziativer Netzwerke. Heidelberg.
Grunow, D. (1976). Personalbeurteilung. Stuttgart.
Grzelak, J. (³1997). Konflikt und Kooperation. In Stroebe, W. et al. (Hrsg.). Sozialpsychologie. Berlin/Heidelberg.
Guagnano, G. A. et al. (1995). Influences of attitude-behavior relationships: A natural experiment with curbside recycling. Environment and Behavior, 27, 699–718.
Gunter, B./Furnham, A. (1992). Consumer profiles. An introduction to psychographics. London et al.
Günther, K. (2005). Studium der Wirtschaftspsychologie. In Frey, D. et al. (Hrsg.), Wirtschaftspsychologie, 332–338. Weinheim/Basel.
Gurin, G./Epps, E. G. (1975). Black consciousness, identity and achievement. New York.
–, Gurin, P. (1976). Personal efficacy and the ideology of individual responsibility. In Strümpel, B. (ed.), Economic means for human needs, 131–157. Ann Arbor.
– (1978). Expectancy theory in the study of poverty. Journ. of Soc. Issues, 26, 83–104.
Gurr, T. R. (1970). Why men rebel. Princeton.
Güth, W. et al. (1982). An experimental analysis of ultimatum bargaining. Journal of Ec. Beh. and Organization, 3, 367–388.
Gutjahr, G. (1972). Markt- und Werbepsychologie. Heidelberg.
Guzzo, R. A. et al. (1985). The effects of psychologically based intervention programs on worker productivity: A meta-analysis. Personal Psychology, 38, 275–292.
Guzzo, R. A./Dickson, M. W. (1996). Teams in organizations. Recent research on performance and effectiveness. Ann. Rev. of Psych., 47, 307–338.
GWSF (Gesellschaft für wirtschafts- und sozialpsychologische Forschung), (1992). Entwicklung eines Instrumentes zur Messung der Sparmentalität. Unv. Forschungsbericht für den DSGV, Köln.

Hacker, W. (1978). Allgemeine Arbeits- und Ingenieurpsychologie. Bern.
– (²1998). Arbeitspsychologie. Psychologische Regulation von Arbeitstätigkeiten. Bern.
Hackman, J. R. (1969). The motivated working adult. New York.
–, Lawler, E. E. (1971). Employee reactions to job characteristics. Journ. of Appl. Psych., 55, 259–286.
–, Oldham, G.R. (1975). Development of the job diagnostic survey. Journ. of Appl. Psych., 60, 159–170.
Hätty, H. (1989). Der Markentransfer. Heidelberg.
Hage, J. (1988). The future organization. Lexington, MA.
Hagen, E. (1962). On the theory of social change. How economic growth begins. Homewood.
– (²1975). The economics of development. Homewood.
Hagerty, M. R./Veenhoven, R. (2003). Health and happiness revisited – growing national income does go with greater happiness. Social indicator research. 64 (1), 1–27.
Hall, D. T./Nougaim, K. E. (1968). An examination of Maslow's need hierarchy in an organizational setting. Organ. Beh. and Hum. Perf. 3.
– (1996). The career is dead – long live the career. San Francisco.
Hanesch, E. et al. (2000). Armut und Ungleichheit in Deutschland. Reinbek.
Hannan, M. T./Freeman, J. H. (1984). Structural inertia and organizational change. ASR, 49, 14–164.
Hansen, F. (1972). Consumer choice behavior. A cognitive theory. New York.
Hansmeyer, K. U./Mackscheidt, K. (1976). Finanzpsychologie. In Neumark, F. (Hrsg.), Handbuch der Finanzwissenschaft, 553–583. Tübingen.
Hardy, C./Leiba-O'Sullivan, S. (1998). The power behind empowerment: Implications for research and practice. Human Relations, 51, 4, 451–483.
Harford, T. (2008). The logic of life. The rational economics of an irrational world. New York.
Harland, P. et al. (1999). Explaining proenvironmental intention and behavior by personal norms and the theory of planned behavior. Journal of Applied Social Psychology, 29, 2505–2528.
Harrison, R. van (1978). Person-environment fit and job stress. In Cooper, C. L./Payne, R. (eds.), Stress at work. New York.
Harsanyi, J. C. (1962). Measurement of social power, opportunity costs, and the theory of two-person bargaining games. Behavioral Science, 7, 67–80.
Hartmann, P. H. (1999). Lebensstilforschung in der Soziologie: Darstellung, Kritik und Weiterentwicklung. Opladen.
Harvey, D./Brown, D. R. (⁵1996). An experimental approach to organization development. Upper Saddle River.

Haslam, S. A. (2001). Psychology in organizations. The social identity approach. London.

– et al. (2003). The ASPIRO model: Actualizing social and personal identity resources to enhance organizational outcomes. Journal of Occupational and Organizational Psychology, 76, 83 – 113.

Hatfield, E. et al. (1994). Emotional contagion. Paris.

Hauschildt, J. (1977). Entscheidungsziele. Zielbildung in innovativen Entscheidungsprozessen. Tübingen.

Hauser, R. et al. (2000). Strukturwandel im westdeutschen Niedrigeinkommensbereich seit den sechziger Jahren. Zeitschrift für Sozialreform, 46. Jg., 6, 499 – 522.

Heath, A. (1976). Rational choice and social exchange. A critique of exchange theory. London.

Hebb, D. O. (1955). Drives and the C.N.S. Psych. Rev. 62.

Heckhausen, H. (²1989). Motivation und Handeln. Lehrbuch der Motivationspsychologie. Berlin.

Heckhausen, J./Heckhausen, H. (2009). Motivation und Handeln. Berlin.

Hegner, S. (2008). Self-congruity and consumer behaviour – A meta-analysis. Arbeitspapier, Bremen.

Heider, F. (1958). The psychology of interpersonal relations. New York.

Heinemann, K. (1978). Arbeitslose Jugendliche. Darmstadt.

– (Hrsg.). (1987). Soziologie wirtschaftlichen Handelns. Opladen.

Heintz, P. (1974). Die Zukunft der Entwicklung. Wien.

Helson, H. (1964). Adaptation-level theory. New York.

Henemann, H. G./Schwab, D. D. (1972). Evaluation of research on expectancy theory predictions of employee performance. Psych. Bull., 78.

Hennessy, J./West, M. (1999). Intergroup behavior in organizations: A field test of social identity theory. Small group research, 30, 361 – 382.

Henry, J. P./Stephens, P. M. (1977). Stress, health, and the social environment. New York.

Hentschel, B. (1992). Dienstleistungsqualität aus Kundensicht. Wiesbaden.

Hentschel, U. et al. (1977). Zur Lage der Arbeitslosen in Nordrhein-Westfalen. Köln.

Herbert, W. (1983). Anspruchsexplosion im Wohlfahrtsstaat? Speyer.

– (1993). Wandel und Konstanz von Wertstrukturen. Frankfurt.

Herkner, W. (1980). Attribution. Psychologie der Kausalität. Bern.

– (2008). Lehrbuch Sozialpsychologie. Bern.

Hermanns, A. (1972). Sozialisation durch Werbung. Sozialisationswirkung von Werbeaussagen in Massenmedien. Opladen.

Herold, D. (1977). Two-way influence processes in leader-follower dyads. Ac. of Man. Journ. 20, 224 – 237.

Herrnstein, R. J. (1970). On the law of effect. Journ. Exp. Anal. Beh., 13, 243 – 366.

– (1988). A behavioral alternative to utility maximization. In Maital, S. (ed.), Applied behavioral economics, 3 – 36. Brighton.

– (1990). Rational choice theory. Necessary but not sufficient. Am. Psych., 45, 3, 356 – 367.

Hersey, P./Blanchard, K. H. (⁷1996). Management of organizational behavior. Englewood Cliffs/N. J.

Herzberg, F. et al. (1959). The motivation to work. New York.

Hessing, D. J. et al. (1988). Tax evasion research: Measurement strategies and theoretical models. In van Raaij, W.F. et al. (eds.), Handbook of economic psychology. Dordrecht.

Hewstone, M. (1989). Changing stereotypes with disconfirming information. In Bar-Tal, D. et al. (eds.), Stereotyping and prejudice: changing conceptions. New York.

–, Jaspars, J. (1983). A re-examination of the roles of consensus, consistency and distinctiveness. Kelley's cube revised. In British Journ. of Soc. Psyc., 22, 41 – 50.

–, Greenland, K. (2000). Intergroup conflict. International Journal of Psychology, 35, 136 – 144.

Hill, L. (1995). Power and influence. Boston.

Hillmann, K. H. (1971). Soziale Bestimmungsgründe des Konsumentenverhaltens. Stuttgart.

Hinrichs, J. R. (1976). Personal training. In Dunnette, M.D. (ed.), Handbook of Ind. and Org. Psych., 829 – 860. Chicago.

Hirsch, F. (1980). Die sozialen Grenzen des Wachstums. Reinbek.

Hirschman, A. O. (1974). Abwanderung und Widerspruch. Tübingen.

Hörning, K. H. (1970). Ansätze zu einer Konsumsoziologie. Freiburg.

Hoffmann, H. J. (²1981). Psychologie der Werbekommunikation. Berlin.

Hofstätter, P. R. (²1987). Entscheidungen in Organisationen. In Hoyos, C. Graf et al. (Hrsg.), Wirtschaftspsychologie in Grundbegriffen. München.

Hofstede, G. (²2001). Culture's consequences: International differences in worked-related values. Thousand Oaks.

– (1991). Cultures and organizations: software of the mind. London.

–, Hofstede, G. J. (2009). Lokales Denken, globales Handeln. Interkulturelle Zusammenarbeit und globales Management. München.

Hogarth, R. M. (2001). Educating intuition. Chicago.

Hogg, M. A. (1992). The social psychology of group cohesiveness. From attraction to social identity. New York.

– (2005). Social identity and leadership. In Messick, D. M./Kramer, R. M. (eds.), The psychology of leadership. New perspectives and research, 53–80. New Jersey/London.

–, Tindale, R. S. (eds.). (2001). Blackwell Handbook of social psychology: Vol. 3. Group processes. London.

Holland, J. L. (1996). Exploring careers with a typology. In American Psychologist, 51, 397–406.

– (²1985). Making vocational choices: A theory of vocational personalities and work environments. Englewood Cliffs, N.Y.

Holling, H./Liepmann, D. (1993). Personalentwicklung. In Schuler, H. (Hrsg.), Lehrbuch Organisationspsychologie, 285–316. Bern.

Holm, K. (1968). Der Intrarollenkonflikt des Werkmeisters. In Claessens, D. (Hrsg.), Rolle und Macht. München.

Holohan, C. J./Moos, R. H. (1981). Social support and psychological distress: a longitudinal analysis. Journ. of Abn. Psych., 90, 365–370.

Holzmüller, H. H. (1995). Konzeptionelle und methodische Probleme in der interkulturellen Management- und Marketingforschung. Stuttgart.

Homans, G. C. (1958). Social behavior as exchange. Am. Journ. Soc. 63, 597–606.

– (²1972). Elementarformen sozialen Verhaltens. Köln.

– (¹1987). Theorie der sozialen Gruppe. Köln.

Homburg, A./Matthies, E. (1998). Umweltpsychologie. Umweltkrise, Gesellschaft und Individuum. München.

–, – (2005). Umweltschonendes Verhalten. In Frey, D. et al., Wirtschaftspsychologie, 345–352. Weinheim/Basel.

Hondrich, K. O. et al. (1988). Krise der Leistungsgesellschaft? Opladen.

House, R. J. (1973). A path-goal theory of leader effectiveness. Adm. Sc. Qu., 16, 321–338.

– et al. (1996). Rumors of the death of disportional research are vastly exaggerated. Ac. of Management Review 21, 203–224.

–, Mitchell, T. R. (1974). Path-goal theory of leadership. Journ. of Cont. Bus., 3, 81–97.

–, Shamir, B. (1993). Toward an integration of transformational, charismatic and visionary theories. In Chemers, M./Ayman, R. (eds.), Leadership theory and research. Orlando/Fl.

Howard, J. A. (1965). Marketing theory. Boston.

– (1977). Consumer Behavior. Application of theory. New York.

–, Sheth, J. N. (1969). The theory of buyer behavior. New York.

Hoyos, C. Graf et al. (1974). Arbeitspsychologie. Stuttgart.

– et al. (²1987). Wirtschaftspsychologie in Grundbegriffen. München.

Hughes, G.D. (1992). Realtime response measures redefine advertising wearout. Journal of Adv. Res. 32 (3), 61–77.

Huizinga, G. (1970). Maslow's need hierarchy in the work situation. Groningen.

Hulin, C. L./Blood, M. R. (1968). Job enlargement, individual differences, and worker responses. Psych. Bull., 69.

Hunt, H. K. (ed.). (1977). Conceptualization and measurement of consumer satisfaction and dissatisfaction. Cambridge.

Hunt, J. M. et al. (1982). Causal attributions and persuasion: The case of disconfirmed expectancies. In Advances in Consumer Research, 9, 287–292.

Hunt, J. V. (ed.). (1963). Personality and the behavior disorders. New York.

Hunter, J. E./Schmidt, F. L. (1990). Methods of meta-analysis. Newbury Park.

Hunziker, P. (1972). Erziehung zum Überfluß. Soziologie des Konsums. Stuttgart.

Huse, E. F./Cummings, Th. G. (³1985). Organization development and change. St. Paul.

Hyman, H. H./Singer, E. (eds.) (1968). Readings in reference group theory and research. New York.

Inglehart, R. (1977). The silent revolution: changing values and political styles among Western Publics. Princeton.

– (1989). Kultureller Umbruch. Wertwandel in der westlichen Welt. Frankfurt.

– (1990). Culture shift in advanced industrial society. Princeton/N. J.

– (1998). Modernisierung und Postmodernisierung. Kultureller, wirtschaftlicher und politischer Wandel in 43 Gesellschaften. Frankfurt/M.

Inkeles, A./Smith, D. h. (1974). Becoming modern. Individual change in six developing countries. London.

Irle, M. (1963). Soziale Systeme – Eine kritische Analyse der Theorie von formalen und informalen Organisationen. Göttingen.

– (1971). Macht und Entscheidungen in Organisationen. Frankfurt.

– (1975). Lehrbuch der Sozialpsychologie. Göttingen.

– (Hrsg.). (1983). Marktpsychologie als Sozialwissenschaft. Göttingen.
– (Hrsg.). (1983 a). Forschungsprogramme in der Marktpsychologie. In Irle, M. (Hrsg.), Marktpsychologie als Sozialwissenschaft, 1 – 44. Göttingen
Israel, J. (1972). Der Begriff der Entfremdung. Hamburg
Izard, C. E. ([2]1994). Die Emotionen des Menschen. Weinheim.

Jacobs, G. (1999). Personalentscheidungen in europäischen Banken. In Fischer, L. et al. (Hrsg.), Finanzpsychologie, München/Wien, 387 – 406.
Jacoby, J. (1974). The consumer validity of opinion leadership. Pub. Op. Quart., 1
– (1976). Perspectives on an consumer information processing research programm. Communications Res. 2.
– (1976). Consumer psychology – an octennium. In Rosenzweig, M. R./Porter, L. W. (eds.), Annual review of psychology, 331 – 358. Palo Alto.
– (1977). Information load and decision quality: some contested issues. JMR, 14.
– et al. (1974). Brand choice behavior as a function of information load. JMR, 11.
–, Craig, C. S. (eds.). (1984). Personal Selling. Theory, research, and practice. Lexington/Mass.
Jacobson, D. (1987). A psychological study of the job insecurity experience. Social Behavior, 2, 143 – 155.
Jäger, A. O. (1970). Personalauslese. In Mayer, A./Herwig, B. (Hrsg.), Handbuch der Psychologie Bd. IX, Betriebspsychologie. Göttingen.
Jahoda, M. et al. ([2]1980). Die Arbeitslosen von Marienthal. Frankfurt.
– ([3]1986). Wieviel Arbeit braucht der Mensch? Arbeit und Arbeitslosigkeit im 20. Jahrhundert. Weinheim/Basel.
James, L. A./James, L. R. (1989). Integrating work environment perceptions. Explorations into the measurement of meaning. Journ. of Appl. Psych. 74, 739 – 751.
Jain, S. C. (1989). Standardization of International marketing Strategy. Journ. of Marketing, 53, 1, 70 – 79.
Janis, I. L. (1982). Groupthink: Psychological studies of policy decision and fiascoes. New York.
–, Feshbach, S. (1953). Effects of fear-arousing communications. Journ. of Abn. Soc. Psych., 40, 211 – 218.
–, Mann, L. (1977). Decision making. New York.
Jerusalem, M. (1990). Persönliche Ressourcen, Vulnerabilität und Streßerleben. Göttingen.
Johannsen, U. (1971). Das Marken- und Firmen-Image. Berlin.
Jonas, K. et al. (2007). Sozialpsychologie. Eine Einführung. Heidelberg
Jones, E. E./Davis, K. E. (1965). From acts to dispositions: the attribution process in person perception. In Berkowitz, L. (ed.), Advances in experimental social psychology. New York.
–, Gerard, H. B. (1967). Foundations of social psychology. New York.
–, Pittman, T. S. (1982). Toward a general theory of strategic selfpresentation. In Suls, J. (ed.), Psychological perspectives on the self, Vol. 1, Erlbaum. Hillsdale/N. J.
Judge, T. A. et al. (2001). The job satisfaction – job performance relationship: a qualitative and quantitative Review. Psych. Bulletin, 127, 376 – 407.
Jung, I. (1999). Management von Geschäftsbeziehungen. Wiesbaden.

Kaas, K. P. (1973). Diffusion und Marketing. Stuttgart.
– (1982). Consumer habit forming, information acquisition and buying behavior. Journ. of Bus. Res., 10, 3 – 15.
Kagel, J. H./Roth, A. E. (eds.). (1995). Handbook of experimental economics. Princeton, N. J.
Kahl, J. A. (1957). The American class structure. New York.
Kahle, L. R./Chiagouris, L. et al. (eds.). (1997). Values, lifestyles and psychographics. Advertising and consumer psychology. Mahwah.
Kahn, R. L. et al. (1964). Organizational stress. Studies in role conflict and ambiguity. New York.
Kahneman, D. (1994). New challenges of the rationality assumption. J. of inst. and theoret. Economics, Zeitschrift für die ges. Staatswissenschaft, 150, 18 – 36.
– (2003). Maps of bounded rationality: A perspective on intuitive judgment and choice. Am. Ec. Review, December, 1449 – 1475.
–, Tversky, A. (1971). The belief in law of small numbers. Psych. Bull., 76, 105 – 110.
–, – (1972). Subjective probability: A judgement of representativeness. Cognitive Psychology, 3, 430 – 454.
–, – (1973). On the psychology of prediction. Psych. Rev., 80, 237 – 251.
–, – (1979). Prospect theory: an analysis of decisions under risk. Econometrica, 47, 263 – 291.
–, – (1982). The psychology of preferences. Scientific American, 246, 136 – 142.
–, – (1992). Advances in Prospect Theory: Cumulative Representation of Uncertainty. Journal of Risk and Uncertainty, 5, 297 – 323.
– et al. (eds.). (1982). Judgment under uncertainty heuristic and biases. New York.
Kalimo, R. et al. (2003). The effects of past and antizipated future downsizing on survivor well-being: An equity perspective. Journal of Occupational Health Psychology, 8, 91 – 109.

Kals, E. (1996). Verantwortliches Umweltverhalten. Weinheim.

Kamins, M. A./Assael, H. (1987). Two-sided vs. one-sided appeals. Journ. of Mark. Res., 24, 1, 29–39.

Kaminsky, G. (1978). Umweltpsychologie. Perspektiven – Probleme – Praxis. Stuttgart

Kamphausen, C. (1994). Die Einflüsse von Stimmung und Zeitrestriktion auf die Informationsverarbeitung von Konsumenten. Unv. Dipl.-Arb. Köln.

Kanning, U. P./Mummendey, A. (1993). Soziale Vergleichsprozesse und die Bewältigung „negativer sozialer Identität" – Eine Feldstudie in Ostdeutschland. Zeitschr. für Sozialpsychologie, Bd. 24, Heft 3, 211–217.

Kaplan, L. B. et al. (1974). Components of perceived risk in product purchase: a cross-validation. Journ. of Appl. Psych., 59, 287–291.

Karau, St. J./Williams, K. D. (1993). Social loafing: A meta-analytic review and theoretical integration. Journ. Pers. Soc. Psych. Vol. 65, 4, 681–706.

Karmaus, W. et al. (1979). Streß in der Arbeitswelt. Köln.

Kashima, Y./Triandis, H. C. (1986). The self-serving bias in attributions as a coping strategy. Journ. of Cross-Cult. Psych., 17, 83–97.

Kassarjian, H. H./Robertson, T. S. (eds.). (4 1991). Perpectives in consumer behavior. Englewood Cliffs/N. J.

Kastner, M. (1988). Psychische Störungen durch Arbeitslosigkeit (Unv. Man.; zit. nach Pelzmann, 1988).

Katona, G. (1951). Psychological analysis of Economic Behavior. New York.

– (1960). Das Verhalten der Verbraucher und Unternehmer. Tübingen.

– (1962). Die Macht des Verbrauchers. Düsseldorf.

– (1965). Der Massenkonsum. Düsseldorf.

– (1975). Psychological Economics. Amsterdam.

–, Mueller, E. (1955). A study of purchase decisions. In Clark, L. H. (ed.), Consumer behavior, New York.

Katz, D./Kahn, R. L. (2 1978). The social psychology of organizations. New York.

Katz, E. (1957). The two-step-flow of communication: an up-to-date report on a hypothesis. Publ. Op. Quart., 21.

– (1970). Die Verbreitung neuer Ideen und Praktiken. In Schramm, W., Grundfragen der Kommunikationsforschung. München.

–, Lazarsfeld, P. F. (1955). Personal influence. New York.

Katz, R. (1983). Informationsquellen der Konsumenten. Wiesbaden.

Kaufmann, K. (1978). Kognitiv-hedonistische Theorie menschlichen Verhaltens. Bern.

Keil, A. (1991). Expertenwissen als Determinante des Kauferfolges in der Käufer-Verkäufer-Interaktion. Unv. Dipl.-Arb. Köln.

Keller, K. L. (1998). Strategie brand management. New Jersey.

Kelley, H. H. (1967). Attribution theory in social psychology. In Levine, D. (ed.), Nebraska symposium on motivation, Lincoln.

–, Thibaut, J. W. (1978). Interpersonal relations. A theory of interdependence. New York.

Kelz, A. (1989). Die Weltmarke. Idstein.

Kenkel, W. F. (1957). Influence differentiation in family decision marketing. Sociology and Soc. Res., 42, 18–27.

– (1961). Decision making and the life-cycle: Husband-wife interaction in decision making and decision choices. Journ. of Soc. Psych., 54.

Kern, H./Schumann, M. (1984). Das Ende der Arbeitsteilung. Rationalisierung in der industriellen Produktion. München.

Kerr, N. L./Tindale, R. S. (2004). Group performance and decision making. Ann. Rev. of psychology 55, 623–655.

Kerr, S./Jermier, J. M. (1978). Substitutes for leadership: Their meaning and measurement. Organ. Beh. and Hum. Perf., 22, 375–403.

Kieselbach, T./Offe, H. (1979). Psychologische, gesundheitliche, soziale und politische Probleme als Folge von Arbeitslosigkeit. Darmstadt.

– (2001). Wenn Beschäftigte entlassen werden: Berufliche Transitionen unter einer Gerechtigkeitsperspektive. Wirtschaftspsychologie, 1, 37–49.

Kieser, A. (Hrsg.). (3 1999). Organisationstheorien. Stuttgart.

– et al. (Hrsg.). (2 1995). Handwörterbuch der Führung. Stuttgart. (1. Aufl. 1987).

– et al. (2 1990). Die Einführung neuer Mitarbeiter ins Unternehmen. Neuwied.

–, Woywode, M. (3 1999). Evolutionstheoretische Ansätze. In Kieser, A. (Hrsg.), Organisationstheorien. 253–285. Stuttgart.

King, C. W./Summers, J. O. (1970). Overlap of opinion leadership across consumer product categories. Journ. of Mark. Res., 7, 43–50.

King, N. (1970). Clarification and evaluation of the two-factor theory of job satisfaction. Psych. Bull., 74.

Kipnis, D. et al. (1980). Intraorganizational influence tactics. Journ. of Appl. Psych., 65, 4, 440–452.

Kirchgässner, G. (1991). Homo oeconomicus. Das ökonomische Modell individuellen Verhaltens und seine Anwendung in den Wirtschafts- und Sozialwissenschaften. Tübingen.

Kirchler, E. (1984). Arbeitslosigkeit und Alltagsbefinden. Linz.
– (1989). Kaufentscheidungen in privaten Haushalten. Göttingen.
– (1993). Arbeitslosigkeit. Göttingen.
– (1993). Beeinflussungstaktiken von Eheleuten. Zeitschrift f. exp. u. angew. Psychologie, 40, 1, 103 – 132.
– (1998). Differential representations of taxes. Journal of Socio Economics, 27, 117 – 131.
– (1999). Reactance to taxation: Employers' attitudes toward taxes. Journal of Socio Economics, 28, 131 – 138.
– (Hrsg.). (2005): Arbeits- und Organisationspsychologie. Wien.
– (⁴2011). Wirtschaftspsychologie. Göttingen.
– et al. (1996). Social exchange in the labor market: Reciprocity and trust versus egoistic money maximation. Journal of Economic Psychology, 17, 313 – 341.
–, Berger, M. M. (1998). Macht die Gelegenheit den Dieb? Einstellungen zu Steuern und Tendenzen zur Steuerhinterziehung. Jb. der Abs. u. Verbr.forschg., 4, 98, 439 – 462.
– et al. (2003). Zufriedenheit und Commitment von Bankkunden – Eine Anwendung des Investment-Modells. Jahrbuch der Abs.- und Verbraucherforschung, 4, 366 – 386.
– et al. (2004). Kundenbindung im Bankensektor – Eine Prüfung des Investitionsmodells in sechs EU-Ländern. Wirtschaftspsychologie, IV, 37 – 44.
–, Maciejovsky, B. (2001). Tax compliance within the context of gain and loss situations, expected and current asset position, and profession. Journal of Economic Psychology, 22, 123 – 194.
–, Maciejovsky, B. (2006). Steuermoral und Steuerhinterziehung. In Frey, D./Rosenstiel, L. v. (Hrsg.), Enzyklopädie der Psychologie, Wirtschaftspsychologie. Göttingen.
Kirton, M. J. (1976). Adaptors and innovators. A description and measure. Journ. of Appl. Psych., 61, 622 – 629.
Kirzner, I. M. (1979). Perception, opportunity and profit. Chicago.
Klages, H. (1984). Wertorientierungen im Wandel. Frankfurt.
– (1984 a). Wohlfahrtsgesellschaft und Anomie. In Haferkamp, H. (Hrsg.), Wohlfahrtsstaat und soziale Probleme. Opladen.
– (1987). Indikatoren des Wertewandels. In Rosenstiel, L. v. et al., Wertewandel als Herausforderung für die Unternehmenspolitik, 1 – 16. Stuttgart.
– et al. (1987). Sozialpsychologie der Wohlfahrtsgesellschaft. Frankfurt.
–, Kmieciak, P. (Hrsg.). (1979). Wertwandel und gesellschaflicher Wandel. Frankfurt.
Klandt, H. (1984). Aktivität und Erfolg des Unternehmensgründers. Bergisch Gladbach.
Klipstein, v. M./Strümpel, B. (1984). Der Überdruß am Überfluß. München.
–, – (Hrsg.). (1985). Gewandelte Werte – Erstarrte Strukturen. Wie die Bürger Wirtschaft und Arbeit erleben. Bonn.
Klocke, A. (2000). Methoden der Arbeitsmessung. Zeitschrift für Soziologie, 29, Jg. 4, 313 – 329.
–, Hurrelmann, K. (²2002). Kinder und Jugendliche in Armut. Opladen.
Kluckhohn, C. (³1965). Values and value-orientations in the theory of action. New York.
Kmieciak, P. (1976). Wertstrukturen und Wertwandel in der Bundesrepublik Deutschland. Göttingen.
Knappe, H. (1985). Betriebsklima und Zonenhypothese. Unv. Diplomarbeit. Universität Hohenheim.
Koch, S. (2005). Werte und Wertewandel. In Frey, D. et al. (Hrsg.), Wirtschaftspsychologie, 401 – 406. Weinheim/Basel.
König, R. (1988). Die Menschheit auf dem Laufsteg. Frankfurt.
Kohlmann, C.-W. (1990). Streßbewältigung und Persönlichkeit: Flexibles versus rigides Copingverhalten und seine Auswirkungen auf Angsterleben und physiologische Belastungsreaktionen. Bern.
Kohn, M. L./Schooler, C. (1973). Occupational experience and psychological functioning. An assessment of reciprocal effects. Am. Soc. Rev. 38, 97 – 118.
Komaki, J. et al. (1980). Fostering friendliness in a fast-food franchise. Journ. of Org. Beh., Manual 2, 151 – 164.
Komarovsky, M. (1961). Class differences in family decision-making on expenditures. In Foote (ed.), Consumer behavior: Household decision-making, 255 – 265. New York.
Konradt, U. et al. (2002). Interkulturelle Managementtrainings: Eine Bestandsaufnahme von Konzepten, Methoden und Modalitäten in Deutschland. Zeitschrift für Sozialpsychologie, 4, 197 – 208.
Koppelmann, U. (⁶2001). Produktmarketing. Berlin.
Korczak, P./Pfefferkorn, G. (1990). Überschuldungssituation und Schuldnerberatung in der BRD. Forschungsbericht. München.
Korman, A. K. (1968). The prediction of managerial performance. Pers. Psych., 21.
Kotler, P./Armstrong, G. (1988). Marketing. Eine Einführung. Wien.

–, Bliemel, F. (91999). Marketing-Management. Stuttgart.
Krais, A. (1977). Lernpsychologie der Markenwahl. Stuttgart.
Krech, D./Crutchfield, R. S. (1971). Grundlagen der Psychologie. Bd. 1 und 2. Weinheim.
Kreikebaum, H./Herbert, K. J. (1988). Humanisierung der Arbeit. Wiesbaden.
Krishnan, S./Valle, V. A. (1979). Dissatisfaction attribution and consumer complaint behavior. In Wilkie, W. L. (ed.), Advances in Consumer Research, 6, 445–449, Ann Arbor, MI.
Kroeber-Riel, W. (1979). Activation research – psychobiological approaches in consumer research. Journ. of Cons. Res., 5, 240–250.
– (1987). Marktpsychologie. In Hoyos, Graf C. et al. (Hrsg.), Wirtschaftspsychologie in Grundbegriffen. München.
– (51992). Konsumentenverhalten. München.
– (1992 b). Globalisierung der Eurowerbung. Marketing, 4, 261–267.
– (1993). Bildkommunikation in der Werbung. München.
–, Esch, F. R. (72010). Strategie und Technik der Werbung. Stuttgart.
–, Meyer-Hentschel, G. (1982). Werbung – Steuerung des Konsumentenverhaltens. Würzburg.
–, Trommsdorff, V. (1973). Markentreue beim Kauf von Konsumgütern. In Kroeber-Riel, W. (Hrsg.), Konsumentenverhalten und Marketing. Opladen.
–, Weinberg, P. (82003). Konsumentenverhalten. München.
– et al. (92008). Konsumentenverhalten. München
Krüger, W. (1972). Grundlagen, Probleme und Instrumente der Konflikthandhabung in der Unternehmung. Berlin.
Krugman, H. E. (1965). The impact of TV advertising: Learning without involvement. Publ. Op. Quart., 29, 349–356.
Kudera, W. et al. (1979). Gesellschaftliches und politisches Bewußtsein von Arbeitern. Frankfurt.
Kühl, S. (2000). Das Regenmacher-Phänomen. Widersprüche und Aberglaube im Konzept der lernenden Organisation. Frankfurt/Main.
Kühlmann, T. M. (1988). Technische und organisatorische Neuerungen im Erleben betroffener Arbeitnehmer. Stuttgart.
Kuhl, J. (1981). Motivational and functional helplessness: The moderating effect of state versus action orientation. Journ. Pers. Soc. Psychol., 40, 155–570.
– (1983). Motivation, Konflikt und Handlungskontrolle. Berlin.
Kuhlmann, E. (1983). Consumer socialization of children and adolescents. Journ. of Cons. Policy, 6.
Kukla, A./Scher, H. (1986). Varieties of achievement motivation. Psych. Rev., 93, 378–380.
Kumpf, M. (1983). Bezugsgruppen und Meinungsführer. In Irle, M. (Hrsg.), Marktpsychologie als Sozialwissenschaft, 282–330. Göttingen.
Kunda, Z. (1990). The case for motivated reasoning. Psych. Bull. 108, 480–498.
Kunkel, J. H. (1970). Society and economic growth. A behavioral perspective of social change. New York.
Küpper, W./Ortmann, G. (Hrsg.). (1988). Mikropolitik. Opladen.
Kutsch, Th./Wiswede, G. (Hrsg.). (1978). Arbeitslosigkeit, Bd. 1, Sozialstrukturelle Probleme. Königstein.
–, – (Hrsg.). (1978 a). Arbeitslosigkeit, Bd. II, Psychosoziale Belastungen. Königstein.
–, – (1986). Wirtschaftssoziologie. Grundlegung – Hauptgebiete – Zusammenschau. Stuttgart.

Lamm, H. (1975). Analyse des Verhaltens. Stuttgart.
Lamnek, S. et al. (2000). Tatort Sozialstaat: Schwarzarbeit, Leistungsmissbrauch, Steuerhinterziehung und ihre (Hinter-) Gründe. Opladen.
Lanc, O. (1975). Ergonomie – Psychologie der technisierten Welt. Stuttgart.
Landon, E. L. (1977). A model of consumer complaint behavior. In Day, R.L. (ed.), Consumer satisfaction, dissatisfaction and complaining behavior, 31–35. Bloomington.
Landy, F. J. (41989). The psychology of work behavior. London.
Langer, E. J. (1975). The illusion of control. Journ. of Pers. Soc. Psych., 32, 311–328.
– (1989). Mindfulness. Reading, MA.
Lang-von-Wins, T. (2004). Der Unternehmer. Arbeits- und organisationspsychologische Grundlagen. Berlin.
Laschke, A./Weber, M. (1999). Overconfidence: Schätzen Anleger ihre Kenntnisse falsch ein? Reihe Forschung für die Praxis. Bd. 2. Mannheim.
Lasser, R. (1987). Symbolische Führung. In Kieser, A. et al. (Hrsg.), HWB der Führung, 1927–1938. Stuttgart.
Latané, B. (1981). The psychology of social impact. Am. Psych., 36, 343–356.
– et al. (1979). Many hands make light the work: The causes and consequences of social loafing. Journ. Pers. Soc. Psych., 37, 822–832.
Lattmann, C. (Hrsg.) (1989). Das Assesment-Center-Verfahren der Eignungsbeurteilung. Heidelberg.
Lauterbach, A. (21959). Man, motives and money. London.

– (1962). Psychologie des Wirtschaftslebens. Reinbek.
Lawler, E. E. (1971). Pay and organizational effectiveness: a psychological view. New York.
– (1977). Motivierung in Organisationen. Stuttgart.
– (1992). The ultimate advantage: Creating the high involvement organization. San Francisco.
– et al. (1974). Organizational climate: relationship to organizational structure, process and performance. Org. Beh. and Hum. Perf., 10.
–, Hall, D.T. (1970). Relationship of job characteristics to job involvement, satisfaction, and intrinsic motivation. Journ. of Appl. Psych., 54, 305 – 312.
–, Suttle, J. L. (1973). Expectancy theory and job behavior. Org. Beh. and Hum. Perf., 9.
Lawrence, P. R./Lorsch, J. W. (1969). Organization and environment. Cambridge/Mass.
Lazarsfeld, P. F. et al. (1948). The peoples choice. New York.
Lazarus, R. S. (1966). Psychological stress and the coping process. New York.
– (1991). Emotion and adaptation. New York/Oxford.
– (1991). Cognition and motivation in emotion. American Psychologist, 46, 352 – 367.
–, Folkman, S. (1984). Stress, appraisal and coping. New York.
–, Launier, R. (1981). Stressbezogene Transaktionen zwischen Person und Umwelt. In Nitzsch, J. (Hrsg.), Stress. Theorien, Untersuchungen, Maßnahmen, 213 – 260. Bern et.al.
Lea, S. E. G. (1978). The psychology and economics of demand. Psych. Bull., 85, 441 – 446.
– (1981). Inflation, decimalization and the estimated site of coins. Journ. of Ec. Psych., 1, 79 – 81.
– (1995). Psychological factors in consumer dept.: Money management, economic socialization and credit use. Journal of Economic Psych., 16, 681 – 701.
–, Webley, P. (1981). Theorie psychologique de la monnaie. Paris. (Zitiert nach Lea et al., 1987.)
– et al. (1987). The individual in the economy. A textbook of economic psychology. Cambridge.
– et al. (1993). The economic psychology of consumer dept. Journal of Economic Psych, 14, 85 – 119.
Leavitt, H. J. (1951). Some effects of certain communication patterns on group performance. Journ. of Abn. and Soc. Psych., 68, 113 – 115.
– (1965). Applied organizational change in industry, structure, technological and humanistic approaches. In March, J. D. (ed.), Handbook of organizations. Chicago.
Lee, K./Allen, N. J. (2002). Organizational citizenship behavior and workplace deviance: The role of affect and cognitions. Journal of Appl. Psychology, 87, 1, 131 – 142.
Leibenstein, H. (1966). Mitläufer-, Snob- und Veblen-Effekte in der Theorie der Konsumentennachfrage. In Streissler, E., Streissler, M. (Hrsg.), Konsum und Nachfrage, 231 – 255. Köln.
Lenski, G. (1956). Status-crystallization: A non vertical dimension of social status. American Sociological Review, 21, 63 – 80.
Lerner, D. (1958). The passing of traditional society. Glencoe/Ill.
Lerner, M. J. (1977). The justice motive: Some hypotheses as to its origins and forms. Journ. of Pers., 45, 1 – 52.
Levy, S. J./Zaltman, G. (1975). Marketing, society and conflict. Englewood Cliffs/N. J.
Lewin, K. (1926). Vorsatz, Wille, Bedürfnis. Berlin.
– et al. (1944). Level of aspiration. In McHunt, J. (ed.), Personality and the behavior disorders. New York.
– (1963). Feldtheorie in den Sozialwissenschaften. Ausgewählte theoretische Schriften. Bern.
Lewis, A. (1982). The psychology of taxation. Oxford.
–, Webley, P. et al. (1995). The new economic mind – The social psychology of economic behavior. Hertfordshire.
Lichtenstein, S./Slovic, P. (1971). Reversals of preference between bids and choices in gambling decisions. Journ. of Exp. Psych. 101, 16 – 20.
Lienert, G. A. (1969). Testaufbau und Testanalyse. Weinheim.
Lievegoed, B. C. J. (1974). Organisationen im Wandel. Bern/Stuttgart.
Likert, R. (1961): New patterns of management. New York.
Lilli, W. (1983). Perzeption, Kognition, Image. In Irle, M. (Hrsg.), Marktpsychologie als Sozialwissenschaft. Göttingen.
–, Frey, D. (²1993). Die Hypothesentheorie der sozialen Wahrnehmung. In Frey, D./Irle, M. (Hrsg.), Theorien der Sozialpsychologie, Bd. 1, Kognitive Theorie. Bern.
Lindgren, H. C. (1991). The psychology of money. Malabar/Fl.
Lindsey, P. H./Norman, D. A. (²1981). Human information processing. New York.
Lindzey, G./Fiske, S. T. et al. (⁴1998). The handbook of social psychology. New York.
Lipset, J. M./Zetterberg, H. L. (³1956). A theory of social mobility. In ISA (ed.), Transactions of the Third World Congress of Sociology. London.
Little, I. M. D. (1949). A reformulation of the theory of consumer's behavior. Oxford Economic Papers, 1.
Litwin, G. H./Stringer, R. A. (1968). Motivation and organizational climate. Boston.

Livingstone, S. M./Lunt, P. K. (1992). Predicting personal debt and debt repayment: Psychological, social and economic determinants. Journ. of Economic Psych., 13, 111 – 134.

Locke, E. A. (1976). The nature and causes of job satisfaction. In Dunnette, M. D. (ed.), Handbook of industrial and organizational psychology, 1297 – 1349. Chicago.

–, Latham, G. P. (1990). A theory of goal setting and task performance. Englewood Cliffs/N. J.

–, – (2002). Building a practically useful theory of goal setting and task motivation. A 35-year odyssey. American Psychologist, 57, 705 – 717.

Lodahl, T. M./Kejner, M. (1965). The definition and measurement of job involvement. Journal of Appl. Psych., 49, 24 – 33.

Löffler, G./Weber, M. (1999). Über- und Unterreaktionen von Finanzanalysten. Reihe Forschung für die Praxis, Bd. 7. Mannheim.

Lord, R. G. et al. (1986). A meta-analysis of the relation between personality traits and leadership perceptions. J. of Appl. Psych. 71, 402 – 410.

Lüdtke, H. (2000). Konsum und Lebensstile. In Rosenkranz, D./Schneider, N. F. (Hrsg.), Konsum, 117 – 132. Opladen.

Luhmann, N. ([2]1989). Vertrauen. Stuttgart.

Lunt, P. K./Livingstone, S. M. (1991). Psychological, social and economic determinants of saving: Comparing recurrent and total savings. Journ. of Economic Psych., 12, 621 – 641.

Luthans, F. (1985). Organizational behavior. New York.

– ([4]1995). Organizational behavior. Tokio et al.

– et al. (1983). Organizational behavior modification: meeting the productivity challenge with human resource management. Personnel, 2, 28 – 36.

– et al. (1988). Real managers. Cambridge/Mass.

–, Kreitner, R. (1975). Organizational behavior modification. Glenview.

–, – (1985). Organizational behavior and beyond. An operant and social learning approach. Glenview/London.

–, Martinko, M. (1987). Behavioral approaches to organization. In Cooper, C. L./Robertson, I. T. (eds.), International Rev. of Ind. and Org. Psychology, 35 – 60.

–, Rosenkrantz, S. (1987). Führungstheorien (soziale Lerntheorie). In Kieser, A. et al. (Hrsg.), Handwörterbuch der Führung, 892 – 908. Stuttgart.

–, Stajkovic, A. D. (1999). Reinforce for performance: The need to go beyond pay and even rewards. Ac. of Managment executive, Vol. 13, 2, 49 – 57.

Lutz, B. (1962). Grenzen des Lohnanreizes. Frankfurt.

Lynn, R. et al. (1984). Home background, intelligence, personality and education as predictors of unemployment in young people. Personality and Individual Differences, 5, 549 – 557.

Maas, P./Schüller, A. (1990). Organisationskultur und Führung. In Wiswede, G./Wiendieck, G. (Hrsg.), Führung im Wandel, 157 – 179. Landsberg.

–, Weibler, J. (Hrsg.). (1990). Börse und Psychologie. Köln.

MacFadyen, A. J./Mac Fadyen, H. W. (eds.). (1986). Economic psychology: Intersections in theory and application. Amsterdam.

Madsen, K. B. (1961). Theories of motivation. Kopenhagen.

Mahajan, V./Peterson, R. A. (1985). Innovation diffusion. Models and applications. Beverly Hills.

Mahoney, T. A. et al. (1965). The job(s) of management. Ind. Rel., 4, 97 – 110.

Maier, G. W. et al. (2005). Innovation und Kreativität in der Wirtschaft. In Frey, D. et al. (Hrsg.), Wirtschaftspsychologie, 155 – 163. Weinheim/Basel.

Maier, M. (1983). Der Sparprozeß in der Bundesrepublik Deutschland. Eine empirische Analyse des Sparverhaltens der privaten Haushalte seit 1950. Frankfurt.

Maital et al. (1986). What do people bring to the stock market (besides money)? The economic psychology of stock market behavior. In Gilad, B./Kaish, S. (eds.), Handbook of Beh. Ec., Vol. 3, 274 – 307. London.

Maloney, M. P./Ward, M. P. (1973). Ecology, let's hear from the people. Am. Psych., 28, 583 – 586.

March, J. G. (Hrsg.). (1990). Entscheidung und Organisation. Wiesbaden.

– (1994). A primer on decision making. How decisions happen. New York et al.

–, Simon, H. A. ([2]1993). Organizations. New York.

–, Shapira, Z. (1992). Behavioral decision theory and organizational decision theory. In Zey, M. (ed.), Decision making. Alternatives to rational choice models. Newbury.

Martin, M. (1992). Mikrographische Marktsegmentierung. Wiesbaden.

Maslach, C. (1982). Burnout. The cost of caring. Englewood Cliffs/N. J.

Maslow, A. H. ([2]1970). Motivation and personality. New York.

Massy, W. F. et al. (1968). Purchasing behavior and personal attributes. Philadelphia.

Mawhinney, T. C./Ford, J. D. (1977). The path-goal theory of leader effectiveness: an operant interpretation. Acad. Man. Rev., 2, 398 – 411.

Mayer, C. R. et al. (1995). An integrative model of organizational trust. Academy of Man. Rev. 20, 3, 709 – 734.
Mayer, H./Illmann, T. (³2000). Markt- und Werbepsychologie.
Mayntz, R./Ziegler, R. (1977). Soziologie der Organisation. In König, R. (Hrsg.), Organisation Militär. Handbuch der empirischen Sozialforschung, Band 9, 1 – 141. Stuttgart.
Mazanek, J. (1978). Strukturmodelle des Konsumverhaltens. Wien.
Mazis, M. B. (1975). Antipollation measure and psychological reactance theory: a field experiment. Journ. of Pers. and Soc. Res., 31.
McClelland, D. C. (1961/dt. 1966). The achieving society. Princeton.
– (1984). Human motivation. Glenview.
– (1987). Characteristics of successful entrepreneurs. J. of Creative Behavior, 21, 219 – 233.
– et al. (1958). The achievement motive. New York.
–, Liberman, A. M. (1949). The effect of need for achievement on recognition of need-related words. Journ. of Pers., 18.
–, Watson, R. I. (1973). Power motivation and risk-taking behavior. Journ. of Pers., 4, 121 – 139.
–, Winter, D. G. (1969). Motivating economic achievement. New York.
McConnell, D. J. (1968). Effect of pricing on perception of product quality. Journ. of Appl. Psych., 52.
McGillis, D. B./Brehm, J. W. (1973). Compliance as a function of inducements that threaten freedom restoration – a field experiment. Unpublished manuscript, Duke University.
McGrath, J. E. (1976). Stress and behavior in organization. In Dunnette, M. D. (ed.), Handbook of industrial and organizational psychology, 1351 – 1396. Chicago.
– (1981). Streß und Verhalten in Organisationen. In Nitzsch, J. R. (Hrsg.), Stress. Theorien, Untersuchungen, Maßnahmen, 441 – 499. Bern.
McGregor, D. (1960). The human side of enterprise. New York.
McGuire, W. J. (1962). Persistence of resistance to persuasion induced by various types of prior belief defenses. Journ. of Abn. and Soc. Psych., 64, 241 – 248.
– (1978). An information processing-model of advertising effectiveness. In Davis, H./Silk, A. (eds.), Behavioral and Management science in Marketing. New York.
– (²1985). The nature of attitudes and attitude change. In Lindzey, G./Aronson, E. (eds.), Handbook of social psychology, 233 – 346. Reading/ Mass.
McKelvey, B./Aldrich, H. E. (1983). Populations, Natural Selection, and Applied Organizational Science. Administrative Science Quarterly, 28, 101 – 128.
McKenna, E. (1994). Business psychology and organizational behavior. Hove.
McKenzie, R. B./Tullock, G. (1975). The new world of economics. Explorations into the human experience, 331 – 334. Homewood.
Meffert, H. (²1992). Marketingforschung und Käuferverhalten. Wiesbaden.
–, Dahlhoff, H. D. (1980). Kollektive Kaufentscheidungen und Kaufwahrscheinlichkeiten. Hamburg.
–, Bruhn, M. (²1997). Dienstleistungsmarketing: Grundlagen, Konzepte, Methoden. Wiesbaden.
– et al. (2005). Markenmanagement. Identitätsorientierte Markenführung und praktische Umsetzung. Wiesbaden.
– et al. (2010). Internationales Marketing-Management. Stuttgart.
Meier, D. (2000). Tauschringe als besondere Bewertungssysteme in der Schattenwirtschaft. Berlin.
Meinefeld, W. (1977). Einstellung und soziales Handeln. Reinbek.
Meißner, W. (1989). Innovation und Organisation. Stuttgart.
Merton, R. K. (³1968). Social theory and social structure. Glencoe/Ill.
Merz, J./Wolff, K. G. (1994). Schattenwirtschaft – sozio-ökonomische Determinanten der individuellen Entscheidung für Schwarzarbeit und Eigenarbeit. In Mikroanalytische Grundlagen der Gesellschaftspolitik, 1, 214 – 239.
Meulemann, H. (1996). Werte und Wertewandel. Zur Identität einer geteilten und wieder vereinten Nation. Weinheim/München.
Meyer, J. P./Allen, N. J. (1991). A three-component conceptualization of organizational commitment. Human resources management review, 1, 61 – 89.
Meyer, J. W./Rowan, B. (1977). Institutionalized organizations: Formal structure as myth and ceremony. AJS 26.
Meyer, W. U. et al. (2003). Einführung in die Emotionspsychologie. Band 1 – 3. Bern et al.
Meyer-Hentschel, G. (1983). Aktivierungswirkung von Anzeigen. Meßverfahren für die Praxis. Würzburg.
Michman, R. D. (1991). Lifestyle market segmentation. New York et al.
Miller, D. et al. (1982). Top executive locus of control and its relationship to strategy making, structure and environment. Academy of Management Journ., 25, 237 – 253.
Miller, D. C./Form, W. H. (¹1980). Industrial sociology work in organizational life. New York.

Miller, G. A. et al. (1973). Strategien des Handelns. Stuttgart.

Miller, N. E. (1944). Experimental studies of conflict. In Hunt, J. McV. (ed.), Personality and the behavioral disorders, Vol. 1. New York.

Mikula, G. (Hrsg.). (1980). Gerechtigkeit und soziale Interaktion. Bern.

Miner, J. B./Dachler, H. P. (1973). Personnel attitudes and motivation. Annual Revue of Psychology, 24.

– (1997). A psychological typology of successful entrepreneurs. Westport, Conn.

Miniard, P. W./Dickson, P. R. (1988). Some central and peripheral thoughts on the routes to persuasion. Advances of consumer research. Vol. 9, 25 – 30.

Mintzberg, H. (1973). The nature of managerial work. New York.

– (1975). The manager's job. Folklore and fact. Harv. Bus. Rev., 53, 39 – 61.

– (1983). Power in and around organizations. Englewood Cliffs/N. J.

Mischel, H. N./Mischel, W. (1983). The development of children's knowledge of self-control strategies. Child Development, 54, 603 – 619.

Mischel, W. (1961). Delay of gratification, need for achievement and acquiscence in another culture. Journ. of Abn. and Soc. Psych., 62, 1 – 7.

–, Masters, J. C. (1966). Effects of probability of reward attainment on responses to frustration. Journ. Pers. Soc. Psych. 3, 390 – 396.

–, Ebbesen, E. B. (1970). Attention in delay of gratification. Journ. of Pers. and Soc. Psych., 16, 329 – 337.

Mishan, E. J. (1969). Welfare economics: an assessment. Amsterdam.

– (1969 a). 21 popular economics fallacies. London.

Mitchell, T. R./Wood, R. E. (1980). Supervisor's responses to subordinate poor performance. A test of an attributional model. Organ. Beh. and Hum., Perf., 25, 123 – 138.

Mizerski, R. W./Green, S. (1978). An investigation into the causal links between attribution schema and decision making. In Hunt, K. (ed.), Advances in Consumer Behavior, Vol. 5, 126 – 130.

Modigliani, F. (1949). Fluctuations in the saving-income ratio. In Studies in income and wealth. Vol. 11. New York.

Moghaddam, F. M. (1998). Social psychology. Exploring universals across cultures. New York.

Mohrmann, S. A. et al. (1995). Designing team-based organization: New forms for knowledge work. San Francisco.

Mojzisch, A. et al. (2005). Handeln. In: Frey, D. et al. Wirtschaftspsychologie, Weinheim, 137 – 142.

Molt, W. et al. (1981). Advances in economic psychology. Heidelberg.

Monroe, K. B. (1973). Buyers subjective perceptions of price. Journ. of Mark. Res., 10, 70 – 80.

– (1977). Objective and subjective contextual influences on price perception. In Woodside, A. G. et al. (eds.), Consumer and Industrial Buying Behavior, 287 – 296. Amsterdam.

– et al. (1977). Contextual influences on subjective price perceptions. Journ. of Bus. Res., 5, 277 – 291.

– (1979). Pricing: Making profitable decisions. New York.

Moore, T. E. (1991). Subliminal advertising – What you see is what you get. In Kassarjian/Robertson (eds.), 75 – 88.

Moreland, R. L./Levine, J. M. (1994). Understanding small groups. Boston/MA.

Morgan, R. M./Hunt, S. D. (1994). The commitment-trust-theory of relationship marketing. Journal of Marketing, 58, 3, 20 – 38.

Morgenroth, W. M. (1972). Ein Verfahren zur Bestimmung der Determinanten von Preisunterschieden. In Kroeber-Riel, W. (Hrsg.), Marketingtheorie, 383 – 403. Berlin.

Moriarty, R. (1983). Industrial buying behavior. Lexington/Toronto.

Morley, I. E./Stephenson, G. M. (1969). Interpersonal and interparty exchange. Brit. Journ. of Psych., 60, 543 – 545.

–, – (1977). The social psychology of bargaining. London.

Morris, M. H. et al. (2001). Business-to-business marketing. Thousand Oaks.

Moschis, G. P. (1985). The role of family communication in consumer socialization of children and adolescents. J. of Cons. Res. 11, 898 – 913.

– (1987). Consumer socialization. A life-cycle perspective. Lexington/Mass.

Moscovici, S. (1979). Sozialer Wandel durch Minoritäten. München.

–, Zavalloni, M. (1969). The group as a polarizer of attitudes. Journal of Pers. and Social Psychology. Vol. 12, 125 – 135.

Moser, K. (1990). Werbepsychologie. Eine Einführung. München.

– (1996). Commitment in Organisationen. Bern.

– (1993 b). Planung und Durchführung organisationspsychologischer Untersuchungen.

– et al. (Hrsg.). (1993 a). Personalmarketing. Göttingen.

– et al. (Hrsg.). (1999). Unternehmerisch erfolgreiches Handeln. Göttingen.

Mowen, J. C. ([5]1997). Consumer behavior. New York et al.

– et al. (1985). Utilizing effort and task difficulty information in evaluating salespeople. Journal of Marketing Research, 22, 185 – 191.

–, Mowen, M. M. (1991). Time and outcome valutation: Implications for Marketing decision making. Journ. of Marketing, Vol. 55, 54–62.
Muchinsky, P. M. (²1990). Psychology applied to work. London.
Mullen, B./Johnson, C. (1990). The psychology of consumer behavior. Hillsdale, N. J.
–, Copper, C. (1999). The relation between group cohesiveness and performance: An integration. Psych. Bull., Vol. 115, 210–227.
Müller, G. (1983). Anbieter – Nachfrager – Interaktionen. In Irle, M. (Hrsg.), Marktpsychologie als Sozialwissenschaft, 626–735. Göttingen.
Müller, H. (1995). Zur Risikobereitschaft privater Geldanleger. Kredit und Kapital, 1, 134–160.
– (1999). Motivation und Risikoneigung privater Geldanleger – Millers Ratten statt Skinners Tauben? In Fischer, L. et al., Finanzpsychologie, 135–159. München/Wien.
Müller, S. (1981). Die Rolle des Preises im Kaufentscheidungsprozeß. Jahrb. der Abs.- und Verbr.-Forsch., 27, 40–63.
– (1982). Werbung. In Kagelmann, J. J./Wenninger, G. (Hrsg.), Medienpsychologie. München.
–, Bruns, H. (1984). Der Einfluß von Glattpreisen auf Kaufentscheidungen. Marketing, 3, 175–180.
– et al. (1990). Preisschwellen und Preispolitik. Planung und Analyse, 17, 58–63.
Müller-Hagedorn, L. (1994). Das Konsumentenverhalten. Grundlagen für die Marktforschung. Wiesbaden.
Müller-Peters, A./Wiswede, G. (1997). Consumer perception of the EURO – A psychological analysis of cross-national differences in the attitudes towards the EURO. In The European Monetary Union: Blessing or disaster? 207–226. Köln.
Münsterberg, H. (1912). Psychologie und Wirtschaftsleben. Ein Beitrag zur angewandten Experimentalpsychologie. Leipzig.
Mummendey, A. (1985). Verhalten zwischen sozialen Gruppen. Die These der sozialen Identität. In Frey, D./Irle, M. (Hrsg.), Theorien der Sozialpsychologie, Bd. 11, 185–216. Bern.
Mummendey, H. D. (1995). Die Psychologie der Selbstdarstellung. Göttingen.
Mulder, M. (1977). The daily power game. Den Haag.
Murphy, G. C./Athanasou, J. A. (1999). The effect of unemployment on mental health. Journal of Occupational and Organizational Psychology, 72, 83–99.
Murphy, L. R. et al. (1995). Job stress interventions. Washington.
Murray, K. B. (1991). A test of service marketing theory: Consumer information acquisition activities. J. of Marketing, 56, 10 – 25.
Murstein et al. (1987). The revised exchange-orientation scale. Small Group Behavior, 16, 212–223.
Myers, D. G. (⁶1999). Social psychology. Boston u. a.

Naase, C. (1978). Konflikte in der Organisation. Stuttgart.
Nadler, D. A. et al. (1979). Managing organizational behavior. Boston/Toronto.
Neisser, U. (1967). Cognitive psychology. New York.
Nerdinger, F. W. (1994). Zur Psychologie der Dienstleistung. Stuttgart.
–, Rosenstiel, L. v. (²1998). Psychologie der Mode. In Hermanns, A. et al. (Hrsg.), Handbuch Mode-Marketing, 97–116. Frankfurt/M.
– (2001). Psychologie des persönlichen Verkaufs. München/Wien.
– (2011). Arbeits- und Organisationspsychologie. Stuttgart.
Neubauer, W. (1997). Interpersonales Vertrauen als Management-Aufgabe in Organisationen. In Schweer, M. K. W. (Hrsg.), Interpersonales Vertrauen. Opladen, 105–120.
– (1999). Zur Entwicklung interpersonalen, interorganisationalen und interkulturellen Vertrauens durch Führung. In Schreyögg, G./Sydow, J. (Hrsg.), Managementforschung, 9, Führung neu gesehen. 89–116. Berlin/New York.
– (2003). Organisationskultur. Stuttgart.
–, Rosemann, B. (2006). Führung, Macht und Vertrauen in Organisationen. Stuttgart.
Neuberger, O. (1974). Theorien der Arbeitszufriedenheit. Stuttgart.
– (1976). Führungsverhalten und Führungserfolg. Berlin.
– (²1985). Führung. Ideologie – Struktur – Verhalten. Stuttgart.
– (1988). Spiele in Organisationen, Organisationen als Spiel. In Küpper, W./Ortmann, G. (Hrsg.), Mikropolitik. Opladen.
– (1991). Personalentwicklung. Stuttgart.
– (²1994). Mobbing – übel mitspielen in Organisationen. München.
– (⁷2002). Führen und Geführtwerden. Stuttgart.
– (1995). Mikropolitik. Stuttgart.
–, Allerbeck, M. (1978). Messung und Analyse von Arbeitszufriedenheit. Bern.
Neuman, G. A. et al. (1989). Organizational development interventions: A meta-analysis of their effects on satisfaction and other attitudes. Pers. Psych., 42, 461–489.
Nicholas, J. M. (1982). The comparative impact of organization development interventions on hard criteria measures. Academy of Management Review, 8, 531–542.

Nicosia, F. M. (1966). Consumer decision processes. Englewood Cliffs/N. J.
Niedl, K. (1995). Mobbing/Bullying am Arbeitsplatz. München.
Niemeyer, H.-G. (1993). Begründungsmuster von Konsumenten. Attributionstheoretische Grundlagen und Einflußmöglichkeiten im Marketing. Heidelberg.
Nieschlag, R. et al. ([19]2002). Marketing. Berlin.
Niessen, H. J./Ollmann, R. (1987). Schattenwirtschaft in der Bundesrepublik. Opladen.
Nisbett, R./Ross, L. (1980). Human inference: Strategies and shortcomings of social judgement. Englewood Cliffs/N. J.
Nitzsch, R. v./Friedrich, C. (1999 a). Entscheidungen in Finanzmärkten. Psychologische Grundlagen. Aachen.
–, – (1999 b). Erkenntnisse der verhaltenswissenschaftlichen Kapitalmarktforschung – Behavioral finance. Sparkasse, 11, 497–505.
–, Rouette, C. (2003). Kapitalmarktorientierte Unternehmensführung. Aachen.
– (2005). Marktteilnehmer an der Börse. In Frey, D. et al. (Hrsg.), Wirtschaftspsychologie. 268–272. Weinheim/Basel.
Noelle-Neumann, E. (1978). Werden wir alle Proletarier? Wertewandel in unserer Gesellschaft. Zürich.
–, Strümpel, B. (1984). Macht Arbeit krank? Macht Arbeit glücklich? Eine aktuelle Kontroverse. München.
–, Gillies, P. (1987). Arbeitslos. Report aus einer Tabuzone. Frankfurt/Berlin.
Noer, D. M. (1993). Healing the wounds. San Francisco.
Nord, W. R. (1969). Social exchange theory: an integrative approach to social conformity. Psych. Bull., 71.
– (1969). Beyond the teaching machine: a neglected area of operant conditioning in the theory of management. Organ. Beh. and Hum. Perf., 4.
Norman, D.A. (2002). The design of everyday things. New York.
Nurkse, R. (1953). Problems of capital formation in underdeveloped countries. New York.
Nyström, H. (1970). Retail pricing. Stockholm.

OECD (1975). Theoretical and empirical aspects of the effects of taxation on the supply of labour. Paris.
Oechsler, W. A. (1979). Konfliktmanagement. Theorie und Praxis industrieller Arbeitskonflikte. Wiesbaden.
Oesterdiekhoff, G. W. (1993). Unternehmerisches Handeln und gesellschaftliche Entwicklung. Opladen.
Oesterreich, R. (1981). Handlungsregulation und Kontrolle. München.
Offe, C. (1973). Strukturprobleme des kapitalistischen Staates. Frankfurt.
–, Heinze, R. G. (1986). Am Arbeitsmarkt vorbei. Leviathan, 4, 471–495.
Ofshe, L. S./Ofshe, R. (1970). Utility and choice in social interaction. Englewood Cliffs/N. J.
Olander, F./Seipel, C. M. (1970). Psychological approaches to the study of saving. Urbana.
Olson, M. (1968/2004). Die Logik des kollektiven Handelns. Tübingen.
Opaschowski, H./Raddatz, K. (1982). Freizeit im Wertewandel. Hamburg.
Opp, K. D. (1975). Soziologie der Wirtschaftskriminalität. München.
Oppitz, G. (1984). Kind oder Konsum? Boppard.
Organ, D. W. (1988). Organizational citizenship behavior: The good soldier syndrome. Lexington/MA.
Orne, M. T. (1962). On the social psychology of the psychological experiment. Am. Psych., 17, 776–783.
Osborn, R. N./Hunt, J. G. (1975). An adaptive-reactive theory of leadership: The role of macro variables in leadership research. In Hunt, J. G./Larson, L. L. (eds.), Leadership frontiers, 27–44. Kent.
Osnabrügge, G. et al. (1985). Die Theorie der kognizierten Kontrolle. In Frey, D./Irle, M. (Hrsg.), Theorien der Sozialpsychologie, Bd. 111, 127–172. Bern.
Osterland, M. (Hrsg.). (1975). Arbeitssituation, Lebenslage und Konfliktpotential. Frankfurt.
Ott, J. S. (1988). The organizational culture perspective. London.
Otto, H. (1999). Problemlösen in High-contact-Dienstleistungen. Wiesbaden.
Otto, J. H. et al. (Hrsg.). (2000). Emotionspsychologie. Ein Handbuch. Weinheim.
Otway, H. J./Winterfeldt, D. v. (1987). Risikoverhalten in der Industriegesellschaft. In Hoyos, C. Graf et al. (Hrsg.), Wirtschaftspsychologie in Grundbegriffen. München.
Oudenhoven, J. P./Zee, K. I. van der (2002). Successful international cooperation. Applied Psychology: An international Review, 51, 633–653.
Owens, W. A. (1976). Background data. In Dunnette, M. D. (ed.), Handbook of industrial and organizational psychology. Chicago.

Paduschek, V. (1995). Geschlechtsrollenstereotype TV-Werbung mit Kindern und für Kinder. Psychologie und Gesellschaftskritik, 4, 53–71.
Paivio, A. (1971). Imagery and verbal processes. New York.

Palan, K. M., Wilkes, R. E. (1997). Adolescent-parent-interaction in family decision making. Journal of Consumer Research, 24, 159 – 169.
Panday, J./Tewardy, N. B. (1979). Locus of control and achievement values of entrepreneurs. Journ. of Occ. Psych., 52, 107 – 111.
Parasuraman, A. et al. (1985). A conceptual model of service quality and its implications for future research. J. of Marketing, 49, 41 – 50.
– et al. (1988). SERVQUAL: A multiple item scale for measurement consumer perception of service quality. Journal of Retailing, 64, 12 – 40.
Parsons, T. (³1968) The social system. New York.
– (1976). Zur Theorie sozialer Systeme. Opladen.
–, Bales, R. F. (²1964). Family, socialization and interaction process. London.
Paschke, W. (1961). Bestimmungsgründe des persönlichen Sparens. Berlin.
Paul, K./Moser, K. (2001). Negatives psychisches Befinden als Wirkung und als Ursache von Arbeitslosigkeit: Ergebnisse einer Metaanalyse. In Zempel, J. et al. (Hrsg.), Erwerbslosigkeit, Ursachen, Auswirkungen und Interventionen, 83 – 110. Opladen.
Pawlowsky, P. (1986). Arbeitseinstellungen im Wandel. München.
Payne, R. L. et al. (1976). Organizational climate and job satisfaction: A conceptual synthesis. Org. Beh. and Hum. Perf., 16, 45 – 62.
Pedalino, E./Gamboa, V. U. (1974). Behavior modification and absentism. Journ. of Appl. Psych., 59, 694 – 698.
Pelzmann, L. (²1988). Wirtschaftspsychologie: Arbeitslosenforschung. Schattenwirtschaft. Steuerpsychologie. Wien.
Percy, L./Woodside, A. G. (eds.). (1983). Advertising and consumer psychology. Lexington/Mass.
Perdue, B. C. et al. (1986). Negotiation styles of industrial buyers. Marketing Management, 15.
Perrow, Ch. (³1986). Complex Organizations. A critical Essay. New York.
Peter, J. P./Olson, J. C. (⁵1998). Consumer behavior. Marketing perspectives. Homewood/Ill.
Petermann, F. (³1996). Psychologie des Vertrauens. München.
Pettigrew, T. F. (1998). Intergroup contact theory. Annual Rev. of Psychology 49, 65 – 85.
Petty, R. E. et al. (1983). Central and peripheral routes to advertising effectiveness: The moderating role of involvement. Journ. of Cons. Res., 10, 134 – 148.
– et al. (1988). Personality and effectiveness: Exploring the utility of need for cognition. Advances in consumer research, Vol. 15, 209 – 212.
–, Cacioppo, J. (1986). The elaboration likelihood model of persuasion. In Berkowitz, L. (ed.), Advances in experimental social psychology, Vol. 19. Orlando.
– et al. (1984). Attitude change and personal selling: Central and peripheral routes to persuasion. In Jacoby, J./Craig, C. S. (eds.), Personal Selling. Theory, Research, and Practice, 29 – 56. Lexington/Mass.
Pfeffer, J. (1981). Power in organizations. Marshfield/Mass.
Pieters, R./Robben, H. (1999). Consumer evaluation of money as a gift. Kyklos, Vol. 52, 173 – 200.
Pieters, R. G. M. (1988). Attitude-behavior relation ships. In Van Raaij, W. F. et al. (eds.), Handbook of economic psychology, 144 – 204. Dordrecht.
Pires, G. D. et al. (2006). The internet, consumer empowerment, and marketing strategies. Eur. Journ. of Marketing Science, 40 (9/10), 936 – 949.
Podsakoff, P. M. (1982). Determinants of supervisor's use of rewards and punishments. OBHP 29, 58 – 83.
Podsiadlowski, A. (2002). Multikulturelle Arbeitsgruppen in Unternehmen. Münster.
Polanyi, K. (1957). The economy as instituted process. In Polanyi, K. et al. (eds.), Trade and market in the early empires, 243 – 270. New York.
– (1968). Appendix: notes on primitive money. In Dalton, G. (ed.), Primitive archaic and modern economies: essays of Karl Polanyi, 19 – 203. Garden City.
Pondy, L. R. (1967). Organizational Conflict: Concepts and models. Admin. Sc. Quart., 12, 296 – 320.
Popper, K. (⁹1989). Logik der Forschung. Tübingen.
Porschke, C./Witte, E. H. (2002). Psychologische Faktoren der Steuergerechtigkeit. In Witte, E. H. (Hrsg.), Sozialpsychologie wirtschaftlicher Prozesse, 256 – 288. Lengerich.
Porter, L. W. (1961). A study of perceived need satisfaction in bottom and middle management-jobs. Journ. of Appl. Psych., 45, 232 – 236.
–, Lawler, E. E. (1968). Managerial attitudes and performance. Homewood, Ill.
Preisendörfer, P. (1999). Zugangswege zur beruflichen Selbständigkeit und die Erfolgschancen neugegründeter Betriebe. In Rosenstiel, L. v./Lang-von Wins, T. (Hrsg.), Existenzgründung und Unternehmertum, 49 – 71. Stuttgart.
Premack, S. L./Wanous, J. P. (1985). A meta-analysis of realistic job preview experiments. Journ. Appl. Psych., 70, 706 – 719.
Presthus, R. (1966). Individuum und Organisation. Typologie der Anpassung. Frankfurt.

Preston, T. L. (1982). The association model of advertising communication process. Journal of Advertising, 11, 3–15.
Pritchard, R. D. et al. (1972). Effects of perceptions of equity on worker performance and satisfaction. Journ. of Appl. Psych., 75.
– et al. (1976). The effects of varying schedules of reinforcement on human task performance. Org. Beh. Hum. Perf., 2.
– (1990). Measuring and improving organizational productivity. New York.
Proshansky, H. M./O'Hanlon, T. (1977). Environmental psychology: origins and development. In Stokols, D. (ed.), Perspectives on environment and behavior, 101–129. New York.
Pruitt, D. G./Rubin, J. Z. (1986). Social conflict. Escalation, stalemate, and settlement. New York.
Pryor, F. (1977). The origins of money. Journal of Money, Credit and Banking, 9, 391–409.
Puppendahl, D. (1996). Attributionen im sozialen Kontext: Theoretische Grundlegung und empirische Überprüfung im persönlichen Verkauf. Europ. Hochschulschriften: Reihe 5, Volks- und Betriebswirtschaft, Bd. 2117. Frankfurt/Main et al.
Puto, C. P. (1987). The framing of buying decisions. Journ. of Cons. Res., 14, 301–315.
– et al. (1985). Risk handling strategies in industrial endor selection decision. Journ. of Marketing, 49, 89–98.

Quattrone, G. A./Tversky, A. (1988). Contrasting rational and psychological analysis of political choice. American Political Science Review, 82, 719–736.

Raaij, W. F. van (1977). Consumer choice behavior. An information processing approach. Diss. Tilburg.
– (1986). Economic phenomena from a psychological perspective: Economic psychology. In MacFadyen, A./MacFadyen, H.W. (eds.), Economic psychology, 9–24. Amsterdam.
– (1986 a). Causal attributions in economic behavior. In MacFadyen, A. J./MacFadyen, H. W. (eds.), Economic psychology: Intersections in theory and application, 353–380. Amsterdam.
– (1988). Information processing and decision making. Cognitive aspects of economic behavior. In van Raaij, W. F. et al. (eds.), Handbook of economic psychology, 74–106. Dordrecht.
– et al. (eds.). (1988). Handbook of economic psychology. Dordrecht.
–, Verhallen, T. M. M. (1983). A behavioral model of residential energy use. Journ. of Ec. Psych., 3, 39–63.
–, Rijen, C. van (2003). Money illusion. Procedings of the IAREP-workshop „Euro: currency and symbol". Vienna, July 3.5.
Rachlin, H./Laibson, D. I. (eds.). (1997). The matching law. Papers in psychology and economics. New York.
Raffée, H. et al. (1973). Theorie der kognitiven Dissonanz und Konsumgüter-Marketing. Wiesbaden.
Raju, P. S. (1980). Optimum stimulation level: Its relationship to personality, demographics and exploratory behavior. Journ. of Cons. Res., 7, 272–282.
– (1981). Theories of exploratory behavior: Review and consumer research implications. In Sheth, J. N. (ed.), Research in marketing. A research annual, 4, 223–249. Greenwich/Conn.
Rauch, A./Frese, M. (1998). Was wissen wir über die Psychologie erfolgreichen Unternehmertums? In Frese, M. (Hrsg.), Erfolgreiche Unternehmensgründer, 5–34. Göttingen.
Ray, M. L. (1973). Marketing communication and the hierarchy-of-effects. In Clarke, P. (ed.), New models for mass communication research, 147–176. Beverly Hills.
– (1982). Advertising and communication management. Englewood Cliffs/N. J.
–, Wilkie, W. L. (1970). Fear: The potential of an appeal neglected by Marketing. Journ. of Mark., 34, 54–62.
Reber, G. (1980). Macht in Organisationen. Stuttgart.
Regnet, E. ([2]2001). Konflikte in Organisationen. Göttingen.
Reingen, P. H./Woodside, A. G. (eds.). (1981). Buyer-seller-interactions: Empirical research and normative issues. Chicago.
Reinhard, W. (1983). Die Identität von Organisationen. Bonn.
Renwick, P. A. (1975). Perception and management of superior-subordinate conflict. Organizational Behavior and Human Performance, 7, 444–456.
Rethans, A. J. et al. (1986). Effects of TV commercial repetition, receiver knowledge, and commercial length: a test of the Two-Factor-Modell. Journ. of Mark. Res., 23, 50–61.
Reuband, K. H. (1987). Die Arbeitsmoral der Arbeitslosen. Kölner Zeitschr. für Soz. und Sozialpsych., 39, 3, 550–559.
Reynaud, P. L. (1981). Economic psychology. New York. (Zuerst 1954)
Reynolds, T. J./Whitlark, D. B. (1995). Laddering theory: Method, analysis, and interpretation. J. of Adv. Res., 28, 11–35.
Rhodes, R. I. (1968). The disguised conservatism in evolutionary development theory. Science and Society, 32, 383–412.

Richins, M. L. (1983). Negative word-of mouth by dissatisfied consumers: A pilot study. Journal of Marketing, 47, 68–82.

Riesman, D. et al. (1958). Die einsame Masse. Hamburg.

Robbins, S. (⁵1991). Organizational behavior. Englewood Cliffs.

Robertson, R. (1995). Globalization. In Featherstone, M. et al. (eds.), Global modernities. London.

Robertson, T. S. (1971). Innovative behavior and communication. New York.

– (1980). Television Advertising and Parent-Child-Relations. In Adler, R. P. et al., The Effects of Television Advertising on Children. Lexington/Mass., Toronto.

–, Kassarjian, H. H. (eds.). (1991). Handbook of consumer behavior. Englewood Cliffs/N. J.

Roderer, U. (1986). Mode als Symbol. Regensburg.

Rogers, E. M. (⁴1996). Diffusion of innovations. New York. (Orig. 1962)

–, Larsen, J. K. (²1986). Silicon Valley Fever – Growth of high technology culture. New York.

Rokeach, M. (1973). The nature of human values. New York.

Rombach, K. (2001). Kundengewinnung und Kundenbindung im Internet unter besonderer Berücksichtigung der Wechselkosten. Jahrbuch der Abs.- und Verbraucherforschung, 47. Jg., 46–59.

Ronen, J. (1983). Some insights into the entrepreneurial. In Ronen, J. (Hrsg.), Entrepreneurship, 137–173. Lexington.

Ronen, S. (1986). Comparative and multinational management. New York.

Rose, R. L./Dickson, P. R. (1988). An initial test of the effects of cue patterns on behavior and attributions in a purchasing negotiation. Advances in Consumer Research, 15, 101–107.

Roselius, T. (1971). Consumer rankings of risk methods. Journ. of Mark., 35, 56–61.

Rosenberg, M. M. (1960). An analysis of affective-cognitive consistency. In Hovland, C. I./Rosenberg, M. J. (eds.), Attitude organization and change, 15–64. New Haven.

Rosenfeld, L. B./Plax, T. G. (1977). Clothing as communication. Journ. of Comm., 24–31.

Rosenstiel, L. v. (1975). Die motivationalen Grundlagen des Verhaltens in Organisationen – Leistung und Zufriedenheit. Berlin.

– (1978). Arbeitsgruppe. In Mayer, A. (Hrsg.), Organisationspsychologie, 236–271. Stuttgart.

– (²1980). Gruppen und Gruppenbeziehungen. In Grochla, E. (Hrsg.), HWB der Organisation. Stuttgart.

– (⁵2003). Grundlagen der Organisationspsychologie. Stuttgart.

– et al. (1982). Betriebsklima heute. München.

– et al. (1989). Führungsnachwuchs im Unternehmen. Wertkonflikte zwischen Individuum und Organisation. München.

– et al. (⁸1995). Organisationspsychologie. Stuttgart.

– et al. (Hrsg.). (1998). Von der Hochschule in den Beruf. Göttingen.

–, Ewald, G. (1979). Marktpsychologie. Bd. 1: Konsumverhalten und Kaufentscheidung. Stuttgart.

–, – (1979 a). Marktpsychologie. Bd. 2: Psychologie der absatzpol. Instrumente. Stuttgart.

–, Kirsch, A. (⁶1996). Psychologie der Werbung. Rosenheim.

–, Lang-von Wins, T. (Hrsg.). (1999). Existenzgründung und Unternehmertum. Stuttgart.

–, Nerdinger, F. W. (1986). Bedingungen einer positiven Bewertung beruflichen Aufstiegs. In Gehrmann, F. (Hrsg.), Soziale Indikatoren XIII. Frankfurt.

–, Neumann, P. (²1991). Einführung in die Markt- und Werbepsychologie. Darmstadt.

–, Stengel, M. (1987). Manager von morgen: Alternativ und grün? Psychologie heute, 11, 50–55.

Ross, M. (1976). The self perception of intrinsic motivation. In Harvey, J. H. et al. (eds.), New directions of attribution research. Hinsdale.

Rossiter, J. R./Percy, L. (²1995). Advertising and promotion management. New York.

Rössler, P. (1997). Agenda-Setting. Opladen.

Rostow, W. W. (1960). Stadien des wirtschaftlichen Wachstums. Göttingen.

– (1971). Politics and the stages of growth. Cambridge.

Roth, R. (1983). Die Sozialisation des Konsumenten. Frankfurt.

Rothschild, M. L. (1984). Perspectives on Involvement: Current Problems and Future Directions. In Kinnear, F. C. (ed.), Advances in Consumer Research, Vol. 11, 216–217. Provo/Utah.

– (1987). Marketing communications. Lexington.

Rotter, J. B. (1954). Social learning and clinical psychology. Englewood Cliffs/N. J.

– (1966). Generalized expectations for internal versus external control of reinforcement. Psych. Monographs, 80.

Rubin, J. Z./Brown, B. R. (1975). The social psychology of bargaining and negotiations. New York.

Rudolph, U. (2003). Motivationspsychologie. Weinheim et al.

Rüttinger, B. (1977). Konflikt und Konfliktlösen. München.

Rumelhart, D. E. (1980). Schemata: The building blocks of cognition. In Spiro, R. et al. (eds.), Theoretical issues in reading comprehension. Hillsdale/N. J.

Runciman, W. G. (1961). Problems of research on relative deprivation. Eur. Archiv für Soziologie, Bd. 2.
Rusbult, C. E. (1980). Commitment and satisfaction in romantic associations. A test of the investment model. Journ. of Exp. Soc. Psych., 16, 172–186.
–, Farrell, D. (1983). A longitudinal test of the investment model. Journ. of Appl. Psych., 68, 429–438.
– et al. (1986). Predicting satisfaction and commitment in adult romantic involvements. Social Psychology Quarterly, 49, 81–89.
–, van Lange, P. A. M. (1996). Interdependence processes. In Higgins, E. T./Kruglanski, A. W. (eds.), Social Psychology: Handbook of basic principles, 564–596. New York.

Saal, F. E./Knight, P. A. (1988). Industrial/organizational psychology. London.
Saavedra, R./Early P. C. (1991). Choice of task and goal under conditions of general and specific affective inducement. Motivation and Emotion, 15, 45–65.
Sackmann, S. (Hrsg.). (1990). Unternehmenskultur. Heidelberg.
Sader, M. (⁷2000). Psychologie der Gruppe. Weinheim/München.
Saks, A. M. (1989). An examination of the combined effects of realistic job previews, job attractiveness and recruiter affect on job acceptance decisions. Applied Psychology: An International Review, 38, 145–163.
Sampson, D. L./Smith, H. P. (1957). A scale to measure world-minded attitudes. Journ. of Soc. Psych., 45, 99–106.
Samuelson, P. A. (1961). Religion and economic action. Bonniers.
Sanford, A. J. (1987). The mind of man. Models of human understanding. Brighton.
Sauermann, H./Selten, R. (1962). Anspruchsanpassungstheorie der Unternehmung. Zeitschr. für die ges. Staatswiss., 118, 577–597.
Savage, L. J. (1954). The foundations of statistics. New York.
Scanzoni, I./Szinovacz, M. (1980). Family decision making. Beverly Hills.
–, Polonko, K. (1980). A conceptual approach to explicit marital negotiation. Journ. of Marriage and Family, 42, 31–44.
Schachter, J. et al. (1986). Aggregate variables in psychology and economics: dependence and the stock market. In Gilad, B./Kaish, S. (eds.), HB of behavioral economics. Vol. B, 237–272. London.
Schachter, S. et al. (1951). An experimental study of cohesiveness and productivity. Hum. Rel., 4, 229–238.
–, Singer, J. E. (1962). Cognitive, social and physiological determinants of emotional state. Psych. Rev., 69, 379–399.
Schank, R./Abelson, R. P. (1977). Scripts, plans, goals, and understanding: An inquiry into human knowledge structures. Hillsdale/N. J.
Schanz, G. (1977). Grundlagen der verhaltenstheoretischen Betriebswirtschaftslehre. Tübingen.
– (1978). Verhalten in Wirtschaftsorganisationen. München.
Scharfstein, D. S./Stein, J. C. (1990). Herd behavior and investment. Am. Econ. Rev., 80, 465–479.
Schein, E. H. (1965). Organizational psychology. Englewood Cliffs/N. J.
– (1978). Career dynamics: Matching and organizational needs. Reading/Mass.
– (1985). Organizational culture and leadership. San Francisco.
Schenk, M. (³2002). Medienwirkungsforschung. Tübingen.
– et al. (1990). Wirkungen der Werbekommunikation. Köln.
Scherhorn, G. (1983). Die Funktionsfähigkeit von Konsumgütermärkten. In Irle, M. (Hrsg.), Marktpsychologie als Sozialwissenschaft, 45–150. Göttingen.
Schimke, E./Töpfer, A. (1985). Krisenmanagement und Sanierungsstrategien. Landsberg.
Schirmer, F. (1992). Arbeitsverhalten von Managern. Wiesbaden.
Schlenker, B. R. (1980). Impression management: the self-concept, social identity and interpersonal relations. Belmont/Calif.
Schmidt, G. (²1977). Industriesoziologie. In König, R. (Hrsg.), Handbuch der empirischen Sozialforschung, Bd. 8. Stuttgart.
– et al. (Hrsg.). (1982). Materialien zur Industriesoziologie. Opladen.
Schmidt, K. H. (2005). Beziehung zwischen Arbeitszufriedenheit und Arbeitsleistung. In Fischer, L. (Hrsg.), Arbeitszufriedenheit, II, 189–204. Stuttgart.
Schmidt, K. K. et al. (1981). Die Wirkung von Merkmalen der Arbeitssituation und Persönlichkeitsmerkmale auf die Arbeitszufriedenheit und andere motivationsbezogene Einstellungsvariablen. Zeitschr. für exp. und angew. Psych., 20, 663–683.
Schmölders, G. (1966). Psychologie des Geldes. Reinbek.
– (1969). Der Umgang mit Geld im privaten Haushalt.
– (1975). Einführung in die Geld- und Finanzpolitik.
– (1978). Verhaltensforschung im Wirtschaftsleben.

Schmook, R. et al. (2002). Prospekttheorie. In Frey, D./Irle, M. (Hrsg.), Theorien der Sozialpsychologie, Bd. III, 279–311. Bern et al.

Schnake, M. et al. (1991). Organizational citizenship: A review, proposed model and research agenda. HLR, 44, 7, 735–759.

Schneider, B./Hall, D. (1972). Toward specifying the concept of work climate. Journ. of Appl. Psych., 56.

Schneider, F./Enste, D. (1999). Schattenwirtschaft und Schwarzarbeit. München/Wien.

Schneider, H. D. (1978). Sozialpsychologie der Machtbeziehungen. Stuttgart.

– (²1985). Kleingruppenforschung. Stuttgart.

Schnell, R. et al. (2008). Methoden der empirischen Sozialforschung. München.

Schoch, R. (1969). Der Verkaufsvorgang als sozialer Interaktionsprozeß. Winterthur.

Schreyögg, G./Werder, A. v. (Hrsg.). (⁴2004). Handwörterbuch Unternehmensführung und Organisation. Stuttgart.

Schub v. Bossiazky, G. (1992). Psychologische Marketing-Forschung. München.

Schuchard-Ficher, C. (1979). Ein Ansatz zur Messung von Nachkauf-Dissonanz. Berlin.

Schuler, H. (1972). Das Bild vom Mitarbeiter. München.

– (1978). Leistungsbeurteilung in Organisationen. In Mayer, A. (Hrsg.), Organisationspsychologie, 137–169. Stuttgart.

– (1996). Psychologische Personalauswahl. Göttingen.

– (³2003). Lehrbuch Organisationspsychologie. Bern.

Schuler, H./Sonntag, K. (Hrsg.) (2007). Handbuch der Arbeits- und Organisationspsychologie. Göttingen.

–, Stehle, W. (Hrsg.). (1981). Sozialwissenschaftliche Konzepte im Personalwesen. Stuttgart.

–, – (Hrsg.). (²1992). Assessment-Center als Methode der Personalentwicklung. Göttingen.

Schulte-Frankenfeld, H. (1985). Vereinfachte Kaufentscheidungen von Konsumenten. Frankfurt.

Schulz, R. (1972). Kaufentscheidungsprozesse des Konsumenten. Wiesbaden.

Schulze, G. (²1996). Die Erlebnisgesellschaft. Frankfurt/M.

Schulz-Hardt, S. et al. (2002). Sozialpsychologische Theorien zu Urteilen, Entscheidungen, Leistungen und Lernen in Gruppen. In Frey, D./Irle, M. (Hrsg.), Theorien der Sozialpsychologie, Bd. 2, 13–46. Bern.

Schumpeter, J. A. (1931/1968). Theory of economic development. Cambridge.

– (1934). The theory of economic development. Cambridge.

Schütz, A. (2003). Psychologie des Selbstwertgefühls. Stuttgart.

Schwaab, M. et al. (2003). Fusion – Herausforderung für das Personalmanagement. Heidelberg.

Schwab, D. P./Heneman, H. G. (1970). Aggregate and individual predictability of the two factor theory of job satisfaction. Pers. Psych. 23.

Schwartz, S. H. (1992). Universals in the content and structure of values. Advances in Experimental Social Psychology, 25, 1–65.

– (1994). Cultural dimensions of values: towards an understanding of national differences. In Kim, U. et al. (eds.), Individualism and Collectivism: Theoretical and methodological issues. Newbury Park/CA.

Schwarz, E. (²2001). How do I feel about it? Informative functions of affective states. In Fiedler, K./Forgas, J. (eds.), Affect, cognition and social behavior, 44–46. Toronto.

Schwarz, N. (1982). Homo heuristicus. Zur Psychologie des kognitiven Geizhalses. Zeitschrift für Sozialpsychologie, 13, 343–347.

– (1990). Feelings as information. Informational and motivational functions of affective states. In Sorrento, R./Higgins, E. T. (eds.), Handbook of motivation and cognition. Vol. 2. New York.

–, Bohner, G. (1990). Stimmungseinflüsse auf Denken und Entscheiden. In Maas, P./Weibler, J. (Hrsg.), Psychologie und Börse, 162–189. Köln.

Schweer, M. K. W. (Hrsg.). (1997). Vertrauen und soziales Handeln. Neuwied et al.

Schyns, P. (2003). Income and life satisfaction. A cross national and longitudinal study. Delft.

Scitovsky, T. (²1989). Psychologie des Wohlstandes. Frankfurt.

Scott, C. A./Yalch, R. F. (1980). Consumer response to initial product trial: A Bayesian Analysis. Journal of Consumer Research, 7 (June), 32–41.

Seashore, S. E. (1954). Group cohesiveness in the industrial work group. Ann Arbor.

Seeman, M (1961). On the meaning of alienation in work. Am. Soc. Rev., 31.

Seewi, D. (1995). Zur Vereinheitlichung attributionstheoretischer Ansätze: Ein integratives Modell und seine empirische Überprüfung. Europ. Hochschulschriften: Reihe 5, Volks- und Betriebswirtschaft, Bd. 1707. Frankfurt/Main et al.

Seifert, K. H. (1990). Berufliche Entwicklung und berufliche Sozialisation. In Roth, E. (Hrsg.), Enzyklopädie der Psychologie. Göttingen.

Seligman, M. E. P. (1979). Erlernte Hilflosigkeit. München.

Selye, H. (1974). Streß-Bewältigung und Lebensgewinn. München.

– (1976). Stress in health and disease. Boston.

Semmer, N. (1984). Streßbezogene Tätigkeitsanalyse. Psychologische Untersuchungen zur Analyse von Streß am Arbeitsplatz. Weinheim/Basel.
–, Pfäfflin, M. (1978). Interaktionstraining. Weinheim.
–, Udris, I. (1993). Bedeutung und Wirkung von Arbeit. In Schuler, H. (Hrsg.). Lehrbuch Organisationspsychologie, 133 – 187. Bern.
Sethi, A. S./Schuler, R. S. (eds.). (1984). Handbook of Organizational Stress Coping Strategies. Cambridge/Mass.
Settle, R. B./Golden, L. (1974). Attribution theory and advertiser credibility. Journ. of Mark. Res., 9, 181 – 185.
Shapiro, A. (1975). The displaced, uncomfortable entrepreneur. Psych. Today, 4.
Shapiro, E. G. (1975). Effects of future interaction on reward allocations in dyads: equity or equality. Journal of Pers. Soc. Psych., 31, 873 – 880.
Shaw, M. W. (1964). Communication networks. In Berkowitz, L. (ed.), Advances in experimental social psychology, 1, 111 – 147. New York.
Shefrin, H. (2000). Börsenerfolg mit Behavioral Finance. Stuttgart.
–, Statman, M. (1985). The disposition to sell winners too early and ride losers too long: Theory and evidence. Journal of Finance, 40, 777 – 792.
–, Thaler, R. (1988). The behavioral life-cycle hypothesis. Economic Inquiry, 26, 609 – 643.
Sherif, M./Hovland, C. J. (1961). Social judgment. New Haven.
– (1966). Group conflict and cooperation. London.
Sheth, J. N. (1974). Buyer-seller interaction: a conceptual framework. In Anderson, B.B. (ed.), Advances in consumer research, 3, 383 – 386. Chicago.
– (1975). Buyer-seller interaction: A conceptual framework. In Anderson, B. B. (ed.), Advances in Consumer Research, Vol. 3, 382 – 386.
– (1981). Cross cultural influence on buyer-seller interaction/negotiation process. In Reingen, P. H./Woodside, A. G. (eds.), Buyer-seller interactions: empirical research and normative issues, 100 – 114. Chicago/III.
–, Venkatesan, M. (1968). Risk-reduction processes in repetitive consumer behavior. Journ. of Mark. Res., 5, 307 – 310.
–, Sethi, S. P. (1977). A theory of cross-cultural buyer behavior. In Woodside, A. G. et al. (eds.), Consumer and industrial buying behavior, 369 – 386. New York.
Ship, T. A./Kavas, A. (1984). The theory of reasoned action applied to coupon usage. Journ. of Cons. Res., 11, 795 – 809.
Siegel, S. et al. (1960). Bargaining and group decision making. New York.
– et al. (1964). Choice, strategy and utility. New York.
Silberer, G. (1979). Dissonanztheoretische Forschungsarbeiten im Marketingbereich. Psychologie und Praxis, 4, 145 – 153.
– (1991). Werteforschung und Wertorientierung im Unternehmen. Stuttgart.
Simmel, G. (1905). Philosophie der Mode. Berlin.
Simon, H./Homburg, C. (Hrsg.). (1998). Kundenzufriedenheit. Wiesbaden.
Simon, H. A. (1957). Models of man. New York.
Simonton, D. K. (1975). Sociocultural context of individual creativity: A transhistorical timeseries analysis. Journ. of Pers. and Soc. Psych., 32, 1119 – 1133.
Sims, H. P. (1977). The leader as a manager of reinforcement contingencies. In Hunt, J. G./Larson, L. L. (eds.), Leadership. The cutting edge, 84 – 94. Glencoe/Ill.
Six, B. (1992). Neuere Entwicklungen in der Einstellungs-Verhaltens-Forschung. In Witte, E. H. (Hrsg.), Einstellung und Verhalten. Braunschweig.
– Eckes, T. (1996). Metaanalysen in der Einstellungs- u. Verhaltensforschung. Zeitschrift f. Sozialpsychologie, 27, 1, 7 – 17.
Skinner, B. F. (1938). The behavior of organism. New York.
– (1953). Science and human behavior. New York.
Smelser, N. J. (1963). Theory of collective behavior. New York.
Smith, E. R./Miller, F. D. (1983). Mediation among attributional inferences and comprehension processes: Initial findings and a general method. Journal of Personality and Social Psychology, 44, 3, 492 – 505.
Smith, P. B. (1976). Kleingruppen in Organisationen. Stuttgart.
–, Bond, M. H. (1993). Social psychology across cultures. Analysis and perspectives. New York.
Smith, P. C. et al. (1969). The measurement of satisfaction in work and retirement. Chicago.
Smith, R. E./Hunt, S. D. (1978). Attributional processes and effects in promotional situations. Journ. of Cons. Res., 5, 149 – 158.
–, Swinnyard, W. B. (1983). Attitude-behavior consistency: The impact of product trial versus advertising. Journ. of Mark. Res., 20, 251 – 267.
Snodgrass, S. E. et al. (1998). Interpersonal sensivity: Expressivity or perceptivity? Journal of Personality and Social Psychology, 74, 238 – 249.
Snyder, M. (1974). The self-monitoring of expressive behavior. Journ. of Pers. Soc. Psych., 30, 526 – 537.
Snyder, R. A. (1986). Macro level predictors of organizational performance. Paper presented at the Annual Convention of the American Psychological Association. Washington.

Solomon, M. R. (ed.). (1985). The psychology of fashion. Lexington.
– ([3]1996). Consumer Behavior. Buying, having and being. Englewood Cliffs, NJ
– et al. (1985). A role theory perspective on dyadic interactions. The service encounter. J. of Marketing, 49, 99 – 111.
–, Douglas, S. P. (1985). The female clotheshorse: From aesthetics to tactics. In Solomon, M. R. (ed.), The Psychology of Fashion, 387 – 401. Lexington/Mass.
Solomon, S. et al. (2004). The cultural animal: Twenty years of Terror Management Theory and research. In Greenberg et al. (eds.) Handbook of experimental existential psychology, 13 – 34, New York.
Sommer, C. M. (1989). Sozialpsychologie der Kleidermode. Regensburg.
–, Wind, T. H. (1988). Mode – Die Hüllen des Ich. Weinheim.
Sonntag, K. (1989). Trainingsforschung in der Arbeitspsychologie: berufsbezogene Lernprozesse bei veränderten Tätigkeitsinhalten. Bern.
Sourisseaux, A. (1992). Interkulturelle Kompetenz. Forschungsbericht Darmstadt (zit. n. Bergemann, N./Sourisseaux, A., 1992).
Sparkman, R. M./Locander, W. B. (1980). Attribution theory and advertising effectiveness. Journ. of Cons. Res., 7, 12, 219 – 224.
Specht, K. G./Wiswede, G. (Hrsg.). (1976). Marketing-Soziologie. Soziale Interaktionen als Determinanten des Marktverhaltens. Berlin.
Spector, P. E. (1997). Job satisfaction. Thousand Oaks. C. A.
Spicer, M. N./Becker, L. A. (1980). Fiscal inequity and tax evasion: an experimental approach. National Tax Journal, 33, 172 – 175.
–, – (1980). Fiscal inequity and tax evasion. Public Finance, 31, 295 – 305.
Spiegel, B. (1961). Die Struktur der Meinungsbildung im sozialen Feld. Bern.
– (1970). Werbepsychologische Untersuchungsmethoden. Berlin.
Spiegel-Verlag (1980, 1984, 1990). Soll und Haben. Hamburg.
Spieß, E. (1996). Kooperatives Handeln in Organisationen. München/Mering.
Spieß, E. (2005). Wirtschaftspsychologie. München/Wien.
–, Winterstein, H. (1999). Verhalten in Organisationen. Eine Einführung. Stuttgart et al.
Sprenger, R. K. (2000). Mythos Motivation. Wege aus einer Sackgasse. Jubiläumsausgabe. Frankfurt/Main.
Staats, D. W./Staats, C. K. (1978). Erzeugung von Einstellungen durch klassische Konditionierung. In Stroebe, W. (Hrsg.), Sozialpsychologie, Bd. 1. Darmstadt.
Staehle, W. H. ([8]1999). Management – eine verhaltenswissenschaftliche Perspektive. München.
Stafford, J. E. (1966, dt. 1976). Effects of group influences on consumer brand preferences. Journ. of Mark. Res., 3, 68 – 75.
–, Enis, B. M. (1969). The price-quality relationship. An extension. Journ. of Mark. Res., 6, 456 – 458.
–, Cocanougher, A. B. (1977). Reference group theory. In Ferber, R. (ed.), Selected papers of consumer behavior, 361 – 381. Washington.
Stahlberg, D. et al. (1985). Die Theorie des Selbstwertschutzes und der Selbstwerterhöhung. In Frey, D./Irle, M. (Hrsg.), Theorien der Sozialpsychologie. Band 3, 79 – 124. Bern.
–, Frey, D. ([2]1993). Das Elaboration-Likelihood-Modell von Petty & Cacioppo. In Frey, D./Irle, M. (Hrsg.), Theorien der Sozialpsychologie, Bd. 1, Kognitive Theorien. Bern et al.
Stajkovic, A. D./Luthans, F. (1998). Self efficacy and work related performance: A meta-analysis. Psych. Bulletin, 124, 2, 240 – 261.
Stasser, G./Titus, W. (1985). Pooling of unshared information in group decisions making: biases information sampling during group discussion. Journal of Personality and Social psychology, Vol. 48, 1467 – 1478.
Stauss, B. (1989). Beschwerdepolitik als Instrument des Dienstleistungs-Marketing. Jahrb. d. Abs. u. Verbr.forschung, 1, 41 – 62.
Staw, B. M. (1976). Knee-deep in the big muddy: A study of escalating commitment to a chosen course of action. Organizational Behavior and Human Performance, 16, 27 – 44.
Steele, C. M. (1988). The psychology of self-affirmation: Subtraining the integrity of the self. In Berkowitz, L. (ed.), Advances in experimental social psychology, Vol. 21. San Diego.
Steers, R. M./Porter, L. W. ([5]1991). Motivation and work behavior. New York.
Stefflre, V. (1965). Simulation of people's behavior towards new objects and events. Am. Beh. Sc., 9, 3.
Steinmann, H./Schreyögg, G. (1997). Management. Grundlagen der Unternehmensführung. Wiesbaden.
Stephan, E. (1992). Judgemental heuristics in the investment of funds. Paper presented at XXV Int. Congress of Psychology. Brussels.
– (1999). Die Rolle von Urteilsheuristiken bei Finanzentscheidungen: Ankereffekte und kognitive Verfügbarkeit. In Fischer et al. (Hrsg.), Finanzpsychologie, 101 – 134. München/Wien.
Sternthal, B./Craig, S. C. (1982). Consumer Behavior. An information processing perspective. Englewood Cliffs/N. J.

Stigler, G. W. (1961). The economics of information. Journ. of Pol. Ec., 69.

Stiksrud, A. (Hrsg.). (1985). Jugend und Werte. Weinheim.

Stoetzel, J./Sauerwein, U./de Vulpian, A. (1954). Sondages francais: Etudes sur la consommation. In Reynaud, P. L. (Hrsg.), La psychologie economique, 161–209. Paris.

Stoner, J. A. F. (1961). A comparison of individual and group decisions including risk. Unv. Diplomarbeit, School of Industrial Management.

Stouffer, S. A. et al. (1949). The American soldier. Princeton.

Strauss, J./Frost, R. (2009). E-Marketing, Upper Saddle River, N. J.

Streissler, E./Streissler, M. (1966). Konsum und Nachfrage. Köln.

Streufert, S./Sweezey, R. W. (1986). Complexity, managers and organizations. New York.

Stroebe, W. (1980). Grundlagen der Sozialpsychologie I. Stuttgart.

–, Frey, B. S. (1981). Psychologische Aspekte des ökonomischen Verhaltensmodells. In Tietz, R. (Hrsg.), Wert- und Präferenzprobleme in den Sozialwissenschaften, 113–129. Berlin.

– et al. (eds.). (1988). The social psychology of intergroup conflict. Berlin.

Strümpel, B. (1976). Economic means for human needs. Ann Arbor.

– (1977). Die Krise des Wohlstands. Stuttgart.

– (1987). Psychologie gesamtwirtschaftlicher Prozesse. In Hoyos, C. Graf et al., Wirtschaftspsychologie in Grundbegriffen, 15–29. München.

– et al. (eds.). (1972). Human behavior in economic affairs: Essays in honor of George Katona. Amsterdam.

Stumpf, S./Thomas, A. (Hrsg.). (2003). Teamarbeit und Teamentwicklung. Göttingen.

Super, D. E. (1957). Psychology and careers. New York.

– (1980). A life-span, life-space approach to career development. Journ. of Voc. Beh. 16, 282–298.

– (1981). Approaches to occupational choice career development. In Watts, A. G. et al. (eds.), Career development in Britain. Cambridge.

–, Bohn, M. J. (1970). Occupational psychology. Belmont.

Svenson, O./Nielsson, G. (1983). Mental economics: subjective representations of factors related to expected inflation. Journ. of Ec. Psych., 3, 327–351.

Swalm, R. O. (1966). Utility theory – insights into risk taking. Harv. Bus. Rev., 123–136.

Szallies, R./Wiswede, G. (Hrsg.). (^{2}1991). Wertewandel und Konsum. Landsberg.

Szymanski, J. S. (1926). Gefühl und Erkennen. Berlin.

Tagiuri, R./Litwin, G. H. (eds.). (1968). Organizational climate. Boston.

Tajfel, H. (1959). Quantitative judgment in social perception. Brit. Journ. of Psych., 50, 16–29.

– (1975). Soziales Kategorisieren. In Moscovici, S. (Hrsg.), Forschungsgebiete der Sozialpsychologie 1, Frankfurt.

–, Turner, J. (1979). An integrative theory of intergroup conflict. In Austin, W. G./Worchel, S. (eds.), The social psychology of intergroup relations, 33–57. Monterey.

Tannenbaum, R./Kahn, R. L. (1957). Organizational structure. Hum. Rel., 10.

–, Schmidt, W. H. (1958). How to choose a leadership pattern. Harv. Bus. Rev, 36.

Tanzie, V. (1980). Underground economy and tax evasion in the United States. Estimates and implications. Quart. Rev., 135, 427–453.

– (ed.). (1982). The underground economy. US and abroad. Lexington.

Tarde, G. (1902). Psychologie economique. Paris.

Taylor, S./Todd, P. (1995). An integrated model of waste management behavior. Environment and behavior, 27, 603–630.

Tesser, A. (1986). Some effects of self-evaluation maintenance on cognition and action. In Sorrentino, R. M./Higgins, E. T. (eds.), Handbook of motivation and cognition. Chichester.

Thaler, R. H. (1980). Toward a positive theory of consumer choice. Journal of Economic Behavior and Organization, 1, 39–60.

– (1991). Quasi rational economics. New York.

– (1992). The winner's course. Journal of Economic Perspectives, 2, (2), 191–202.

– (1999). Mental accounting matters. Journal of Behavioral decision making, 12, 183–206.

Thibaut, J. W./Kelley, H. H. (^{2}1986). The social psychology of groups. New York.

Thomas, A. (1992). Aspekte interkulturellen Führungsverhaltens. In Bergemann, N./Sourisseaux, A. (Hrsg.), Interkulturelles Management, 35–58. Heidelberg

–, Hagemann, K. (1992). Training interkultureller Kompetenz. In Bergemann, N./Sourisseaux, A. (Hrsg.). Interkulturelles Management, 173–199. Heidelberg.

Thomas, K. W. (1976). Conflict and conflict management. In Dunnette, M. D. (ed.), Handbook of industrial and organizational psychology, 889–935. Chicago.

Thomas, R. (1993). Die unterwürfige Karrierefrau. Psychologie heute, 20, 68–71.

Thompson, S. L. (1981). Will it hurt less if I can control it? Psych. Bull., 90, 89–101.

Thorelli, H. B. et al. (1975). The information seekers. Cambridge.

Thornton, G. C. et al. ([2]1992). Die prädiktive Validität des Assessment Centers – eine Metaanalyse. In Schuler, H./Stehle W. (Hrsg.), Assessment Center als Methode der Personalentwicklung, 36 – 77. Göttingen.

–, Byham, W. C. (1982). Assessment-Centers and managerial performance. New York.

Thorsrud, E./Emery, F. E. (1964). Industrielle Demokratie. Oslo.

Tietz, R. (1978). Entscheidungsprinzipien der bilateralen Anspruchsanpassung. In Neuere Entwicklungen in den Wirtschaftswissenschaften. Schriften des Vereins für Sozialpolitik. Neue Folge, Bd. 88, 431 – 453. Berlin.

Timmons, J. A. et al. (1977). New venture creation. Homewood/Ill.

Tolman, E. C. (1932). Purposive behavior in animals and men. New York.

Tomczak, R. et al. (Hrsg.). (1996). Positionierung, Kernentscheidung des Marketing. St. Gallen.

Townsend, R. (1970). Up the organization: How to stop the corporation from stifling people and strangling profits. New York.

Triandis, H. C. (1977). Interpersonal Behavior. Monterey.

– (1993). Cross-cultural industrial and organizational psychology. In Dunette, M. D., Hough, L. M., (eds.), Vol. 4, 103 – 172.

–, Berry, J. (eds.). (1980). Handbook of Cross-cultural psychology, Vol. 1 – 6. Boston.

Triebe, J. K./Ulich, E. (1977). Beiträge zur Eignungsdiagnostik. Bern.

Troldahl, V. C./v. Dam, R. (1965). Face-to-face communication about major topics in the news. Publ. Op. Quart., 29.

Trommsdorff, G. (1994). Psychologische Aspekte des soziopolitischen Wandels in Ostdeutschland. Berlin.

Trommsdorff, V. (1975). Die Messung von Produktimages für das Marketing. Köln.

– ([5]2003). Konsumentenverhalten. Stuttgart.

Trompenaars, F. (1993). Riding the waves of cultures – Understanding cultural diversity in business. London.

Türk, K. (1976). Grundlagen einer Pathologie der Organisation. Stuttgart.

– (1981). Personalführung und soziale Kontrolle. Stuttgart.

– (1989). Neuere Entwicklungen der Organisationsforschung. Stuttgart.

Tung, R. L. (1981). Selection and training of personnel for overseas assignments. Journal of World Bus., 16, 68 – 78.

Turner, A. N./Lawrence, P. R. (1965). Industrial jobs and the worker. Boston.

Turner, J. C. (1978). Social categorization and social discrimination in the minimal group paradigm. In Tajfel, H. (ed.), Differentiation between social groups. London.

– (1981). Social categorization and social psychology of intergroup behavior. In Turner, J. C., Eiles, H. (eds.), Intergroup behavior. Oxford.

– (1985). Social categorization and the self concept: A social cognitive theory of group behavior. In Lawler, E. J. (ed.), Advances in group processes, Vol. 2, 77 – 122. Greenwich.

– (1991). Social influence. Buckingham.

Tversky, A. (1972). Elimination by aspects. A theory of choice. Psych. Rev., 79.

– (1973). Inductive inference: judgment under uncertainty. In Dalenoort, G. J. (ed.), Process models for psychology. Rotterdam.

–, Kahneman, D. (1974). Judgement under Uncertainty: Heuristics and biases. Science, 185, 1124 – 1131.

–, – (1986). Rational choice and the framing of decisions. In Hogart, R. M./Reder, M. W. (eds.), Rational choice, 67 – 94. Chicago.

–, – (1992). Advances in prospect-theory: Cumulative representations of uncertainty. Unpubl. man. Stanford.

Tybout, A. M./Scott, C. A. (1983). Availability of well-defined internal knowledge and the attitude formation process: Information aggregation versus self-perception. Journal of Personality and Social Psychology, 44 (March), 474 – 491.

Udris, I. (1987). Streß in Organisationen. In Hoyos, C. Graf et al. (Hrsg.), Wirtschaftspsychologie in Grundbegriffen, 91 – 100. München.

Ulich, E. (1972). Arbeitswechsel und Aufgabenerweiterung. REFA-Nachrichten, 25, 265 – 275.

– (1973). Aufgabenerweiterung und autonome Arbeitsgruppen. Ind. Org., 42, 355 – 357.

– (1993). Gestaltung von Arbeitstätigkeiten. In Schuler, H. (Hrsg.), Lehrbuch Organisationspsychologie, 189 – 208. Bern.

– ([5]2001). Arbeitspsychologie. Stuttgart.

Usinier, J. C./Walliser, B. (1993). Interkulturelles Marketing. Wiesbaden.

Veblen, Th. (1899). The theory of the leisure class. New York. (Dt. 1997)

Vecchio, R. P./Gobdell, B. C. (1984). The vertical-dyad linkage model of leadership: Problems and prospects. Organizational Behavior and Human Performance, 34, 5 – 20.

Veenhoven, R. (1984). Conditions of happiness. Dordrecht.

– (1989). National wealth and individual happiness. In Grunert, K. G./Ölander, F. (eds.), Understanding Economic Behavior, 9 – 32. Dordrecht.

Venkatamaran, V. K. (1981). The price-quality relationship in an experimental setting. Journ. of Adv. Res., 21, 4, 49–52.
Venkatesan, H. (1966). Experimental study of consumer behavior conformity and independence. Journ. of Mark. Res., 3, 384–387.
Verlegh, P. W./Steenkamp, J. B. (1999). A review and meta-analysis of country-of-origin research. Journal of Economic Psych., 20, 521–546.
Vershofen, W. (1959). Die Marktentnahme als Kernstück der Wirtschaftsforschung. Berlin.
Vinchur, A. J. et al. (1998). A meta-analytic review of predictors of job performance for salespeople. Journal of Applied Psychology, 83, 586–597.
Vogel, J. (1974). Taxation and public opinion in Sweden: an interpretation of recent survey data. National Tax Journal, 28, 499–513.
Volkholz, V. (1977). Belastungsschwerpunkte und Praxis der Arbeitssicherheit. Bonn.
Volpert, W. (Hrsg.). (1980). Beiträge zur psychologischen Handlungstheorie. Bern.
Vontobel, J. (1970). Leistungsbedürfnis und soziale Umwelt. Bern.
Vroom, V. H. (³1994). Work and motivation. New York. (Orig. 1967)
–, Yetton, P. W. (1973). Leadership and decision making. Pittsburgh.

Wachtel, P. (1989). The poverty of affluence. Philadelphia.
Wacker, A. (1976). Arbeitslosigkeit. Frankfurt.
Walsh, W. B./Osipow, S. H. (²1995). Handbook of vocational psychology. Mahwah, N. J.
Walster, E. et al. (1976). New directions in equity research. In Berkowitz, L., Walster, E. (eds.), Advances in experimental social psychology. New York.
Walter-Busch, E. (1977). Arbeitszufriedenheit in der Wohlstandsgesellschaft. Bern.
Wanous, J. P. (1980). Organizational entry: Recruitment, selection, and socialization of newcomers. Reading/Mass.
Ward, S. (1974). Consumer socialization. Journ. of Cons. Res., 1, 1–14.
– et al. (1978). How children learn to buy. Beverly Hills.
Wärneryd, K. E. (1988). The psychology of innovative entrepreneurship. In van Raaij W. F. et al. (eds.), Handbook of economic psychology, 404–447. Dordrecht.
– (1999). The psychology of saving. A study on economic psychology. Cheltenham/Northampton.
–, van Raaij, W. F. (eds.). (1983). A special issue on inflation. Journ. of Ec. Psych., 3, 82.
–, Walerud, B. (1982). Taxes and economic behavior: some interview data on tax evasion in Sweden. Journ. of Ec. Psych., 2, 187–211.
Warshaw, P. R. (1980). A new model for predicting behavioral intentions: an alternative to Fishbein. Journ. of Mark. Res., 17, 153–172.
Weber, M. (1965). Die protestantische Ethik und der Geist des Kapitalismus. Hamburg.
Weber, M./Camerer, C. (1992). Ein Experiment zum Anlegerverhalten. Zeitschrift für betriebswirtschaftliche Forschung, 2, 131–148.
–, – (1998). The disposition effect in securities trading: An experimental analysis. J. of Ec. Behavior and Organization, 33, 167–184.
Webley, P. et al. (1983). A characteristics approach to money and the changeover from 1 pound note to 1 pound coin. Bologna (zitiert nach Lea et al. 1987).
– et al. (1991). Tax aversion. An experimental approach. Cambridge.
–, Lea, S. E. G. (1993). The partial unacceptability of money in repayment for neighborly help. Human Relations, Vol. 46, 1, 65–76.
Webster, F./Wind, Y. (1972). Organizational buying behavior. Englewood Cliffs/N. J.
Weck, H. (1983). Schattenwirtschaft: Eine Möglichkeit zur Einschränkung der öffentlichen Verwaltung? Frankfurt.
Weede, E. (1985). Entwicklungsländer in der Weltgesellschaft. Opladen.
Wegge, J./Dreißen, A. (2000). Was machen international erfolgreich agierende Unternehmen besser? In Müller, G. F. (Hrsg.), Existenzgründung und unternehmerisches Handeln, 153–169. Landau.
–, van Dick, R. (2005). Arbeitszufriedenheit. Emotionen bei der Arbeit und organisationale Identifikation. In Fischer, L., Arbeitszufriedenheit, II, 10–36. Göttingen et al.
Weick, K. E. (1985). Der Prozeß des Organisierens. Frankfurt/M.
Weinberg, P. (1977). Die Produkttreue der Konsumenten. Wiesbaden.
– (1981). Das Entscheidungsverhalten der Konsumenten. Paderborn.
– (1986). Nonverbale Marktkommunikation. Heidelberg.
– (1992). Erlebnismarketing. München.
Weiner, B. (1974). Achievement, motivation and attribution theory. Morristown.
– (1986). An attributional theory of motivation and emotion. New York.
– (²1988). Motivationspsychologie. Weinheim.
– (1995). Judgments of responsibility. New York.
Weinert, A. B. (⁴1998). Lehrbuch der Organisationspsychologie. München.

– (2006). Organisations- und Personalpsychologie. Weinheim.
Weiss, H. M./Brief, A. (2001). Affect at work: A historical perspective. In Payne, R. L./Cooper, G. L. (eds.), Emotions at work, 133 – 171. New York.
–, Cropanzano, R. (1996). Affective events theory. In Staw, B. M./Cummings, L. L. (eds.), Research in Organizational Behavior, 18, 1 – 74. Greenwich/Conn.
Welge, M. K./Holtbrügge, D. (2001). Internationales Management. Landsberg.
Wells, W. D./Tigert, D. J. (1971). Activities, interests and opinions. Journ. of Adv. Res., 11, 27 – 35.
Wenzel, M. (2002). The impact of outcome orientation and justice concerns on tax compliance. Journal of Applied Psychology, 87, 629 – 645.
West, M. A. (1990). The social psycology of innovation in groups. In West, M. A./Farr, J. L. (eds.), Innovation and creativity at work, 309 – 333. Chichester.
– ([2]2004). Effective team work. Oxford.
–, Anderson, N. R. (1996). Innovations in top management teams. Journal of Appl. Psychology, 81, 680 – 693.
–, Farr, J. L. (eds.). (1990). Innovation and creativity at work. Chichester.
Wexley, K. N./Yukl, G. A. (eds.). (1975). Organizational behavior and industrial psychology. New York.
Wicker, A. W. (1969). Attitudes versus actions: The relationship of verbal and overt behavioral responses to attitude objects. Journ. of Soc. Issues, 15, 4, 41 – 78.
Wicklund, R. A. (1974). Freedom and reactance. New York.
–, Gollwitzer, P. M. (1985). Symbolische Selbstergänzung. In Frey, D./Irle, M. (Hrsg.), Theorien der Sozialpsychologie, Band 3, 31 – 55. Bern.
Wiegand, M. (1996). Prozesse organisationalen Lernens. Wiesbaden.
Wiendieck, G. (1977). Arbeitsleistung. Arbeitszufriedenheit – eine kritische Übersicht. Gruppendynamik, 8.
– (1986). Wirtschaftspsychologie – Anmerkungen zu einer Disziplin. WiSt, 11/12.
– (1990). Akzeptanz. In Frese, E. (Hrsg.), Handwörterbuch der Organisation. Stuttgart.
– (1994). Arbeits- und Organisationspsychologie. Berlin/München
– et al. (1983). Konsumentenentscheidungen – Darstellung und Diskussion konkurrierender Forschungsansätze. In Irle, M. (Hrsg.), Methoden und Anwendungen in der Marktpsychologie, 1 – 62. Göttingen.
–, Wiswede, G. (Hrsg.). (1990). Führung im Wandel. Stuttgart.
Wilke, H./Knippenberg, A. v. ([3]1997). Gruppenleistung. In Stroebe, W. et al. (Hrsg.), Sozialpsychologie. Berlin.
–, Witt, A. (2002). Gruppenleistung. In Stroebe, W. et al. (Hrsg.), Sozialpsychologie, 497 – 532. Berlin.
Wilkie, W. L. ([3]1994). Consumer behavior. New York.
Willett, R. P./Pennington, A. L. (1976). Verkaufsinteraktionen: Kunde und Verkäufer. In Specht, K. G./Wiswede, G. (Hrsg.), Marketing-Soziologie. Berlin.
Williams, H. (1996). The essence of managing groups and teams. London.
Williams, R. M. ([3]1970). American Society. New York.
Wilpert, B. (1993). Organisation und Umwelt. In Schuler, H. (Hrsg.), Lehrbuch Organisationspsychologie, 495 – 512. Bern.
Wind, Y. J. (1982). Product policy. Reading.
Windhorst, K. G. ([2]1985). Wertewandel und Konsumentenverhalten. Regensburg.
Wirth, E. (1992). International orientierte Personalentwicklung. In Bergemann, N./Sourisseaux, A. (Hrsg.), Interkulturelles Management, 201 – 228. Heidelberg.
Wiswede, G. (1972). Soziologie des Verbraucherverhaltens. Stuttgart.
– (1972 a). Rationalität und soziales Wertsystem. Zeitschr. für Wirtschafts- und Sozialwissenschaft, 92.
– ([2]1973). Motivation und Verbraucherverhalten. München.
– (1975). Soziale Komponenten des Anspruchsniveaus. Zeitschr. für Markt-, Meinungs- und Zukunftsforsch., 3.
– (1976). Soziologie konformen Verhaltens. Stuttgart.
– (1976 a). Ansätze zu einer Theorie der Informationsneigung. In Specht, K. G./Wiswede, G. (Hrsg.), Marketing-Soziologie, 235 – 256. Berlin.
– (1976 b). Theorien der Mode aus soziologischer Sicht. In Specht, K. G./Wiswede, G. (Hrsg.), Marketing-Soziologie, 393 – 412. Berlin.
– (1976 c). Rollenstruktur des Haushalts. In Specht, K. G./Wiswede, G. (Hrsg.), Marketing-Soziologie, 187 – 206. Berlin.
– (1977). Rollentheorie. Stuttgart.
– ([2]1979). Soziologie abweichenden Verhaltens. Stuttgart.
– (1979 a). Reaktanz. Zur Anwendung einer sozialwissenschaftlichen Theorie auf Probleme der Werbung und des Verkaufs. Jahrb. der Abs. und Verbr.-Forsch., 25, 1, 81 – 110.

– (1980). Motivation und Führung in Betrieben. Schriften des Wuppertaler Kreises. Köln.
– (1980 a). Sozialpsychologische Aspekte der Präferenzbildung. In Tietz, R. (Hrsg.), Wert- und Präferenzprobleme in den Sozialwissenschaften, 83–111. Berlin.
– (1980 b). Motivation und Arbeitsverhalten. München.
– (1980 c). Kehrtwendung zur Motivation? Ein Plädoyer zur Anwendung kognitiver Motivationskonzepte im Bereich des Konsumentenverhaltens. In Hartmann, K. D./Koeppler, K. (Hrsg.), Fortschritte der Marktpsychologie, 11, 53–62. Frankfurt.
– (1981). Führung. In Beckerath, P. G. v. et al. (Hrsg.), Handwörterbuch der Betriebspsychologie und Betriebssoziologie, 169–180. Stuttgart.
– (1983). Marktsoziologie. In Irle, M. (Hrsg.), Marktpsychologie als Sozialwissenschaft, 151–225. Göttingen.
– (1985). Eine Lerntheorie des Konsumverhaltens. Die Betriebswirtschaft, 5, 544–557.
– (1987). Über die Entstehung von Präferenzen. In Heinemann, K. (Hrsg.), Soziologie wirtschaftlichen Handelns. Opladen.
– (1988). Führung in wirtschaftlichen Organisationen. In Reinhold, G. (Hrsg.), Wirtschaftssoziologie, 106–120. München.
– (1988 a). Ökonomische Psychologie – Psychologische Ökonomie. Probleme und Befunde wirtschaftspsychologischer Forschung. Zeitschr. für Wirtsch.- und Sozialwissenschaften, 108, 4, 503–592.
– (1988 b). Umrisse einer integrativen Lerntheorie sozialen Verhaltens. Zeitschrift für Sozialpsychologie, 19, 17–30.
– (1990). Gruppen und Gruppenstrukturen. In Frese, E. (Hrsg.), HWB der Organisation. Stuttgart.
– (1990 a). Führungsforschung im Wandel. In Wiendieck, G./Wiswede, G. (Hrsg.), Führung im Wandel. Stuttgart.
– (1992). Die Psychologie des Markenartikels. In Dichtl, E./Eggers, W. (Hrsg.), Marke und Markenartikel, 71–96. München.
– (1993). Struktur einer Wissenschaftsdisziplin. Objektbereich, Anwendungsbezug und Verwertungsinteresse der Arbeits- und Organisationspsychologie. In Bungard, W./Herrmann, T. (Hrsg.), Arbeits- und Organisationspsychologie im Spannungsfeld zwischen Grundlagenorientierung und Anwendung, 91–101. Bern.
– (1995). Führungsrollen. In Kieser, A. et al., HWB der Führung. Stuttgart, Sp. 826–839.
– (²1996). Psychologie im Wirtschaftsleben. Geld, Kunden und Mitarbeiter aus psychologischer Sicht. Stuttgart.
– (²1998). Soziologie der Mode. In Hermanns, A. et al. (Hrsg.), Modemarketing. Stuttgart.
– (³1998 a). Soziologie. Ein Lehrbuch für den wirtschafts- und sozialwissenschaftlichen Bereich. Landsberg.
– (1999). Familie als Beziehungsnetzwerk – Rollenstruktur und Konsumverhalten. In Zielgruppe Familie – gestern, heute, morgen. Bd. 1, 106–137. Hamburg.
– (2000). Konsumsoziologie – Eine vergessene Disziplin. In Rosenkranz, D./Schneider, N. F. (Hrsg.), Konsum. Soziologische, ökonomische und psychologische Perspektiven, 23–72. Opladen.
– (2004). Sozialpsychologie-Lexikon. München.
– (2005). Zwischen Annäherung und Entfremdung: Zum Verhältnis von Soziologie und Sozialpsychologie. In Witte, E. H. (Hrsg.), Entwicklungsperspektiven der Sozialpsychologie, 44–58. Lengerich.
–, Kutsch, Th. (1978). Sozialer Wandel. Zur Erklärungskraft neuerer Entwicklungs- und Modernisierungstheorien. Darmstadt.
–, Müller, S. (1980). Situations- und Funktionstaxonomie des Rauchens. Unv. empirische Studie. Köln.
–, Wiendieck, G. (1985). Arbeitszufriedenheit – Trugbild oder Realität? In Schuler, H./Stehle, W. (Hrsg.), Organisationspsychologie und Unternehmenspraxis, 45–52. Stuttgart.
Witte, E. (1972). Das Informationsverhalten in Entscheidungsprozessen. Tübingen.
Witte, E. H. (1989). Sozialpsychologie. München.
– (2004). Wie verändern Globalisierungsprozesse den Menschen in seinen Beziehungen. Wirtschaftspsychologie, 4, 3–11.
–, Davis, J. H.(1996). Understanding group behavior. Mahwah/N.J.
Woo, C. Y. et al. (1988). Entrepreneurial typologies. In Kirchoff, W. A. et al. (eds.), Frontiers of entrepreneurship research, 165–167. Wellesley/Mass.
Wood, S. L./Swait, J. (2002). Psychological indications of innovation adaption. Journ. of Consumer Psychology, 12 (1), 1–13.
Woods, W. A. et al. (1985). Strategic implications of differences in consumer purposes in three global markets. In Kaynak, E. (eds.), Global perspectives in marketing, 155–170. New York.
Woodside, A. G. (1984). Bargaining behavior in personal selling and buying exchanges. In Jacoby, J./Craig, C. S. (eds.), Personal Selling. Theory, research, and practice. Lexington/Mass.
– et al. (eds.). (1977). Consumer and industrial buying behavior. Amsterdam.

–, Davenport, J. W. (1974). The Effects of Salesman Similarity and Expertise on Consumer Purchasing Behavior. Journal of Mark. Res., Vol. 6, 5, 198 – 202.

Wright, Ch. R. (1964). Functional analysis and mass communication. In Dexter L. A./White D. M. (eds.), People, society and mass communication. London.

–, Cantor, M. (1970). The opinion seeker and avoider. In Kollat, D. T. et al. (eds.), Research in consumer behavior. New York.

Wright, T. A./Staw, B. M. (1999). Affect and favorable work outcomes. Journal of Org. Behavior, 20, 1 – 13.

Wunderer, R. (1995). Führung von unten. In Kieser, A. et al., HWB der Führung. Stuttgart, Sp. 501 – 512.

– (1997). Führung und Zusammenarbeit. Stuttgart.

–, Grunwald, W. (1980). Führungslehre. 2 Bde. Berlin/New York.

Yankelovich, D. (1994). Wohlstand und Wertewandel: Das Ende der fetten Jahre. Psychologie heute, 3.

– et al. (1985). The world at work. An international report on jobs productivity and human values. New York.

Yerkes, R. M./Dodson, J. D. (1908). The relation of strength of stimulus to rapidity of habit-formation. Journal of Comp. Neurol. Psych, 4.

Yukl, G./Fable, R. (1993). Influence tactics in upward, downward and lateral influence attempts. Journ. of Appl. Psych., 75, 132 – 140.

Zahn, E. (1964). Soziologie der Prosperität. München.

Zaichkowsky, J. C./Sood, J. H. (1988). A global look at consumer involvement and use of products. Int. Marketing Rev., 6, 1, 20 – 33.

Zajonc, R. B. (1965). Social facilitation. Science, 149, 269 – 274.

– (1968). Attitudinal effects of mere exposure. Journ. of Pers. and Soc. Psychol., 9, 1 – 27.

– (1980). Feeling and thinking. Preferences need no inferences. Am. Psych., 35, 151 – 175.

Zaleznik, A. (1958). The motivation, productivity and satisfaction of workers. Boston.

Zaltman, G./Bagozzi, R. P. (1975). Structural analyses and the sociology of consumption. San Francisco.

–, Bonoma, T. (eds.). (1978). Organizational Buying Behavior. Chicago.

–, Wallendorf, M. ([2]1983). Consumer behavior: basic findings and management implications. New York.

Zander, A. (1971). Motives and goals in groups. New York.

Zeidner, M./Endler, N. S. (Hrsg.). (1996). Handbook of coping. New York.

Zeithaml, Y. A. et al. (1992). Qualitätsservice. Frankfurt.

Zeitschrift für Sozialpsychologie (1993). Sonderheft „Deutschland Ost und Deutschland West“, Band 24, Heft 3.

Zempel, J. et al. (eds.). ([4]2001). Erwerbslosigkeit. Ursachen, Auswirkungen und Interventionen. Opladen.

Zentralarchiv/Zuma (1992). Allbus Basisumfrage 1991 in Gesamtdeutschland. Köln.

Zielske, H. A. (1959). The remembering and forgetting of advertising. Journ. of Mark. Res., 23, 239 – 243.

Zimbardo, P. G. et al. (1965). Communicator effectiveness in producing public conformity and private attitude change. Journ. of Pers., 33, 233 – 255.

– ([5]1992). Psychologie. Berlin.

Zolatas, X. (1981). Economic growth and declining social welfare. New York.

Zucker, L. G. (1986). Production of trust: Institutional sources of economic structure. In Staw, B. M./Cummings, L. L. (eds.), Research in organizational behavior, 8, 53 – 111. Greenwich/Conn.

Sachregister